Volker Tolkmitt

Neue Bankbetriebslehre

Volker Tolkmitt

Neue Bankbetriebslehre

Basiswissen zu Finanzprodukten und Finanzdienstleistungen

2., überarbeitete Auflage

GABLER

Bibliografische Information Der Deutschen Nationalbibliothek
Die Deutsche Nationalbibliothek verzeichnet diese Publikation in der
Deutschen Nationalbibliografie; detaillierte bibliografische Daten sind im Internet über
<http://dnb.d-nb.de> abrufbar.

Prof. Dr. Volker Tolkmitt lehrt Allgemeine Betriebswirtschaft, insbesondere Controlling, an der Hochschule Mittweida.

1. Auflage September 2004
2., überarbeitete Auflage März 2007

Alle Rechte vorbehalten
© Betriebswirtschaftlicher Verlag Dr. Th. Gabler | GWV Fachverlage GmbH, Wiesbaden 2007

Lektorat: Jutta Hauser-Fahr | Walburga Himmel

Der Gabler Verlag ist ein Unternehmen von Springer Science+Business Media.
www.gabler.de

Umschlaggestaltung: Ulrike Weigel, www.CorporateDesignGroup.de

Gedruckt auf säurefreiem und chlorfrei gebleichtem Papier

ISBN 978-3-8349-0337-2

für Luise

Vorwort zur zweiten Auflage

Neben der Aufnahme von Veränderungen der gesetzlichen Rahmenbedingungen und neuer Finanzdienstleistungsprodukte ist dieses Buch vor allem um finanzmathematische Grundlagen im zweiten Kapitel erweitert, um der Bedeutung dieser elementaren Kenntnisse im Bankgeschäft Rechnung zu tragen.

Mittweida, im Februar 2007   Prof. Dr. Volker Tolkmitt

Vorwort zur ersten Auflage

Dieses Buch versucht, die umfangreichen Veränderungen der letzten Jahre in der Struktur der Banken, Finanzmärkte und Finanzdienstleistungen im Überblick zu erfassen sowie systematisch darzustellen. Dabei wird vozugsweise mit übersichtlichen Abbildungen gearbeitet, deren Erläuterungen nicht nur eine Erklärung für die jeweiligen Schlüsselwörter liefern, sondern gleichzeitig die logische Verknüpfung der einzelnen Abschnitte leisten sollen.

Die Darstellung der Systemvoraussetzungen im Bankengewerbe liefert die Grundlage für die umfassende Beschreibung von dessen Produkten und Dienstleistungen. Es werden zunächst die Merkmale von Bankensystemen und Finanzmärkten allgemein vorgestellt und dann ausführlich der deutsche Banken- und Finanzmarkt analysiert. Darauf aufbauend erfolgt eine Einteilung der Bankgeschäfte in das Liquiditätsmanagement, den Finanzierungsbereich, den Anlagebereich und den Versicherungsbereich. Die Versicherungsdienstleistungen wurden erstmalig gleichrangig in ein Bankbetriebslehrbuch aufgenommen, um dem Allfinanzgedanken Rechnung zu tragen. Das Finanzdienstleistungsspektrum wird so nach dem Prinzip der Verwendung von Geldkapital abgegrenzt.

Angesprochen werden nicht nur Studenten an Universitäten und Fachhochschulen sowie an Berufsakademien, sondern auch Bankkaufleute und Auszubildende, denn dieses Buch verbindet nach dem Vorbild dualer Studiengänge das theoretische mit dem praktischen Wissen zu Finanzdienstleistungen. Für Studenten und Fachleute, die sich ebenso für das handwerkliche Funktionsprinzip des Bankgeschäfts interessieren, wie für den wissenschaftlichen Aspekt der Bankbetriebslehre, schließt dieses Buch die Lücke zwischen den theoretisch angelegten universitären Lehrbüchern und den Lehrbüchern für die Bankausbildung.

An der Fertigstellung des Buches haben mitgewirkt: Herr Dr. Holger Schulz (Dipl.-Volkswirt), meine Frau, Rechtsanwältin Jana Tolkmitt, Frau Bankfachwirtin Manuela Kirmse, Herr Dipl.-Kaufmann Thomas Textor sowie Frau Dipl.-Ing. Berit Herrmann, denen ich an dieser Stelle ganz herzlich danken möchte.

Leipzig, im Frühjahr 2004   Prof. Dr. Volker Tolkmitt

Inhaltsverzeichnis

Inhaltsverzeichnis   VII

Abbildungsverzeichnis   X

Abkürzungsverzeichnis   XVII

1 Einführung   1

2 Banken in der Volkswirtschaft   2

2.1 Theorie der Finanzdienstleistung   3

2.2 Bankmathematische Grundlagen   5

2.3 Historie der Bankenentwicklung   12
   2.3.1 Herausbildung von Zentralnotenbanken   13
   2.3.2 Entstehung der Geschäftsbanken   14
   2.3.3 Geschichte des deutschen Bankensystems   15

2.4 Bankensysteme und Wirtschaftssystem   17
   2.4.1 Planwirtschaftliche Bankensysteme   17
   2.4.2 Marktwirtschaftliche Bankensysteme   18

2.5 Zentralbanken   18

2.6 Systematik der Finanzmärkte   20

2.7 Internationale Banken- und Finanzmarktaufsicht   27

3 Das deutsche Bankensystem   33

3.1 Deutschland im europäischen System der Zentralbanken (ESZB)   33
   3.1.1 Die Vorläufer der EZB   34
   3.1.2 Aufgaben und Organisation der EZB   35
   3.1.3 Die Geldpolitik der Europäischen Zentralbank   37

3.2 Das deutsche Zentralbanksystem   48

3.3 Das deutsche Geschäftsbankensystem   51
   3.3.1 Der Kreditbankensektor   55
   3.3.2 Der Sparkassensektor   57
   3.3.3 Der Genossenschaftssektor   60
   3.3.4 Sonstige Kreditinstitute des deutschen Geschäftsbankensystems 64

3.4 Der Finanzmarkt in Deutschland   70

3.5 Die deutsche Banken- und Finanzmarktaufsicht   80

3.5.1 Gesetze und Institutionen der Aufsicht 82

3.5.2 Mindestanforderungen an das Risikomanagement (MaRisk) 88

3.5.3 Weitere rechtliche Regelungen im deutschen Bankwesen 89

4 Systematik der Bankgeschäfte und Finanzdienstleistungen 96

4.1 Liquiditätsmanagementbereich 98

4.1.1 Leistungen der Konten- und Depotführung 99

4.1.2 Leistungen des Zahlungsverkehrs 105

4.1.2.1 Leistungen des nationalen Zahlungsverkehrs 106

4.1.2.2 Leistungen des internationalen Zahlungsverkehrs 129

4.1.3 Leistungen der Geldanlage 145

4.2 Finanzierungsbereich 148

4.2.1 Theoretische Grundlagen 149

4.2.2 Rechtliche Rahmenbedingungen 159

4.2.2.1 Kreditvorschriften des KWG 159

4.2.2.2 Anforderungen an die Prozesse im Kreditgeschäft 166

4.2.2.3 Sonstige Vorschriften für Kreditgeschäfte 168

4.2.3 Produkte und Leistungen des Finanzierungsbereichs 170

4.2.3.1 Die Fremdmittelfinanzierung 170

4.2.3.1.1 Geldleihgeschäfte 179

4.2.3.1.1.1 Unbefristete Kredite 180

4.2.3.1.1.2 Darlehen 184

4.2.3.1.1.3 Sonderformen von Darlehen 194

4.2.3.1.1.4 Strukturierte Darlehen 200

4.2.3.1.1.5 Diskontkredit 202

4.2.3.1.1.6 Lombardkredit 205

4.2.3.1.2 Kreditleihgeschäfte 207

4.2.3.1.2.1 Akzeptkredit 208

4.2.3.1.2.2 Avalkredit 211

4.2.3.1.3 Alternativen der „klassischen" Kreditfinanzierung 215

4.2.3.1.3.1 Leasing 215

4.2.3.1.3.2 Factoring 220

4.2.3.1.3.3 Verbriefung 223

4.2.3.1.4 Anleihefinanzierung 229

4.2.3.1.5 Risiken der Fremdmittelfinanzierung 230

4.2.3.2 Die Mezzanine-Finanzierung 241

4.2.3.3 Die Eigenmittelfinanzierung 242

4.2.3.3.1 Private Beteiligungsfinanzierung 242

4.2.3.3.2 Aktienfinanzierung 246

4.3   Anlagebereich   **251**

4.3.1   Theoretische Grundlagen   252

4.3.2   Rechtliche Rahmenbedingungen   254

    4.3.2.1   Vorschriften des Wertpapierhandelsgesetzes   254

    4.3.2.2   Anforderungen an die Prozesse im Handelsgeschäft   260

    4.3.2.3   Sonstige Vorschriften für Anlagegeschäfte   262

4.3.3   Produkte und Leistungen des Anlagebereichs   263

    4.3.3.1   Die Banksparprodukte   264

        4.3.3.1.1   Einlagen   265

        4.3.3.1.2   Sondersparformen   274

        4.3.3.1.3   Staatliche Sparförderung   278

        4.3.3.1.4   Bausparen   279

        4.3.3.1.5   Einlagensicherung   281

    4.3.3.2   Das Wertpapiergeschäft   285

        4.3.3.2.1   Anleiheprodukte   289

        4.3.3.2.2   Aktien   299

        4.3.3.2.3   Investmentfonds   305

        4.3.3.2.4   Derivateprodukte   315

        4.3.3.2.5   Sonderformen von Wertpapieren   326

            4.3.3.2.5.1   Klassische Sonderformen   328

            4.3.3.2.5.2   Innovative Sonderformen   330

            4.3.3.2.5.3   Zertifikate   336

        4.3.3.2.6   Renditeprofil der Vermögensanlagen   344

        4.3.3.2.7   Risiken der Vermögensanlagen   345

    4.3.3.3   Sonstige Anlagewerte   349

4.4   Versicherungsbereich   **352**

4.4.1   Theoretische Grundlagen   354

4.4.2   Rechtliche Rahmenbedingungen   355

4.4.3   Produkte und Leistungen der Versicherungswirtschaft   358

    4.4.3.1   Die Sozialversicherungen   362

    4.4.3.2   Die Individualversicherungen   363

        4.4.3.2.1   Lebensversicherungen   364

        4.4.3.2.2   Krankenversicherungen   367

        4.4.3.2.3   Sachversicherungen   369

        4.4.3.2.4   HUKR-Versicherungen   370

        4.4.3.2.5   Sonstige Versicherungen   371

5   Geschäftspolitik und Banksteuerung   **373**

5.1   Operative Tätigkeitsbereiche von Kreditinstituten   373

5.2   Strategische Tätigkeitsbereiche von Kreditinstituten   377

5.3   Banksteuerung und Geschäftspolitik von Kreditinstituten   379

Stichwortverzeichnis   383

Abbildungsverzeichnis

Abbildung 1: Wirtschaftsakteure und Finanzintermediäre 2

Abbildung 2: Dienstleistungen der Finanzintermediation 4

Abbildung 3: Gegenwarts- und Zukunftskonsum 6

Abbildung 4: Der Zinseszinseffekt 8

Abbildung 5: Auf- und Abzinsung von Kapital 9

Abbildung 6: Ableitung einer Annuität aus ewigen Renten 10

Abbildung 7: Barwert und Kapitalendwert einer Annuität 11

Abbildung 8: Entwicklung des deutschen Bankwesens 16

Abbildung 9: Alternativen von Zentralbanksystemen 19

Abbildung 10: Finanzmärkte und ihre Abgrenzungskriterien 21

Abbildung 11: Unterschiedliche Laufzeiten auf Finanzmärkten 22

Abbildung 12: Unterschiedliche Handelsobjekte auf Finanzmärkten 23

Abbildung 13: Unterschiedliche Marktteilnehmer auf Finanzmärkten 24

Abbildung 14: Unterschiedlicher Organisationsgrad auf Finanzmärkten 25

Abbildung 15: Differenzierung internationaler Finanzmärkte 26

Abbildung 16: Hauptpunkte internationaler Bankenaufsichts-Harmonisierung 28

Abbildung 17: Harmonisierung der EU-Banken- und Finanzmarktregulierung 30

Abbildung 18: Das Europäische System der Zentralbanken 34

Abbildung 19: Abgrenzung der Geldmengenaggregate 38

Abbildung 20: Rahmen der Geldpolitik 39

Abbildung 21: Geldpolitische Strategie der EZB 40

Abbildung 22: Geldpolitische Instrumente der EZB 41

Abbildung 23: Finanzinstrumente auf Geldmärkten 42

Abbildung 24: Offenmarktpolitik nach dem Mengentender-Verfahren 43

Abbildung 25: Offenmarktpolitik nach dem Zinstender-Verfahren 44

Abbildung 26: Leitzinsen im Zeitablauf 45

Abbildung 27: Geldschöpfung und Liquiditätsfluss 46

Abbildung 28: Der Prozess der Geldschöpfung (Kreditschöpfung) 47

Abbildung 29: Das deutsche Zentralbanksystem 49

Abbildung 30: Entscheidungsgremien der Bundesbank 50

Abbildung 31: Das deutsche Bankensystem in der Übersicht 52

Abbildung 32: Struktur des öffentlich-rechtlichen Bankensektors 57

Abbildung 33: Grundprinzipien des Sparkassenwesens 58

Abbildung 34: Struktur des Volks- und Raiffeisenbankensystems 61

Abbildung 35: Grundprinzipien des Genossenschaftswesens 63

Abbildung 36: Verbundeinrichtungen von Sparkassen und Genossenschaftsbanken 64

Abbildung 37: Kreditinstitute mit Sonderaufgaben im öffentlich-rechtlichen Bereich 65

Abbildung 38: Kreditinstitute mit Sonderaufgaben und privatrechtlicher Struktur   66
Abbildung 39: Einteilung der Realkreditinstitute   67
Abbildung 40: Prinzip des Bauspargeschäfts   68
Abbildung 41: Prinzip der Direktbanken   69
Abbildung 42: Deutsche Börsen im Überblick   71
Abbildung 43: Privatrechtliche Marktsegmente an deutschen Börsen   72
Abbildung 44: Neusegmentierung der Börse in Frankfurt   73
Abbildung 45: Deutsche und europäische Börsen-Indizes   74
Abbildung 46: Segmente und Zulassungsbedingungen deutscher Börsen   75
Abbildung 47: Organisationsschema einer öffentlich-rechtlichen Börse   76
Abbildung 48: Struktur der Deutsche Börse AG   77
Abbildung 49: Entwicklung der Umlaufrendite in Deutschland   78
Abbildung 50: Kursverlauf des Deutschen Aktienindexes (DAX 30)   79
Abbildung 51: Maßnahmen zur Stärkung des Finanzplatzes   80
Abbildung 52: Veränderungen des Kreditwesengesetzes   81
Abbildung 53: Rahmengesetze für die Kreditwirtschaft   82
Abbildung 54: Aufgabenverteilung der Finanzdienstleistungsaufsicht   83
Abbildung 55: Institutionen der Bankenaufsicht   84
Abbildung 56: Wesentliche Regelungen des Kreditwesengesetzes   85
Abbildung 57: Wesentliche Regelungen des Wertpapierhandelsgesetzes   86
Abbildung 58: Wesentliche Regelungen des Versicherungsaufsichtsgesetz   87
Abbildung 59: Systematik der MaRisk   89
Abbildung 60: Sonstige rechtliche Regelungen für das Bankgeschäft   90
Abbildung 61: Das Bankgeheimnis   91
Abbildung 62: Die Durchbrechung des Bankgeheimnisses   92
Abbildung 63: Das Geldwäschegesetz   93
Abbildung 64: Geschäftsbedingungen von Banken und Sparkassen   94
Abbildung 65: Übersicht über die Bankleistungen   97
Abbildung 66: Die Bankprodukte in der Bankbilanz   98
Abbildung 67: Übersicht über das Liquiditätsmanagement   99
Abbildung 68: Systematik der Konten und Depots   100
Abbildung 69: Abgrenzung von Konten   101
Abbildung 70: Aufgaben der Kontoführung   102
Abbildung 71: Abgrenzung von Depots   103
Abbildung 72: Aufgaben der Depotführung   104
Abbildung 73: Zahlungsmittel und Zahlungsverkehr   107
Abbildung 74: Systematik des nationalen Zahlungsverkehrs   108
Abbildung 75: Ausnutzung der Zahlungsverkehrsinstrumente   109
Abbildung 76: Abgrenzung des nationalen Zahlungsverkehrs   110
Abbildung 77: Merkmale der Zahlungsverkehrskonten   111
Abbildung 78: Systematik der Kassengeschäfte   112
Abbildung 79: Systematik von Schecks   113
Abbildung 80: Struktur eines Schecks   114

Abbildung 81: Systematik von Wechseln   116
Abbildung 82: Struktur eines gezogenen Wechsels   117
Abbildung 83: Systematik von Überweisungen   118
Abbildung 84: Struktur einer Überweisung   120
Abbildung 85: Systematik von Lastschriften   121
Abbildung 86: Struktur einer Lastschrift   122
Abbildung 87: Systematik von Kartenzahlungssystemen   123
Abbildung 88: Kreditkarten und EC-Karte   125
Abbildung 89: Struktur von Kartenzahlungen   127
Abbildung 90: Rahmenbedingungen für den bargeldlosen Zahlungsverkehr   128
Abbildung 91: Abwicklung des bargeldlosen Zahlungsverkehrs   129
Abbildung 92: Abgrenzung des internationalen Zahlungsverkehrs   130
Abbildung 93: Bankleistungen im internationalen Zahlungsverkehr   131
Abbildung 94: Abgrenzung des nicht dokumentären Zahlungsverkehrs   133
Abbildung 95: Dokumente im internationalen Zahlungsverkehr   135
Abbildung 96: Systematik eines Dokumenteninkassos   136
Abbildung 97: Struktur eines Dokumenteninkasso   138
Abbildung 98: Systematik eines Akkreditivs   140
Abbildung 99: Struktur eines Akkreditivs   141
Abbildung 100: Leistungen der Dokumentenprüfung   142
Abbildung 101: Abgrenzung der Dokumentenakkreditive   143
Abbildung 102: Ausgestaltungsvarianten von Akkreditiven   145
Abbildung 103: Einlagen als Geldanlage bei Kreditinstituten   146
Abbildung 104: Systematik von Finanzierungsleistungen   149
Abbildung 105: Informationsverteilung und Informationsdefizite   150
Abbildung 106: Transaktionskosten und Transaktionsdefizite   151
Abbildung 107: Asymmetrie der Unvollkommenheit   152
Abbildung 108: Beziehung zwischen Kreditgeber und Kreditnehmer   153
Abbildung 109: Übernahme von Risiken   154
Abbildung 110: Segmentierung und Adverse Selektion   155
Abbildung 111: Determinanten für die Risikoprämie   156
Abbildung 112: Risikominimierung bei Einzelgeschäften   157
Abbildung 113: Risikominimierung für die Gesamtbank   158
Abbildung 114: Kreditbegriff des Kreditwesengesetzes   160
Abbildung 115: Pflichten der Kreditinstitute im Kreditgeschäft   161
Abbildung 116: Offenlegung der wirtschaftlichen Verhältnisse   162
Abbildung 117: Vorschriften zu Organkrediten   163
Abbildung 118: Vorschriften zu Großkrediten   164
Abbildung 119: Vorschriften zu Millionenkrediten   165
Abbildung 120: Bildung von Kreditnehmereinheiten   166
Abbildung 121: Anforderungen an die Prozesse im Kreditgeschäft   167
Abbildung 122: Eingrenzungen der Vertragsfreiheit   168
Abbildung 123: Verbraucherschutz bei Kreditverträgen   169

Abbildung 124: Vertragsbeziehungen bei bankfinanzierter Fremdfinanzierung 171
Abbildung 125: Überblick über die Fremdfinanzierungen 172
Abbildung 126: Abgrenzung der Kreditfinanzierungen 173
Abbildung 127: Systematik der Kreditfinanzierung 174
Abbildung 128: Klassifizierung von Kreditnehmern 175
Abbildung 129: Zahlungsstruktur von Darlehen 176
Abbildung 130: Kreditvertrag und Sicherungsvertrag 177
Abbildung 131: Der Prozess der Kreditvergabe 178
Abbildung 132: Unbefristete und befristete Kredite 180
Abbildung 133: Systematik von unbefristeten Krediten 181
Abbildung 134: Struktur von unbefristeten Krediten 183
Abbildung 135: Systematik von Darlehen 184
Abbildung 136: Der Prozess der Kreditprüfung 186
Abbildung 137: Systematik von Investitionsdarlehen 187
Abbildung 138: Prozess der Kreditprüfung bei Investitionsdarlehen 188
Abbildung 139: Systematik von Bankenratings 189
Abbildung 140: Struktur eines Grundbuchs 191
Abbildung 141: Besonderheiten des Baudarlehens 192
Abbildung 142: Sonderformen von Darlehen 194
Abbildung 143: Systematik von Konsortialfinanzierungen 196
Abbildung 144: Systematik von Projektfinanzierungen 198
Abbildung 145: Systematik von Schuldscheindarlehen 199
Abbildung 146: Zinserwartungen und Preisbildung eines Cap 201
Abbildung 147: Konstruktion eines Zero-Cost Collars 202
Abbildung 148: Systematik von Diskontkrediten 203
Abbildung 149: Struktur von Diskontkrediten 204
Abbildung 150: Systematik von Lombardkrediten 205
Abbildung 151: Systematik von Akzeptkrediten 208
Abbildung 152: Struktur des Akzeptkredits 210
Abbildung 153: Systematik von Avalkrediten 211
Abbildung 154: Struktur von Avalen 213
Abbildung 155: Abgrenzung der Leasingfinanzierung 216
Abbildung 156: Vertragsparteien der Leasingfinanzierung 217
Abbildung 157: Gestaltung von Leasingfinanzierungen 219
Abbildung 158: Systematik von Leasingfinanzierungen 220
Abbildung 159: Systematik des Factoring 221
Abbildung 160: Struktur des Factoring 222
Abbildung 161: Systematik von Verbriefungen 223
Abbildung 162: Struktur von Asset Backed Securities 225
Abbildung 163: Abgrenzung der Verbriefungen 226
Abbildung 164: Struktur von klassischen Verbriefungen 227
Abbildung 165: Struktur von synthetischen Verbriefungen 228
Abbildung 166: Systematik von Sicherheiten 231

Abbildung 167: Abgrenzung der Sicherheiten 232
Abbildung 168: Abgrenzung der Personensicherheiten 234
Abbildung 169: Abgrenzung der Sachsicherheiten 236
Abbildung 170: Abgrenzung der standardisierten Vertragsklauseln 237
Abbildung 171: Systematik von Kreditderivaten 239
Abbildung 172: Systematik von Mezannine-Finanzierungen 240
Abbildung 173: Abgrenzung der Mezzanine-Finanzierungen 241
Abbildung 174: Systematik von Beteiligungsfinanzierungen 243
Abbildung 175: Phasen der Beteiligungsfinanzierung 244
Abbildung 176: Systematik von Aktienfinanzierungen 246
Abbildung 177: Struktur der Aktienfinanzierung 247
Abbildung 178: Abgrenzung der Aktienfinanzierung 249
Abbildung 179: Systematik von Anlageleistungen 252
Abbildung 180: Risikominimierung am Kapitalmarkt 253
Abbildung 181: Begriffsbestimmungen des WpHG 255
Abbildung 182: Pflichten der Kreditinstitute im Wertpapiergeschäft 256
Abbildung 183: Vorschriften zur Insiderüberwachung 257
Abbildung 184: Vorschriften zur Publizität 258
Abbildung 185: Verhaltensvorschriften für Wertpapierdienstleister 259
Abbildung 186: Verpflichtungen der Kreditinstitute in der Beratung 260
Abbildung 187: Anforderungen an die Prozesse im Handelsgeschäft 261
Abbildung 188: Börsengesetz und Depotgesetz 262
Abbildung 189: Einflussgrößen für die Kapitalanlage 263
Abbildung 190: Produkte des Anlagegeschäfts 264
Abbildung 191: Systematik von Einlagen bei Banken 266
Abbildung 192: Arten von Einlagen 267
Abbildung 193: Systematik von Sichteinlagen 269
Abbildung 194: Systematik von Termineinlagen 270
Abbildung 195: Systematik von Spareinlagen 271
Abbildung 196: Struktur von Sparverträgen 272
Abbildung 197: Einlagen als Sparprodukte und Sondersparformen 273
Abbildung 198: Systematik von Sondersparformen 275
Abbildung 199: Systematik von Sparbriefen und Sparschuldverschreibungen 276
Abbildung 200: Zahlungsfluss bei alternativer Verzinsung 277
Abbildung 201: Staatliche Sparförderung 278
Abbildung 202: Systematik des Bausparens 279
Abbildung 203: Struktur des Bausparens 281
Abbildung 204: Grundprinzip der Einlagensicherung 282
Abbildung 205: Einlagensicherungssysteme der deutschen Kreditwirtschaft 283
Abbildung 206: Einteilung der Effektengeschäfte 285
Abbildung 207: Abgrenzung der Wertpapiere 286
Abbildung 208: Systematik von Wertpapieren 287
Abbildung 209: Arten von Effekten 288

Abbildung 210: Vertragsbeziehung bei verzinslichen Wertpapieren 289
Abbildung 211: Systematik verzinslicher Wertpapiere 290
Abbildung 212: Alternativen der Verzinsung 291
Abbildung 213: Abgrenzung der öffentlichen Anleihe-Emittenten 292
Abbildung 214: Abgrenzung der Anleihe-Emittenten 293
Abbildung 215: Abgrenzung der Bundeswertpapiere 294
Abbildung 216: Systematik von Pfandbriefen 296
Abbildung 217: Struktur von Pfandbriefen 297
Abbildung 218: Sicherheit verzinslicher Wertpapiere 298
Abbildung 219: Vertragsbeziehungen bei beteiligungsrechtlichen Wertpapieren 299
Abbildung 220: Systematik beteiligungsrechtlicher Wertpapiere (Aktien) 300
Abbildung 221: Rechte von Aktien 302
Abbildung 222: Besonderheiten von Aktien 303
Abbildung 223: Struktur von Investmentfonds 306
Abbildung 224: Struktur von Investmentaktiengesellschaften 307
Abbildung 225: Aufgabenverteilung bei der Fondsanlage 308
Abbildung 226: Kriterien zur Systematisierung von Investmentfonds 309
Abbildung 227: Konstruktionen von Investmentfonds 310
Abbildung 228: Unterscheidung der Investmentfonds nach Vermögenswerten 311
Abbildung 229: Unterscheidung der Investmentfonds nach Anlageschwerpunkten 313
Abbildung 230: Ausrichtung spezieller Wertpapierfonds 314
Abbildung 231: Systematisierung der Derivate 316
Abbildung 232: Systematik von Optionen 317
Abbildung 233: Struktur von Optionen 319
Abbildung 234: Ertrags-Risiko-Profil bei Optionen 320
Abbildung 235: Systematik von Futures 322
Abbildung 236: Struktur von Futures 324
Abbildung 237: Ertrags-Risiko-Profil von Futures 325
Abbildung 238: Arten von Derivaten 326
Abbildung 239: Systematik der Wertpapier-Sonderformen 327
Abbildung 240: Systematik von Wandelanleihen 328
Abbildung 241: Systematik von Optionsanleihen 330
Abbildung 242: Systematik von Genussscheinen 331
Abbildung 243: Systematik von Aktienanleihen 333
Abbildung 244: Systematik von Hybridanleihen 334
Abbildung 245: Systematik von Optionsscheinen 335
Abbildung 246: Systematik von Zertifikaten 336
Abbildung 247: Kriterien zur Systematisierung von Zertifikaten 337
Abbildung 248: Strukturierung von Garantie- und Indexzertifikaten 339
Abbildung 249: Ausstattungsmerkmale von Zertifikaten 340
Abbildung 250: Strukturierung von Garantie- und Indexzertifikaten 341
Abbildung 251: Strukturierung von Diskontzertifikaten 342
Abbildung 252: Sonderformen von Zertifikaten 343

Abbildung 253: Rendite-Risikoprofil von Anlagealternativen   344
Abbildung 254: Risikokategorien der Vermögensanlagen   345
Abbildung 255: Spezielle Risikokategorien der Vermögensanlagen   347
Abbildung 256: Systematik sonstiger Anlagewerte   350
Abbildung 257: Beziehungen zwischen Banken und Versicherungen   353
Abbildung 258: Das deutsche Versicherungssystem in der Übersicht   354
Abbildung 259: Theorie der Versicherung   355
Abbildung 260: Institutionen der Versicherungsaufsicht   356
Abbildung 261: Wesentliche Regelungen des Versicherungsvertragsgesetzes   357
Abbildung 262: Übersicht über die Versicherungsarten   358
Abbildung 263: Entwicklung des deutschen Versicherungswesens   359
Abbildung 264: Die Abgrenzung der Versicherungszweige   360
Abbildung 265: Die Systematik der Versicherungszweige   361
Abbildung 266: Systematik der Sozialversicherungen (Kollektivversicherungen)   362
Abbildung 267: Systematik der Individualversicherungen   363
Abbildung 268: Systematik der Lebensversicherungen   364
Abbildung 269: Formen der Lebensversicherung   365
Abbildung 270: Ausgestaltung der Lebensversicherung   367
Abbildung 271: Systematik der Krankenversicherung   368
Abbildung 272: Systematik der Sachversicherungen   369
Abbildung 273: Systematik der HUKR-Versicherungen   370
Abbildung 274: Operative Tätigkeitsbereiche von Kreditinstituten   375
Abbildung 275: Systematik der Geschäftsfelder im Privatkundengeschäft   376
Abbildung 276: Systematik der Geschäftsfelder im Firmenkundengeschäft   377
Abbildung 277: Strategische Tätigkeitsbereiche von Kreditinstituten   378
Abbildung 278: Dimensionen der Gesamtbanksteuerung   380
Abbildung 279: Dimensionen des dualen Steuerungsprinzips   381

Abkürzungsverzeichnis

ABS	Asset Backed Securities
AG	Aktiengesellschaft
AGB	Allgemeine Geschäftsbedingungen
AKA	Ausfuhrkreditgesellschaft m.b.H.
AktG	Aktiengesetz
BaFin	Bundesanstalt für Finanzdienstleistungsaufsicht
BaKred	Bundesaufsichtsamt für das Kreditwesen
BAWe	Bundesaufsichtsamt für den Wertpapierhandel
BGB	Bürgerliches Gesetzbuch
BIZ	Bank für Internationalen Zahlungsausgleich
BLZ	Bankleitzahl
BöAB	Börsenaufsichtsbehörde
BörsO	Börsenordnung
BVR	Bundesverband der Volks- und Raiffeisenbanken
CDO	Credit Default Option
C.L.C.	Commercial Letter of Credit
CLN	Credit Linked Note
DAX	Deutscher Aktienindex
DFÜ	Datenfernübertragung
DGZ-DEKA	Deutsche Girozentrale
DSGV	Deutscher Sparkassen- und Giroverband
DTA	Datenträgeraustausch
DTB	Deutsche Terminbörse
DZ Bank	Deutsche Genossenschaftszentralbank
ec	eurocheque
EG	Europäische Gemeinschaft
e.G.	eingetragene Genossenschaft
EAG	Einlagensicherungs- und Anlegerentschädigungsgesetz
ERA	Einheitliche Richtlinien für Akkreditive
ERI	Einheitliche Richtlinien für Inkassi
EU	Europäische Union
EUREX	European Exchange (Europäische Terminbörse)
EURIBOR	European Interbank Offered Rate
ESZB	Europäisches System der Zentralbanken
EWI	Europäisches Währungsinstitut
EZB	Europäische Zentralbank
FmFG	Finanzmarktfördergesetz

FRN	Floating Rate Note
FSAP	Financial Services Action Plan
FWB	Frankfurter Wertpapierbörse
GmbH	Gesellschaft mit beschränkter Haftung
GWG	Geldwäschegesetz
GZS	Gesellschaft für Zahlungssysteme
heK	Haftendes Eigenkapital
HGB	Handelsgesetzbuch
HSBC	Hongkong and Shanghai Banking Corporation
IAS	International Accounting Standards
IFRS	International Financial Reporting Standards
InvG	Investmentmodernisierungsgesetz
IPO	Initial Public Offering
KAGG	Kapitalanlagegesellschaftsgesetz
KfW	Kreditanstalt für Wiederaufbau
KG	Kommanditgesellschaft
KGaA	Kommanditgesellschaft auf Aktien
KWG	Kreditwesengesetz
Lfz.	Laufzeit
LZB	Landeszentralbank
MaH	Mindestanforderungen an Handelsgeschäfte
MaK	Mindestanforderungen an Kreditgeschäfte
MaRisk	Mindestanforderungen an das Risikomanagement
MBO/I	Management Buy Out/In
MifID	Markets in Financial Instruments Directive
NZB	Nationale Zentralbanken
OHG	Offene Handelsgesellschaft
PangV	Preisangabenverordnung
PIN	Persönliche Identifikationsnummer
POS	Point of Sale
POZ	Point of Sale-System ohne Zahlungsgarantie
Schufa	Schutzgemeinschaft für allgemeine Kreditsicherung
SSD	Schuldscheindarlehen
US-GAAP	General Agreement of Accounting and
VAG	Versicherungsaufsichtsgesetz
VÖB	Verband öffentlicher Banken
VVG	Versicherungsvertragsgestz
WpHG	Wertpapierhandelsgesetz
WWU	Wirtschaft- und Währungsunion
XETRA	Exchange Electronic Trading
XTF	Exchange Traded Funds
ZB-Rat	Zentralbankrat

1 Einführung

Banken lösen allein durch ihre Existenz immer wieder eine breite öffentliche Diskussion aus. Je nach wirtschaftlicher und gesellschaftlicher Situation wird die Stellung der Banken zum Gegenstand der öffentlichen Meinungsbildung. Dabei tritt die tatsächliche Rolle oft in den Hintergrund und Sachargumente werden vernachlässigt. Zu dieser seit je her exponierten Position des Bankgewerbes gesellt sich zu Beginn des 21. Jahrhunderts eine existentielle Frage für die gesamte Branche. Das traditionelle Bankgeschäft scheint keine Zukunft zu haben. Zeitgemäßer ist es daher auch von einem Finanzdienstleistungsgeschäft zu sprechen. Das Finanzdienstleistungsgeschäft ist von tiefgreifenden Veränderungen geprägt. Es treten neue Wettbewerber in den Markt, zu denen einerseits sogenannte „Non banks" und „Near banks" zählen, die inzwischen den Status von Finanzdienstleistern oder Banken haben. Andererseits sind dies ausländische Wettbewerber, die aufgrund der Internationalisierung der Finanzmärkte ihre Geschäftstätigkeit erweitern.

Die Positionierung des Finanzdienstleistungsgeschäftes zwischen den Wirtschaftseinheiten Unternehmen und Haushalt sowie die Tatsache, dass der Umgang mit dem Äquivalenzgut moderner Volkswirtschaften – Geld bzw. Geldkapital – der Geschäftsgegenstand von Finanzdienstleistern ist, führen zu einer Schlüsselstellung in der Gesellschaft. Darüber hinaus beinhaltet das Geschäft den Umgang mit Unsicherheit bzw. mit Risiko. Diese Kombination führt dazu, dass sich das Finanzdienstleistungsgeschäft einer besonderen Kontrolle durch den Staat unterziehen muss. Dieser Tatsache muss bei einer Analyse der Geschäftstätigkeit von Banken Rechnung getragen werden.

Der Leser findet zunächst allgemeine Ausführungen zu Bankensystemen, Banken und Finanzmärkten sowie zum deutschen Bankensystem im Besonderen. Den Schwerpunkt bilden die einzelnen Bankgeschäfte, die nach dem Baukastenprinzip systematisiert sind. Die Produkte und Leistungen sind den drei Kategorien Liquiditätsmanagement, Finanzierung und Kapitalanlage zugeordnet. Die Abgrenzung erfolgt nach den Konstruktionsmerkmalen der einzelnen Produkte bzw. Produktgruppen. Danach werden die Tätigkeitsbereiche der Kreditinstitute abgegrenzt. Dies ermöglicht die Zuordnung der Produkte und Leistungen nach geeigneten „Leistungspaketen" aus der Kundenperspektive. Darüber hinaus werden Grundsatzfragen der Banksteuerung in einem eigenen Kapitel untersucht.

2   Banken in der Volkswirtschaft

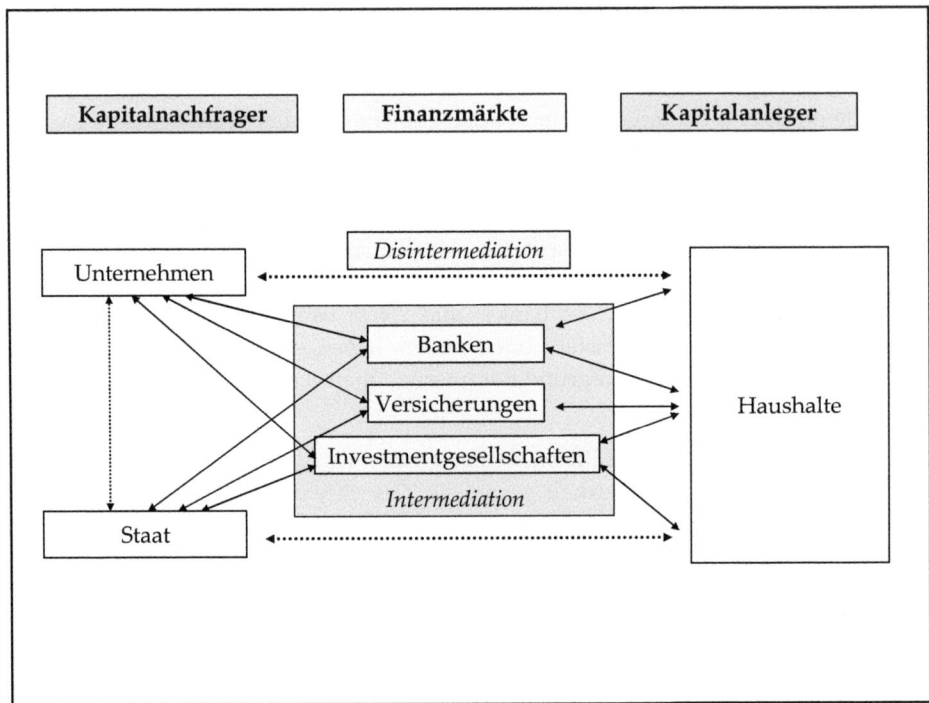

Abbildung 1: Wirtschaftsakteure und Finanzintermediäre

In einer modernen arbeitsteiligen Volkswirtschaft erzielen die **Wirtschaftsakteure** regelmäßig Finanzierungsüberschüsse oder -defizite. Finanzierungssalden in geldwirtschaftlicher Hinsicht entsprechen in realwirtschaftlicher Hinsicht Absorptionsungleichgewichten. Es existieren Wirtschaftssubjekte, deren Einkommen temporär deren geplante Ausgaben übersteigen und Wirtschaftssubjekte, deren Ausgaben durch deren Einkommen nicht gedeckt sind. Realwirtschaftlich bedeutet dies, dass Wirtschaftsindividuen dem Markt mehr Realgüter zur Verfügung stellen, als sie dem Markt entnehmen bzw. dass die Wirtschaftsindividuen vom Markt mehr Realgüter in Anspruch nehmen, als sie bereitstellen.

2.1   Theorie der Finanzdienstleistung

Das Finanzsystem einer dezentralen Volkswirtschaft gewährleistet zwischen diesen Wirtschaftsakteuren eine Vermittlung. Um die Effizienz der Herbeiführung dieser Vermittlung zu erhöhen, entstanden Finanzmärkte und Finanzintermediäre. Die Wirtschaftsakteure kann man differenzieren in die privaten **Haushalte**, die **Unternehmen** und den **Staat**. Die privaten Haushalte sind die Wirtschaftseinheiten, die primär Absorptionsdefizite aufweisen, also eher als **Sparer** oder Kapitalanbieter an den Markt gehen. Demgegenüber weisen der Staat und die Unternehmen primär Absorptionsüberschüsse auf, treten also tendenziell als **Investoren** oder Kapitalnachfrager an den Markt.

Die Vielfalt der Finanzierungs- bzw. Kapitalanlageformen erfordert auch im geldwirtschaftlichen Bereich eine weitgehende "interpersonelle Arbeitsteilung", die von den Finanzintermediären wahrgenommen wird. Zu den Finanzintermediären sind in erster Linie **Banken**, **Versicherungen** und **Investmentgesellschaften** zu zählen. Darüber hinaus konkurrieren weitere Finanzintermediäre, wie Makler und Finanzberater mit den etablierten Institutionen. Von Allfinanzdienstleistern wird gesprochen, wenn sowohl Bank- als auch Versicherungsleistungen von einem Intermediär angeboten werden.

Die Handelsobjekte an den Finanzmärkten sind in etablierten Marktwirtschaften mit entwickelten Finanzsystemen sehr vielfältig und unterliegen einem ständigen Innovationsprozess. Die Schaffung neuer Finanzinstrumente führt u.a. auch dazu, dass Investoren den direkten Weg an die Finanzmärkte wählen, ohne die Einschaltung von Finanzintermediären. Dieser Vorgang wird als **Disintermediation** bezeichnet. Dem System der Finanzmärkte sind Devisen-, Geld-, Kapital- und Kreditmärkte zuzuordnen.

Finanzintermediäre bieten Dienstleistungen an, die den Anbietern und Nachfragern von Kapital einen entsprechenden Nutzen stiften. Durch den Ausgleich zwischen den Marktteilnehmern verringern sich zum einen die Transaktionskosten. Auf den Finanzmärkten gelangen das Angebot und die Nachfrage nach Geld(kapital) zum Ausgleich. Die Finanzintermediäre vermitteln zwischen den Anbietern und Nachfragern auf den Finanzmärkten, indem sie Marktteilnehmer zusammenführen und prüfen (Such- und Informationskosten) und die Kosten des Interessenausgleichs (Verhandlungs- und Abschlusskosten) senken.

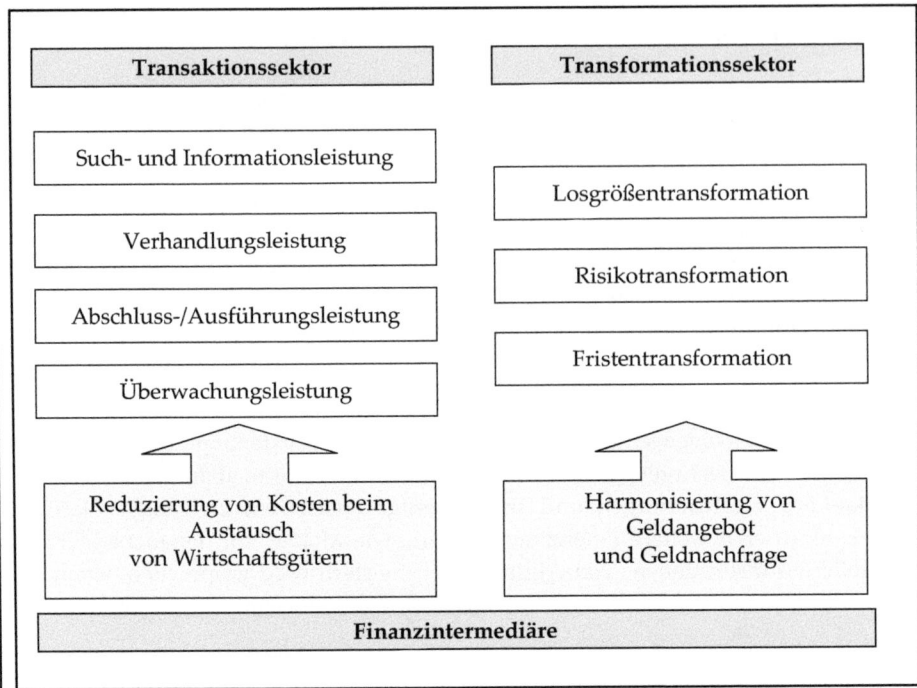

Abbildung 2: Dienstleistungen der Finanzintermediation

Zum anderen wandeln **Finanzdienstleister** Beträge, Fristen und Risiken. Große Beträge werden in kleine Beträge transformiert, bspw. bei der Stückelung einer großen Einlage in kleine Kredite. Alternativ werden kleine Beträge in große Beträge gewandelt, z.B. durch die Ansammlung kleiner Spareinlagen und die Herausgabe eines Großkredits. Bei der Fristentransformation legen Kapitalanleger das Geld für einen kurzen Zeitraum (1 Jahr) an, während der Finanzintermediär das Geld langfristig einem Kapitalnachfrager bereitstellt (5 Jahre). In diesem Fall der Fristeninkongruenz muss der Intermediär fristgerecht neue Kapitalanleger finden, die vom 2. – 5. Jahr das Geld anbieten. Schließlich übernehmen Finanzdienstleister Risiken, die einzelne Kapitalanbieter nicht tragen wollen bzw. können. Einlagen bei Banken und Sparkassen sind gesichert und werden von diesen zurückgezahlt, unabhängig davon, ob der einzelne Kapitalnachfrager seinen Zahlungsverpflichtungen nachkommt. Da das Finanzdienstleistungsgeschäft ein Geschäft unter Unsicherheit ist, weil die Gegenleistung in der Zukunft liegt, besteht in der Risikotransformation eine wesentliche Dienstleistung.

Finanzdienstleister, insbesondere Banken und Sparkassen übernehmen in einer marktwirtschaftlichen Ordnung aufgrund ihrer wichtigen Dienstleistungen für Transaktionen in der Geldwirtschaft eine Schlüsselfunktion. Diese Funktion hat sich im Verlauf der wirtschaftlichen Entwicklung erst allmählich herausgebildet und verstärkt.

2.2 Bankmathematische Grundlagen

Grundvoraussetzung für die Kalkulation von Geld- und Kapitalströmen und das Verständnis von Finanzdienstleistungsprodukten ist die Kenntnis vom **Zeitwert des Geldes**. Ein Wirtschaftssubjekt hat die Alternative, einen verdienten Euro **Einkommen** sofort für die Bezahlung von Gütern und Dienstleistungen (**Konsum**) einzusetzen oder den Euro zu sparen (**Ersparnis**), um zukünftig davon Konsum zu bezahlen. Ein rational handelndes Individuum wird auf die Möglichkeit in der Gegenwart zu konsumieren nur verzichten, wenn diesem Verzicht ein zusätzlicher Nutzen in der Zukunft gegenüber steht. Der Konsumverzicht muss also entgolten werden. Das bedeutet, dass die Ersparnis einen Preis haben muss. Je höher der Preis für die Ersparnis ist, desto attraktiver wird der **Zukunftskonsum** gegenüber dem **Gegenwartskonsum**. Da den Marktteilnehmern mit Ersparnissen (Finanzierungsüberschüssen) entsprechende Marktteilnehmer mit Investitionen (Finanzierungsdefiziten) gegenüberstehen, entspricht der Preis aus deren Sicht dem Preis für Investitionen. Investitionen sind um so interessanter, je niedriger der Preis für das überlassene Kapital.

In der Volkswirtschaftslehre ist der Preis für Kapital der **Zins** und der Markt wird üblicherweise als **vollkommener Markt** modelliert. Finanzdienstleistungen existieren aber gerade aufgrund der **Unvollkommenheit der Finanzmärkte**. Tatsächlich existiert daher eine Differenz zwischen dem Preis, den Sparer für den Konsumverzicht erhalten und dem Preis, den Investoren für überlassenes Kapital bezahlen müssen. Die Differenz ist der Preis für die Finanzdienstleistung auf unvollkommenen Märkten. Für die Analyse wird zunächst von einem einheitlichen Marktpreis ausgegangen.

Der Zusammenhang zwischen Gegenwartskonsum, Zukunftskonsum sowie Ersparnis und Investition lässt sich graphisch darstellen, wenn man davon ausgeht, dass es ein **Gegenwartseinkommen** von E_t und ein **Zukunftseinkommen** von E_{t+1} gibt. Dabei stellt der Zeitpunkt t die Gegenwart dar und der Zeitpunkt (t+1) repräsentiert die Zukunft. Weiterhin kann man davon ausgehen, dass ein Wirtschaftssubjekt in der Gegenwart das Einkommen E_t konsumieren kann und dann kein positiver oder negativer **Finanzierungssaldo** entstehen würde.

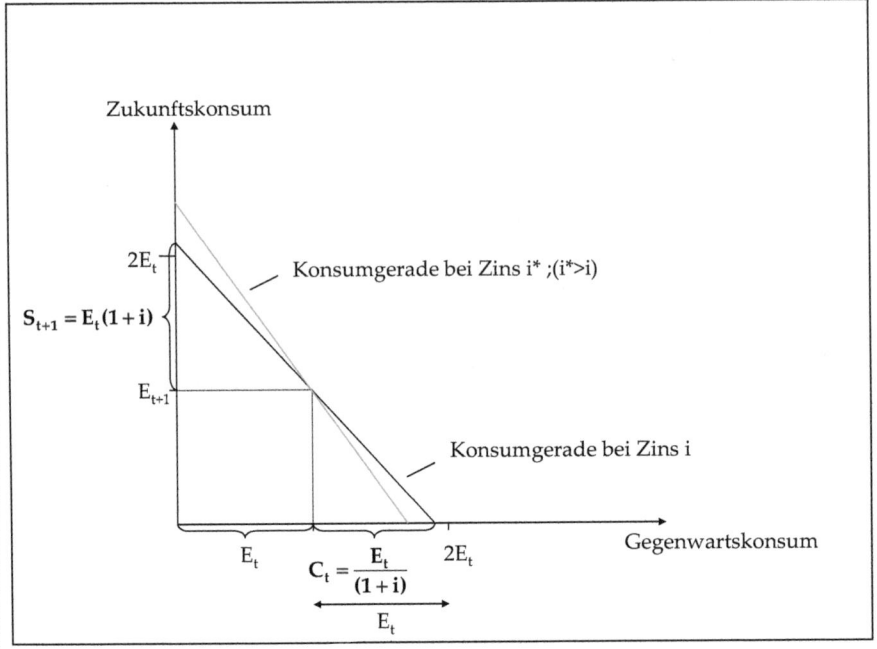

Abbildung 3: Gegenwarts- und Zukunftskonsum

Alternativ kann das Wirtschaftssubjekt in der Gegenwart sparen und das Einkommen einem anderen Individuum als **Finanzierung** zur Verfügung stellen. Theoretisch kann dabei maximal das Gegenwartseinkommen (E_t=S) gespart werden (Vernachlässigung eines Mindestkonsums zur Lebenshaltung). Wenn das Gegenwartseinkommen gespart wird, steht es in der Zukunft zum **Konsum** zur Verfügung. Dabei vermehrt sich der mögliche Konsum um die Zinszahlung (**Zins i**). In der Zukunft kann also das Zukunftseinkommen und die **Ersparnis** (S_{t+1}) konsumiert werden. Zudem wird unterstellt, dass das Einkommen sich nicht verändert, so dass gilt:

(1) $E_t = S = E_{t+1}$

(2) $S_{t+1} = E_t + E_t(i) = E_t(1+i)$

Damit steht für die Zukunft ein Betrag von

(3) $E_{t+1} + S_{t+1} = E_{t+1} + E_t(1+i)$

für den Konsum zur Verfügung, wenn in der Gegenwart auf Konsum verzichtet wird.

Stattdessen könnte das Wirtschaftssubjekt in der Gegenwart nicht nur das verfügbare Einkommen, sondern darüber hinaus zusätzlich maximal bis zur Grenze des Zukunftseinkommens konsumieren. Allerdings verlangt der Sparer (Kapitalanleger) den Preis i für die Überlassung des Einkommens. Wenn also der Sparer in der Zukunft

(4) $S_{t+1}=E_t(1+i)$

verlangt, um auf E_t zu verzichten, dann gilt auch:

(5) $E_t = \dfrac{S_{t+1}}{(1+i)}$.

Um in der Zukunft das Einkommen E_t zurückzahlen zu können, kann also das Individuum nur

(6) $C_t = \dfrac{E_t}{(1+i)} = \dfrac{E_{t+1}}{(1+i)}$

zusätzlich konsumieren. Das zusätzlich für Konsum zur Verfügung stehende Einkommen ist der gegenwärtige Wert des Zukunftseinkommens E_{t+1} und wird auch als **Barwert** bezeichnet. Allgemein versteht man unter dem Barwert den **Gegenwartswert einer zukünftigen Zahlung** bei einem gegebenen Zinssatz i. Je höher der Zinssatz i, desto höher der Preis für den zusätzlichen Konsum in der Gegenwart bzw. desto attraktiver ist die Ersparnis. Dies drückt sich darin aus, dass der **Zukunftswert** eines Kapitalbetrags mit dem Zins steigt oder umgekehrt formuliert, der Barwert eines zukünftigen Kapitalwertes mit steigendem Zins sinkt.

Nachdem bisher die Zukunft durch eine Periode abgebildet wurde, ist es notwendig, diese Beschränkung aufzuheben. Durch eine **periodisch wiederkehrende Zinszahlung** erhöht sich ein Kapitalbetrag (C_0), der heute gespart wird. Im einfachen Beispiel kann von dem Betrag 1,- EUR ausgegangen werden. Von entscheidender Bedeutung ist dabei, dass nicht nur der ursprüngliche Betrag 1,- EUR periodisch verzinst wird, sondern dass auch die vereinnahmten Zinszahlungen jeweils in späteren Perioden verzinst werden. Diesen Zusammenhang nennt man **Zinseszinseffekt**. Durch den Zinseszinseffekt wächst ein Kapitalbetrag über die Zeit exponentiell. Wenn dagegen nur der ursprüngliche Kapitalbetrag periodisch verzinst würde, wäre das Kapitalwachstum linear.

Die Höhe des Zinses hat mit zunehmendem Verzinsungszeitraum einen immer stärkeren Effekt. Ein Zinssatz von 5% bewirkt über einen Zeitraum von 30 Jahren, dass aus 1,- EUR Kapital in der Gegenwart nach 30 Jahren 4,32 EUR werden. Wenn dagegen der Zinssatz bei 10% liegt, steigt der Kapitalbetrag von 1,- EUR auf 17,45 EUR. Mathematisch lässt sich das wie folgt darstellen:

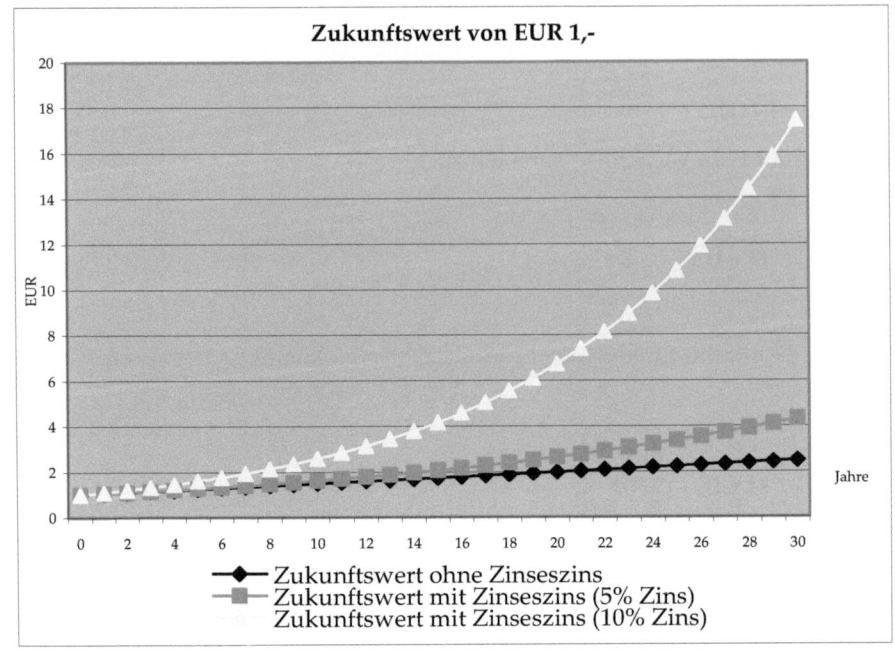

Abbildung 4: *Der Zinseszinseffekt*

(7)　$C_1 = 1,-EUR + 1,-EURx10\% = 1 + 0,1 = 1,1$

(8)　$C_2 = 1 + 0,1 + 1(10\%) + 0,1(10\%) = 1,1 + 1,1(0,1) = 1,21$

(9)　$C_{30} = 1 + 0,1 + ... + 1(10\%) + 0,1(10\%) + ... = 15,86 + 15,86(0,1) = 17,449$

Für das Finanzdienstleistungsgeschäft ist es essentiell, dass die Preise für Kapital unterschiedlichster Laufzeit bei veränderlichen Marktzinsen ermittelt werden können. Mit Hilfe des **Barwertkonzepts** können Preise für Wertpapiere, Versicherungsprämien und Kredite berechnet werden. Bei der Kapitalanlage ist von Interesse welcher Betrag am Ende eines bestimmten Anlagehorizonts aus einem heute einmalig angelegten Betrag und einem gegebenen Zins wird. Der **Zukunftswert** C_t eines Kapitalbetrags C_0

(10)　$C_t = C_0 + C_0(1 + i) + C_0(1 + i)^2 + ... + C_0(1 + i)^t$ lässt sich vereinfachen zu

(11)　$C_t = C_0(1 + i)^t$

und gibt den Zeitwert des eingesetzten Kapitals zu einem beliebigen Zeitpunkt t an.

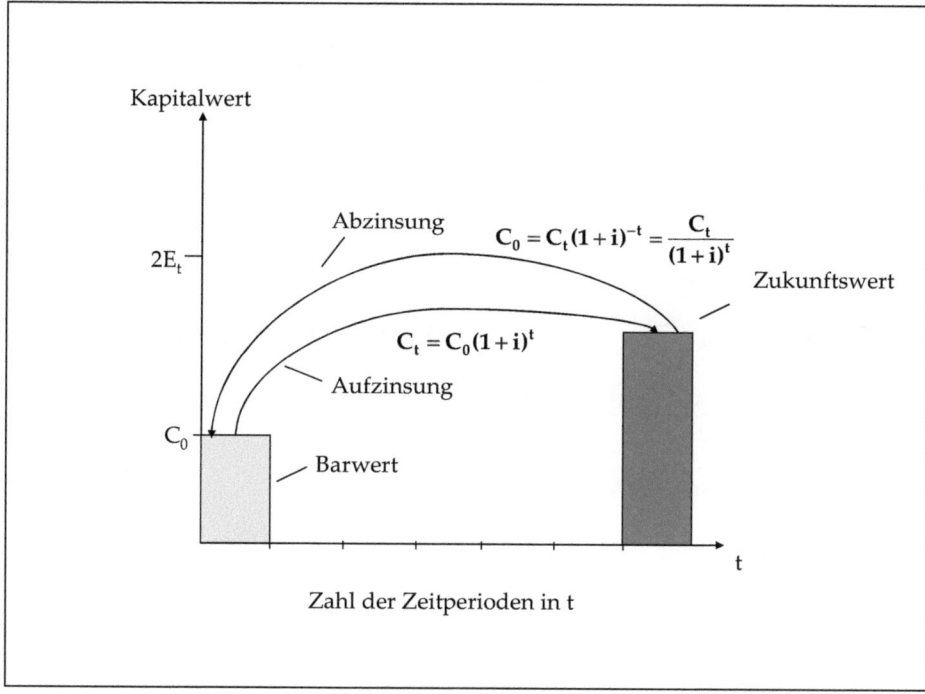

Abbildung 5: Auf- und Abzinsung von Kapital

Demgegenüber ergibt sich der **Barwert**, also der Wert einer zukünftigen Zahlung zum gegenwärtigen Zeitpunkt als

$$(12) \quad C_0 = \frac{C_t}{(1+i)^t} = \frac{C_1}{(1+i)} + \frac{C_2}{(1+i)^2} + \ldots + \frac{C_t}{(1+i)^t}.$$

Den Prozess der Verzinsung eines gegenwärtigen Kapitalwerts auf einen Zukunftswert nennt man **Aufzinsung**, während der Prozess der Zurückrechnung eines zukünftigen Kapitalbetrags auf die Gegenwart als **Abzinsung** bezeichnet wird. Schließlich kann mit Hilfe dieser Methodik auch die Verzinsung eines Kapitalbetrags über einen bestimmten Zeitraum ermittelt werden. Die Betrachtung wird erweitert, wenn man von einem zinstragenden Kapitalbetrag abstrahiert und generell die **Investition** in einen **Vermögensgegenstand** betrachtet, der eine bestimmte **Rendite** (r) erzielt. Dies kann beispielsweise die Investition in eine Aktie sein, deren Rendite sich aus Dividenden und Kursveränderungen ergibt. Alternativ ist auch eine Investition in eine Immobilie, deren Rendite sich aus Mietzahlungen und Wertveränderungen der Immobilie zusammensetzt, mit der Barwertmethode zu beurteilen.

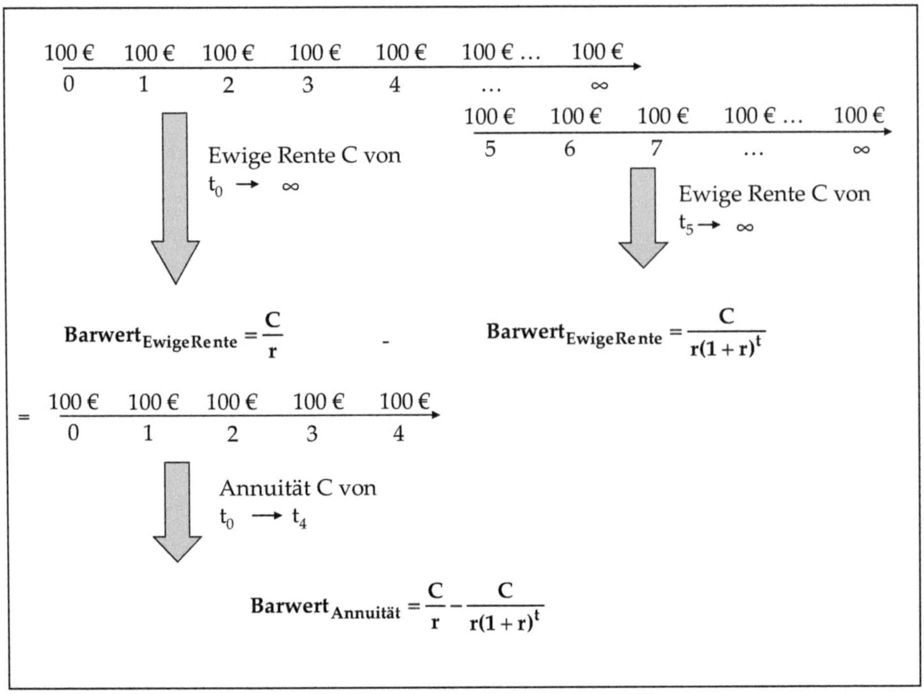

Abbildung 6: Ableitung einer Annuität aus ewigen Renten

Es kann auf diese Weise ein **Marktwert** für einen **Vermögensgegenstand** zu einem **beliebigen Zeitpunkt** ermittelt werden. Dies gilt insbesondere, wenn sich der Zinssatz bzw. die Rendite am Markt verändert.

Neben der Betrachtung der **Wertveränderung** eines einmaligen **Investments** (Kapitalbetrags) in der Zeit ist der Zeitwert einer regelmäßigen, kontinuierlichen Zahlung von besonderer Bedeutung. Eine solche, periodisch wiederkehrende, konstante Zahlungsreihe nennt man **Annuität**. Der Barwert einer Annuität lässt sich erklären aus der Differenz zweier ewiger Renten, von denen eine ab sofort gezahlt wird und die andere ab einem bestimmten Zeitpunkt t in der Zukunft. Eine ewige Rente ist eine unendlich gezahlte Annuität. Diese Annuität hat einen konkreten Marktpreis, ihren Barwert:

$$\text{Barwert}_{\text{Ewige Rente}} = \frac{C}{r}$$

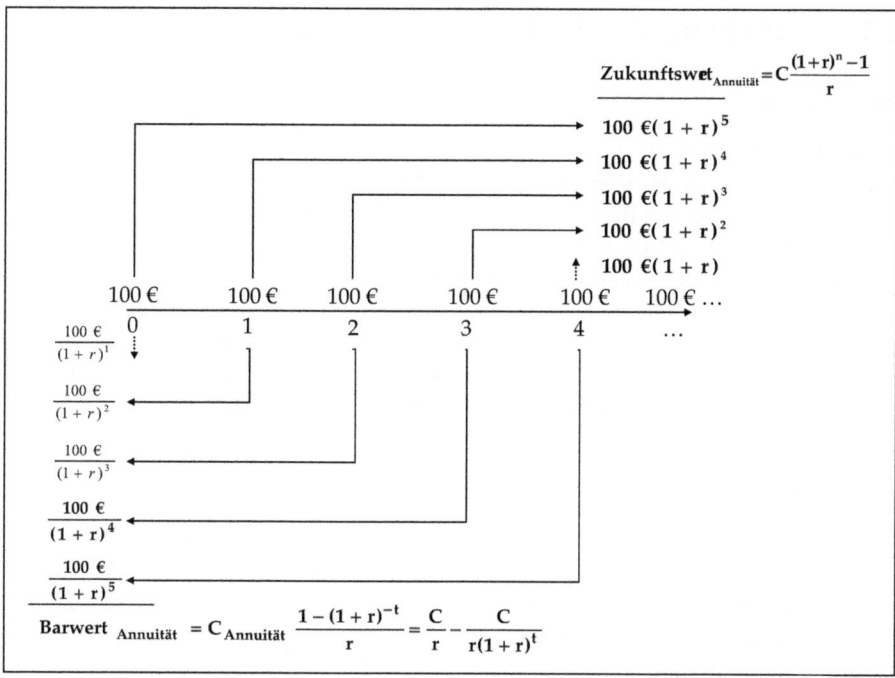

$$\text{Zukunftswert}_{\text{Annuität}} = C\frac{(1+r)^n - 1}{r}$$

$$\text{Barwert}_{\text{Annuität}} = C_{\text{Annuität}}\frac{1-(1+r)^{-t}}{r} = \frac{C}{r} - \frac{C}{r(1+r)^t}$$

Abbildung 7: Barwert und Kapitalendwert einer Annuität

Eine zum Zeitpunkt t einsetzende ewige Rente hätte demnach einen Barwert von:

$$(13) \quad \text{Barwert}_{\text{Ewige Rente}} = \frac{C}{r} \cdot \frac{1}{(1+r)^t}.$$

Im Beispiel ergibt sich der Barwert einer Annuität von Periode t=0 bis t=4 bei einer angenommenen Rendite von 10% als

$$(14) \quad \text{Barwert}_{\text{Annuität}} = \frac{C}{r} - \frac{C}{r(1+r)^t} = \frac{100}{0,1} - \frac{100}{0,1(1+0,1)^5} = 379,09.$$

Die Barwerte und Zukunftswerte von Annuitäten bzw. die Höhe einer annuitätischen Zahlung sind Grundlage der Kalkulation von Renten- und Lebensversicherungen, Pensionsrückstellungen und Finanzierungsraten, genauso wie die Basis der Berechnung von Wertpapierpreisen, Kapitalbindungsdauern sowie Prämien von Derivaten.

2.3   Historie der Bankenentwicklung

■ **Münzwesen**

Im weitesten Sinne beginnt das Bankgeschäft mit dem Münzwesen. Die Existenz griechischer und römischer Münzen ist weitgehend bekannt. Als Erfinder der Münze gelten die Lyder in Kleinasien im 7. Jhd. v. Chr. In der vorchristlichen Zeit dominierte das griechische Münzwesen (um 600 v. Chr. Beginn der Münzprägung in Athen und Korinth). Aufgrund der handelspolitischen Bedeutung der Stadt Athen sind vor allem die „Eulen von Athen" noch heute bekannt. Die Münzen mit diesem Motiv waren im Mittelmeerraum weit verbreitet und akzeptiert. Das römische Münzwesen verbreitete sich erst allmählich zwischen dem 5. bis 3. Jahrhundert v. Chr. und erst im dritten Jahrhundert vor unserer Zeit begann in Rom die Münzprägung. Zuvor galt das Vieh - „Pecus" - als Wertmaßstab im Römischen Reich.

■ **Bankgeschäfte**

Die Ursprünge des Bankgeschäfts lassen sich bis in die Antike zurückverfolgen. Die Verwahrung von Wertgegenständen in Tempeln und der Münzgeldwechsel können im weitesten Sinne als erste bankähnliche Dienstleistungen betrachtet werden. Dokumente aus Babylonien und Assyrien belegen die Existenz eines gesetzlich geregelten Darlehensgeschäfts und eine Art von Wechseln bzw. Schecks (Gesetzessammlung von Hammurabi ca. 1704-1662 v.u.Z.). Bereits im frühen Rom gab es verzinsliche Darlehen. Als erste Bankgeschäfte i.e.S. gelten die etablierten Münzwechsel im Mittelalter, die in Italien (12./13. Jhd.) ihren Ausgangspunkt hatten. Das Versprechen des Ausstellers, an einem bestimmten Ort in der dort geltenden Währung einen bestimmten Betrag auszuzahlen, wurde die Grundlage für den heute bekannten Wechsel(brief) und wurde seinerzeit vorwiegend von Lombarden und Juden genutzt. Problematisch für das Entstehen des Bankgeschäfts war das Zinsverbot der katholischen Kirche, das bis ins 18. Jahrhundert offiziell Bestand hatte. Da dieses Verbot nicht für Juden galt, waren diese für das Geldleihgeschäft prädestiniert. Selbstverständlich durften die Geldleiher auch Angehörige der katholischen Kirche zu ihren Kunden zählen. Kaufleute betrieben ebenfalls oftmals das Geldleihgeschäft. Aus der Verwahrung von Wertgegenständen und Geld entstand das Depositengeschäft (Einlagengeschäft) und in der Folge das Darlehensgeschäft, wenn diese Depositen (Einlagen) verliehen bzw. investiert wurden. Kreditvergabe in Form der Pfandleihe stellte bereits im Mittelalter ein wichtiges Geschäft dar. Die Betreiber des Geschäfts liefen stets Gefahr, wegen Wuchers belangt bzw. verfolgt zu werden. Ein generelles Verbot als Alternative hatte nicht selten das Ausweichen auf illegale Wuchergeschäfte zur Folge, weil der Kreditbedarf vorhanden war und dies vor allem auch bei den regierenden Adelshäusern selbst. Im 15. Jahrhundert entstanden für die Bedürftigen sogenannte öffentliche Pfandleihen (Monti di Pietà).

■ **Börsenwesen**

Außerordentliche Bedeutung für die Entwicklung des Bank- und Finanzwesens hatten die Messen, auf denen Geldgeschäfte in großem Umfang abgewickelt wurden. Im Verlauf dieser Messen wurden regelmäßig Kurse für Wechselbriefe sowie kommerzielle und finanzielle Verbindlichkeiten festgestellt. Daraus entstanden die Börsen als Handelsplätze für Waren, Edelmetalle und schließlich Wertpapiere. Zentrum dieser Entwicklung war im 16. Jahrhundert die Stadt Antwerpen. Dort wurden, neben Geld- und Wechselkursen, Agios und Disagios (Auf- und Abschläge) für Handels- und Staatseffekten ermittelt. Als erste Gründung einer Börse in der heute bekannten Form gilt die Entstehung der Amsterdamer Börse 1611.

Einen Meilenstein in der Entwicklung des Bankwesens stellte das Staatsanleihengeschäft dar. Im 19. Jahrhundert wurde der enorme Finanzbedarf der Länder und Nationalstaaten durch Privatbanken gedeckt, für die dieses Geschäft gleichzeitig die wichtigste Geschäftsgrundlage war. Kurzfristige Staatsschuldscheine wurden in großem Umfang durch langfristige Staatsanleihen ergänzt. Diese Entwicklung setzte bereits im 17. Jahrhundert zuerst in England ein. Die Blüte des Amsterdamer Kapitalmarktes im 17./18. Jahrhundert war nicht unwesentlich der Finanzierung des englischen Staates geschuldet.

■ **Giro- und Depositengeschäft**

Das Giro- und das Depositenbankwesen haben ebenfalls eine lange Tradition. Sowohl private als auch öffentliche Banken nahmen Einlagen an und investierten die Gelder in Handelsunternehmen. Kriegszeiten und wirtschaftliche Krisen führten bereits im 14./15. Jahrhundert zu Insolvenzen dieser Häuser, da dann die Depositen gehäuft abgerufen wurden und die Investitionen unsicher waren. Umgekehrt waren die Blütezeiten des Handels stets auch Zeiten florierender Bankgeschäfte. Depositenscheine waren schließlich die Grundlage für die Entstehung der Banknoten, die in England im 17./18. Jahrhundert weite Verbreitung fanden. Mit der Schaffung von Papiergeld wurde die Geldschöpfung in großem Umfang möglich und Liquiditätsengpässe konnten überbrückt werden. Die Emission von Banknoten überstieg alsbald die Höhe der Depositen, da nicht permanent alle Depositen eingelöst wurden. Eine ungenügende Deckung der umlaufenden Depositen mit liquiden Mitteln führte zwangsläufig zu Vertrauenskrisen bezüglich der Banknoten. Erst mit der Etablierung der Banknoten als gesetzliches Zahlungsmittel, insbesondere mit der Schaffung eines Notenbankmonopols, konnte die Vertrauenswürdigkeit von Banknoten gestärkt werden.

2.3.1 Herausbildung von Zentralnotenbanken

Die Herausbildung der Banknoten zum gesetzlichen Zahlungsmittel im 19. Jahrhundert führte alsbald dazu, dass deren Emission monopolisierten Zentralbanken vorbehalten war. Der steigende Geldbedarf konnte durch Münzen nicht mehr zweckmäßig gedeckt werden. Die Banknoten erwiesen sich als pragmatisches Instrument der Geldschöpfung und erleichterten den Zahlungsverkehr. Die Kontrolle des Papiergeldumlaufs und die Herstellung der Vertrauenswürdigkeit dieses Zahlungsmittels erschienen von wesentlicher Bedeutung für die Stabilität des Finanzwesens. Die bereits 1694 gegründete Bank of England spielte bei der Entstehung der Zentralnotenbanken eine herausragende Rolle. Bereits im 18. Jahrhundert erlangte die Bank of England Privilegien bei der Notenemission, die aber erst 1921 zum endgültigen Notenmonopol führten. Dennoch wurde durch die Garantie der Bank of England und ein Einlöseversprechen in Gold schrittweise anderes Notengeld verdrängt. In den europäischen Staaten entstanden zunächst verschiedene Banken, die das Recht der Notenemission erhielten. Schrittweise wurde das Monopol der Banknotenemission an eine nationale Zentralbank übertragen. Die 1800 gegründete Banque de France erhielt dieses Monopol bereits 1848. In Deutschland ging die Reichsbank 1875 aus der Preußischen Bank hervor, die schließlich 1909 das Notenbankmonopol erhielt. Die Gründung der Zentralbanken und die Schaffung nationaler Währungen als schließlich alleiniges gesetzliches Zahlungsmittel stellte allerdings noch nicht sicher, dass damit auch die Stabilität des Geldwertes gesichert war.

2.3.2   Entstehung der Geschäftsbanken

Das Bankgeschäft betrieben viele Handels- und Speditionsunternehmen zunächst als Nebentätigkeit. In England beruht die Bezeichnung „Merchant Banks" auf dieser Historie. Die Älteste dieser Banken und Anfang des 19. Jahrhunderts gleichzeitig die wichtigste europäische Privatbank war Baring Brothers & Co. Die Vormachtstellung im europäischen Bankenmarkt übernahm dann das Bankhaus Rothschild mit Dependancen in allen wichtigen europäischen Finanzplätzen jener Zeit. Die Dominanz des Staatsanleihengeschäfts wurde im Verlauf des Jahrhunderts durch die Eisenbahnfinanzierungen abgelöst. In den meisten europäischen Ländern übernahmen die Privatbankiers zum großen Teil die Eisenbahnfinanzierung, da diese Häuser die kapitalkräftigsten Institute in dem Zeitraum waren und nur so die erforderlichen Summen bereitgestellt werden konnten.

Mit dem Erfordernis, große Kapitalbeträge für die Industrialisierung bereitzustellen und den damit verbundenen Risiken ergab sich die Notwendigkeit neuer Finanzierungsstrukturen. Es erfolgten im letzten Drittel des 19. Jahrhunderts eine Konzentration im Bankwesen und zahlreiche Gründungen von Aktienbanken, die den Kapitalbedarf großer Industrieunternehmen decken konnten. Neben dieser Entwicklung entstanden im gleichen Jahrhundert in allen europäischen Ländern Hypothekenbanken, Sparkassen und Genossenschaftsbanken.

2.3.3 Geschichte des deutschen Bankensystems

■ Privatbanken

Historisch sind auch in Deutschland die privaten Banken als erste Geschäftsbanken entstanden, die Kapitalanlage und Finanzierungen für Kaufleute und Unternehmer bzw. vermögende Privatkunden anboten. Die Fugger in Augsburg waren für ihren Reichtum berühmt, förderten aber auch die Architektur und bauten die erste Wohnsiedlung für unschuldig in Not geratene Menschen. Privatbankiers, wie z.B. Bleichröder, der Bankier Bismarcks, unterstützten Schriftsteller, Künstler und Wissenschaftler. Das eingebrachte Vermögen stammte von einzelnen Personen bzw. Familien. Damit stießen die Privatbanken mit der industriellen Revolution an die Grenze ihrer finanziellen Belastbarkeit. Die bis Mitte des 19. Jahrhunderts bestehende Dominanz dieser Häuser wurde zurückgedrängt. Führende Privatbankiers, wie der Berliner Delbrück, forcierten allerdings die Gründung der großen Aktienbanken, da sie deren Bedeutung durchaus erkannten. Bis zur Eingliederung Frankfurts in Preußen war die Mainstadt schon einmal der bedeutendste Bankenstandort Deutschlands. Dort hatten z.B. die Gebr. Bethmann sowie Metzler seel. Sohn & Co ihren Sitz. Die ebenso bekannten Herstatt und Sal. Oppenheim stammten aus Köln.

■ Sparkassen

Seit dem 18. Jahrhundert sind in mehreren Wellen Sparkassen entstanden, die in erster Linie ihre Aufgabe darin sahen, breiten Bevölkerungsschichten die Anlage des „Notgroschens" zu ermöglichen. So konnte einerseits der Spargedanke gefördert werden, andererseits konnten auf diese Weise in großem Umfang Einlagen als günstige Refinanzierungsmittel gesammelt werden. Die Kleinsparergelder, für die sich die dominierenden Privatbanken nicht interessierten, wurden bei den Sparkassen gesammelt und dienten der Anlage in Hypotheken, Wertpapieren und Darlehen an öffentliche Körperschaften. Zu den ersten Sparkassen gehörten die norddeutschen Sparkassen in Oldenburg (1786) und Kiel (1796). Eine erste massive Gründungswelle im Sparkassensektor gab es Anfang des 19. Jahrhunderts und vor allem zwischen 1840 und 1860. Durch Sparkassenverordnungen waren die Sparkassen schon frühzeitig reguliert und in ihrer Geschäftätigkeit festgelegt. In der Folge erhielten die Sparkassen neue Aufgaben und Strukturen mit regionalen Verbänden, die zu ihrer Entwicklung als Kreditinstitute für den Mittelstand beitrugen.

■ Genossenschaftsbanken

Schließlich entstanden Mitte des 19. Jahrhunderts genossenschaftliche Banken. Unabhängig voneinander hatten Raiffeisen und Herrmann Schultze-Delitzsch die Idee, zur Verbesserung der Situation in der Landwirtschaft bzw. der Gewerbetreibenden und

18. Jhd.	Anfänge des Sparkassenwesens
1778	Sparkassengründung Hamburg (1778); Oldenburg (1786); Kiel (1796)
1816-30	1. Gründungswelle im Sparkassenwesen
1830-50	Gründungswelle im privaten Bankgewerbe / u.a. 1835 Bayer. Hyp.
1840-60	2. Gründungswelle im Sparkassenwesen
19. Jhd.	Anfänge des Genossenschaftswesens
1846	Friedrich W. Raiffeisen /Hülfsvereine für Bauern => Raiffeisenbank
1848	Schaffhausenscher Bankverein wird nach Krise erste AG
1850	Herrmann Schultze-Delitzsch gründet Vorschußverein / zur Unterstützung kleiner und mittlerer Gewerbetreibende => Volksbanken
1862	Gründung der ersten Hypothekenbanken
1869-73	Gründung der großen Aktienbanken Deutsche Bank (1870), Dresdner Bank (1872), Commerzbank (1870), Bay. Vereinsbank (1869)

Abbildung 8: Entwicklung des deutschen Bankwesens

Handwerker sogenannte Hülfsvereine zu begründen, die vor allem die finanzielle Unterstützung der Mitglieder zum Ziel hatten. Daraus entstanden im ländlichen Raum die Raiffeisenbanken und im städtischen Bereich die Volksbanken. Zunächst rein karikativ gestaltet, wurde die Darlehensgewährung in der Folge an die Mitgliedschaft geknüpft. Die Mitglieder hafteten dann gemeinsam und solidarisch für die Genossenschaften.

■ Aktienbanken

Die Aktienbanken wurden im Zeitalter der industriellen Revolution gegründet, als zur Finanzierung der entstehenden Industrien die Bereitstellung großer Beträge erforderlich wurde, die von den Privatbanken nicht aufgebracht werden konnten. In Deutschland liegt der Zeitpunkt der Gründung der großen Aktienbanken vergleichsweise spät, was in erster Linie in der ablehnenden Haltung der preußischen Regierung seine Ursache hat, die ungeachtet des Drängens vieler bekannter Privatbankiers keine Genehmigung für Aktienbanken erteilte.

2.4 Bankensysteme und Wirtschaftssystem

Ein Wirtschaftssystem stellt die Norm für das gesamte wirtschaftliche Handeln in einer Volkswirtschaft dar. Wesentlich charakterisiert wird das Wirtschaftssystem durch die Eigentumsordnung, den Koordinationsmechanismus und die Verteilungsordnung. Das Verteilungsprinzip ist zwar entscheidend für die Verteilung des Wohlstandes und die Vermögensbildung, aber von nebensächlicher Bedeutung für das mit dem Wirtschaftssystem verbundene Bankensystem. Die Zulassung der Eigentumsvielfalt in einem marktwirtschaftlichen Wirtschaftssystem führt zu privatem, genossenschaftlichem sowie staatlichem Eigentum an den Kreditinstituten. In einem marktwirtschaftlichen System dominiert das Privateigentum, das grundlegend für die Funktionsfähigkeit des Preismechanismus ist. In der Planwirtschaft gehört das Staatseigentum zu einer unabdingbaren Komponente des Systems. Diese bevorzugten Eigentumsformen gelten auch im Finanzwesen des jeweiligen Wirtschaftssystems.

Während in der Marktwirtschaft der Preis als Lenkungsmechanismus - der Preis für Geldkapital ist der Zins - fungiert, so übernimmt diese Funktion in der Planwirtschaft der zentrale Plan. Der Preis, respektive der Zins sind damit für die Koordinierung des wirtschaftlichen Handelns von untergeordneter Bedeutung.

2.4.1 Planwirtschaftliche Bankensysteme

In den Transformationsstaaten bestanden bis zum Scheitern der zentralen Planwirtschaft Monobankensysteme, in denen die Staatsbanken nicht nur das Monopol der Banknotenausgabe, sondern auch ein weitgehendes Monopol über alle Bank- bzw. Kreditgeschäfte ausübten. Spareinlagen der Bevölkerung wurden bei der Staatssparkasse gesammelt und „planmäßig" zur Finanzierung des Staates bzw. der Staatsunternehmen investiert. Der Kreditbedarf der Wirtschaft wurde aufgrund der Planzahlen der Betriebe festgelegt. Eine freie Preisbildung am Finanzmarkt existierte nicht. Zinsen wurden zwar erhoben, standen aber in keinem Zusammenhang mit Angebot und Nachfrage nach Geldkapital. Ein Finanzmarkt nach marktwirtschaftlichem Muster war entbehrlich, demzufolge gab es auch keine Wertpapiere. Die Kenntnisse dieser Bankstrukturen sind in der Gegenwart noch wichtig, um die Entwicklungen der Banken- und Finanzsysteme in Mittel- und Osteuropa zu verstehen.

In der DDR existierte faktisch ein Monobankensystem, obwohl formal neben der Staatsbank noch Sparkassen, genossenschaftliche Banken und eigenständige staatliche Banken bestanden. Entsprechend dem volkswirtschaftlichen Gesamtplan übernahm die Staatsbank die einheitliche Geld- und Kreditpolitik. Kredite wurden zu festgesetzten Konditionen nach einem Vergabeplan ausgereicht. Die Verwendung der liquiden Mittel und damit der Geldumlauf unterlagen ebenfalls einer zentralen Planung. Die Geschäftsbanken fungierten damit als Zweigstellen der Zentralbank. Die Bonität war keine relevante Größe für die Kreditvergabe und der Zins hatte keinerlei Steuerungsfunktion.

2.4.2   Marktwirtschaftliche Bankensysteme

In modernen Marktwirtschaften besteht ein zweistufiges Bankensystem. Dazu gehören auf der einen Seite die Zentralbank und auf der anderen Seite die Geschäftsbanken. Die Zentralbank trägt die Verantwortung für den Geldwert, sie operiert als Bank der Banken und als Bank des Staates. Die moderne Zentralbank fungiert darüber hinaus als Notenbank, das heißt, sie verfügt über das Monopol der Ausgabe von Banknoten.

Die Geschäftsbanken übernehmen dagegen die Aufgabe der Kreditversorgung der Volkswirtschaft, der Abwicklung des Zahlungsverkehrs und der Durchführung von Geldanlagen nach dem Wettbewerbsprinzip. Die Arbeitsteilung zwischen den einzelnen Instituten und ihr jeweiliges Bankdienstleistungsangebot variieren zwischen den verschiedenen Marktwirtschaften. Es existieren vom Gesetzgeber vorgeschriebene oder historisch gewachsene Unterschiede in der Geschäftsstruktur der Kreditinstitute. Man kann unterscheiden zwischen Universalbanken, die bemüht sind ein möglichst umfassendes Leistungsangebot zu erstellen, und Spezialbanken, die sich auf bestimmte Geschäftsbereiche konzentrieren. Der Wettbewerb zwischen den Geschäftsbanken gewährleistet die Funktionsfähigkeit des Systems.

2.5   Zentralbanken

In der Gegenwart wird die Rolle von Zentralnotenbanken als alleinige Banken mit Emissionsrecht kaum mehr in Frage gestellt. Die Alternative eines Prinzips der Währungskonkurrenz erscheint nicht zweckmäßig, da nach herrschender Meinung die volkswirtschaftlichen Kosten eines Monopols durch die Vorteile eines einheitlichen Rechenmaßstabes, Zahlungsmittels und Wertstandards überkompensiert werden. Da die Wertstabilität des Geldes auch ohne Wettbewerb unter Notenemittenten sichergestellt werden kann, ist hier eine Monopolstellung der Zentralbank nicht nur nicht schädlich, sondern sogar vorteilhaft.

■ Zentralbanksystem

Alle modernen **Geldverfassungen** sind so organisiert, dass zweistufige Bankensysteme die Trennung von Zentralbankebene und Geschäftsbankebene sicherstellen. Die klassischen Aufgaben der Zentralbank liegen neben der Notenemission in der Rolle als Bank der Banken, Bank des Staates und Hüterin der Währung. Unterschiede liegen vor allem in der Ausgestaltung der Entscheidungsfreiheit der Zentralbank. Ein Monobankensystem würde keine klare Trennung zwischen den Aufgaben der Zentralbank und der Geschäftsbankentätigkeit beinhalten. In Monobankensystemen übernehmen Zentralbanken zusätzliche Aufgaben, wie die Versorgung der Unternehmen und Haushalten mit Krediten und nehmen ggf. sogar Einlagen von Nichtbanken an.

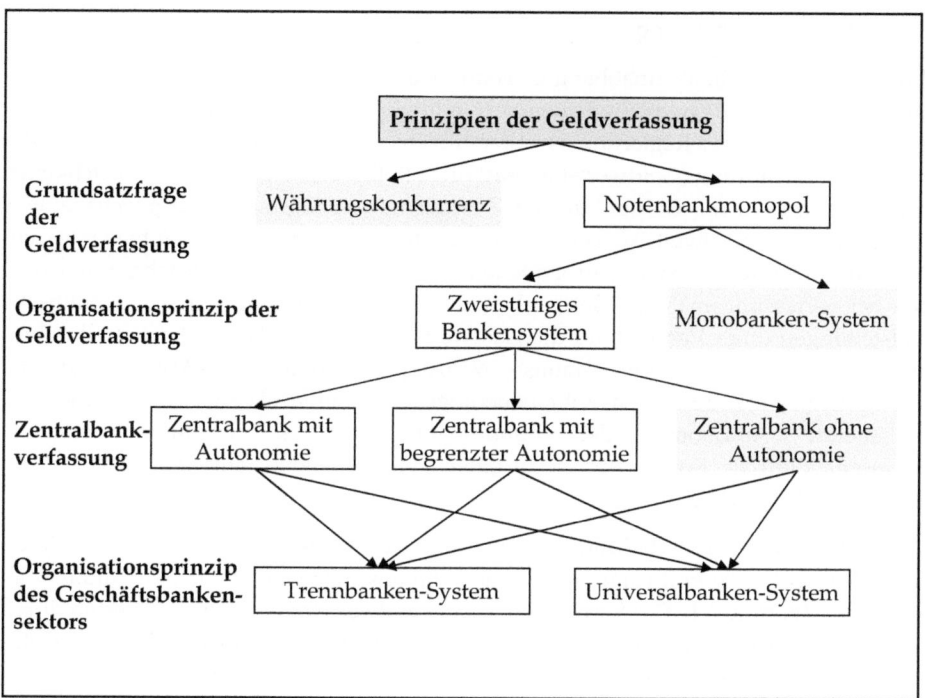

Abbildung 9: Alternativen von Zentralbanksystemen

Die Erfahrungen in der Inflationsbekämpfung als dem Hauptziel von Notenbanken zeigen, dass eine große **Zentralbankautonomie** die wichtigste Voraussetzung für die konsequente Orientierung an der Preisstabilität ist. Der Autonomiegrad einer Zentralbank wird daran gemessen, wie groß ihre Unabhängigkeit von politischen Instanzen in geldpolitischen Entscheidungen ist und welche geldpolitischen Instrumente dabei zur Verfügung stehen.

■ Geschäftsbankensystem

Das Geschäftsbankensystem kann unterschiedlich organisiert sein. Es kann zu einem historisch gewachsenen **Trennbankensystem** kommen, wie z.B. über viele Jahre in Großbritannien. Es kann aber auch gesetzlich ein Trennbanken- oder Universalbankenprinzip fixiert sein, so in den USA zwischen 1933-1999 ein Trennbankensystem. Die kontinentaleuropäischen Bankensysteme sind dagegen tendenziell historisch entstandene **Universalbankensysteme**. In einem Universalbankensystem dominieren Banken mit einer breit angelegten Geschäftsstruktur, wogegen in einem Trennbankensystem (Spezialbankensystem) die Geschäftsbanken nur spezielle Bankgeschäfte betreiben.

■ **Zentralbankverfassung**

Eine Zentralbank gilt als unabhängig, wenn sie ausdrücklich nur der **Geldwertstabilität** verpflichtet ist. Regelmäßig haben auch autonome Zentralbanken die Aufgabe, die Wirtschaftspolitik der Regierung zu unterstützen, soweit dies mit der Zielstellung der Inflationsbekämpfung (Geldwertstabilität) nicht kollidiert. Je größer die Möglichkeiten der Regierung, in die Geldpolitik der Zentralbank einzugreifen und gegebenenfalls sich über die Zentralbank zu verschulden, desto abhängiger ist die Notenbank. Tendenziell nutzen Regierungen vorhandene Möglichkeiten der Einflussnahme und werden bei verfassungsmäßiger Gelegenheit durch Notenemission wirtschaftspolitische Zielstellungen unter Verzicht auf die Geldwertstabilität verfolgen. Die Deutsche Bundesbank zeichnete für die wertstabilste Währung nach dem 2. Weltkrieg verantwortlich und ihre institutionellen Rahmenbedingungen galten als sehr liberal. Die weitestgehende Autonomie der Bundesbank und der damit verbundene währungspolitische Erfolg führten zu einer entsprechenden, autonomen Ausgestaltung der EZB-Verfassung.

Die Gestaltung der Entscheidungsgremien und das Auswahlverfahren bei der Besetzung der Zentralbankführung sind darüber hinaus maßgebend für den Autonomiegrad einer Zentralbank. Die Verpflichtung zur Geldwertstabilität wird weiterhin durch Anreizmechanismen untermauert, die den Zentralbanken bei Erreichung von Geldwertstabilität höhere Reputation und monetäre Vorteile verschaffen. Zusammenfassend ist festzuhalten, dass empirisch nachweisbar unabhängige Zentralbanken größere Erfolge bei der Inflationsbekämpfung vorzuweisen haben als abhängige Zentralbanken und dass der Verzicht auf Preisstabilität die Erreichung anderer wirtschaftspolitischer Ziele, wie Wachstum und Vollbeschäftigung mittel- bis langfristig nicht befördert.

2.6 Systematik der Finanzmärkte

Als Finanzmärkte gelten allgemein alle Märkte, auf denen Angebot von und Nachfrage nach Geld bzw. Kapital aufeinandertreffen. Es werden Forderungen und Verbindlichkeiten, ohne Einbeziehung von Realgütern, getauscht. Diese Märkte kann man nach den Kriterien **Laufzeit**, **Handelsobjekte**, **Organisationsgrad** und **Marktteilnehmer** differenzieren. Mit Hilfe dieser Kriterien ist eine eindeutige Abgrenzung aller Finanzmärkte zueinander möglich.

Der **Geldmarkt** ist vom **Kapitalmarkt** klar zu unterscheiden durch die Fristigkeit, da am Geldmarkt nur kurzfristige Instrumente gehandelt werden. Handelsobjekte auf dem Geldmarkt sind sowohl in unverbriefter Form (Buchgeld) als auch in verbriefter Form (Geldmarktpapiere) existent. Die Kapitalmarktinstrumente sind alle verbrieft und darin eindeutig von den ausschließlich unverbrieften Krediten abzugrenzen.

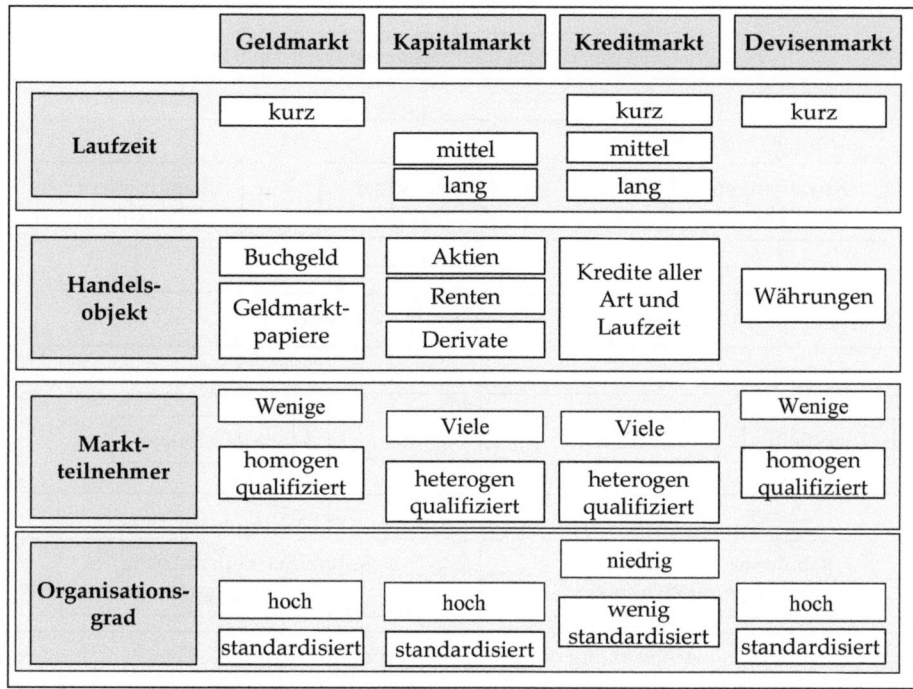

	Geldmarkt	Kapitalmarkt	Kreditmarkt	Devisenmarkt
Laufzeit	kurz	mittel lang	kurz mittel lang	kurz
Handels-objekt	Buchgeld Geldmarkt-papiere	Aktien Renten Derivate	Kredite aller Art und Laufzeit	Währungen
Markt-teilnehmer	Wenige homogen qualifiziert	Viele heterogen qualifiziert	Viele heterogen qualifiziert	Wenige homogen qualifiziert
Organisations-grad	hoch standardisiert	hoch standardisiert	niedrig wenig standardisiert	hoch standardisiert

Abbildung 10: Finanzmärkte und ihre Abgrenzungskriterien

Darüber hinaus ist der Organisationsgrad des Kreditmarktes als gering anzusehen. Die Standardisierung von Krediten ist weitestgehend begrenzt auf interne Normen einzelner Finanzintermediäre. Die Ausgestaltung der Kredite ist stark individuell und der Sekundärmarkt ist nicht ausgeprägt. Die Bonitätsbewertung erfolgt durch ein Eigenrating und nicht durch den Markt. Dieser insgesamt niedrige Organisationsgrad unterscheidet den **Kreditmarkt** von allen anderen Finanzmärkten. Obwohl es inzwischen Finanzinstrumente gibt, mit denen man Kredite, also unverbriefte Forderungen, in verbriefte Forderungen umwandeln kann, bleiben Kreditforderungen selbst unverbrieft. Die Handelbarkeit dieser unverbrieften Forderungen ist zwar inzwischen ansatzweise gegeben, aber der geringe Organisationsgrad bleibt ein Hindernis dabei.

Auf dem **Devisenmarkt** werden ausschließlich Devisen (keine Sorten) gehandelt. Das Handelsobjekt ist das eindeutige Abgrenzungskriterium gegenüber allen anderen Finanzmärkten. Auf dem Geld- und Devisenmarkt agieren vornehmlich professionelle Akteure, womit die Zahl der Marktteilnehmer eingeschränkt und deren Qualifikation als homogen zu bezeichnen ist (Wholesalemarkt). Auf dem Kapital- und Kreditmarkt

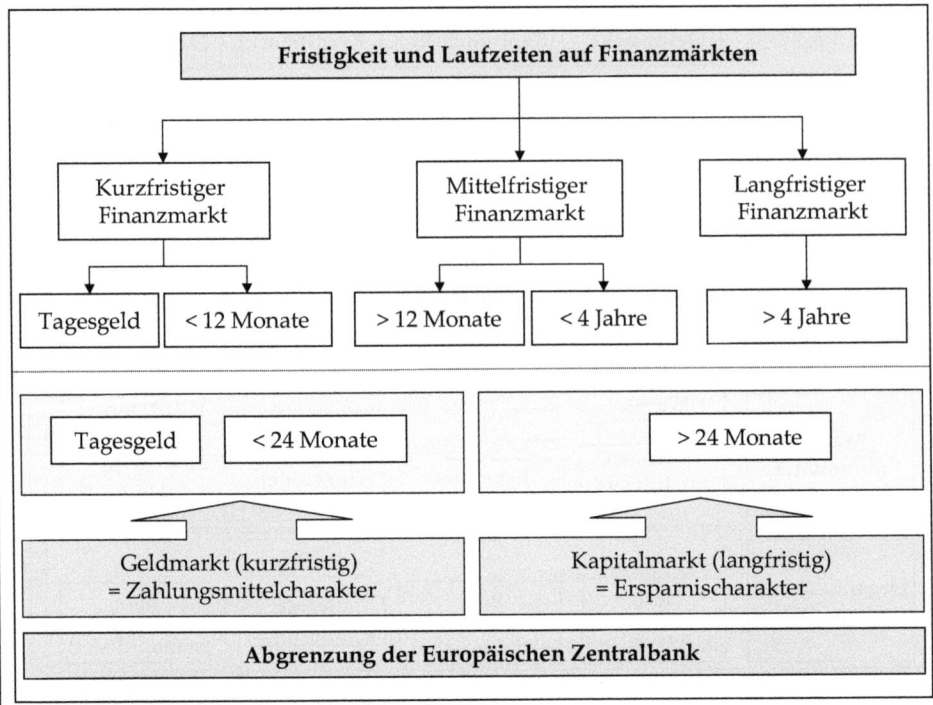

Abbildung 11: Unterschiedliche Laufzeiten auf Finanzmärkten

sind dagegen eine Vielzahl von Marktteilnehmern, einschließlich der privaten Verbraucher, aktiv (Retailmarkt).

Laufzeit auf Finanzmärkten

Die einfachste Trennung von Finanzmärkten erfolgt nach Laufzeiten. Doch bereits hier ist die Systematik nicht einheitlich. So wird die Grenze zwischen kurzfristigem (Geld-) Geschäft und langfristigem (Kapital-)Geschäft teilweise bei einer Ursprungslaufzeit von vier Jahren gezogen. Als mittelfristig kann zusätzlich der Zeitraum zwischen einem und vier Jahren verstanden werden. Teilweise haben Wertpapiere, die dem Geldmarkt zugeordnet werden, jedoch eine Laufzeit von bis zu zwei Jahren. Allgemein wird jedoch das Finanzgeschäft bis unter 12 Monate als kurzfristig bezeichnet. Das Investmentgesetz (InvG) zieht ausdrücklich diese Grenze für die Definition von Geldmarkt-Sondervermögen. Die Zentralbank (Abgrenzung der EZB) präferiert dagegen die Unterteilung von kurzfristig bis unter 2 Jahren und langfristig ab 2 Jahren, was in der Definition der Geldmengenaggregate deutlich wird.

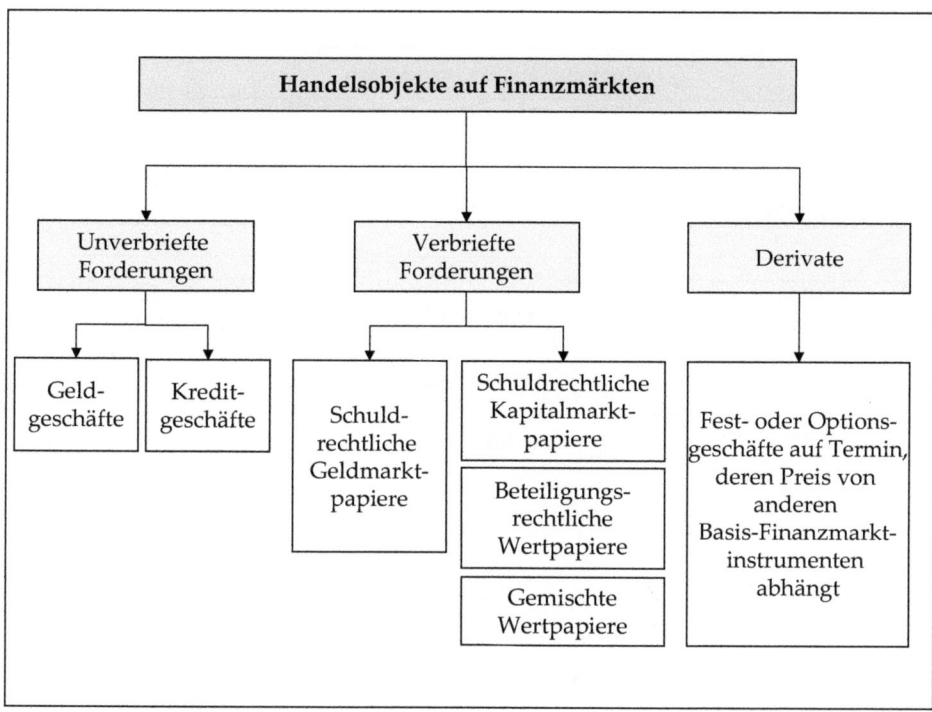

Abbildung 12: Unterschiedliche Handelsobjekte auf Finanzmärkten

■ **Handelsobjekte auf Finanzmärkten**

Die Instrumente auf Finanzmärkten sind danach zu unterscheiden, ob sie verbrieft oder unverbrieft sind. Mit den **unverbrieften Forderungen** sind Buchgeldgeschäfte sowie Kreditgeschäfte erfasst. Die **verbrieften Forderungen** kann man weiter nach ihrem rechtlichen Charakter differenzieren. Schuldrechtliche Wertpapiere verbriefen einen Rückzahlungsanspruch. Wenn die Laufzeit des Wertpapiers kurzfristig ist, also die Rückzahlung innerhalb von 2 Jahren nach Emission erfolgt (EZB-Abgrenzung des Geldmarktes), dann sind die schuldrechtlichen Wertpapiere dem Geldmarkt zuzurechnen. Schuldrechtliche Kapitalmarktpapiere haben dagegen eine längere Ursprungslaufzeit. Beteiligungsrechtliche Wertpapiere sind i.d.R. ohne Rückzahlungsanspruch und damit langfristiger Natur. Es kann daher am Geldmarkt keine beteiligungsrechtlichen Papiere geben. Als dritte Gruppe von Handelsobjekten sind die **Derivate** als neu entstandene Finanzinstrumente aufzuführen, die als einheitliches Kriterium die Eigenschaft haben, von Basisinstrumenten abgeleitet zu sein und ein auf die Zukunft gerichtetes Recht beinhalten. Ein Festgeschäft mit einem Derivat beinhaltet dabei eine beiderseitige Verpflichtung der Vertragspartner. Ein Optionsgeschäft verbrieft einem Marktpartner ein Recht und dem anderen Partner eine Verpflichtung.

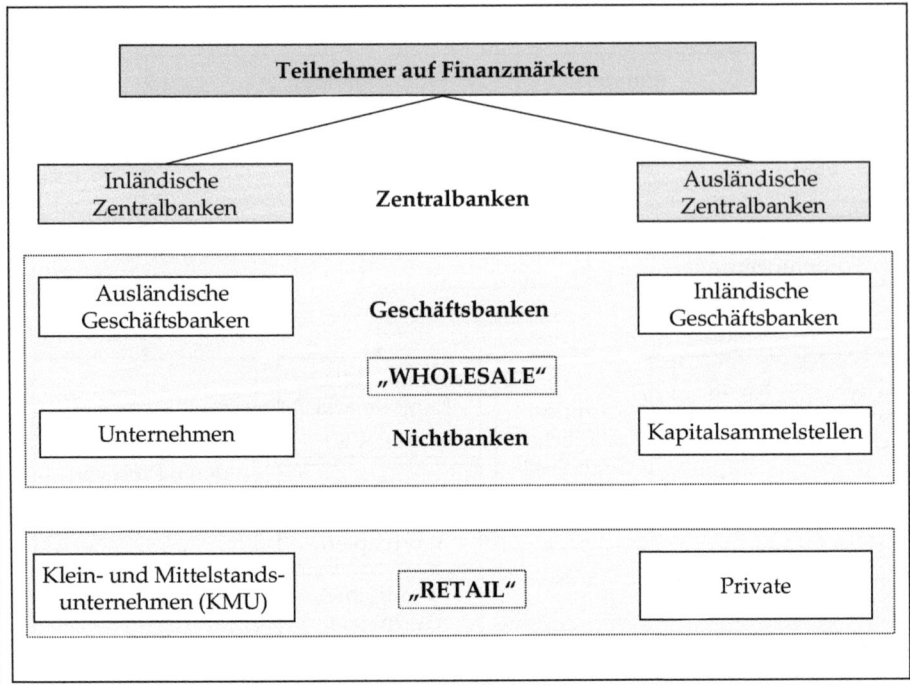

Abbildung 13: Unterschiedliche Marktteilnehmer auf Finanzmärkten

■ Marktteilnehmer auf Finanzmärkten

Die Akteure an Finanzmärkten lassen sich in verschiedene Gruppen systematisieren. Die **Zentralbanken** agieren auf den Märkten, um die Geldversorgung sicherzustellen und dabei die Geldwertstabilität zu bewahren. Sie verhalten sich dabei weitgehend als gleichberechtigte Marktakteure und weniger als Regulierungsinstanzen. Zu den professionellen Marktteilnehmern zählen alle in- und ausländischen **Geschäftsbanken**. **Nichtbanken** gelten, soweit sie im Wirtschaftsleben eine besondere Stellung einnehmen, die sich aus entsprechenden Finanzmarktaktivitäten ergibt, als semiprofessionelle Akteure. Banken und Nichtbanken in diesem Sinne bilden den **Wholesalemarkt**. Die **privaten Verbraucher** und **Geschäftskunden** bilden den **Retailmarkt**. Die Abgrenzung zwischen Unternehmen des Wholesalemarktes und Klein- und Mittelstandskunden im Retailsegment ist nicht eindeutig vornehmbar. Eine Lösung ist, als Retailmarkt alle Finanzmarktakteure zusammenzufassen, die den gesetzlichen Verbraucherschutz für sich beanspruchen können.

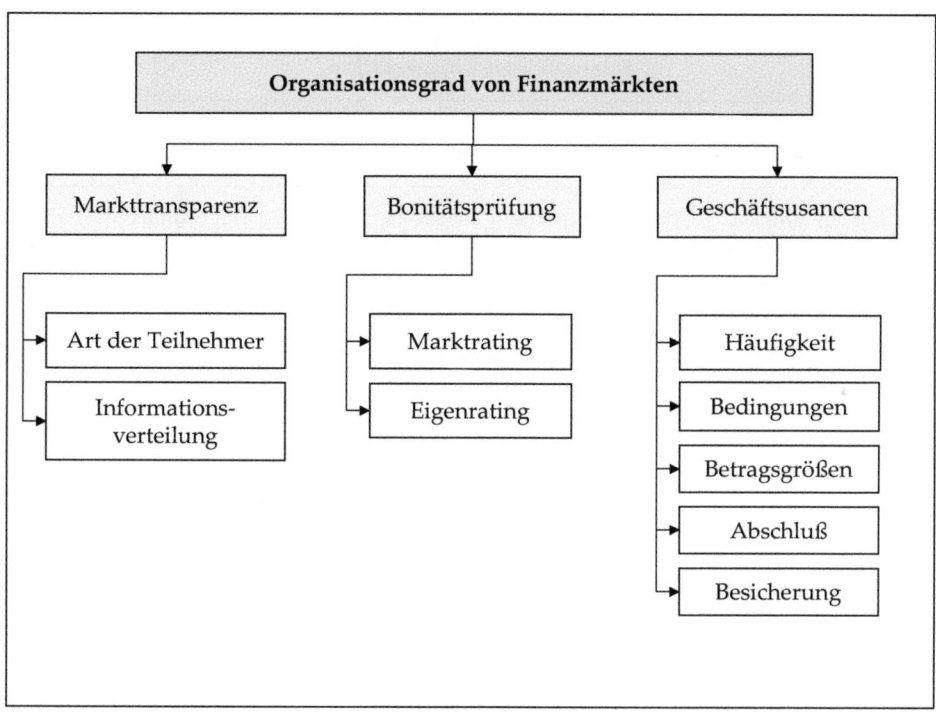

Abbildung 14: Unterschiedlicher Organisationsgrad auf Finanzmärkten

■ **Organisationsgrad auf Finanzmärkten**

Der Organisationsgrad der Finanzmärkte wird durch mehrere Determinanten bestimmt. Die **Markttransparenz** ergibt sich aus der Zahl und der Qualifikation der Teilnehmer sowie der Informationsverteilung. Die Bestimmungen zur Informationsverteilung sind insbesondere auf den Finanzmärkten mit den privaten Akteuren von großer Bedeutung. Die Erhöhung der Markttransparenz ist eine wesentliche Zielstellung der Finanzmarktaufsicht. Die Art der **Bonitätsprüfung** sagt ebenfalls etwas über den Organisationsgrad aus. Wenn die Prüfung durch ein Marktrating erfolgt, ist der Organisationsgrad entsprechend hoch. Ein solches Rating wird auch als **externes Rating** bezeichnet, welches als Marktsignal für alle Marktteilnehmer eine Bonitätsinformation gibt. Ein Eigenrating wird nur intern durch Gläubiger durchgeführt, z.B. von Lieferanten als Bonitätsbeurteilung ihrer Abnehmer. Das **interne Rating** von Kreditnehmern durch Banken ist dabei besonders wichtig und inzwischen allgemeiner Standard. Für die **Geschäftsgewohnheiten** gilt allgemein, dass eine hohe Standardisierung einen hohen Organisationsgrad darstellt. Eine hohe Standardisierung zeigt sich in großen Marktumsätzen bei entsprechend hohen Beträgen und unter einfachen, wiederkehrenden Regeln der Abwicklung (z.B. Börse).

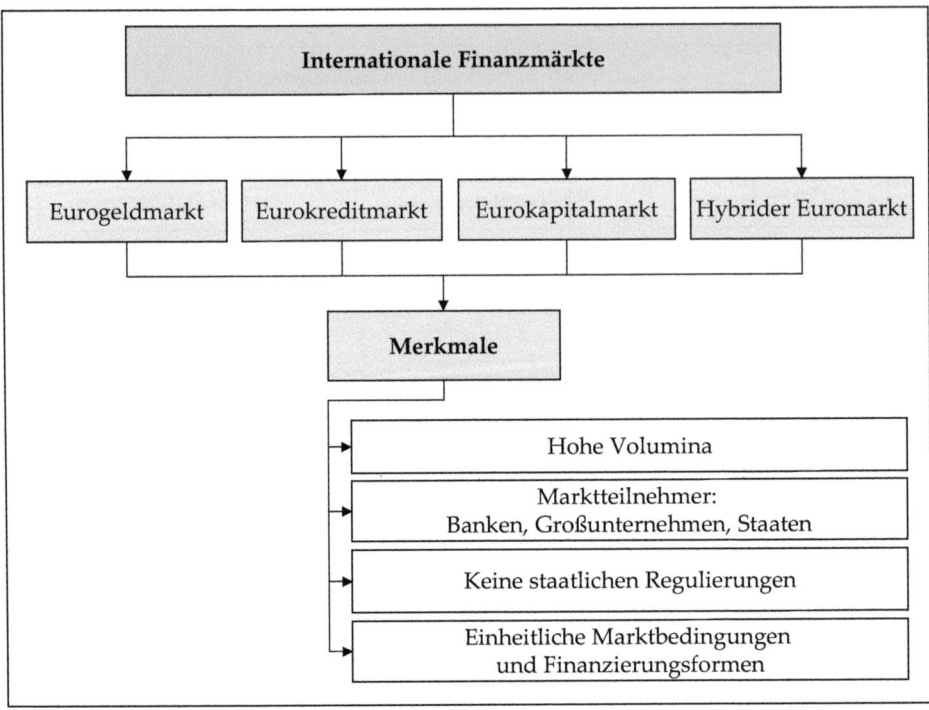

Abbildung 15: Differenzierung internationaler Finanzmärkte

▦ Internationale Finanzmärkte

Die zunehmende **Internationalisierung der Finanzmärkte** zeigt sich in der wachsenden Bedeutung länderübergreifender Finanzierungsinstrumente. Allgemein wird von sogenannten **Euromärkten** gesprochen, auf denen der Emittent in einer oder mehreren Weltwährungen auf einem oder mehreren ausländischen Märkten Wertpapiere emittiert. Eine Emission von Daimler-Chrysler in London in USD wäre ein Euromarktprodukt. Zurück geht die Entstehung auf die sechziger Jahre als die Guthabenverzinsung in den USA rationiert war (Regulation Q) und die Dollaranlagen nach Europa kamen. Die Dollargewinne der arabischen Staaten, die aus politischen Erwägungen nicht in den USA angelegt wurden, verschafften den Eurodollarmärkten einen weiteren Schub. Kennzeichen dieser Märkte sind die Großbeträge, die gleichzeitig die Marktteilnehmerschaft auf große Unternehmen und Staaten begrenzt. Typischerweise entbehren die Euromärkte nationale Regulierungsmaßnahmen und zeichnen sich durch die hohe Standardisierung in Marktbedingungen und Finanzierungsformen aus. Der Begriff des hybriden Euromarktes soll die innovativen, aus verschiedenen klassischen Finanzmarktprodukten zusammengesetzten Instrumente erfassen.

2.7 Internationale Banken- und Finanzmarktaufsicht

Die Aufsicht über die Banken und Finanzmärkte liegt zwar noch in nationaler Verantwortung, es gibt jedoch seit einigen Jahren verstärkt Bemühungen, **internationale Standards** bezüglich der Bankentätigkeit und der Finanzmarktaktivitäten zu etablieren. Im weitesten Sinne gehören die Kooperationen auf Zentralbankebene, die sich u.a. in turnusmäßigen Treffen der Zentralbankgouverneure widerspiegeln, zu diesen Anstrengungen. Institutionalisiert sind diese Aktivitäten durch die **Bank für Internationalen Zahlungsausgleich (BIZ)**, die Währungsreserven verwaltet und Gelder für internationale Finanzoperationen bereitstellt. Der BIZ angegliedert ist das wichtigste internationale Gremium für die Ausarbeitung internationaler Standards im Bankwesen, der **Baseler Ausschuss für Bankenaufsicht**. Darüber hinaus existiert lediglich noch die EU-Kommission als internationale Institution mit einer solchen Aufgabenstellung.

■ Nationale Aufsicht

Die nationale Aufsicht über Banken und Finanzmärkte hat die Aufgabe, Bankenkrisen zu verhindern, **Stabilität und Wettbewerbsgleichheit** zu sichern. Da sich die Finanzmärkte im Prozess der wirtschaftlichen Integration zunehmend verflechten und international tätige Banken weltweite Geschäftstätigkeit zeigen, erfordert dies von der Branchenaufsicht entsprechende Anpassungsreaktionen. Die Herausbildung bestimmter **Mindeststandards** und eine Vermeidung von gravierenden nationalen Unterschieden in der Aufsicht stellen damit grundlegende Prinzipien internationaler Aufsichtsbemühungen dar. Ein Verzicht auf gemeinsame Grundprinzipien würde die Banken- und Finanzmarktaufsicht ungerechtfertigter Weise zu einem Wettbewerbsfaktor werden lassen. Gleichzeitig muss beachtet werden, dass keine Wirtschaftsbranche einer derartig ausgeprägten staatlichen Regulierung unterliegt wie die Finanzdienstleistungsbranche. Die Berücksichtigung der aufsichtsrechtlichen Bestimmungen erfordert bereits auf nationaler Ebene einen erheblichen Ressourcenaufwand für die Kreditinstitute und bildet damit einen großen Kostenfaktor. Die kumulierten betriebswirtschaftlichen Kosten sollten durch den volkswirtschaftlichen Nutzen (Schadensvermeidung) der Beaufsichtigung überkompensiert werden. Dies erfordert eine marktkonforme und effiziente Ausgestaltung der Aufsicht.

■ Internationale Harmonisierung der Aufsicht

Das primäre Zwischenziel der Bankenaufsicht ist die **Risikobegrenzung** bzw. Risikovermeidung. Internationale Standards müssen demnach so gestaltet sein, dass sie die verschiedenen Bankrisiken begrenzen, ohne überregulierend in die Geschäftspolitik von Kreditinstituten einzugreifen. Die internationale Bankenaufsicht setzt dabei an zwei wesentlichen Stellen an. Zum einen bestehen Anforderungen an die Quantität und die Qualität der Haftungsmasse, also des **Eigenkapitals**, die stetig weiterentwickelt werden. In diesem Zusammenhang ist die Herausbildung gemeinsamer inter-

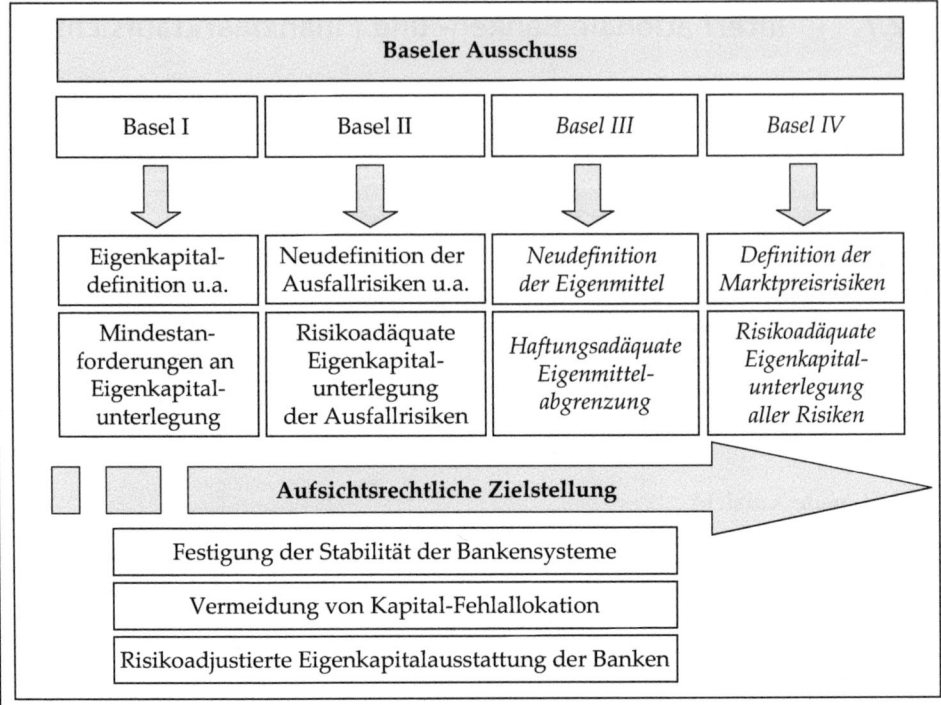

Baseler Ausschuss

Basel I	Basel II	*Basel III*	*Basel IV*
Eigenkapital-definition u.a.	Neudefinition der Ausfallrisiken u.a.	*Neudefinition der Eigenmittel*	*Definition der Marktpreisrisiken*
Mindestan-forderungen an Eigenkapital-unterlegung	Risikoadäquate Eigenkapital-unterlegung der Ausfallrisiken	*Haftungsadäquate Eigenmittel-abgrenzung*	*Risikoadäquate Eigenkapital-unterlegung aller Risiken*

Aufsichtsrechtliche Zielstellung

Festigung der Stabilität der Bankensysteme

Vermeidung von Kapital-Fehlallokation

Risikoadjustierte Eigenkapitalausstattung der Banken

Abbildung 16: Hauptpunkte internationaler Bankenaufsichts-Harmonisierung

nationaler **Standards der Rechnungslegung** unabdingbar. Zum anderen muss eine Erfassung der **Geschäftsrisiken**, deren Steuerung und Überwachung erfolgen. Dieser Prozess sollte durch die staatliche Regulierung gefördert und verbessert werden.

Nachdem die Defizite der amerikanischen Rechnungslegung (US-GAAP) offensichtlich wurden, sollte es ungeachtet der Stellung des amerikanischen Kapitalmarktes möglich sein, den International Accounting Standards (IAS) zu mehr Gewicht zu verhelfen und sie als Basis für verbindliche Mindestanforderungen zu interpretieren. Darauf aufbauend sind die Risiken der Bankentätigkeit systematisch zu erfassen, zu quantifizieren und mit Eigenkapital zu unterlegen.

■ **Baseler Ausschuss**

Die moderne (internationale) Bankenaufsicht sollte den Rahmen für die Anforderungen an eine interne Risikoüberwachung in den Banken vorgeben. Der erste Schritt auf diesem Weg war die sogenannte **Basel I**-Vereinbarung. Sie beinhaltet Empfehlungen für international tätige Banken hinsichtlich ihrer Eigenkapitalausstattung und der Unterlegung bestimmter Bankrisiken mit Eigenkapital. Es ist ein grundsätzlicher Anspruch, diese Empfehlungen in nationales Recht umzuwandeln und ihnen damit einen verbindlichen Charakter zu geben. Innerhalb der Europäischen Union ist dies umgesetzt und es gelten die Vereinbarungen verbindlich für die gesamte Kreditwirtschaft.

Die geltende Vereinbarung Basel I offenbart einige wesentliche Defizite. Hinsichtlich der Erfassung von Risiken ist unumstritten, dass nicht alle Bankrisiken in die Regulierung einbezogen sind. Bezüglich der Unterlegung mit Eigenkapital ist zu bemerken, dass die aufsichtrechtlich geforderte Eigenkapitalunterlegung nicht den tatsächlich entstehenden ökonomischen Risiken des Bankgeschäfts gerecht wird. Durch die schrittweise Weiterentwicklung der internationalen Bankenaufsicht, gegenwärtig durch die Umsetzung der Vereinbarung **Basel II**, wird angestrebt, diese Schwächen zu überwinden. Diese Regelungen sollen die Unterlegung der Ausfallrisiken (Bonitätsrisiken; **Säule I**) mit Eigenkapital sowie die Qualität der nationalen Aufsicht (**Säule II**) verbessern und eine höhere Transparenz der Geschäftstätigkeit von Kreditinstituten (**Säule III**) sicherstellen.

Weitere Schritte internationaler Bankenaufsicht werden folgen. Es ist vorgesehen, dass die Eigenkapitaldefinition im dritten Schritt und die Quantifizierung und Absicherung der Markt- und Zinsrisiken im vierten Schritt durch internationale Vereinbarungen erfasst werden. Der Zeitraum der Umsetzung wird mindestens die nächsten zehn Jahre beanspruchen.

■ Harmonisierung der Aufsicht in der EU

Die Harmonisierung der Banken- und Finanzmarktaufsicht innerhalb der EU ist sehr viel detaillierter als die Vorgaben des Baseler Ausschusses. Im Rahmen der Integration wurden zu verschiedenen bankrechtlichen Themen **Richtlinien** verabschiedet, die dann in nationales Aufsichtsrecht umgesetzt wurden. Die Richtlinien betreffen sowohl **bankenaufsichtsrechtliche als auch finanzmarktrechtliche Bestimmungen**. Dabei wurde das Prinzip einer Mindestharmonisierung verfolgt. Die Alternative einer komplexen gemeinschaftlichen Aufsicht mit entsprechenden Institutionen wurde bereits in den 70er Jahren verworfen. Die ersten Maßnahmen zur Erreichung einer Harmonisierung im Bankwesen gehen auf die 1. Bankrechtskoordinierungs-Richtlinie (1977) zurück, mit der die Niederlassungsfreiheit und ein einheitliches Mindestkapital festgeschrieben wurden. Die 2. Bankrechtskoordinierungs-Richtlinie (1988) setzte dies mit Blick auf die Anforderungen des EU-Binnenmarktes fort.

Wesentliche Richtlinien, die in den Mitgliedsländern der EU dann in nationales Recht umgesetzt wurden, betreffen die Eigenmittelausstattung der Kreditinstitute. Die dies regelnden Eigenmittel-Richtlinie und Solvabilitäts-Richtlinie (1988) sind dabei eng an die Vereinbarungen von Basel I angelehnt. Darüber hinaus begrenzen die Großkredit-Richtlinie, die Konsolidierungs-Richtlinie und die Einlagensicherungs-Richtlinie sowie

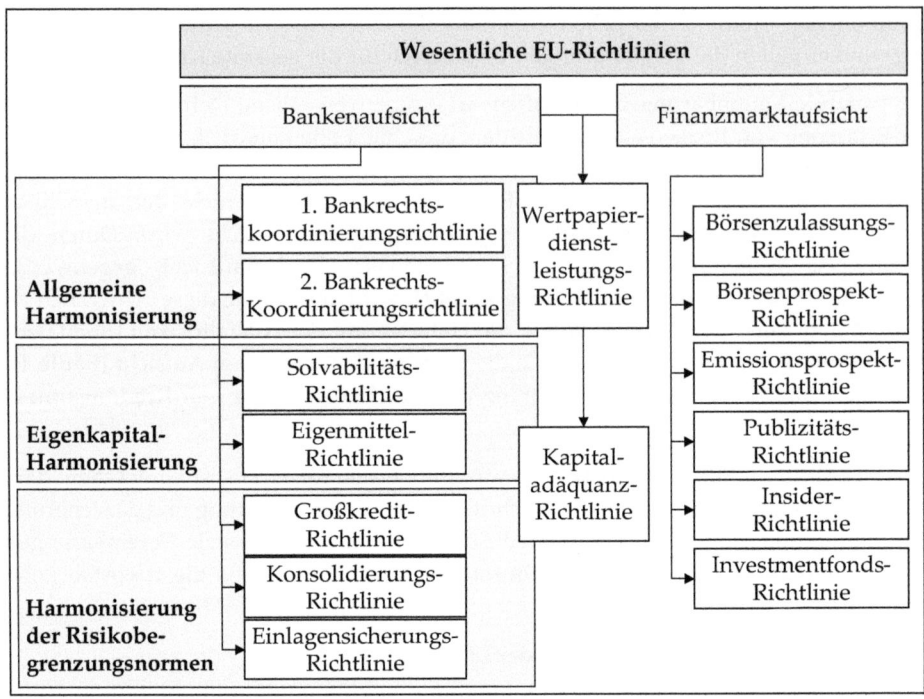

Abbildung 17: Harmonisierung der EU-Banken- und Finanzmarktregulierung

die Kapitaladäquanz-Richtlinie aufsichtsrechtlich die einzugehenden Geschäftsrisiken der Banken. Während die Konsolidierungs-Richtlinie speziell die Einbeziehung aller relevanten Konzernunternehmen in die Eigenkapitalunterlegung der Risiken regelt, weitet die Kapitaladäquanz-Richtlinie die Risikobegrenzungs- und Eigenmittelvorschriften auf Wertpapierfirmen (Investment Banks) aus, welche durch die enge Begriffsdefinition von Kreditinstituten durch die anderen Richtlinien nicht berücksichtigt wurden. Die Erweiterung der Aufsicht auf Investmentbanken erfolgte durch die Wertpapierdienstleistungs-Richtlinie.

Richtlinien für die Tätigkeit auf den Finanzmärkten in der EU betreffen vor allem die Zulassungsregeln an den organisierten Märkten (Börsen) sowie Publizitätsvorschriften und Insiderbestimmungen. Diese Richtlinien bewirkten in Deutschland bei der Umsetzung in den Finanzmarktfördergesetzen beispielsweise das Wertpapierhandelsgesetz (WphG) und wesentliche Bestimmungen zur Veröffentlichung kursrelevanter Informationen.

Im Jahr 2005 hat sich die Europäische Union zur geplanten **Finanzdienstleistungspolitik** (Grünbuch und Weißbuch zur Finanzdienstleistungspolitik) der nächsten fünf Jahre positioniert. Abgesehen davon, dass bereits verschiedene Richtlinien zur Integration des Finanzdienstleistungssektors seit 2001 (FSAP = Financial Services Action Plan) verabschiedet wurden, deren Umsetzung gegenwärtig läuft und deren Aufzählung den Rahmen dieses Buches sprengen würde, plant die EU weitere Richtlinien im Rahmen ihres „aktuellen Fünfjahrplans". Als das neue Grundgesetz für den Wertpapierhandel in Europa gilt die derzeit umzusetzende Richtlinie „Markets in Financial Instruments Directive" (MiFID).

Die Grundsätze der EU-Politik im Finanzdienstleistungsbereich sind offiziell von dem Ziel geleitet, einen integrierten, offenen, wettbewerbsfähigen und wirtschaftlich effizienten europäischen Finanzmarkt zu schaffen. Dabei ist aber zu konstatieren, dass die Prinzipien ‚Förderung des Marktes auf dem Finanzdienstleistungen zu niedrigst möglichen Kosten ausgetauscht werden' und ‚Implementierung [zahlloser] neuer Richtlinien zur Regulierung der Finanzdienstleistungen' in einem unlösbaren Widerspruch stehen. Die Zielsetzung einer angemessenen und effizienten Banken- und Finanzaufsicht wird konterkariert durch die gleichzeitig angestrebte Stärkung der Finanzstabilität, des Verbraucherschutzes und des europäischen Einflusses auf die internationalen Finanzmärkte. Ein Marktversagen, das die umfassenden Zielstellungen, insbesondere die des verstärkten europäischen Einflusses (es kann nur Staatseinfluss gemeint sein) und die der Stabilisierung des Marktes rechtfertigen könnte, ist allerdings auf den Finanzmärkten nicht zu erkennen.

Literaturhinweise zum Kapitel 2

Bitz, Michael: Finanzdienstleistungen, 7. Auflage Oldenbourg Verlag, München, 2005.

Büschgen, Hans E: Bankbetriebslehre, Bankgeschäfte und Bankmanagement, 5. Auflage, Gabler Verlag, Wiesbaden 1998.

Deutsche Bundesbank: Monatsberichte, Bankenstatistik, Frankfurt/Main, 2002.

Eilenberger, Guido: Bankbetriebswirtschaftslehre, 6. Auflage, Oldenbourg Verlag, München /Wien, 1996.

Europäische Zentralbank: Monatsberichte, Frankfurt, verschiedene Jahrgänge.

Hasewinkel, Volker: Geldmarkt und Geldmarktpapiere, Knapp Verlag, Frankfurt/Main, 1993.

Obst, Georg / Hintner, O.: Geld-, Bank-, und Börsenwesen, Hrsg. Kloten / v. Stein, 40. Auflage, Schäffer-Poeschel Verlag, Stuttgart, 2000.

Pohl, Hans (Hrsg.): Europäische Bankengeschichte, Knapp Verlag, Frankfurt/Main, 1993.

Priewasser, Erich: Bankbetriebslehre, 7. Auflage, München, Wien, 2001.

Wentzel, Dirk: Geldordnung und Systemtransformation, Stuttgart, Jena, New York, 1995, zugl. Diss. Universität Marburg, 1994..

3   Das deutsche Bankensystem

In Deutschland existiert ein **zweistufiges, marktwirtschaftliches Bankensystem**. In der Zentralbankebene ist seit Beginn der Europäischen Währungsunion die **Europäische Zentralbank** die geldpolitische Entscheidungsinstanz. Auf nationaler Ebene bildet die **Deutsche Bundesbank** mit den Hauptverwaltungen (ehemals Landeszentralbanken) das Zentralbanksystem. Das **Geschäftsbankensystem** in Deutschland ist ein Universalbanksystem aufgrund historischer Entwicklung. Die deutsche Bankenlandschaft ist dabei sehr vielschichtig. Es gibt sowohl **Universalbanken** als auch **Spezialbanken**. Gleichzeitig lassen sich dominierende **Bankengruppen** bilden, die in unterschiedlichen Rechtsformen organisiert sind und teilweise in gefestigten Strukturen bestehen, die gegenwärtig großen Veränderungen unterliegen.

3.1   Deutschland im europäischen System der Zentralbanken (ESZB)

Im Verlauf der drei Stufen der **Währungsunion** entstand das europäische System der Zentralbanken, zu dem alle **nationalen Zentralbanken** der Europäischen Union (z.Z. 27) und die **EZB** gerechnet werden. Zum **EZB-Direktorium** gehören sechs Personen. Zum Eurosystem zählen hingegen neben der EZB die nationalen Zentralbanken der Teilnehmerländer der Währungsunion (z.Z. 13). Die **Deutsche Bundesbank** ist eine der Nationalbanken. Alle Teilnehmerländer haben mit der Etablierung des ESZB auf ihre geldpolitischen Kompetenzen verzichtet. Die Deutsche Bundesbank hat durch ihren Präsidenten ein Stimmrecht im obersten Entscheidungsgremium der EZB, dem **EZB-Rat**. Die Präsidenten der Nationalbanken haben die Mehrheit in diesem Gremium. Dennoch ist die Geldpolitik kein Gegenstand divergierender nationaler Interessen, sondern einheitlich dem Ziel der Preisstabilität verpflichtet.

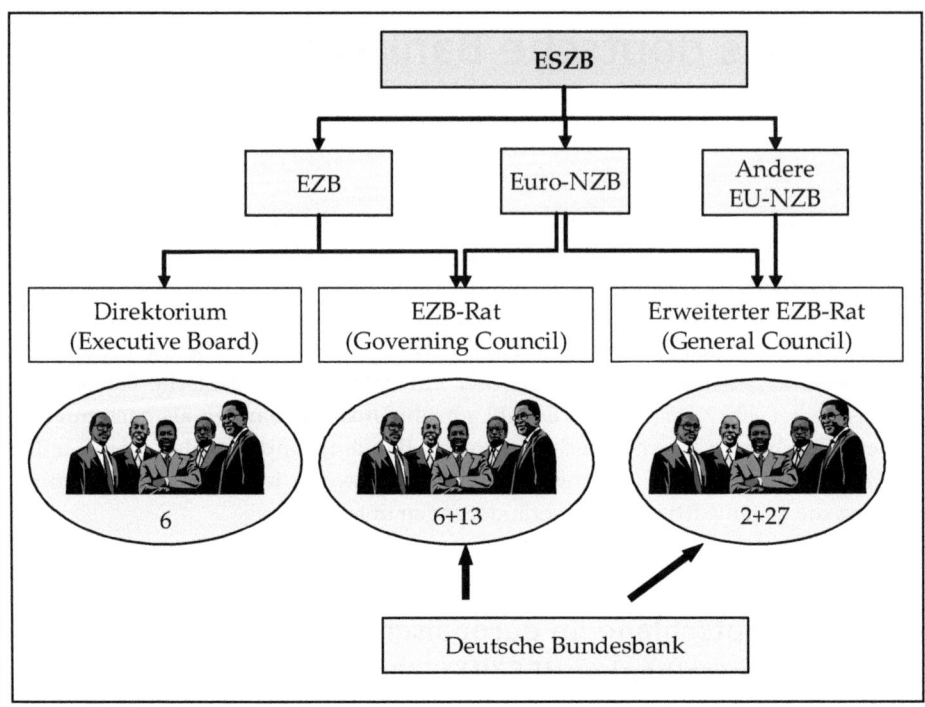

Abbildung 18: Das Europäische System der Zentralbanken

Der **erweiterte EZB-Rat** soll die Länder der Europäischen Union, die nicht am Euro-verbund beteiligt sind, in die geldpolitischen und währungspolitischen Entscheidungen einbeziehen. Neben den Zentralbankchefs aller EU-Länder sind nur der EZB-Präsident und der Vizepräsident in diesem Gremium stimmberechtigt. Die anderen Direktoriumsmitglieder können an den Sitzungen teilnehmen. Der erweiterte EZB-Rat ist von besonderer Relevanz seitdem durch die Erweiterung der EU in dem Gremium wieder EU-Länder vertreten sind, die mittelfristig die Teilnahme an der Währungsunion anstreben.

3.1.1 Die Vorläufer der EZB

Der Gedanke einer gemeinsamen europäischen Währung geht weit zurück. Mit dem Werner-Plan 1969 wurde der Weg zu einer Währung erstmals formuliert, jedoch noch nicht umgesetzt. Die Umsetzung erfolgte dann nach dem sogenannten Delors-Plan. Jaques Delors war nach seiner Amtszeit als EG-Kommissions-Chef mit der Ausarbeitung eines Planes für eine gemeinsame Währung beauftragt. Der **3-Stufen-Plan**, der nach ihm benannt wurde, baute in den Grundzügen auf dem Werner-Plan auf. Mit Wirkung vom 01.07.1990 fielen in der Europäischen Gemeinschaft die Kapitalverkehrsbeschränkungen. Gleichzeitig war dies der Beginn der 1. Stufe der Währungsunion. Der Ausschuss der Zentralbankpräsidenten, der seit 1964 für die währungspolitische Kooperation verantwortlich zeichnete, wurde in seinen Kompetenzen gestärkt. Außerdem sind in den Bemühungen um ein Europäisches **System stabiler Wechselkurse** seit den siebziger Jahren Bausteine für die Schaffung einer Gemeinschaftswährung zu sehen.

Mit dem Beschluss über die **Europäische Währungsunion** 1989 wurden die weiteren Schritte bis zur Einführung der gemeinsamen Währung festgelegt. Mit dem Maastrichter Vertrag 1992 erfolgte dann die Grundsteinlegung für die weiteren Stufen der WWU. Der Beginn der zweiten Stufe der Währungsunion 1994 beinhaltete gleichzeitig die Gründung des **Europäischen Währungsinstituts** (EWI). Das EWI hatte das Ziel, die Aufgaben und Instrumente der EZB zu definieren und die künftige gemeinsame Geldpolitik sowie deren Durchsetzung vorzubereiten. Das EWI sollte im Rahmen seiner Tätigkeit die Koordination der nationalen Geldpolitiken verbessern und die Zusammenarbeit der Zentralbanken stärken. Es hatte keine geldpolitische Verantwortung bzw. Entscheidungskompetenz. Der Beschluss des Europäischen Rates 1995, die gemeinsame Währung „**Euro**" zu nennen, bedeutete für das EWI die Aufgabe, die Gestaltung der Banknoten und Schritte des Währungsübergangs auszuarbeiten. Darüber hinaus waren Vorarbeiten für die zukünftigen Wechselkursbeziehungen zwischen den EU- Ländern und gegenüber Drittländern zu leisten. Mit der Gründung der Europäischen Zentralbank 1998 wurde das EWI in Liquidation überführt.

3.1.2   Aufgaben und Organisation der EZB

Die **Europäische Zentralbank** ist eine juristische Person des öffentlichen Rechts und hat ihren **Sitz in Frankfurt/Main**. Dazu haben einerseits die wirtschaftliche Bedeutung Deutschlands innerhalb der EU und die Tatsache, dass sonstige Gemeinschaftsinstitutionen nicht in Deutschland angesiedelt sind, beigetragen. Andererseits ist Frankfurt der wichtigste kontinentaleuropäische Finanzplatz und die Deutsche Bundesbank die Hüterin der wertstabilsten Währung nach dem zweiten Weltkrieg.

Im Mai 1998 einigten sich die europäischen Regierungschefs auf die Zusammensetzung des Direktoriums der EZB. Die Ernennung der Mitglieder zum 1. Juni 1998 markierte die Errichtung der EZB. Das **Direktorium** besteht aus dem EZB-Präsidenten, seinem Vize-Präsidenten und vier weiteren Mitgliedern. Dem Direktorium obliegt die Geschäftsführung. Dies beinhaltet die **Umsetzung der geldpolitischen Beschlüsse** des obersten Entscheidungsgremiums der EZB, dem Zentralbankrat. Ziele, Aufgaben und Entscheidungsstrukturen sind in der **EZB-Satzung** verankert.

Der EZB-Rat beschließt den Einsatz der **geldpolitischen Instrumente** und legt die **geldpolitische Strategie** fest. Neben den Mitgliedern des Direktoriums gehören dem EZB-Rat die Präsidenten der nationalen Zentralbanken des Euroraums an. Der erste **Präsident der EZB** war der ehemalige Präsident der niederländischen Zentralbank,

Wim Duisenberg. Gegenwärtig ist der Franzose Jean-Claude Trichet EZB-Präsident. Als deutsches Mitglied des Direktoriums wurde Ottmar Issing berufen.

Das jüngste und inzwischen 13. Mitgliedsland der **Eurozone** ist mit dem 1. Januar 2007 Slowenien. Mit dem Beitritt Sloweniens zur Eurozone hat damit erstmals ein Land aus dem Kreis der EU-Erweiterung von 2004 den Euro als nationale Währung eingeführt. Die EU-Erweiterung von 2004 um 10 weitere Mitgliedsstaaten hat zu einer deutlichen Vergrößerung des **Erweiterten EZB-Rates** geführt. Dieser Rat kann als Übergangsgremium bezeichnet werden, da er laut Satzung aufgelöst wird, wenn alle EU-Länder den Euro eingeführt haben. Da es gegenwärtig mit Schweden, Großbritannien und Dänemark drei ältere EU-Länder gibt, die mittelfristig nicht die Einführung des Euro anstreben, gleichzeitig aber die meisten der später beigetretenen Länder eine zeitnahe **Euro-Einführung** zum Ziel haben, sind die Interessen in diesem Gremium durchaus divergierend. Eine Auflösung des erweiterten EZB-Rates ist vorläufig nicht in Sicht. Der erweiterte Rat tagt viermal jährlich.

Die **Entscheidungsstrukturen** der EZB müssen der größeren Gemeinschaft von Staaten in der EU zukünftig angepasst werden. Es ist davon auszugehen, dass nicht mehr jedes Euroland im Zentralbankrat vertreten sein wird. Es ist ein **Rotationsmodell** vorgesehen, bei dem die sechs Direktoren ihr Stimmecht im EZB-Rat behalten und die Präsidenten der Nationalbanken 15 Stimmrechte ausüben können. Das von der EZB vorgeschlagene und von der EU bestätigte Rotationsprinzip muss nun durch die Nationalstaaten ratifiziert werden.

Oberstes Ziel der EZB ist die Sicherung der **Preisstabilität** im Euroraum. Darüber hinaus unterstützt sie die allgemeine Wirtschaftspolitik der Union, soweit dies mit dem Primärziel der Preisstabilität vereinbar ist. Zu den **grundlegenden Aufgaben** der EZB zählen:

❶ Festlegung und Durchsetzung der Geldpolitik

❷ Durchführung von Devisengeschäften sowie die Haltung und Verwaltung der offiziellen Devisenreserven der Mitgliedsstaaten (übertragen an nationale Zentralbanken)

❸ Förderung des reibungslosen Funktionierens der Zahlungssysteme

❹ Unterstützung der Maßnahmen der jeweils zuständigen Banken- und Finanzaufsicht

Die EZB hat das alleinige Recht, die **Ausgabe von Banknoten** im Euroraum zu genehmigen. Neben ihr dürfen die nationalen Zentralbanken (genehmigte) Banknoten emittieren. Die **Verwaltung der Währungsreserven** der EZB verbleibt bei den nationalen Zentralbanken. Devisengeschäfte der Zentralbanken bedürfen ab einer bestimmten Größenordnung der Zustimmung der EZB.

3.1.3 Die Geldpolitik der Europäischen Zentralbank

Die Zielgröße der **Geldpolitik** ist eine Preissteigerungsrate von unter 2%, die Preisstabilität gewährleistet und dennoch keine Konstanz des Preisniveaus fordert. Damit sollen die Gefahren der Deflation ebenso berücksichtigt werden wie die Risiken einer Inflation. In der geldpolitischen Steuerung sind viele Wirkungsmechanismen zu berücksichtigen.

■ **Geldmengenbegriff**

Die Zielgröße kann nur indirekt und nur über **Zwischenzielgrößen** kontrolliert werden. Der Prozess der Übertragung einer geldpolitischen Maßnahme auf den Geldmarkt und in die Inflationsrate wird als **Transmissionsmechanismus** bezeichnet und ist sehr komplex. Zur Zielerreichung verfolgt die Zentralbank eine Strategie, die zum einen auf der Geldmengensteuerung und zum anderen auf der Bewertung fundamentaler Wirtschaftsindikatoren beruht. In diesem Prozess spielen die verschiedenen **Geldmengenabgrenzungen** eine herausragende Rolle. Die EZB nutzt - wie die Deutsche Bundesbank - die Geldmenge als **Indikator** für die Geldpolitik. Für die Steuerung des Geldangebots versucht die Zentralbank die Geldmenge zu bestimmen, die für die Güter- und Dienstleistungsnachfrage (Konsumnachfrage) benötigt wird.

Dabei werden verschiedene **Geldmengenaggregate** unterschieden. Als **Geldbasis** oder **Geldmenge M 0** wird das Bargeld zuzüglich der Einlagen von Geschäftsbanken bei der Zentralbank bezeichnet. Die **Geldmenge M 1** berücksichtigt statt der Einlagen der Kreditinstitute bei der Notenbank die Sichteinlagen der Nichtbanken bei den Geschäftsbanken. Die Geldmengenabgrenzung wird schrittweise erweitert, um die konsumwirksame Geldnachfrage möglichst gut zu schätzen. Dazu werden liquiditätsnahe Geldanlagen mit erfasst.

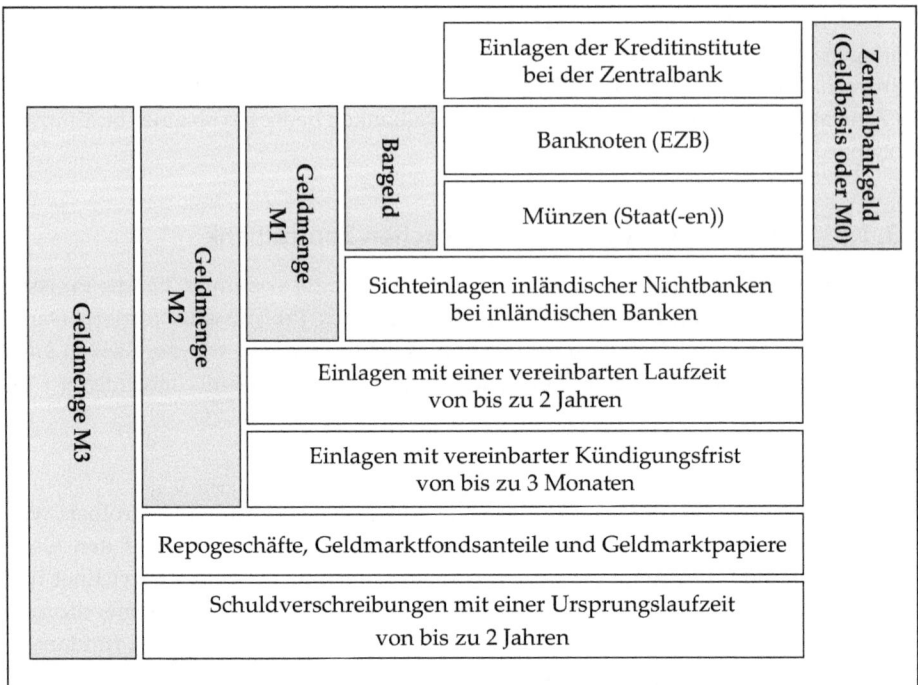

Abbildung 19: Abgrenzung der Geldmengenaggregate

Die Zentralbank hat dabei die **Geldmenge M3**, also die weite Abgrenzung der Geld-menge als die Steuerungsgröße gewählt, die den deutlichsten Zusammenhang zur zeitverzögert auftretenden Inflation aufzeigt. Die Angabe eines **Referenzwertes** für diese Geldmenge soll die **Transparenz der Geldpolitik** erhöhen. Zu den wichtigen Wirtschaftsindikatoren zählen die Kapitalmarktzinsen, der Wechselkurs, Preis- und Kostenindizes sowie Messgrößen der Wirtschaftstätigkeit und der Fiskalpolitik.

Die deutsche Bundesbank hatte ihre Geldpolitik schwerpunktmäßig an der Geldmen-genentwicklung der Geldmenge M 3 ausgerichtet. Eine solche Geldpolitik wird als **Geldmengensteuerung** bezeichnet.

■ **Zwischenziele und Indikatoren der Geldpolitik**

Neben der Geldmenge ist das **Zinsniveau** eine Schlüsselgröße der Geldpolitik. Die Zentralbank kann die Geldmarktzinsen, also die kurzfristigen Zinsen durch Beteili-gung an den Geldmarktgeschäften beeinflussen. Eine Möglichkeit, die Geldmengen-ausdehnung knapp zu halten, ist es, die **Einlagen der Geschäftsbanken** bei der Zent-ralbank attraktiv zu verzinsen und/oder den Geschäftsbanken nur zu hohen Zinsen

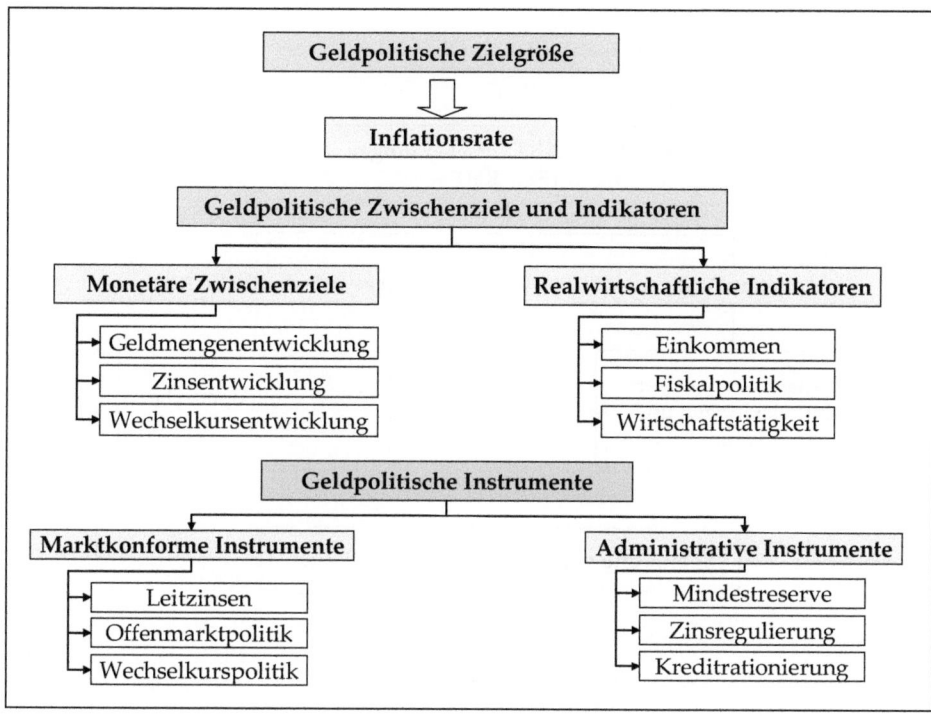

Abbildung 20: Rahmen der Geldpolitik

zusätzliche **Liquidität bereitzustellen**. Eine Ausdehnung der Geldmenge kann entsprechend durch niedrige Geldmarktzinsen gefördert werden. Auf diese Weise kann durch Zinspolitik die Geldmenge und damit die Inflationsrate beeinflusst werden. Als Zwischenziel der Geldpolitik ist ebenfalls ein stabiler **Wechselkurs** denkbar. Eine Wechselkursstabilisierung als geldpolitisches Ziel ist gleichbedeutend mit der Unterordnung der jeweiligen Geldpolitik unter die Geldpolitik der Zentralbank, an deren Währung das Zwischenziel ausgerichtet ist. Realwirtschaftliche Indikatoren sollen Veränderungen im Wirtschaftskreislauf signalisieren, die eine Reaktion der Geldpolitik erforderlich machen können.

■ **Geldpolitische Strategie**

Die Europäische Zentralbank geht bei ihrer **Zwei-Säulen-Strategie** von einem kurzfristig hohen Unsicherheitsgrad bezüglich der komplexen Ursache-Wirkungsbeziehungen in der Geldpolitik aus. Sie stützt ihre **geldpolitische Strategie** deshalb auf eine umfassende **monetäre Analyse** (1. Säule) und **realwirtschaftliche Analyse** (2. Säule). Mit Hilfe der zweiten Säule sollen die kurz- bis mittelfristigen Einflussfaktoren auf die

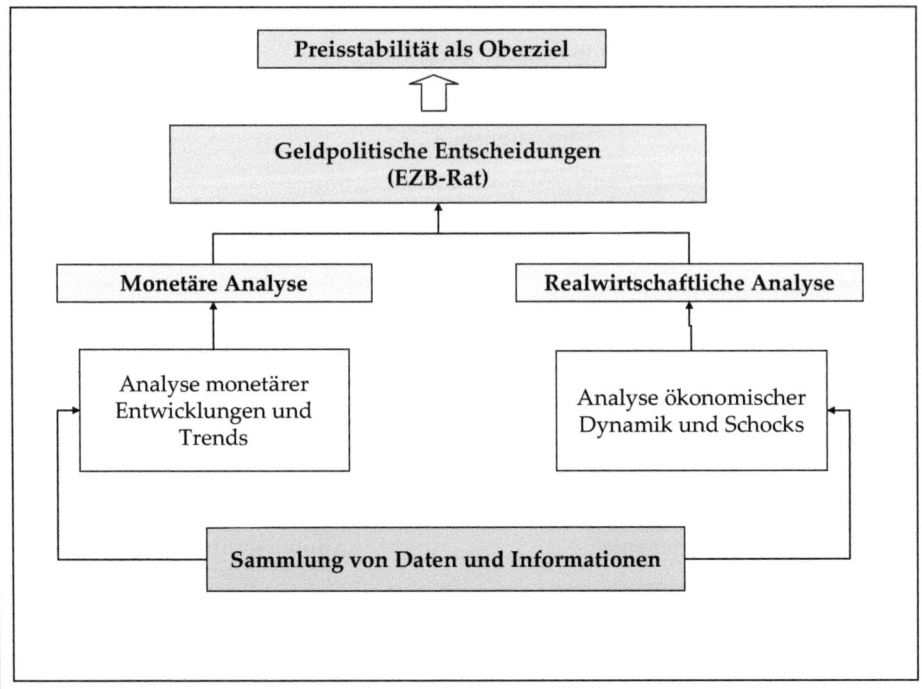

Abbildung 21: Geldpolitische Strategie der EZB

Preisentwicklung analysiert werden. Langfristig wird die Inflation vom monetären Wachstum bestimmt, weshalb die EZB als erste Säule die monetäre Analyse nutzt. Die EZB ist damit in die Lage versetzt, alle relevanten Determinanten in der Geldpolitik zu berücksichtigen, die mögliche Risiken für die Preisstabilität darstellen können.

Die monetäre Analyse wird transparent durch einen veröffentlichten Referenzwert für die Geldmenge M3 von 4,5%. Dieser Referenzwert (M) ist gewählt unter der Annahme eines mittelfristigen Realwachstums (Y) von 2-2,5% und einer Umschlagshäufigkeit des Geldes (U) von 0,5-1,0%. In Verbindung mit dem Inflationsziel (P) von knapp 2% ist damit die Quantitätsgleichung des Geldes (Verkehrsgleichung) erfüllt:

$$(15) \quad M \times U = Y \times P$$

$$(16) \quad \Delta M \times \Delta U = \Delta Y \times \Delta P = 4{,}5\% \times 1\% = 2{,}25\% \times 2\%.$$

■ **Geldpolitische Instrumente**

Die geldpolitischen **Instrumente** der Zentralbank können unterschieden werden in solche, bei denen die Zentralbank als Marktteilnehmer agiert, um ihre Ziele zu verfol-

Offenmarktgeschäfte	Ständige Fazilitäten
Hauptrefinanzierungsgeschäfte	Spitzenrefinanzierungs-fazilität
Liquiditätsbereitstellung am offenen Markt i.d.R. 7-tägige Laufzeit / befristete Transaktionen	Einlagenfazilität
Längerfristige Refinanzierungsgeschäfte	**Mindestreservepolitik**
Liquiditätsbereitstellung am offenen Markt 3 Monate Laufzeit / befristete Transaktionen	Sichteinlagen Spareinlagen, Termineinlagen (vereinbarte Lfz. bzw. Kündigungsfrist von bis zu 2 Jahren) Schuldverschreibungen mit vereinbarter Lfz. von bis zu zwei Jahren
Feinsteuerungsoperationen	Geldmarktpapiere
Liquiditätsbereitstellung am offenen Markt befristet oder definitiv	**- Reservesatz z.Z. 2 % -**

Abbildung 22: Geldpolitische Instrumente der EZB

gen (**marktkonform**) und solche, bei denen die Zentralbank behördlich in den Markt eingreift (**administrativ**).

Das Instrumentarium der EZB ist umfassend und kann flexibel genutzt werden. Hauptsächlich beabsichtigt die EZB, ihre geldpolitischen Ziele durch **Offenmarktoperationen** durchzusetzen. Dabei stellt die Zentralbank den Geschäftsbanken in der Regel für eine befristete Zeit Liquidität bereit oder bietet die Möglichkeit, überschüssige Liquidität kurzfristig anzulegen. Grundsätzlich handelt sie dabei im Einklang mit dem Prinzip der freien Marktwirtschaft. Neben sogenannten marktkonformen Instrumenten stehen der Zentralbank auch administrative Instrumente zur Verfügung.

■ **Offenmarktgeschäfte**

Die Offenmarktgeschäfte stehen grundsätzlich **allen mindestreservepflichtigen Kreditinstituten** zur Verfügung. Zur Ergänzung der Offenmarkt-Palette kann die EZB sogenannte **strukturelle Operationen** durchführen. Die **Feinsteuerungsmaßnahmen** und die strukturellen Operationen können befristete Geschäfte oder definitive, das heißt endgültige Käufe- bzw. Verkäufe sein.

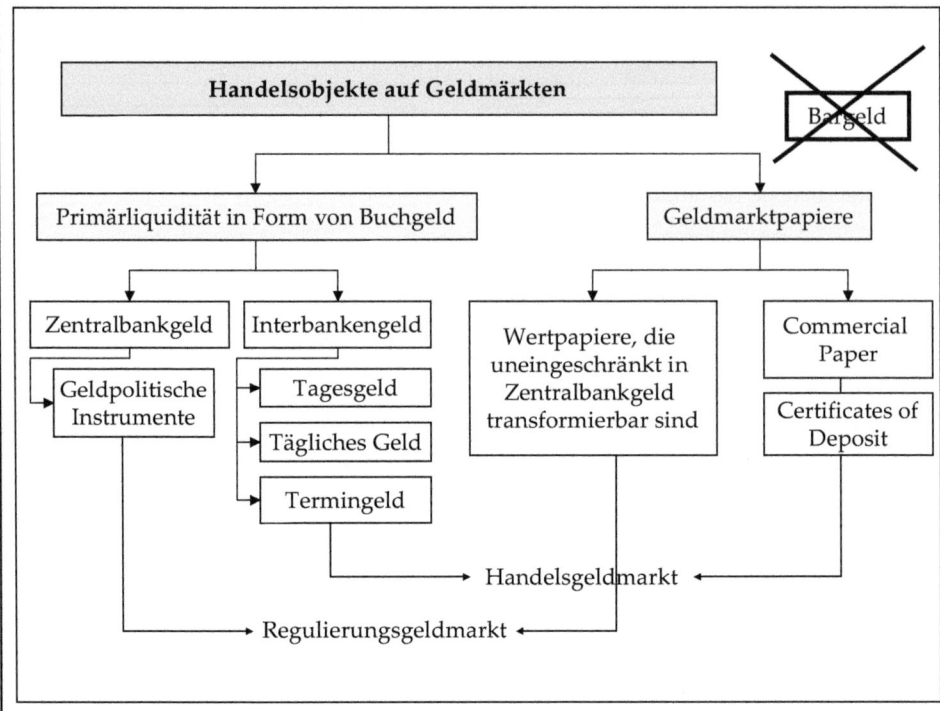

Abbildung 23: Finanzinstrumente auf Geldmärkten

■ Geldpolitik und Geldmarkt

Grundsätzlich lässt sich der Geldmarkt unterteilen in einen **Regulierungsgeldmarkt**, auf dem die Zentralbank als Marktpartner auftritt und geldpolitische Zielsetzungen verfolgt sowie in einen **Handelsgeldmarkt**, auf dem ohne Einbindung der Zentralbank Liquidität getauscht wird. Der Interbankengeldmarkt dient zur Liquiditätssteuerung für Geschäftsbanken untereinander. Der Regulierungsgeldmarkt dient primär der Refinanzierung und sekundär dem Liquiditätsausgleich.

Im Regulierungsgeldmarkt können die Kreditinstitute ihren Liquiditätsbedarf anmelden. Die EZB entscheidet direkt oder indirekt über die bereitgestellte Summe und die Konditionen. Das Geld wird über sogenannte **Tenderverfahren** in den Markt gebracht. Die Zinsen, die im Tenderverfahren gezahlt werden, sind ein wichtiger Indikator für das Zinsniveau am Geldmarkt, also für kurzfristige Geldgeschäfte. Sie beeinflussen die Zinsen am Handelsgeldmarkt für täglich fälliges Geld und für alle unterjährigen Termingelder, angefangen bei Tagesgeld (24 h-Geld). Die Verzinsung von Geldmarktpapieren, die vergleichbare Laufzeiten aufweisen, wird sich ebenfalls an den Leitzinsen bzw. den Interbankenzinsen des Handelsgeldmarktes orientieren.

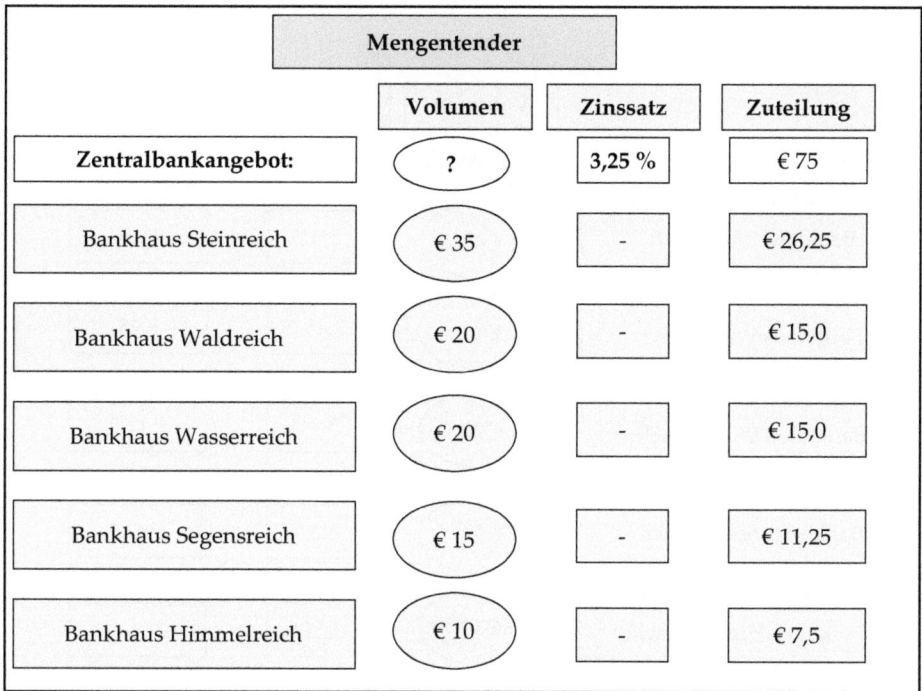

Mengentender			
	Volumen	**Zinssatz**	**Zuteilung**
Zentralbankangebot:	?	3,25 %	€ 75
Bankhaus Steinreich	€ 35	-	€ 26,25
Bankhaus Waldreich	€ 20	-	€ 15,0
Bankhaus Wasserreich	€ 20	-	€ 15,0
Bankhaus Segensreich	€ 15	-	€ 11,25
Bankhaus Himmelreich	€ 10	-	€ 7,5

Abbildung 24: Offenmarktpolitik nach dem Mengentender-Verfahren

■ Mengentender-Verfahren

Im Tenderverfahren muss sich die Zentralbank zwischen einem Mengentender und einem Zinstender entscheiden. Beim Mengentender gibt die EZB den Zinssatz vor und die Geschäftsbanken geben in ihren Geboten die gewünschten Volumina an. Die Zentralbank entscheidet, welche Menge an Zentralbankgeld sie danach bereitstellt. Übersteigen die nachgefragten Volumina die Angebotsmenge, die die Zentralbank bereitstellen will, dann wird repartiert. Die Geschäftsbanken erhalten anteilig - und zwar entsprechend des Verhältnisses ihres Gebots am Gesamtbietungsvolumen - Zentralbankgeld. Um eine hohe Zuteilung zu erhalten, ist es bei dem Verfahren also rational, ein hohes Volumen nachzufragen. Dies verfälscht die tatsächliche Liquiditätssituation am Geldmarkt, die die Zentralbank eigentlich mit der Geldpolitik steuern will. Die Europäische Zentralbank hat das Mengentender-Verfahren lediglich kurz nach ihrer Gründung eingesetzt.

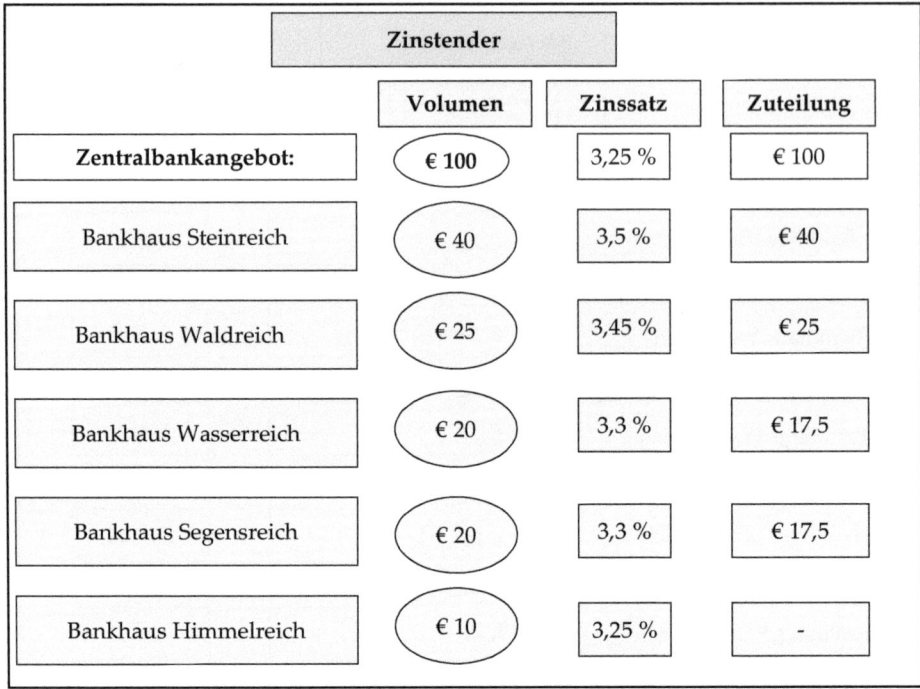

Zinstender			
	Volumen	Zinssatz	Zuteilung
Zentralbankangebot:	€ 100	3,25 %	€ 100
Bankhaus Steinreich	€ 40	3,5 %	€ 40
Bankhaus Waldreich	€ 25	3,45 %	€ 25
Bankhaus Wasserreich	€ 20	3,3 %	€ 17,5
Bankhaus Segensreich	€ 20	3,3 %	€ 17,5
Bankhaus Himmelreich	€ 10	3,25 %	-

Abbildung 25: Offenmarktpolitik nach dem Zinstender-Verfahren

◼ Zinstender-Verfahren

Beim Zinstender gibt es grundsätzlich das amerikanische und das holländische Verfahren. Im **holländischen Verfahren** teilt die Zentralbank die Liquidität zu einem einheitlichen Zinssatz zu. Alle Banken, die einen höheren Zins geboten haben, erhalten die nachgefragte Menge zu dem von der Zentralbank festgestellten Grenzzins. Die Gebote zum Grenzzins werden repartiert, darunter liegende Gebote werden nicht bedient. Im **amerikanischen Verfahren** erhalten die Banken mit dem höchsten gebotenen Zinssatz zuerst die nachgefragte Geldmenge genau zu dem von ihnen gebotenen Zins. Überschüssige Gebote zum Grenzzinssatz werden wie beim holländischen Verfahren repartiert, darunter liegende Gebote nicht berücksichtigt. Im Beispiel wäre beim holländischen Verfahren der Grenzzins 3,3 % und alle Banken bekämen zu diesem Zins das ausgewiesene Volumen zugeteilt. Beim amerikanischen Verfahren wären die zugeteilten Beträge gleich, jedoch bezahlt jede Bank den Zins, zu dem sie nachgefragt hat, wie im Beispiel für den Zinstender abgebildet.

Grundsätzlich stehen die Tendergeschäfte im Rahmen der **Hauptrefinanzierungsgeschäfte** allen mindestreservepflichtigen Kreditinstituten des Euroraums zur Verfügung. Die Zentralbank schließt kein Institut davon aus. Die Struktur- und Feinsteue-

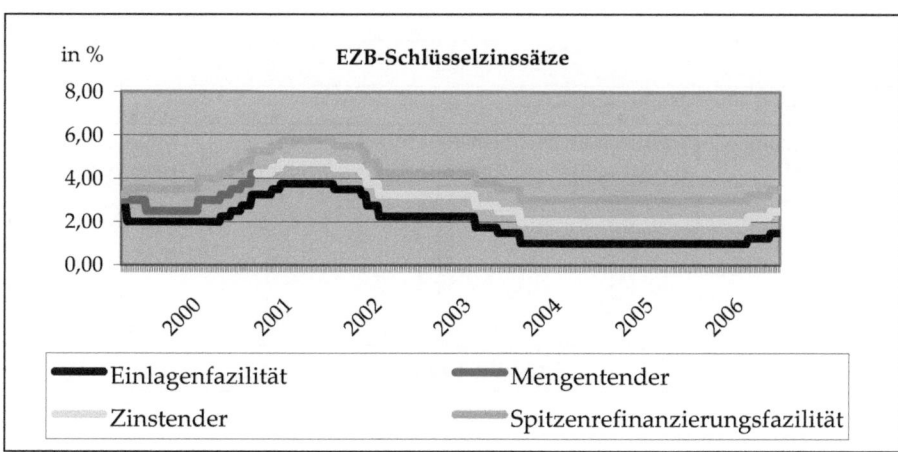

Abbildung 26: Leitzinsen im Zeitablauf

rungsmaßnahmen bietet die EZB dagegen nur ausgewählten Geschäftsbanken an. Insgesamt ist die Offenmarktpolitik ein in Volumen, Laufzeit und Vergabemöglichkeiten sehr flexibel einsetzbares geldpolitisches Instrument.

■ **Fazilitäten**

Die Fazilitäten liefern den sogenannten geldpolitischen Rahmen. Die **Einlagenfazilität** bietet den Banken zur Liquiditätssteuerung die Möglichkeit, „über Nacht" Geld bei der Zentralbank zu parken. Der Zinssatz für Einlagen bei der Zentralbank bietet gleichzeitig eine **untere Zinsgrenze** für die Geldanlage. Die **Refinanzierungsfazilität** ermöglicht den Geschäftsbanken eine kurzfristige Geldaufnahme (ebenfalls 24 h). Der Rückgriff auf diese Fazilität zur kurzfristigen Liquiditätsoptimierung markiert gleichsam die **Zinsobergrenze** für kurzfristige Refinanzierungen. Die Sätze für Offenmarktgeschäfte orientieren sich damit an den Grenzen, die durch die Fazilitäten vorgegeben sind. Die Verzinsung der Fazilitäten bilden einen sogenannten **Zinskanal**, innerhalb dessen sich die Mindestbietungssätze der Zentralbank und entsprechend die kurzfristigen Marktzinsen bewegen. Die Fazilitätenzinssätze und die Mindestbietungssätze haben daher einen steuernden Charakter und werden auch als Leitzinsen bezeichnet.

■ **Mindestreserve**

Das geldpolitische Instrumentarium wird durch die Mindestreservepflicht vervollständigt. Kreditinstitute sind danach verpflichtet, einen bestimmten Anteil (in %) ihrer

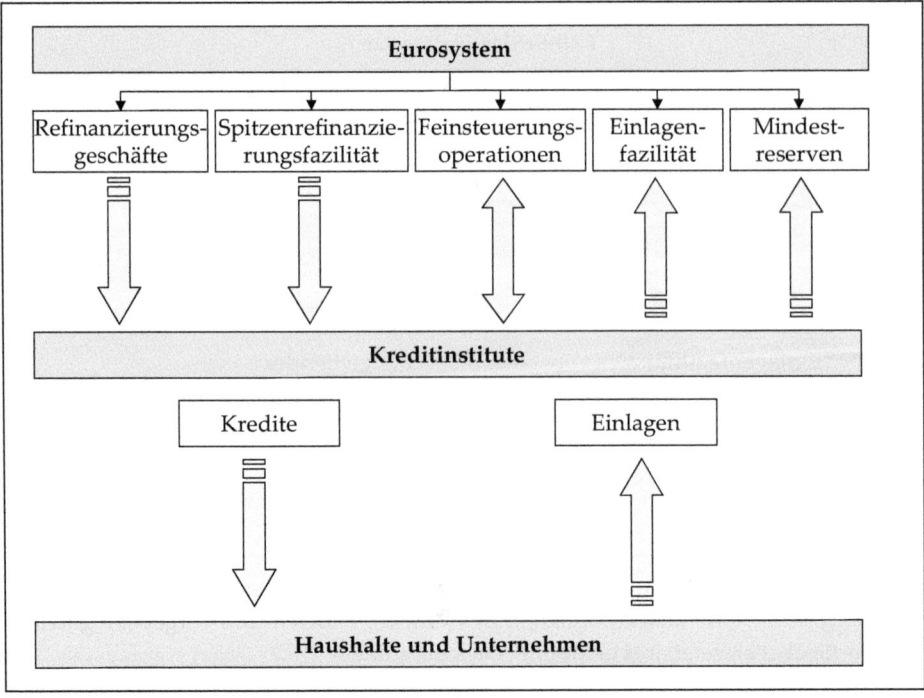

Abbildung 27: Geldschöpfung und Liquiditätsfluss

Einlagen bei der Zentralbank zu hinterlegen. Obwohl die Mindestreserveguthaben bei der EZB, im Gegensatz zur früheren Mindestreserve bei der Bundesbank, mit dem Durchschnitt des EZB-Satzes für die Hauptrefinanzierungsinstrumente verzinst werden, stellt dies einen **Wettbewerbsnachteil** gegenüber Instituten in der Schweiz und Großbritannien dar, die einer solchen Verpflichtung, Zentralbankguthaben zu halten, nicht unterliegen.

■ **Geldschöpfung**

Der Einsatz der geldpolitischen Instrumente dient der Steuerung der Liquidität des Bankensystems. Die Ausführung der Liquiditätssteuerung gemäß der Politik der EZB obliegt den nationalen Zentralbanken. Der **Liquiditätsfluss** lässt sich vereinfacht darstellen. Die Kreditinstitute betreiben durch die Hereinnahme von Einlagen und die Gewährung von Krediten **Geldschöpfung,** deren Umfang bei der geldpolitischen Steuerung durch die Zentralbank berücksichtigt werden muss und mit der die Liquiditätsausstattung beeinflusst werden kann.

	Frei verfügbar (Geldbasis)	Kredit-gewährung	Bargeld-abfluss	Einlagen-zunahme	Reserve
Bankhaus Glorreich	1.000	1.000	400	600	600
Bankhaus Fastreich	600	600	240	360	360
Bankhaus Tierreich	360	360	144	216	216
...	...	...	...	...	...
Summe	-	2.500	1000	1.500	-

Abbildung 28: Der Prozess der Geldschöpfung (Kreditschöpfung)

Der Prozess der Geldschöpfung wird unterteilt in die **Geldschöpfung** durch die Zentralbank und die **Geld- bzw. Kreditschöpfung** der Geschäftsbanken. Die Geldbasis (Zentralbankgeld) kann von der Zentralbank durch Kreditgewährung an die Geschäftsbanken oder den Ankauf von Vermögenswerten der Geschäftsbanken erhöht werden. Es erhöht sich also durch die die Geldschöpfung der Zentralbank das Bargeld und/oder die Zentralbankeinlagen der Kreditinstitute. Die Geldschöpfung der Geschäftsbanken erfolgt durch **Kreditgewährung** und die Haltung der eingeräumten Kredite auf Konten. Das so entstandene Giralgeld ist seinerseits die Grundlage für weitere Kreditgewährung durch die Banken. Die Haltung der Gelder als Einlagen, die die Geldmengendefinition erfüllen, erhöht die Geldmenge. Teilweise wird die Giralgeldschöpfung auch als aktive Geldschöpfung bezeichnet und der Tausch weniger liquider Kapitalanlagen in Geldanlagen, die den Geldmengenaggregaten zuzurechnen sind, wird als passive Geldschöpfung bezeichnet.

Bei einer funktionalen Betrachtung unter Vernachlässigung von Zinsen und deren Auswirkung auf die Geldschöpfungsaktivität und einer Nichtberücksichtigung möglicher Mindestreserven kann durch Kreditgewährung in der dargestellten Weise Geld geschöpft werden. Das Buchgeld in einer Volkswirtschaft nimmt zu.

3.2   Das deutsche Zentralbanksystem

In Deutschland wurde nach der Reichseinigung 1871 erstmals im Jahr **1876** eine **einheitliche Zentralbank** geschaffen. Zeitgleich löste die „Mark" als Einheitswährung die verschiedenen deutschen Währungssysteme, wie Taler, Gulden u.a. ab. Die **Reichsbank** beendete ihre Tätigkeit nach wechselvoller Geschichte, zu der auch die Hyperinflation 1923 und der Missbrauch der Bank für die Rüstungs- und Kriegsfinanzierung im Dritten Reich gehört, im Jahre 1945. Die Währungsreform **1948** und die Einführung der DM in den nicht sowjetisch verwalteten Besatzungszonen war dann die Geburtsstunde der **Bank deutscher Länder**, der Vorläuferin der Deutschen Bundesbank. Die **Deutsche Bundesbank** löste **1957** die Bank deutscher Länder ab.

Zum deutschen Zentralbanksystem zählen neben der Deutschen Bundesbank die neun **Hauptverwaltungen**, die ehemaligen Landeszentralbanken. Das System hat einen **föderativen Charakter**. Die Deutsche Bundesbank übt weiterhin die klassischen Aufgaben einer Zentralbank aus. Sie begibt nach Beschluss der EZB Banknoten, sie ist Bank der Banken und Bank des Staates sowie Verwalterin der Währungsreserven. Sie ist mit der Anwendung der geldpolitischen Instrumente betraut. Darüber hinaus ist sie nun auch zuständig für die bisherigen Aufgaben der Landeszentralbanken und diesen weisungsbefugt.

■ **Die Deutsche Bundesbank**

Als **Bank der Banken** hat die Bundesbank die Aufgabe, den Geschäftsbanken Bargeld und Zentralbankguthaben anzubieten. Sie ist für die Abwicklung des unbaren Zahlungsverkehrs verantwortlich und in die Bankenaufsicht mit einbezogen. Als **Bank des Staates** wickelt die Bundesbank den Zahlungsverkehr und die Wertpapieremission für den Staat ab.

Darüber hinaus verwaltet die Bundesbank weiterhin die an die EZB übertragenen **Währungsreserven**. Sie führt ggf. in deren Auftrag mit den Reserven Devisengeschäfte aus. Die verbleibenden nationalen Devisenreserven Deutschlands werden ebenfalls von der Bundesbank verwaltet. Größere Devisenoperationen bedürfen dabei der Zustimmung der EZB. **Banknoten** werden seit dem 01.01.2002 nur **nach Genehmigung der Europäischen Zentralbank** durch die Bundesbank ausgegeben.

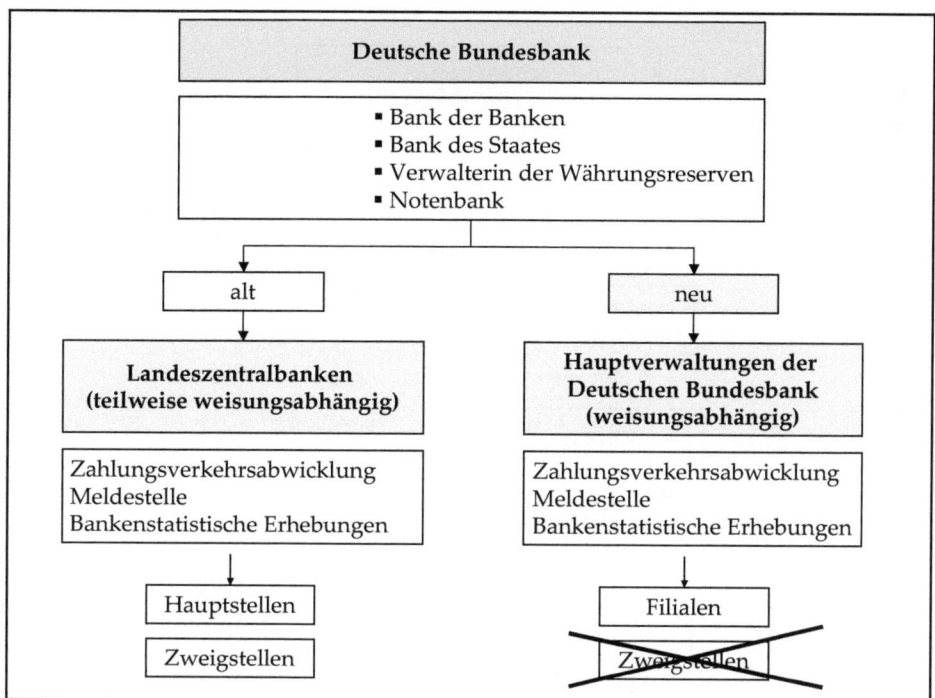

Abbildung 29: Das deutsche Zentralbanksystem

Zum Zentralbanksystem in Deutschland gehören weiterhin die Hauptverwaltungen. Nicht jedes Bundesland hat eine eigene Hauptverwaltung, jedoch sind Zuständigkeiten nach Bundesländern geordnet. Nach dem Abschluss der Europäischen Währungsunion wurden durch die **Zentralbankreform** die Aufgaben und Strukturen des deutschen Zentralbanksystems neu definiert. Die Geschäftsbanken melden gegenwärtig alle Zahlen für **statistische Erhebungen** an die Hauptverwaltungen, führen Konten dort und wickeln den unbaren **Zahlungsverkehr** über die jeweils zuständige Hauptverwaltung ab. Die Hauptverwaltung übernimmt die praktische Umsetzung des Kreditgeschäfts der EZB mit den Geschäftsbanken ihres jeweiligen Zuständigkeitsgebietes. Die Hauptverwaltungen haben keine Vorstände mehr wie die LZB, sondern einen vom Vorstand der Bundesbank weisungsabhängigen Präsidenten. Die ehemaligen Haupt- und Zweigstellen werden zu **Filialen** zusammengefasst, wobei die ehemaligen Zweigstellen bis 2007 geschlossen werden. Nach der Zentralbankreform ist das oberste Entscheidungsgremium der geschäftsführende **Vorstand der Bundesbank**. Er ersetzt das Direktorium und den Zentralbankrat.

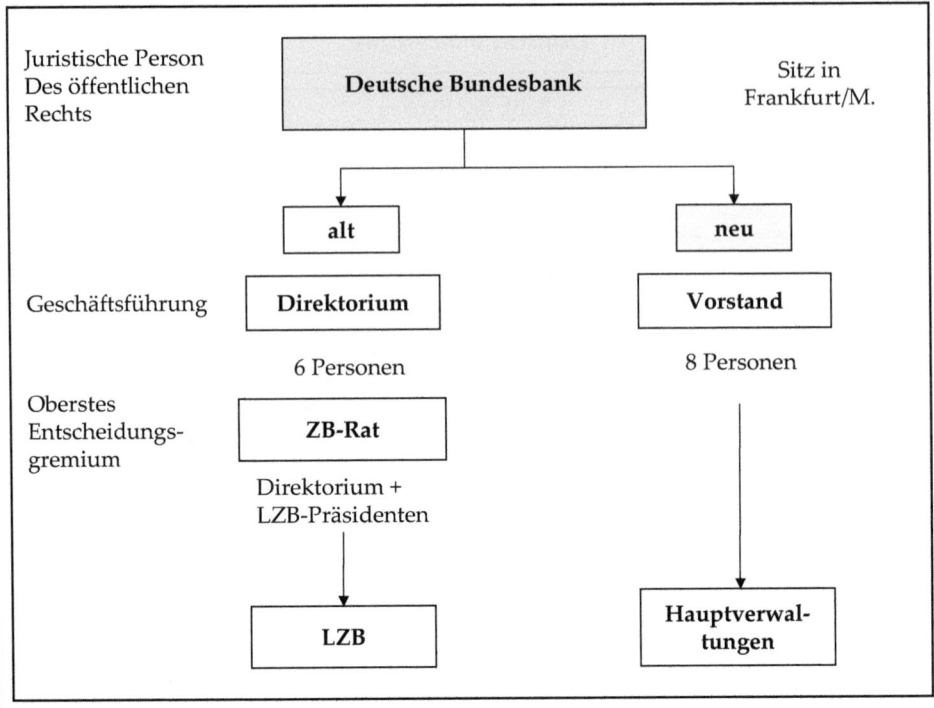

Abbildung 30: Entscheidungsgremien der Bundesbank

Gegenüber dem Direktorium besteht er aus zwei Mitgliedern mehr. Die Amtszeit des Vorstandes beträgt fünf bis acht Jahre. Zur **Wahrung der Unabhängigkeit** der nationalen Zentralbank werden vier Mitglieder des Vorstands vom Bundesrat in Abstimmung mit der Bundesregierung benannt und vier weitere Mitglieder, darunter Präsident und Vizepräsident, von der Bundesregierung vorgeschlagen. Für alle vom Zentralbanksystem zu übernehmenden Aufgaben ist zur Vermeidung von Parallelarbeit die Bundesbank in Frankfurt/M. zuständig. Die **Mitwirkung an der Bankenaufsicht** bei der Entgegennahme und Bearbeitung von KWG-Anzeigen sowie der Auswertung von Prüfungsberichten ist nun gesetzlich fixiert. Maßnahmen der Bankenaufsicht obliegen aber der Bundesanstalt für Finanzdienstleistungsaufsicht (BaFin). Aufgrund der Übertragung der geldpolitischen Entscheidungsgewalt auf die EZB ist die Aufgabe des Zentralbankrates entfallen und er wurde abgeschafft. Die LZB sind in Hauptverwaltungen der Deutschen Bundesbank umgewandelt worden. Die alte Struktur der Bundesbank und ihrer Entscheidungsgremien zeigt jedoch im direkten Vergleich mit dem ESZB-System große Parallelen. Daraus wird die Handschrift bei der Schaffung der EZB deutlich. Durch die institutionelle Parallelität konnte die Glaubwürdigkeit der Bundesbank mit der Gründung partiell auf die EZB übertragen werden.

3.3 Das deutsche Geschäftsbankensystem

Das deutsche **Universalbanksystem** ist historisch gewachsen und weist einige Besonderheiten gegenüber anderen Bankensystemen auf. Zunächst existieren drei große Blöcke innerhalb der Geschäftsbanken. Den ersten Block bilden die deutschen **Kreditbanken**. Das sind die Banken des privaten Kreditgewerbes, an der Spitze die vier deutschen Großbanken (Deutsche Bank; Hypovereinsbank, Dresdner Bank, Commerzbank). Der **Sparkassensektor** zusammengenommen, das heißt Sparkassen, Landesbanken und die DGZ-Deka-Bank, bildet den Teil des deutschen Bankensystems mit dem größten Marktanteil. Die dritte größere Bankengruppe stellen die **Genossenschaftsbanken** dar. Daneben spielen am Bankenplatz Deutschland auch **Spezialbanken** eine wesentliche Rolle. Unter den Banken mit spezieller Geschäftsausrichtung sind die Hypothekenbanken und Bausparkassen herauszuheben. Ein Kreditinstitut im Sinne des KWG sind ebenfalls Kapitalanlagegesellschaften, die das Investmentfonds-Geschäft betreiben. Eine vom Geschäftsvolumen nicht unbedeutende Rolle übernehmen die Kreditinstitute mit Sonderaufgaben. Diese sind Banken, die wirtschaftspolitische Zielsetzungen verfolgen bzw. unterstützen. Die Kreditanstalt für Wiederaufbau (KfW-Bankengruppe) ist die Größte unter ihnen und zählt nach der Bilanzsumme zu den Top 10 der Banken Deutschlands.

Der Bankensektor wird ergänzt durch Akteure, die nur bestimmte Finanzdienstleistungen anbieten und als **Finanzinstitute** oder **Finanzunternehmen** teilweise den Bestimmungen des Kreditwesengesetzes unterliegen und daher zum Bankenmarkt zu rechnen sind. Unter die Finanzinstitute werden alle Unternehmen subsummiert, die Anlagevermittlung, Abschlussvermittlung, Finanzportfolioverwaltung, den Eigenhandel, die Drittstaateneinlagenvermittlung, das Finanztransfergeschäft sowie den Handel mit Sorten betreiben. Die Einbeziehung dieser Geschäfte in den Katalog der Finanzinstrumente soll den sogenannten „Grauen Kapitalmarkt" und die Geldwäsche erschweren. Eine Konsolidierung des Anbieterspektrums bei diesen Dienstleistungen ist in den nächsten Jahren zu erwarten.

Schließlich konstituieren die Geschäfte Beteiligungserwerb, Factoring (bzw. Forfaitierung, also entgeltlicher Forderungserwerb) und Leasing den Begriff des Finanzunternehmens. Die aufgezählten Geschäftsarten sind für das moderne Finanzierungsgeschäft unentbehrlich und werden oft von Tochtergesellschaften der Kreditinstitute betrieben. Darüber hinaus fallen das Kreditkartengeschäft, die Anlageberatung, das M & A-Geschäft (Mergers & Acquisitions) sowie Geldmaklergeschäfte darunter.

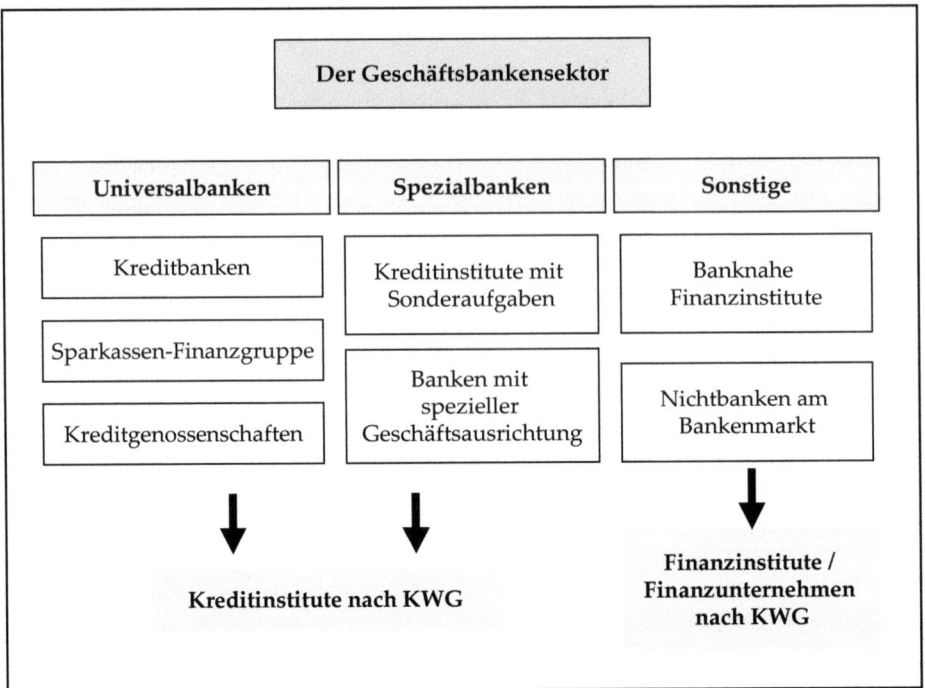

Abbildung 31: Das deutsche Bankensystem in der Übersicht

Im weitesten Sinne sind zum Wettbewerbsfeld noch die **Versicherungsunternehmen** zu rechnen, die in vielen Geschäftsfeldern unmittelbare Konkurrenten der Banken sind. Dies spiegelt sich in dem Begriff **Allfinanzdienstleistung** wider, unter dem die in zunehmendem Maße zu beobachtende Zusammenarbeit oder Fusion von Banken und Versicherungen verstanden wird. Die Versicherungen unterliegen ähnlich wie die Banken einer brancheneigenen Gesetzgebung (Versicherungsaufsichtsgesetz VAG) und Aufsicht.

Die Bedeutung eines Kreditinstitutes wurde bis vor kurzem vor allem an der Bilanzsumme gemessen. Inzwischen gilt die Rentabilität als das entscheidende Maß für die Beurteilung einer Bank. Die größten deutschen Banken zählen gleichzeitig zu den größten Banken Europas. Neben den deutschen Großbanken nehmen vor allem einige Landesbanken eine wesentliche Marktposition ein.

Zusammengefasst ist der **Sparkassensektor** mit mehr als einem Drittel der Bilanzaktiva der deutschen Banken die **bedeutendste Bankengruppe**. Die **Sparkassen** und die **Genossenschaftsbanken** haben vor allem in **ländlichen Gebieten** überdurchschnittlich hohe **Marktanteile**, weil sie oft die einzigen Anbieter von Finanzdienstleistungen vor Ort sind. Dagegen dominieren die **Kreditbanken**, speziell die Großbanken, in

Ballungsgebieten und im Geschäft mit großen Unternehmen. Die Kreditportfolien haben sehr unterschiedlichen Charakter, der mit der Struktur der einzelnen Institute und ihren primären Geschäftsfeldern in Zusammenhang steht. Während die Sparkassen und Genossenschaftsbanken regional konzentrierte und überwiegend kleine Kreditsummen verbuchen, finanzieren die Kreditbanken und auch die Landesbanken größere Unternehmen, Projekte sowie den Staat mit jeweils größeren Einzelkreditbeträgen.

Deutlich überdurchschnittlich ist der **Marktanteil** der Sparkassen und Genossenschaftsinstitute bei den **Kundeneinlagen**. Diese Kreditinstitute gelten als stark einlagenfinanziert. Ein im Vergleich zu anderen Banken großer Teil der Aktiva wird durch Bankeinlagen von Kunden auf der Passivseite refinanziert. Die Realkreditinstitute und die Landesbanken sind hier unterdurchschnittlich positioniert. Einerseits haben die Realkreditinstitute eine andere Refinanzierungsstruktur aufgrund des Pfandbriefprivilegs, das für einen stärkeren Anteil verbriefter Verbindlichkeiten sorgt. Andererseits haben die Landesbanken zusätzlich zum Pfandbriefprivileg im Gegensatz zu den Sparkassen direkten Zugang zum Kapitalmarkt. Für Landesbanken ist es aufgrund der hohen Einlagen der Sparkassen interessant, Geld im eigenen Sektor bei den Sparkassen aufzunehmen, was zu einer traditionell höheren Geldmarktrefinanzierung führt. Das häufig nicht vorhandene Privatkundengeschäft der Landesbanken schränkt zudem die Möglichkeit der Einlagenfinanzierung erheblich ein.

Aufgrund der Art des Bankgeschäfts übersteigen die **Bilanzsummen** der Kreditinstitute die Bilanzsummen der größten internationalen Nichtbanken deutlich, denn bei Nichtbanken stehen Geschäft und Gegengeschäft in engem zeitlichen Zusammenhang und sind deshalb zumeist nicht bilanzwirksam. Bilanziert wird vielmehr nur der Bestand, bzw. das Ergebnis des Geschäfts (z.B. Bestand an erworbenen Maschinen, Grundstücken, Liquidität). Die Umsätze übersteigen die Bilanzsumme deutlich. Das Produkt oder die Leistung einer Nichtbank werden hergestellt und sofort verkauft (bei Vernachlässigung von Lagerbeständen). Die Leistung einer Bank, der Kredit, steht dagegen bis zu seiner Tilgung in der Bilanz der Bank. Bei Kreditinstituten fallen Leistung der Bank und Gegenleistung des Geschäftspartners zeitlich auseinander: für Geschäftsbanken sind die Verbindlichkeiten aller Nichtbanken daher bilanzwirksame Aktiva, denen in gleicher Höhe Passiva gegenüberstehen müssen, also Einlagen von Nichtbanken oder Verbindlichkeiten gegenüber anderen Kreditinstituten. Darüber hinaus tätigen Banken in steigendem Umfang nichtbilanzwirksame Geschäfte (Umsätze) aus denen Ertrag erwirtschaftet wird. Der Unterschied zwischen Umsatz und Bilanzsumme ist bei Banken aber viel geringer als bei Nichtbanken.

Tabelle 1: Die größten Banken in Deutschland

Nr.	Unternehmen	Land	Bilanzsumme in Mio EUR			Ge-schäfts-stellen	Mitar-beiter 2005
			2005	2004	in %	2005	
1	Deutsche Bank AG	HS	992.161	840.068	18,1	1.588	63.427
2	HVB Group	HS	493.523	467.385	5,6	2.316	61.251
3	Dresdner Bank AG	BY	461.372	523.870	-11,9	960	28.774
4	Commerzbank AG	HS	444.861	424.877	4,7	500	33.056
5	Landesbank Baden-Württemberg	HS	405.915	390.610	3,9	240	12.551
6	DZ Bank AG	BW	401.638	356.234	12,7	30	3.834
7	KfW Bankengruppe	BY	341.143	328.596	3,8	3	3.740
8	Bayerische Landesbank	HS	340.854	265.601	28,3	1	9.754
9	WestLB AG	NW	264.955	253.793	4,4	19	6.353
10	Eurohypo AG	HS	234.303	226.928	3,2	29	2.392

Quelle: "Die Bank" 2005

Aus der Statistik wird ersichtlich, dass die deutschen Kreditinstitute mehrheitlich eine Ausweitung der Bilanzaktiva verzeichnen. In den Jahren 2002/2003 sanken die Bilanzsummen überwiegend. Inzwischen hat eine Bereinigung stattgefunden. Trotz zahlreicher geschäftspolitischer Aktivitäten zur Verkürzung der Bilanzsummen (Verkauf von Aktiva, Ausgliederung von Geschäften) steigen die Bilanzsummen wieder an. Die Zahl der Mitarbeiter im Bankensektor in Deutschland ist weiterhin rückläufig. Die neunziger Jahre waren dagegen von einer expansiven Ausdehnung der Bankbilanzen geprägt. Dies ging einher mit der Ausweitung der Kreditvergabe. Gegenwärtig kann die Kreditvergabepolitik eher als restriktiv eingestuft werden.

Die **Bankenlandschaft** in Deutschland unterliegt seit einigen Jahren massiven **Veränderungen**. Deutlich werden die Verschärfung des Wettbewerbs und das Bestreben um die Verbesserung der jeweiligen Marktposition u.a. an rückläufigen Bankenzahlen und dem Rückgang der Zahl der Geschäftsstellen. Ein anhaltender Trend zeigt sich in den Fusions- und Übernahmeaktivitäten. Im Genossenschafts- und Sparkassensektor fusionieren zahlreiche kleine Kreditinstitute in dem Streben nach so genannten „kritischen" Größen. Damit ist gemeint, dass es für standardisierte Geschäfte und zahlreiche routinemäßige Geschäftsabläufe einer betriebswirtschaftlich sinnvollen Zahl von Geschäftsvorfällen bedarf. Im Privatbankensektor gibt es ebenfalls Übernahme- bzw. Fusionsbemühungen, die nicht immer von Erfolg gekrönt sind. Unter den Großbanken wurden die Dresdner Bank von der Allianz und die Hypovereinsbank von der Unicredit (Italien) übernommen. Zu den Problemen in Verbindung mit den Fusionen zählen unterschiedliche Unternehmenskulturen ebenso wie Schwierigkeiten bei der Kundenbindung und bei der Realisierung von avisierten Synergieeffekten.

Jedes zweite **Kreditinstitut** kämpft mit zu **hohen Kosten,** jedes vierte mit **Ertragsein-brüchen.** Mehr als die Hälfte der Geldhäuser will in den nächsten drei Jahren die Kosten senken, fast ein Drittel plant eine **strategische Neuausrichtung.** Kurzfristig stehen Filialschließungen und Entlassungen an. Mittelfristig will die Branche noch mehr Geschäftsprozesse industrialisieren oder ausgliedern. Den deutschen Banken entstehen gegenwärtig zu hohe Kosten, die bei ca. 70% der Erträge liegen, bei den Großbanken sogar darüber, während sich europaweit dieser Wert bei ca. 60% befindet. Hohe Investitionen werden daher in die Automatisierung des Zahlungsverkehrs und der Wertpapierabwicklung getätigt.

Nach dem jahrelangen Ausbau der Filialnetze, zuletzt im Zuge der deutschen Wiedervereinigung in Ostdeutschland, sind in den letzten Jahren Bankstellen geschlossen worden. Darüber hinaus sind die verbliebenen Bankstellen in großer Zahl umgestaltet worden. Die klassische Bankfiliale wird ergänzt durch Selbstbedienungseinheiten, Beratungs- und Kompetenzcenter oder Bankshops.

3.3.1   Der Kreditbankensektor

Zu den Kreditbanken sind neben den **Großbanken** in Deutschland **Regionalbanken,** **Privatbanken** und **Niederlassungen ausländischer Banken** zu rechnen. Durch die rasanten Veränderungen des Bankenmarktes in den letzten Jahren ist die Zahl der Kreditinstitute zurückgegangen. Die den großen Regionalbanken zuzuordnenden Institute Bayerische Vereinsbank und Bayerische Hypotheken- und Wechselbank sind zur Großbank Hypovereinsbank fusioniert. Weitere geplante **Fusionen** von Großbanken zwischen der Deutschen und der Dresdner Bank bzw. der Commerzbank und der Dresdner Bank sind dagegen nicht ohne Imageschäden gescheitert. Zur Konsolidierung des Bankenmarktes erfolgte dagegen die Fusion zwischen der Allianz und der Dresdner Bank, die den Weg in Richtung **Allfinanzkonzern** weist. Die Konsolidierung bei den Regionalbanken verlief dagegen bis zur Krise der Bankgesellschaft Berlin eher geräuschlos. Am Beispiel der Bankgesellschaft Berlin AG wird deutlich, dass im Rahmen der Veränderungen des Bankensektors auch unkonventionelle Lösungen nicht ausgeschlossen sind. Mit der Berliner Bank AG, der Berliner Hypothekenbank und der Landesbank Berlin (einschließlich Berliner Sparkasse) wurde der Versuch unternommen, private Banken und öffentlich-rechtliche Institute zu einer Bank zu vereinen, um den Finanzplatz Berlin zu stärken. Das Scheitern dieses Konstrukts ist dabei sowohl auf unternehmensinterne Faktoren als auch auf die wirtschaftlichen Rahmenbedingungen zurückzuführen. Insgesamt muss als Fazit der Fusionswelle im deutschen Kreditbankensektor gezogen werden, dass die überwiegende Mehrzahl der Versuche im Hinblick auf eine Verbesserung der Marktposition und eine Stärkung der Rentabilität als erfolglos zu bezeichnen ist. Die Fusion als alleiniges Erfolgsrezept zur Anpassung an ein sich dynamisch **wandelndes Wettbewerbsumfeld** sollte damit als ungeeignet gelten.

Die vier **Großbanken** (Deutsche Bank, Dresdner Bank, Hypovereinsbank, Commerzbank) nehmen vor allem im internationalen Geschäft, im gehobenen Firmenkunden- und Privatkundengeschäft eine bedeutende Marktstellung ein. Die Deutsche und die Dresdner Bank vertreten dabei den Anspruch eines „Global Players", also einer weltweit agierenden, internationalen Großbank. Die Hypovereinsbank bezeichnet sich selbst als Bank der Regionen, eine Großbank mit Konzentration auf ausgewählte Gebiete und Geschäftsfelder. Die Commerzbank als kleinste der deutschen Großbanken agiert zwar ebenfalls weltweit als Universalbank, hat aufgrund ihrer für eine internationale Bank kritischen Größe jedoch seit Jahren mit Übernahmegerüchten zu kämpfen.

Die **Regionalbanken** und sonstigen Kreditbanken betreiben das Bankgeschäft – im Gegensatz zu den Großbanken – nur regional, lokal oder branchenbegrenzt. Vereinzelt werden auch Geschäfte an anderen Standorten abgewickelt, wobei mitunter auch Niederlassungen an internationalen Bankenplätzen bestehen. Branchenbanken haben sich aufgrund historischer Entwicklungen auf bestimmte Kundengruppen spezialisiert (z.B.: Apothekerbank).

Bei den Privatbanken ist ein stetiger Rückgang zu verzeichnen. Einerseits bestehen viele Privatbanken inzwischen lediglich als Konzernunternehmen von Großbanken (z.B. HSBC Trinkaus & Burkhardt KGaA), andererseits ist im Jahr 2002 mit der Schmidtbank eine der wenigen verbliebenen Privatbanken vom Markt ausgeschieden. Die klassischen **Privatbankiers** in der Rechtsform der OHG oder KG sind häufig in ausgewählten Geschäftsbereichen aktiv und ziehen ihr Potential aus persönlichen Kontakten und einem stabilen Vertrauensverhältnis zur Kundschaft, das immer auch mit individueller Bankberatung einhergeht. Das größte deutsche Privatbankhaus mit persönlich haftenden Gesellschaftern ist das zweitgrößte unter den Privatbankiers, Sal. Oppenheim jr. & Cie. (Nr. 1: HSBC Trinkaus & Burkhardt KGaA).

Die Zahl der **Auslandsniederlassungen** aus anderen EU-Staaten in Deutschland, speziell am Bankenplatz Frankfurt/M. nimmt weiter zu. Dies ist ein Ergebnis der europäischen Integration und der Internationalisierung des Bankgeschäfts und trägt zu der verschärften Wettbewerbssituation im deutschen Bankgewerbe bei. Zwar stagniert die Anzahl der Auslandsbanken insgesamt, aber die Auslandsbanken aus anderen Ländern des europäischen Wirtschaftsraumes sind auf über 100 angestiegen. Der Marktanteil der Auslandsbanken ist nicht genau bestimmbar, allerdings sind inzwischen durch die rückläufige Zahl inländischer Banken 7% der in Deutschland tätigen Kreditinstitute ausländische Banken.

3.3.2 Der Sparkassensektor

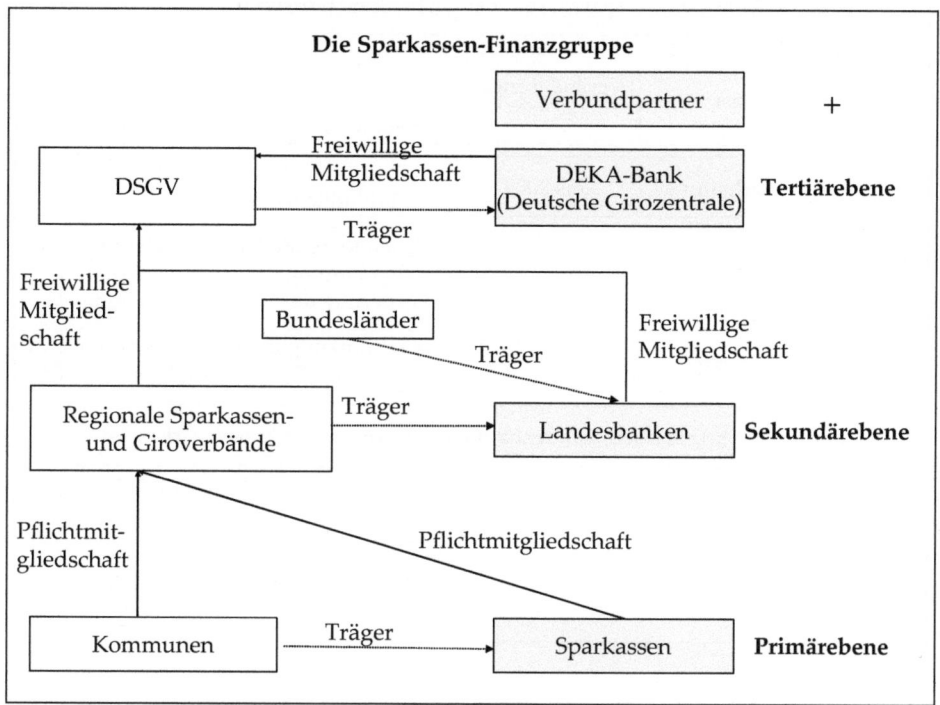

Abbildung 32: Struktur des öffentlich-rechtlichen Bankensektors

Der öffentlich-rechtliche Sektor gehört in Deutschlands Bankenlandschaft, wie sonst nur in wenigen EU-Ländern, zu den wichtigsten Marktakteuren und zeichnet sich durch einige Besonderheiten aus. Zunächst ist er durch seine **dreistufige Struktur** gekennzeichnet. Neben den **Sparkassen** (Primärinstituten) gehören die **Landesbanken** und die **Deka-Bank** (Deutsche Girozentrale) als Zentralinstitut des Sektors dazu.

Darüber hinaus unterliegt er derzeit besonders massiven Veränderungen. Aufgrund von neuen Wettbewerbsregeln, die infolge einer Einigung der deutschen Bundesregierung mit der Europäischen Wettbewerbsbehörde für die deutsche Sparkassenfinanzgruppe gelten, sind zwei bisher wesentliche Merkmale der Sparkassengruppe aufgehoben.

■ Freie Sparkassen

Neben den öffentlich-rechtlichen Sparkassen existieren die freien Sparkassen. Diese sind privatrechtliche Sparkassen (Verein, Stiftung oder AG), deren Gründungszeit in

Kommunale Sparkassen, Landesbanken, Girozentrale		
Anstaltslast	Veränderungen bis 2005	Errichtung und Sicherung der Betriebsfähigkeit durch öffentlich-rechtliche Körperschaften
Gewährträgerhaftung	bis 2005	Verpflichtung, für alle Verbindlichkeiten einzustehen
Öffentlicher Auftrag		Flächendeckende bankwirtschaftliche Versorgung der Bevölkerung; Förderung der Vermögensbildung
Regionalprinzip		Beschränkung der Geschäftsstellen auf das Gebiet des Trägers
Kommunale Sparkassen, Landesbanken, Girozentrale + Freie Sparkassen		
Gemeinnützigkeit		Gewinnerzielung - nicht aber Gewinnmaximierung
Haftungsverbund		Institutssicherung, Risikoverteilung

Abbildung 33: Grundprinzipien des Sparkassenwesens

der Regel noch vor den kommunalen Sparkassen angesiedelt ist. Gegenwärtig bestehen noch sieben freie Sparkassen, darunter die Frankfurter Sparkasse und die Hamburger Sparkasse (Haspa). Sie werden systematisch dem Sparkassensektor zugeordnet, weil sie dem Prinzip der **Gemeinnützigkeit** unterliegen, sich der Sparkassenaufsicht unterstellen und dem Sparkassenverband als gleichgestellte Mitglieder zugehören.

■ **Strukturen und Veränderungen im Sparkassensektor**

Zu den Prinzipien des Sparkassenwesens gehört die **Anstaltslast**. Aus ihr ergibt sich die **öffentlich-rechtliche Rechtsform**. **Träger** der kommunalen Sparkassen sind Städte, Gemeinden oder Landkreise, was sich u.a. im Namen Stadtsparkasse bzw. Kreissparkasse widerspiegelt. Grundlage für die Tätigkeit dieser Sparkassen sind die **Sparkassengesetze** der Länder bzw. die Sparkassenverordnungen. Bis 2005 galt für die Kreditinstitute des öffentlich-rechtlichen Sektors eine sogenannte **Gewährträgerhaftung**, bei der der Gewährträger die Haftungsübernahme für alle Zahlungsverpflichtungen bzw. Verbindlichkeiten der Sparkasse, Landesbank bzw. Girozentrale garantiert. Aufgrund einer Klage des privaten deutschen Bankgewerbes bei der Europäischen Union gibt es diese Verpflichtung in Form der Gewährträgerhaftung nicht mehr. Die Wettbewerbskommission der EU folgte der Auffassung der Privatbanken, die in dieser nicht marktgerecht abgegoltenen Garantie eine Wettbewerbsverzerrung zugunsten der öffentlich-rechtlichen Kreditinstitute sehen.

Weitere Veränderungen im Sparkassensektor werden hinsichtlich der **Rechtsform** stattfinden. Die Geschäftsfelder, in denen die Sparkassen und Landesbanken mit den privaten Banken unmittelbar konkurrieren bzw. der **öffentliche Auftrag** nicht wirksam wird, werden nicht zwingend in öffentlich-rechtlicher Struktur bleiben. Der öffentliche Auftrag der Sparkassen, der sich u.a. darin manifestiert, dass die kommunalen Sparkassen 80% der Sozialhilfeempfänger-Konten führen und zwischen den Kunden eine Quersubventionierung vornehmen müssen, wird grundsätzlich nicht in Frage gestellt. Mit dem öffentlichen Auftrag und der Anstaltslast sind weiterhin die Verpflichtung zur **Förderung der regionalen Wirtschaft**, aber auch geschäftsbeschränkende Auflagen verbunden.

Ein weiteres Merkmal des Sektors beinhaltet das **Regionalprinzip**. Danach sollen Sparkassen (und Landesbanken) nicht untereinander in Konkurrenz treten. Dieser Grundsatz stößt in den Randregionen der Geschäftsbereiche und in vertikaler Richtung der Sparkassenorganisation an Grenzen. Lediglich eine überregionale Geschäftsausdehnung der einzelnen Institute soll vermieden werden. Ein aktives Abwerben von Kunden soll damit ebenfalls ausgeschlossen sein. Theoretisch soll statt des Konkurrenzprinzips der Verbundgedanke Einzug halten. Dies findet seinen Ausdruck in zahlreichen **Verbundeinrichtungen** des Sektors, die aber nicht über gleichzeitig stark zu beobachtende Ineffizienzen aufgrund eines verdeckten Wettbewerbsdenkens hinwegtäuschen können. Eine weitere Besonderheit der Institute ist der begrenzte Zugang zu Eigenkapital. Die wichtigste Quelle zur Stärkung des Eigenkapitals als Basis für Wachstum sind die Gewinnrücklagen aus den erzielten Überschüssen. Mit einem möglichen Rechtsformwandel verändert sich die Eigenkapitalbasis und die Einbettung in Verbundsysteme der Sparkassenorganisation kann eventuell in Frage gestellt sein.

In der **Sekundärebene** ist gegenwärtig ein seit mehreren Jahren anhaltender Konsolidierungsprozess zu beobachten. Zur Zeit bestehen 12 **Landesbanken**, deren primäre Geschäftstätigkeit in den Bundesländern liegt, denen sie zuordenbar sind. Grundsätzlich sollen die Landesbanken Geschäfte und Funktionen für die Sparkassen ihres Geschäftsbereiches übernehmen, die den Primärinstituten nicht möglich sind. Vornehmlich gehören dazu das Auslandsgeschäft und das Effektengeschäft als auch bestimmte Kreditgeschäfte. Sie sollen einen Liquiditäts- und Refinanzierungsrückhalt für die Sparkassen darstellen und ggf. mit diesen gemeinsam, insbesondere ab einer bestimmten Größenordnung, Kreditvergabe betreiben. Des weiteren erfüllen die Landesbanken die Hausbankfunktion für die jeweiligen Bundesländer. Im wesentlichen übernimmt die **DGZ-Deka-Bank** ähnliche Funktionen überregional für den gesamten Sparkassensektor.

Weitere Veränderungen in der Sparkassenlandschaft sind für die nächsten Jahre zu erwarten. Einige Sparkassen werden durch Fusionen in der Rangliste weiter nach oben steigen.

3.3.3   Der Genossenschaftssektor

Die dritte große Gruppe von Universalbanken bilden die Genossenschaftsbanken. Dabei wird der Sektor wiederum vorwiegend von **Volks- und Raiffeisenbanken** abgebildet. Ähnlich dem Sparkassensektor kann man gegenwärtig noch die dreistufige Struktur des Volks- und Raiffeisenverbundes feststellen. Die Sekundärebene besteht allerdings lediglich noch aus der Westdeutschen Genossenschafts-Zentralbank, nachdem 2001 die DGZ-Bank als Regionalinstitut mit der DG-Bank, dem Zentralinstitut, verschmolzen ist. Die **DZ-Bank** als neues **Zentralinstitut** wird in der Rechtsform einer AG geführt. Die Primärinstitute sind dagegen ebenso wie bisher die WGZ-Bank eine Genossenschaft. Mittelfristig kann man davon ausgehen, dass der Sektor eine **zweistufige Gliederung** aufweisen wird.

■ Volks- und Raiffeisenverbund

Die **Primärinstitute** des Sektors stellen zahlenmäßig zwar die größte Bankengruppe in Deutschland dar, sind in der überwiegenden Zahl jedoch sehr kleine Banken. Durch die geringe Größe der Genossenschaften ist der **Fusionsdruck** besonders hoch und die Zahl der Genossenschaftsbanken sinkt seit vielen Jahren. Obwohl die Primärinstitute den gewerblichen Mittelstand und die Landwirtschaft traditionell als ihre Kernzielgruppen betrachten, sind sie doch als Universalbanken tätig, die ein breites Leistungsangebot für Privatkunden und Geschäfts- und Firmenkunden bereithalten. Ähnlich wie im Sparkassensektor hat der **Verbundgedanke** eine starke Funktion. Das Eigenkapital wird durch die **Mitglieder** (Genossen) bereitgestellt. Dabei bietet der **Haftsummenzuschlag,** eine in der Satzung vereinbarte Haftungsverpflichtung über den Genossenschaftsanteil hinaus, eine zusätzliche Sicherheit und aufsichtsrechtlich anerkannte Haftungsmasse. Die Besonderheit des genossenschaftlichen Eigentums liegt darin, dass jeder Genosse, unabhängig von seinen Eigentumsanteilen, auf der Generalversammlung, dem obersten Organ der Genossenschaft, nur ein Stimmrecht ausüben kann. Darin wird u.a. der Gedanke der gegenseitigen Förderung und Unterstützung deutlich.

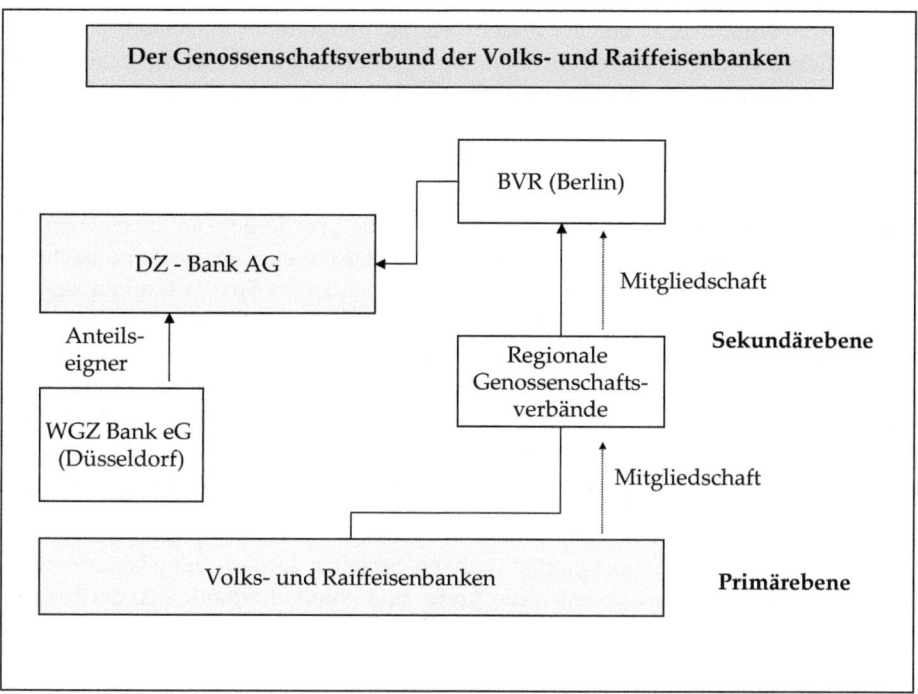

Abbildung 34: Struktur des Volks- und Raiffeisenbankensystems

Die DZ Bank soll es den Primärinstituten ermöglichen, ihren Kunden ein umfassendes Leistungsangebot zu liefern, welches auch das Auslandsgeschäft einschließt. Die Liquiditätsbereitstellung durch die DZ Bank und der Zugang zu internationalen Finanzmärkten erweitern ebenfalls die Geschäftsmöglichkeiten der Primärinstitute. Die Rolle der DZ Bank ist vergleichbar mit den Aufgaben der Landesbanken bzw. der Girozentrale.

■ **Veränderungen im Genossenschaftswesen**

Im Mittelpunkt der genossenschaftlichen Banktätigkeit steht das **förderungswirtschaftliche Prinzip**, nach dem vor allem die Förderung des Einkommenserwerbs bzw. der Wirtschaftstätigkeit der Mitglieder die Handlungsmaxime darstellen soll. In der gegenwärtigen Konsolidierungsphase sind viele Volks- und Raiffeisenbanken bestrebt, diese Ausrichtung wieder stärker zu betonen, um das Profil zu schärfen und so ihre Marktanteile zu sichern und zu stärken. Dabei sind die Genossenschaften ebenfalls nach dem **Regionalprinzip** aufgestellt. In vielen Regionen haben die ursprünglich getrennten Volksbanken und Raiffeisenbanken sich zusammengeschlossen. Es gibt aber auch Regionen, in denen Volksbanken und Raiffeisenbanken gleichzeitig bestehen. In Österreich ist der genossenschaftliche Bankensektor sogar weiter strikt in den

Volksbankenverbund und den Raiffeisenverbund getrennt. In einzelnen, besonders den ländlichen Regionen haben die Genossenschaften einen sehr hohen Marktanteil. Teilweise teilen sie sich die Kunden mit den ebenfalls in der Fläche präsenten Sparkassen.

■ **Sparda-Verbund**

Zum genossenschaftlichen Sektor sind weiterhin die Sparda-Banken zu rechnen. Sie sind ebenfalls nach dem Regionalprinzip aufgestellt, fokussieren sich aber ausschließlich auf das Privatkundengeschäft. Die regional orientierten **Sparda-Banken** sind im **Verbund** organisiert und haben einen eigenen Verband, so dass sie insgesamt bundesweite Präsenz vorweisen können. Die **DVB Bank AG** (Deutsche VerkehrsBank) übernimmt seit 1992 Zentralbankfunktionen für die Sparda-Banken. Die DVB ist führend im Bereich der Verkehrsfinanzierungen, was mit ihrer Tradition als ehemaliger Bank der Reichsbahn in Verbindung steht. Die erste Sparda-Bank wurde 1896 von Eisenbahnern gegründet, die zu günstigen Konditionen Geld anlegen und Kredite aufnehmen wollten.

Neben den genannten Genossenschaftsbanken bestehen weitere branchenorientierte Genossenschaftsinstitute, von denen die **Ärzte- und Apothekerbank e.G.** die bekannteste und vom Geschäftsvolumen die bedeutendste Genossenschaftsbank ist.

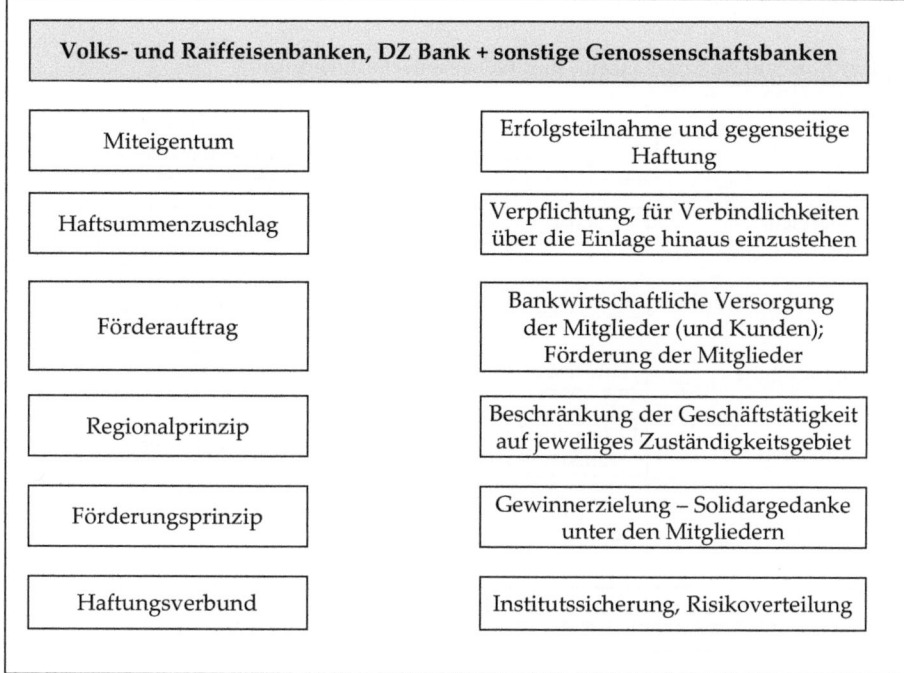

Volks- und Raiffeisenbanken, DZ Bank + sonstige Genossenschaftsbanken	
Miteigentum	Erfolgsteilnahme und gegenseitige Haftung
Haftsummenzuschlag	Verpflichtung, für Verbindlichkeiten über die Einlage hinaus einzustehen
Förderauftrag	Bankwirtschaftliche Versorgung der Mitglieder (und Kunden); Förderung der Mitglieder
Regionalprinzip	Beschränkung der Geschäftstätigkeit auf jeweiliges Zuständigkeitsgebiet
Förderungsprinzip	Gewinnerzielung – Solidargedanke unter den Mitgliedern
Haftungsverbund	Institutssicherung, Risikoverteilung

Abbildung 35: Grundprinzipien des Genossenschaftswesens

Die gemeinsamen Grundprinzipien der Genossenschaftsbanken liegen in der **Solidargemeinschaft**, die sowohl die Mitglieder der einzelnen Institute als auch die Institute selbst bilden. Die Genossenschaftsbanken eines Verbundes stehen untereinander nicht in Konkurrenz. Zwischen dem Volks- und Raiffeisenbank-Verbund und dem Spardabanken-Verbund sowie anderen genossenschaftlichen Kreditinstituten besteht dagegen Wettbewerb.

Der Verbundcharakter von Sparkassen- und Genossenschaftssektor wird deutlich, wenn man sich die **horizontalen Gemeinschaftsunternehmen bzw. Verbundeinrichtungen** veranschaulicht. Neben den Verbänden und Sicherungseinrichtungen werden auch Leistungen gemeinsam angeboten, so z.B. Versicherungen und Bausparprodukte. Die Möglichkeiten der Kooperation bzw. gemeinsamen Leistungserstellung sind dabei vielfach noch nicht ausgeschöpft. Es bestehen große Potentiale zur Verbesserung der Synergieeffekte und damit Spielraum bei der Anpassung an den zunehmenden Wettbewerb.

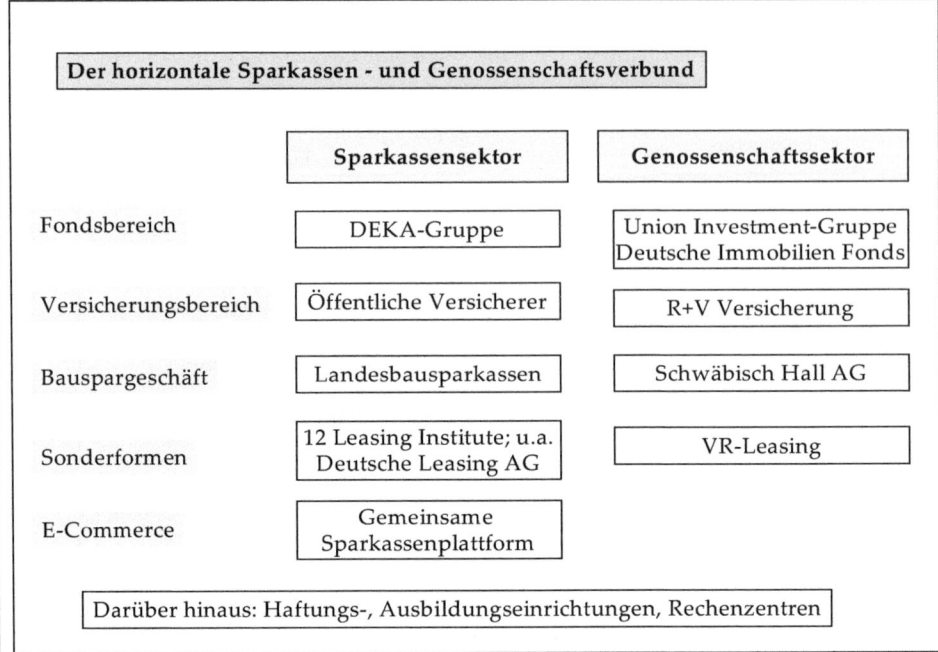

Der horizontale Sparkassen - und Genossenschaftsverbund		
	Sparkassensektor	**Genossenschaftssektor**
Fondsbereich	DEKA-Gruppe	Union Investment-Gruppe Deutsche Immobilien Fonds
Versicherungsbereich	Öffentliche Versicherer	R+V Versicherung
Bauspargeschäft	Landesbausparkassen	Schwäbisch Hall AG
Sonderformen	12 Leasing Institute; u.a. Deutsche Leasing AG	VR-Leasing
E-Commerce	Gemeinsame Sparkassenplattform	
Darüber hinaus: Haftungs-, Ausbildungseinrichtungen, Rechenzentren		

Abbildung 36: Verbundeinrichtungen von Sparkassen und Genossenschaftsbanken

3.3.4   Sonstige Kreditinstitute des deutschen Geschäftsbankensystems

Neben den Universalbanken bestehen in Deutschland Spezialbanken, die in ihren jeweiligen Geschäftsfeldern eine durchaus wichtige Wettbewerbsfunktion übernehmen.

■ **Kreditinstitute mit Sonderaufgaben**

Die Kreditinstitute mit Sonderaufgaben weisen nach der Bilanzsumme gerechnet eine nicht unbedeutende Position im deutschen Bankgewerbe auf. Dies liegt daran, dass der Staat auf Bundes- und auf Landesebene versucht, seine Wirtschaftspolitik intensiv über **Förderbanken** umzusetzen. Die größte dieser Banken ist die Kreditanstalt für Wiederaufbau. Staatliche Bankgarantien und Bürgschaften sowie geförderte Kredite sind Kernbereiche der Geschäftstätigkeit der Banken mit Sonderaufgaben. Die Kreditinstitute mit Sonderaufgaben lassen sich in solche mit **öffentlich-rechtlichem Charakter** und in **privatrechtlich organisierte Kreditinstitute** unterscheiden. Die privat-

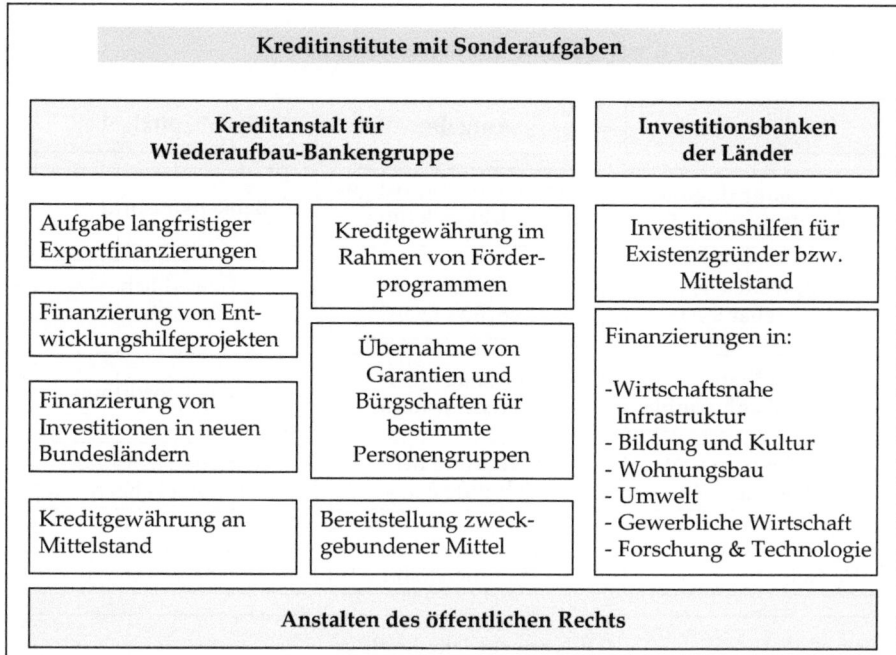

Abbildung 37: Kreditinstitute mit Sonderaufgaben im öffentlich-rechtlichen Bereich

rechtliche Deutsche Industriebank AG (IKB) und die AKA Ausfuhrkredit GmbH übernehmen eine wichtige Rolle in der mittel- und langfristigen Unternehmensfinanzierung, respektive in der Exportfinanzierung. Die Finanzierungen der öffentlich-rechtlichen Institute werden in der Regel nach dem „Hausbankprinzip" vergeben, das heißt unter Einbeziehung von Drittbanken (Hausbanken) und haben eine breitgestreute Förderungsabsicht.

Die beiden größten Banken mit Sonderaufgaben KfW und DtA haben durch die Fusion auch eine Konzentration im Bereich der Förderkreditinstitute eingeleitet. Unter den privatrechtlichen Kreditinstituten mit Sonderaufgaben ist die IKB das größte Bankhaus. Die größte Investitionsbank der Länder ist die Sächsische Aufbaubank.

Kreditinstitute mit Sonderaufgaben		
Kreditinstitut	**Aufgabe**	**Eigenkapitalgeber**
AkA Ausfuhrkredit-Gesellschaft mbH	Mittel- und langfristige Exportfinanzierung	Bankenkonsortium
IKB Deutsche Industriebank AG	Langfristige Unternehmensfinanzierung	Gewerbliche Wirtschaft
Liquiditäts-Konsortialbank GmbH	Liquiditätshilfen für Kreditinstitute	Bankenkonsortium
Deutsche Bau- und Bodenbank AG	Förderung des Wohnungsbaus	Deutsche Pfandbrief- und Hypothekenbank AG
Deutsche Verkehrsbank AG	Hausbank der Deutschen Bahn	DZ Bank, Bahn, Spardabanken u.a.
Privatrechtliche Institute		

Abbildung 38: Kreditinstitute mit Sonderaufgaben und privatrechtlicher Struktur

■ **Realkreditinstitute**

Realkreditinstitute oder auch Hypothekenbanken sind **Spezialbanken**, die als Kerngeschäft die Vergabe langfristiger Kredite mit kommunaler bzw. grundpfandrechtlicher Sicherung zum Gegenstand haben. Neben den **privaten Hypothekenbanken**, den **Schiffsbanken** sowie **Grundkreditanstalten** und **Landesbanken** als öffentlich-rechtliche Kreditinstitute betreiben dieses Spezialgeschäft inzwischen viele Universalbanken. Während Letztere als Universalbanken mit dem Geschäftsfeld der grundpfandrechtlich gedeckten Kreditvergabe tätig sind, agieren Grundkreditanstalten als Spezialbanken und Schiffsbanken in dem Spezialgebiet langfristiger Schiffskredite gegen Eintragung von Schiffshypotheken. Die Geschäftstätigkeit der Realkreditvergabe wird maßgeblich durch das **Pfandbriefgesetz** vorgegeben. Bis 2005 hatten die so genannten Realkreditinstitute das Privileg der Pfandbriefemission. **Private Pfandbriefe** (Refinanzierung von Hypothekenkrediten) bzw. **öffentliche Pfandbriefe** (Refinanzierung der Kommunaldarlehen) sind gedeckte Schuldverschreibungen von Banken, die dazu die gesetzliche Erlaubnis haben. Diese Erlaubnis kann seit der Geltung des Pfandbriefgesetzes, das 2005 das Hypothekenbankgesetz ablöste, jedes Kreditinstitut erhalten.

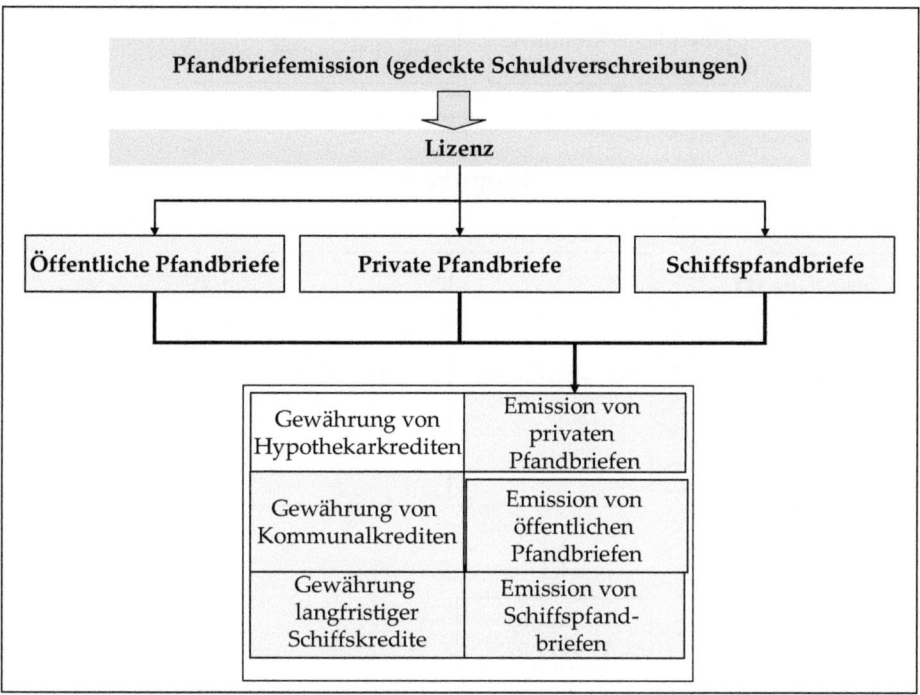

Abbildung 39: Einteilung der Realkreditinstitute

Die vorgeschriebene gesetzliche Deckung der Pfandbriefe erhöht deren Sicherheit (Bonität). Durch die spezifischen Merkmale sowohl der Kreditsicherung als auch der Refinanzierung erlangt das Geschäft mit pfandbrieffähigen Finanzierungen eine besondere Bedeutung.

Die **größte deutsche Hypothekenbank** (Eurohypo) ist aus der Fusion der Hypothekenbanktöchter von drei Großbanken (Deutsche Bank, Dresdner Bank, Commerzbank) entstanden. Die bis dahin größte Hypothekenbank ist die Depfa Deutsche Pfandbriefbank, die sich nach der Abspaltung der Aareal Bank auf die Staatsfinanzierung spezialisiert hat. Die deutsche Schiffsbank AG ist als Spezialfinanzierer für Schiffe ebenfalls unter den größten 100 Banken Deutschlands.

■ **Bausparkassen**

Bausparkassen betreiben die einzige gesetzlich zugelassene Form des **Zwecksparge-schäfts**. In Deutschland entwickelte sich das Bausparen erst nach dem ersten Weltkrieg. Vorherige Bausparinstitute existierten nur kurzfristig. Zunächst bestanden nur

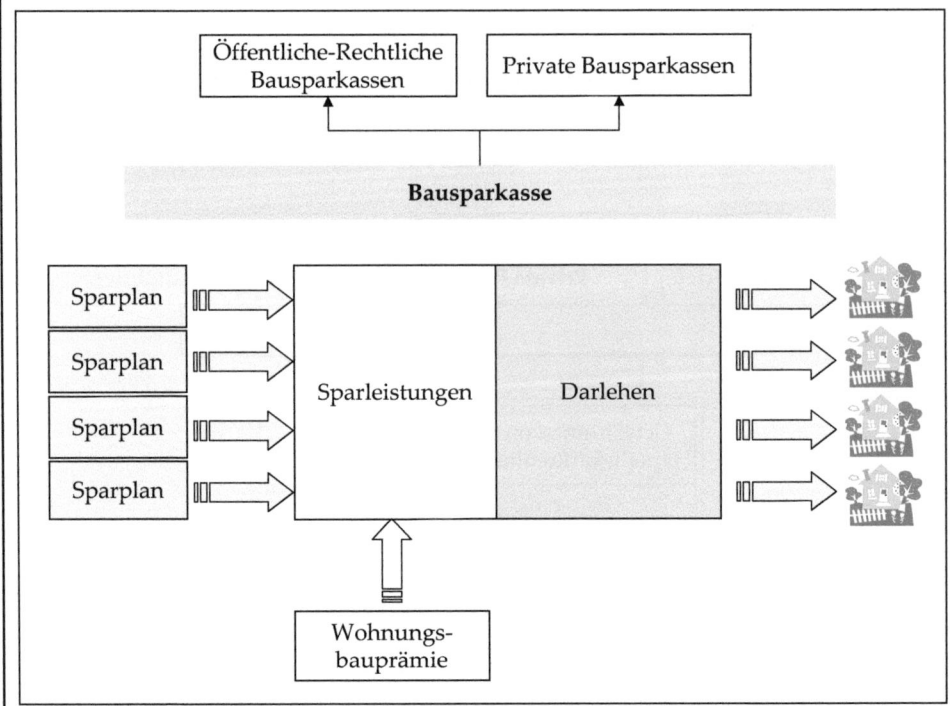

Abbildung 40: Prinzip des Bauspargeschäfts

privatrechtliche Bausparkassen, bevor der Sparkassensektor hinzutrat. Seit 1973 wird das Bauspargeschäft durch das **Bauspargesetz** speziell geregelt. Bausparkassen sind Kreditinstitute und existieren sowohl in **öffentlich-rechtlicher Rechtsform** als auch in **privater Rechtsform**. Das Geschäft besteht darin, die **Spareinlagen** der Kunden nach einem entsprechenden Plan anzusammeln und durch **Zuteilungsregeln** nach der Ansparzeit zur Verfügung zu stellen. Die Zuteilungsregeln sind wesentlich, weil die Auszahlung der Spareinlagen in Verbindung mit einem Hypothekarkredit für die zweckgebundene Wohneigentumsfinanzierung steht. Über die Sparbeiträge kann aber auch ohne die Zweckbindung und ohne Darlehensinanspruchnahme verfügt werden. Vergleichsweise niedrigen Sparzinsen stehen dann garantierte niedrige Darlehenszinsen gegenüber. Zusätzlich wird das Bausparen durch den **Staat gefördert**, um breiten Bevölkerungskreisen den Erwerb eines Eigenheims bzw. von Wohneigentum zu ermöglichen.

◼ Direktbanken

In den letzten Jahren haben sich in besonderem Umfang Direktbanken entwickelt, deren typisches Merkmal der Verzicht auf ein Filialsystem darstellt. Direktbanken sind

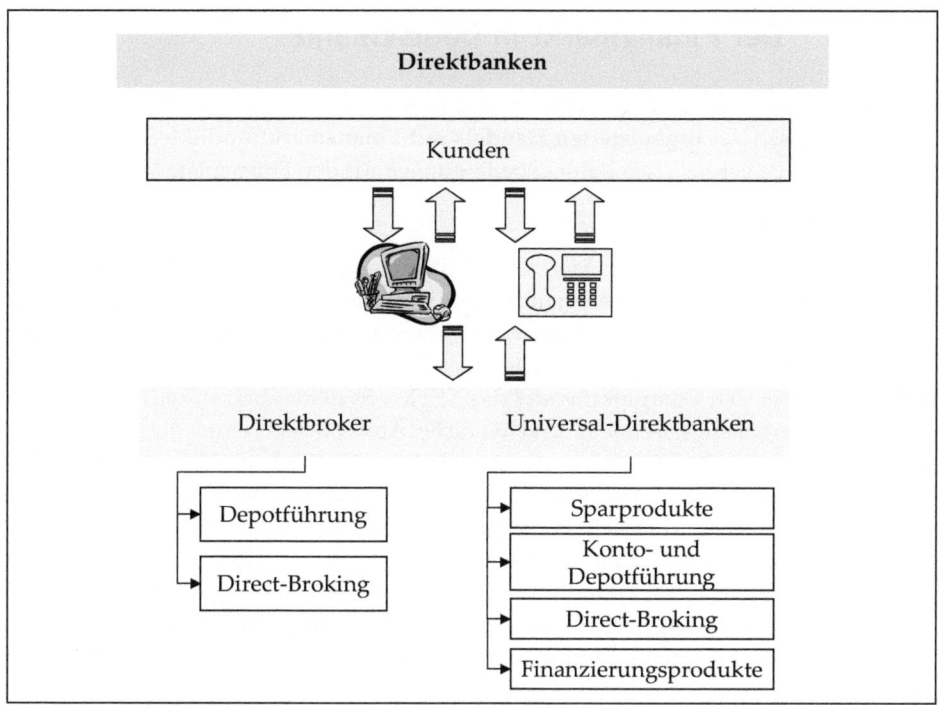

Abbildung 41: Prinzip der Direktbanken

Kreditinstitute, die ein spezielles oder universelles Finanzdienstleistungsangebot ausschließlich über **Post- bzw. Telekommunikationsmedien** anbieten. Die „Allgemeine Deutsche Direktbank AG" war 1965 die erste deutsche Direktbank. Vor allem in den 90er Jahren des letzten Jahrhunderts entstanden Direktbanken als Tochterunternehmen von Kreditinstituten (Comdirect, Bank 24, Advance-Bank, Direktanlage-Bank) oder Handelshäusern (Entrium = ehemalige Quelle-Bank, Volkswagenbank). Die Ausdehnung des Direktbankgeschäfts ist untrennbar mit der Weiterentwicklung der Computertechnik und des Internets verbunden. Zu den stark wachsenden Direktbanken gehören die ehemaligen Autobanken, die erst seit wenigen Jahren eine Vollbanklizenz haben und damit zu den Kreditinstituten zu zählen sind. Sie generieren in erheblichem Umfang Einlagen und vergeben Privatkredite an Kunden, die nicht gleichzeitig die entsprechende Automarke nutzen.

■ **Sonstige Finanzdienstleister**

Darüber hinaus existieren **Spezialinstitute**, die nur ganz bestimmte Leistungen des Anlagebereichs oder des Finanzierungsbereichs anbieten. Diese Leistungen und deren Anbieter (Kapitalanlagegesellschaften, Kreditgarantiegemeinschaften, Ratenkreditbanken) werden bei den jeweiligen Bankleistungen genauer betrachtet.

3.4   Der Finanzmarkt in Deutschland

Bei der Betrachtung des Finanzplatzes Deutschland geht es um die Strukturen und Funktionsweisen des **organisierten Handels mit Finanzmarktprodukten.** Dazu gehören ebenfalls die gesetzlichen Rahmenbedingungen für den Finanzplatz.

◼ **Börsenplätze**

Die bekanntesten organisierten Märkte sind die deutschen **Wertpapierbörsen.** Es existieren acht Standorte für **Präsenzhandel** von Wertpapieren. Dabei ist Frankfurt nicht nur die größte Wertpapierbörse Deutschlands, sondern auch Kontinentaleuropas. Der überwiegende Teil, über 90% mit steigender Tendenz, des Wertpapierhandels wird inzwischen über den **Computerhandel** des XETRA-Systems abgewickelt. Hohe Transparenz, kostengünstige, schnelle und einfache Abwicklung lassen die Umsätze im Computerhandel weiter zunehmen. Es existieren in Deutschland drei gesetzliche **Börsensegmente** für den **Kassahandel** (Amtlicher Markt; Geregelter Markt; Freiverkehr). Der Freiverkehr ist allerdings ein börsengesetzlich nicht geregeltes Segment. Die größte **Terminbörse** der Welt ist mit der EUREX entstanden, die 1996 aus der Fusion der Deutsche Terminbörse (DTB) und der Schweizer SOFFEX hervorging. Der Kassahandel beinhaltet alle Börsengeschäfte bei denen die Erfüllung unmittelbar erfolgt. Demgegenüber fallen bei einem Terminhandel der Vertragsabschluss und die Erfüllung zeitlich auseinander.

Für den historisch älteren Warenterminhandel ist der wichtigste deutsche Handelsplatz die **Warenterminbörse** in Hannover. Das Umsatzvolumen und die gehandelten Produkte erreichen im Vergleich zu den Wertpapierbörsen ein deutlich geringeres Niveau. Die **Strombörsen** in Leipzig und Frankfurt sind die jüngsten Börsen, erst 2000 gegründet und inzwischen fusioniert. Mit ihnen soll der deregulierte Strommarkt in Deutschland und Europa eine organisierte Handelsplattform erhalten.

Die Frankfurter Wertpapierbörse, XETRA und die EUREX bilden zusammen die Plattformen der **Deutsche Börse AG.** Die sieben (fünf) Wertpapierbörsen außerhalb von Frankfurt werden auch als **Regionalbörsen** bezeichnet, wobei die Börsenplätze Berlin und Bremen schon als eine gemeinsame Börse fungieren.

Von einer weiteren Börsenkonsolidierung wird u.a. erwartet, dass eine Reduzierung der Börsenplätze erfolgt, da die Tragfähigkeit aufgrund der geringen Umsätze und der begrenzten Bedeutung einiger Plätze nicht gegeben ist. Im Vorgriff auf mögliche Veränderungen haben die Börsenplätze unterschiedlich reagiert. Den Börsen selbst bleibt voraussichtlich auch nach der Reform die öffentlich-rechtliche Rechtsform.

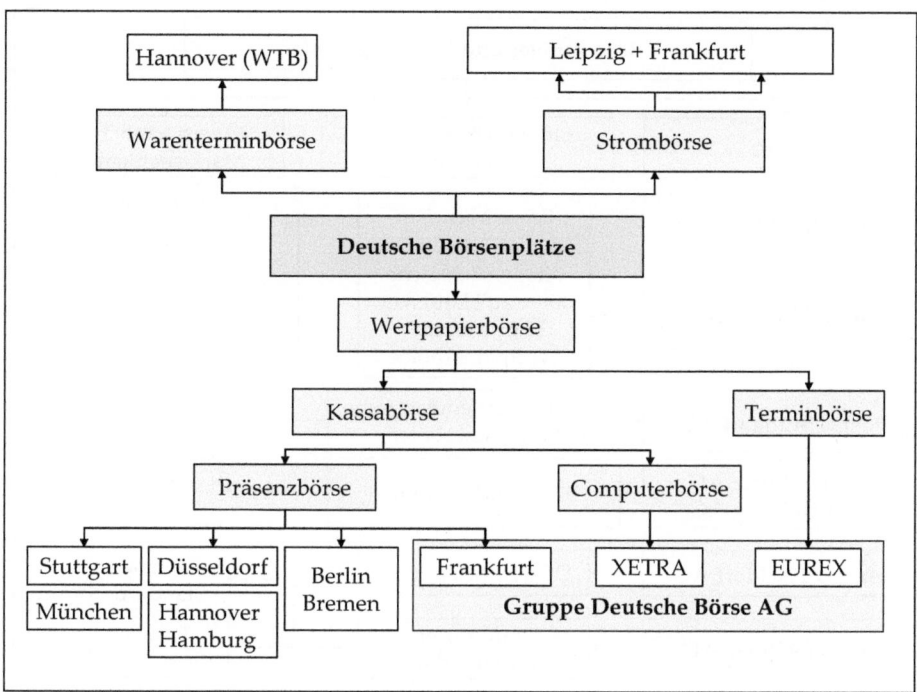

Abbildung 42: Deutsche Börsen im Überblick

■ Börsenträger und Segmente

Die **Träger der Börsen** werden in der Rechtsform der AG geführt. Außerdem versuchen die Regionalbörsen Nischen zu definieren und zu besetzen, um ihren Platz im Wettbewerb zu finden. Darüber hinaus werden Kooperationen und gemeinsame Handelsplattformen vereinbart. Eine typische Konsequenz dieser Bemühungen sind so genannte **Qualitätssegmente** sowie die **Indexbildung**, die privatrechtlich organisiert sind. Die bekanntesten dieser Segmente bietet auch hier Frankfurt mit dem **Prime Standard** und dem **General Standard** sowie der Index-Familie: TecDAX, DAX, MDAX, SDAX, XTF.

Die Bayerische Börse hat mit ihren Marken jeweils bestimmte Qualitätskriterien aufgestellt, um Unternehmen die dort notiert sind, ein Podium zu geben. Jedes Spezialsegment fasst ausgewählte Unternehmen in jedem der drei gesetzlichen Börsensegmente zusammen.

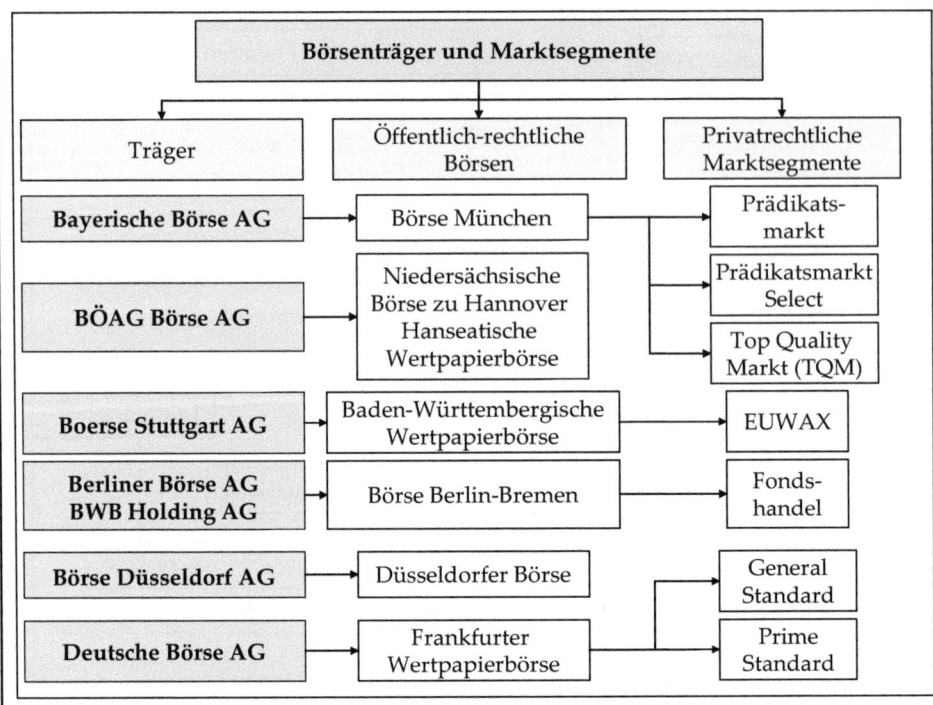

Abbildung 43: Privatrechtliche Marktsegmente an deutschen Börsen

An der Stuttgarter Wertpapierbörse ist die Besonderheit, dass neben den gesetzlichen Standardsegmenten des Wertpapierhandels an Präsenzbörsen mit der EUWAX ein Spezialsegment für den Handel mit Optionsscheinen und Indexzertifikaten etabliert wurde, für das auch ein eigener Börsenausschuss besteht. Mit dem Fondshandel wurde im Jahre 2003 auch an der Berliner Wertpapierbörse ein solches Segment geschaffen. Die privatrechtlichen Segmente haben die Funktion von Markenprodukten für die jeweiligen Börsen. Die Segmente der Frankfurter Börse setzen dabei aufgrund der Marktstellung der Deutsche Börse AG Maßstäbe.

Aufgrund der negativen Entwicklung des Kapitalmarktes wurde eine **Neustrukturierung der deutschen Börsensegmente** 2004 vorgenommen. Sie sollte die Transparenz des Kapitalmarktes weiter verbessern. Für die deutschen Mittelstandsunternehmen wurde das Segment General Standard eingeführt, in dem gesetzliche Mindeststandards gelten.

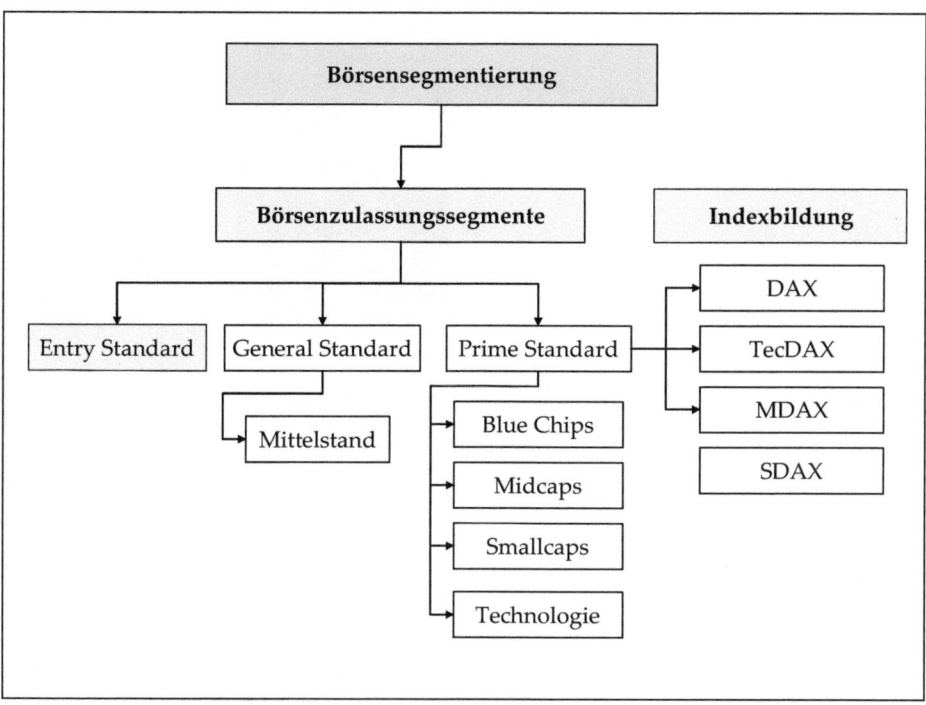

Abbildung 44: Neusegmentierung der Börse in Frankfurt

Der **Prime Standard** vereinigt die Werte aus dem amtlichen und dem geregelten Markt, die besondere internationale Qualitätskriterien erfüllen. Die Emittenten entscheiden, ob sie eine Notierung in diesem Qualitätssegment anstreben. Das Segment **General Standard** soll eine kostengünstige Börsennotierung mit gesetzlichen Mindeststandards ermöglichen. Für die Indizes der Deutsche Börse werden die größten Werte weiterhin den DAX bilden. Der **Entry Standard** bietet einen alternativen Marktzugang auf der Basis des Freiverkehrs. Dieses Segment hat gegenüber dem General Standard reduzierte formale Anforderungen und geringere Notierungskosten und ist für junge und etablierte Mittelstandsunternehmen interessant.

Die Unternehmen des MDAX, SDAX und des NEMAX (Vorläufer des TecDAX) sind in 63 Industry Groups zusammengefasst und nach 18 Branchen systematisiert worden. Innerhalb der Industriegruppen wird in zwei Bereiche unterschieden, die erste Gruppe nimmt die eher klassischen Unternehmen auf, die zweite Gruppe erfasst die Technologieunternehmen. In die **Börsenindizes** können auch ausländische Aktien aufgenommen werden. Der MDAX und der SDAX enthalten zukünftig jeweils 50 Werte. Die Kriterien werden internationalen Standards angepasst. Die drei Indizes bilden damit die 130 wichtigsten in Deutschland gehandelten Aktienwerte ab. Der TecDAX in

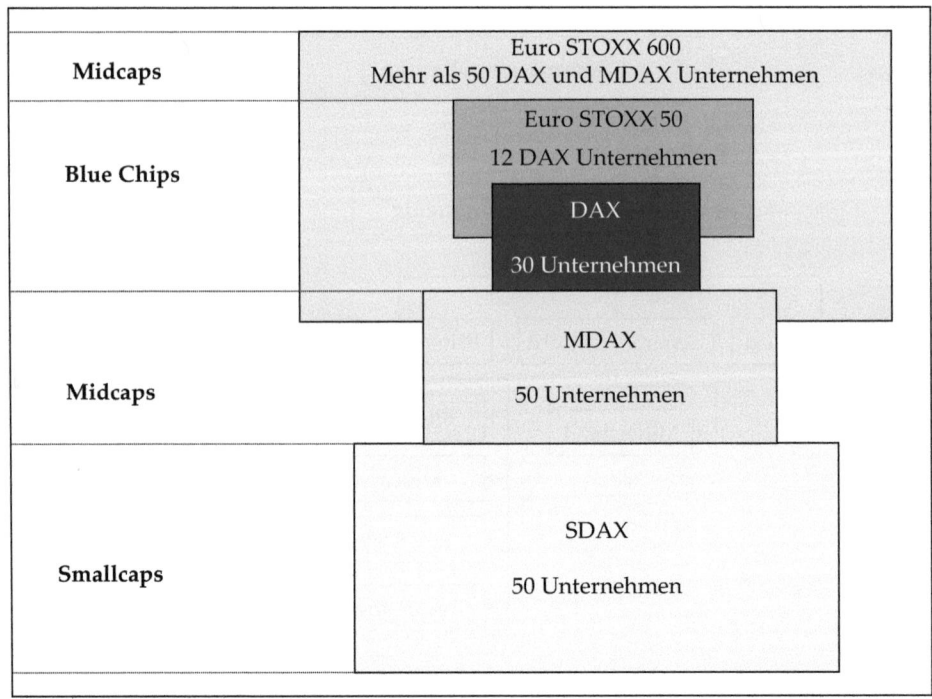

Abbildung 45: Deutsche und europäische Börsen-Indizes

Frankfurt ist ein neugeschaffener Index für die wichtigsten 30 Technologiewerte, also ebenfalls ein Markenprodukt. Der **DAX** bildet die umsatzstärksten deutschen Aktien mit einer gleichzeitig hohen Marktkapitalisierung ab. Die dreißig DAX-Werte ergeben siebzig Prozent des deutschen Aktienmarktes. Der abgeleitete **DAX 30** Index ist der wichtigste **Aktienmarkt-Indikator** für Deutschland. Im **MDAX** sind die fünfzig wichtigsten Aktienwerte, die auf den DAX folgen, zusammengefasst. Der daraus abgeleitete Index, der alle enthaltenen Werte umfasst, ist adäquat zum DAX der wichtigste Indikator für deutsche **Midcaps**. Für die Aufnahme in die beiden Segmente ist eine Notierung im geregelten Markt oder Amtlichen Markt Voraussetzung. Schließlich bildet der **SDAX** das Segment für mittelständische Unternehmen ab. Hierin werden sogenannte **Nebenwerte** aufgenommen. Für die Finanzinnovation Exchange Traded Funds (ETF), das sind börsengehandelte Indexfonds, und für aktiv gemanagte Investmentfonds wurde das Segment XTF geschaffen. Mit der Entstehung des europäischen Kapitalmarktes wurden für die Unternehmen der Europäischen Union mit den **Euro STOXX**-Abgrenzungen adäquate Indizes eingeführt. Die Deutsche Börse entscheidet in regelmäßigen Abständen nach den Kriterien **Börsenumsatz** und **Marktkapitalisierung** über die Zusammensetzung der Indizes. Die Marktkapitalisierung ergibt sich aus der Zahl der umlaufenden Aktien und dem Kurs der Aktie.

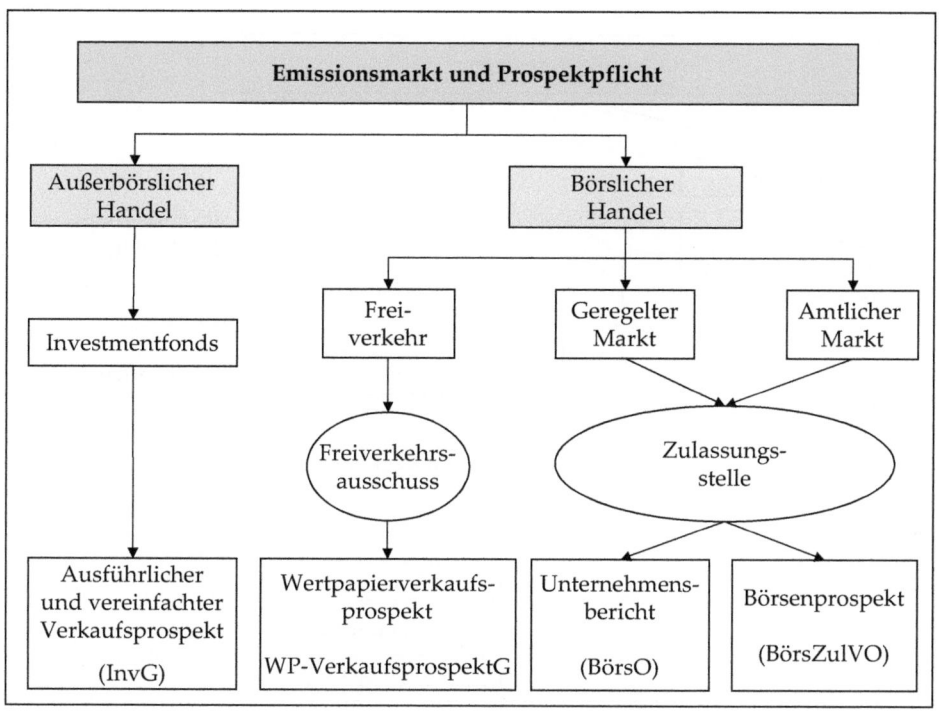

Abbildung 46: Segmente und Zulassungsbedingungen deutscher Börsen

Der Erstauftritt an einer Wertpapierbörse erfolgt durch die **Emission**. Der Emissionsmarkt unterliegt einheitlichen gesetzlichen Bestimmungen und wird als **Primärmarkt** bezeichnet. Nach der erfolgten ersten Notierung an einer Börse spricht man vom **Sekundärmarkt**. Für die Zulassung an den deutschen Wertpapierbörsen bestehen verschiedene Segmente, die jeweils standardisiert sind. Eine Präsenz in einem der **Börsensegmente** erfordert die Erfüllung normierter Kriterien. Das Segment mit den höchsten Anforderungen bildete bisher der **Amtliche Markt**. Der **geregelte Markt** (Gründung 1987) ist dem Amtlichen Markt nachgeordnet. Er bietet eine Plattform für Unternehmen, denen die Anforderungen und Kosten einer Notierung im Amtlichen Markt zu hoch sind. Dem geregelten Markt nachgeordnet ist der Freiverkehr. Der **Freiverkehr** (Open Market) stellt das gesetzlich nicht geregelte Marktsegment der Börse für kleine Aktiengesellschaften dar. Der Freiverkehr kann qualitativ bedeutende Unternehmen mit vergleichsweise niedrigen Emissionsvolumina bzw. Handelsvolumina aufnehmen. Inzwischen können die Standards für den Amtlichen Markt und geregelten Markt durch die **Börsenordnung** einander angepasst werden.

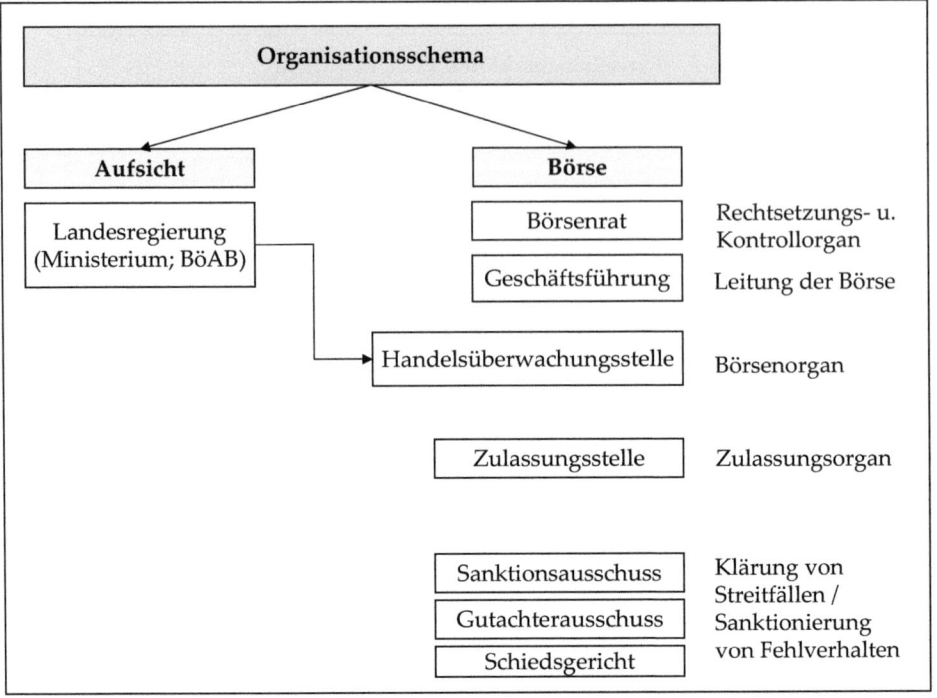

Abbildung 47: Organisationsschema einer öffentlich-rechtlichen Börse

Besonders strenge Vorschriften existierten für das Segment „Neuer Markt", das für dynamisch wachsende Unternehmen gebildet wurde. Hohen Wachstumschancen standen dort große Risiken gegenüber, die durch strenge Aufnahmebestimmungen reduziert werden sollten. Die Standards für den Neuen Markt wurden mehrmals verschärft, weil der Kursverfall nach einer bis zum Frühjahr 2000 nach oben übertriebenen Kursentwicklung dramatische Ausmaße angenommen hat. Nach der Neuordnung der deutschen Börsenstruktur ist der Neue Markt aufgelöst worden. Die strengen **Zulassungskriterien** wurden teilweise in die gesetzlichen Börsensegmente übernommen bzw. bilden die Grundlage für die neuen Markensegmente der Deutsche Börse AG.

Mit der neuen Börsenordnung erfolgte die Neuordnung der Börsensegmente mit Beginn des Jahres 2003. Danach müssen für eine Notierung im Prime Standard hohe gesetzliche Kriterien und internationale Standards erfüllt sein. Die internationalen Kriterien sind eine Rechnungslegung nach IAS/IFRS, jährliche Analystenkonferenzen, ein Unternehmenskalender sowie englischsprachige und unterjährige Zwischenberichte.

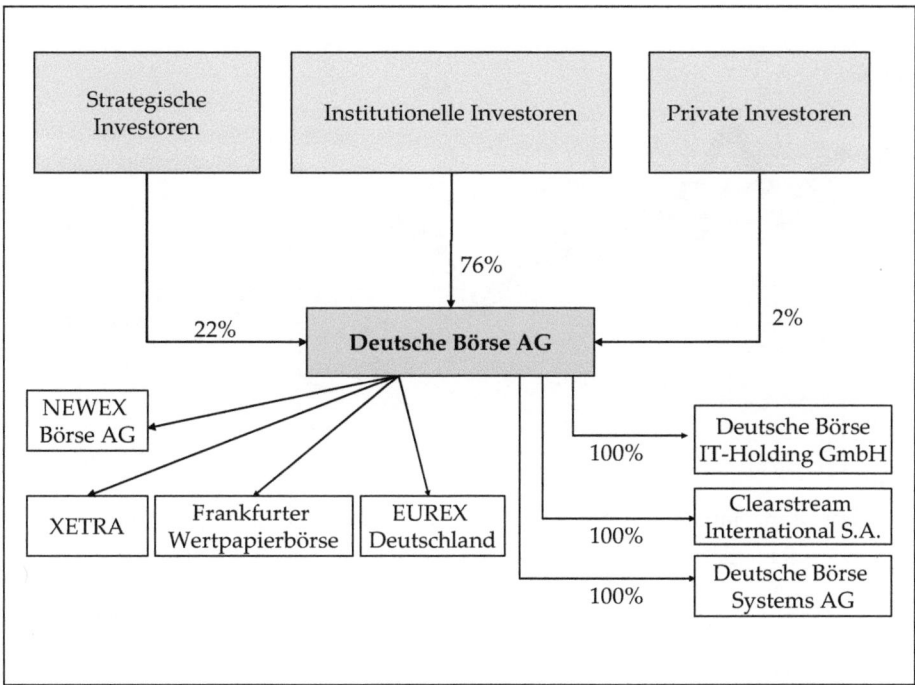

Abbildung 48: Struktur der Deutsche Börse AG

■ Börsenorganisation

Das Grundprinzip der Börsenorganisation in Deutschland ist an allen öffentlich recht-lichen Börsen gleich. Jede Börse untersteht der **Aufsichtsbehörde** des jeweiligen Bun-deslandes. Die Aufgaben der **Börsenaufsicht** werden von der Börsenaufsichtsbehörde (BöAB) wahrgenommen. Zur Kursfeststellung im amtlichen Handel waren früher nur Kursmakler zugelassen, die besondere Kriterien erfüllen mussten und gegenüber den Freimaklern in ihren eigenständigen Maklergeschäften eingeschränkt waren. Nach dem neuen Börsengesetz erfolgt die Preisfeststellung durch **Skontroführer**. Die Marktaufsicht wird von der Landesregierung auf die **Handelsüberwachungsstelle** delegiert, die ein Börsenorgan ist. Die Börse wird durch eine Geschäftsführung gelei-tet, deren Kontrolle der **Börsenrat** wahrnimmt. Jede Börse muss darüber hinaus eine **Zulassungsstelle** haben. Es existieren Börsenorgane zur Sanktionierung von Fehlver-halten und Lösung von Streitfällen.

Neben den bereits erwähnten Marken FWB, XETRA und EUREX ist die Deutsche Bör-se AG gemeinsam mit der Börse Wien Anteilseigner der NEWEX, die ein eigenständi-ges Segment für mittel- und osteuropäische Wertpapiere bildet. Zur Abwicklung des

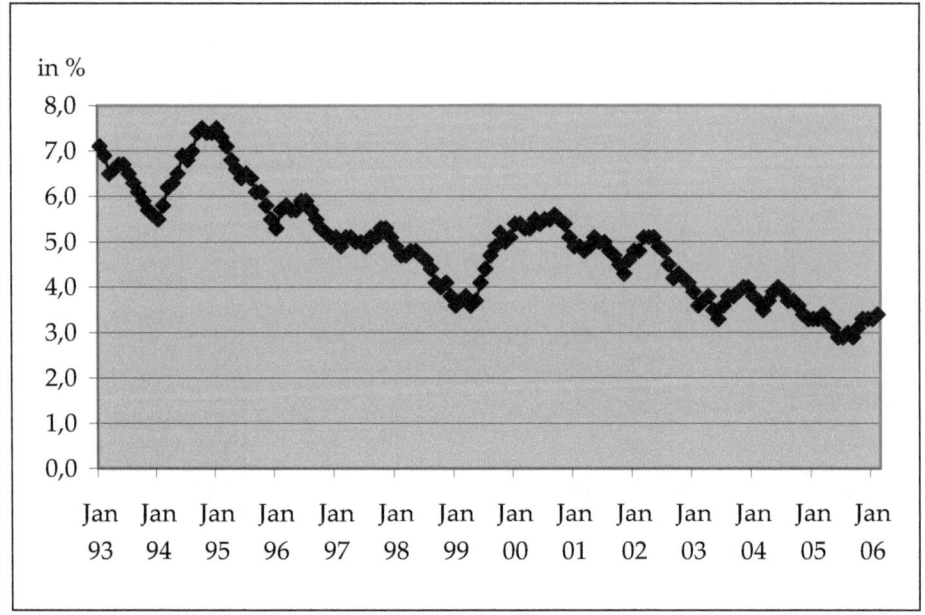

in %

8,0	
7,0	
6,0	
5,0	
4,0	
3,0	
2,0	
1,0	
0,0	

Jan 93 Jan 94 Jan 95 Jan 96 Jan 97 Jan 98 Jan 99 Jan 00 Jan 01 Jan 02 Jan 03 Jan 04 Jan 05 Jan 06

Abbildung 49: Entwicklung der Umlaufrendite in Deutschland

Handels und zum Ausbau sowie zur Pflege der Systeme agieren die Clearstream AG sowie die Deutsche Börse Systems AG. Eigentümer der Deutsche Börse AG sind zum überwiegenden Teil deutsche Kreditinstitute. Seit dem Jahr 2001 ist die Deutsche Börse AG nach einer Kapitalerhöhung börsennotiert.

■ Börsenindizes

Für jeden Kapitalmarkt sind die Entwicklung des **Zinsniveaus** und die Kursentwicklung der Aktien entscheidende Indikatoren. In Deutschland wird als Maßstab für die Zinsentwicklung die **Umlaufrendite** verwendet, die die durchschnittliche Verzinsung von Anleihen in Deutschland widerspiegelt. Die **Bundesbank** gibt Umlaufrenditen für verschiedene Anleihen und Restlaufzeiten an. Die **Deutsche Börse** arbeitet mit **Rentenindizes**. Ein Rentenindex wird aus einem nach Marktkapitalisierung gewichteten Korb hochliquider, realer Anleihen der Bundesrepublik gebildet, wodurch ein fiktives Bundeswertpapier nachgebildet wird. In den neunziger Jahren ist das Zinsniveau am Kapitalmarkt ausgehend von einem Hochzinsniveau weitgehend stetig gefallen. Gegenwärtig befindet sich die Umlaufrendite nach historisch niedrigem Niveau in steigender Tendenz.

Für den Aktienmarkt ist die Performance der wichtigsten Unternehmenswerte eine ausschlaggebende Kennzahl. Nach einer überproportionalen Steigerung der Aktienkurse, insbesondere in der zweiten Hälfte der neunziger Jahre erfolgte in den ersten

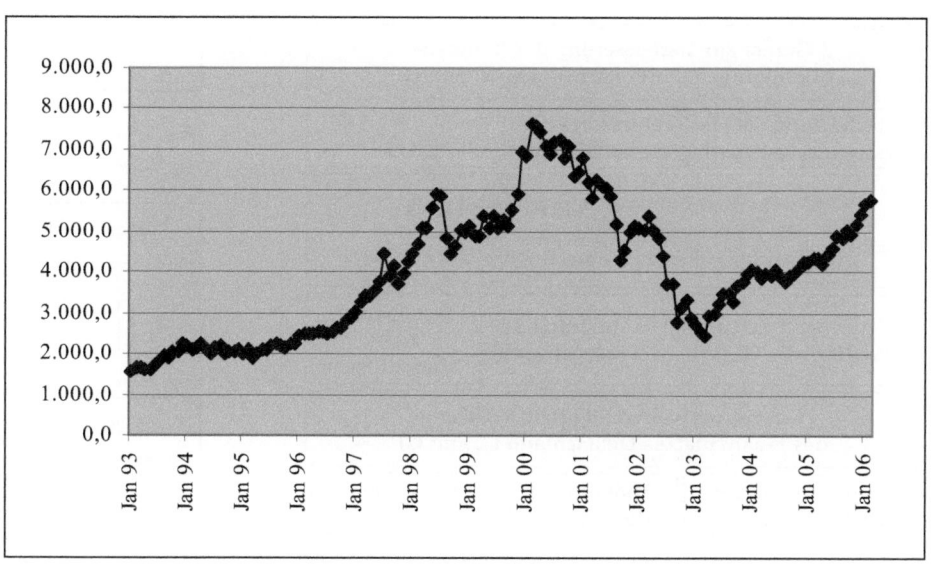

9.000,0
8.000,0
7.000,0
6.000,0
5.000,0
4.000,0
3.000,0
2.000,0
1.000,0
0,0

Jan 93 Jan 94 Jan 95 Jan 96 Jan 97 Jan 98 Jan 99 Jan 00 Jan 01 Jan 02 Jan 03 Jan 04 Jan 05 Jan 06

Abbildung 50: Kursverlauf des Deutschen Aktienindexes (DAX 30)

Jahren des neuen Jahrtausends eine sehr deutliche Korrektur mit teilweise dramatischen Kursrückgängen. Beide Entwicklungen wurden jeweils durch Sondereffekte verstärkt. Inzwischen hat sich der Aktienmarkt deutlich erholt.

Der Aufwärtstrend in den 90ern wurde unterstützt bzw. begleitet von der Entstehung einer Aktienkultur (Emissionen der Deutschen Telekom) und dem Glauben an eine „New Economy", der Abwärtstrend wurde durch die Neuorientierung an fundamentalen Daten und politische Krisen bestimmt. Der deutsche Kapitalmarkt ist im Vergleich zu anderen Industrieländern im Bereich der Aktien unterentwickelt. Die Zahl der **Neuemissionen** ist in Deutschland in den vergangenen Jahren äußerst niedrig. Der Belebung sowohl des Emissionsgeschäfts als auch des Aktienhandels bzw. der Aktienanlage folgte ein Einbruch mit der negativen Börsenentwicklung seit dem Jahr 2000. Dessen ungeachtet ist festzuhalten, dass die zahlreichen Maßnahmen der gesetzlichen Rahmengestaltung in den neunziger Jahren zur **Stärkung des Finanzplatzes Deutschland** nicht ohne Wirkung am Kapitalmarkt waren. Die traditionell starke Position Deutschlands bei der Emission verzinslicher Wertpapiere konnte verteidigt bzw. gefestigt werden. Dagegen blieben neue Aktienemissionen im Jahr 2003 sogar vollständig aus. Im internationalen Vergleich der wichtigsten Kapitalmärkte ist die Zahl der börsennotierten Aktiengesellschaften in Deutschland sehr niedrig.

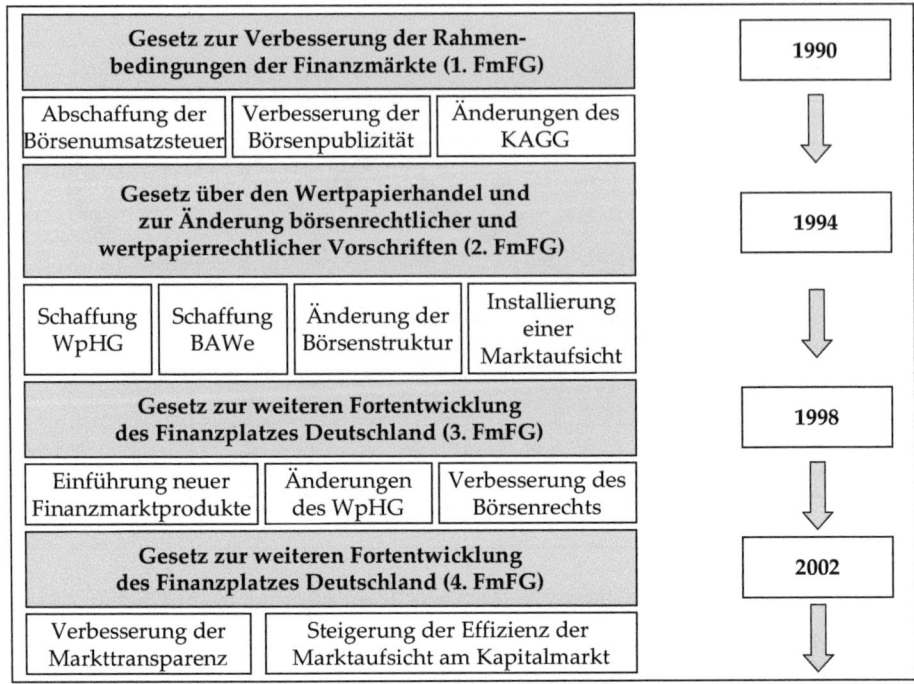

Abbildung 51: Maßnahmen zur Stärkung des Finanzplatzes

In den vergangenen Jahren wurden durch den Gesetzgeber die Rahmenbedingungen am Finanzplatz Deutschland wesentlich verbessert. Die Grundlage für diese Veränderungen legten die vier **Finanzmarktfördergesetze** (FmFG). Dabei war der Staat einerseits um **Deregulierung** und die **Zulassung neuer Finanzinnovationen** bemüht, andererseits wurde die Regulierung der Finanzmärkte neu gestaltet. Die Einführung strengerer **Publizitätsfristen** für den Kapitalmarkt und die strengere **Kontrolle** an den Börsen bzw. die **Überwachung** durch die neu geschaffene Wertpapieraufsicht standen im Mittelpunkt. Das aktuelle vierte Fördergesetz soll vor allem die Schadensersatzansprüche von Anlegern am Finanzmarkt erleichtern und die zu veröffentlichenden Kennzahlen von Emittenten vereinheitlichen, um die **Transparenz** weiter zu erhöhen.

3.5   Die deutsche Banken- und Finanzmarktaufsicht

Die herausragende Stellung des Bankgeschäfts hat in der Vergangenheit zu der Notwendigkeit einer **gesetzlichen Rahmengestaltung** für diese Branche geführt. Dabei

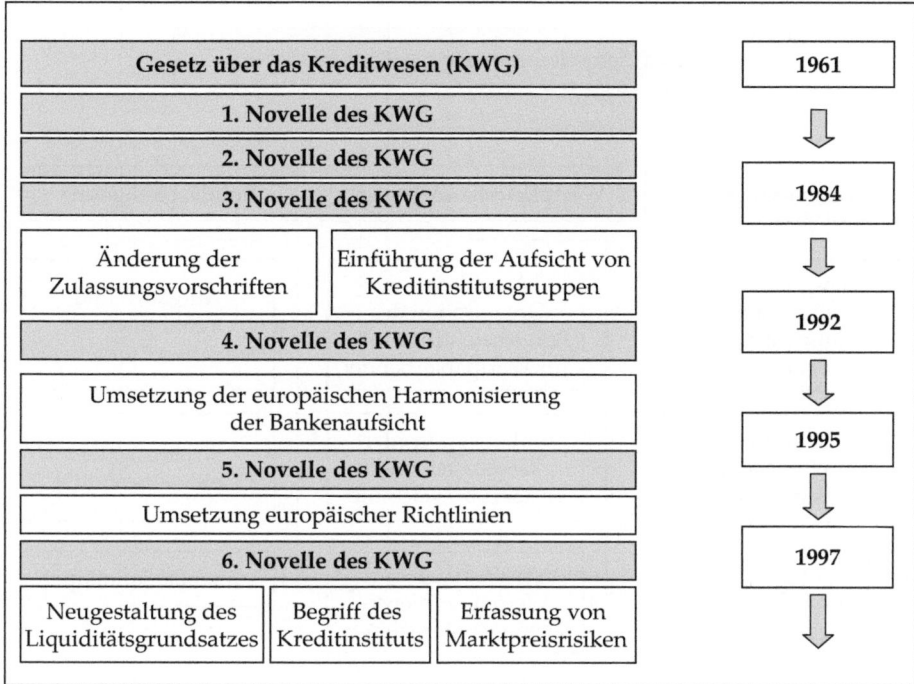

Abbildung 52: Veränderungen des Kreditwesengesetzes

waren lange Zeit lediglich der Sparkassensektor und die Hypothekenbanken expliziten gesetzlichen Regelungen unterworfen. In Deutschland erfolgte die Umsetzung einer umfassenden Aufsicht des Bankgewerbes in der Folge der Bankenkrisen zu Beginn der 30er Jahre des 20. Jahrhunderts. Die Notverordnungen wurden 1934 vom **Reichskreditwesengesetz** abgelöst, das erstmals Regularien einer weitgreifenden Bankenaufsicht festschrieb und die Basis für das heutige **Kreditwesengesetz** (KWG) in Deutschland darstellt. Bis heute gilt dabei der Grundsatz einer ordnungspolitischen Zielstellung. Daraus ergibt sich das Problem, zwischen der Notwendigkeit **regulatorischer Eingriffe** und der **Wettbewerbsneutralität** abzuwägen.

In der letzten Dekade des 20. Jahrhunderts war die Bankenaufsicht in Deutschland durch die Umsetzung **europäischer Richtlinien** bzw. Regeln des **Baseler Ausschusses** für Bankenaufsicht in nationales Recht geprägt. Dabei gilt der Grundsatz einer sogenannten **Mindestharmonisierung,** die bestimmte Standards zur Sicherstellung der Wettbewerbsfreiheit und Transparenz der Bankentätigkeit gewährleistet, aber den nationalen Institutionen die eigentliche Entscheidungskompetenz und die Verantwortung für die konkreten Aufsichtsregeln zuweist.

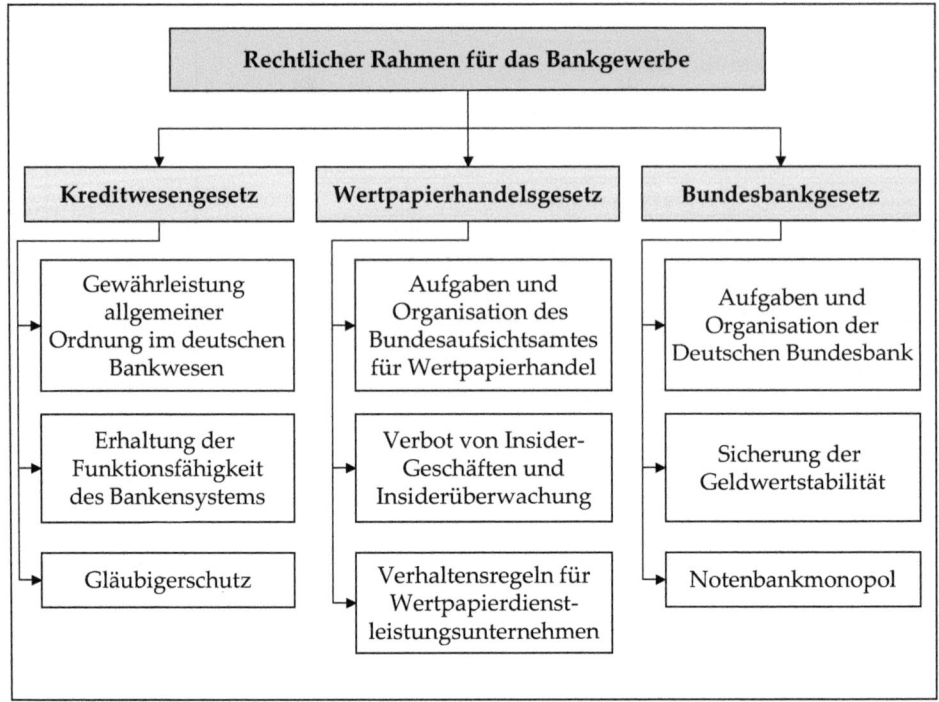

Abbildung 53: Rahmengesetze für die Kreditwirtschaft

Die Häufung der **KWG-Novellen** ist bedingt durch die ersten Festlegungen des Baseler Ausschusses für Bankenaufsicht 1988 und die Implementierung des EU-Binnenmarktes 1992. Daraus ergaben sich aufsichtsrechtliche Konsequenzen für Eigenkapitalanforderungen, Risikobegrenzungen und auch Begriffsdefinitionen, die in **nationales Recht** umgewandelt werden mussten. Insbesondere EU-Richtlinien zur Finanzmarktaufsicht erforderten 1995 eine weitreichende Neugestaltung des Bereichs der Wertpapieraufsicht. Im folgenden werden die wesentlichen Regelungen abgehandelt.

3.5.1 Gesetze und Institutionen der Aufsicht

In Deutschland existiert seit 1961 das KWG. Parallel zur Einführung des Kreditwesengesetzes wurde die Bankenaufsicht auf die **Bundesbank** und das **Bundesaufsichtsamt für das Kreditwesen** (BaKred) delegiert. 1994 wurde darüber hinaus das **Bundesaufsichtsamt für den Wertpapierhandel** (BaWe) gegründet, welches die ordnungsmäßige Abwicklung des Wertpapierhandels bzw. der Wertpapiergeschäfte sicherstellen sollte.

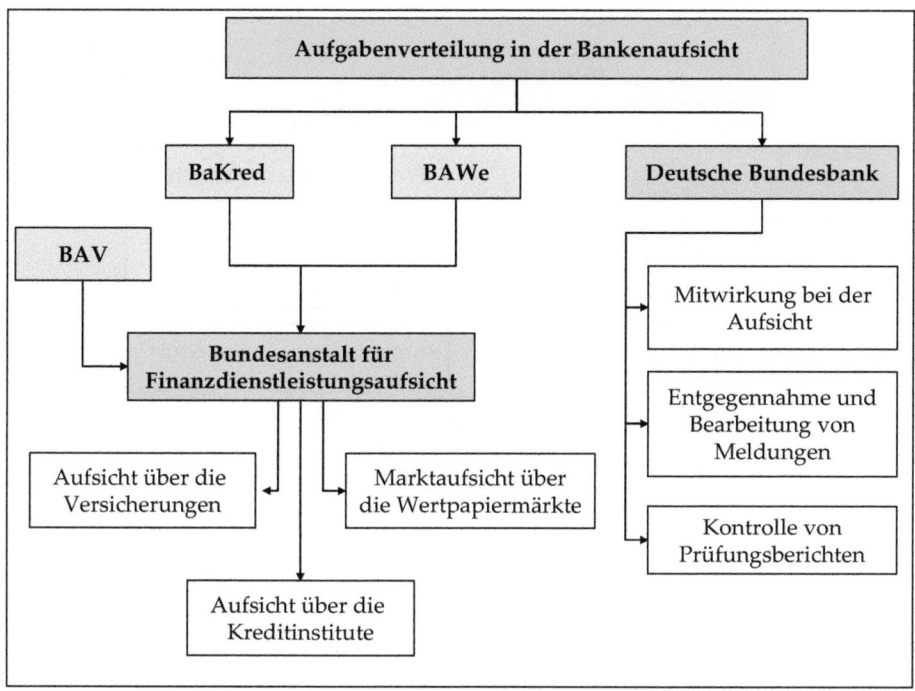

Abbildung 54: Aufgabenverteilung der Finanzdienstleistungsaufsicht

Die Zielstellung des Kreditwesengesetzes liegt in der **Stabilisierung des Bankensystems**. Dies wird mit Ordnungsvorschriften, Anzeige- und Vorlagepflichten sowie Prüfungsvorschriften angestrebt. Grundsätzlich soll die Regulierung nicht mehr Aufwand verursachen als unbedingt notwendig und nicht in den Markt bzw. Wettbewerb eingreifen. Die umfassenden Vorschriften bewirken aus der Sicht der Kreditinstitute einen erheblichen Mehraufwand bei der Geschäftsabwicklung. Die Kosten der Branchenaufsicht müssen in den Kundenkonditionen Berücksichtigung finden. Solange der volkswirtschaftliche Nutzen in Gestalt eines stabilen Bankensystems und der Sicherheit der Einleger und Gläubiger diese Kosten übersteigt, ist die umfassende Bankenaufsicht volkswirtschaftlich sinnvoll.

Die Bundesaufsichtsämter für das Kreditwesen (BAKred), den Wertpapierhandel (BAWe) und die Versicherungen (BAV) sind 2002 zur **Bundesanstalt für Finanzdienstleistungsaufsicht (BAFin)** zusammengeschlossen worden. Sie hat zwei Dienstsitze in Bonn und Frankfurt/M. Die Bedürfnisse der Kunden, Finanzdienstleistungen zunehmend als Gesamtlösungen zu erhalten, führt auf Anbieterseite zu Fusionen von Banken und Versicherungen einerseits und intensiverem Wettbewerb in den jeweils

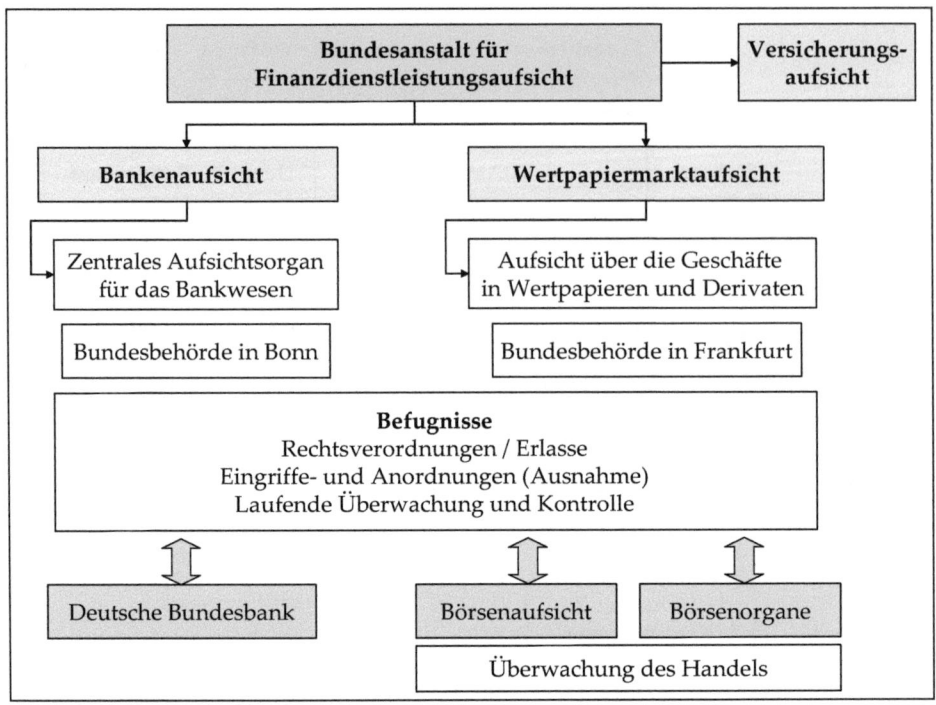

Abbildung 55: Institutionen der Bankenaufsicht

angestammten Märkten andererseits. Eine gemeinsame Aufsicht ist damit eine Reaktion des Staates auf die Entwicklung am Markt. Die Allfinanzkonzernbildung muss von einer Aufsicht kontrolliert werden, die zu einer vollständigen Marktübersicht befähigt ist und die so zu einer Stärkung des Finanzplatzes Deutschland beitragen kann.

Innerhalb dieser Bundesanstalt sind die drei wesentlichen Aufgaben der früheren Ämter weiterzuführen. Die Vereinheitlichung der Aufsicht soll Paralleltätigkeiten vermeiden und die **Effizienz der Aufsicht** erhöhen. Die Aufsicht über die Finanzdienstleister soll den Markttendenzen zur Allfinanz entsprechen. Die **Bundesbank** hat nun gesetzlich fixierte **Mitwirkungsaufgaben**, aber keine Sanktionsmöglichkeiten. Die Kompetenz für eingreifende Maßnahmen liegt ausschließlich beim BAFin. Für die sektorübergreifenden Aufgaben sind sogenannte Querschnittsabteilungen zuständig.

■ **Bankenaufsicht**

Die Aufgabe der Sicherstellung der Zahlungs- und Funktionsfähigkeit der Banken liegt weiter bei der sogenannten **ersten Säule** des BaFin, der **Bankenaufsicht**. Die

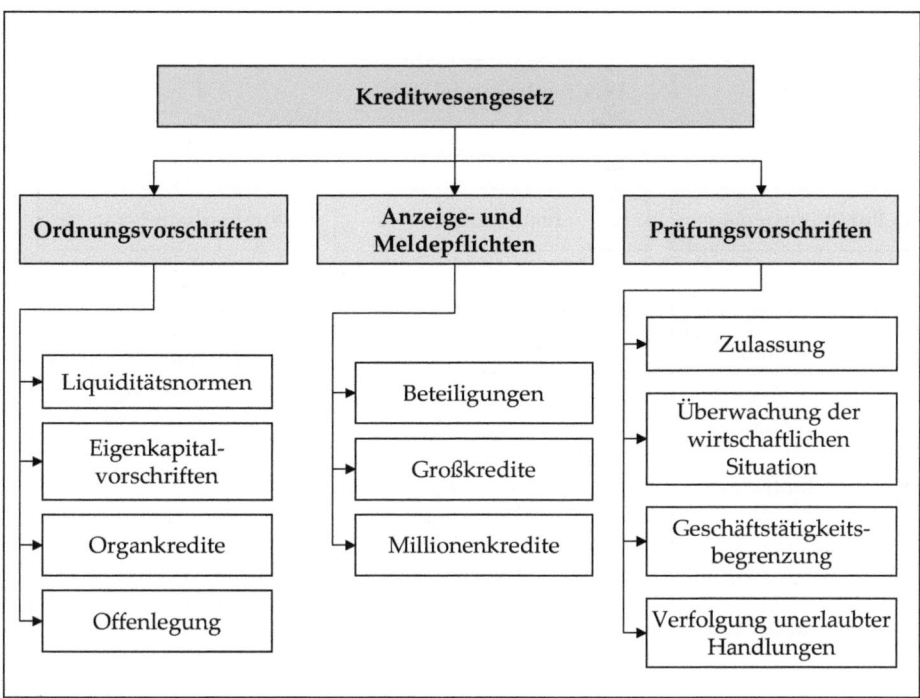

Abbildung 56: Wesentliche Regelungen des Kreditwesengesetzes

Bankenaufsicht ist mit allen Entscheidungskompetenzen und Eingriffsmöglichkeiten in diesem Segment der Finanzdienstleistungen ausgestattet.

Systematisch lassen sich die Vorgaben des KWG nach Ordnungsvorschriften, Anzeige- und Meldepflichten sowie Prüfungsvorschriften unterscheiden. Das Betreiben von Bankgeschäften ist an bestimmte gesetzliche Voraussetzungen geknüpft. Zu den **Ordnungsvorschriften** gehören eine angemessene Eigenkapitalausstattung, die Einhaltung einer Mindestliquidität sowie organisatorische Mindestanforderungen. Dazu gehört auch die Vorschrift, mindestens zwei fachlich geeignete und zuverlässige Geschäftsführer vorzuweisen. Der Bankenaufsicht obliegt es die laufenden Bankgeschäfte zu überwachen und die internen Risikosteuerungssysteme zu beurteilen. Die **Anzeige- und Meldepflichten** ermöglichen der Aufsicht die bessere Wahrnehmung dieser Aufgaben. Darüber hinaus stehen den Aufsehern als Informationsinstrumente die erstellten Prüfungsberichte zu den Jahresabschlüssen zur Verfügung. Die **Prüfungsvorschriften** regeln eindeutig, in welcher Art und in welchem Umfang die Bankenaufsicht die Überwachung und Kontrolle der Kreditinstitute durchführt. Für einen vertieften Einblick in die wirtschaftliche Situation einer Bank gibt es das Instrument der Sonderprüfung durch die Bankenaufsicht.

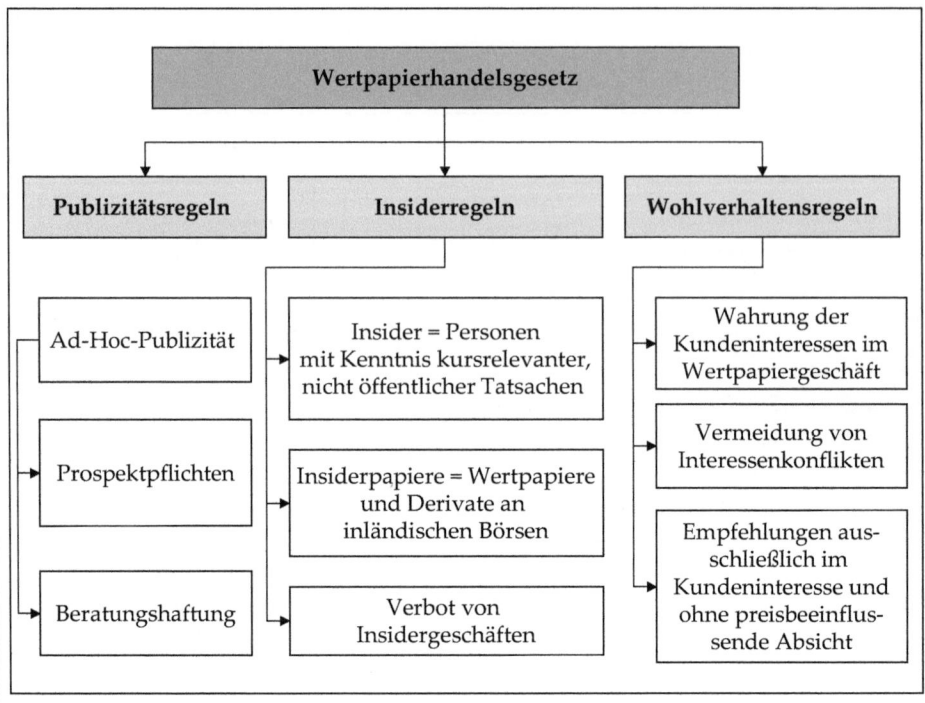

Abbildung 57: Wesentliche Regelungen des Wertpapierhandelsgesetzes

■ **Wertpapieraufsicht**

Die **zweite Säule** der Finanzaufsicht bildet die **Wertpapieraufsicht**/Asset-Management. Neben der Aufgabe, die Funktionsfähigkeit der deutschen Märkte für Wertpapiere und Derivate sicherzustellen, sind einige Aufgaben des ehemaligen BAKred nun bei der Wertpapieraufsicht angesiedelt. Die Aufsicht über Kapitalanlagegesellschaften und Finanzdienstleistungsinstitute sowie ausländische Investmentfonds ist aufgrund der engen Verflechtung zum Wertpapiergeschäft in die Abteilung Asset-Management zu dieser Säule der Finanzaufsicht gewechselt.

Die Mitarbeiter der Wertpapieraufsicht überwachen das **Handelsgeschehen** im Hinblick auf auffällige Kursbewegungen oder Umsätze, um Insiderverstöße offen zu legen. Gleichzeitig überwacht die Aufsicht die Einhaltung der **Veröffentlichungspflichten**. Wertpapierprospekte müssen bei der Aufsicht hinterlegt werden. Die Einhaltung dieser Regeln wird überwacht, um die durch die gesetzlichen Vorschriften angestrebte Transparenz tatsächlich zu erzeugen. Schließlich überprüft die Wertpapieraufsicht mit

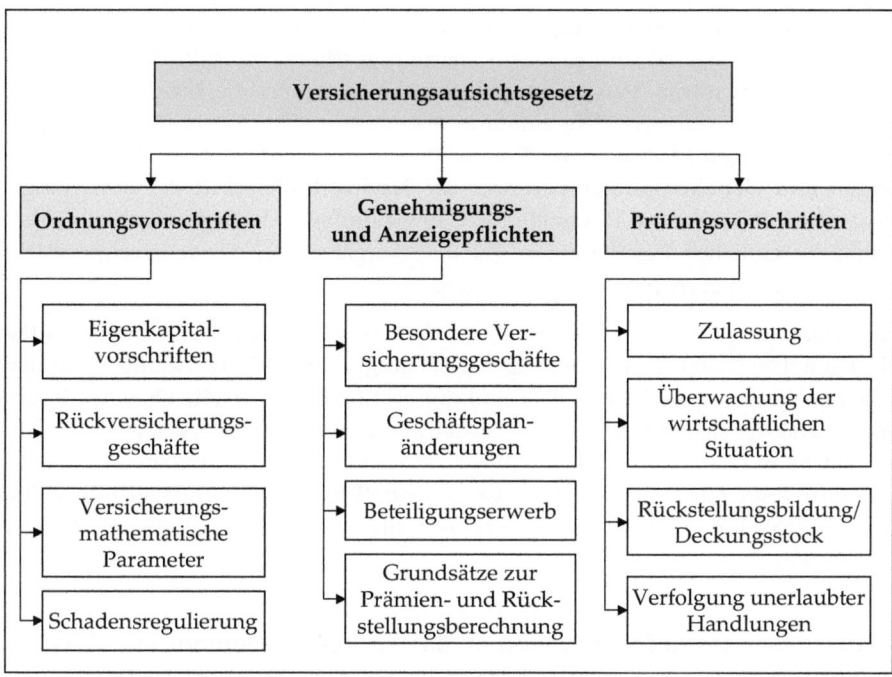

Abbildung 58: Wesentliche Regelungen des Versicherungsaufsichtsgesetz

Hilfe externer Prüfer die Einhaltung der **Verhaltensregeln**, die den Schutz der Anleger gewährleisten sollen.

■ **Versicherungsaufsicht**

Die Versicherungsaufsicht bildet die **dritte Säule** der Finanzaufsicht. Versicherungsunternehmen bedürfen, wie Banken, einer Genehmigung durch die Aufsicht. Die Voraussetzungen für die Erlaubnis zum Geschäftsbetrieb sind im Versicherungsaufsichtsgesetz ausführlich geregelt. Die **Prüfungsvorschriften** im Rahmen der Versicherungsaufsicht sind der ersten Säule, der Bankenaufsicht sehr ähnlich. Zu der Überwachung der Zulassungsvorschriften, der stetigen Kontrolle der wirtschaftlichen Situation der Versicherungen und den Sanktionsmöglichkeiten bei unerlaubten Handlungen tritt bei den Versicherungsunternehmen noch die besondere Problematik der **Rückstellungsbildung** hinzu. Für die Ansprüche von Kunden aus kapitalbildenden Versicherungen muss ebenso eine Deckungsrückstellung bestehen wie für mögliche Inanspruchnahmen der Versicherungen aus Schadensfällen. Daher sind rechtliche Regelungen in diesem Bereich (Deckungsstockbildung) von wesentlicher Bedeutung.

Zu den **Ordnungsvorschriften** gehören auch bei Versicherern zunächst Mindestanforderungen an die Eigenkapitalausstattung. Darüber hinaus ist durch die Aufsicht ein

Ordnungsrahmen für **versicherungsmathematische Parameter** und die Schadensregulierung zu setzen. Explizit sind Rückversicherungsgeschäfte geregelt. Zu den rechtlichen Besonderheiten von Versicherungsunternehmen gehört die Einreichung eines Geschäftsplans bzw. dessen Genehmigung ebenso wie die Genehmigung entsprechender Änderungen (Ausnahmen). Eine weitere wesentliche Säule im Rahmen von **Anzeigen und Genehmigungen** berühren die Nachvollziehbarkeit der Berechungsgrundsätze für Prämien und Rückstellungen sowie umfassende Regelungen zum Umgang mit wesentlichen Beteiligungen. Zu den Aufgaben der Versicherungsaufsicht gehören schließlich auch „vor Ort" Prüfungen.

Zur Koordinierung der sektorübergreifenden Finanzaufsicht existieren **Querschnittsabteilungen**. Die erste dieser Abteilungen beschäftigt sich mit Entwicklungen auf den internationalen Finanzmärkten und Produktinnovationen. Die zweite Querschnittsabteilung beschäftigt sich mit der Einlagensicherung, der Altersvorsorge sowie dem Anleger- und Verbraucherschutz. Dies schließt ein Call Center für Kundenbeschwerden und sektorübergreifende Gesetzgebungsfragen ein. Schließlich widmet sich die dritte Querschnittsabteilung der Geldwäscheproblematik und der Verfolgung unerlaubter Finanzgeschäfte.

3.5.2   Mindestanforderungen an das Risikomanagement (MaRisk)

Insgesamt sind mit den MaRisk und den damit verbundenen **Melde- und Dokumentationspflichten** erhebliche zusätzliche Aufwendungen für die Banken verbunden. Deren Rechtfertigung ist zumindest in Frage zu stellen. Das Risikomanagement und die Organisationsstruktur der Kreditinstitute hat sich bereits aufgrund der Markterfordernisse, der Erfahrungen mit Kreditausfällen und der technischen Weiterentwicklung in der letzten Dekade deutlich verbessert. Die Anpassung der aufsichtsrechtlichen Normen reglementiert so mit zeitlicher Verzögerung zu großen Teilen bereits eingeführte Standards. Diese Reglementierung verteuert das **Risikomanagement**, ohne zusätzlichen Nutzen im Sinne einer Risikoreduzierung zu stiften.

Die Mindestanforderungen sind von allen Kreditinstituten anzuwenden. Aus den Mindestanforderungen an Handelsgeschäfte (MaH), Kreditgeschäfte (MaK) und interne Revision (MaIR) sind mit der Umsetzung der Anforderungen an eine qualitative Bankenaufsicht (Säule II von Basel II) die Mindestanforderungen an das Risikomanagement entstanden, die jeweils **Module** bilden. Allgemein beinhalten die Anforderungen die gemeinsame **Verantwortung aller Geschäftsleiter**. Diese Verantwortung können sie nur wahrnehmen, wenn sie in der Lage sind, die **Risiken** zu **beurteilen** und die notwendigen **organisatorischen Maßnahmen** zu treffen. **Im Allgemeinen Teil** (AT) der MaRisk sind Vorschriften zu **Strategien** sowie deren Inhalten, Operationalisierung und Kommunikation enthalten. Weiterhin sind **Organisationsrichtlinien** sowie Anforderungen an die **Aufbauorganisation** und die **Ressourcen allgemein**, d.h. übergreifend formuliert. Im **Besonderen Teil** (BT) verlangt der Gesetzgeber die Unterscheidung der vier **Risikokategorien** (BTR) und die Unterscheidung der **Geschäftsar-**

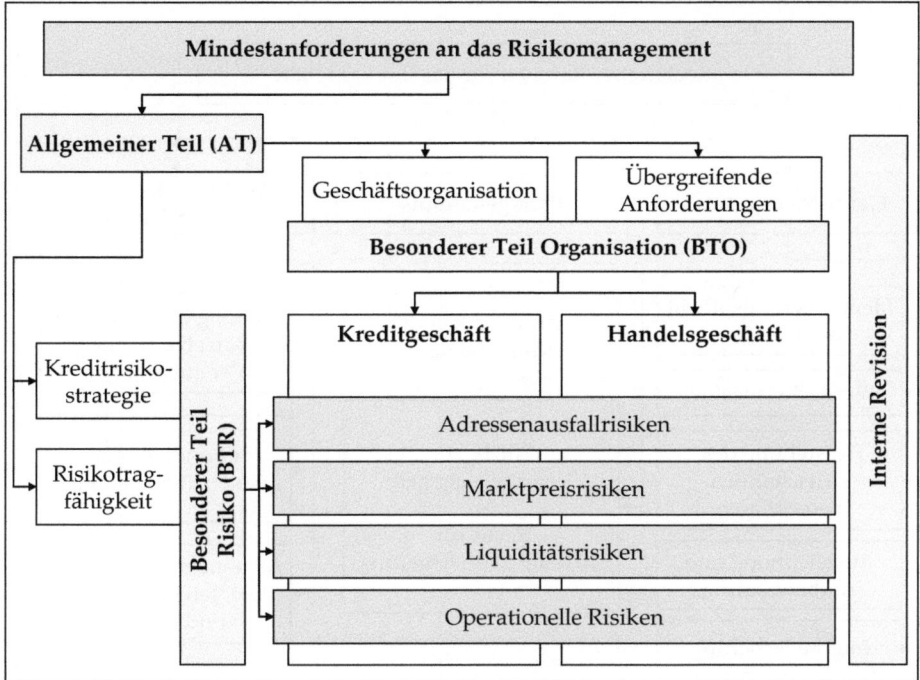

Abbildung 59: Systematik der MaRisk

ten (BTO) Handel und Kredit. Organisatorisch verlangt der Gesetzgeber eine **funktionale Trennung** verschiedener **Prozessbereiche bei Handel und Kredit**. Die Aufbauorganisation muss dabei ausdrücklich eine Trennung der Funktionen **Markt/Handel** von den Funktionen **Marktfolge, Risikocontrolling, Abwicklung und Kontrolle** bis in die Ebene der Geschäftsführung sicherstellen. Außerdem werden für Beteiligungen und neue Produkte/Märkte eine Strategie und ein Controlling bzw. ein Konzept und eine Testphase gefordert. Die Anforderungen an die **interne Revision** sind weitgehend aus den MaIR übernommen.

3.5.3 Weitere rechtliche Regelungen im deutschen Bankwesen

Das Bankwesen wird von vielen Gesetzen und Regeln beeinflusst. Neben den spezifischen Regeln für die Geschäftätigkeit der Kreditinstitute sind viele maßgebende Gesetze für das Wirtschaftsleben relevant. Darüber hinaus bestehen Gesetze, die aufgrund der Art der Bankgeschäfte von Kreditinstituten beachtet werden müssen. Bei den wichtigen spezifischen Regeln ist zunächst das **Bankgeheimnis** als traditionelles Prinzip zu erwähnen. Des weiteren gehört dazu das am Ende des zwanzigsten Jahrhunderts eingeführte **Geldwäschegesetz**. Schließlich fallen die gültigen **Allgemeinen**

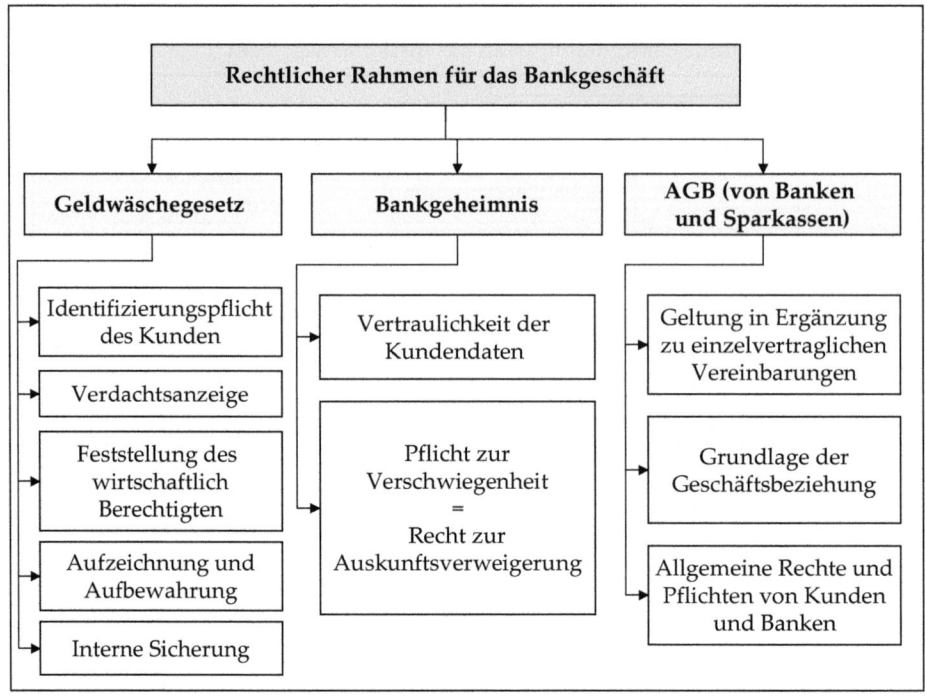

Abbildung 60: Sonstige rechtliche Regelungen für das Bankgeschäft

Geschäftsbedingungen der Banken und Sparkassen unter die wesentlichen Regeln für das Bankgeschäft.

Bankgeheimnis

Das Bankgeheimnis ist, seitdem Banken existieren, ein elementarer Bestandteil des Geschäftsgebarens. Eine gesetzliche Fixierung des Bankgeheimnisses erübrigt sich dadurch, dass die **vertrauensvolle Behandlung von Kundendaten** im Interesse der Kreditinstitute liegt. Das Bankgeheimnis verkörpert damit einen ungeschriebenen **Verhaltenskodex** im Bankgewerbe. Interessanterweise wurde das Bankgeheimnis, seitdem es gesetzlich fixiert ist, systematisch aufgeweicht.

Banken sind im Rahmen der **Strafverfolgung** uneingeschränkt auskunftspflichtig. Gegenüber **Finanzbehörden** sind Kreditinstitute eingeschränkt auskunftspflichtig. Es besteht ein grundsätzlicher Schutz der Bankkunden im Besteuerungs- und Steuerfahndungsverfahren. Hier sind Einzelauskunftsersuchen zulässig, wenn die direkte Auskunft beim Kunden nicht zum Ergebnis führt. Im Steuerstrafverfahren gilt die vollständige Auskunftspflicht im Rahmen der Strafverfolgung.

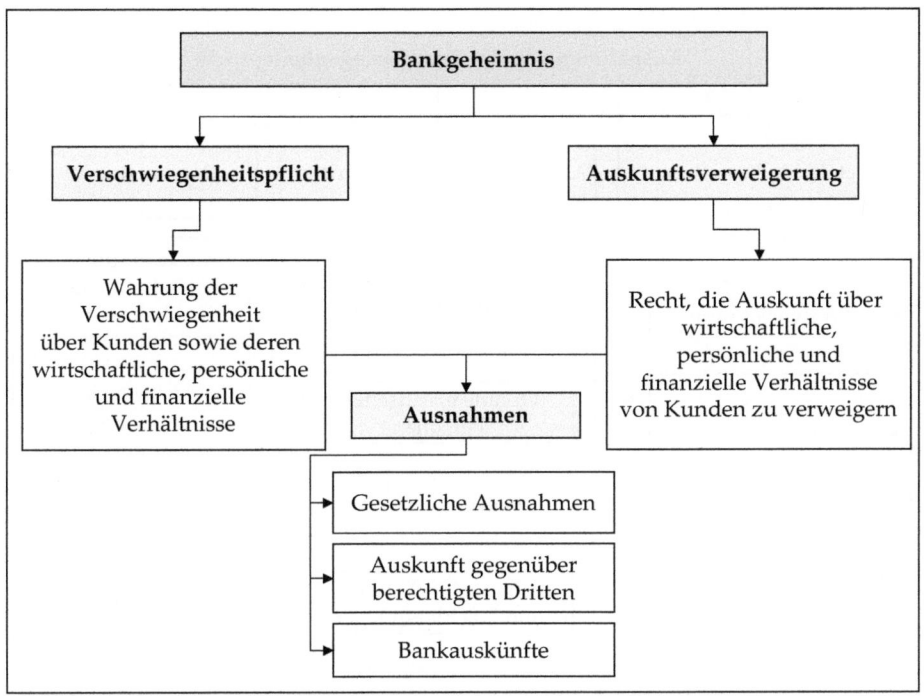

Abbildung 61: Das Bankgeheimnis

Banken sind **Dritten gegenüber zur Auskunft** der wirtschaftlichen bzw. finanziellen Verhältnisse verpflichtet, wenn diese zur Vertretung berechtigt oder zur Betreuung bestellt sind. Darunter fallen Eltern, Vormünder/Betreuer, Pfleger und Organe juristischer Personen sowie Insolvenzverwalter ebenso wie im Todesfall verantwortliche Testamentsvollstrecker oder Nachlasspfleger.

Bankauskünfte können in Bezug auf Privatkunden erteilt werden, wenn der Kunde allgemein oder einzelfallbezogen ausdrücklich zugestimmt hat. Die wichtigste Auskunft im Privatkundengeschäft ist die **Schufa-Auskunft**, bei der formal positive oder negative Merkmale einer Kundenbeziehung ausgetauscht werden. Die Schutzgemeinschaft für allgemeine Kreditsicherung (Schufa) ist eine Gemeinschaftseinrichtung von Kreditinstituten, die den Mitgliedern ermöglicht, sich vor unvertretbaren Risiken einer neuen Geschäftsbeziehung zu schützen. Im Umgang mit juristischen Personen und im Handelsregister eingetragenen Kaufleuten sind Banken berechtigt, allgemeine Auskünfte über deren wirtschaftliche Verhältnisse zu erteilen, wenn keine anderslautende Weisung der Kunden vorliegt.

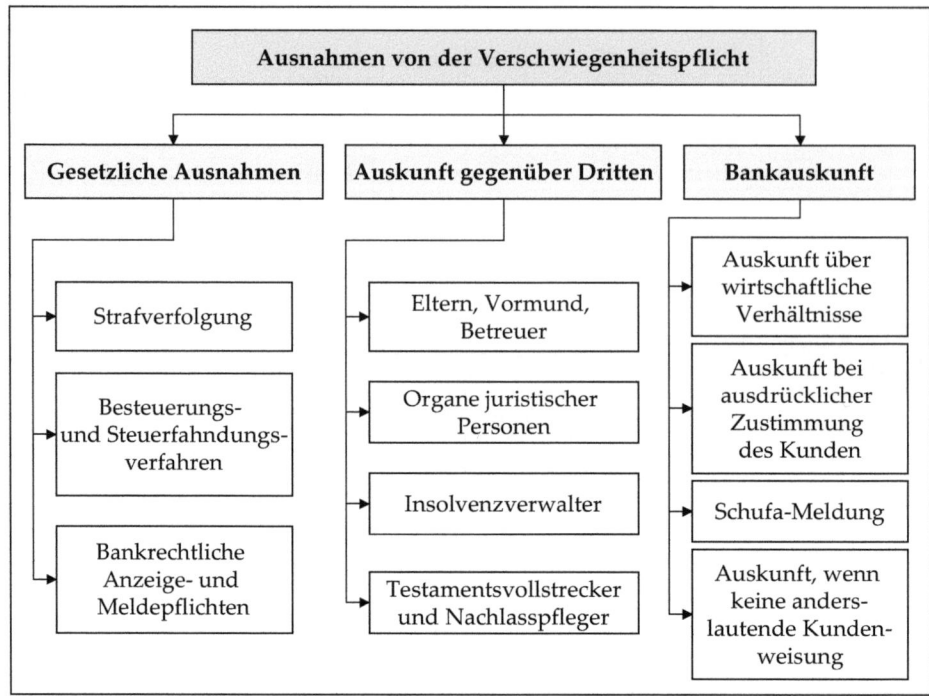

Abbildung 62: Die Durchbrechung des Bankgeheimnisses

■ **Geldwäschegesetz**

Seit 1993 ist durch das Geldwäschegesetz eine weitere Regelung existent, die Kreditinstitute zu Auskünften verpflichtet bzw. **Identifizierungs- und Verdachtspflichten** nach sich zieht. Zur Verhinderung der Einschleusung von Liquidität, speziell Bargeld, aus dem illegalen Wirtschaftskreislauf in den legalen Wirtschaftskreislauf werden die Banken zu **Maßnahmen gegen die Geldwäsche** angehalten. Zur Durchführung der institutsinternen Sicherung gegen Geldwäsche muss eine leitende Person zum **Geldwäschebeauftragten** ernannt werden. Ziel des Gesetzes ist es, die organisierte Kriminalität besser zu bekämpfen und zu unterbinden, dass sie sich bei Finanzdienstleistungen des Kreditgewerbes bedient. Die Annahme oder Abgabe von Bargeld oder Vermögensgegenständen im Wert von 15.000 EUR (Schwellenwert) und darüber löst eine Identifizierungspflicht der Banken aus. Weiterhin besteht eine Identifizierungspflicht bei dem Verdacht einer Finanztransaktion mit Geldwäschecharakter. Diese Einbeziehung der Kreditinstitute in die Verfolgung von schweren Straftaten ist rechtlich zweifelhaft und verursacht erhebliche Mehraufwendungen bei den Banken.

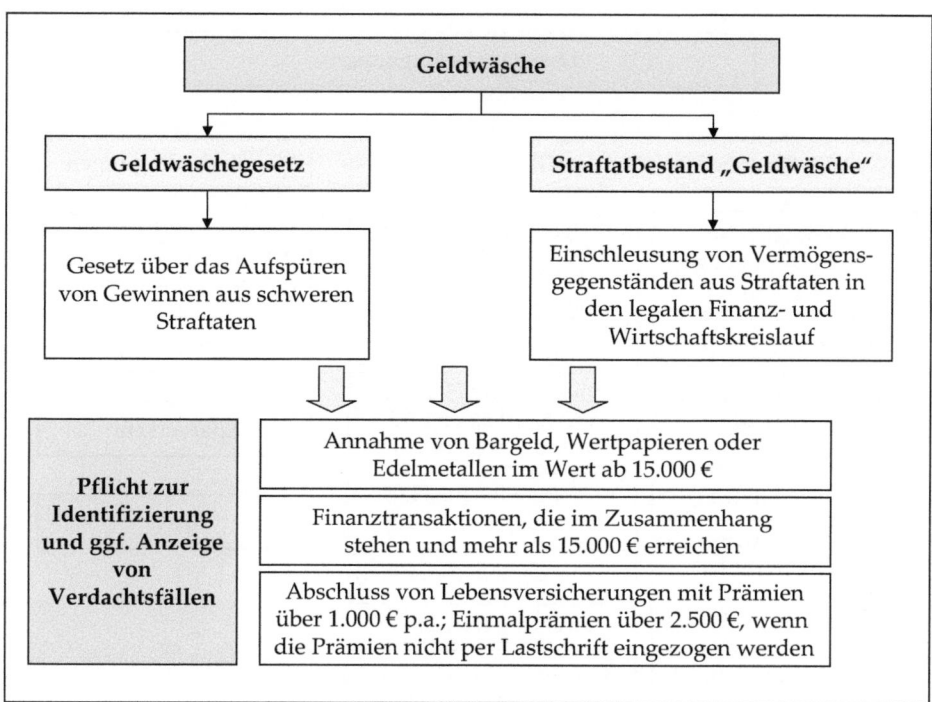

Abbildung 63: Das Geldwäschegesetz

Insgesamt bewirkt dies eine allmähliche **Aufweichung des Bankgeheimnisses**, was verfassungsrechtlich bedenklich sein dürfte. Grundsätzlich agieren Kreditinstitute an der Nahtstelle, an der Gewinne aus illegalen Geschäften bzw. aus Straftaten und Verbrechen in den legalen Wirtschaftskreislauf überführt werden sollen. Banken dürfen für diese Geschäfte nicht instrumentalisiert werden. Das Geldwäschegesetz soll eine solche Instrumentalisierung verhindern und gleichzeitig die strafrechtliche Verfolgung unterstützen.

Die Erfolge bei der Aufdeckung von Geldwäsche sind sehr gering, die strengen Auflagen für die Banken erzeugen aber erheblichen Aufwand und bewirken eine Verunsicherung von Bankangestellten bezüglich der **Abwägung zwischen ungerechtfertigten Verdachtsäußerungen** und einem **Verstoß gegen das GWG**. Die Überwälzung hoheitlicher Aufgaben in der Kriminalitätsbekämpfung auf die Banken ist vor diesem Hintergrund nicht nur aus Kostengründen fragwürdig sondern auch juristisch zweifelhaft.

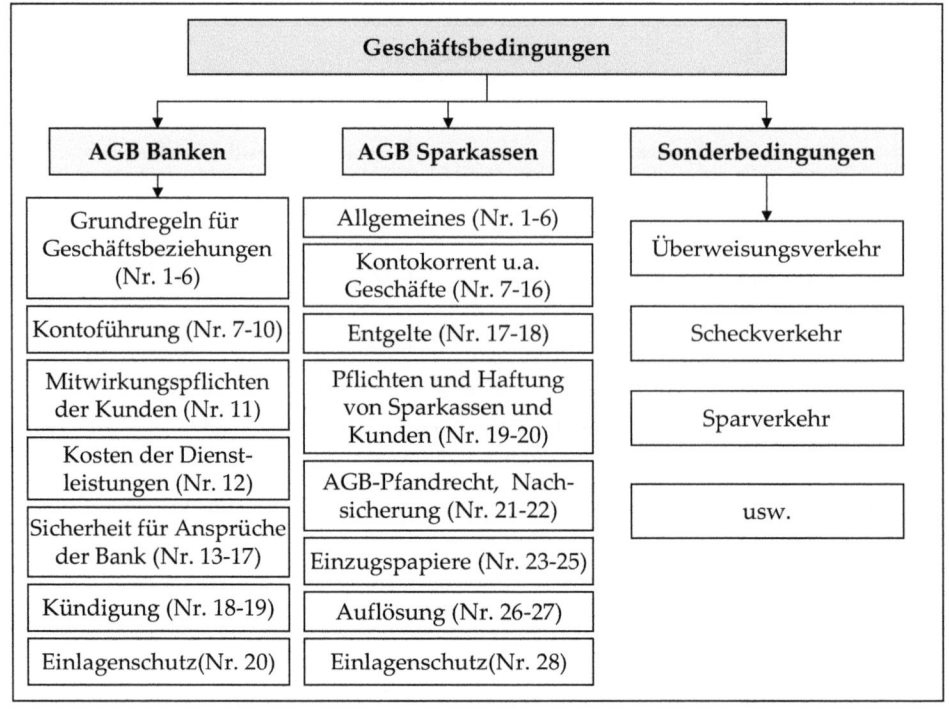

Abbildung 64: Geschäftsbedingungen von Banken und Sparkassen

■ **Allgemeine Geschäftsbedingungen**

Von wesentlichem Einfluss auf die Geschäfte von Kreditinstituten sind die Allgemeinen Geschäftsbedingungen. Zum Schutz der ökonomisch Schwächeren sind im BGB **Mindeststandards für vertragliche Vereinbarungen** definiert. Damit wird die Vertragsfreiheit gewährleistet und gleichzeitig eingeschränkt. Banken und Sparkassen haben die AGB als **Rahmenvereinbarungen** für die gesamten Geschäftsbeziehungen. Dadurch wird eine **Standardisierung der Vertragsbeziehungen** erreicht, die wiederum eine erhebliche Kosteneinsparung bewirken. Neben diesen Allgemeinen Geschäftsbedingungen gibt es **Sonderbedingungen** für einzelne Geschäftsarten, z.B. für Überweisungsverkehr, Kontokorrentkonten usw.

Alle Regelungen und maßgebenden Gesetze werden regelmäßig angepasst bzw. novelliert sowie durch die Rechtsprechung beeinflusst. Dies erfordert von den Banken, ein erhebliches juristisches Know How verfügbar zu halten. Aus betriebswirtschaftlicher Sicht stellt dies einen Kostenfaktor dar. Der Nutzen der erzielten Rechtssicherheit für Kunden und Kreditinstitute sollte diese Kosten übersteigen.

Literaturhinweise zum 3. Kapitel

Ashauer, Günther / Gröschel, Ulrich: Das deutsche Kreditwesen, Reihe Grundwissen Bankwirtschaft 2, Deutscher Sparkassenverlag, Stuttgart, 2000.

Büschgen, Hans E: Bankbetriebslehre, Bankgeschäfte und Bankmanagement, 5. Auflage, Gabler Verlag, Wiesbaden 1998.

Deutsche Börse AG: Jahresberichte, Presseinformationen, Frankfurt/M., 2002 ff.

Deutsche Bundesbank: Monatsberichte, Statistische Beihefte, Frankfurt/Main, 2002 ff..

DSGV: Mindestanforderungen an das Risikomanagement, Berlin 2006.

Eilenberger, Guido: Bankbetriebswirtschaftslehre, 6. Auflage, Oldenbourg Verlag, München /Wien, 1996.

Europäische Zentralbank: Monatsberichte, Frankfurt, 2002 ff..

Grill, Hannelore / Perczynski, Hans: Wirtschaftslehre des Kreditwesens, 36. überarbeitete Auflage, Verlag Gehlen, Bad Homburg vor der Höhe, 2002.

Obst, Georg / Hintner, O.: Geld-, Bank-, und Börsenwesen, Hrsg. Kloten / v. Stein, 40. Auflage, Schäffer-Poeschel Verlag, Stuttgart, 2000.

Priewasser, Erich: Bankbetriebslehre, 7. Auflage, München, Wien, 2001.

Schulz, Holger: Indexgebundene Einlösepflicht als Element einer europäischen Notenbankverfassung auf der Basis einer Public-Choice-Analyse, Lang Verlag, Berlin, New York u.a., 1999.

4 Systematik der Bankgeschäfte und Finanzdienstleistungen

Ein Anbieter kann die gesamten Bankleistungen bereitstellen und alle am Markt auftretenden Nachfrager bedienen oder er kann sich einzelne Produkte und Leistungen bzw. Nachfrager (Kunden) herausgreifen. Die Auswahl der Kundenzielgruppen und der Leistungen sind strategische Bankentscheidungen. In diesem Kapitel werden die **Leistungen**, deren **Funktionsweise** und die **Rahmenbedingungen** systematisch dargestellt. In dieser Betrachtung sind die Zielgruppen und die Geschäftsfelder von Kreditinstituten (strategisches Bankgeschäft) sekundär.

▪ Liquiditätshaltung

Wesentliche Geschäftsfelder sind die **Kontenführung** und der **Zahlungsverkehr**, weil diese Leistungen die Grundlage für jede Kunde-Bank-Beziehung darstellen. Zusammen mit der **Führung von Depots** und der **Gelddisposition** können diese Geschäfte als **Leistungen des Liquiditätsmanagements** bzw. der Liquiditätshaltung abgegrenzt werden. Bei diesen Bankleistungen steht nicht die Erzielung von Zinserträgen, die nach wie vor die wichtigste Ertragsquelle darstellt, im Mittelpunkt, sondern die Akquisition bzw. Bindung von Kunden. Weiterhin ist die Dienstleistung der Beratung hier nur von untergeordneter Bedeutung. Die Dienstleistungen des Zahlungsverkehrs sowie der Konten- und Depotführung werden über **Gebühren und Provisionen** abgegolten. Aufgrund des Wettbewerbs im Finanzsektor und der Schlüsselfunktion dieser Dienstleistungen sind die Preise, insbesondere im Zahlungsverkehr, nicht unbedingt kostendeckend. Die Gewinnspanne wird aus Bankensicht erst erreicht, wenn die eigentlichen Bankleistungen Finanzierung und Kapitalanlage von den Kunden in Anspruch genommen werden.

▪ Finanzierung und Kapitalanlage

Eine Systematisierung der Kernleistungen im **Finanzierungsbereich** und **Anlagebereich** kann aus **Bankensicht** danach erfolgen, ob die Geschäfte für das Kreditinstitut **bilanzwirksam** sind oder nicht. Kapitalanlagegeschäfte aus **Kundensicht**, die bei der Bank bilanzwirksam sind, stellen Forderungen der Kunden gegen die Bank bzw. Verbindlichkeiten der Bank gegenüber Kunden (**Passivgeschäft**) dar. Die Bank refinanziert sich also über Kundengelder. Diese Kapitalanlage der Kunden erfolgt über Sparprodukte bzw. Wertpapiere, die die Bank emittiert. Der Kunde erwartet bei diesen

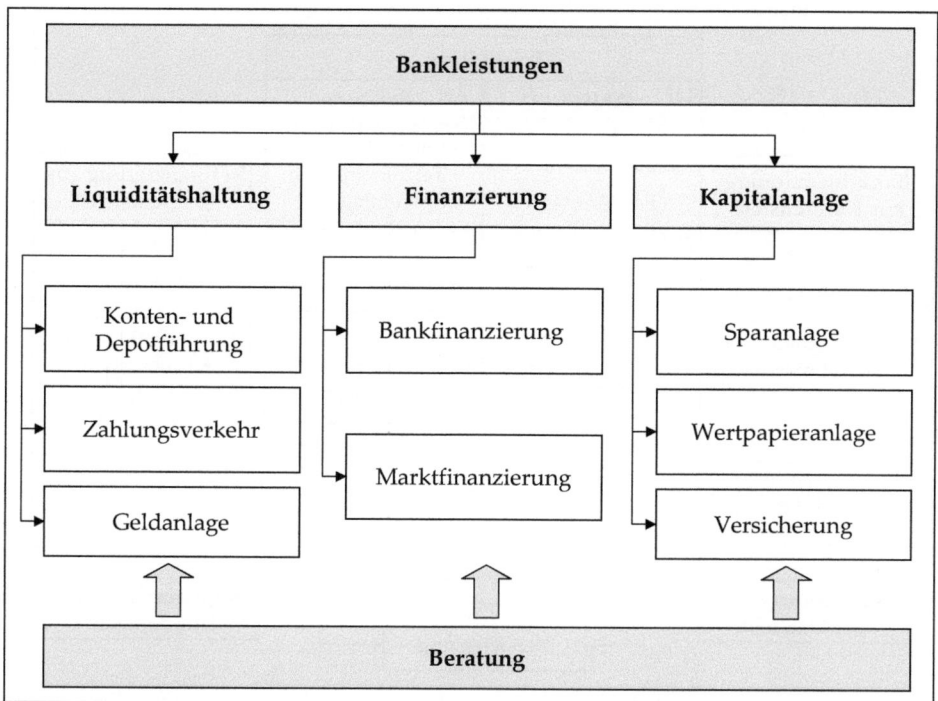

Abbildung 65: Übersicht über die Bankleistungen

Produkten vor allem Sicherheit der Anlage. Demgegenüber verleiht die Bank bilanz-wirksam dieses Kapital an seine Kunden. Dieses Geschäft stellt die **Kreditvergabe** dar, bei welcher das Kreditinstitut gegenüber den Kunden Forderungen aufbaut. Aus Kundensicht sind das entsprechende Verbindlichkeiten gegenüber der Bank. Typi-sches Kennzeichen der **Bankfinanzierung** der Kunden ist damit die Bilanzwirksam-keit und die Erzielung einer positiven Zinsspanne aus der Differenz der Zinsen für Anlageprodukte (Passivzinsen = Zinsaufwand der Bank) und den Zinsen für die Fi-nanzierungsprodukte (Aktivzinsen = Zinsertrag der Bank).

Bei der **Marktfinanzierung** bzw. der Vermittlung von Kapitalanlage- und Versiche-rungsprodukten steht die Beratungs- bzw. Maklerfunktion der Kreditinstitute im Vor-dergrund. In diesem Geschäftsfeld verdient die Bank durch Provisionen und ggf. Ge-bühren. Kapitalnachfrager werden an den Finanzmarkt gebracht, indem ihre Kapitalnachfrage zu einer marktfähigen Nachfrage gestaltet wird und entsprechende Kapitalanleger gewonnen werden. Auf der anderen Seite werden für Kapitalanleger

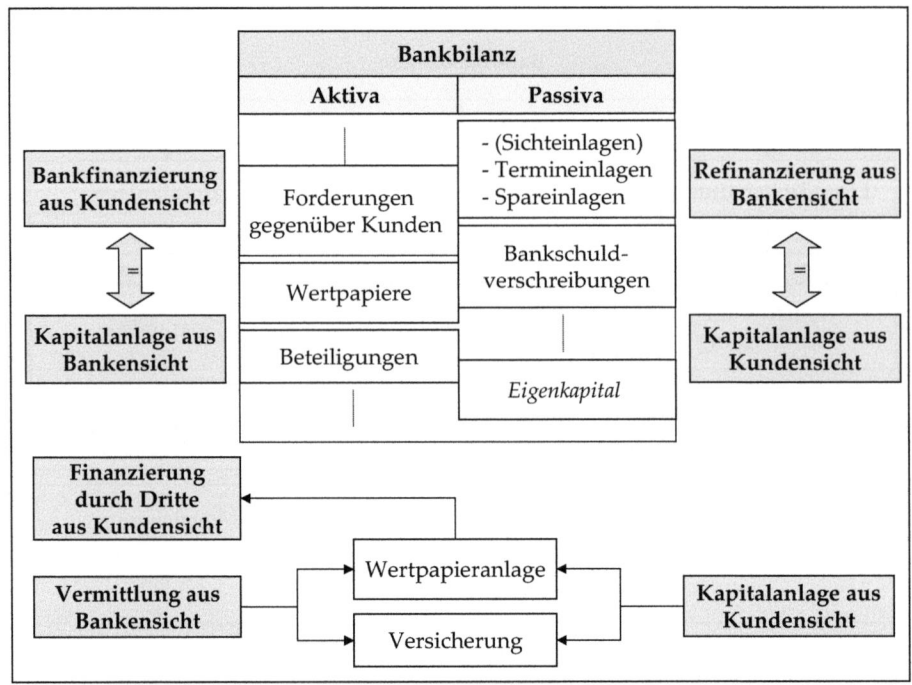

Abbildung 66: Die Bankprodukte in der Bankbilanz

ihren Präferenzen entsprechende Finanzmarktprodukte ermittelt oder gestaltet. Die Bank kann auch selbst als Kapitalanleger fungieren, indem sie aufgenommenes Kapital in Finanzmarktprodukten anlegt. Hier ist dann wiederum die Erzielung von Erträgen wie Zinsen, Dividenden oder Prämien beabsichtigt.

4.1   Liquiditätsmanagementbereich

Im weitesten Sinne können alle Bankleistungen im Rahmen der Konto- und Depotführung, des Zahlungsverkehrs bzw. der Gelddisposition/Geldanlage als der Bereich des Liquiditätsmanagements aufgefasst werden. Die Schlüsselposition nimmt das **Girokonto** und der mit ihm abgewickelte Zahlungsverkehr ein.

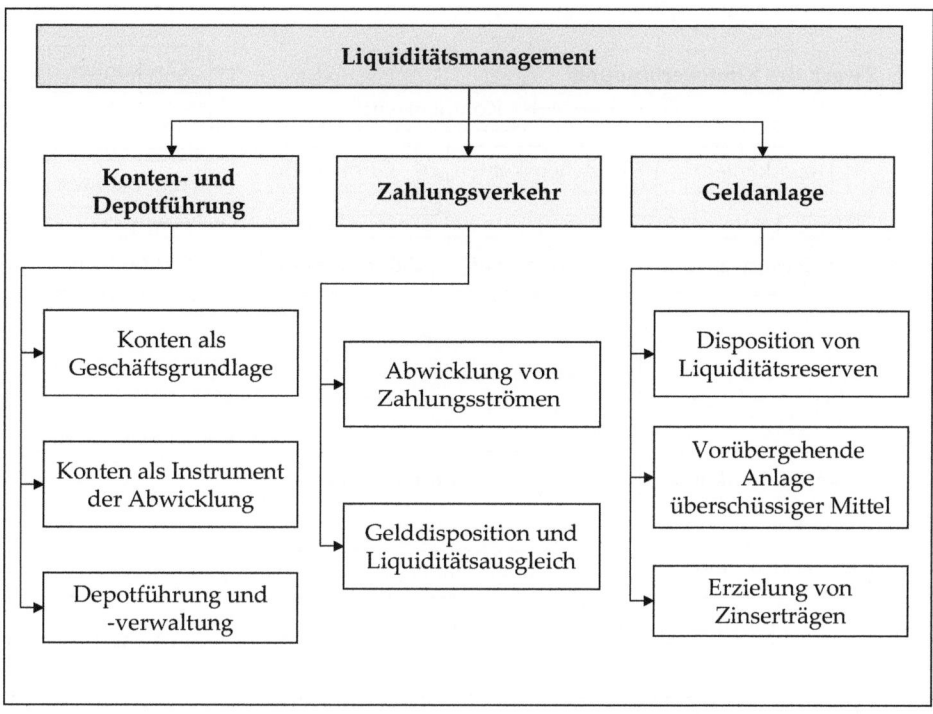

Abbildung 67: Übersicht über das Liquiditätsmanagement

4.1.1   Leistungen der Konten- und Depotführung

Die grundlegenden Leistungen von Kreditinstituten liegen in der Führung von Konten und Depots. Für jede Bankdienstleistung ist die Einrichtung eines Kontos unentbehrlich. Für alle Bankgeschäfte sind spezifische Konten erforderlich. Konten sind zunächst nach der **Kundschaft** unterscheidbar. Diese Abgrenzung berücksichtigt die teilweise unterschiedliche Gestaltung bzw. die Beachtung verschiedener Rahmenbedingungen für die Führung der Konten. Die Kundenkonten können weiter in die **Privatkunden**- und die **Firmen**- bzw. **Geschäftskundenkonten** unterteilt werden.

Banken unterhalten untereinander Geschäftsbeziehungen zur Abwicklung von Bankgeschäften. Diese Geschäftsbeziehung nennt man **Korrespondenzbankverbindung**. Wenn zu dieser Verbindung die gegenseitige Kontoführung gehört, wird sie als A-Korrespondenzbankbeziehung bezeichnet, besteht dagegen keine Kontoverbindung wird sie als B-Korrespondenzbankverbindung geführt. Banken führen Konten untereinander als **Loro- bzw. Nostrokonten**. Dabei wird das Konto der Korrespondenzbank (Kontoinhaber) bei der kontoführenden Bank (Kontoführer) als Lorokonto – „Ihr"

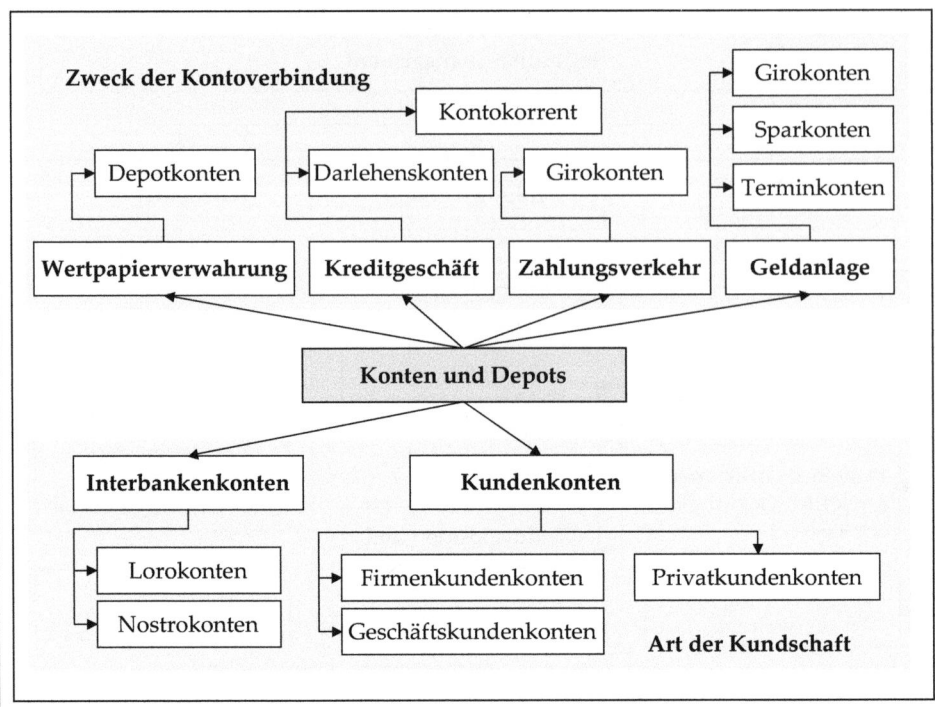

Abbildung 68: Systematik der Konten und Depots

Konto bei „uns" unterhalten, während der Kontoinhaber das (Gegen)konto als Nostrokonto – „unser" Konto bei „Ihnen" führt.

▨ Zweck der Kontoverbindung

Bei der Differenzierung nach dem Zweck der Kontoverbindung ist das Girokonto die wichtigste Kontenart. Das Girokonto wird häufig auch als **Schlüsselprodukt** bezeichnet. Der Zahlungsverkehr wird grundsätzlich über Girokonten abgewickelt. Für die Geldanlage bzw. Liquiditätshaltung dienen die Girokonten auf Guthabenbasis sowie die **Termingeldkonten** und die **Sparkonten**. **Kreditkonten** werden zur Erfassung von gewährten Krediten als **Darlehenskonten** bzw. **Kontokorrentkonten** geführt. Darlehenskonten erlöschen mit der vollständigen Tilgung. Schließlich sind im Wertpapiergeschäft die **Depotkonten** anzutreffen, auf denen die von den Kunden den Banken zur Verwaltung und Verwahrung anvertrauten Wertpapiere verbucht werden.

Konten können **kreditorisch**, das heißt aus **Bankensicht als Verbindlichkeit** und aus Kundensicht als Forderung geführt werden. Dazu gehören die Konten für die Geld-

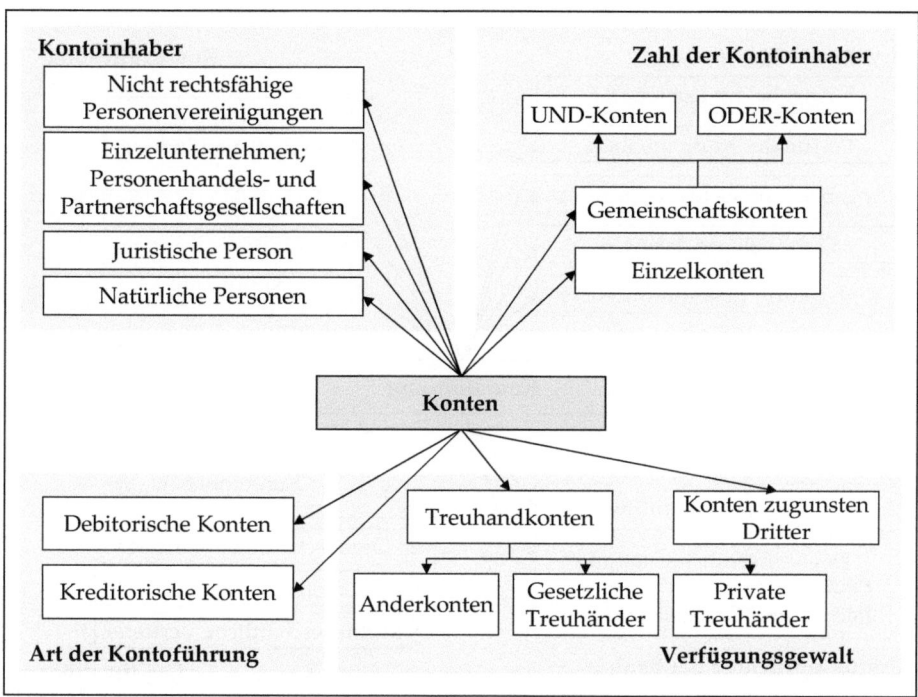

Abbildung 69: Abgrenzung von Konten

anlage und die Depotkonten. Kreditkonten werden **debitorisch**, das heißt aus **Bankensicht als Forderung** und aus Kundensicht als Verbindlichkeit geführt. Die Konten für den Zahlungsverkehr können sowohl debitorisch als auch kreditorisch geführt werden. Systematisch erfolgt ebenfalls eine Unterscheidung nach den Kontoinhabern. Kreditinstitute müssen sich vor der Kontoeröffnung Gewissheit über den Kontoinhaber und eventuelle Verfügungsberechtigte verschaffen. Verfügungsberechtigt können neben dem geschäftsfähigen Kontoinhaber gesetzliche oder rechtsgeschäftliche Vertreter sein.

■ Kontoinhaber

Die Konten können als **Einzel- oder Gemeinschaftskonten** gestaltet sein. Bei Gemeinschaftskonten ist entweder nur ein gemeinsamer Zugriff (UND) oder ein Zugriff jedes Kontoinhabers für sich möglich (ODER). Als **Kontoinhaber** sind natürliche und juristische Personen sowie nicht rechtsfähige Personenvereinigungen, Einzelunternehmen, Partner- und Personenhandelsgesellschaften zu unterscheiden, die jeweils als **eigene Rechtspersonen** Konten eröffnen können. Die Verfügungsgewalt muss nicht beim Kontoinhaber liegen. Eine **Kontoführung zugunsten Dritter** ist eine gebräuchliche

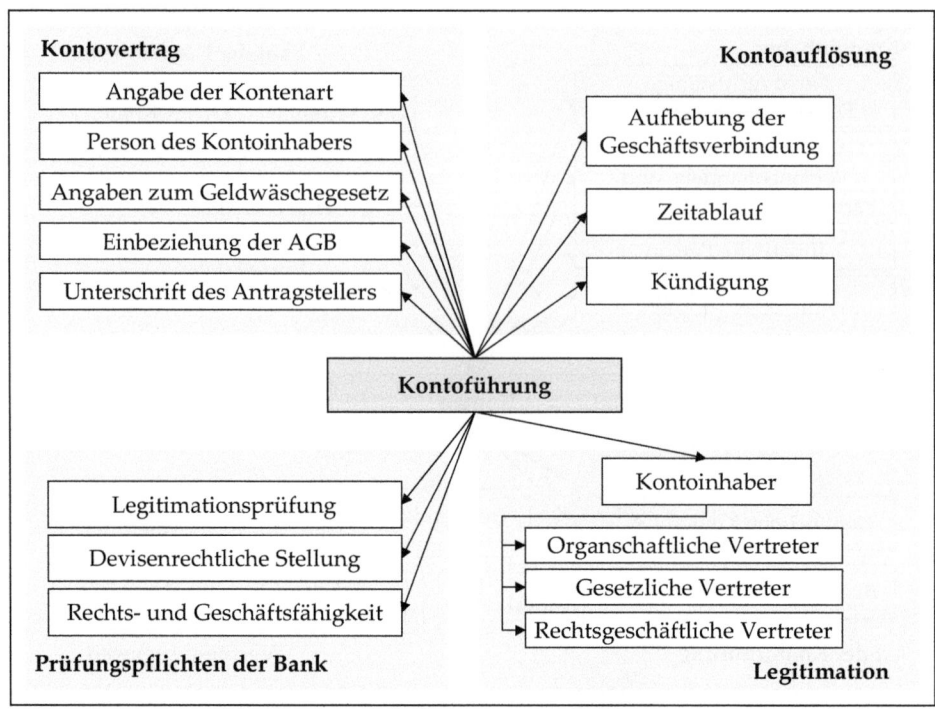

Abbildung 70: Aufgaben der Kontoführung

Form der Kontoführung, bei der z.B. für Minderjährige Konten eröffnet werden, über deren Guthaben sie sofort, bei Tod des Kontoeröffnenden oder bei Volljährigkeit frei verfügen können. Bei **Treuhandkonten** agiert ein Treuhänder als Gläubiger des Guthabens für einen Treugeber, der wirtschaftlich Berechtigter ist. Treuhandkonten müssen als solche erkennbar sein. Eine Sonderform dieser Treuhandkonten sind **Anderkonten**, bei denen ausschließlich Gelder verbucht werden, die dem Kontoinhaber nicht zustehen, über die er aber verfügungsberechtigt ist. Rechtsanwälte und Notare führen regelmäßig für Mandanten solche Konten, auf denen zeitlich begrenzt deren Gelder verwaltet werden.

■ **Kontoführung**

Zur Kontoführung gehören weitreichende Aufgaben zu unterschiedlichen Phasen der Geschäftsbeziehung zwischen Kunde und Bank. Beim Abschluss eines **Kontovertrages** sind bestimmte **Mindeststandards** einzuhalten. Neben den persönlichen Angaben und der Unterschrift des Antragstellers sind dabei die Angaben zum GWG und die

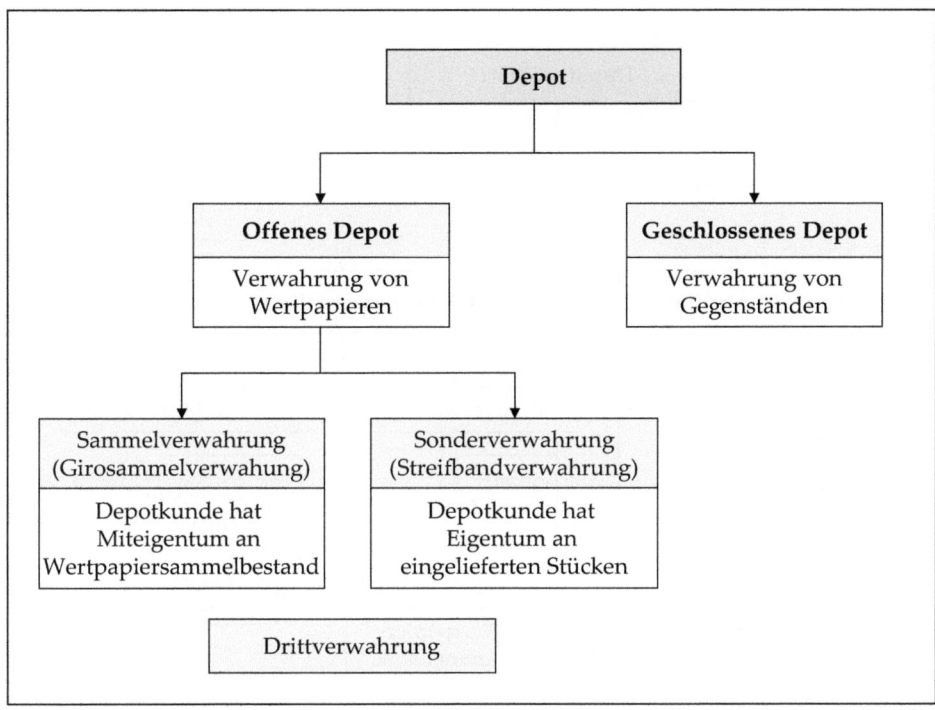

Abbildung 71: Abgrenzung von Depots

Einbeziehung in die Geschäftsbedingungen wesentlich. Bei der **Kontoeröffnung** und jeder **Kontoverfügung** ist die **Legitimation** zu prüfen. Dies ist eine grundlegende Notwendigkeit im Bankgeschäft. Die Beendigung der Kontoführung kann durch **Kündigung**, bei Befristung durch **Zeitablauf** oder durch **Aufhebung** der Geschäftsbeziehung erfolgen. Schließlich sind verschiedene Gründe für eine Verfügungsbeschränkung vorstellbar. Der Kontoinhaber kann durch Konkurs, Vergleich, Verpfändung oder Abtretung die Verfügungsberechtigung über sein Konto verlieren.

■ **Depotführung**

Die Depotführung ist wie die Kontoführung zu den Basisgeschäften von Finanzdienstleistern zu rechnen. In Depots werden Gegenstände (**geschlossenes Depot**) oder Wertpapiere (**offenes Depot**) von Kunden im **Auftrag des Kunden** durch die Bank verwahrt bzw. verwaltet. In geschlossenen Depots (Schließfächer & Tresore) werden Verwahrstücke gegen Mietzahlung so hinterlegt, dass die Bank deren Inhalt nicht kennt. Dazu gehören Sammlungen, Kunstgegenstände, Schmuck aber auch Wertpapiere. In einem offenen Depot werden Wertpapiere zur **Verwahrung und Verwaltung** aufbewahrt. Dieses Geschäft ist ein Bankgeschäft nach KWG. Bei der **Sammel-**

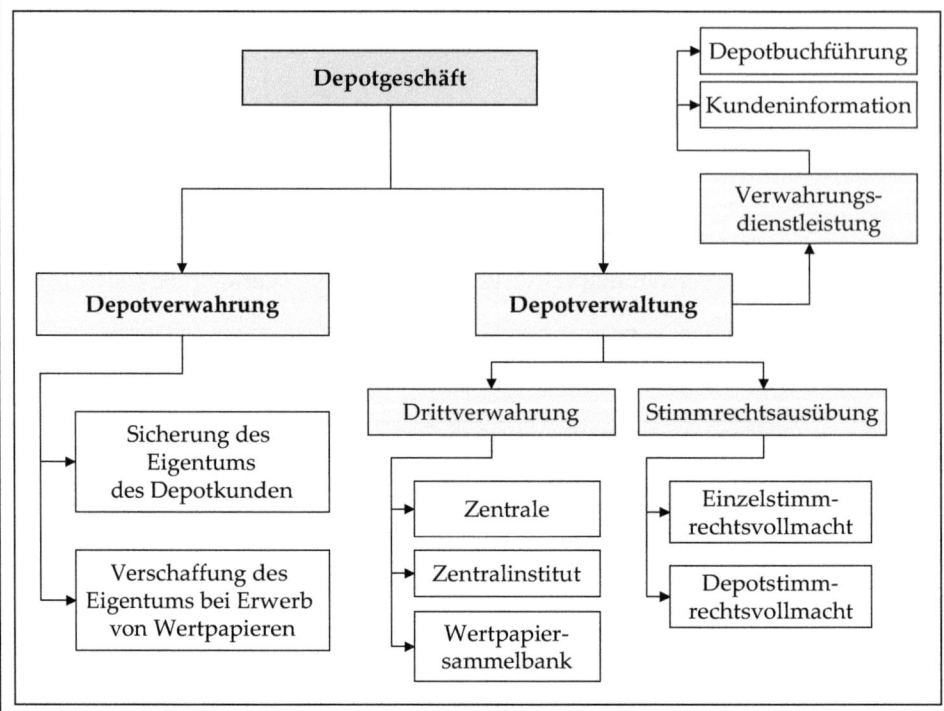

Abbildung 72: Aufgaben der Depotführung

verwahrung reicht der Verwahrer (Kreditinstitut) die Wertpapiere an eine Wertpapier-sammelbank, soweit diese Papiere dafür zugelassen sind und der Kunde nicht aus-drücklich eine gesonderte Aufbewahrung wünscht. In dem Fall wird der Hinterleger **Miteigentümer des Sammelbestandes** und hat kein Recht auf ein bestimmtes Stück des Bestandes, sondern den Anspruch in Höhe des Nennbetrages. Diese Form der Verwahrung ist kostengünstig sowie schnell und einfach abzuwickeln.

Die **Streifbandverwahrung** ist, obwohl sie die ursprüngliche Depotführung darstellt, eine Sonderform der Wertpapierverwahrung. Der Hinterleger hat Anspruch auf die tatsächlich verwahrten effektiven Stücke. Daher sind die Wertpapiere bei der Sonder-verwahrung getrennt von anderen Wertpapieren, insbesondere denen des Eigenbe-standes aufzubewahren. Dies geschieht durch Streifbänder. Die Verwahrung kann aus verschiedenen Gründen bei einem **Drittverwahrer** erfolgen. Ein solcher Drittverwah-rer für die Sammelverwahrung ist die zentrale **Wertpapiersammelbank** in Deutsch-land (Deutsche Clearstream AG). Drittverwahrer sind aber auch Zentralen für die Filialen, Girozentralen für die Sparkassen u.a.

■ **Depotverwaltung**

Neben der Verwahrung, die die Sicherung des Eigentums des Depotkunden bzw. die Beschaffung der Wertpapiere beinhaltet, ist beim offenen Depot die Depotverwaltung von großer Bedeutung. Der Kunde muss regelmäßig relevante **Informationen über seine Wertpapiere** erhalten. Außerdem gehört dazu die **Erinnerung an** sämtliche **Rechte und Pflichten** aus dem Eigentum an Wertpapieren und gegebenenfalls die **Ausübung** der mit dem Wertpapier verbundenen Rechte für den Kunden. In diesem Zusammenhang ist seit Jahren das sogenannte **Vollmachtsstimmrecht** der Kreditinstitute umstritten. Danach können Kreditinstitute durch ihre Kunden bevollmächtigt werden, das Stimmrecht auf Hauptversammlungen wahrzunehmen. Sie müssen dabei die Interessen des Aktionärs schützen. Dies wird durch besondere Vorschriften im Aktiengesetz sichergestellt. Das Vollmachtsstimmrecht (oder Auftragsstimmrecht) gewährleistet stabile Entscheidungen auf den Hauptversammlungen und sollte für die Konzentration von Fachkompetenz bei der Aktionärsversammlung sorgen. Kritisch wird dagegen vorgebracht, dass Kreditinstitute, ohne Eigentümer einer Gesellschaft zu sein, erheblichen Einfluss ausüben können und eine ungerechtfertigte **Machtposition** erhalten, die sie beispielsweise bei der Besetzung der Aufsichtsgremien ausnutzen. Nach geltender Mehrheitsmeinung überwiegen die Vorteile dieser Stimmrechtsbehandlung die Nachteile.

4.1.2 Leistungen des Zahlungsverkehrs

In einer Geldwirtschaft wird der Tausch über ein einheitliches **Zahlungsmittel** geregelt. Das Geld übernimmt die **Tauschmittelfunktion** und ist darüber hinaus **Recheneinheit** und **Wertmaßstab**. Wenn in einer Volkswirtschaft das notwendige Vertrauen in die Stabilität des Geldwertes besteht, fungiert Geld auch als **Wertaufbewahrungsmittel**. Der Zahlungsverkehr bezieht sich auf die Tauschfunktion des Geldes.

Wegen der unterschiedlichen rechtlichen Rahmenbedingungen, verschiedener nationaler technischer Systeme sowie variierender **Zahlungsgewohnheiten** und **Zahlungsmodalitäten** ist der nationale Zahlungsverkehr vom internationalen Zahlungsverkehr abzugrenzen. Hinzu kommen i.d.R. die unterschiedlichen gesetzlichen Zahlungsmittel (Währungen) im internationalen Wirtschaftsverkehr. Der nationale Zahlungsverkehr unterliegt anderen Regelungen als der internationale Zahlungsverkehr. Die **Instrumente des Zahlungsverkehrs** weichen ebenfalls voneinander ab, weil der internationale Zahlungsverkehr ein Teil des Außenwirtschaftsverkehrs ist, der besondere Risiken beinhaltet, internationalen und nationalen wirtschaftspolitischen Maßnahmen unterworfen ist und mit dem zahlreiche Gesetze und Gebräuche der internationalen Handelsabwicklung verbunden sind. Die Dienstleistungen des nationalen und des internationalen Zahlungsverkehrs sind daher systematisch zu trennen. Dessen ungeachtet wird die Zahl der standardisierten und schnell abzuwickelnden, grenzüberschreitenden Zahlungen an Bedeutung gewinnen.

Das Volumen des Zahlungsverkehrs wird in den nächsten Jahren noch einmal deutlich zunehmen. Die Abwicklung muss dabei weiter vereinfacht und Kosten müssen gesenkt werden. Ausschlaggebend ist dabei die Reduzierung des Anteils des Barverkehrs bzw. des halbbaren Zahlungsverkehrs sowie des beleghaften (papiergebundenen) Zahlungsverkehrs. Gleichzeitig gehört zur **Zahlungsabwicklung** auch die Abrechnung der **Wertpapiertransaktionen**. Zusammengefasst spricht man bei **Zahlungsverkehr** und **Wertpapierabwicklung** vom sogenannten **Transaction Banking**, dem für die Zukunft ein großes Geschäftspotential vorhergesagt wird. Die Gründe für die steigende Zahl von Transaktionen sind neben den gestiegenen Geschäftsvorfällen die zunehmende Akzeptanz von Debit- und Kreditkarten, die höhere Nachfrage nach Wertpapierprodukten, die höheren Handelsaktivitäten und das gewachsene Geldvermögen. Die Produkte des Zahlungsverkehrs bzw. der Wertpapierabwicklung müssen daher zukünftig stärker mit zusätzlichen Dienstleistungen des Liquiditätsmanagements verbunden werden.

4.1.2.1 Leistungen des nationalen Zahlungsverkehrs

■ **Zahlungsmittel**

Die **gesetzlichen Zahlungsmittel** sind ausschließlich **Bargeld** und zeichnen sich dadurch aus, dass sie zwingend als Tauschmittel akzeptiert sind. **Buchgelder** sind Kontoguthaben auf Girokonten, die wiederum den Zahlungsverkehr ermöglichen. Elektronisches Geld ist eine Abwandlung des Buchgeldes und stellt vorausbezahlte Zahlungsmittel dar. Sie werden als Werteinheiten auf einer Karte (Kreditkarte, Geldkarte) oder einem PC gespeichert und zur Bezahlung von Waren und Dienstleistungen verwendet. Vergleichsweise alte Zahlungsmittel sind der Scheck und der Wechsel. Als Geldersatz dienen sie zahlungshalber zur Begleichung von Forderungen. Sie stellen eine besondere Form von Buchgeld dar. Die Anforderungen an Schecks und insbesondere an Wechsel sind umfassend, denn als Ersatz für das gesetzliche Zahlungsmittel müssen sie hohe Sicherheitsstandards erfüllen. Im Wirtschaftsverkehr verbessern diese Geldsurrogate die Liquiditätssituation und erleichtern damit den Handel.

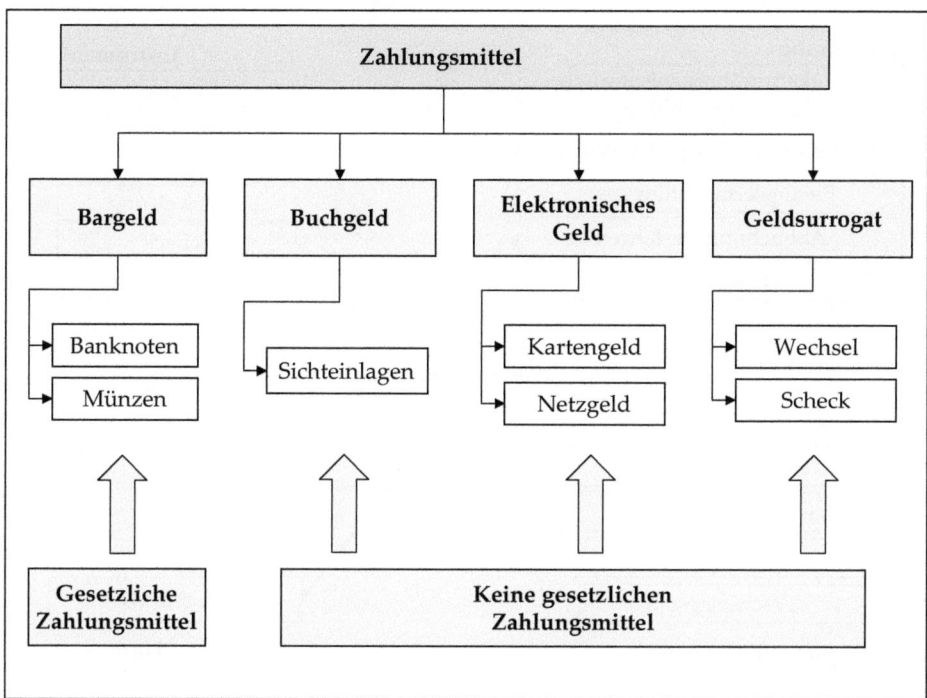

Abbildung 73: Zahlungsmittel und Zahlungsverkehr

▓ Abwicklung des Zahlungsverkehrs

Zur Abwicklung des Zahlungsverkehrs bedienen sich Kreditinstitute bestimmter Standards. Zwingend erforderlich für die Durchführung ist das Vorhandensein eines **Zahlungsverkehrskontos**. Die Banken untereinander haben zur Abwicklung so genannte **Gironetze**. Diese Systeme von Kontoverbindungen dienen dazu, Schecks und Lastschriften sowie Überweisungen einzuziehen bzw. weiterzuleiten. Die einzelnen Bankensektoren (Kreditbanken, Öffentlich-rechtliche Banken, Genossenschaftsbanken) haben dazu ihre jeweiligen Gironetze. Für andere Kreditinstitute, den internationalen Zahlungsverkehr bzw. netzfremden Zahlungsverkehr besteht die Möglichkeit über die **Deutsche Bundesbank bzw.** ihre **Hauptverwaltungen** (ehemals Landeszentralbanken, daher LZB-Giroverkehr) den Zahlungsverkehr abzuwickeln.

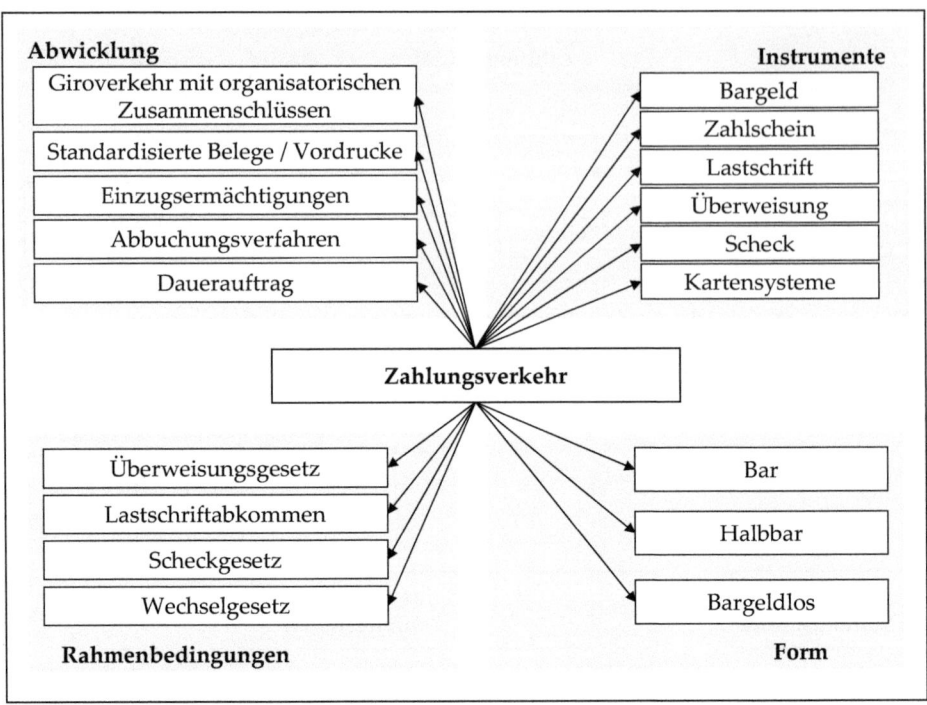

Abbildung 74: Systematik des nationalen Zahlungsverkehrs

Zur Beschleunigung und Vereinfachung des Zahlungsverkehrs wird der **halbbare** und **bargeldlose Zahlungsverkehr** mit standardisierten Formularen, sogenannten Belegen bzw. Vordrucken durchgeführt. Zur Vereinfachung wiederkehrender, regelmäßiger Zahlungen sind das **Abbuchungsverfahren** bzw. die **Einzugsermächtigung** sowie der **Dauerauftrag** wichtige Hilfsmittel. Bei Einzugsermächtigungen kann nach der schriftlichen Einwilligung des Zahlungspflichtigen der Zahlungsempfänger seine Forderungen bei Fälligkeit einziehen. Im Abbuchungsverfahren erteilt der Zahlungspflichtige der Bank den Auftrag, Lastschriften des Zahlungsempfängers vom Konto abzubuchen. Der Dauerauftrag ist die Berechtigung für die Bank, regelmäßig (periodisch) Buchgeld vom Zahlungspflichtigen zum Zahlungsempfänger zu übertragen. Zunehmend wird darüber hinaus der bargeldlose Zahlungsverkehr beleglos in elektronischer Form mittels Datenfernübertragung (DFÜ) vorgenommen.

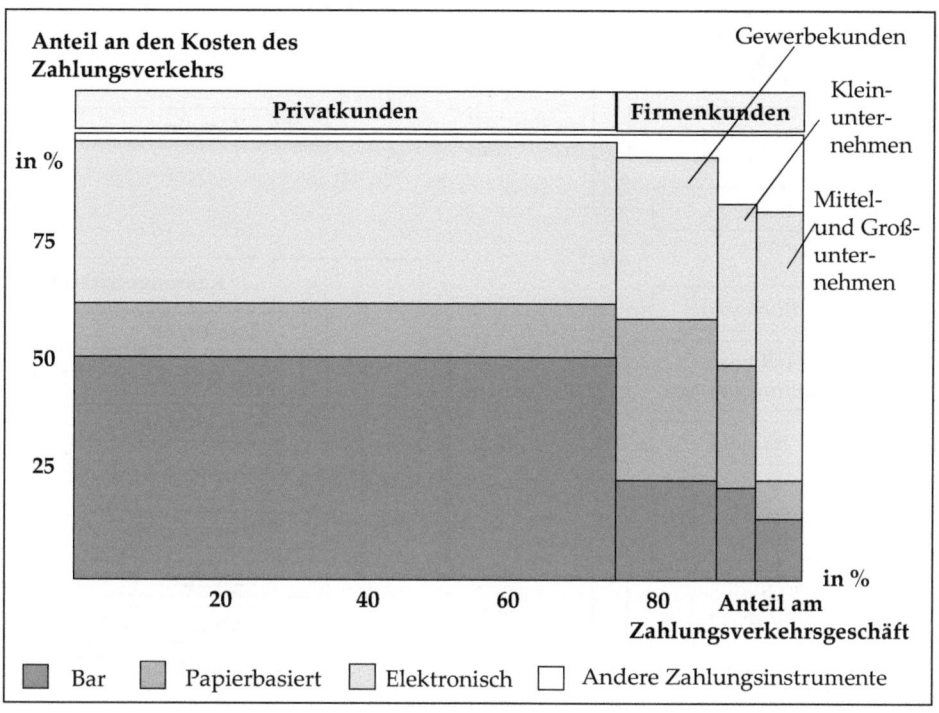

Abbildung 75: Ausnutzung der Zahlungsverkehrsinstrumente

■ **Instrumente des Zahlungsverkehrs**

Der Zahlungsverkehr kann mit verschiedenen Instrumenten abgewickelt werden und unterliegt je nach Form bestimmten Regeln. Dabei nimmt der Barverkehr stetig an Bedeutung ab, während der bargeldlose Zahlungsverkehr zunimmt. Der bargeldlose Zahlungsverkehr vermindert die Risiken der Geldhaltung, ist kostengünstiger und schneller. Dies wird in Verbindung mit der Weiterentwicklung der Abwicklungssysteme zu einer Verstärkung des bargeldlosen Verkehrs führen. Die Instrumente des Zahlungsverkehrs richten sich nach der Form der Zahlung.

■ **Rechtsgrundlagen des Zahlungsverkehrs**

Für den Zahlungsverkehr sind verschiedene Rechtsgrundlagen zu beachten, die den Rahmen für die Abwicklung darstellen. Neben dem BGB bzw. HGB gelten im Inlandszahlungsverkehr das **Überweisungsgesetz** (seit 01.01.2002), das **Lastschriftabkommen** für den Forderungseinzug, das **Scheckgesetz** und das **Wechselgesetz** für die Geldsurrogate sowie im Auslandszahlungsverkehr die **EU-Überweisungsrichtlinie** (seit 14.08.1999).

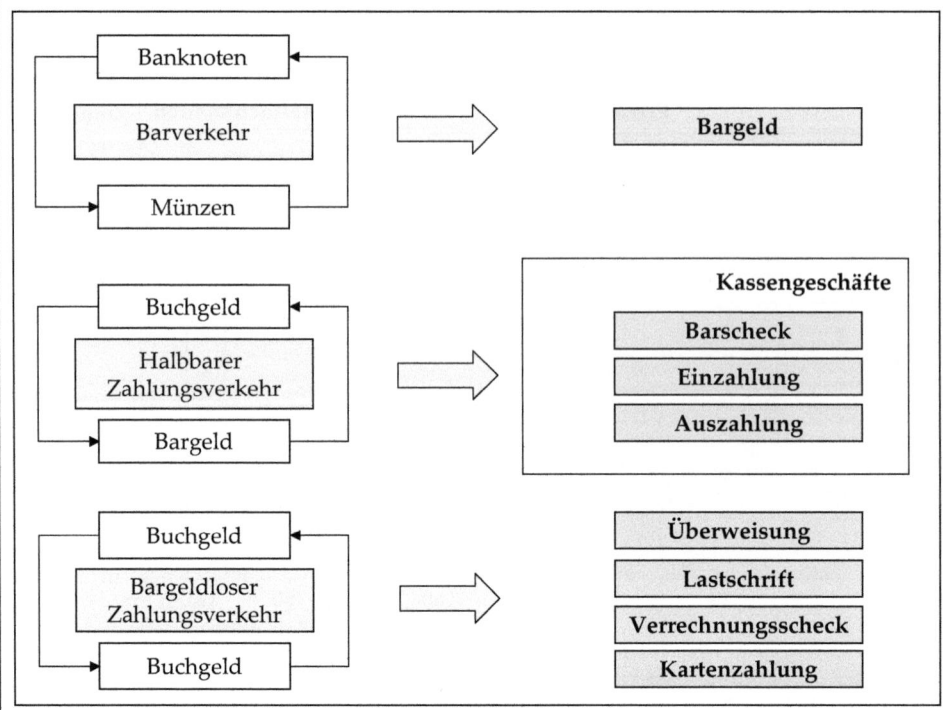

Abbildung 76: Abgrenzung des nationalen Zahlungsverkehrs

■ **Formen des Zahlungsverkehrs**

Als **Barverkehr** bezeichnet man den direkten Austausch von Bargeld, also Münzen und Banknoten. Von **halbbarem Zahlungsverkehr** spricht man, wenn Buchgeld in Bargeld übertragen wird oder umgekehrt. Dabei werden Banknoten und Münzen gegen Buchgeld getauscht, d.h. auf ein Konto eingezahlt oder von einem Konto gebucht und ausgezahlt. Die Auszahlung von Bargeld gegen einen Scheck (Barscheck) ist ebenso zum halbbaren Zahlungsverkehr zu rechnen. **Bargeldloser Zahlungsverkehr** besteht ausschließlich aus Buchgeldbewegungen. Neben der Überweisung und der Lastschrift gehören dazu der Verrechnungsscheck und Kartenzahlungen.

■ **Kontoverbindung im Zahlungsverkehr**

Der Zahlungsverkehr setzt die Existenz von Girokonten voraus. Jede Form außer dem Barverkehr erfordert zur Umwandlung bzw. zur Übertragung von Buchgeld ein Girokonto (Zahlungsverkehrskonto). Ein Guthaben auf dem Girokonto bezeichnet man als **Sichteinlage**, eine Verbindlichkeit auf dem Girokonto ist ein **Dispositions**- bzw.

Abbildung 77: Merkmale der Zahlungsverkehrskonten

Kontokorrentkredit. Zahlungsverkehrskonten dienen sowohl der Abwicklung des Zahlungsverkehrs als auch der Geldhaltung, insgesamt der **Liquiditätsdisposition**. Aus Banksicht sind Zahlungsverkehrskonten ein Schlüsselprodukt, weil die meisten weiteren Bankgeschäfte das Konto als Grundlage haben und damit Folgegeschäfte verbunden sind. Aus der Kontoverbindung selbst entstehen als Erträge die **Kontoführungsgebühr**, mit der pauschal oder per Einzelabrechnung die bereitgestellte Dienstleistung entgolten wird, **Wertstellungsgewinne** aus dem zeitlichen Unterschied zwischen Belastung und Gutschrift auf den Konten sowie **umsatzbezogene Provisionen**. Der **Guthabenzins** stellt für die Bank den **Refinanzierungssatz** dar, so dass der Unterschied zu den Kreditzinsen (die Zinsspanne) für die Bank Ertrag ist. Der **Sollzins** für Girokonten ist eine weitere direkte **Ertragsquelle** im Zahlungsverkehr. Demgegenüber stehen erhebliche Kosten der Bank. Insbesondere die **Filial- und Personalkosten** bilden einen wesentlichen Posten, der immer wieder Gegenstand öffentlicher Diskussionen ist. Die alleinige Zuordnung der Kosten zum Zahlungsverkehr wäre jedenfalls ein

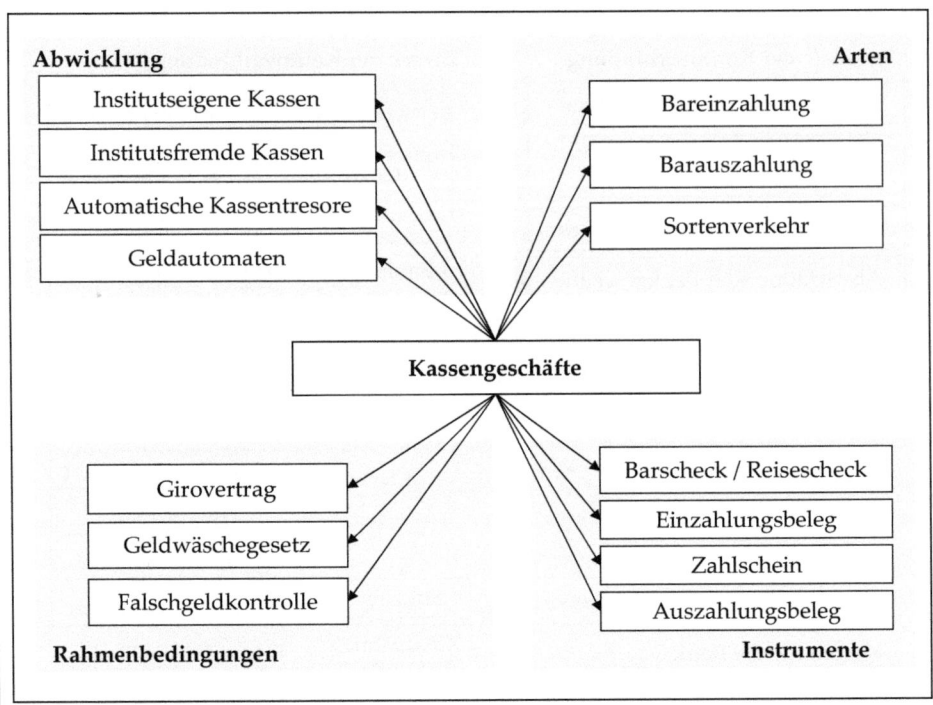

Abbildung 78: Systematik der Kassengeschäfte

grober Fehler. Die **Sachkosten** hängen von der **Schnelligkeit** und der **Effizienz** der Zahlungsverkehrsabwicklung ab. Schließlich gehören zu den Kosten des Zahlungsverkehrs die **Sicherungskosten**, zu denen eine entsprechende **Liquiditätshaltung** und die Sicherstellung der reibungslosen Abwicklung zu zählen sind.

■ **Kassengeschäfte**

Als Kassengeschäfte bezeichnet man den gesamten halbbaren Zahlungsverkehr. Es können **Banknoten und Münzen** auf ein eigenes **Girokonto** oder ein fremdes Girokonto eingezahlt werden. Vom eigenen Konto kann Bargeld verfügt werden. Für diese Geschäfte ist ein Girovertrag Voraussetzung. Für **Einzahlungen** auf das eigene Konto müssen entsprechende Einzahlungsvordrucke verwendet werden, bei Einzahlungen auf fremde Konten sind Zahlscheinvordrucke vorgesehen. **Auszahlungen** an **Kassen** oder Kassentresoren erfolgen gegen Auszahlungsbelege, Barschecks oder Reiseschecks. Das Kreditinstitut ist verpflichtet, das umgeschlagene Bargeld auf mög-

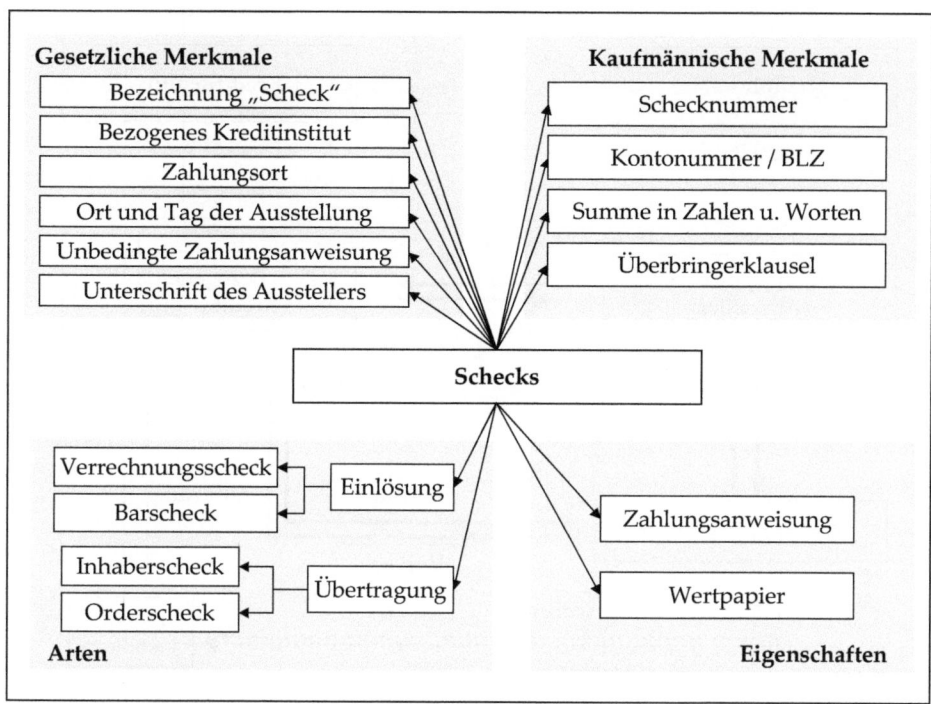

Gesetzliche Merkmale	Kaufmännische Merkmale
Bezeichnung „Scheck"	Schecknummer
Bezogenes Kreditinstitut	Kontonummer / BLZ
Zahlungsort	Summe in Zahlen u. Worten
Ort und Tag der Ausstellung	Überbringerklausel
Unbedingte Zahlungsanweisung	
Unterschrift des Ausstellers	

Schecks

Verrechnungsscheck — Barscheck — Einlösung

Inhaberscheck — Orderscheck — Übertragung

Zahlungsanweisung

Wertpapier

Arten **Eigenschaften**

Abbildung 79: Systematik von Schecks

liches Falschgeld zu überprüfen. **Falschgeld** muss gegen Empfangsbescheinigung ersatzlos eingezogen werden. Die Bundesbank ist zu informieren.

Bei Einzahlungen ab einem Betrag von 15.000 EUR besteht nach dem **Geldwäschegesetz** eine Identifizierungspflicht der Kunden. Auszahlungen erfolgen an den Kassen, automatischen Kassentresoren oder Geldautomaten. Auszahlungen an institutsfremden Kassen sind gegen Reiseschecks oder mit Karten an Geldautomaten möglich.

Kreditinstitute bieten ihren Kunden für den **Reisezahlungsverkehr** den Erwerb oder den Rücktausch ausländischer Banknoten und Münzen (Sorten) an. Die Spanne zwischen dem Verkaufskurs und dem Kaufkurs der Bank soll dabei die Kosten für Beschaffung, Lagerung und Transport der Sorten sowie die Risiken der Kursänderung abdecken. Dieses Geschäft ist ein Bargeschäft, zählt aber zu den Kassengeschäften.

■ **Scheck**

Der Scheck ist zunächst eine **Zahlungsanweisung**, die bei Sicht fällig ist und das angewiesene Kreditinstitut ermächtigt, auf Rechnung des Ausstellers zu zahlen. Es ist außerdem ein streng **förmliches Wertpapier**, das die für den Scheck förmlich vor-

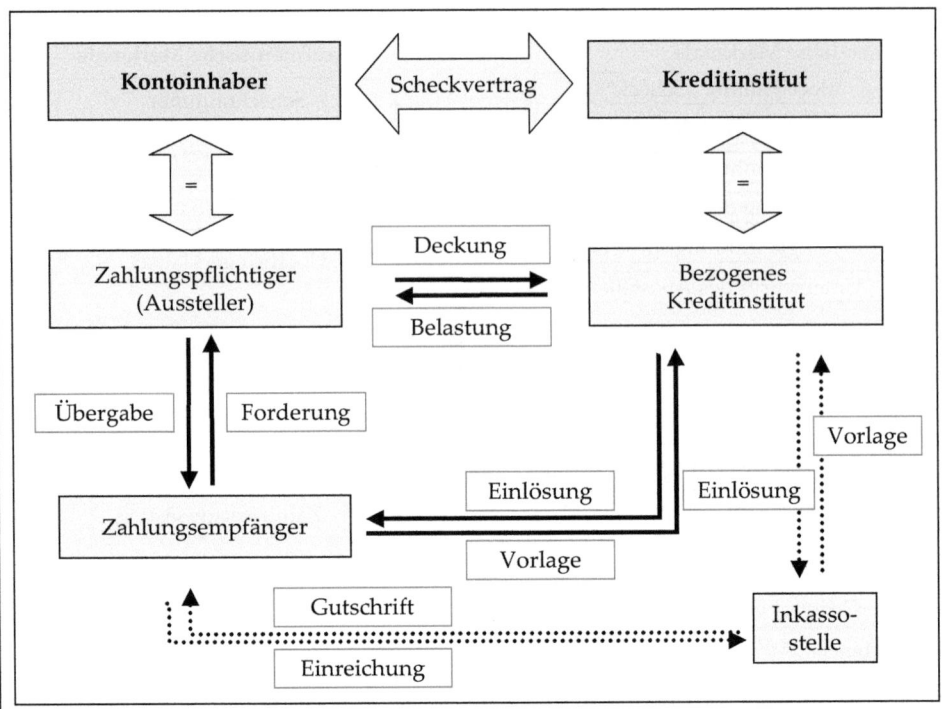

Abbildung 80: Struktur eines Schecks

geschriebenen, **gesetzlichen Bestandteile** enthält. Die gesetzlichen Merkmale eines Schecks sind zwingende Bestandteile der Scheckurkunde, die **kaufmännischen Bestandteile** sind wesentlich für die Abwicklung des Scheckverkehrs. Das Vorhandensein der kaufmännischen Merkmale sorgt für eine **Standardisierung** und damit einen reibungslosen und effizienten Ablauf der Transaktionen. Der Zahlungsempfänger kann die Einlösung gegen Bargeld vornehmen (**Barscheck**) oder er kann eine entsprechende Gutschrift auf einem Zahlungsverkehrskonto (**Verrechnungsscheck**) erhalten. Durch den Vermerk „nur zur Verrechnung" wird die Bareinlösung ausgeschlossen. Der Scheck ist ein **Orderpapier**, aus dem durch die Klausel „oder Überbringer" ein Inhaberpapier wird, das durch den Vorleger eingelöst werden kann. Ein Orderscheck kann durch **Indossament** weitergereicht werden. Durch das Indossament tritt der Indossant in die volle scheckrechtliche Haftung ein und kann bei Nichteinlösung des Zahlungspflichtigen zur Zahlung gezwungen werden. Rechtsgrundlage für das Instrument Scheck sind das **Scheckgesetz** und das **Scheckabkommen** sowie der **Scheckvertrag**.

Mit Hilfe von Schecks kann über Buchgeld oder Bargeld verfügt werden. Der Scheck wird vom Zahlungspflichtigen (Aussteller) ausgestellt und dem Empfänger übergeben. In der Regel wird der Empfänger den Scheck einlösen, grundsätzlich kann dieser aber auch als Zahlungsmittel verwendet werden. Der Scheck gilt aber nicht als gesetzliches Zahlungsmittel und muss daher nicht akzeptiert werden. Eine (befristete) Einlösegarantie für Schecks existiert nur bei Schecks, die auf die Deutsche Bundesbank (bestätigter LZB-Scheck) bezogen sind.

Voraussetzung für den Scheckverkehr ist die **aktive Scheckfähigkeit**, die alle rechtsfähigen und voll geschäftsfähigen, natürlichen bzw. juristischen Personen besitzen. Dies beinhaltet die Fähigkeit, Schecks zu ziehen, darüber hinaus haben Kreditinstitute und die Deutsche Bundesbank die **passive Scheckfähigkeit**, die es ermöglicht, Schecks auf sich ziehen zu lassen.

Bei einem Scheck erhält der Zahlungsempfänger die **Scheckurkunde** erfüllungshalber zur Befriedigung seiner Forderung. Der Scheckaussteller muss ein Zahlungsverkehrskonto bei der bezogenen Bank unterhalten. Der **Zahlungsempfänger** kann den Scheck bei dem bezogenen Institut gegen Vorlage einlösen (Barscheck) oder er kann den Verrechnungsscheck bei einem Kreditinstitut, in der Regel seiner Hausbank, einreichen. Die **Vorlegungsfrist** beginnt mit dem Ausstellungstag, das heißt genau mit dem angegebenen **Ausstellungsdatum** (Ausstellungstag wird nicht mitgezählt). Bei der Vorlage bzw. Einlösung sind bestimmte Fristen zu beachten, nach deren Ablauf eine Einlösung durch das Kreditinstitut nicht mehr erfolgen muss. Das bezogene Kreditinstitut belastet das Konto des Ausstellers, der für entsprechende **Deckung des Kontos** zu sorgen hat.

■ Wechsel

Der Wechsel ist ein **Wertpapier**. Dieses Wertpapier unterliegt strengen **Formvorschriften**. Ein Wechsel muss zwingend alle **gesetzlichen Bestandteile** enthalten. Wechsel sind nur solche Urkunden, die den Formvorschriften des **Wechselgesetzes** entsprechen. Darüber hinaus sind zur Vereinfachung und Sicherstellung des Wechselverkehrs die sogenannten **kaufmännischen Bestandteile** enthalten. Die Wechselforderung ist abstrakt, also vom zugrunde liegenden Rechtsgeschäft getrennt. Der Wechsel unterliegt der **Wechselstrenge**, die neben den Formvorschriften die Haftung aller Wechselverpflichteten, Vorschriften über Fristen und Rechtshandlungen bei der Einlösung und Besonderheiten des Wechselprozesses beinhaltet. Er kann als Kredit-, Sicherungs- und Zahlungsmittel dienen. Als **Zahlungsmittel** dient er erfüllungshalber zur Begleichung einer Schuld. **Sicherungsmittel** ist der Wechsel, weil die Wechselstrenge dem Wechselgläubiger eine entsprechende Sicherheit der Einlösung gewährleistet. **Kreditmittel** ist der Wechsel insofern als für den Bezogenen zwischen Ausstellung und Einlösung des Wechsels ein Zeitraum liegt, in dem er über die Wechselsumme als Liquidität noch verfügen kann, für den Aussteller der Wechsel statt Liquidität weitergegeben werden kann, für den Wechselnehmer der Wechsel bei einer Bank vorfristig vorgelegt und diskontiert werden kann.

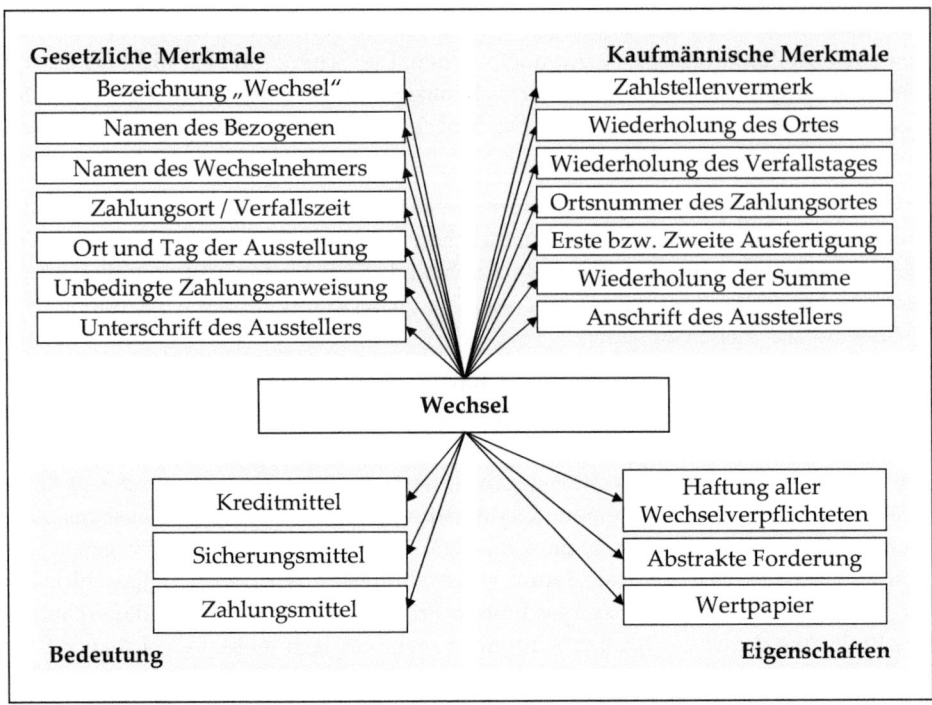

Gesetzliche Merkmale	Kaufmännische Merkmale
Bezeichnung „Wechsel"	Zahlstellenvermerk
Namen des Bezogenen	Wiederholung des Ortes
Namen des Wechselnehmers	Wiederholung des Verfallstages
Zahlungsort / Verfallszeit	Ortsnummer des Zahlungsortes
Ort und Tag der Ausstellung	Erste bzw. Zweite Ausfertigung
Unbedingte Zahlungsanweisung	Wiederholung der Summe
Unterschrift des Ausstellers	Anschrift des Ausstellers

Wechsel

Bedeutung	Eigenschaften
Kreditmittel	Haftung aller Wechselverpflichteten
Sicherungsmittel	Abstrakte Forderung
Zahlungsmittel	Wertpapier

Abbildung 81: Systematik von Wechseln

Der Wechsel ist historisch eines der ältesten Bankgeschäfte. Bereits im 12. Jahrhundert verpflichteten sich italienische Geldwechsler per Papier als Gegenleistung für einen hinterlegten Geldbetrag, diesen an einem anderen Ort in der gleichen oder einer anderen Währung zurückzuzahlen. Bei der Vielzahl der modernen und sicheren Zahlungsmittel tritt der Wechsel in den Hintergrund. Dessen ungeachtet beinhaltet er in vielerlei Hinsicht Eigenschaften, die zur Entwicklung neuer Finanzinstrumente notwendig waren und ist historisch das Vorbild der modernen Zahlungsverkehrsinstrumente.

Für den Wechsel existiert ein spezielles Wechselgesetz. Darin wird grundsätzlich zwischen einem **gezogenen** und einem **eigenen Wechsel** (Solawechsel) unterschieden. Der Solawechsel beinhaltet das Versprechen des Ausstellers bei Fälligkeit eine bestimmte Summe an eine im Wechsel genannte Person oder deren Order zu zahlen. Die übliche Form des Wechsels ist aber der gezogene Wechsel, der die **unbedingte Anweisung** des Ausstellers an den Bezogenen enthält, bei Fälligkeit eine bestimmte Summe an eine im Wechsel genannte Person oder deren Order zu zahlen. Der **Solawechsel**

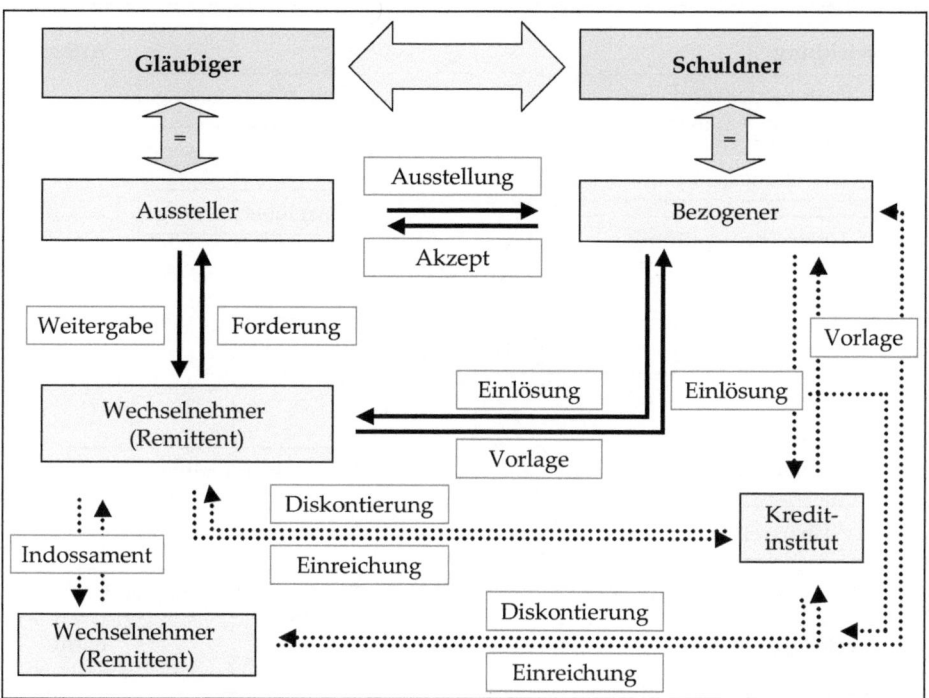

Abbildung 82: Struktur eines gezogenen Wechsels

weicht von dem hier dargestellten gezogenen Wechsel dadurch ab, dass es keinen Bezogenen gibt und damit der Aussteller zum Hauptschuldner wird. Die unbedingte Zahlungsanweisung wird durch das **unbedingte Zahlungsversprechen** des Ausstellers ersetzt.

Der gezogene Wechsel wird zunächst als **Tratte** bezeichnet, solange er lediglich die unbedingte Zahlungsanweisung an den **Bezogenen** enthält, die dieser durch Unterschrift akzeptieren muss (**Akzept**). Mit der Unterschrift übernimmt der Bezogene eine **Zahlungsverpflichtung**. Der **Aussteller** kann diesen Wechsel erfüllungshalber zur Begleichung einer Forderung an den Wechselnehmer weitergeben. Er tritt mit der Weitergabe in die Wechselhaftung ein, das heißt bei Nichtleistung des Bezogenen kann er zur Zahlung der Wechselverbindlichkeit herangezogen werden. Für den **Wechselnehmer** bestehen drei Alternativen. Zunächst kann er den Wechsel bei Fälligkeit dem Bezogenen zur **Einlösung** vorlegen und sich daraus befriedigen. Er kann den Wechsel aber auch weiterreichen und damit eine Forderung eines Dritten gegen sich selbst befriedigen. Er tritt damit ebenfalls in die Wechselhaftung mit ein.

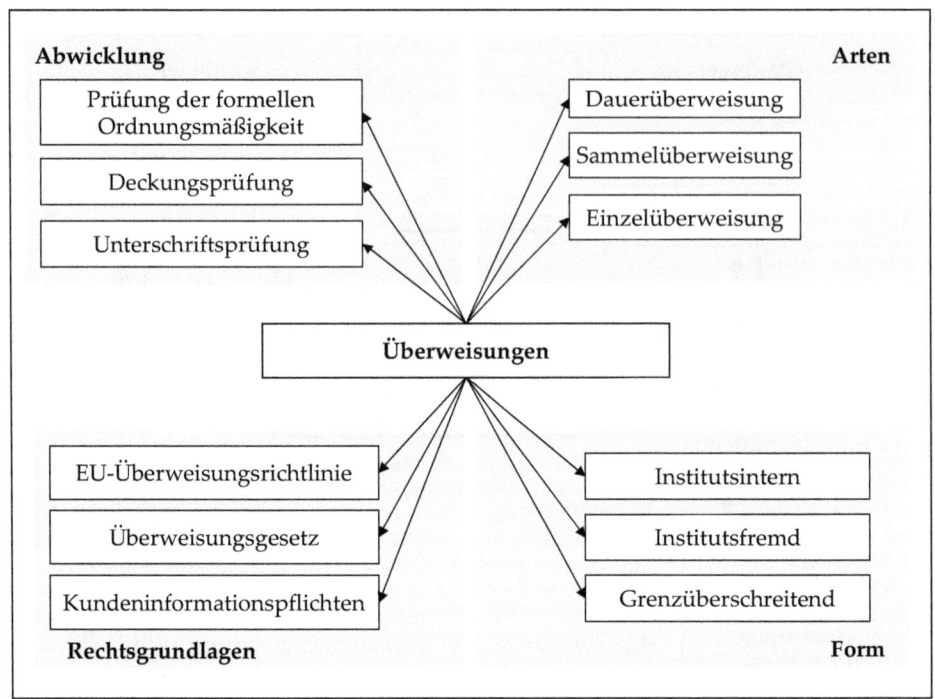

Abbildung 83: Systematik von Überweisungen

Die **Weitergabe** bezeichnet man als **Indossament**. Als dritte Möglichkeit kann der Wechselnehmer den Wechsel einer Bank zur **Diskontierung** einreichen. Das Kreditinstitut zahlt unter Abzug eines Diskonts die Wechselsumme vorfällig an den einreichenden Wechselnehmer aus, der damit bereits vor Fälligkeit des Wechsels über Liquidität verfügen kann.

■ **Überweisung**

Eine Überweisung ist die **buchmäßige Übertragung** von Geldbeträgen. Grundlage für den Überweisungsverkehr sind verschiedene Gesetze, die einheitliche Rahmenbedingungen und damit einfache sowie schnelle Abwicklung sowohl im Inland als auch international gewährleisten sollen. Für die Funktionsfähigkeit des Europäischen Wirtschaftsraumes war auch die Anpassung der Zahlungsverkehrsmodalitäten erforderlich, was eine EU-Richtlinie für Überweisungen nach sich zog. Im Inland ist seit 2002 das Überweisungsgesetz Rechtsgrundlage für dieses Zahlungsinstrument. Darüber hinaus müssen die Kunden vorher u.a. über Entgelte und Modalitäten der Überweisung informiert werden.

Im Inland können institutsinterne und **institutsfremde Überweisungen** unterschieden werden. Da **institutsinterne Überweisungen** den geringsten Aufwand verursachen dürften, müssen diese auch innerhalb von ein (zwischen Hauptstelle und Zweigstelle) bzw. zwei Bankgeschäftstagen (zwischen verschiedenen Geschäftsstellen einer Bank) abgewickelt werden. Überweisungen zwischen zwei Kreditinstituten (institutsfremd) haben eine Ausführungsfrist von drei Tagen. **Grenzüberschreitende Überweisungen** grenzt man in EU-interne Überweisungen (fünftägige Frist) und solche in Drittstaaten (keine Ausführungsfrist) ab.

Bei der Ausführung obliegen dem beauftragten Kreditinstitut verschiedene Pflichten bei der Abwicklung des Auftrages. Dazu gehört zuallererst die **Prüfung** der formellen Ordnungsmäßigkeit. Dabei müssen alle standardisierten Merkmale einer Überweisung gegeben sein. Die **Unterschriftsprüfung** ist bei den Prüfungspflichten gesondert hervorzuheben, weil damit der Auftrag des Kunden legitimiert wird. Schließlich prüft die Bank die **Deckung des Girokontos**. Bei nicht ausreichender Deckung (Guthaben) auf dem Zahlungsverkehrskonto des Auftraggebers kann die Bank entscheiden, ob sie den Auftrag dennoch ausführt. Dies ist von der Qualität der Kundenbeziehung und der Bonität des Zahlungspflichtigen abhängig. Mit dem Überweisungsauftrag tritt die Bank auch in die Haftung für die ordnungsgemäße Ausführung (Gutschrift beim Zahlungsempfänger) ein. Neben der **fristgemäßen Ausführung** schuldet die Bank die Überweisung der korrekten Überweisungssumme.

Zur Beschleunigung der Abwicklung kann der Kunde nicht nur eine einzelne Überweisung in Auftrag geben, sondern mit einem Auftrag mehrere Überweisungen abwickeln (**Sammelüberweisung**). Weiterhin existiert die Möglichkeit der Einrichtung einer **Dauerüberweisung** (sog. Dauerauftrag) für regelmäßig und in gleicher Höhe wiederkehrende Zahlungen (z.B. Mieten, Raten).

Voraussetzung für die Überweisung ist das Vorliegen einer Gläubiger-Schuldner-Beziehung. Der Schuldner hat mit der Überweisung ein standardisiertes Instrument zur Erfüllung seiner Schuld gegenüber dem Gläubiger. Da das Buchgeld kein gesetzliches Zahlungsmittel ist, muss der **Begünstigte sein Einverständnis** für die Form der Überweisung zur Begleichung der Forderung geben. Dies geschieht durch Angabe seiner Kontoverbindung im Geschäftsverkehr.

Das **Überweisungsgesetz** regelt die Rechtsbeziehungen zwischen allen Beteiligten. Das beinhaltet Geschäftsbesorgungsverträge zwischen den einzelnen Teilnehmern. Zwischen dem **Zahlungspflichtigen** (Auftraggeber) und dem beauftragten Kreditinstitut besteht ein Überweisungsvertrag, nach dem durch Auftrag des Überweisenden die Belastung seines Kontos erfolgt. Die Überweisung dient zur Erfüllung einer geschuldeten Leistung. Die Erfüllung ist erst gegeben, wenn die geschuldete Summe auf dem Konto des Gläubigers gutgeschrieben ist. Dadurch müssen weitere Rechtsverhältnisse geregelt sein, damit die Überweisungskette reibungslos funktionieren kann. Der **Zahlungsvertrag** ist die Grundlage für die Weiterleitung des Überweisungsbetra-

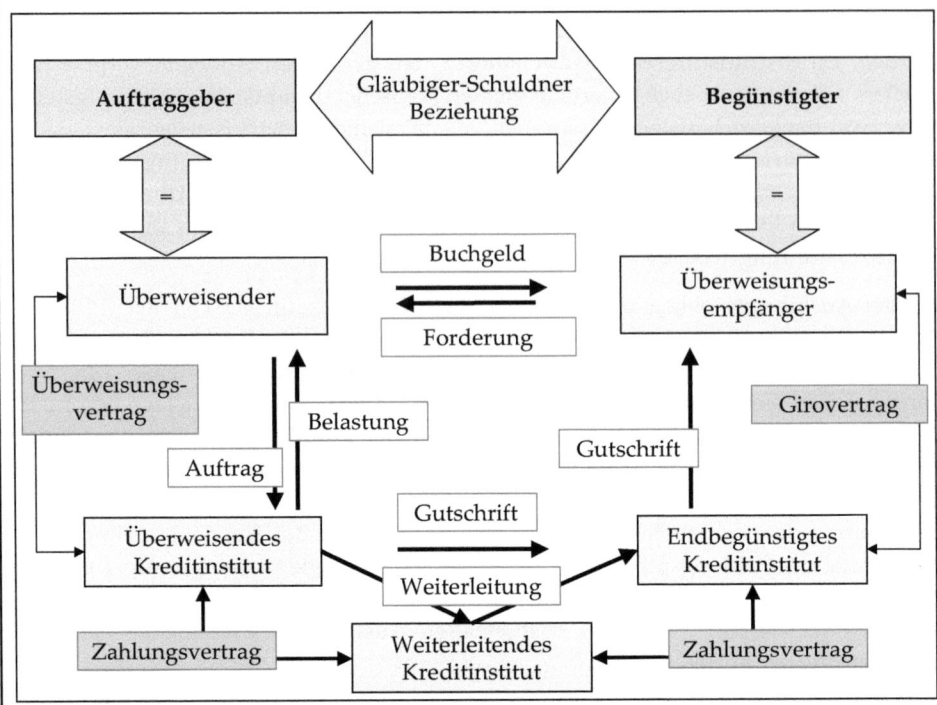

Abbildung 84: Struktur einer Überweisung

ges an andere **beteiligte Kreditinstitute** bis hin zum Institut des Zahlungsempfängers (endbegünstigtes Kreditinstitut). Die Weitergabe der Gutschrift muss schließlich an den **Zahlungsempfänger** durch das endbegünstigte Kreditinstitut erfolgen, wofür ein Girovertrag zwischen diesen beiden Beteiligten Voraussetzung ist.

■ **Lastschrift**

Die Lastschrift ist ein **bargeldloses Zahlungsverkehrsinstrument**, das dem Zahlungsempfänger die Möglichkeit gibt, rationell seine wiederkehrenden Forderungen in gleicher und unterschiedlicher Höhe einzuziehen. Rechtsgrundlage ist das **Lastschriftabkommen**, mit dem die einheitliche und standardisierte Abwicklung sowie die Haftungsverhältnisse geregelt sind. Für den Einzug von Lastschriften ist darüber hinaus eine **Vereinbarung** zwischen Zahlungsempfänger und Kreditinstitut erforderlich. Dadurch soll ein unberechtigter Einzug von Kunden zweifelhafter Bonität ausgeschlossen werden und der Vertrauensschutz in das Instrument Lastschrift gewahrt werden. In jedem Fall ist eine Form der **Zustimmung des Belasteten** (Zahlungspflichtigen) notwendig.

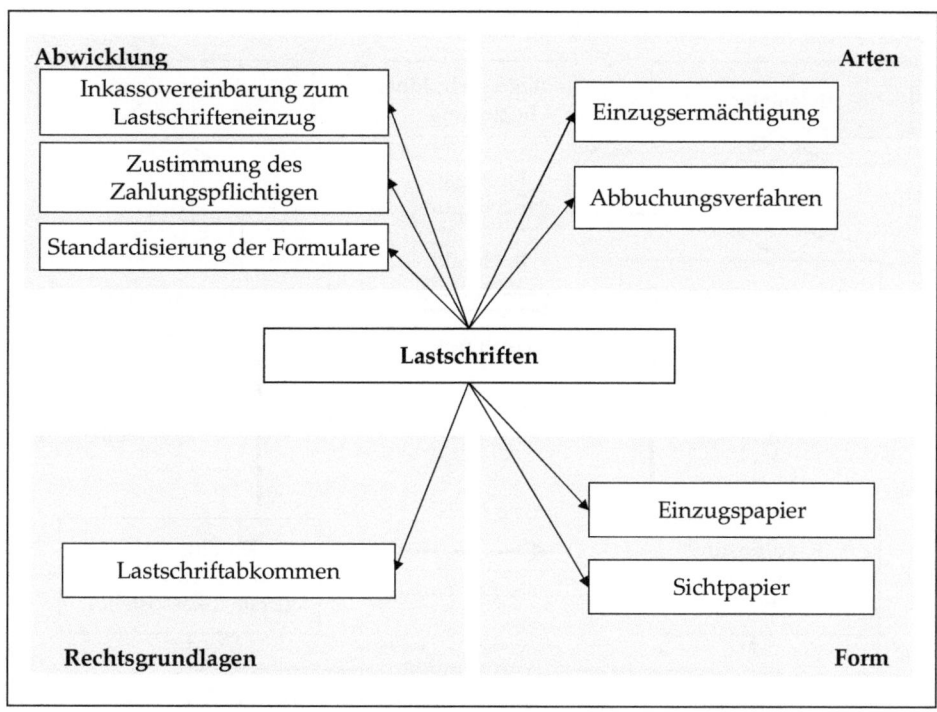

Abwicklung	Arten
Inkassovereinbarung zum Lastschrifteneinzug	Einzugsermächtigung
Zustimmung des Zahlungspflichtigen	Abbuchungsverfahren
Standardisierung der Formulare	

Lastschriften

	Einzugspapier
Lastschriftabkommen	Sichtpapier
Rechtsgrundlagen	**Form**

Abbildung 85: Systematik von Lastschriften

Die Lastschrift ist ein **Einzugspapier**, weil der Zahlungsvorgang vom Empfänger ausgelöst wird. Der entsprechende Betrag wird vom Konto des Zahlungspflichtigen abgebucht. Gleichzeitig ist sie ein **Sichtpapier**, weil die Lastschrift von der Bank ohne Prüfung der zugrunde liegenden Gläubiger-Schuldner-Beziehung bei Vorlage eingezogen wird. Voraussetzung ist lediglich eine **Einzugsermächtigung**, die der Schuldner dem Gläubiger erteilt hat oder ein **Abbuchungsauftrag**, mit dem der Zahlungspflichtige seinem kontoführenden Kreditinstitut den Auftrag erteilt, die Lastschrift des Gläubigers einzulösen.

Der Lastschriftverkehr funktioniert mit zwei alternativen Verfahrensweisen. Zum einen kann der Zahlungspflichtige den Zahlungsempfänger schriftlich und bei jederzeitiger **Widerrufsmöglichkeit** ermächtigen, jeweils fällige Beträge von seinem Zahlungsverkehrskonto einzuziehen (Einzugsermächtigung). Zum anderen kann der Zahlungspflichtige seinem Kreditinstitut den Auftrag erteilen den Lastschrifteinzug des Berechtigten auszuführen (Abbuchungsauftrag). Das Konto des Schuldners wird mit dem Betrag belastet, dem Konto des Gläubigers wird der Betrag gutgeschrieben. Ein wichtiger Unterschied zwischen beiden Verfahren ist das Widerspruchsrecht des Zah-

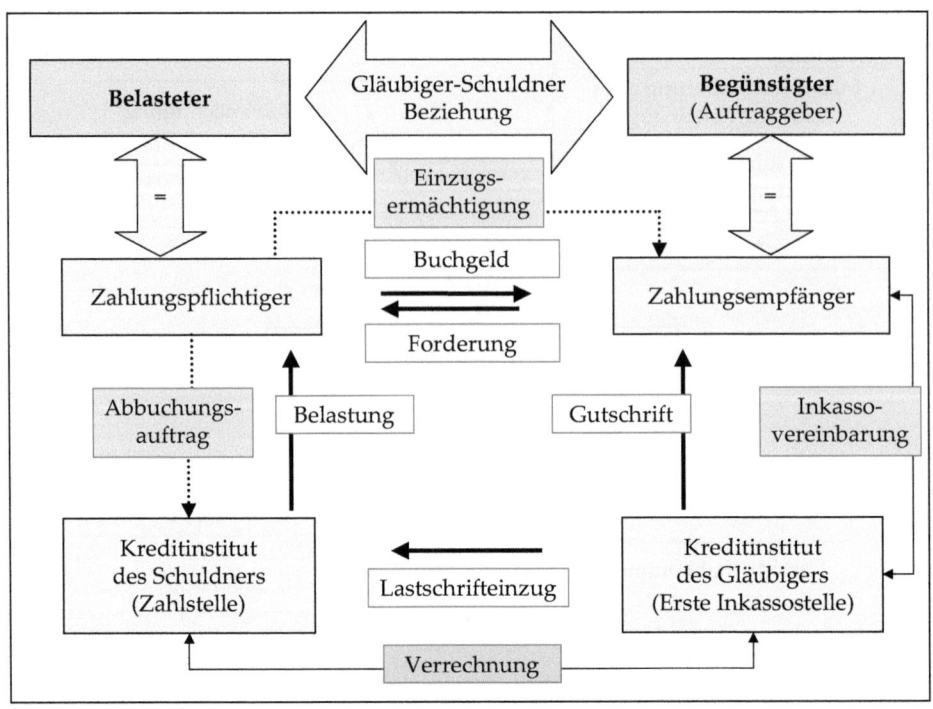

Abbildung 86: Struktur einer Lastschrift

lungspflichtigen bei der Einzugsermächtigung. Im Abbuchungsverfahren prüft die Bank dagegen vor Ausführung die Vorlage eines entsprechenden Abbuchungsauftrages. Der erfolgten Belastung seines Kontos kann der Belastete hier deshalb nicht widersprechen. Für den Massenverkehr werden wegen des geringeren Aufwandes Einzugsermächtigungen verwendet.

Die **Abwicklung** erfolgt immer durch **Auftrag des Begünstigten**. Die Inkassovereinbarung zwischen Empfänger und seinem Kreditinstitut ist außer bei der Bonitätsprüfung des Begünstigten im Vorfeld wichtig, um die Abwicklung zu ermöglichen. Der Zahlungsempfänger kann entweder einheitliche Lastschriftformulare, unterschieden nach dem Verfahren, einreichen (**beleggebunden**) oder die Lastschrift durch **beleglose** Medien (z.B. Disketten) auslösen. Das Kreditinstitut schreibt die Summe dem Konto des Empfängers gut (i.d.R. mit einer Wertstellung von ein bis drei Tagen nach Auftragserteilung). Im Lastschriftenaustausch zwischen den beteiligten Kreditinstituten gibt es wiederum klare Regeln der Verrechnung und Weiterleitung der Lastschriften. Das Kreditinstitut des Schuldners ist die **Zahlstelle**. Vor Belastung des Kontos des

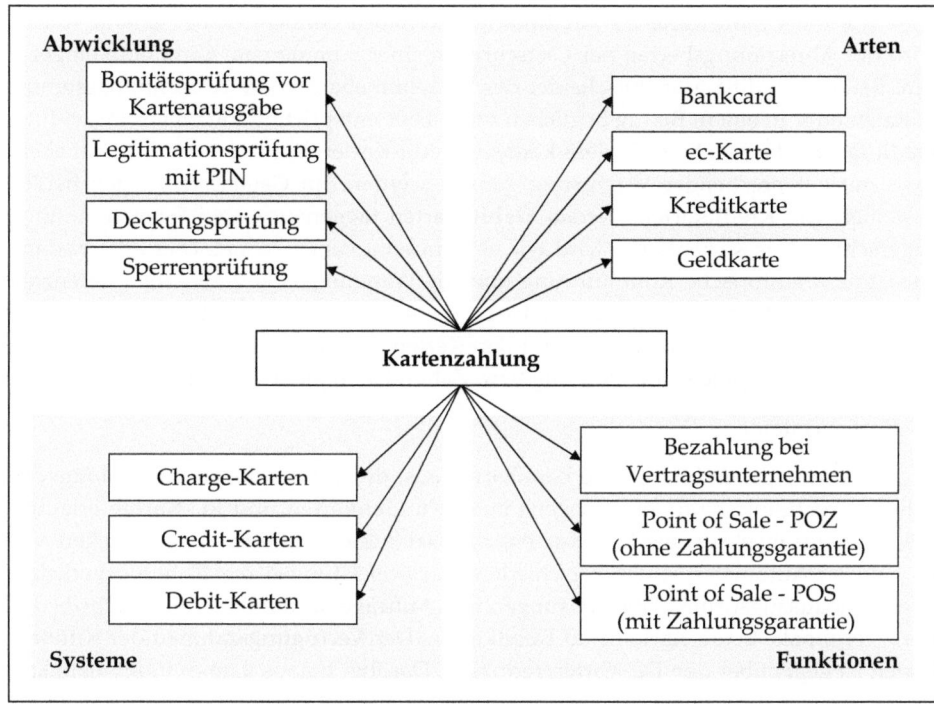

Abbildung 87: Systematik von Kartenzahlungssystemen

Zahlungspflichtigen wird die Richtigkeit der Lastschrift bzw. das Vorliegen eines Abbuchungsauftrages geprüft. Zudem prüft die Zahlstelle, ob auf dem Konto des zu Belastenden ein ausreichendes Guthaben zur Verfügung steht. Die Lastschrift wird eingezogen und das Konto wird belastet. Der Betrag wird der ersten Inkassostelle gutgeschrieben.

▓ Kartenzahlung

Die Varianten der Kartenzahlung haben den Zahlungsverkehr um weitere rationelle Instrumente erweitert. Eine steigende Zahl von Transaktionen wird über Kartenzahlungen abgewickelt. Diese **beleglose Zahlungsform** verringert die Bargeldhaltung und erhöht die verfügbare Liquidität der Karteninhaber. Kreditkarten sind dabei weltweit bei den jeweiligen **Akzeptanzstellen** zur bargeldlosen Bezahlung verwendbar, EC-Karten sind durch das grenzüberschreitende edc/Maestro-Verfahren international einsetzbar.

Dabei sind verschiedene Kartensysteme zu unterscheiden. Zum einen existieren die **Charge-Karten**, bei denen ebenso wie bei den **Credit-Karten** eine monatliche Abrechnung der auf einem Kartenkonto gesammelten Umsätze erfolgt. Die Charge-Karte wird wie die Credit-Karte als Kreditkarte (pay later) bezeichnet. Bei Charge-Karten wird der Abrechnungsbetrag per Lastschrift in einer Summe vom Girokonto eingezogen. Bei der Credit-Karte, entscheidet der Karteninhaber, ob die Abrechnungssumme in Raten oder in einem Betrag beglichen wird. Dies entspricht dann einem Individualkredit des Karteninhabers. Zudem können Credit-Karten-Konten auch auf Guthabenbasis mit entsprechender Verzinsung geführt werden. Im Gegensatz zu den beiden Systemen von Kreditkarten werden **Debit-Karten** taggenau zinswirksam (pay now) abgerechnet. Das Kartenkonto wird wie ein Girokonto abgerechnet. Dies erlaubt dann auch eine kreditorische Kontoführung und die Wahlmöglichkeit zwischen Ratenzahlung oder Sofortzahlung. In jedem Fall setzt die Ausgabe einer Debit- oder Kreditkarte eine **Bonitätsprüfung** voraus, weil mit den Karten der finanzielle Spielraum erweitert wird und auf entsprechende Deckung bzw. Zahlungsfähigkeit vertraut werden muss.

■ Kartensysteme

Kreditinstitute geben hauseigene Bankkarten aus, deren Funktionen im Zahlungsverkehr eingeschränkt sind. Diese sogenannten **Kundenkarten und EC-Karten** erlauben die Zahlung an elektronischen Kassen, die Geldkartenfunktion, Auszahlungen von Bargeld an Automaten sowie verschiedene Serviceleistungen des Zahlungsverkehrs, wie Kontoauszugsdruck, Überweisungen u.a. Aufträge an die Bank über Selbstbedienungsterminals. Beide Karten sind Debitkarten. Der **Verfügungsrahmen** der Kundenkarten ist gegenüber den EC-Karten reduziert. Darüber hinaus kann mit den Bankkarten nur begrenzt an institutsfremden Automaten Bargeld abgehoben werden. Da die Bankkarten zudem in ihren Zahlungsfunktionen eingeschränkt sind, weil sie lediglich am POS-System teilnehmen, sind sie üblicherweise **Einstiegskarten** für jugendliche Kunden. Bei nicht hinreichender Bonität für eine EC-Karte wird häufig als Ersatzlösung eine Kundenkarte angeboten. Grundsätzlich können Kunden auch Bankkarten- und EC-Karteninhaber sein.

Die EC-Karte war ursprünglich konzipiert als Garantiekarte für „eurocheques", für die eine Einlösegarantie bis 400 DM bestand. Inzwischen wird die **EC-Karte** aufgrund ihrer vielfältigen Einsatzmöglichkeiten als **Multifunktionskarte** bezeichnet. Kreditkarten erlauben den Inhabern bis zu einem individuell festgelegten Verfügungsrahmen die bargeldlose Bezahlung bei allen Vertragsunternehmen (Akzeptanzstellen). Die verbreiteten Kreditkarten haben weltweit ein großes **Netz von Vertragsunternehmen**, so dass die finanzielle Flexibilität von Kreditkartenbesitzern erheblich ist. Zudem kann man mit der Kreditkarte wie mit den beschriebenen Debitkarten Bargeld abheben. Die max. Auszahlungshöhe wird ebenfalls individuell festgelegt und liegt meistens über den Grenzen von Debitkarten. Je nach Ausstattung sind mit der Kreditkarte gegebenenfalls noch weitere **Serviceleistungen** verbunden, dies kann bspw. Versicherungsschutz sein. Die **Geldkarte** (pay before) ist das bisher jüngste Kartenprodukt und wenig verbreitet. Sie soll es den Inhabern ermöglichen, den Bargeldbestand zu reduzieren und wird auch als elektronische Geldbörse bezeichnet. Die Karte wird vor der

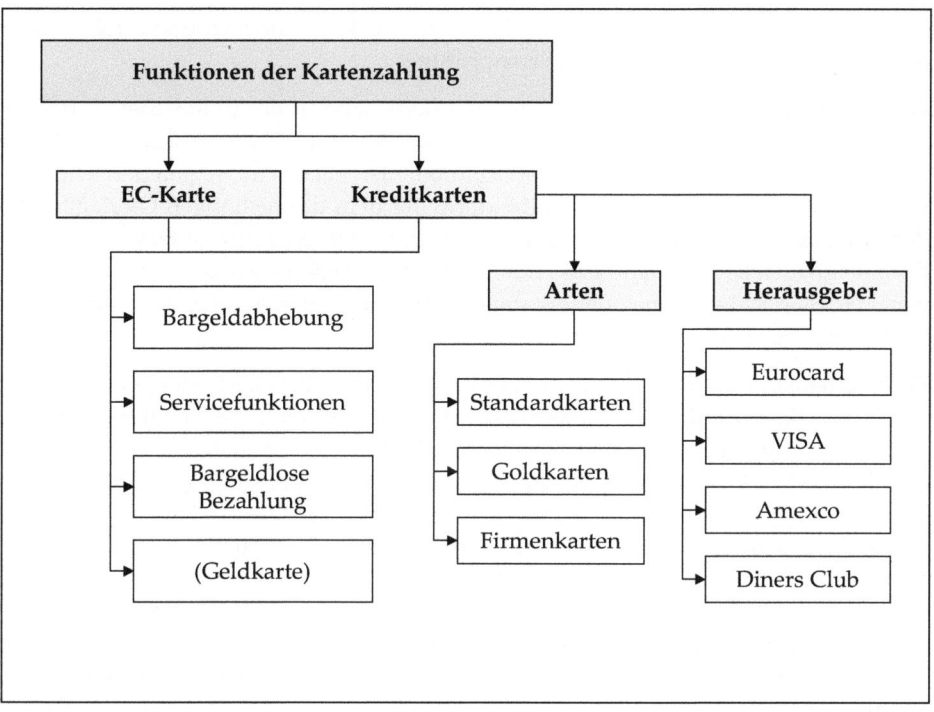

Abbildung 88: Kreditkarten und EC-Karte

Nutzung für die Bezahlung von Gütern und Dienstleistungen mit Bargeld oder durch Kontobelastung aufgeladen. Die Geldkartenfunktion kann auch als Zusatzfunktion bei Kunden-, EC-, oder Kreditkarten integriert sein. Zur Abwicklung gehört grundsätzlich die Bonitätsprüfung vor Ausgabe der Karten. Dies impliziert im Regelfall eine längere Kunde-Bank-Beziehung, eine solide Kontoführung und/oder stabile Einkommensverhältnisse. Darüber hinaus werden mit der Kreditkarte sogenannte **Persönliche Identifikationsnummern** (PIN) vergeben, durch deren Eingabe an Geldautomaten (Kredit- und Debitkarten) oder autorisierten Händlerkassen (Debitkarten) die **Legitimation** des Karteninhabers erfolgt. Bei jeder Nutzung der Karte muss geprüft werden, ob eine mögliche Sperrung der Karte vorliegt. Außerdem erfolgt entweder grundsätzlich oder ab einer bestimmten Summe eine Deckungsprüfung.

Während mit Kreditkarten gegen Unterschrift bei allen Vertragsunternehmen bezahlt werden kann, besteht für die Kundenkarten und die EC-Karte mit dem **Point of Sale** (POZ/POS) ein gesondertes System zur bargeldlosen Bezahlung. Die elektronische Bezahlung erfolgt entweder **mit Zahlungsgarantie** (POS = Electronic Cash) und Identifikation durch die PIN oder **ohne Zahlungsgarantie** (POZ) mit Legitimation durch die

Unterschrift. Letzteres ist ausschließlich mit der EC-Karte möglich und erfolgt bis zu einem Betrag von EUR 30,- ohne Sperrenprüfung.

Die Funktionen der EC-Karte und der Kreditkarte sind in der praktischen Verwendbarkeit sehr ähnlich. Lediglich die Servicefunktionen unterscheiden sich deutlich. Bei der EC-Karte beschränken sich die Servicefunktionen nach dem Wegfall der Scheckgarantiefunktion auf Leistungen in Verbindung mit dem dazugehörigen Girokonto. Bei den Kreditkarten sind die Leistungspakete je nach Art der Karte unterschiedlich. Jedoch beinhalten bereits **Standardkarten** häufig den Wegfall einer Kaution bei Mietwagen, die Möglichkeit von Hotelreservierungen per Kartennummer und einen Verkehrsmittel-Versicherungsschutz.

Goldkarten sind darüber hinaus mit zusätzlichen Versicherungsleistungen sowie mit exklusiven Reise- und Freizeitangeboten verknüpft. Der Preis der Goldkarten liegt je nach Ausstattung des Leistungspakets mehr oder weniger deutlich über dem Preis für Standardkarten. **Firmen- oder Businesskarten** können in Preis und Leistung den Kreditkarten für Privatkunden entsprechen oder speziell für Dienstreisende zur Begleichung dienstlich veranlasster Ausgaben konzipiert sein. Bei Ersteren ergibt sich für die Firmen eine Liquiditätsersparnis, weil Vorschüsse reduziert werden und die Abrechnung monatlich nachträglich erfolgt. Bei Letzteren kann das Leistungspaket für Geschäftsreisende speziell ausgestaltet werden. Die Kartenherausgeber mit dem größten Marktanteil in Deutschland sind **Eurocard und VISA**, beide werden über deutsche Kreditinstitute vertrieben. International bekannt sind vor allem **Amexco und Diners Club**.

Zur Bezahlung von Waren- und Dienstleistungen legt der Käufer dem Verkäufer seine Debit- oder Kreditkarte vor. Der **Käufer als Karteninhaber** muss sich je nach Karte und je nach Zahlungssystem durch Unterschrift oder PIN legitimieren. Der **Verkäufer** akzeptiert die Karte, wenn er Vertragsunternehmen des Kartenherausgebers ist bzw. am elektronischen Zahlungssystem mit automatisierten Kassen teilnimmt. Der Karteninhaber erhält gegen elektronische Bezahlung die Leistung. Der **Händler** erhält die Gutschrift vom Kartenherausgeber bzw. vom Kreditinstitut, das die EC-Karte bzw. die Kundenkarte emittiert hat und bei der das dazugehörige Girokonto geführt wird. Der **Kartenherausgeber** rechnet monatlich die Umsätze der Kreditkarte mit dem Karteninhaber ab. Er gleicht seine Forderung mit der Belastung des Karteninhabers aus. Bei den Debitkarten erfolgt die Belastung des Karteninhabers durch das Kreditinstitut unmittelbar nachdem die Forderung entstanden ist.

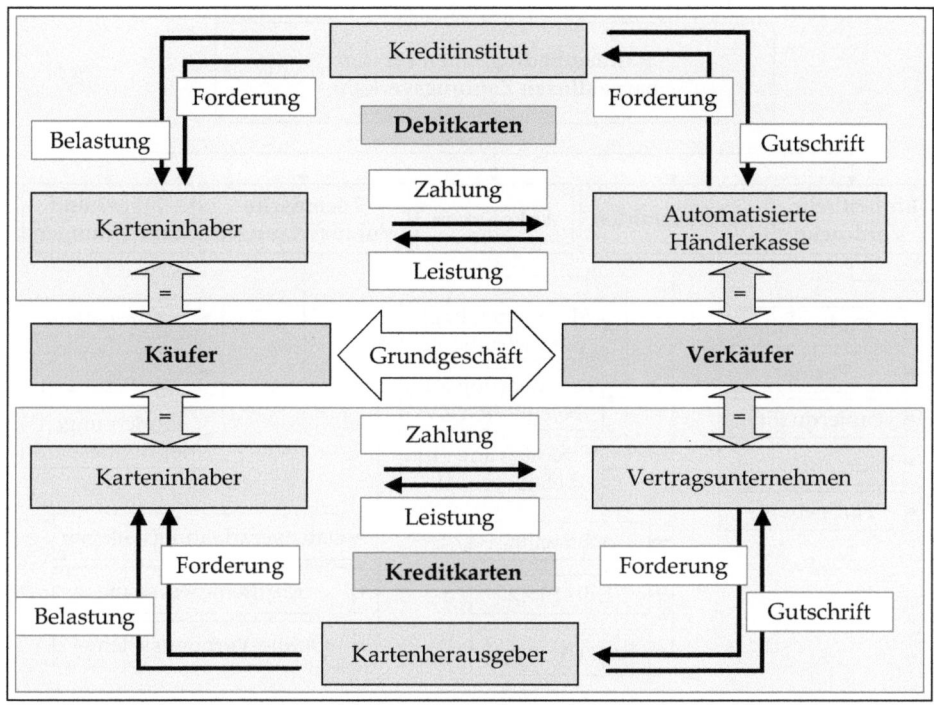

Abbildung 89: Struktur von Kartenzahlungen

▪ Rahmenbedingungen des Zahlungsverkehrs

Obwohl rechtlich Zahlungsverkehrsaufträge formlos erteilt werden könnten, sind die **einheitlichen Vordrucke** bei dem großen Umfang des bargeldlosen Zahlungsverkehrs unentbehrlich, um die rationelle und schnelle Abwicklung zu ermöglichen. Voraussetzung für die maschinelle bzw. automatisierte Durchführung des Zahlungsverkehrs sind eindeutige **Identifikationsmerkmale und Zuordnungskriterien**. Rechtlich sind dafür wiederum **Abkommen** der Kreditwirtschaft Voraussetzung. Die Abkommen verpflichten die Beteiligten zur Einhaltung von Abwicklungsverfahren und Verwendung vereinbarter Standardisierungen.

Organisatorisch sind die **Bankleitzahlen** (BLZ) zur eindeutigen Kennzeichnung der teilnehmenden Kreditinstitute unentbehrlich. Jede Stelle der BLZ hat dabei eine spezielle Funktion. Sie ordnet die Bank einer Hauptstelle der Bundesbank, einer Bankengruppe bzw. einer Niederlassung des Kreditinstituts zu. Der Fortschritt der Informations- bzw. Datentechnik hat die notwendigen technischen Grundlagen für den bargeldlosen Zahlungsverkehr ermöglicht.

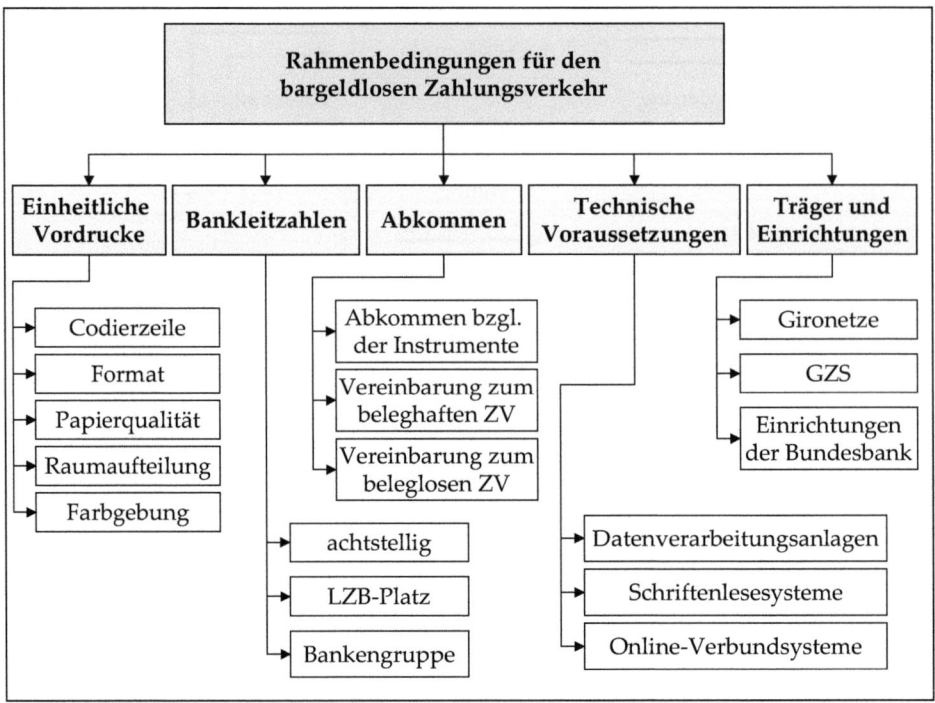

Abbildung 90: Rahmenbedingungen für den bargeldlosen Zahlungsverkehr

Schließlich sind die **Gironetze** der Institute, Institutsgruppen bzw. der deutschen Kreditwirtschaft für die Abwicklung unentbehrlich. Im Abwicklungssystem übernehmen die Bundesbank bzw. ihre Hauptstellen eine wesentliche Funktion. Vor allem die LZB-Abrechnung, das ist die multilaterale Verrechnung der täglich anfallenden Forderungen und Verbindlichkeiten zwischen Kreditinstituten an einem Bankenplatz, sichert die reibungslose Abwicklung bargeldloser Transaktionen. Schließlich sorgt die Gesellschaft für Zahlungssysteme (GZS) für die Ausführung der kartengestützten Zahlungen und entwickelt modernere Zahlungssysteme. Alle Komponenten gemeinsam sichern die kostengünstige Durchführung des bargeldlosen Zahlungsverkehrs.

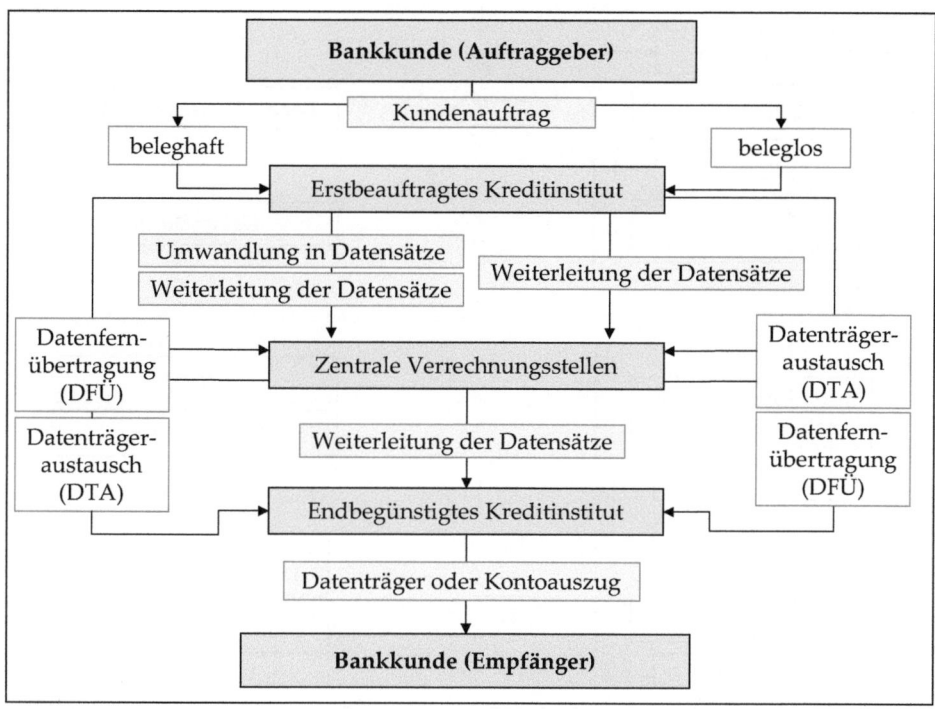

Abbildung 91: Abwicklung des bargeldlosen Zahlungsverkehrs

Der Ablauf des **elektronischen Zahlungsverkehrs** vom Auftraggeber bis zum Empfänger kann vereinfacht abgebildet werden. Entscheidend ist zunächst, dass das erstbeauftragte Kreditinstitut die Aufträge beleglos oder beleghaft annimmt. Die beleghaften Aufträge müssen in **Datensätze** umgewandelt werden und können dann ebenso wie die beleglosen Aufträge mittels **Datenfernübertragung** oder **Datenträgeraustauschs** weitergeleitet werden. Innerhalb des Bankensystems erfolgt die Übermittlung der Aufträge dann in Datensätzen über DTA oder DFÜ. Der Bankkunde (Empfänger) als letztes Glied in der Kette erhält die Bestätigung der Auftragsausführung dann per Datenträger bzw. Kontoauszug.

4.1.2.2 Leistungen des internationalen Zahlungsverkehrs

Der grenzüberschreitende Zahlungsverkehr hat mit der Zunahme des internationalen Waren-, Dienstleistungs- und Kapitalverkehrs an Bedeutung gewonnen. Die Abwicklung internationaler Zahlungen wurde im Rahmen dieser Entwicklung standardisiert und vereinfacht. Grundlegendes Merkmal des internationalen Zahlungsverkehrs ist der **Geldaustausch über Landes- und Währungsgrenzen** hinaus. Dabei werden im

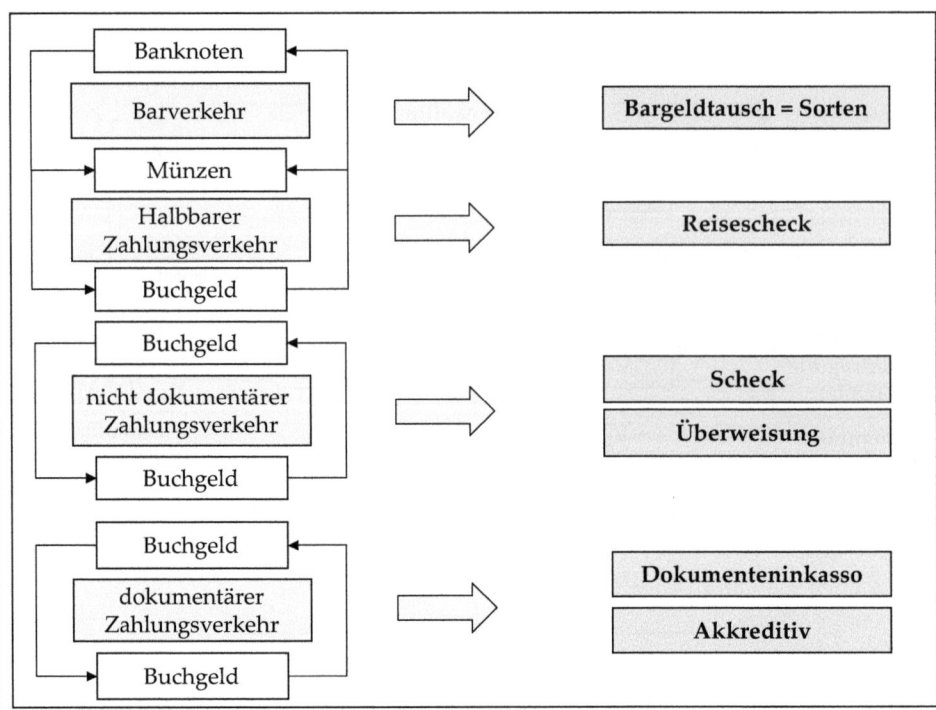

Abbildung 92: Abgrenzung des internationalen Zahlungsverkehrs

Barverkehr Devisen getauscht, da jeweils nur die nationale Währung als gesetzliches Zahlungsmittel akzeptiert ist. Der Austausch von Währungen in Form von Bargeld (Sorten) wird auch als Sortengeschäft bezeichnet.

▢ Internationale Zahlungsmittel

Der Barverkehr bzw. der halbbare Zahlungsverkehr sind für den Reisezahlungsverkehr von Bedeutung. Im **Sortenhandel** halten die Kreditinstitute verschiedene Währungen in Banknoten (oder Münzen) vor, um der Kundschaft im Bedarfsfall ausländisches Bargeld bereitzustellen. Gleichzeitig kaufen die Banken ausländische Zahlungsmittel an. Die Kosten der physischen Verfügbarkeit der Währungen spiegeln sich in den Kauf- bzw. Verkaufskursen wider. Transport-, Versicherungs- und Lagerkosten entstehen hier neben Aufschlägen bei fehlender Wiederverwertbarkeit bei Währungen, die nicht zu den Handelswährungen in der Welt gehören. Wichtige Zahlungsmittel im Reiseverkehr sind die **Reisechecks** (Traveller cheque). Sie bieten den Nutzern einen erhöhten Schutz vor Diebstahl und Verlust gegenüber Bargeld.

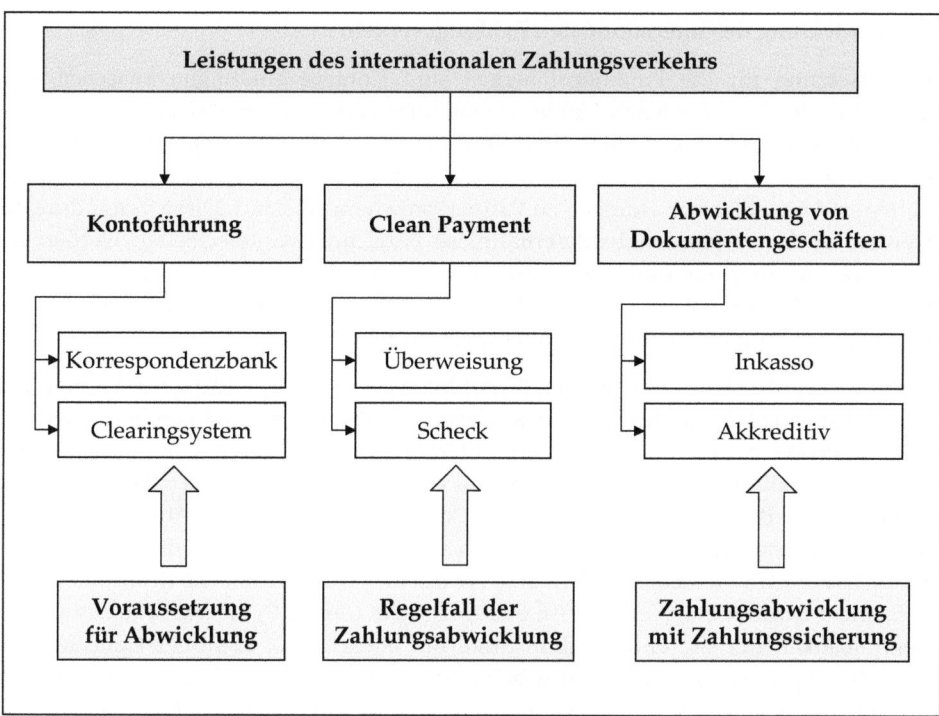

Abbildung 93: Bankleistungen im internationalen Zahlungsverkehr

Reiseschecks werden von Ausgabeinstituten emittiert, die auch im Kreditkartenge-schäft aktiv sind (AMEXCO, VISA). Für verschiedene Handelswährungen sind Rei-seschecks verfügbar. Wenn die Landeswährung des Zielgebietes nicht dazu zählt, ist der US-Dollar oder Euro die übliche Währung. Reiseschecks werden bei Aushändi-gung einmal unterschrieben und bei Verwendung nochmals unterschrieben. Das Emissionsinstitut erhält die Vergütung des Scheckgegenwertes bei Verkauf der Schecks. Die Kreditinstitute verdienen eine Provision.

Der überwiegende Teil des internationalen Zahlungsverkehrs wird als **bargeldloser, nicht dokumentärer Zahlungsverkehr** abgewickelt. Die international üblichen In-strumente sind der **Scheck** und die **Überweisung**. Darüber hinaus existiert der doku-mentäre Auslandszahlungsverkehr. Die Zahlungsinstrumente **Akkreditiv und Inkas-so** sind so konstruiert, dass sie durch die Kopplung an bestimmte Dokumente auch eine Sicherungsfunktion ausüben. Diese Zahlungsform wird zur Finanzierung von Außenhandelsgeschäften genutzt, um die höheren Risiken dieser Geschäfte zu redu-zieren.

■ **Abwicklung des internationalen Zahlungsverkehrs**

Voraussetzung für die Funktionsfähigkeit sind Kontoverbindungen zwischen den Banken in den verschiedenen Ländern. Eine selbständige internationale Zahlungsabwicklung ist nur für global tätige Kreditinstitute mit einem entsprechenden Niederlassungsnetz bzw. entsprechenden Tochterbanken möglich. Eine kostengünstigere Alternative sind Geschäftsbeziehungen zu Partnerbanken im Ausland. Diese Verbindungen werden als **Korrespondenzbankverhältnisse** bezeichnet. Unterschieden werden A-Korrespondenzbanken (mit Kontoverbindung) und B-Korrespondenzbanken (Austausch von Kontrolldokumenten). Im Euro-Raum bzw. in der EU haben einzelne Institutsgruppen strukturierte Korrespondenzbanknetze.

Aufgrund der Kosten und der Komplexität intensiver Korrespondenzbankverbindungen haben viele Banken die Zahl der Korrespondenzbankverbindungen in den letzten Jahren verringert und nutzen verstärkt **Clearingsysteme** (Abrechnungssysteme) als Abwicklungsalternativen. Im Gegensatz zu bilateralen Abrechnungen zwischen Korrespondenzbanken ermöglichen Clearingsysteme die multilaterale Abrechnung aller am System beteiligten Kreditinstitute. Das wichtigste Clearingsystem innerhalb der Europäischen Union stellt das TARGET (**T**ranseuropean **A**utomated **R**eal-time **G**ross **S**ettlement **E**xpress **T**ransfer) dar. An diesem System (der EZB) nehmen alle nationalen Zentralbanken der EU und Kreditinstitute mit einem Bank Identifier Code teil. Es handelt sich um ein **automatisiertes belegloses Verfahren** zur schnellen Abwicklung des internationalen Zahlungsverkehrs. Als private Clearingorganisation fungiert die EBA (**E**uro **B**anking **A**ssociation). Technische Grundlage ist das S.W.I.F.T.-System (**S**ociety for **W**orldwide **I**nterbank **F**inancial **T**elecommunication). Mitglieder und Träger dieses internationalen Datenübertragungsnetzes zwischen Kreditinstituten sind die Banken selbst. S.W.I.F.T. ist kein Clearingsystem, sondern die Datenübertragungsplattform. Die S.W.I.F.T.-Nachricht enthält alle Informationen, die zur Ausführung der Überweisung notwendig sind. Darüber hinaus besteht mit EDIFACT (**E**lectronic **D**ata **I**nterchange **F**or **A**dministration, **C**ommerce and **T**ransport) ein standardisiertes Nachrichtenformat zum elektronischen Geschäftsdatenaustausch.

Die meisten Zahlungen werden international als ungesicherte bzw. reine Zahlung (**Clean Payment**) abgewickelt. Die genutzten Instrumente Scheck und Überweisung unterscheiden sich in ihrer Konstruktion und Funktionsweise nicht vom nationalen Zahlungsverkehr. Innerhalb der EU ist die Überweisungsrichtlinie die Grundlage für einen effizienten Überweisungsverkehr. Für die Abwicklung der Finanzierung des Außenwirtschaftsverkehrs bestehen Zahlungsverkehrsinstrumente, die nur in Verbindung mit bestimmten, international **standardisierten Dokumenten** zahlungswirksam werden. Diese Instrumente sind durch die Konstruktion zwar teurer, aber bieten sowohl für den Zahlungsempfänger als auch den Zahlungspflichtigen eine hohe Sicherheit. Für den Zahlungsverkehr innerhalb der Europäischen Union dürfen ab Juli 2003 laut EU-Direktive bei Beträgen unterhalb von 12.500 EUR keine höheren Preise von

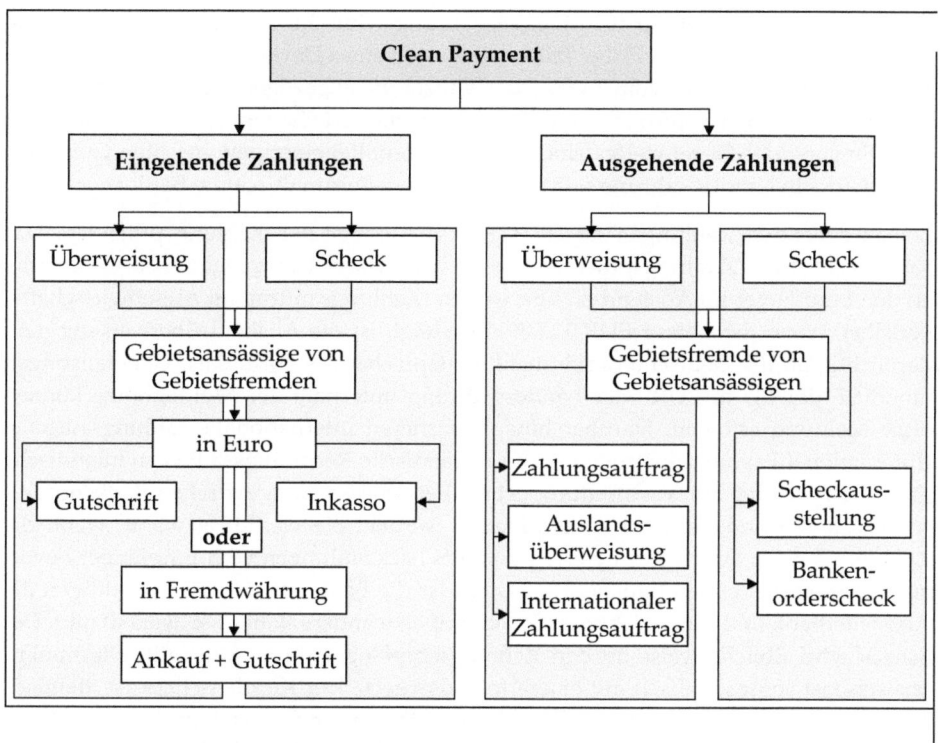

Abbildung 94: Abgrenzung des nicht dokumentären Zahlungsverkehrs

Kunden erhoben werden als für vergleichbare Inlandstransaktionen. Aus diesem Grund erarbeitet die Initiative „Single Euro Payment Area" (SEPA) in einem abgestuften Zeitraum eine Standardisierung von Prozessen und Systemen zur **Vereinheitlichung des Euro-Zahlungsverkehrs**. Dabei soll auf einen Verzicht scheckgebundener Zahlungen hingesteuert und eine Verstärkung elektronischer Zahlungsmöglichkeiten gefördert werden. In einem ersten Schritt soll die Abwicklung 2004 in ein paneuropäisches Clearing-House überführt werden.

Die nicht dokumentären Zahlungen sind nach eingehenden und ausgehenden Zahlungen zu unterscheiden. Eingehende Zahlungen sind immer Zahlungen **Gebietsfremder** (Zahlungspflichtiger) an **Gebietsansässige** (Zahlungsempfänger). Die eingehenden Zahlungen können in **Landeswährung** (Euro) oder **Fremdwährung** denominiert sein. Bei einer Überweisung in Landeswährung (Euro) wird der Zahlungseingang abgerechnet und dem Kunden gutgeschrieben, nachdem das Konto der Korrespondenzbank belastet wurde oder nachdem es eine Gutschrift bei einem anderen Kreditinstitut erhalten hat. Bei einer Überweisung in Fremdwährung wird, wenn der Empfänger die Gutschrift in Landeswährung wünscht, zuerst der Devisenbetrag durch die Bank angekauft. Dabei fallen die Kosten eines Devisengeschäfts an, die dem Kunden berechnet, also vom Betrag der Gutschrift abgezogen werden. Eingehende Schecks können zur sofortigen Gutschrift (Eingang vorbehalten; e.V.) oder Gutschrift nach Eingang des Gegenwertes eingereicht werden. Bei einer gewünschten Gutschrift des Schecks in Landeswährung wird der Scheck wiederum durch die Bank angekauft.

Bei ausgehenden Zahlungen ist ein Gebietsansässiger der Zahlungspflichtige. Das Kreditinstitut des Zahlungspflichtigen wird von diesem beauftragt, einen Geldbetrag an den Empfänger im Ausland zu überweisen (Zahlungsauftrag im Außenwirtschaftsverkehr). Wenn der Betrag EUR 12.500 übersteigt, ist die Auslandsüberweisung meldepflichtig an die Deutsche Bundesbank (entsprechendes Formular). Überweisungen innerhalb der EU in EUR oder Landeswährung unterhalb der **Meldegrenze** können ohne Meldung erfolgen. Darüber hinaus existieren internationale Zahlungsaufträge (International Payment Instruction), die ausländische Rechnungsstellen an inländische Zahlungspflichtige zur Verwendung geben. Bei Schecks kann zwischen Bankenorderschecks und Kundenschecks unterschieden werden. Sie werden gewählt, wenn die Zahlung in einer Drittwährung erfolgt oder Scheckzahlungen vom Empfänger bevorzugt werden. Bei einem Bankenorderscheck ist die Bank des Zahlungspflichtigen die Ausstellerbank und diese zieht den Scheck auf eine andere Bank (bezogene Bank). Der Scheck wird üblicherweise an den Zahlungsempfänger direkt versandt. Die Funktionsweise ist sonst identisch mit einem Inlandsscheck. Der Kundenscheck ist identisch mit einem Scheck im Inland, nur dass der Empfänger ein Gebietsfremder ist und den Scheck entsprechend bei seiner Hausbank im Ausland einlösen wird.

■ **Dokumente im internationalen Zahlungsverkehr**

Im Auslandszahlungsverkehr übernehmen außer den Zahlungsbedingungen die Dokumente eine besondere Funktion. Grundsätzlich lassen sich **Handelspapiere** und **Zahlungspapiere** unterscheiden. Als Zahlungspapiere gelten die bereits definierten Geldsurrogate, z.B. Scheck und Wechsel. Handelspapiere sind alle Dokumente, die zur Abwicklung eines Warengeschäfts im internationalen Güterverkehr notwendig sind.

Neben den **Rechnungen** sowie **Zolldokumenten** (Zoll-/Konsulatsfaktura; Ursprungszeugnis) gehören dazu vor allem **Nachweise über Transportbedingungen und –wege**

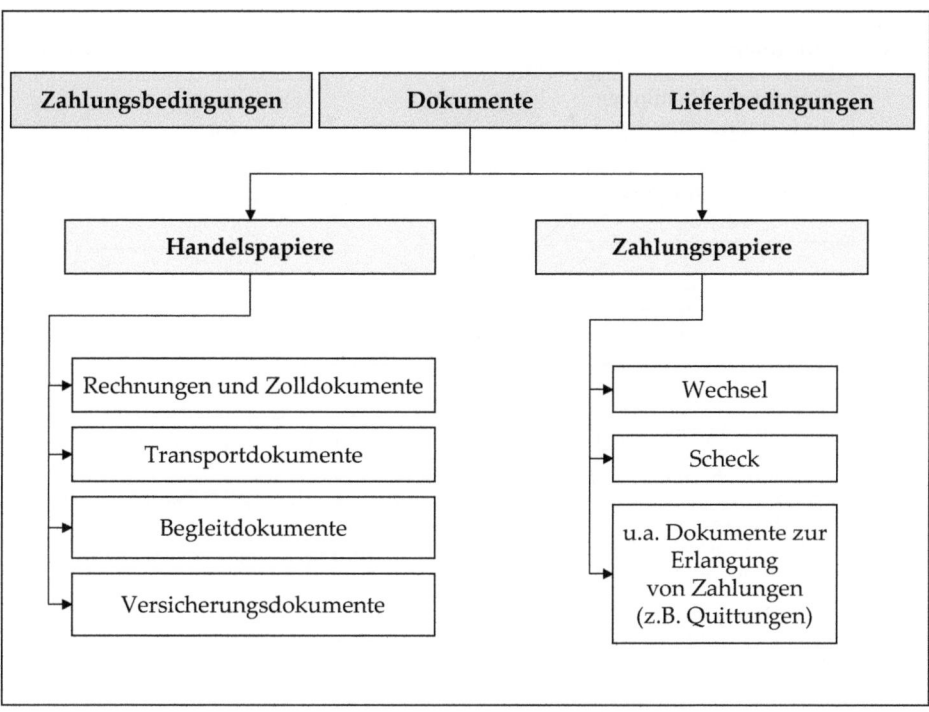

| Zahlungsbedingungen | Dokumente | Lieferbedingungen |

Handelspapiere

- Rechnungen und Zolldokumente
- Transportdokumente
- Begleitdokumente
- Versicherungsdokumente

Zahlungspapiere

- Wechsel
- Scheck
- u.a. Dokumente zur Erlangung von Zahlungen (z.B. Quittungen)

Abbildung 95: Dokumente im internationalen Zahlungsverkehr

sowie **Versicherungsnachweise** für Waren, ggf. Transportmittel u.a.. Die Transportdokumente sind nach der Transportart zu unterscheiden (Schiff: Konnossement, Ladeschein; Luft: Luftfrachtbrief; Land: Bahn-, LKW-Frachtbrief, Spediteurübernahmebescheinigung; Posteinlieferungsschein). **Begleitdokumente** können Packlisten, Analysezertifikate bzw. Qualitätszertifikate sein. Dazu müssen die Daten vermerkt werden, bis wann und wohin eine Ware zu liefern ist. Von der Übereinstimmung der Leistung mit den dazugehörigen Papieren, deren Korrektheit und deren Vollständigkeit wird die Zahlung, also die Gegenleistung abhängig gemacht. Das Kreditinstitut prüft im Rahmen des dokumentären Zahlungsverkehrs ausschließlich die formelle Übereinstimmung der Dokumente mit den Angaben im Inkassoauftrag bzw. in den Akkreditivbedingungen. Neben den **Dokumenten** und den **Zahlungsbedingungen** spielen noch die **Lieferbedingungen** eine entscheidende Rolle im internationalen Handel. Mit den sogenannten Incoterms (**In**ternational **Co**mmercial **Terms**) sind einheitliche Regeln und Gebräuche für internationale Lieferbedingungen geschaffen, die insbesondere den Kosten- und Gefahrenübergang zwischen Käufer und Verkäufer definieren.

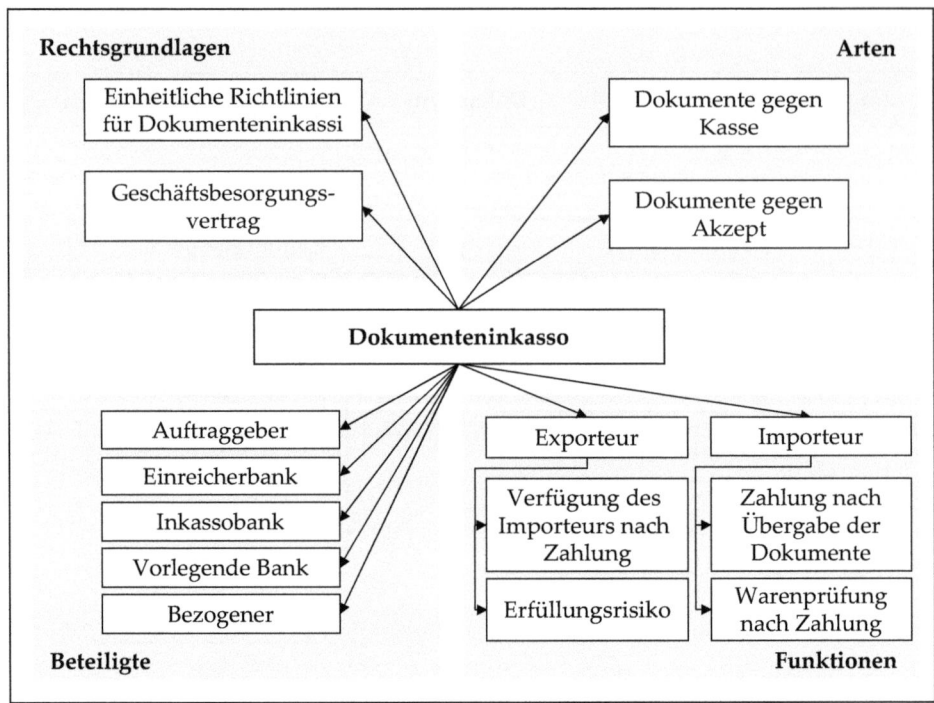

Abbildung 96: Systematik eines Dokumenteninkassos

■ Dokumenteninkasso

Das Dokumenteninkasso ist eine Form, die Zahlungsabwicklung und die Zahlungssicherung zu verbinden. Es handelt sich um ein **Zug-um-Zug-Geschäft**, weil der Zahlungspflichtige gegen Vorlage von vereinbarten Dokumenten zu leisten hat. Zur Standardisierung und Vereinfachung wird das Dokumenteninkasso durch **Einheitliche Richtlinien für Inkassi** (ERI) international geregelt. Durch Vereinbarung der ERI werden alle Begriffe, Rechte und Pflichten der Beteiligten bei diesem Geschäft definiert. Voraussetzung für die Abwicklung der Inkassi sind des weiteren **Geschäftsbesorgungsverträge** zwischen den Akteuren.

Es können zwei Arten unterschieden werden. Zum einen erfolgt die Zahlung gegen Vorlage der Papiere bzw. innerhalb einer Frist nach Vorlage (10 Tage). Diese Art des Inkassos heißt auch **„documents against payment"** (d/p-Inkasso). Eine Alternative dazu stellt die Zahlungsbedingung **„Dokumente gegen Akzept"** (documents against acceptance = d/a-Inkasso) dar. Der Importeur muss im Gegenzug zum Empfang der Papiere einen beigefügten Wechsel akzeptieren und erhält dadurch eine Zahlungsfrist. Für den Verkäufer / Auftraggeber ist dies mit einem zusätzlichen Risiko verbunden, das er sich beispielsweise durch eine Bankbürgschaft absichern lässt. Für den Käufer bedeutet dies die Vermeidung von Liquiditätsabfluss, bevor er die Ware weiterverkaufen bzw. nutzen kann.

Sowohl für den Exporteur als auch für den Importeur ergeben sich Vor- und Nachteile beim Dokumenteninkasso. In jedem Fall verursacht die **zusätzliche Sicherung** der Zahlung Kosten, die das Grundgeschäft verteuern. Der Importeur kann bis zur Vorlage der Dokumente über die Annahme der Ware entscheiden bzw. muss erst bei Vorlage der Dokumente Zahlung leisten. Dagegen trägt er das Risiko, die Ware erst nach Zahlung prüfen zu können und kann die Bank für mögliche Fehler in den Dokumenten nicht haftbar machen. Der Exporteur kann sicher gehen, dass der Importeur über die Ware erst nach Zahlung verfügen kann. Allerdings trägt er das Risiko (Erfüllungsrisiko), dass der Importeur die Annahme verweigert bzw. zur Zahlung nicht bereit oder nicht fähig ist. Die Variante der Zahlung ist für den Exporteur nur empfehlenswert, wenn bereits ein Vertrauensverhältnis zum Importeur besteht und rechtliche sowie politische Unwägbarkeiten weitgehend ausgeschlossen sind.

Die Beteiligten stehen in einem klar definierten Verhältnis zueinander. Der Exporteur ist als **Zahlungsempfänger** der **Auftraggeber,** der seine Bank mit dem Inkasso seiner Forderung aus dem Grundgeschäft beauftragt. Der **Zahlungspflichtige** ist der **Bezogene,** der von seiner Bank (vorlegende Bank) gegen Vorlage der Dokumente mit dem Forderungsbetrag belastet wird. Die Bank des Auftraggebers **(einreichende Bank)** leitet den Inkassoauftrag weiter, indem sie die ihr eingereichten Dokumente (geprüft) weiterleitet. Mögliche dazwischen eingeschaltete Kreditinstitute sind **Inkassobanken,** die bei fehlender Kontoverbindung zwischen der **Einreicherbank** und der vorlegenden Bank erforderlich sind.

Das Dokumenteninkasso ist ein Zahlungsinstrument, setzt also voraus, dass es aufgrund eines Grundgeschäfts einen Zahlungspflichtigen und einen Zahlungsempfänger gibt, die als Zahlungsbedingung „Dokumente gegen Zahlung" vereinbart haben. Der Auftrag zur Abwicklung wird durch den Exporteur ausgelöst, der seine Hausbank mit dem Inkasso beauftragt. Erster Schritt des Prozesses ist die **Versendung der Ware** gemäß Kaufvertrag. Der Exporteur beweist die ordnungsgemäße Versendung der Ware durch die **Dokumente,** die er seiner Bank einreicht (Einreicherbank). Zwischen Exporteur und Einreicherbank muss eine **Inkassovereinbarung** (Geschäftsbesorgungsvertrag) vorliegen. Die Bank des Exporteurs leitet den **Inkassoauftrag** einschließlich der Dokumente an eine Bank weiter, mit der sie eine Geschäftsverbindung unterhält. Im einfachsten Fall ist dies die Bank des Importeurs, wenn zwischen Einreicherbank und vorlegender Bank ein Korrespondenzverhältnis besteht. Alle beteiligten Kreditinstitute haben die Dokumente „nach Treu und Glauben" auf scheinbare Übereinstimmung mit den vertraglichen Vereinbarungen im Inkassoauftrag und Vollständigkeit zu prüfen. Bei festgestellten Fehlern oder Unvollständigkeit der Papiere muss der feststellende

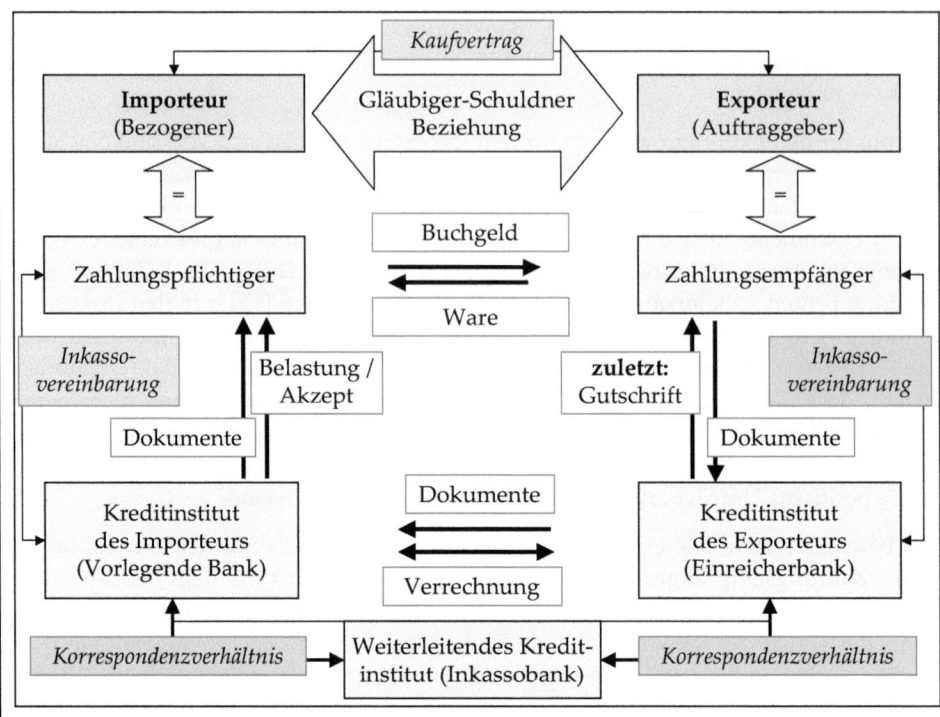

Abbildung 97: Struktur eines Dokumenteninkasso

Beteiligte unverzüglich denjenigen Beteiligten informieren, von dem er den Inkasso-auftrag und die Dokumente erhalten hat.

Gegebenenfalls dazwischen geschaltete, weiterleitende Kreditinstitute sind **Inkasso-banken**, die den Auftrag und die Dokumente schließlich der Bank des Importeurs übergeben. Die **Importeursbank** (vorlegende Bank) legt sie dem Zahlungspflichtigen nach **Prüfung** vor und belastet dessen Konto mit dem entsprechenden Zahlungsbe-trag. Erst nach Bezahlung kann der Importeur frei über die Dokumente verfügen. Bei „Zahlung gegen Dokumente" sind die Papiere dem Zahlungspflichtigen entweder unverzüglich oder zur vereinbarten Fälligkeit durch die vorlegende Bank zu präsen-tieren. Alternativ kann auch eine Vereinbarung **„Akzept gegen Dokumente"** getroffen werden, bei der statt der Belastung die Akzeptierung eines Wechsels erfolgt. Diese Zahlungsform bedeutet faktisch die Einräumung eines Zahlungsziels und ein zusätzli-ches Risiko für den Exporteur. Der Wechsel kann treuhänderisch von der vorlegenden Bank bis zur Fälligkeit aufbewahrt werden oder bei entsprechender Weisung im Inkas-soauftag zurückgesandt werden an die Einreicherbank. Im letzteren Fall kann der Exporteur entscheiden, ob er den Wechsel bis zur Fälligkeit in Verwahrung hält oder ihn bei seiner Hausbank zur **Diskontierung** einreicht. Die Einräumung eines Zahlungsziels oder die Akzeptleistung schiebt die Zahlung lediglich auf, sie ist unabhängig von dem Ergebnis der Warenprüfung zu leisten. Zwischen den beteiligten Banken erfolgt die **Verrechnung** des Betrages. Die Bank des Importeurs weist den Betrag nach der Belastung des Importeurs der Einreicherbank an. Nachdem der Einreicherbank der Betrag auf einem Verrechnungskonto gutgeschrieben wurde, erfolgt die Gutschrift für den Exporteur abzüglich der Gebühren und Spesen.

■ **Akkreditiv**

Das Akkreditiv ist das Zahlungsinstrument mit der **höchsten Sicherheit für den Zahlungsempfänger**. Zur Standardisierung und Vereinfachung wird das Dokumentenakkreditiv durch **Einheitliche Richtlinien für Akkreditive** (ERA) international geregelt. Durch Vereinbarung der ERA werden alle Begriffe, Rechte und Pflichten der Beteiligten bei diesem Geschäft definiert. Voraussetzung für die Abwicklung der Akkreditive sind des weiteren **Geschäftsbesorgungsverträge** zwischen den Akteuren. Darüber hinaus stellt die Akkreditiveröffnung ein **abstraktes Zahlungsversprechen** gegenüber dem Begünstigten dar, das von der Importeursbank abgegeben wird und gegebenenfalls von der Exporteursbank bestätigt werden kann. Die **Bestätigung** ist ebenfalls ein Zahlungsversprechen und verstärkt damit die Sicherheit für den Begünstigten. Die Grundarten des Akkreditivs können in Auszahlungsakkreditive und Wechselakkreditive abgegrenzt werden. Von **Auszahlungsakkreditiven** wird gesprochen, wenn sofortige Zahlung oder Zahlung mit Zahlungsziel vereinbart ist. Alternativ kann der Importeur durch **Akzeptierung eines Wechsels** seinen Verpflichtungen aus dem Grundgeschäft, dem Kaufvertrag, nachkommen. Neben den Grundformen sind **Sonderformen** des Akkreditivs möglich. Akkreditive können sehr variabel ausgestaltet sein.

Die Beteiligten sind einerseits der Importeur und seine Hausbank, die eröffnende Bank, andererseits der Exporteur und sein Kreditinstitut, die avisierende Bank. Die Abwicklung wird ausgelöst durch den **Importeur** (Auftraggeber). Der Zahlungsempfänger ist der **Begünstigte** des Akkreditivs. Aus Sicht des Exporteurs bietet die Konstruktion hohe Sicherheit und einen schnellen Zahlungseingang, also Liquiditätszufluss. Für den Importeur besteht ähnlich wie beim Inkasso zwar die Sicherungsfunktion durch die Dokumente, aber die Prüfung der Ware ist erst nach Erhalt der Dokumente und damit nach Zahlung möglich.

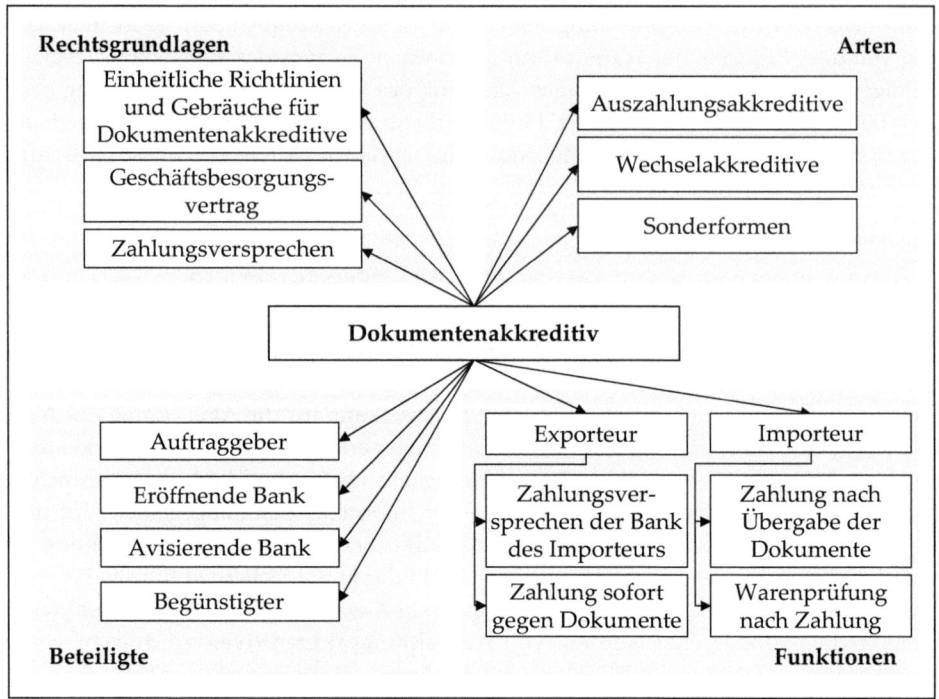

Abbildung 98: Systematik eines Akkreditivs

Die Zahlungs- und Sicherungsfunktion ist beim Akkreditiv kostenintensiv, weil die Leistungen der Banken über die Dienstleistungen beim Inkassoauftrag hinaus gehen. Die Akkreditivverpflichtung der Importeursbank erfolgt gegen Berechnung einer Provision. Der Verpflichtung geht die **Bonitätsprüfung** des Importeurs voraus, da das abstrakte Zahlungsversprechen der Einräumung einer Kreditlinie entspricht. Nur für kreditwürdige Kunden kann ein Akkreditiv eröffnet werden. Darüber hinaus ist im Gegensatz zum Inkasso eine **detaillierte Prüfung der Dokumente** ein wesentlicher Faktor. Die Anforderungen der ERA an die Dokumentenprüfung übersteigen die Anforderungen nach ERI. So muss u.a. mit angemessener Sorgfalt geprüft werden, ob die Verladefrist eingehalten wurde, die Dokumente innerhalb der Gültigkeit und der Vorlagefrist eingereicht sind sowie ob sonstige Akkreditivbestimmungen eingehalten sind. Die genaue Dokumentenprüfung ist gegenüber dem Inkasso aus Sicht des Importeurs ebenfalls eine zusätzliche Sicherheit.

Im Gegensatz zum Inkasso ist beim Akkreditiv der Importeur der Auftraggeber, für den seine Bank die Akkreditiveröffnung vornimmt. Grundlage ist auch hier der Kaufvertrag zwischen Exporteur und Importeur. Die Akkreditiveröffnung wird der Bank

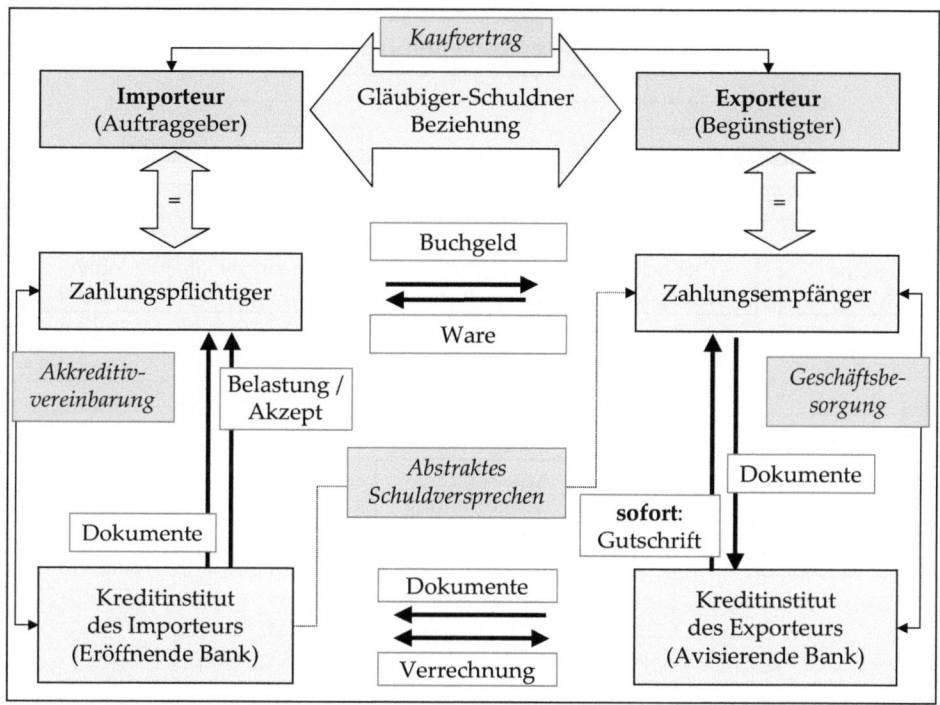

Abbildung 99: Struktur eines Akkreditivs

des Exporteurs übermittelt. Mit dem Akkreditiv gibt die Bank des Importeurs ein **abstraktes Zahlungsversprechen** gegenüber dem Exporteur ab. Die Bank des Exporteurs teilt dem Exporteur durch **Avisierung** die Akkreditiveröffnung mit. Nach Avisierung bringt der Exporteur die Ware vertragsgemäß auf den Weg. Zur **Bestätigung** seiner Handlungen erhält er die **Dokumente**. Die akkreditivgemäßen Dokumente reicht der Exporteur seiner Bank, der avisierenden Bank ein. Die Bank prüft die Dokumente genau und sorgfältig. Die Prüfungspflichten sind in den Einheitlichen Richtlinien für Akkreditive festgehalten. Bei **Ordnungsmäßigkeit und Vollständigkeit** versendet die Bank des Exporteurs die Papiere an die Akkreditivbank. Die **Vorlage der Dokumente** bei der Akkreditivbank löst die **Zahlungsfälligkeit** eines Sichtakkreditivs aus. Der Betrag wird der avisierenden Bank und von dieser dem Exporteur gutgeschrieben. Die Bank des Zahlungsempfängers löst die Zahlung an ihn bereits nach Prüfung der Dokumente aus, wenn das Akkreditiv zahlbar bei der avisierenden Bank gestellt ist. Bei

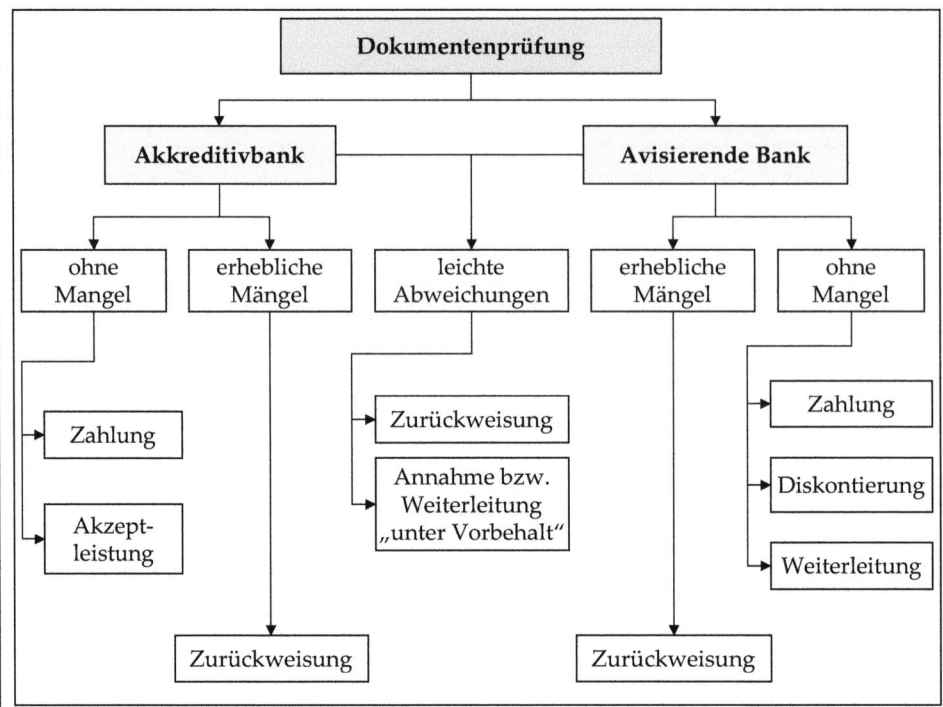

Abbildung 100: Leistungen der Dokumentenprüfung

einem bestätigten Akkreditiv besteht eine Zahlungsverpflichtung der avisierenden Bank, so dass die Zahlung auf jeden Fall nach der Dokumentenprüfung erfolgt. Die Bank des Importeurs (Akkreditiv eröffnende Bank) prüft ihrerseits die Dokumente und löst die Zahlung nach erfolgreicher Prüfung aus. Wenn das Akkreditiv bei der eröffnenden Bank zahlbar gestellt ist, erhält der Exporteur erst jetzt die Zahlung.

■ **Dokumentenprüfung**

Die Banken haben jeweils sieben Tage zur Aufnahme (Prüfung) der Dokumente. Bei **Mängelfeststellung** haben sie entweder - bei geringfügigen Abweichungen - die Möglichkeit, die Dokumente anzunehmen und „unter Vorbehalt" weiterzuleiten oder - bei erheblichen Unstimmigkeiten – die Dokumente zurückzuweisen. Die Akkreditivbank übergibt die Dokumente dem Importeur und belastet sein Konto. Obwohl die Kreditinstitute gemäß ERA keine Haftung für die Dokumente (Form, Vollständigkeit usw.) übernehmen, sind sie nicht nur aufgrund der **Sorgfaltspflichten** zur exakten Prüfung

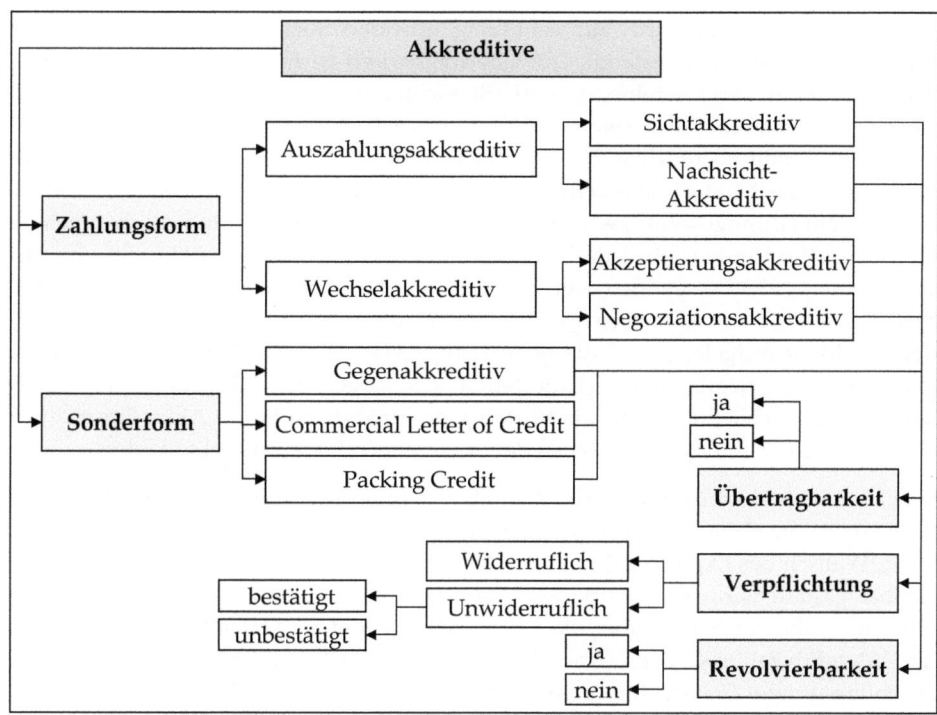

Abbildung 101: Abgrenzung der Dokumentenakkreditive

angehalten, sondern werden auch im Interesse der Kundenbeziehung die Dokumentenprüfung gewissenhaft durchführen.

■ Akkreditivformen

Die Zahlungsfälligkeit des Zahlungspflichtigen kann später eintreten, wenn ein **Zahlungsziel** (Nachsicht) oder **Akzeptierung** vereinbart sind. Das Zahlungsziel entbindet den Importeur nicht von der Gegenleistung. Selbst bei zwischenzeitlicher Mängelfeststellung an der Ware wird der vertragsgemäße Betrag zum Zahlungsziel oder bei Fälligkeit des Wechsels geleistet. Mit den Dokumenten kann der Importeur die Ware in Empfang nehmen. Der Exporteur seinerseits kann sich bei vereinbartem Zahlungsziel Liquidität bereits verschaffen, wenn er das **Akzept** bei seiner Bank **diskontieren** lässt oder **Negoziierung** (Ankauf von Wechseln oder Dokumenten bei beliebigen Banken am Zahlungsort) vereinbart wird.

Akkreditive können nach der **Art der Zahlung** abgegrenzt werden. Unabhängig von der Gestaltung der Zahlungsform können sie übertragbar/nicht übertragbar, revolvierend/nicht revolvierend, widerruflich/nichtwiderruflich sein. Ein **unwiderrufliches Akkreditiv** kann gegebenenfalls noch bestätigt werden. In der gebräuchlichsten

Grundform ist ein Akkreditiv auf Sicht fällig, unwiderruflich, nicht übertragbar, nicht revolvierend und nicht bestätigt. Die **Übertragbarkeit** ist für den Exporteur von Bedeutung. Wenn diese vereinbart wird (Bezeichnung „übertragbar" im Akkreditiv), kann er das Akkreditiv an seinen Lieferanten zum Einkaufspreis weitergeben, weil sich die Akkreditivbank dem Zweitbegünstigten gegenüber verpflichtet. Die **Revolvierbarkeit**, das heißt die Wiederinanspruchnahme kann vereinbart werden, wenn es sich bei dem Grundgeschäft zwischen Exporteur und Importeur um mehrere regelmäßige Geschäfte handelt. Mit jeder neuen Warenlieferung kann das Akkreditiv bis zur vereinbarten Höhe ausgenutzt werden. Sowohl Übertragbarkeit als auch Revolvierbarkeit sind eher ausnahmsweise anzufinden. Dagegen wird üblicherweise die **Unwiderruflichkeit** festgelegt, weil die (jederzeitige) Widerrufsmöglichkeit ohne Benachrichtigung des Begünstigten (Exporteurs) das abgegebene Zahlungsversprechen konterkariert. Schließlich kann die Wirkung des unwiderruflichen Akkreditivs durch das zusätzliche Zahlungsversprechen der avisierenden Bank verstärkt werden.

Bei einem **Sichtakkreditiv** wird die Zahlung des Importeurs unmittelbar bei Übergabe der Dokumente fällig. Es muss vereinbart werden, ob der Betrag bei der avisierenden Bank (Wunsch des Exporteurs) oder bei der Akkreditivbank (Wunsch des Importeurs) zahlbar gestellt wird. Dem Importeur kann aber auch ein Zahlungsziel eingeräumt werden, so dass er bereits über die Ware verfügen und sie verkaufen kann, bevor er die Akkreditivzahlung leistet (Nachsichtakkreditiv = Deferred Payment). Der Liquiditätsabfluss erfolgt für den Importeur so möglicherweise erst nach dem Liquiditätszufluss aus dem Verkauf. Eine Entbindung von der Zahlungsverpflichtung bei Mangelfeststellung ist damit nicht verbunden. Ein **Wechselakkreditiv** beinhaltet die Versendung einer Tratte mit den Dokumenten. Die Akzeptierung der Tratte kann unterschiedlich vereinbart sein. Bestandteil des Akkreditivs kann die Einreichung einer Tratte sein, die auf eine bestimmte Bank gezogen ist und für deren Akzept und spätere Einlösung die Akkreditivbank haftet. Bei einer **Negoziierung** werden Tratten oder Dokumente aus einem Akkreditiv angekauft. Die Negoziierung entspricht damit der Vorfinanzierung des Exporteurs, weil der Zeitraum bis zum Eingang der Zahlung der Akkreditivbank überbrückt wird. Bei frei negoziierbaren Akkreditiven kann der Exporteur bei jeder Bank am Zahlungsort die Dokumente gegen Negoziierung (Ankauf) vorlegen. Wenn die Akzeptierung durch eine Bank in einem Drittland (Remboursbank) erfolgt, spricht man von einem **Remboursakkreditiv**.

Als Sonderform kann als erstes das **Gegenakkreditiv** (back-to-back-credit) genannt werden. Das Gegenakkreditiv wird als neues Akkreditiv zugunsten des Lieferanten des Exporteurs eröffnet, wenn die Übertragung nicht vereinbart werden kann. Der angelsächsische **Commercial Letter of Credit** (C.L.C.) ist das Gegenstück zum Dokumentenakkreditiv und unterscheidet sich dadurch, dass die Akkreditivbank den

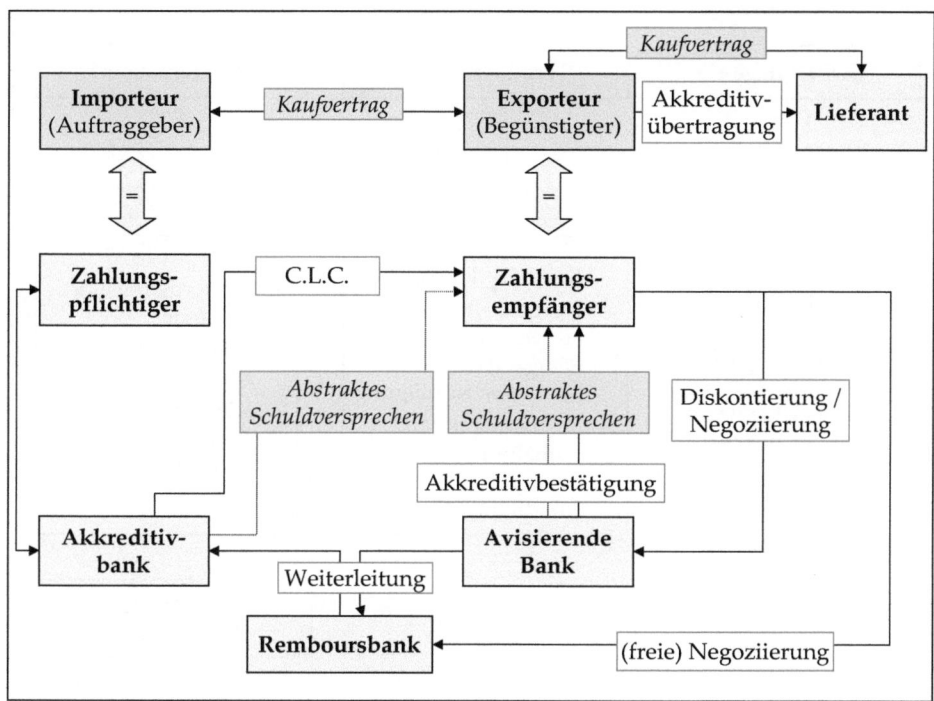

Abbildung 102: Ausgestaltungsvarianten von Akkreditiven

C.L.C. direkt an den Begünstigten ausstellt und meistens auch versendet. Darüber hinaus kann der Commercial Letter of Credit bei jeder Bank zahlbar gestellt werden. Die Sonderform des **Packing Credit** unterscheidet sich von Standardakkreditiven durch die Klausel einer Bevorschussung des Exporteurs durch die avisierende Bank vor Dokumentenvorlage.

4.1.3   Leistungen der Geldanlage

Die vorübergehende Anlage von liquiden Mitteln dient der Zinserwirtschaftung für Geld, das nicht unmittelbar für die Konsumfinanzierung verwendet wird, aber als **Liquiditätsreserve** für den Kauf von Gütern und Dienstleistungen dient. Solange dieses Geld nicht (primär) zur **Vermögensbildung** (Ersparnis) verwendet wird, gilt es als Geldanlage. Eine eindeutige Trennung zwischen Geldanlage (Liquiditätsreserve) und Kapitalanlage (Ersparnis) ist lediglich theoretisch möglich. Tatsächlich ist das Depositengeschäft gleichzeitig die Basis für die Vermögensbildung. Daher werden die Termin- und Spareinlagen, also Depositen, unter den Anlageprodukten genauer behan-

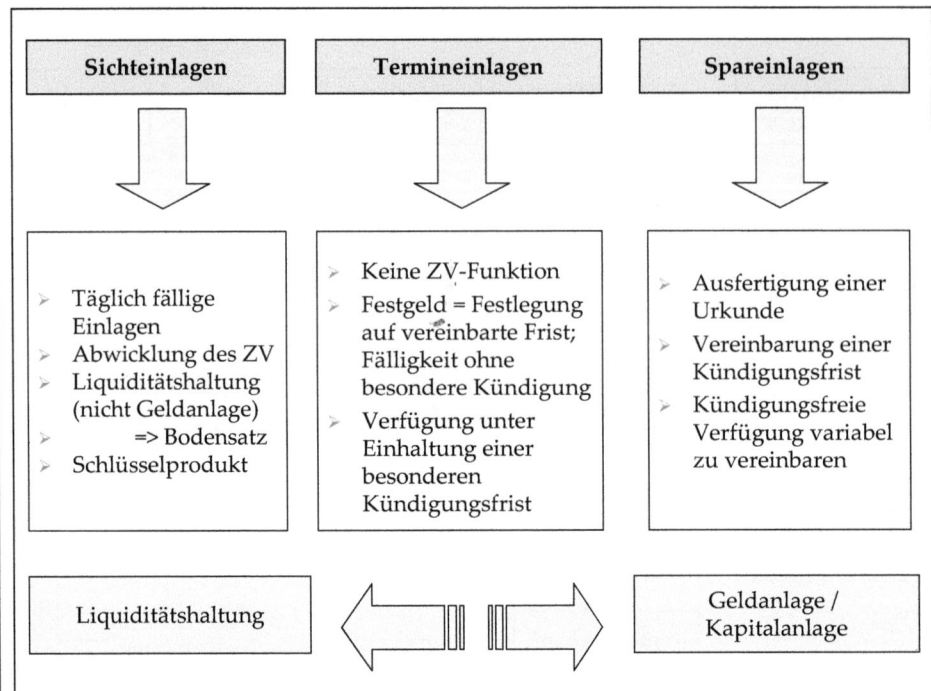

Abbildung 103: Einlagen als Geldanlage bei Kreditinstituten

delt. Die im vorherigen Kapitel angesprochenen Sichteinlagen auf Zahlungsverkehrs-konten dienen im weiteren Sinne ebenfalls der **Geldanlage aus Dispositionszwecken**. Die Funktion der Liquiditätsreserve können auch **kurzfristige Wertpapiere** (Geld-marktpapiere) oder Kapitalmarktpapiere mit kurzer Restlaufzeit sowie Geldmarkt-fonds übernehmen. Alle zur Geldanlage im Sinne einer Liquiditätsreserve geeigneten Instrumente werden bei den jeweiligen Produkten des Anlagegeschäfts behandelt.

Aus Bankensicht ist die Unterscheidung insofern von Bedeutung, als die **Depositen formal** der Bank nur **kurzfristig** zur Verfügung stehen. **De facto** können Kreditinstitu-te von der **dauerhaften Verfügbarkeit der Depositen** ausgehen, weil die Kunden eine stabile Liquiditätsreserve zu halten pflegen bzw. weil die Einlagen als Ersparnisse ohnehin langfristig angelegt werden. Der Gesetzgeber hat diese Tatsache in den Liqui-ditätsanforderungen an die Banken berücksichtigt. Die zugrunde liegende Liquiditäts-theorie bezeichnet diese Diskrepanz zwischen formaler Frist und realer Anlagedauer als **Bodensatz**. Daraus ergibt sich die Möglichkeit der langfristigen Ausleihung der formal kurzfristigen Depositen. Die sich daraus ergebende Fristentransformation ist eine wichtige Ertragsquelle für die Banken.

Literaturhinweise zum Kapitel 4.1

Adrian, Reinhold / Heidorn, Thomas / Hagenmüller, Karl Fr.: Der Bankbetrieb, 15. Auflage, Gabler Verlag, Wiesbaden, 2000.

Büschgen, Hans E: Bankbetriebslehre, Bankgeschäfte und Bankmanagement, 5. Auflage, Gabler Verlag, Wiesbaden 1998.

Eilenberger, Guido: Bankbetriebswirtschaftslehre, 6. Auflage, Oldenbourg Verlag, München /Wien, 1996.

Grill, Hannelore / Perczynski, Hans: Wirtschaftslehre des Kreditwesens, 36. überarbeitete Auflage, Verlag Gehlen, Bad Homburg vor der Höhe, 2002.

Krupp, Michael: Weltweiter Zahlungsverkehr – expansiv, aber auch profitabel?, in: Die Bank, Heft 10, 2002, S. 656-659.

Langen, Udo / Rabe, Stephan: Kontoführung und Zahlungsverkehr, Grundwissen Bankwirtschaft 5, Deutscher Sparkassenverlag, Stuttgart, 2001.

Lippe, Gerhard / Esemann, Jörn / Tänzer, Thomas: Das Wissen für Bankkaufleute, 9. Auflage, Gabler Verlag, Wiesbaden, 2001.

Obst, Georg / Hintner, O.: Geld-, Bank-, und Börsenwesen, Hrsg. Kloten / v. Stein, 40. Auflage, Schäffer-Poeschel Verlag, Stuttgart, 2000.

Priewasser, Erich: Bankbetriebslehre, 7. Auflage, München, Wien, 2001.

4.2 Finanzierungsbereich

Finanzierung ist die **Beschaffung von Geld bzw. Geldkapital über den Finanzmarkt**. Es ist dabei zu unterscheiden zwischen einem bankorientierten System der Finanzierung, bei dem die Geschäftsbanken die zentrale Funktion der Bereitstellung von Finanzierungsmitteln übernehmen und einem marktorientierten System, bei dem Geschäftsbanken lediglich die Vermittlungsfunktion von Kapitalanbietern und -nachfragern inne haben. Finanzierung ist aus Sicht des Kapitalgebers ein Verzicht auf die Verfügungsgewalt über Geldvermögen gegen das Versprechen einer Gegenleistung. Die Entgeltleistungen für den Kapitalverzicht sind Zinsen oder Dividenden sowie Rückzahlung und gegebenenfalls Informations- und Mitbestimmungsrechte.

Die Bereitstellung von Finanzmitteln kann als **Fremdfinanzierung** oder **Eigenfinanzierung** erfolgen. Bei der Fremdfinanzierung wird der Kapitalgeber Gläubiger der Unternehmung. Bei der Eigenfinanzierung durch Unternehmensfremde wird der Kapitalgeber Miteigentümer/Anteilseigner der Unternehmung. Finanzierungsformen, die sowohl Merkmale des Fremdkapitals als auch Merkmale des Eigenkapitals aufweisen, werden als Mezzanine-Finanzierung bezeichnet. Bei der Finanzierung der Privathaushalte werden Eigenmittel weitgehend selbst aufgebracht, so dass Kreditinstitute hier nur als Kreditgeber, dass heißt Fremdmittelgeber fungieren. Dies gilt in ähnlicher Weise für die Finanzierung des Staates, auch hier kann nach der Natur der Sache nur Fremdfinanzierung stattfinden, weil keine Individuen als Anteilseigner des Staates auftreten können. Die wichtigsten zu finanzierenden Wirtschaftseinheiten, die Unternehmen, werden hingegen sowohl mit Eigenmitteln als auch mit Fremdmitteln durch Geschäftsbanken versorgt. Bei der fremdfinanzierten Bankfinanzierung kann unterschieden werden in die Kreditfinanzierung (im engeren Sinne = klassisch) und die Kreditersatzfinanzierung. Die klassische Kreditfinanzierung beinhaltet die Kreditvergabe durch eine Bank. Bei der Kreditersatzfinanzierung wird der Finanzierungswunsch des Kapitalnachfragers durch die Bank erfüllt, ohne dass die Bank als Kreditgeber agiert (Leasing; Factoring).

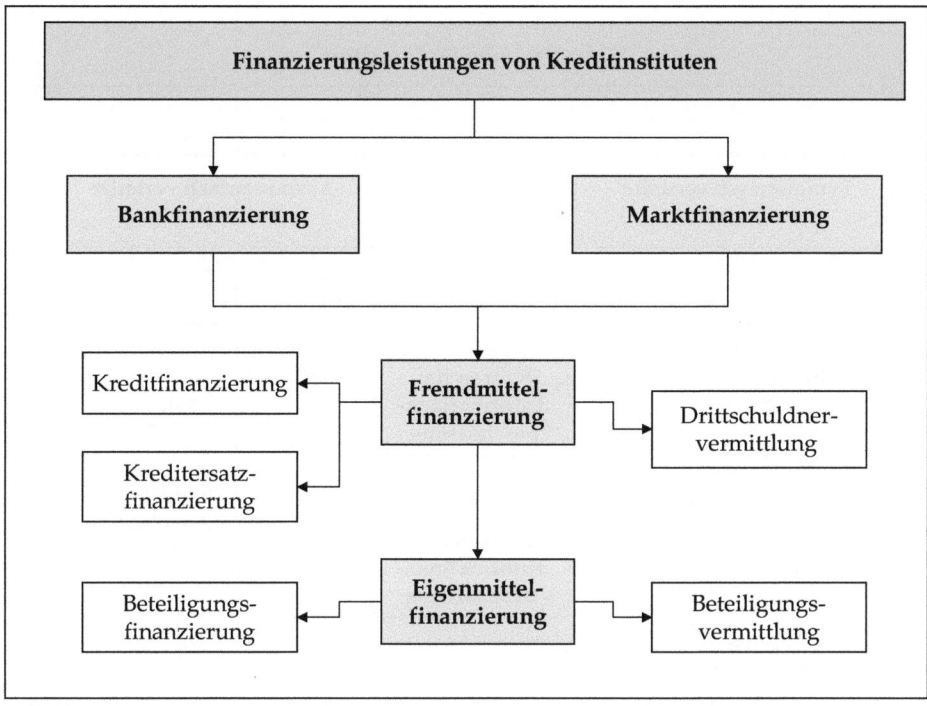

Abbildung 104: Systematik von Finanzierungsleistungen

4.2.1 Theoretische Grundlagen

In der Theorie ist der **vollkommene Markt** die Grundlage jeder Betrachtung. Auf einem vollkommenen Finanzmarkt bestehen annahmegemäß keine Transaktions- und Informationskosten. Diese Annahmen müssen in mehrerer Hinsicht eingeschränkt werden, um die Realität besser erklären zu können.

◼ Unvollständige Information

Das Bestehen von unvollkommener und ungleich **verteilter Information** führt zu unterschiedlichen Erwartungen und Entscheidungen der Wirtschaftssubjekte unter Unsicherheit. Informationen senken die Unsicherheit, sind aber nur entgeltlich zu erwerben. Informationen können symmetrisch oder asymmetrisch verteilt sein. Allgemein verfügbare Informationen über die Wirtschaftsentwicklung, die im Finanzierungsgeschäft eine wichtige Rolle spielen, sind **symmetrisch** verteilt. Informationen über einzelne Individuen oder Unternehmen, also Wirtschaftseinheiten, sind **asymmetrisch** verteilt, da Außenstehende nicht über die gleichen Informationen verfügen können.

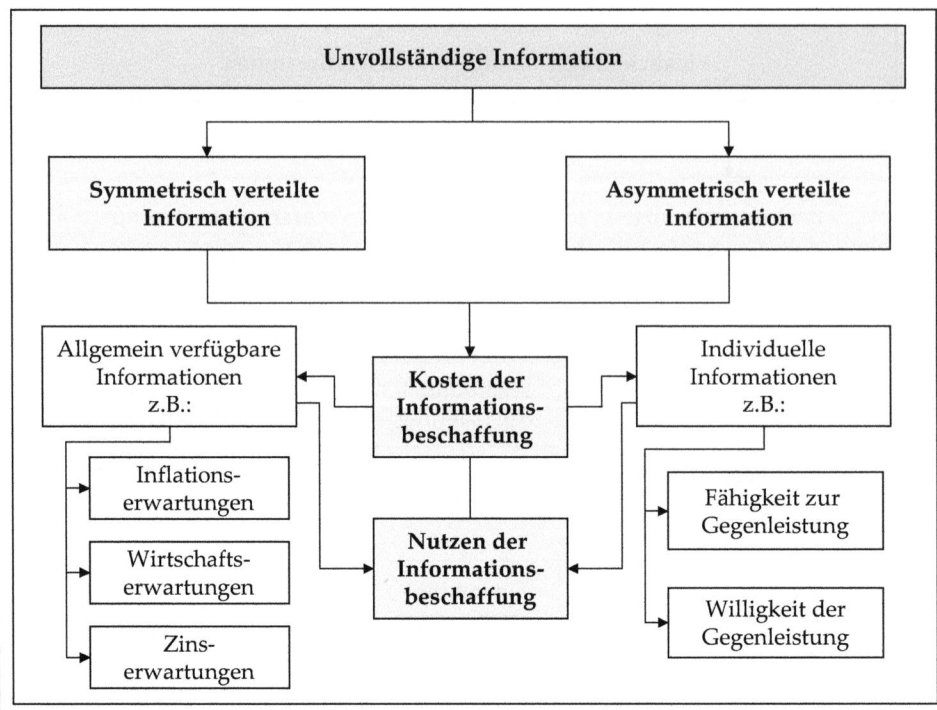

Abbildung 105: Informationsverteilung und Informationsdefizite

Selbst durch Informationsaustausch kann dieser Informationsunterschied nicht vollkommen ausgeglichen werden. Solange der Nutzen der Informationsbeschaffung die Kosten der Informationsbeschaffung übersteigt, ist es rational weitere Informationen zu gewinnen. Die mit der Informationsbeschaffung verbundenen Kosten führen dazu, dass die Informationsdefizite nicht vollständig beseitigt werden. Die Informationsdefizite führen zu Entscheidungen unter Unsicherheit.

■ **Sonstige Marktunvollkommenheiten**

Des weiteren existieren **Unvollkommenheiten des Austauschs**, durch welche Kosten entstehen, die die Marktteilnehmer am Finanzmarkt verursachen. Eine Ersparnis bei diesen Kosten erhöht das Volumen des Handels am Finanzmarkt. Transaktionskosten entstehen durch die Notwendigkeit, Angebot und Nachfrage zu koordinieren, den Austausch abzuwickeln und zu überwachen.

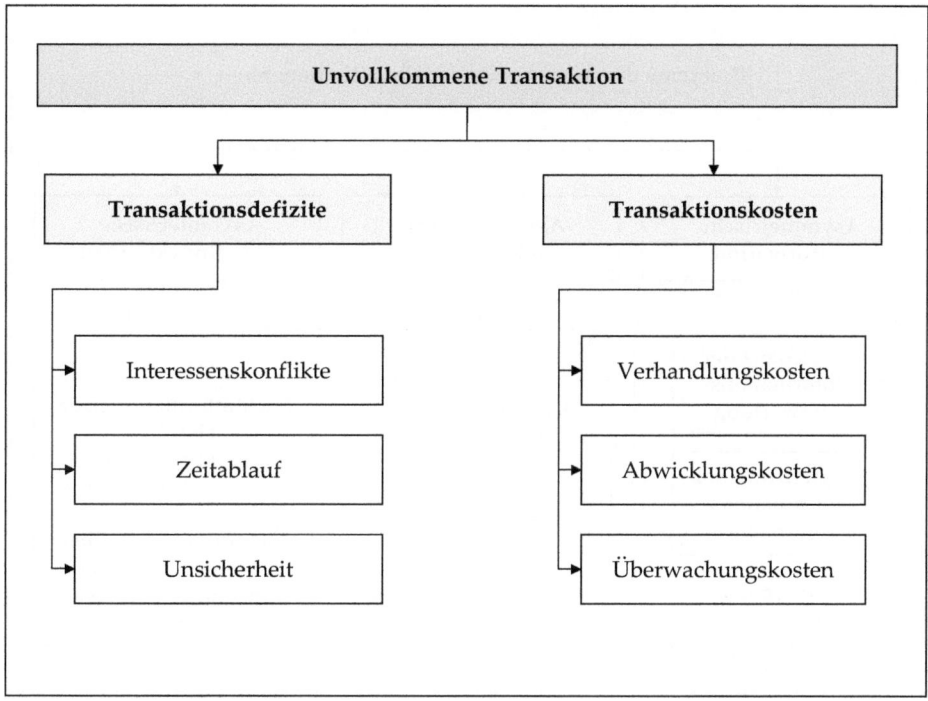

Abbildung 106: Transaktionskosten und Transaktionsdefizite

Die Kosten des unvollkommenen Marktes bewirken bestimmte Verhaltensweisen der Marktteilnehmer und beeinflussen das Ergebnis der Marktaktivitäten. **Transaktionskosten** können durch Verkürzung und Vereinfachung der Verhandlungen und der Abwicklung gesenkt werden. Kreditinstitute erzielen Einsparungen von Transaktionskosten durch Standardisierung und durch entsprechend hohe Stückzahlen für die Transaktionen.

Die Transaktionskosten sind um so höher, je individueller die Finanzierung gestaltet wird. Durch große Volumina der Einzelverträge und einheitliche Abwicklungssysteme, Formulare und Abläufe können in erheblichem Umfang Transaktionskosten gespart werden. Die Transaktionskosten spiegeln sich in den Konditionen der Finanzierung wider.

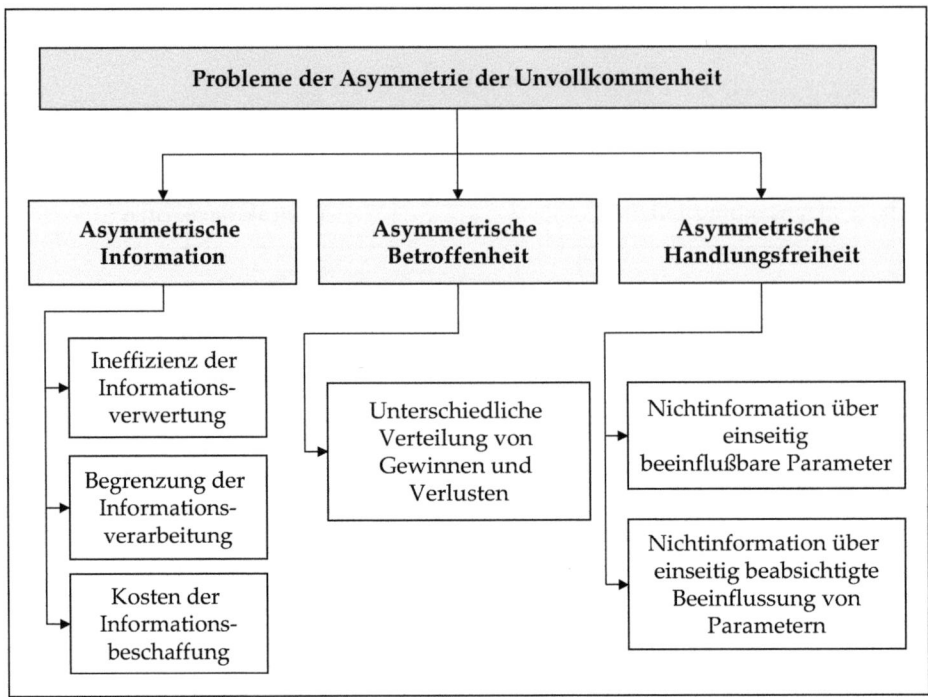

Abbildung 107: Asymmetrie der Unvollkommenheit

◼ Asymmetrische Information

Die **Ungleichverteilung** der Informationen, der Betroffenheit und der Handlungsspielräume zu ungunsten des Kreditgebers sind für die moderne Kredittheorie eine wesentliche Erkenntnis. Der Kreditnehmer ist besser informiert über die **Fähigkeit** und **Willigkeit** seiner **Gegenleistungserbringung**, der Kreditgeber kann dieses Risiko nicht antizipieren. Weiterhin kann der Kreditnehmer dieses Risiko beeinflussen und der Kreditgeber ist nicht in der Lage, die Bereitschaft und Möglichkeit der Beeinflussung einzuschätzen. Da der Kreditnehmer nicht sein Kapital einsetzt, unterliegt er lediglich dem Risiko der Nichterwirtschaftung von Gewinnen, demgegenüber trägt der Kreditgeber das Totalverlustrisiko (Nichterbringung der Gegenleistung). Der Kreditgeber erhält bei Misserfolg nicht nur keinen Kapitalertrag, sondern verliert das eingesetzte Kapital, ist also stärker vom Risiko betroffen.

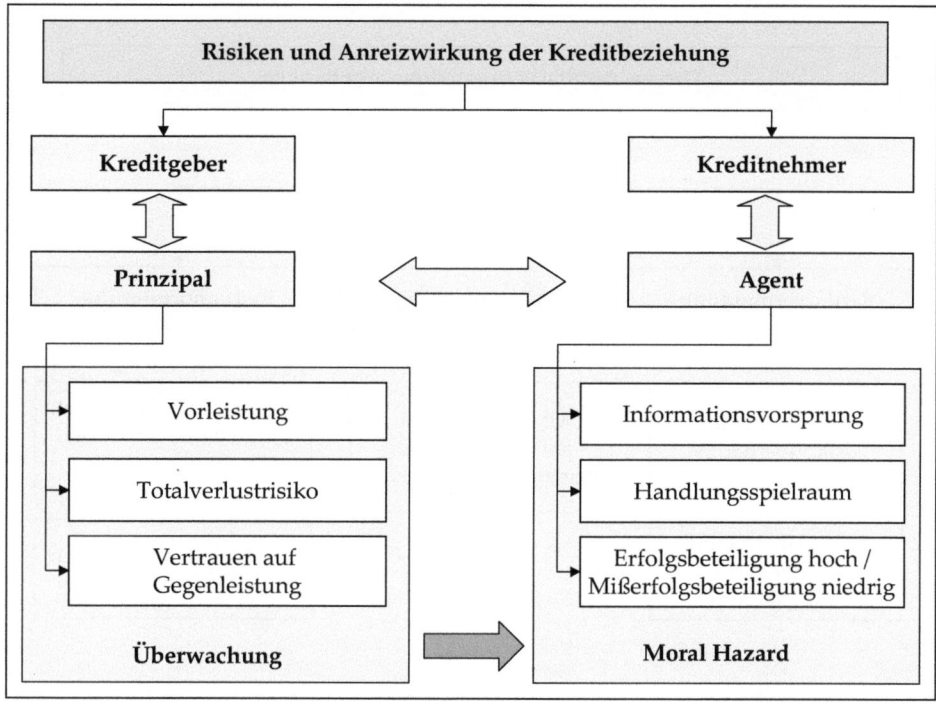

Abbildung 108: Beziehung zwischen Kreditgeber und Kreditnehmer

■ Verhaltenstheorie bei Finanzierungsleistungen

Das zeitliche Auseinanderfallen der Vorleistung des Kreditgebers und der Gegenleistung des Kreditnehmers in Verbindung mit der asymmetrischen Unvollkommenheit am Finanzmarkt führt zum Entstehen einer **Prinzipal-Agent-Beziehung**. Der **Kreditgeber** ist der **Prinzipal**, der bezüglich der in der Zukunft liegenden Gegenleistung ein Risiko eingeht, welches er nicht mehr aktiv beeinflussen kann. Er kann auf die Handlungen des Kreditnehmers und die Ergebnisse dessen Handelns nicht oder nur sehr eingeschränkt einwirken. Der **Kreditnehmer** als **Agent**, der eine Leistung erhalten hat und bei dem nun die Erbringung der Gegenleistung liegt, kann aktiv gestalten. Diese Möglichkeit stellt für den Agenten eine moralische Verführung – „**Moral Hazard**" dar. Er hat einen Anreiz, riskantere Handlungsalternativen mit hoher Gewinnchance zu wählen, was aber nicht im Interesse seines Prinzipals liegt.

Der Umgang mit dem Risiko und den aus der Beziehung von Kreditgeber und Kreditnehmer entstehenden Verhaltensanreizen definiert damit das Kernproblem am Kreditmarkt.

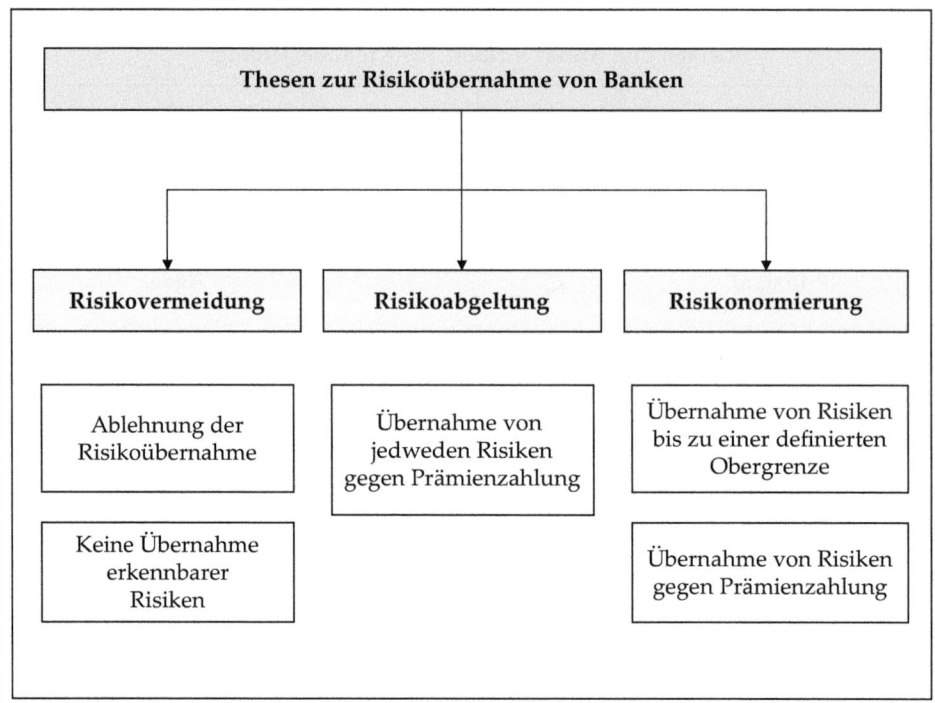

Abbildung 109: Übernahme von Risiken

■ **Umgang mit Risiko**

Zunächst ergibt sich daraus die Frage, unter welchen Bedingungen Finanzdienstleister bereit sind, Risiken zu tragen. Generelle Voraussetzung für das Zustandekommen des Geschäfts ist, dass aus Gläubigersicht die Vorteile bei vollständiger Gegenleistung die Risiken der Gegenleistungserbringung überkompensieren. Ist dies nicht der Fall, so wird das Risiko vermieden, indem der Kreditgeber die Kooperation ablehnt. Demgegenüber ist es theoretisch denkbar, gegen eine entsprechende Höhe der Gegenleistung (**Risikoabgeltung**) jedes erkennbare Risiko zu übernehmen. Rational ist es für Kreditgeber, **Risiken** derart zu **begrenzen**, dass eine absolute Obergrenze für die Übernahme von Risiken festgelegt wird und gleichzeitig Preise für die Risikoübernahme definiert werden. Bei Überschreitung der Risikoobergrenze bzw. einer bestimmten Risikoprämie ergibt sich daraus die Notwendigkeit der **Risikovermeidung**.

■ **Adverse Selektion**

Die Kreditgeber versuchen die Risiken zu quantifizieren und zu bewerten. Im Ergebnis der **Risikoeinordnung** erfolgt für Kreditnehmer, deren Risiken als übernehmbar

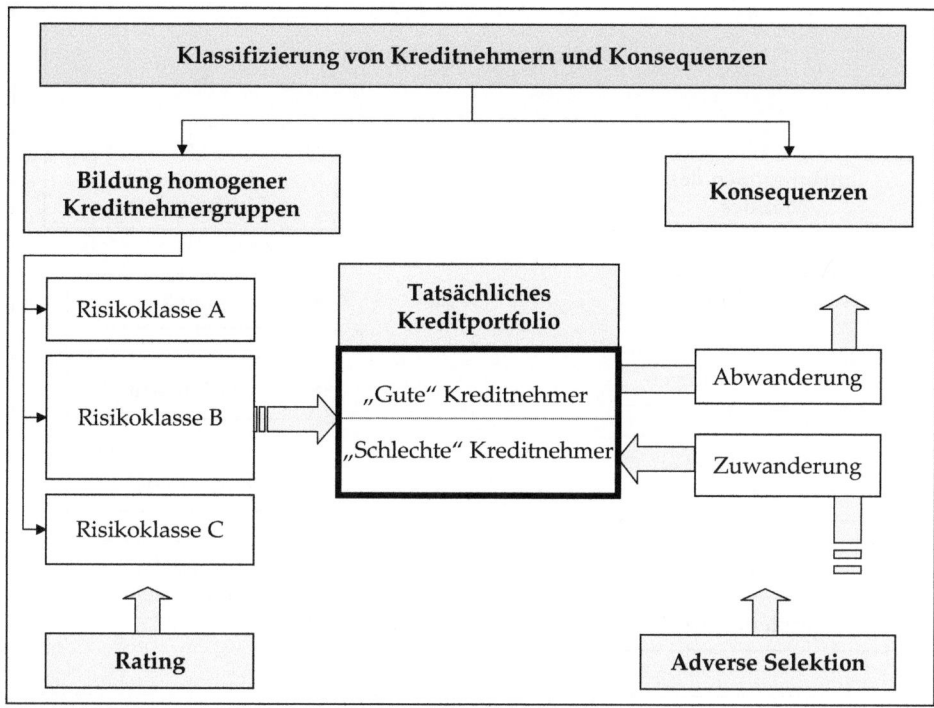

Abbildung 110: Segmentierung und Adverse Selektion

eingeordnet werden, eine **Segmentierung**. Die Kreditgeber differenzieren dabei die aus ihrer subjektiven Sicht homogenen Kreditnehmer in eine **Risikoklasse** bzw. Ratingklasse. Innerhalb dieser Risikoklasse bestehen aber bezüglich der tatsächlichen Risiken Unterschiede zwischen den Kreditnehmern. In einem solchen Kreditnehmerportfolio existieren „gute" und „schlechte" Kreditnehmer. Aus der Gleichbehandlung dieser Kreditnehmer nach der Risikonormierung des Kreditgebers ergibt sich für die „guten" Kreditnehmer ein Anreiz, diese Risikogruppe zu verlassen, da ihnen ein zu hohes Risiko und damit eine für ihre Risikoqualität zu hohe Risikoprämie zugeordnet wird. Tendenziell mit größeren Risiken behaftete Kreditnehmer dagegen streben eine Einordnung in diese, aus ihrer Sicht günstige Risikoklasse an. Diesen Prozess nennt man **adverse Selektion** und er führt zu einer Verschlechterung des Kreditportfolios. Die mit höheren Risiken verbundenen Kreditnehmer verdrängen die Kreditnehmer mit niedrigeren Risiken. Im Ergebnis muss der Kreditgeber seine Risikonormierung entsprechend neu gestalten.

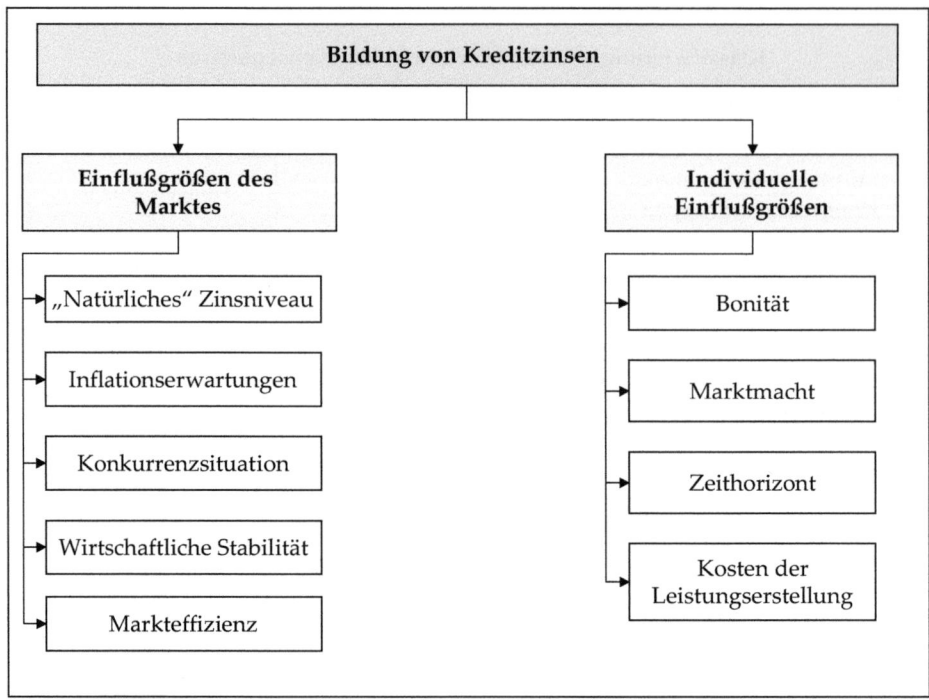

Abbildung 111: Determinanten für die Risikoprämie

■ **Zinsbildung**

Der **Preis für die Überlassung von Geld** entspricht unter vollkommenen Marktbedingungen dem individuellen Nutzenentgang durch die Ersparnis und der erwarteten Rendite aus der Investition. Die Konkurrenzsituation und die Marktposition des Einzelnen beeinflussen diese Nutzenkalkulation auf unvollkommenen Märkten. Dazu muss der Zins den Wertverlust des Geldes für den Zeitraum der Überlassung ersetzen. Zu diesen Komponenten des Zinses kommt eine **Risikoprämie**, die die Unsicherheit über die wirtschaftliche Entwicklung insgesamt sowie die wirtschaftliche Entwicklung des Kreditnehmers widerspiegelt. Die Markteffizienz bzw. die Kosten der Leistungserbringung des Kreditgebers reflektieren die Transaktionskosten. Schließlich muss im Preis für Finanzierungen die mit der Zeit steigende Unsicherheit über zukünftige Entwicklungen abgebildet sein. Daher erhöht sich der Zinssatz im Normalfall mit zunehmender Laufzeit von Kreditgeschäften.

Der Kreditgeber hat neben der Gestaltung der Risikoprämie weitere Möglichkeiten, den Effekten der adversen Selektion und des Moral Hazard entgegenzuwirken. All-

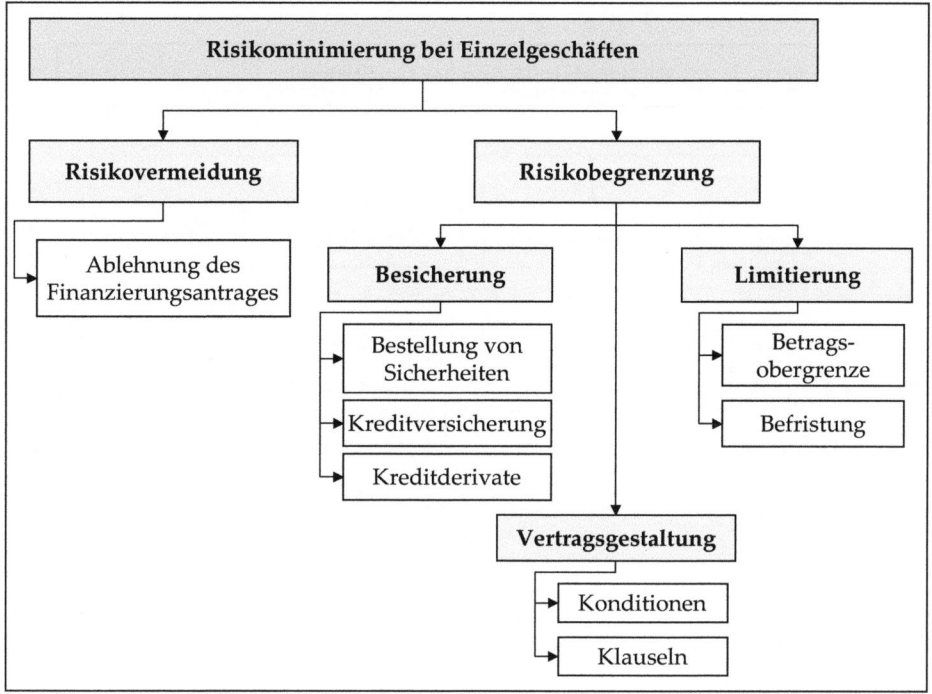

Abbildung 112: Risikominimierung bei Einzelgeschäften

gemein bestehen alle Bemühungen des Kreditgebers darin, die Risiken des Kreditgeschäfts zu minimieren und **Verhaltensanreize** zur Risikoerhöhung durch den Kreditnehmer zu begrenzen oder auszuschließen.

▓ Risikosteuerung

Die erste Dimension der Risikosteuerung erfolgt auf der Ebene der einzelnen Finanzierungsbeziehung. Die **Ablehnung** von Finanzierungsanträgen ist dabei ein wichtiges Instrument, aber schließt gleichzeitig auch die Ertragsgewinnung aus Finanzierungsbeziehungen aus. Die **Begrenzung von Risiken** beinhaltet zum einen die **Limitierung** der Geschäfte und zum anderen die **Besicherung**. Zur Verringerung von sogenannten Klumpenrisiken, die entstehen, wenn eine große Kreditsumme ausfallbedroht ist, werden die Kredite im Betrag begrenzt. Neben den gesetzlichen Grenzen, ziehen die Kreditgeber für jeden Kreditnehmer eine solche Grenze, die sich nach der Einschätzung der Vertragsbeziehung richtet. Außerdem ist die Gestaltung der Laufzeit ein Instrument der Risikobegrenzung. Kurze Laufzeiten erhöhen die Prognosequalität für die Finanzierungsbeziehung und senken so das Risiko. Als wichtigste Handlung

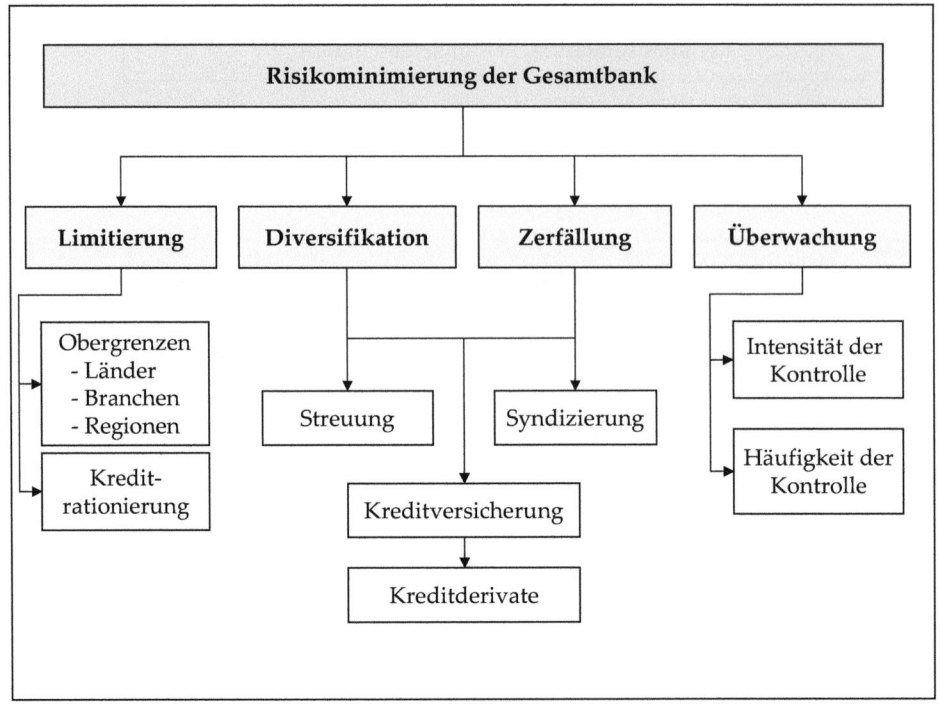

Abbildung 113: Risikominimierung für die Gesamtbank

zur Risikobegrenzung ist die Besicherung zu betrachten. Hier wird der Kreditnehmer an einem Verlust beteiligt, weil er für den Fall der Nichterbringung der Gegenleistung mit einem Vermögensgegenstand, der Sicherheit, haftet. Schließlich besteht für den Kreditgeber die Möglichkeit, sich gegen das Risiko zu versichern.

In der **Vertragsgestaltung** liegt eine weitere Möglichkeit, Risiken für den Prinzipal zu begrenzen. Einmal wird durch die Festlegung der Risikoprämie und anderer Entgelte die Kompensation der Risikoübernahme vereinbart, zum anderen kann durch Klauseln im Finanzierungsvertrag der Anreiz für den Kreditnehmer (Agenten) zur Erhöhung des Risikos beschränkt werden. Für diesen Zweck haben sich inzwischen standardisierte Vertragsklauseln, sogenannte Covenants durchgesetzt.

Als **Gesamtunternehmung** mit einer Vielzahl von Finanzierungsbeziehungen ergibt sich für Kreditinstitute eine zweite Dimension der Risikominimierung. Für die Gesamtheit der Finanzierungsgeschäfte besteht zunächst wiederum die Notwendigkeit der **Risikolimitierung**. Hier ist ein genereller Stop für die Aufnahme von Finanzierungsgeschäften in Form einer **Kreditrationierung** als äußerstes Instrument denkbar. Die Rationierung kann, ebenso wie die Festlegung von Obergrenzen, auf Länder,

Branchen oder Regionen bezogen sein. Ein weiteres wesentliches Instrument ist die **Kreditüberwachung**. Die Wahrscheinlichkeit der Erbringung der Gegenleistung und damit das Risiko muss stetig neu beurteilt werden. Dieser Prozess liegt im Eigeninteresse eines rational handelnden Kreditgebers, wird aber auch explizit durch das Gesetz (KWG) vorgeschrieben. Weiterhin stehen dem Kreditgeber die Möglichkeiten der Risikostreuung und –verteilung zur Verfügung. Die **Diversifikation** beinhaltet eine möglichst hohe Zahl von Finanzierungsbeziehungen, deren Risiken nur wenig voneinander abhängen, also wenig korrelieren. Bei der Syndizierung wird durch die Einbeziehung weiterer Kreditgeber in eine Finanzierungsbeziehung das Risiko verteilt. Die Versicherung von Kreditportfolien sowie der Verkauf von Risiken an andere Marktteilnehmer stellen eine Mischung aus Diversifikation und **Zerfällung** dar.

Das Finanzierungsgeschäft ist also wesentlich von den bestehenden Marktunvollkommenheiten geprägt, die durch die zeitliche Differenz von Leistung und Gegenleistung Entscheidungen unter Unsicherheit erzeugen.

4.2.2 Rechtliche Rahmenbedingungen

Entscheidenden Einfluss auf die Kosten haben die rechtlichen Rahmenbedingungen. Rechtsicherheit trägt zur Reduzierung der Unsicherheit bzw. zur Stabilisierung der Erwartungen bei. Die Marktorganisation übt entsprechenden Einfluss auf die Transaktionskosten aus. Rechtssicherheit ist eine entscheidende Determinante, um der Unvollkommenheit des Marktes entgegenzuwirken.

4.2.2.1 Kreditvorschriften des KWG

Wesentliche Grundlage für das Kreditgeschäft sind die Regelungen der §§ 13-22 KWG. Grundsätzlich sind dabei die **Regelungsbereiche** „Beschränkungen", „Anzeigepflichten" und „Prüfungspflichten" zu unterscheiden. Ein Kredit ist nach heutigem Sprachgebrauch die **Übernahme eines Adressenausfallrisikos** (Bonitätsrisiko). Folgerichtig umfassen die Kreditbegriffe der §§ 19 und 21 KWG nicht nur die Darlehensvergabe.

■ **Kreditbegriff**

Maßgeblich für die Regelungen bezüglich der **Organkredite** (§§15-17 KWG) und der **Offenlegungspflichten** (§ 18 KWG) ist der **engere Kreditbegriff** des § 21 I KWG. Für den Regelungsbereich der **Großkredite** (§ 13 KWG) und **Millionenkredite** (§ 14 KWG) wird dagegen der **weiter definierte Kreditbegriff** des § 19 I KWG herangezogen. Damit sind für die Kredite, die beiden Begriffsabgrenzungen genügen, die §§ 13-18 KWG anzuwenden. Es hat sich für die Kredite nach § 21 KWG die Bezeichnung enger Kreditbegriff eingebürgert, während sich für die Erfassung aller Adressenausfallrisiken in

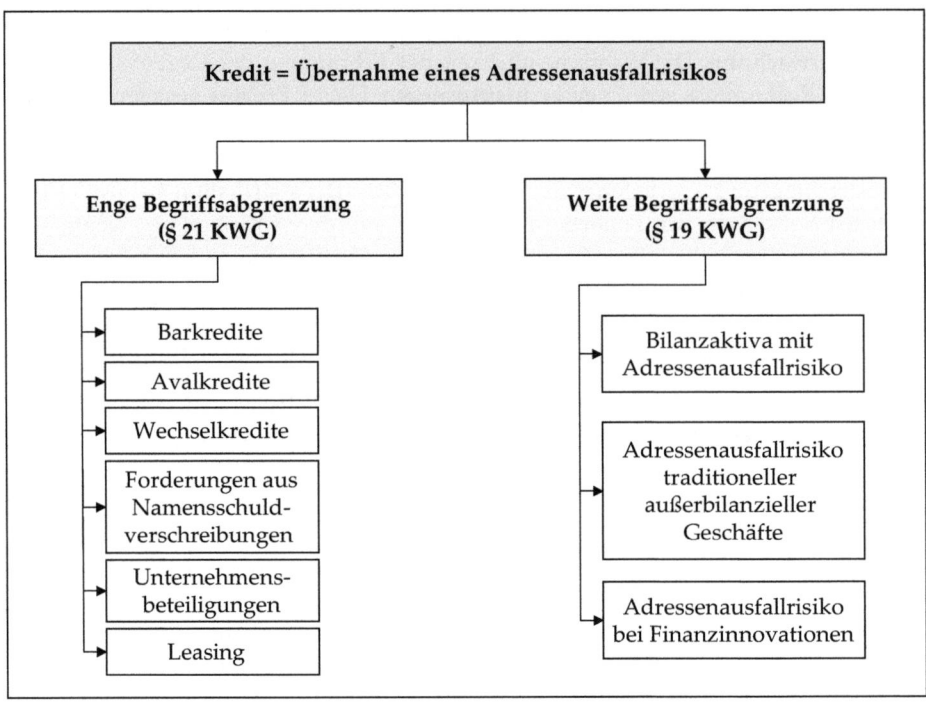

Abbildung 114: Kreditbegriff des Kreditwesengesetzes

§ 19 KWG der Begriff weite Begriffsabgrenzung durchgesetzt hat. Die weite Abgrenzung wird dem modernen Kreditbegriff als Bonitätsrisiko eher gerecht.

Der Kreditbegriff umfasst in der weiten Abgrenzung sehr viele Bankgeschäfte. Von der Begriffsdefinition wird durch umfassende **Ausnahmen**, die in den §§ 20 sowie 21 II-IV KWG bestimmt sind, abgewichen. Die Ausnahmen beziehen sich im wesentlichen auf die Kreditvergabe an Bund, Länder und Kommunen sowie öffentliche Stellen bzw. Adressen oder Geschäfte, bei denen das Adressenausfallrisiko begrenzt ist.

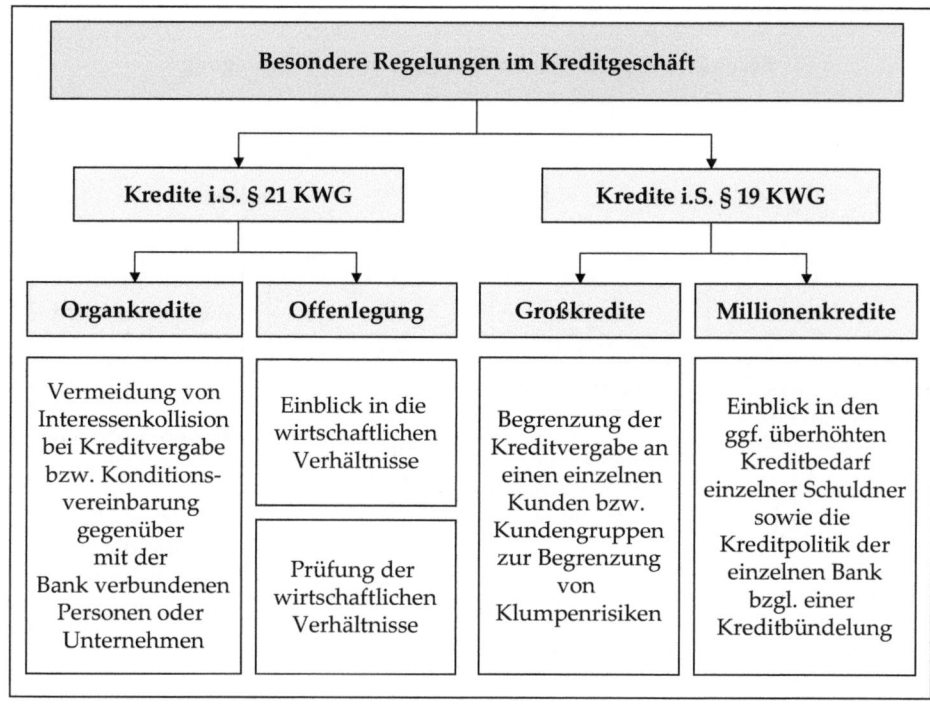

Abbildung 115: Pflichten der Kreditinstitute im Kreditgeschäft

▨ Pflichten der Kreditinstitute

Die Pflichten der Kreditinstitute im Kreditgeschäft verfolgen mehrere **aufsichtsrechtliche Ziele**. Das wichtigste Ziel ist die **Begrenzung** bzw. die Beobachtung der eingegangenen **Adressenausfallrisiken** und die Erzeugung einer **Mindestdiversifizierung** des Kreditportfolios. Darüber hinaus sollen aus persönlichen Gründen motivierte, nicht marktgerechte Kreditvergaben unterbunden werden. Die Vorschriften zur Offenlegung der wirtschaftlichen Verhältnisse sollen das Eigeninteresse kreditgebender Institute an der Beurteilung der wirtschaftlichen Lage der Kreditnehmer stärken bzw. eine Vernachlässigung dieser risikomindernden Maßnahme unterbinden.

▨ Offenlegungspflichten

Um eine genaue Beurteilung bzw. eine Begrenzung des Risikos bereits im Vorfeld der Risikoübernahme zu gewährleisten, schreibt der Gesetzgeber nach § 18 KWG eine **Offenlegungspflicht der wirtschaftlichen Verhältnisse** ab einer Betragsgröße von **750.000 €** fest. Grundsätzlich lassen sich Kreditinstitute obligatorisch die wirtschaft-

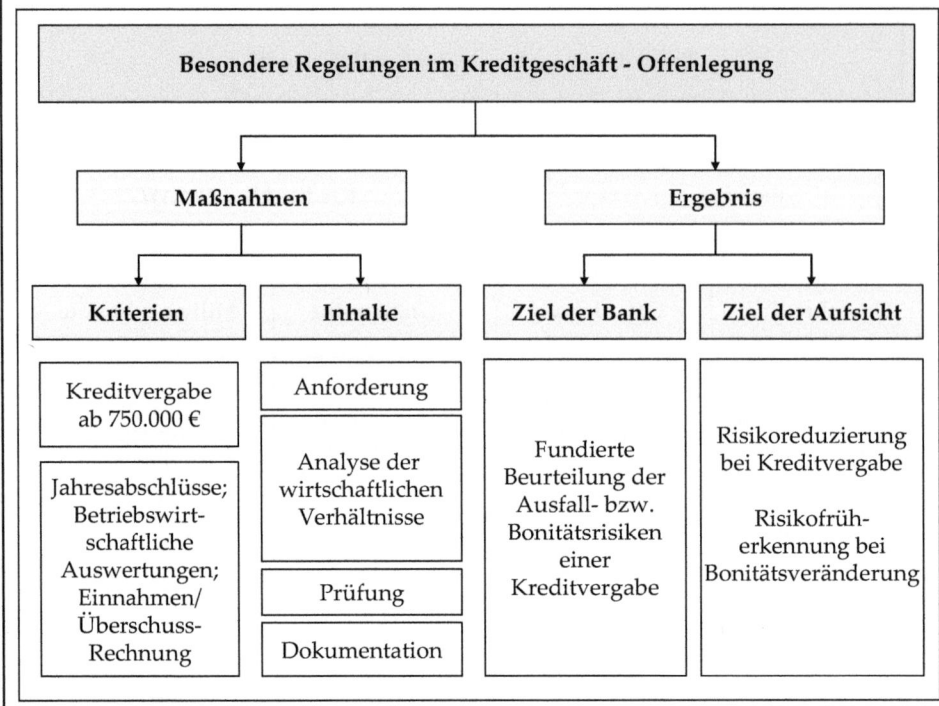

Abbildung 116: Offenlegung der wirtschaftlichen Verhältnisse

lichen Verhältnisse des Kunden bei einer Kreditvergabe offen legen. Dies ist zur Beurteilung der **Kreditwürdigkeit** notwendig und liefert die Grundlage für die Einschätzung der Kapitaldienstfähigkeit. In der Praxis entstehen jedoch mitunter Schwierigkeiten, die entsprechenden Unterlagen zeitnah und vollständig einzufordern sowie auszuwerten. Um hieraus entstehende Risiken zu vermeiden, verpflichtet das KWG die Kreditinstitute bei bestimmten Krediten und ab einem bestimmten Geschäftsvolumen zur **Anforderung, Auswertung und Dokumentation** der zur Beurteilung der wirtschaftlichen Verhältnisse notwendigen Unterlagen. Die diesbezüglichen Anforderungen werden in entsprechenden Rundschreiben und Verlautbarungen der BaFin (BaKred) konkretisiert. Eine **zeitnahe Beurteilung** des Jahresabschlusses hat beispielsweise innerhalb von neun Monaten zu erfolgen. Bei nicht jahresabschlusspflichtigen Unternehmen treten an die Stelle des Jahresabschlusses andere Unterlagen zur Bewertung der wirtschaftlichen Verhältnisse, bspw. eine Einnahmen-Überschuss-Rechnung. Bei laufenden Geschäften ist eine mindestens **jährliche Überwachung** durch eine dokumentierte Auswertung der wirtschaftlichen Verhältnisse erforderlich.

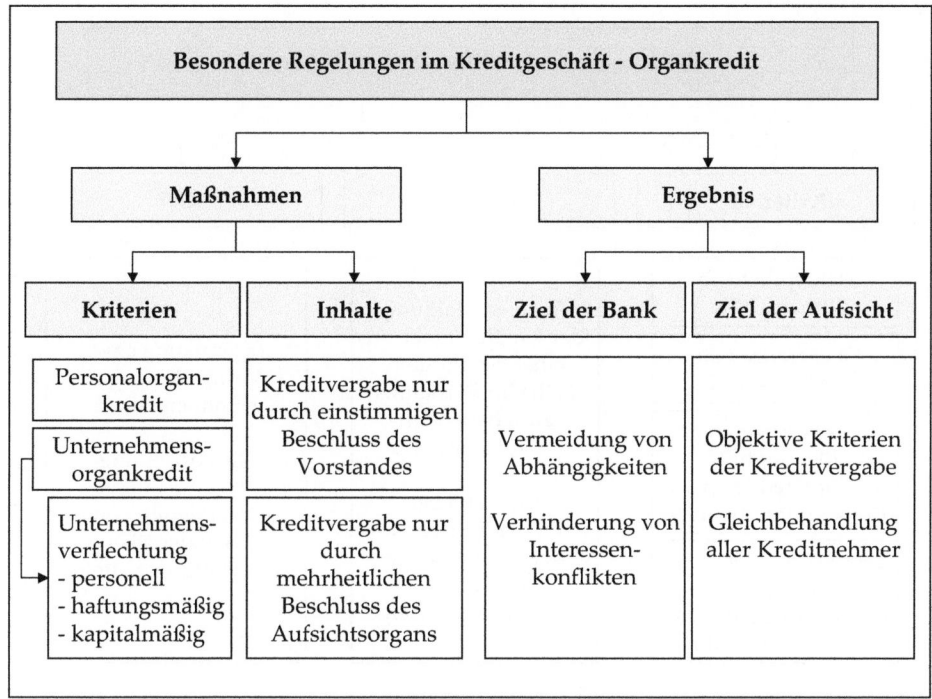

Abbildung 117: Vorschriften zu Organkrediten

▪ Organkredite

Die Regelungen bezüglich einer Organkreditvergabe (§§ 15;17 KWG) sollen die Möglichkeit der Entscheidungsträger in Kreditinstituten einschränken bzw. unterbinden, Kredite an Personen oder Organe, die ihnen oder dem kreditgebenden Institut nahe stehen, zu vergeben. Hiermit soll eine **Interessenkollision**, die der Bank oder Sparkasse materiell schädlich werden kann, verhindert werden. Durch die **Zustimmungspflicht** aller Geschäftsführer und Aufsichtsgremien bei solchen Krediten soll die Begünstigung bei Geschäften und die Übernahme nicht vertretbarer Risiken vermieden werden. Darüber hinaus ist die Organkreditvergabe nicht grundsätzlich verboten, aber in der Höhe begrenzt. Die Verflechtung von Unternehmen kann in personeller, kapitalmäßiger oder haftungsmäßiger Hinsicht gegeben sein. In jedem Fall sind die Vorschriften zum Organkredit anzuwenden.

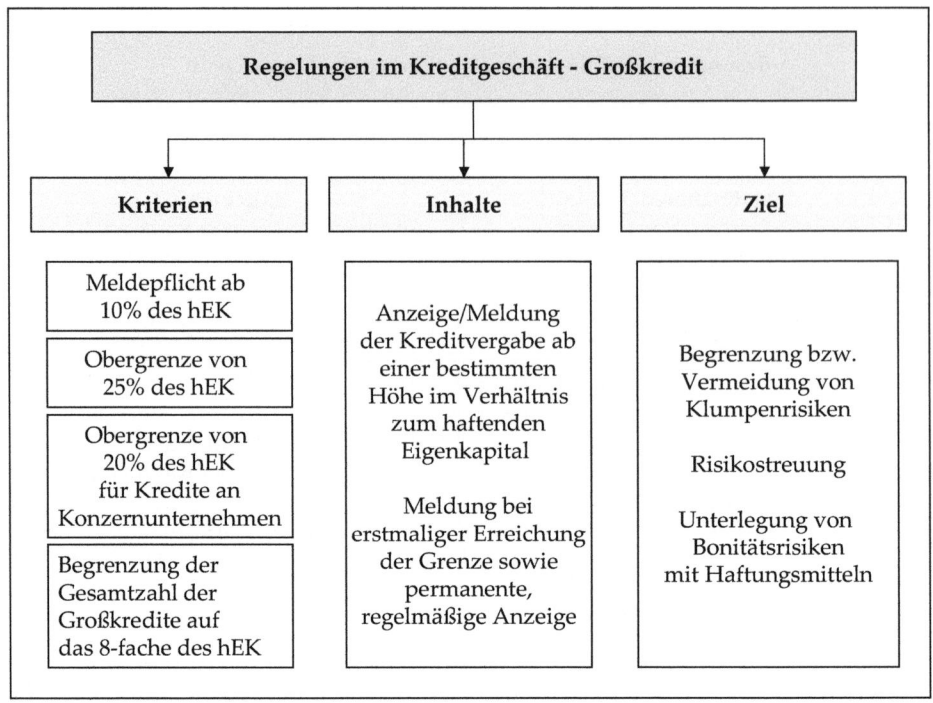

Abbildung 118: Vorschriften zu Großkrediten

▣ Großkredite

Zur **Begrenzung der Bonitätsrisiken** in der Höhe und um eine **Risikostreuung** zwischen verschiedenen Kreditnehmern zu erzeugen, schreibt der Gesetzgeber in § 13 KWG eine Kontrolle und Begrenzung von Einzelkrediten in Bezug zum verfügbaren haftenden Eigenkapital (hEK) vor. Damit sollen sogenannte „**Klumpenrisiken**" aus der Vergabe von Großkrediten an einzelne Kunden begrenzt werden. Kredite ab einer Größenordnung von 10% des hEK müssen daher der Bankenaufsicht gemeldet werden. Einzelne Großkredite dürfen eine Höhe von 25% des hEK nicht überschreiten. Kredite an verbundene Unternehmen sind sogar auf 20% des hEK begrenzt. Zudem darf die Summe aller Großkredite einen Betrag des 8-fachen des hEK nicht übersteigen. Dabei ist zu beachten, dass hier die weite Abgrenzung des Kreditbegriffs greift und dass nach Anlagebuchinstituten und Handelsbuchinstituten unterschieden wird.

▣ Millionenkredite

Schließlich gelten für das Kreditgeschäft noch die **Meldepflichten** des § 14 KWG. Hiernach müssen Millionenkredite ab einer Größe von **1.500 000 €** der Bundesanstalt für Finanzdienstleistungen gemeldet werden. Diese Meldung hat **vierteljährlich** für

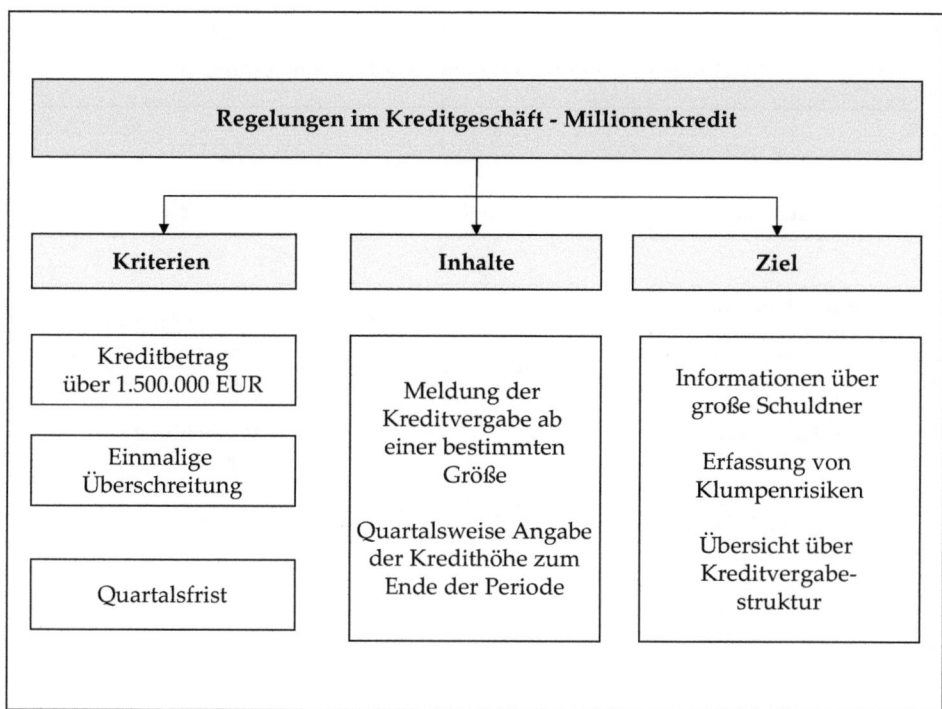

Abbildung 119: Vorschriften zu Millionenkrediten

alle Kredite zu erfolgen, die in dem Meldezeitraum diese Grenze (auch einmalig) über-schritten haben. Die meldenden Institute erhalten von der Meldestelle eine **Rückmel-dung** über die Zahl und die Höhe der Inanspruchnahmen von Millionenkrediten bei anderen Kreditinstituten. Die Bankenaufsicht verspricht sich hierdurch eine transpa-rente Risikoüberwachung von Großkreditnehmern und eine Begrenzung der Klum-penrisiken.

■ Kreditnehmereinheiten

Durch den § 19 II KWG soll für den Kreditbegriff des § 19 I KWG sichergestellt sein, dass miteinander verbundene Ausfallrisiken auch als eine **Risikoeinheit** erfasst wer-den. Maßgebend für die Bildung von Risikoeinheiten soll eine hohe Wahrscheinlich-keit sein, dass finanzielle Schwierigkeiten des einen Zahlungsschwierigkeiten des anderen nach sich ziehen. Unter dieser Bedingung sollen die Kreditnehmer zu einer Kreditnehmereinheit zusammengezogen werden. Eine Kreditnehmereinheit soll im Sinne der §§ 10, 13-18 KWG wie ein Kreditnehmer behandelt werden.

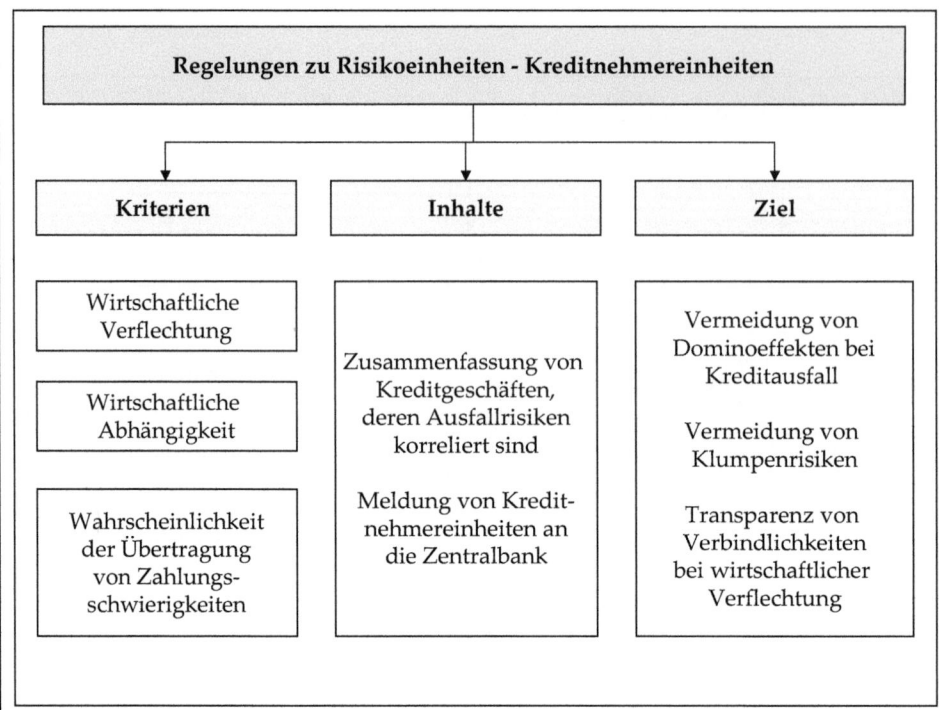

Abbildung 120: Bildung von Kreditnehmereinheiten

Als Kernkriterium für eine Risikoeinheit sind ein **beherrschender Einfluss** bzw. bestehende **Abhängigkeiten** anzuwenden. Diese sind regelmäßig zu unterstellen bei Personenhandelsgesellschaften, Mehrheitsbesitz, Gewinnabführungsverträgen bzw. Konzernzugehörigkeit. Bei Eheleuten müssen Indizien für ein gleichgerichtetes wirtschaftliches Interesse bzw. gemeinsame wirtschaftliche Unternehmungen existieren, um sie im Sinne des Paragraphen als Zweck- und Wirtschaftsgemeinschaft zusammen zu fassen. Die genaue **Einzelfallprüfung** zur Bildung von Kreditnehmereinheiten ist eine aufwandsintensive Aufgabe im Finanzierungsgeschäft. Die Kreditnehmereinheiten werden der Zentralbank gemeldet, die wiederum Widersprüche zu bereits vorliegenden Meldungen über Kreditnehmereinheiten zurückmeldet und Bereinigung bzw. Begründung verlangt.

4.2.2.2 Anforderungen an die Prozesse im Kreditgeschäft

Im Zuge der Modernisierung der aufsichtsrechtlichen Bestimmungen wurden für Kreditgeschäfte **Mindeststandards** eingeführt, die für die Kreditinstitute weit-

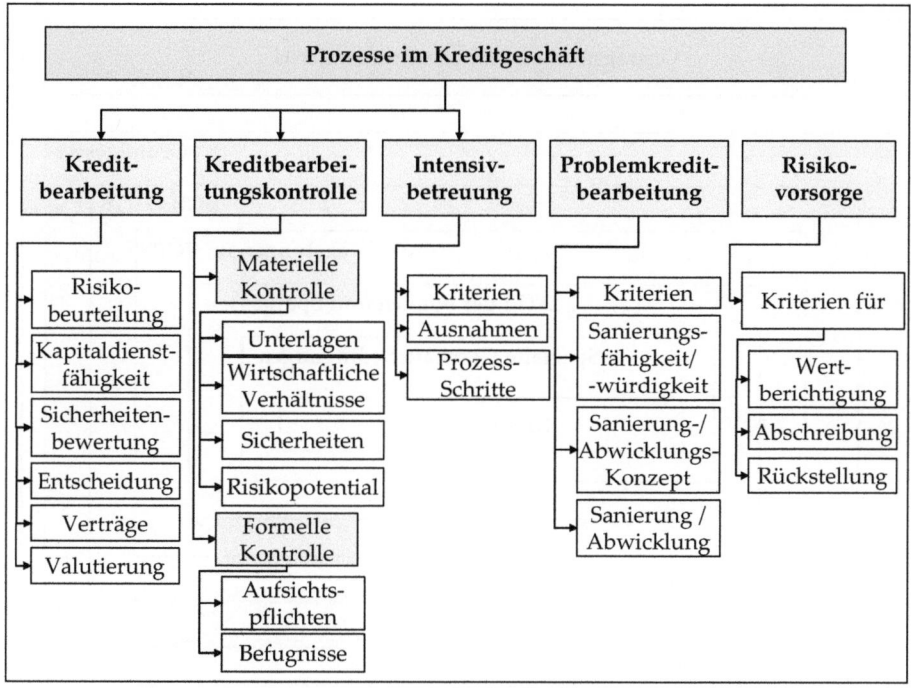

Abbildung 121: Anforderungen an die Prozesse im Kreditgeschäft

reichende strukturelle Konsequenzen hatten. Während viele Parameter, die die **Kreditrisikosteuerung** betreffen, bereits aus Eigeninteresse der Banken bzw. in Vorbereitung der Basel II-Vereinbarungen umgesetzt waren, mussten die **organisatorischen Erfordernisse** in den Kreditinstituten angepasst werden. Die Mindestanforderungen an das Kreditgeschäft (MaK) sind in die MaRisk integriert worden.

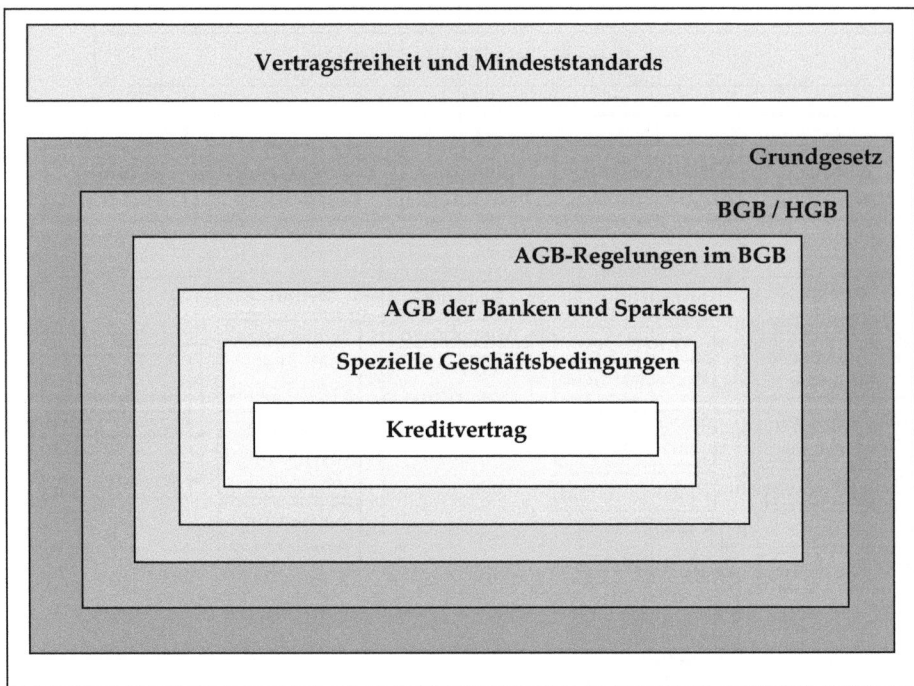

Abbildung 122: Eingrenzungen der Vertragsfreiheit

4.2.2.3   Sonstige Vorschriften für Kreditgeschäfte

Für einzelne Kreditarten gelten neben den Vorschriften des Kreditwesengesetzes weitere spezielle Vorschriften. Dies gilt insbesondere für die **Kreditvergabe an private Endverbraucher**. Grundsätzlich spielt die Rechtsordnung im Finanzierungsgeschäft eine wesentliche Rolle. Gesetze und Rechtsprechung sollen einen wichtigen Beitrag zur Senkung der Unsicherheit dieses Geschäfts leisten. Die Vertragsfreiheit gilt grundsätzlich auch im Finanzierungsgeschäft. Dessen ungeachtet finden sich im **BGB** und **HGB Mindestanforderungen** für Darlehensverträge (§§ 488 ff.) bzw. Kontokorrentkredite (§§ 355-357 HGB). Weitere **Einschränkungen der Vertragsgestaltung** zum Schutz des jeweils ökonomisch Schwächeren sind durch Regelungen zu den **Allgemeinen Geschäftsbedingungen im BGB** (§§ 305-310) bestimmt (früher AGB-Gesetz). Es handelt sich hierbei um eine deutsche Regelung, die für die Verwendung Allgemeiner Geschäftsbedingungen (AGB) Mindeststandards setzt, um eine normative Kontrolle der Verwender von AGB zu definieren. In erster Linie sollen dadurch private

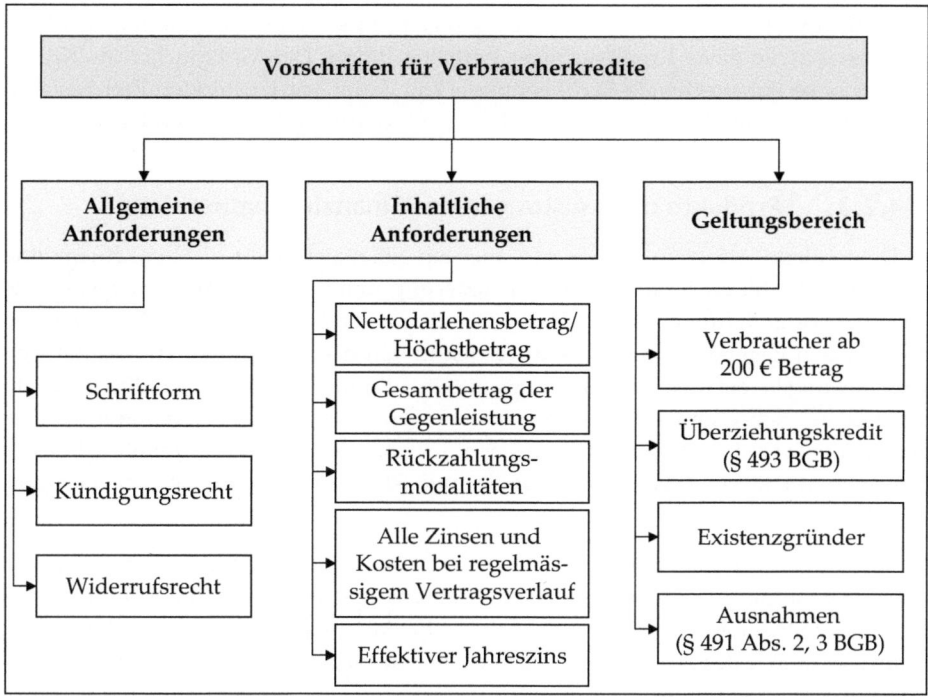

Abbildung 123: Verbraucherschutz bei Kreditverträgen

Verbraucher geschützt werden, für die die Transparenz der Vielzahl vorformulierter Vertragsklauseln in den AGB eingeschränkt ist. Im Hinblick auf die Ersparnis von Transaktionskosten durch Standardisierung ist die Verwendung der AGB wiederum wesentlich.

■ Verbraucherschutz

Eine besondere Rolle nimmt der Verbraucherschutz im Finanzierungsgeschäft ein. Bis zur Novellierung des BGB existierte ein eigenständiges Verbraucherkreditgesetz (von 1991). Seit 2002 sind **Verbraucherdarlehen** in den §§ 491 ff. BGB geregelt. Wesentliche Bestimmungen schützen natürliche Personen (Verbraucher) als Kreditnehmer bei Kreditverträgen und Kreditvermittlungsverträgen mit Kreditgebern in Ausübung ihrer gewerblichen Tätigkeit, sofern der Kredit nicht für bereits ausgeübte oder selbständige berufliche Tätigkeit bestimmt ist.

Als letzte rechtliche Vorgabe ist die **Preisangabenverordnung** (PangV) zu nennen. Die Verpflichtung, für Kreditverträge mit Verbrauchern einen einheitlichen Maßstab bei der Preisangabe zu verwenden, soll die Transparenz erhöhen und den Wettbewerb verbessern. Als ein solcher Maßstab fungiert der **effektive Jahreszins** bzw. der anfängliche effektive Jahreszins. Es ist explizit geregelt, dass dieser Zins alle regelmäßigen Preisbestandteile eines Kreditvertrages enthalten muss. Der Verbraucher als Kreditnehmer ohne entsprechende Fachkenntnisse soll damit vor versteckten Preisbestandteilen geschützt und in die Lage versetzt werden, Kreditangebote zu vergleichen.

4.2.3 Produkte und Leistungen des Finanzierungsbereichs

In Deutschland erfolgen die weitaus meisten Finanzierungen als **bankfinanzierte Fremdmittel**. Die **marktorientierte Finanzierung** nimmt bisher eine untergeordnete Rolle ein. Veränderungen in den Rahmenbedingungen sowie die teilweise unter den Kreditkosten liegenden Kreditzinsen werden in den nächsten Jahren zu nachhaltigen Verschiebungen bei den Finanzierungsmitteln führen. Die hohen Kreditausfälle in Deutschland haben einige Kredite unrentabel werden lassen. Des weiteren ist im Firmenkundenbereich seit vielen Jahren der Rückgang der Eigenkapitalquote zu beklagen. Eine verstärkte **Eigenmittelfinanzierung** ist aus verschiedenen Gründen notwendig.

Im klassischen Kreditbereich sind die Produktinnovationen sehr begrenzt, obwohl Variationen in der Ausgestaltung der Rückzahlung und der Zinsen die Spielräume für die Marktteilnehmer erhöht haben. In der Eigenmittelfinanzierung wird seit den neunziger Jahren des 20. Jahrhunderts nach neuen Wegen gesucht, um vor allem Unternehmen Haftkapital neu zu zuführen.

4.2.3.1 Die Fremdmittelfinanzierung

Die klassische Kreditfinanzierung, bei der ein Kreditinstitut als Gläubiger Fremdmittel bereitstellt und ein Kreditnehmer die Finanzierung zu Konsum- oder Investitionszwecken verwendet, dominiert den Finanzierungsmarkt in Europa, speziell in Deutschland. Die Gegenleistung liegt in der späteren Tilgung und der (regelmäßigen) Zinszahlung während der Laufzeit. Der Begriff Kredit umfasst aber nach weiter Abgrenzung die Übernahme eines Adressenausfallrisikos.

■ **Kreditverhältnis**

Typisches Merkmal der Kreditfinanzierung ist die Entstehung eines **Gläubiger-Schuldner-Verhältnisses**. In diese Systematik sind Anleihefinanzierungen einzubeziehen, wenn das Kreditinstitut nicht nur als Vermittler, sondern als Gläubiger auftritt. Der Unterschied zur klassischen Kreditfinanzierung liegt darin, dass es bei der Anleihefinanzierung nicht zu einem individuellen Finanzierungsvertrag zwischen einem einzelnen Gläubiger (Kreditinstitut) und dem Schuldner kommt. Der **Kreditgeber** wird durch Leistung des Nennbetrages (ggf. abzüglich eines Disagios) zum Gläubiger und erhält Anspruch auf **Rückzahlung** (Tilgung) des Betrages und ein **Entgelt** (Zins).

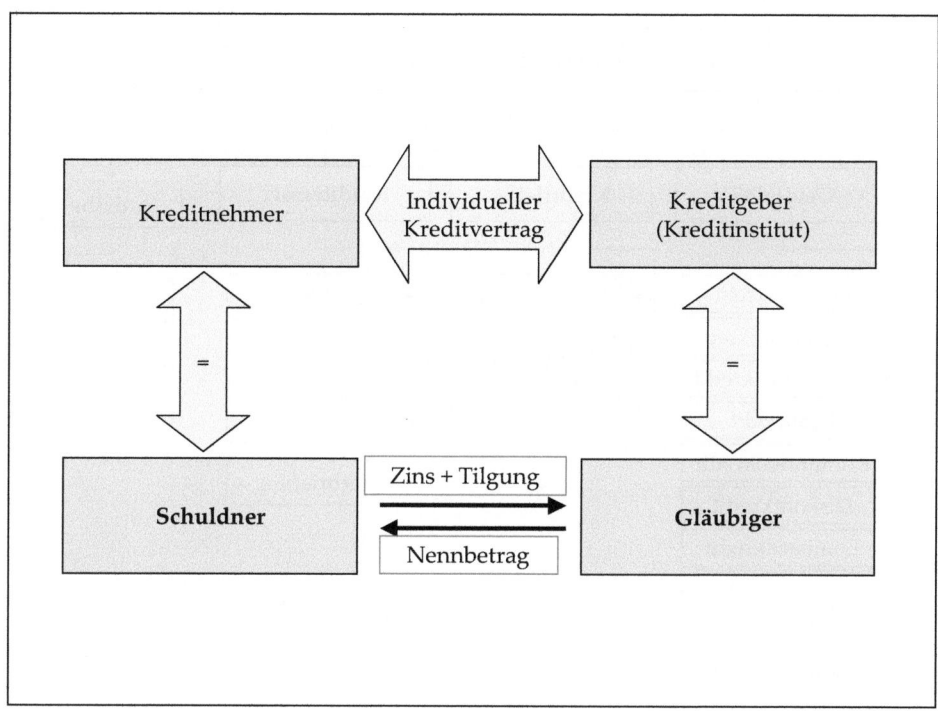

Abbildung 124: Vertragsbeziehungen bei bankfinanzierter Fremdfinanzierung

■ Klassischer Bankkredit

Bei der klassischen Kreditvergabe wird zwischen den **Geldleihgeschäften**, bei denen Bar- und Buchgeld zur Verfügung gestellt wird, und den **Kreditleihgeschäften**, bei denen Kreditwürdigkeit vergeben wird, unterschieden. Die Geldleihgeschäfte umfassen alle Arten von Barkrediten sowie die Diskontkredite. Die Kreditleihgeschäfte, die für den Kreditgeber bei planmäßigem Verlauf keinen Liquiditätsabfluss bedeuten, sind Akzeptkredite und Avale. Avale sind von der Bank gewährte Zahlungsversprechen in Form von Bankbürgschaften bzw. Bankgarantien. Akzeptkredite basieren auf dem Wechselprinzip, da der Kreditnehmer auf die Bank als Bezogenen Wechsel in Umlauf bringen darf, für deren Deckung er dann vor Fälligkeit des Wechsels sorgen muss.

■ Kreditersatz

Neben den klassischen Kreditgeschäften haben in den vergangenen Jahren die Kreditersatzgeschäfte starke Zuwachsraten verzeichnen können. Für die Zukunft wird sogar

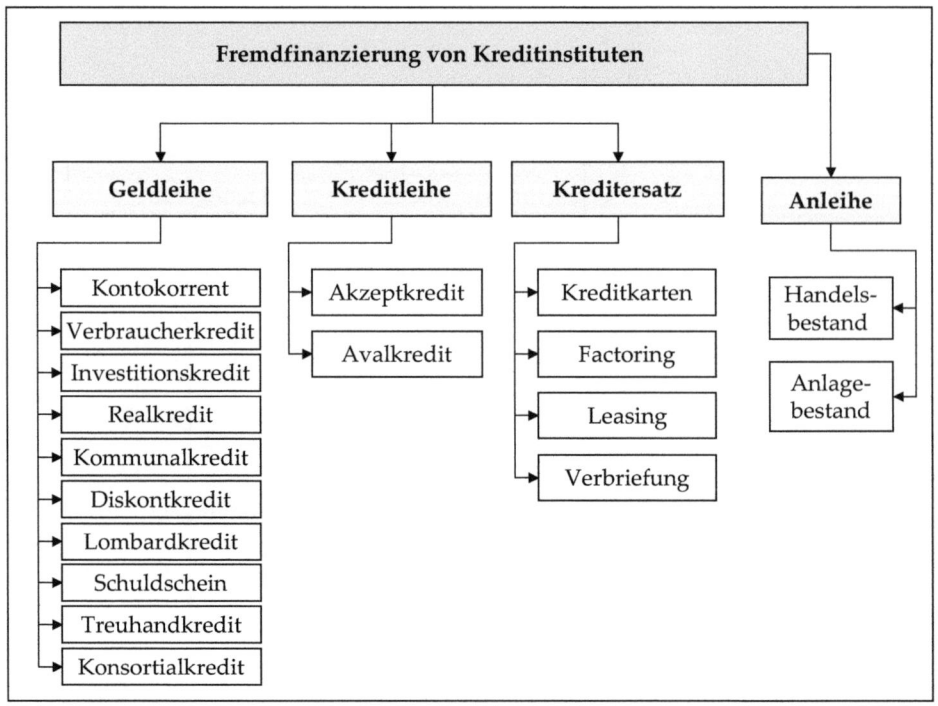

Abbildung 125: Überblick über die Fremdfinanzierungen

eine Stagnation der Geldleihgeschäfte und parallel eine weitere Zunahme der Kreditersatzgeschäfte erwartet. Leasing, Factoring und Verbriefungen haben gemeinsam, dass sie liquide Mittel zur Deckung des Finanzierungsbedarfs erbringen, ohne dass dazu Kredite aufgenommen werden müssen. Auf der anderen Seite ergeben sich für Kreditinstitute aus diesen Finanzierungsgeschäften Ertragsmöglichkeiten, Kundenbindungsmöglichkeiten und Geschäftsfelderweiterungen, ohne die Bilanzsumme auszuweiten. Das **Leasing** bezeichnet, vereinfacht formuliert, den Mietkauf von Wirtschaftsgütern. **Factoring** bildet den Ankauf bzw. den Verkauf von Forderungen ab. Die **Verbriefung** beinhaltet Methoden zur Umwandlung von Forderungen / Krediten in handelbare Wertpapiere. Kreditkarten wirken als Geldsurrogate wie Kreditmittel.

Wenn Kreditinstitute eine **Anleihe** in ihren eigenen Bestand aufnehmen, ist diese definitorisch ebenfalls eine Fremdfinanzierung durch eine Bank. De facto stellt dies aber eine Marktfinanzierung dar, da der Schuldner diese Mittel nicht von der Bank direkt erhält und dazu keinen individuellen Finanzierungsvertrag mit dem Kreditinstitut abschließt. Zudem erwirbt das Kreditinstitut diese Kapitalmarkttitel nicht primär, um dem Emittenten Finanzmittel bereitzustellen, sondern um aus dem Wertpapierhandel Gewinne zu erzielen (Handelsbestand) oder um Vermögenswerte zu diversifizieren .

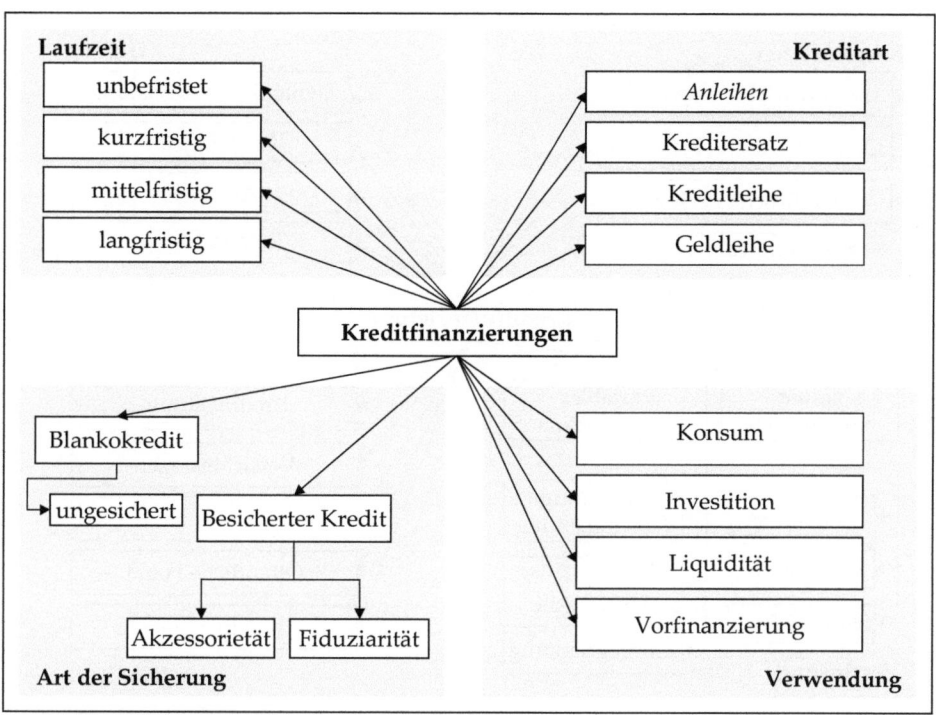

Abbildung 126: Abgrenzung der Kreditfinanzierungen

■ Allgemeine Bemerkungen

Prinzipiell lassen sich Kreditfinanzierungen nach Laufzeiten, Verwendungszweck, Kreditart und Art der Sicherung abgrenzen. Zu den kurzfristigen Krediten zählen die **Kredite zur Liquiditätsbereitstellung**. Dies sind zum einen die unbefristeten Kredite, die **in laufender Rechnung** gewährt werden und zum anderen befristete Kredite, wie der **Diskont- oder Lombardkredit**. Die unbefristeten Kredite sind oft **ungesichert** (Blanko) gewährt, bei größeren Beträgen können auch hier Sicherheiten bestellt werden. Mittel- bis langfristige Kredite sind **Darlehen**, die zur **Konsum- und Investitionsfinanzierung** vergeben werden. Darlehen werden grundsätzlich nicht ungesichert vergeben. Vorzugsweise werden bei der **Kreditsicherung** nicht akzessorische Sicherheiten (fiduziarisch) verwendet, weil deren Bestand unabhängig von der gesicherten Forderung ist. Die Kreditleihgeschäfte sind eher kurzfristige Finanzierungsinstrumente. Ein Aval, also eine Bankbürgschaft oder Bankgarantie, kann auch unbefristet gewährt werden. Eine Kreditvergabe zur kurzfristigen Finanzierung erfolgt auch durch Lieferantenkredite bzw. durch die Gewährung von Zahlungszielen. Als solche sind sie den Zahlungsverkehrsinstrumenten zuzuordnen.

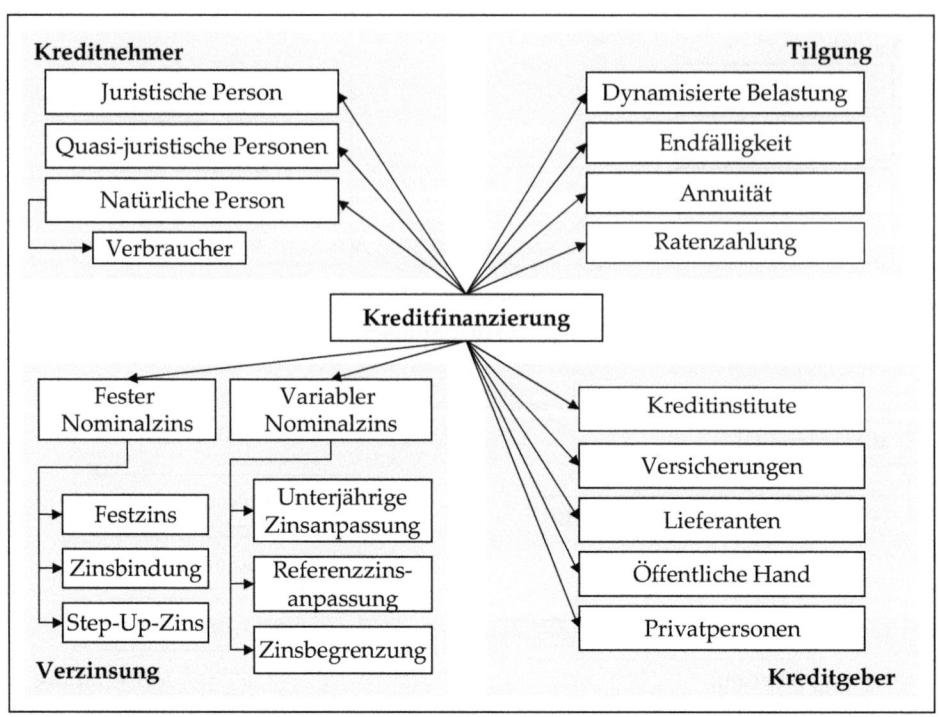

Abbildung 127: Systematik der Kreditfinanzierung

■ **Vertragsparteien**

Als **Kreditgeber** fungieren nicht nur Kreditinstitute. Allgemein kann jedes Wirtschaftssubjekt als Kreditgeber auftreten. Kreditverträge können auch Privatpersonen schließen. Eine regelmäßige, kurzfristige Kreditgewährung erfolgt durch Lieferanten. Ebenso können Versicherungen, typischerweise bei großen Beträgen, oder der Staat Kredite gewähren.

Kreditnehmer lassen sich nach rechtlichen Kriterien in natürliche Personen, juristische Personen und quasi-juristische Personen unterscheiden. Für die Kreditaufnahme ist die rechtliche Stellung des Kreditnehmers entscheidend. Bei Unternehmen in verschiedenen **Rechtsformen** sind bei der Fremdfinanzierung das Eigenkapital, die Haftungsverhältnisse sowie Geschäftsführung und Vertretungsbefugnisse von ausschlaggebender Bedeutung. Bei **Verbrauchern** sind die Einkommens- und Vermögensverhältnisse sowie zusätzliche Verbraucherschutzbestimmungen im Rahmen des Kreditgeschäfts zu berücksichtigen. Bei sonstigen Kreditnehmern sind die Haftungsbestimmungen bei der Kreditvergabe wesentlich.

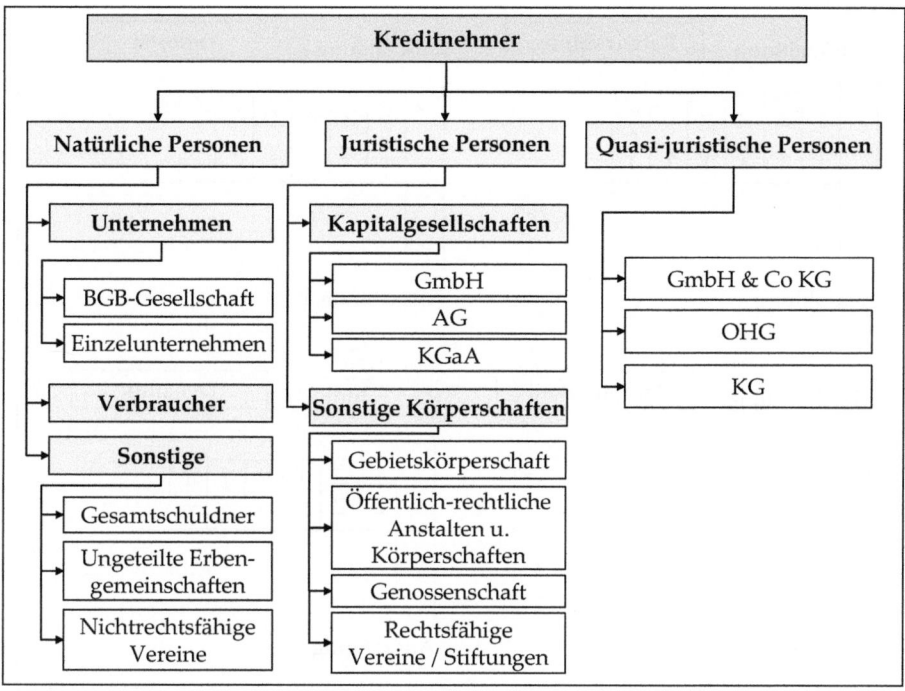

Abbildung 128: Klassifizierung von Kreditnehmern

Zur besseren Transparenz der Geschäftstätigkeit von Unternehmen sind kaufmännisch eingerichtete Einzelunternehmungen (§ 1 HGB), OHG, KG, GmbH & Co KG und juristische Personen des öffentlichen Rechts (Abteilung A) sowie die Kapitalgesellschaften (Abteilung B) in das **Handelsregister** eingetragen. Genossenschaften werden im Genossenschaftsregister geführt. Diese Register beim Amtsgericht genießen öffentlichen Glauben.

■ **Rückzahlung und Konditionierung**

Im standardisierten Kreditgeschäft wird in der Regel ein Festzinskredit als Annuitätendarlehen vergeben. Bei der **Annuität** erfolgt die Kreditrückzahlung, die sich aus Zins und Tilgung zusammensetzt, in konstanten Raten. Da sich der Tilgungsbetrag jeweils auf die Restschuld bezieht, wird bei dieser Konstruktion mit jeder Rate der Tilgungsanteil größer und der Zinsanteil kleiner. Die Höhe der Raten wird so bemessen, dass am Ende der Laufzeit durch die gleichbleibenden Zahlungen der Kredit vollständig zurückgeführt ist. Dabei kann es bei der ersten oder letzten Rate zu einer größeren oder kleineren Rate kommen, um glatte Ratenbeträge zu erhalten.

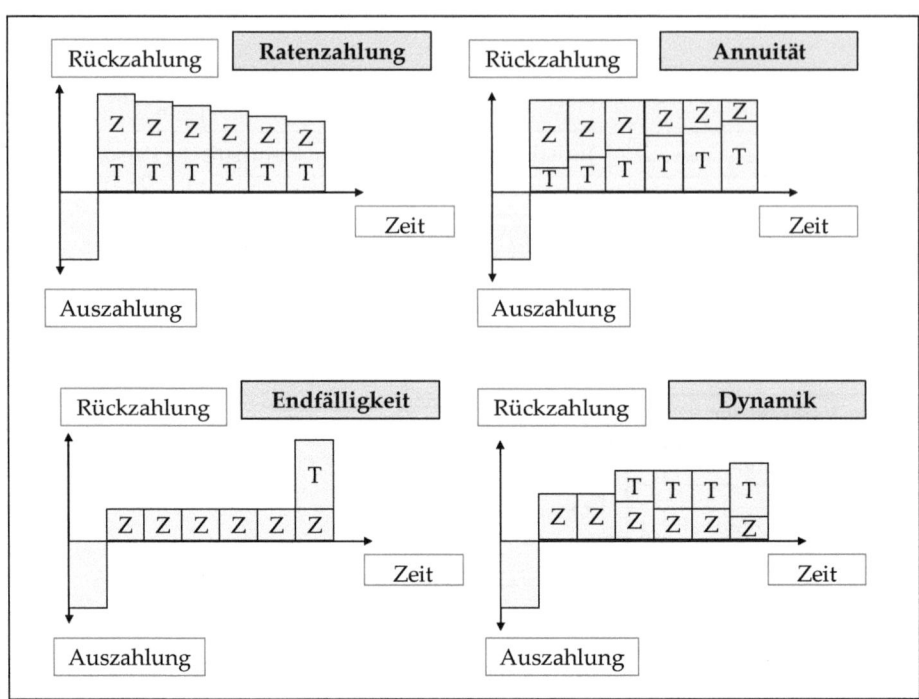

Abbildung 129: Zahlungsstruktur von Darlehen

Alternativ kann die Rückzahlung so gestaltet sein, dass ein **gleichbleibender Tilgungsbetrag** vereinbart ist und die Zinszahlungen über die Laufzeit sinken, weil der Zinsbetrag sich jeweils auf die Restkreditsumme bezieht. Bei diesem Modell wird von **Ratenzahlung** gesprochen. Bei der **Endfälligkeit** werden während der Laufzeit lediglich Zinszahlungen geleistet und der Kreditbetrag wird in einer Summe am Ende der Laufzeit zurückgezahlt. Im Gegensatz dazu wird bei einer **dynamisierten Belastung** zunächst eine geringe Tilgung oder tilgungsfreie Zeit vereinbart. Die Tilgung setzt dann während der Laufzeit ein oder wird während der Laufzeit erhöht. Eine solche Konstruktion wird häufig bei Investitionsfinanzierungen gewählt, damit der Kapitaldienst (Zins und Tilgung) zu einem Zeitpunkt entsprechend hoch ist, zu dem die Rückflüsse aus der Investition erwartet werden. Die **Zinsvereinbarung** beinhaltet häufig eine feste Nominalzinsvereinbarung. Bei langfristigen Krediten wird eine entsprechend lange Zinsbindung, bspw. von fünf oder zehn Jahren festgeschrieben. In der Unternehmensfinanzierung werden zunehmend auch variable Zinsvereinbarungen getroffen. Grundsätzlich kann die Zinsgestaltung eines Kredites so unterschiedlich sein wie die Zinsgestaltung bei der Anleihefinanzierung. Die verschiedenen Zinsgestaltungen werden bei der Betrachtung von Anleihen ausführlich dargestellt.

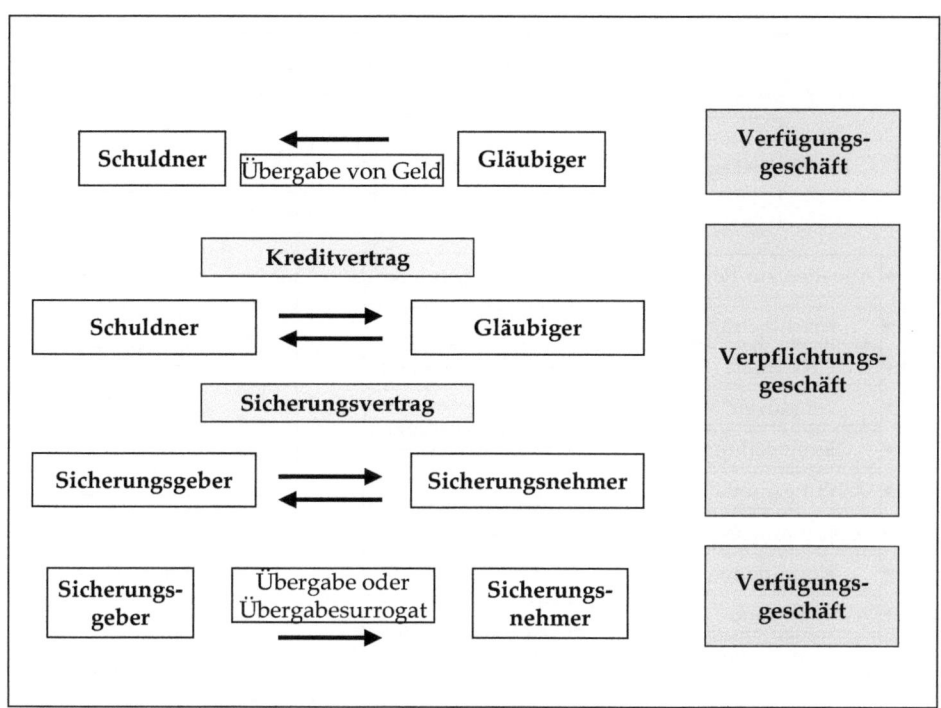

Abbildung 130: Kreditvertrag und Sicherungsvertrag

■ Kreditvertrag

Grundsätzlich schreibt das BGB keine Schriftform für Kreditverträge vor. Nicht immer werden Kreditgewährungen schriftlich bestätigt. Die Kreditvereinbarung kann auch aufgrund **mündlicher Absprache** oder durch schlüssige Handlung zustande kommen, insbesondere bei der Kontoüberziehung und deren **stillschweigender Duldung**. Da die AGB bereits bei der Kontoeröffnung ausdrücklich anerkannt und damit Bestandteil des Kontovertrags werden, liegen sie auch einer solchen Kreditgewährung zugrunde. Lediglich nach den Verbraucherschutzbestimmungen ist die **Schriftform** vorgesehen, durch die private Kreditnehmer in ihrer Rechtsposition gestärkt werden sollen. Kreditinstitute wählen üblicherweise generell die Schriftform bei einem Kreditvertrag.

Im Kreditvertrag sind alle **Modalitäten der Kreditgewährung** sowie der **Kreditgeber** und **Kreditnehmer** zu nennen. Zu den Modalitäten zählen der geliehene Betrag sowie die Laufzeit (kann auch unbefristet sein). Darüber hinaus ist die Art des Kredites zu definieren und zu klären, ob der Kredit in laufender Rechnung gewährt wird, in einer

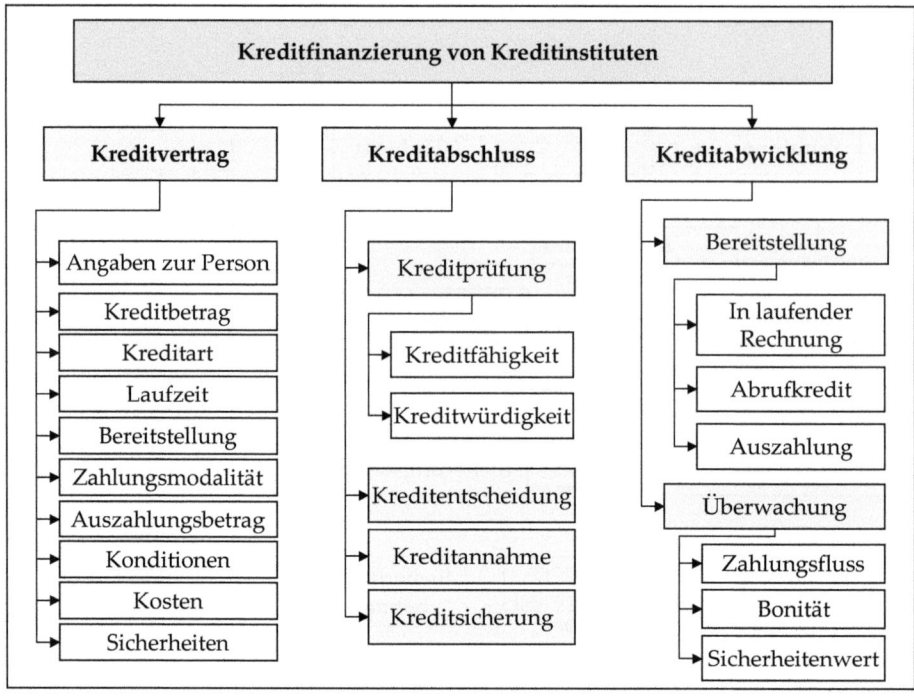

Abbildung 131: Der Prozess der Kreditvergabe

Summe oder in Teilzahlungssummen zur Verfügung gestellt, das heißt ausgezahlt wird oder ob er auf Abruf bereitgestellt wird. Letzteres bedeutet, der Kreditnehmer kann ab einem bestimmten Datum über den Kreditbetrag verfügen. Für die **Bereitstellung** wird üblicherweise eine Provision erhoben. In gleicher Weise müssen die **Rückzahlungsmodalitäten**, das heißt die Fälligkeit von Zinsen und Tilgung Bestandteil des Kreditvertrages sein. Vor allem muss vertraglich geregelt sein, welche Kosten dem Kreditnehmer entstehen und zu welchen Zinsen der Kredit gewährt wird. Zur besseren Vergleichbarkeit von Kreditkonditionen hat der Gesetzgeber im Geschäft mit dem Verbraucher die Angabe des effektiven Jahreszinses geregelt. Im Kreditvertrag muss zusätzlich der Hinweis auf bestellte **Sicherheiten** erfolgen, weil die Sicherheiten sonst als nicht wirksam betrachtet werden. Die Sicherheiten werden in der Regel durch einen gesonderten Sicherheitenvertrag festgehalten.

■ **Kreditprüfung**

Der Kreditgeber widmet dem Prozess der Kreditprüfung besondere Aufmerksamkeit, weil durch diesen Prozess seine Informationsdefizite reduziert werden. Durch die Sammlung von Informationen über die **Bonität** (Kreditwürdigkeit) des Kreditnehmers kann der Kreditgeber das **Risiko der Kreditvergabe klassifizieren** und gegebenenfalls die Übernahme ablehnen. Außerdem wird die Notwendigkeit von risikoreduzieren-den Maßnahmen wie **Vertragsklauseln** und **Sicherheiten** durch die Prüfung deutlich. Als Kriterien für die Bonität gelten **persönliche Merkmale** des Kunden, wie die Zu-verlässigkeit sowie die Nachhaltigkeit seiner Einkommenserzielung oder seine Mana-gementfähigkeiten bei Unternehmenskrediten. Die entscheidende Komponente der Prüfung ist die Analyse der **wirtschaftlichen Leistungsfähigkeit** des Kreditnehmers. Die Kreditwürdigkeitsprüfung beinhaltet neben der Beurteilung der Zahlungsfähig-keit die Ermittlung der Belastungsgrenze. Die zumutbare finanzielle Belastung stellt die **Höchstgrenze** für den zu leistenden Kapitaldienst dar. Die Prüfung der materiellen Kreditwürdigkeit gestaltet sich in Abhängigkeit der Kreditnehmer. Ein kreditnehmen-des Unternehmen unterliegt anderen Beurteilungskriterien und Beurteilungsmetho-den als ein privater Kreditnehmer oder der Staat. Nach der Kreditprüfung wird die Kreditentscheidung getroffen. Bei einer Kreditgenehmigung, gegebenenfalls auch unter **Auflagen**, muss der Kreditnehmer das Kreditangebot annehmen, damit es zum Kreditgeschäft kommt. In der Regel erfolgt dann die Sicherheitenbestellung, um das Risiko des Kreditgebers zu reduzieren und eine Mitverantwortung des Kreditnehmers zu erzeugen.

■ **Kreditabwicklung**

Je nach Vereinbarung muss das Kreditinstitut den Kreditbetrag als Liquidität auszah-len oder auf einem Konto bereitstellen. Bei der Bereitstellung muss der Kreditgeber die Liquidität in Reserve halten. Bei einer Kreditgewährung in laufender Rechnung hat der Kreditgeber für die eventuelle **Inanspruchnahme** vorzusorgen. Für den Kreditge-ber ist nach der **Auszahlung** bzw. Bereitstellung des Kreditbetrages zwar die Leistung erbracht, aber aufgrund der noch offenen Gegenleistung ergibt sich die Notwendig-keit, die vertragsgemäße Erbringung der Gegenleistung zu überprüfen. Dazu gehört einerseits die **Überwachung der Zahlungsströme** aus Zins und Tilgung, andererseits die Beobachtung, ob der Kreditnehmer auch zukünftig in der Lage sein wird, die Ver-tragspflichten zu erfüllen. Da die Sicherheiten ersatzweise herangezogen werden, um bei mangelnder Gegenleistung seine Kreditforderung befriedigen zu können, muss auch die **Wertentwicklung** und **Verfügbarkeit der Sicherheiten** kontrolliert werden.

4.2.3.1.1 Geldleihgeschäfte

Bei der Kreditvergabe wird zwischen den Geldleihgeschäften, bei denen Bar- und Buchgeld zur Verfügung gestellt wird, und den Kreditleihgeschäften, bei denen Kre-ditwürdigkeit vergeben wird, unterschieden. Vor einer Kreditvergabe müssen sowohl der Kreditnehmer als auch der Kreditgeber genau überprüfen, welche Vorhaben fi-nanziert werden sollen bzw. aus welchen anderen Gründen Kreditbedarf besteht, da-mit eine dem Zweck entsprechende Finanzierung gefunden werden kann.

Abbildung 132: Unbefristete und befristete Kredite

Grundsätzlich sind die Geldleihgeschäfte differenzierbar in **unbefristete Kredite** und **befristete Kredite**. In wesentlichen Merkmalen sind diese Kredite fundamental unterschiedlich. Durch die große Flexibilität eignet sich der Kredit in laufender Rechnung zur Liquiditätsdisposition. Er unterliegt aber auch anderen Rechtsgrundlagen als ein Darlehen. Während das Darlehen nur einmal in Anspruch genommen werden kann und eine volle Ausnutzung der Kreditsumme kennzeichnend ist, wird der unbefristete Kredit wiederholt und in unterschiedlicher Höhe in Anspruch genommen. Das Darlehen dient einem konkreten, in der Höhe bekannten Finanzbedarf. Bei einem Darlehen sind die Zahlungsflüsse mit Vertragsabschluss determiniert, einschließlich Zins und Tilgung. Bei einem Kredit in laufender Rechnung werden dagegen in regelmäßigen Abständen der Saldo bzw. die gegenseitigen Zahlungsansprüche verrechnet.

4.2.3.1.1.1 Unbefristete Kredite

Zu den Krediten in laufender Rechnung zählen Kontokorrentkredite und Dispositionskredite. Bei beiden Kreditarten spricht man von **eingeräumten Überziehungskrediten**. Darüber hinaus kann ein Kreditinstitut die Überziehung der eingeräumten Kreditlinie gestatten. Dies ist der **geduldete Überziehungskredit**.

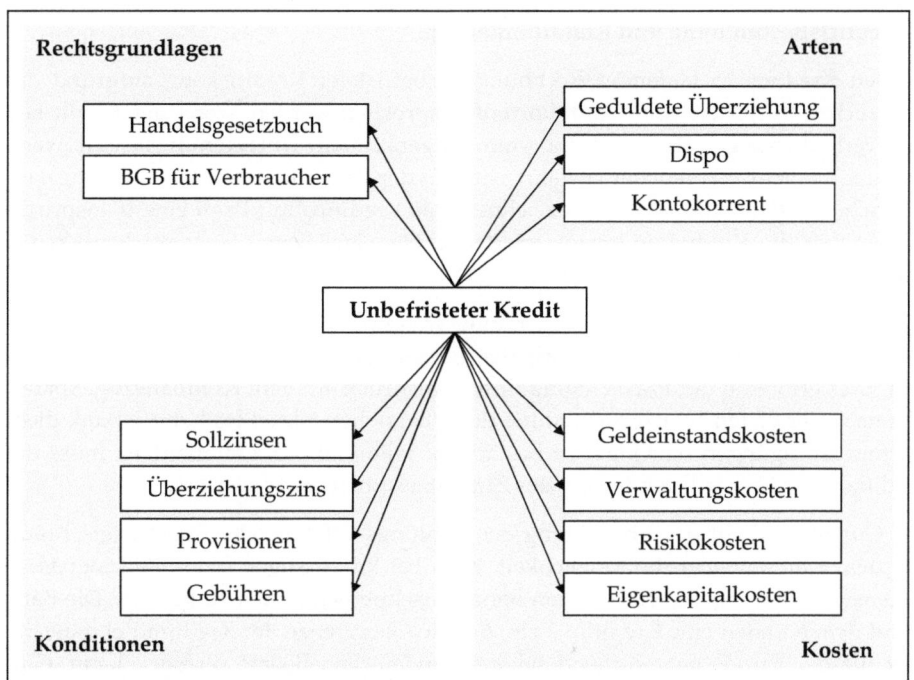

Rechtsgrundlagen	Arten

Handelsgesetzbuch

BGB für Verbraucher

Geduldete Überziehung

Dispo

Kontokorrent

Unbefristeter Kredit

Sollzinsen

Überziehungszins

Provisionen

Gebühren

Geldeinstandskosten

Verwaltungskosten

Risikokosten

Eigenkapitalkosten

Konditionen	Kosten

Abbildung 133: Systematik von unbefristeten Krediten

Beim Kredit in laufender Rechnung werden die aus der Geschäftsverbindung entspringenden beiderseitigen Ansprüche und Leistungen in Rechnung gestellt und in regelmäßigen Zeitabschnitten durch **Verrechnung** des Überschusses festgestellt.

■ **Rechtsgrundlagen**

Aus dem HGB sind die Vorschriften der **§§ 355 bis 357 HGB** von besonderer Bedeutung. In § 355 Abs. 1 sind die Merkmale des Kredits in laufender Rechnung festgelegt. Ergänzend gilt für einen unbefristeten Kredit an **Verbraucher § 493 BGB**, der zusätzliche Schutzbestimmungen für den privaten Kreditnehmer beinhaltet. Ein Überziehungskredit ist demnach ein Vertrag, bei dem ein Verbraucher von einem Kreditinstitut das Recht eingeräumt bekommt, sein laufendes Konto in bestimmter Höhe zu überziehen, bei dem außer den Zinsen für den in Anspruch genommenen Kredit keine weiteren Kosten entstehen und Rechnungsabschlüsse nicht in kürzeren Perioden als drei Monaten erfolgen. In diesen Fällen können Überziehungskredite mit Privatpersonen auch mündlich vereinbart werden. Neben diese allgemein gültigen gesetzlichen Bestimmungen treten die besonderen Vereinbarungen zwischen Kreditnehmer und Kreditinstitut, die einmal in den Allgemeinen Geschäftsbedingungen generell niedergelegt sind und darüber hinaus in einem besonderen Kreditvertrag geregelt werden.

▓ Begriffsbestimmung und Konditionierung

Bei den Krediten in laufender Rechnung (unbefristeter Kredit) kann aufgrund der gesetzlichen Vorgaben vom **Kontokorrent** gesprochen werden, wenn der Kredit keinem Verbraucher gewährt wird und vom (eingeräumten) **Überziehungskredit**, wenn der Kredit einem Verbraucher gewährt wird. In der Praxis wird der Überziehungskredit auch als **Dispositionskredit** bezeichnet. Das Kreditinstitut kann eine Inanspruchnahme über die Kreditlinie hinaus tolerieren. Die Gewährung eines solchen Kredits stellt eine geduldete Überziehung dar.

Ein Überziehungskredit gilt als eingeräumt, wenn die Bank den Kreditnehmer allgemein informiert und dabei alle nach dem Gesetz erforderlichen Angaben enthalten sind. Dies erfolgt in der Praxis häufig durch Ausdruck auf dem **Kontoauszug**. Spätestens nach der ersten **Inanspruchnahme** des Überziehungskredites hat die Bank diese Vertragsbedingungen schriftlich zu bestätigen. Während der Kreditlaufzeit muss der Kreditnehmer über jede **Änderung des Zinssatzes** unterrichtet werden.

Das Girokonto dient der Abwicklung des Zahlungsverkehrs. Der unbefristete Kredit gibt dem Kontoinhaber die Möglichkeit, auch bei kurzfristigen Liquiditätsengpässen anstehende Zahlungsverpflichtungen ohne Aufschub begleichen zu können. Die Bank räumt dem Kunden eine Kreditlinie ein, die die Obergrenze der Kreditmittel darstellt, über die der Kunde entsprechend seinem persönlichen Bedarf verfügen kann. Gutschriften werden nicht als Kredittilgung behandelt. Der Kontoinhaber kann während der Laufzeit des Kredites das Kreditlimit jederzeit wieder neu ausschöpfen. Diese **wechselnde Höhe der Kreditinanspruchnahme** stellt ein wesentliches Merkmal des unbefristeten Kredites dar.

Die **Sollzinsen** müssen so gestaltet sein, dass sich verändernde kurzfristige Marktzinsen unmittelbar an den Kreditnehmer weitergeleitet werden. Die Unkalkulierbarkeit der Refinanzierungskosten erfordert die flexible Gestaltung der Sollzinsen, indem sie bis auf weiteres vereinbart werden. Die Zinsen können nur auf die tatsächliche Kreditinanspruchnahme berechnet werden, weil sie der Preis für das zur Verfügung gestellte Geld sind. Die Ausführung der Buchungen und deren Wertstellung auf dem jeweiligen Girokonto sind bei der Saldenermittlung nicht unwesentlich. Bei einer geduldeten Überziehung kommen weitere **Überziehungszinsen** bzw. Überziehungsprovisionen für die zusätzliche Kreditnahme hinzu. Diese müssen den vermehrten Aufwand des Kreditgebers und die höheren Kosten der Geldbeschaffung für die zusätzliche Liquidität berücksichtigen. Das Entgelt für den Kredit kann alternativ als **Provision** auf die eingeräumte Kreditlinie berechnet sein. Darüber hinaus könnten die **Gebühren** für die Kontobewegungen als Kreditkosten betrachtet werden. Üblicherweise rechnet man diese Kontogebühren aber dem Zahlungsverkehr zu.

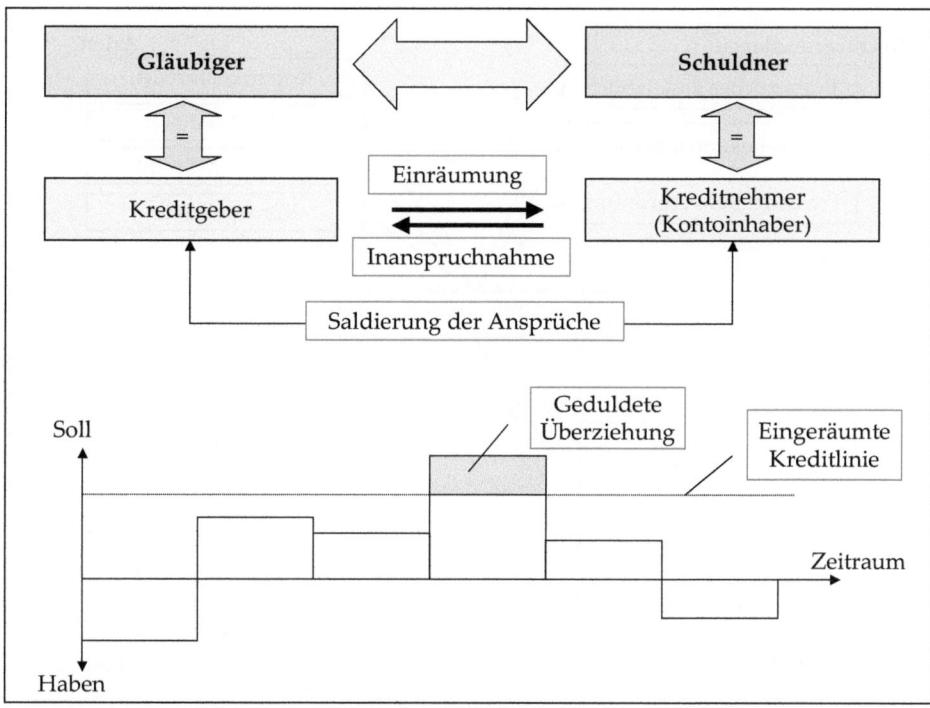

Abbildung 134: Struktur von unbefristeten Krediten

■ Verwendung

Privatkunden wird eine Überziehung ihres Girokontos in Höhe von zwei bis drei Monatsgehältern eingeräumt, wenn das Konto eine gewisse Zeit besteht und regelmäßige Geldeingänge zu verzeichnen sind. Damit erhöht sich der **Liquiditätsspielraum** bei größeren Ausgaben bzw. gehäuften Zahlungsverpflichtungen. Bei Unternehmen kann ein **kurzfristiger Geldbedarf**, der z. B. durch Umsatzschwankungen, durch die Inanspruchnahme von Zahlungszielen der Debitoren oder durch Erhöhung des Warenbestandes zu bestimmten Zeiten entstehen kann, durch eine unbefristete Kreditlinie ausgeglichen werden. Solche Kredite werden in der Regel kurzfristig aus der Einkommens- bzw. Umsatzerzielung zurückgeführt. Aus diesem Grund bietet sich hier die Einräumung eines Finanzierungsrahmens an, der von Fall zu Fall und entsprechend dem Bedarf des Kreditnehmers ausgeschöpft werden kann. Verwendungszwecke können die Finanzierung von Betriebsmitteln, sogenannte Saisonkredite oder Zwischenkredite zur Vorfinanzierung langfristiger Darlehen sein.

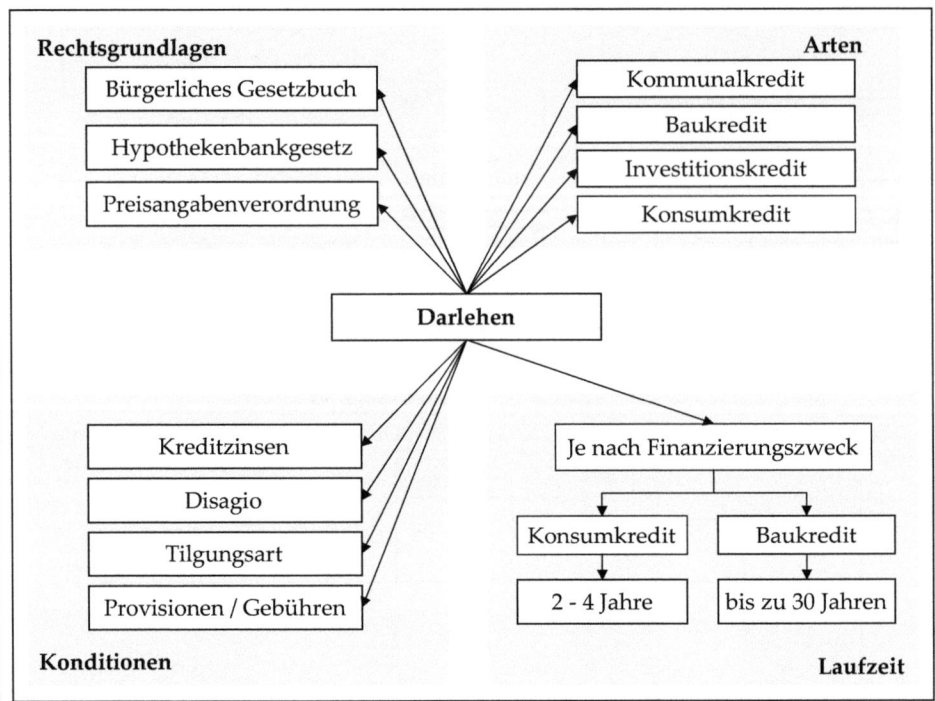

Abbildung 135: Systematik von Darlehen

4.2.3.1.1.2 Darlehen

Darlehen sind Kredite für die **mittel- und langfristige Finanzierung** von Konsumgütern bzw. Investitionen. Sie werden sowohl privaten Kreditnehmern als auch Unternehmen und öffentlichen Haushalten zur Verfügung gestellt. In einem stabilen wirtschaftlichen Umfeld werden Darlehen über entsprechend lange Laufzeiten eingeräumt.

■ **Rechtsgrundlagen**

Das Darlehen ist in den **§ 488 ff. BGB** grundsätzlich geregelt. Seit 2002 sind auch die Besonderheiten bei Verbraucherdarlehen in das BGB integriert. Zusätzlich beinhaltet die Preisangabenverordnung die Definition des effektiven Jahreszinses, der bei Verbraucherdarlehen regelmäßig anzugeben ist, so dass weder Berechnungsmethodik noch Bestandteile der Zinsberechnung sich unterscheiden können. Für die Gewährung von **Baudarlehen** ist zusätzlich das **Hypothekenbankgesetz** zu beachten, wenn alle Möglichkeiten der Refinanzierung offen bleiben sollen. Unter bestimmten Bedingungen gelten für Baudarlehen Bestimmungen des Hypothekenbankgesetzes.

■ Begriffsbestimmung und Konditionierung

Darlehen werden nicht ungesichert vergeben und ihre Laufzeit wird am Finanzierungszweck orientiert. Das Darlehen ist nicht für kurzfristige Finanzierungen gedacht. **Konsumfinanzierungen** können eine Laufzeit von bis zu 48 Monaten haben, wenn der Finanzierungsbedarf nicht sehr hoch oder der Wertverfall des Finanzierungsobjektes hoch ist. Konsumfinanzierungen haben längstens eine Laufzeit von 72 Monaten; die längsten Laufzeiten werden bei Immobilien gewährt, weil die Nutzungsdauer entsprechend lang ist. Darlehenzinsen werden in der Regel festgeschrieben. Eine variable Verzinsung von Darlehen gilt als Finanzinnovation und wird nur in der individuellen Unternehmensfinanzierung verwendet. In diesem Bereich nimmt die Bedeutung der innovativen Konditionsgestaltung allerdings zu. Sonstige Kosten, die durch die Bearbeitung und Kreditabwicklung entstehen, werden durch eine Bearbeitungsgebühr abgegolten. Darüber hinaus wird das Darlehen oft nicht in der eingeräumten Höhe ausgezahlt, sondern unter Abzug eines bestimmten Betrages, des Disagios.

Die Kreditzinsen für Darlehen orientieren sich an den **Kapitalmarktzinsen**. Je nach Bonität des Kreditnehmers erfolgt ein Aufschlag, der in jedem Fall höher als der **Bonitätsaufschlag** am Kapitalmarkt ist. Je nach Stellung des Kreditnehmers ist eine individuelle Konditionsverhandlung ausgeschlossen oder möglich. Die Rückzahlungsströme von Darlehen sind gleichmäßig, degressiv oder progressiv gestaltbar. Die gewählten Rückzahlungsvarianten richten sich nach dem Verwendungszweck und dem Bedürfnis des Kreditnehmers.

■ Konsumkredit

In der Praxis werden Darlehen zur Konsumfinanzierung als **Privatdarlehen** oder teilweise auch als **Ratenkredite** bezeichnet. Meistens sind Konsumkredite als Annuität gestaltet, weil ein fester Tilgungsplan mit gleichbleibenden Raten den eher stetigen Einkommen von privaten Haushalten entspricht. Der Konsumkredit hat seit den Jahren des Wirtschaftswunders in den 50er Jahren des letzten Jahrhunderts stark an Bedeutung gewonnen. Ursprünglich begann der Einzelhandel wichtige Konsumgüter gegen Ratenzahlung (Teilzahlungskredite) zu verkaufen. Daraus hat sich für die Kreditinstitute ein wesentliches Geschäftsfeld, der Konsumkredit, entwickelt. Die Konsumgüter können voll oder teilweise finanziert werden. Die **Vollfinanzierung** durch Banken ermöglicht beim Kauf die **Nutzung von Barzahlungsrabatten**. Finanziert werden vor allem Fahrzeuge, Wohnungseinrichtungen, Heimelektronik und Haushaltsgeräte.

Die **Kreditprüfung** bei Privatdarlehen erfolgt standardisiert nach einem sogenannten **Scoringverfahren**. Bei dieser Methode werden alle relevanten Informationen über den Kreditnehmer nach einem bestimmten Raster ausgewertet. Bei Erreichen einer Mindestpunktzahl kann die Kreditentscheidung positiv ausfallen. Die Informationen werden durch **Selbstauskünfte** oder Bankauskünfte gesammelt. Zu den Standardabläufen

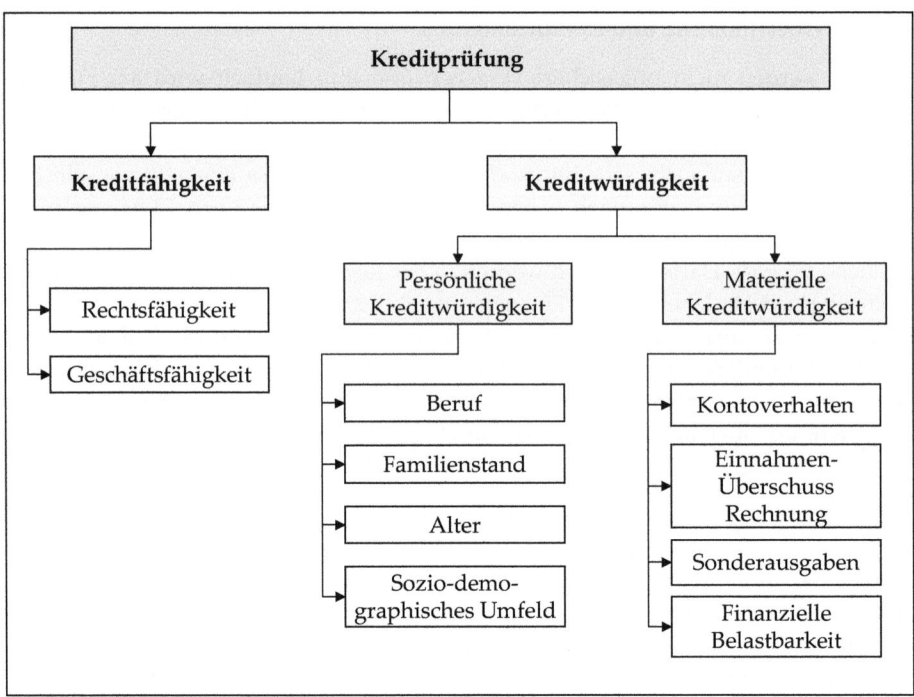

Abbildung 136: Der Prozess der Kreditprüfung

zählt in der Konsumfinanzierung die **Schufa-Auskunft**. Die Schutzgemeinschaft für allgemeine Kreditsicherung ist die größte Kreditschutzorganisation in Deutschland. Die Partner der Schutzgemeinschaft, das sind Kreditinstitute und Handelsunternehmen, erhalten Informationen, die sie vor Kreditausfällen bewahren sollen. Es werden Informationen über Kreditaufnahme und ggf. Leistungsstörungen bei Krediten in der Vergangenheit gesammelt. Der potentielle Kreditnehmer wird durch das Bundesdatenschutzgesetz gesichert, so dass er seine Einwilligung für die Informationsweitergabe geben muss und die zweckentfremdete Nutzung der Daten ausgeschlossen wird. Die Prüfung der **Kreditfähigkeit** bei privaten Personen beschränkt sich im wesentlichen auf die Geschäftsfähigkeit. Vor allem der Kreditwürdigkeitsprüfung ist hohe Aufmerksamkeit zu widmen. Die **persönliche Kreditwürdigkeit** von Privatpersonen definiert sich durch den Beruf, die Zuverlässigkeit des Einkommens und die Sicherheit der Arbeit. Darüber hinaus wird in die Betrachtung der persönlichen Kreditwürdigkeit das Ausgabeverhalten und die Lebenssituation einbezogen.

Die **materielle Kreditwürdigkeitsprüfung** wird aufgrund wirtschaftlicher Fakten beurteilt. Dazu müssen die Einkünfte, die regelmäßig erzielt werden, den entspre-

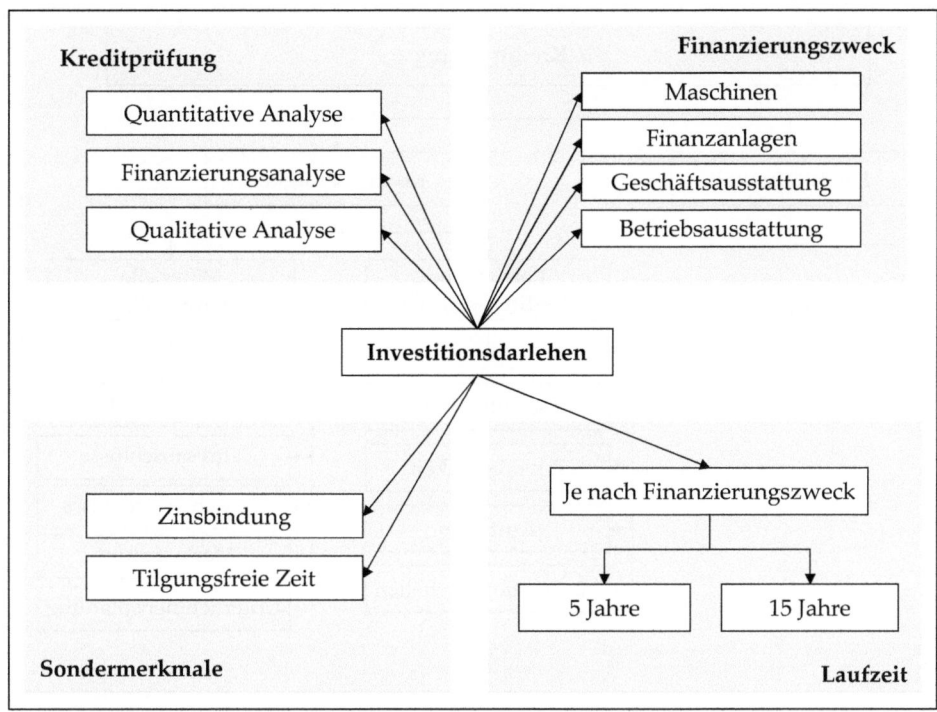

Abbildung 137: Systematik von Investitionsdarlehen

chenden Ausgaben gegenübergestellt werden. Bei dieser Gegenüberstellung müssen auch periodische Ausgaben oder außergewöhnliche Belastungen beachtet werden, die eine Zins- und Tilgungszahlung für den Kredit gefährden könnten. Ein wichtiges Instrument bei der wirtschaftlichen Analyse ist das bisherige Kontoverhalten, respektive bisherige Kreditzahlungen. Im Ergebnis ist die Kreditgewährung davon abhängig, ob die verbleibende finanzielle Belastbarkeit größer ist als die ermittelten Rückzahlungsraten. Die Kreditentscheidung soll die Möglichkeiten der **Besicherung** berücksichtigen, aber nicht auf die Besicherungssituation abstellen.

■ **Investitionskredit**

Investitionsdarlehen dienen der **Finanzierung des Anlagevermögens** von Unternehmen. Die „Goldene Finanzierungsregel" besagt, dass eine Investition im Anlagevermögen mit langfristigem Kapital finanziert werden soll. Diese langfristige Finanzierung zur Herstellung und Beschaffung von Anlagegütern für den Geschäftsbetrieb wird der längeren Lebensdauer des zu erwerbenden Wirtschaftsgutes gerecht. Der Kreditnehmer hat die Möglichkeit, durch eine (zeitweise) **Zinsfestschreibung** eine

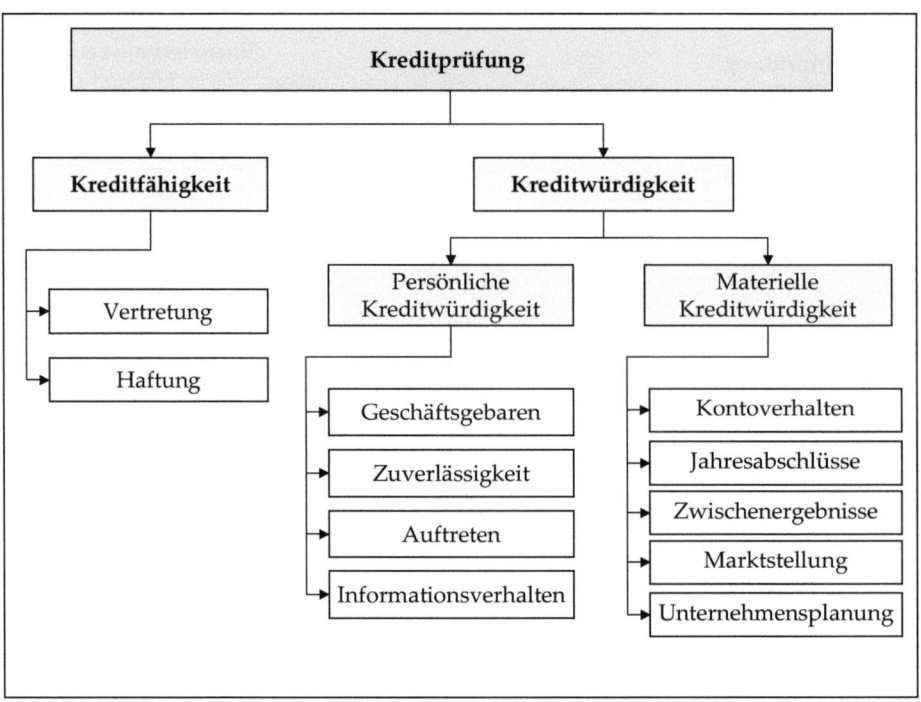

Abbildung 138: Prozess der Kreditprüfung bei Investitionsdarlehen

gute Kalkulationsbasis durch die gleichbleibende Zins- und Tilgungsbelastung zu erhalten, die Laufzeit der Nutzungsdauer des Finanzierungsgegenstandes anzupassen und die Zahlungsströme den Erträgen aus der Nutzung des Wirtschaftsgutes anzulehnen. Im Mittelpunkt der **Kreditprüfung** steht deshalb die Analyse der zukünftigen **Ertragsfähigkeit** des zu finanzierenden Unternehmens.

Die **Kreditfähigkeitsprüfung** umfasst die Feststellung der **Vertretung und Haftung im Unternehmen**. Der potentielle Kreditnehmer muss rechtswirksam vertreten werden. Außerdem sind für die weitere Analyse die rechtsformabhängigen Haftungsverhältnisse des Unternehmens entscheidend. Die Rechts- und Haftungsverhältnisse können aus Handelsregisterauszügen entnommen werden. Zudem können Bank- und Büroauskünfte eingeholt werden, um Informationen über potentielle Kreditnehmer zu erhalten.

Die **Kreditwürdigkeit** (Bonität) von Unternehmen ist wesentlich geprägt von der **wirtschaftlichen Entwicklung der Unternehmung**. Der Unternehmenserfolg kann in erster Linie an den Vergangenheitsdaten beurteilt werden, also durch die Analyse von Jahresabschlüssen, unterjährigen Unternehmensergebnissen (Betriebswirtschaftliche Auswertungen, Quartalsberichte) sowie den Ergebnissen im Vergleich zur Branche

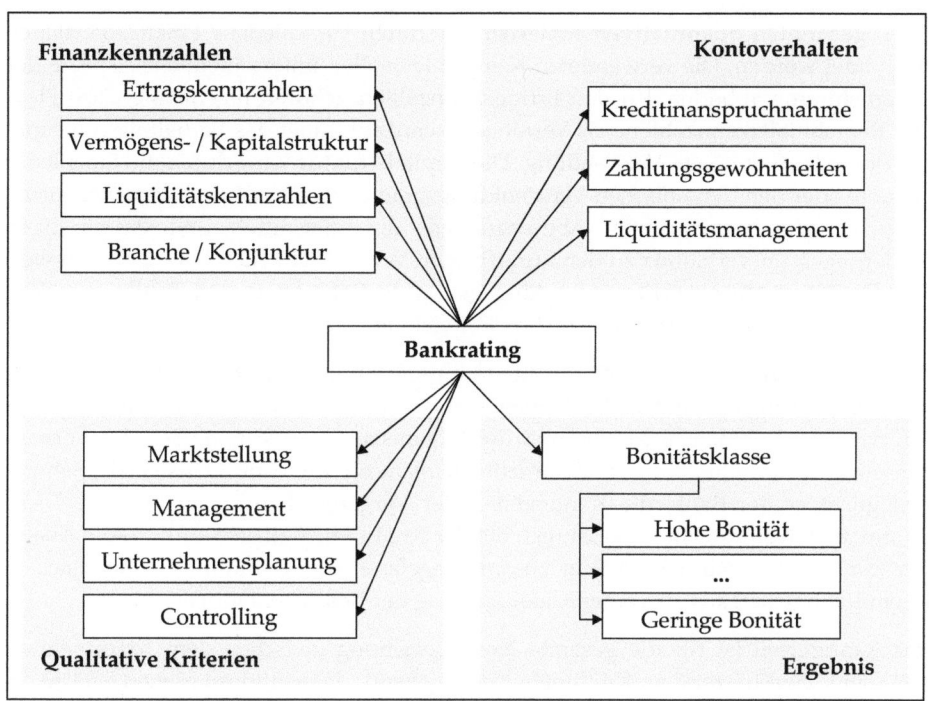

Abbildung 139: Systematik von Bankenratings

bzw. zur Gesamtwirtschaft. Diese Informationen haben aber nur eine sehr einge-schränkte Aussagekraft bezüglich der zukünftigen Unternehmensentwicklung und damit für die **Beurteilung der Kapitaldienstfähigkeit**. Die Eignung der vergangen-heitsbezogenen Unternehmenskennzahlen wird verbessert durch mathematisch-statistische Verfahren, deren Anwendung bestimmte Warnsignale im Hinblick auf die weitere Unternehmensentwicklung liefern. Von zunehmender Bedeutung sind jedoch zukunftsbezogene Informationen. Dazu wird die Ertragskraft der Unternehmen prog-nostiziert und eine Unternehmensplanung beurteilt. In diese **Prognose** wird die Beur-teilung der Managementqualität, der Marktposition und der Unternehmensstrategie einbezogen. Außerdem hat sich gezeigt, dass die Bankbeziehung in der Vergangenheit ein entscheidender Faktor der Kreditwürdigkeit ist. Deshalb wird das **Informations-verhalten und das Kontoverhalten** stark berücksichtigt. Die Pflege einer guten **Haus-bankbeziehung** kann daher für Unternehmen Vorteile bei der Kreditfinanzierung erbringen.

Die Kreditwürdigkeitsprüfung der Unternehmen wird inzwischen grundsätzlich durch ein **Rating** abgeschlossen. Jede Bank verwendet ihr eigenes Ratingsystem, aber die Systeme unterscheiden sich lediglich in den Details. Ein **Bankrating** besteht immer aus sogenannten **quantitativen Kriterien,** die durch verschiedene Finanzkennzahlen abgebildet werden. Die verwendeten Kennzahlen sollen unterschiedliche Aspekte der Unternehmung abbilden. Zu den Ertragskennzahlen gehören regelmäßig Cash Flow und Rentabilitätskennzahlen. Als Vermögenskennzahl findet das Verhältnis von Anlage- zu Umlaufvermögen Verwendung. Die Kapitalstruktur wird durch die Eigenkapitalquote oder den dynamischen Verschuldungsgrad analysiert. Zur Liquiditätsbeurteilung können verschiedene Abgrenzungen der Barmittel und kurzfristigen Forderungen im Verhältnis zu den kurzfristigen Verbindlichkeiten herangezogen werden. Die Kennzahlen gewinnen an Aussagekraft in Relation zu den Zahlen der Konkurrenz und zur gesamtwirtschaftlichen Entwicklung.

Das Rating wird ergänzt durch die Analyse **qualitativer Faktoren.** Die Qualifikation und die Führungsqualitäten des Managements sind Bestandteil der Beurteilung. Neben der Unternehmenshierarchie und der Organisationsstruktur fließen das Vorhandensein und die Qualität der Unternehmensplanung ein. Eine Hausbankbeziehung ermöglicht es der Bank, die Kontendaten der Vergangenheit zu analysieren. Diese Informationen sind nicht unwesentlich bei der Kreditwürdigkeitsprüfung. Alle Analysen werden zu einem Gesamtbild zusammengefasst. Das Gesamtbild drückt sich in einem Ratingurteil aus, das einer Klassifizierung der Bonität entspricht.

Das Ratingurteil ist für die gesamte Kreditbeziehung zwischen dem Kreditnehmer und dem einschätzenden Kreditgeber maßgebend. Investitionsdarlehen stellen in Deutschland die wichtigste Säule der Unternehmensfinanzierung dar.

▉ Baukredit

Die Besonderheit von Baudarlehen liegt im finanzierten Gegenstand. Mit Baukrediten wird der Kauf oder Bau eines Wohnhauses, einer Eigentumswohnung oder der Ausbau bzw. die Modernisierung eines Wohnhauses finanziert. Alternativ kann es sich um den Kauf oder Bau einer Gewerbeimmobilie handeln. **Finanzierungsgegenstand** sind damit also **Grundstücke** bzw. wesentliche Bestandteile eines Grundstückes, insbesondere **Gebäude.** Grundstücke werden nach rechtlichen Kriterien im **Grundbuch** erfasst. Das Grundbuch genießt öffentlichen Glauben, das heißt auf die Richtigkeit der Eintragungen kann sich jedermann verlassen (ausgenommen Angaben über Größe, Wirtschaftsart, Lage). Einsicht kann jeder, der ein berechtigtes Interesse nachweist, verlangen. Vermessungstechnisch ist der Begriff Flurstück vom Begriff des Grundstücks zu unterscheiden. Grundbücher werden beim Amtsgericht (Grundbuchamt) geführt, während Flurstücke im Kataster beim Katasteramt geführt werden. Das Grundbuch enthält neben dem Deckblatt ein Bestandsverzeichnis und drei Abteilungen. Das **Bestandsverzeichnis** kennzeichnet das Grundstück durch die wesentlichen Eigenschaften. Des weiteren sind hier Rechte an anderen Grundstücken ersichtlich, beispielsweise Wege- und Überbauungsrechte. Der **Abteilung I** sind Eigentümer und die Veränderung der Eigentumsverhältnisse zu entnehmen. Da Löschungen im Grundbuch durch Unterstreichung erfolgen, sind die vorhergehenden Eintragungen jeweils

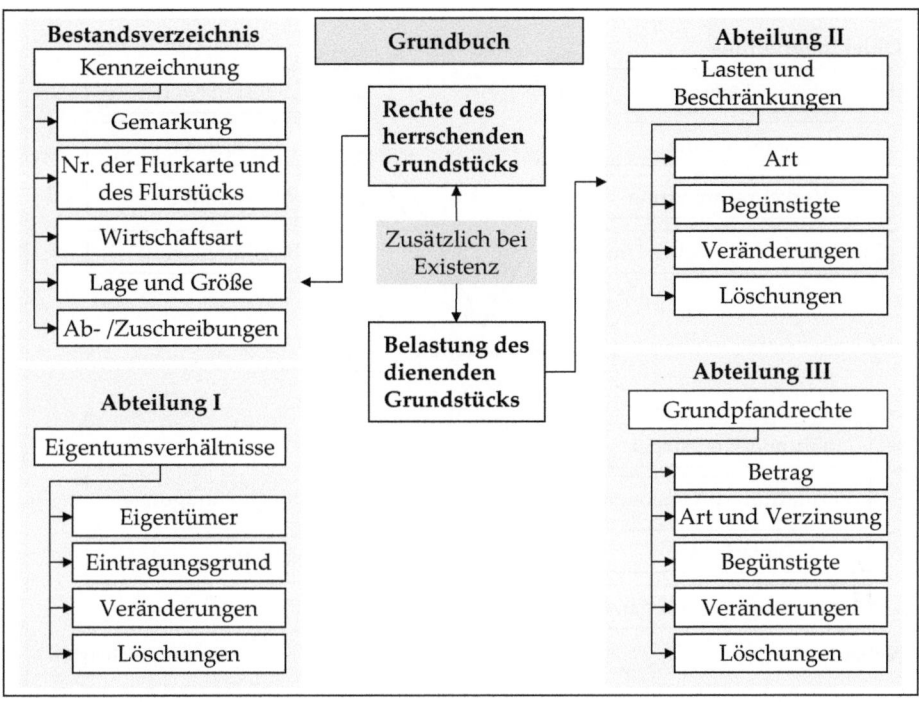

Abbildung 140: Struktur eines Grundbuchs

nachvollziehbar. In **Abteilung II** sind Lasten und Beschränkungen eingetragen, dies können Wegerechte, Überfahrtsrechte etc. von Dritten sein. Die **Abteilung III** erfasst die Grundpfandrechte. Die eingetragenen Geldbeträge beinhalten das Recht der Begünstigten, sich in dieser Höhe aus dem Grundstück zu befriedigen.

Die zu finanzierende Immobilie muss bewertet werden. Dazu existieren zwei Standardverfahren. Das **Ertragswertverfahren** versucht eine **Wertermittlung** auf der Basis der zu erwartenden Erträge (Mieteinnahmen) der Immobilie. Das **Substanzwertverfahren** nutzt als zentrale Wertgröße den Bodenwert und den Bauwert. Ziel der Wertermittlung ist der sogenannte **Verkehrswert**, der den Verkaufswert widerspiegeln soll. Die nach der Wertermittlung zugrunde gelegte **Beleihungsgrenze** darf lediglich den nachhaltig zu erzielenden Ertrag bzw. dauernde Eigenschaften der Immobilie berücksichtigen und darf den nach sorgfältiger Ermittlung festgestellten Verkehrswert nicht übersteigen. Das Baudarlehen darf wiederum nur bis zu einer Höhe von 60% des Beleihungswertes ausgereicht werden, wenn zur Refinanzierung private Pfandbriefe begeben werden sollen. Der Verkehrswert (Verkaufswert) wird wesentlich durch nicht eindeutig quantifizierbare Kriterien beeinflusst. Die Lage, das Umfeld und auch die Verkehrsanbindung bzw. Infrastruktur sind subjektive Faktoren, die von einzelnen

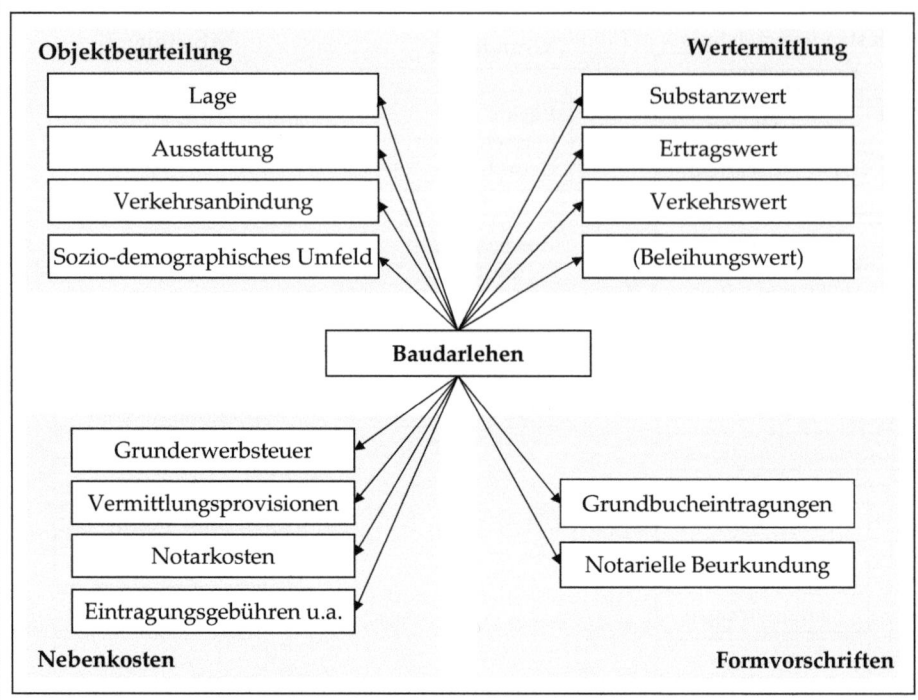

Abbildung 141: Besonderheiten des Baudarlehens

Eigentümern bzw. Käufern unterschiedlich bewertet werden, immer aber von entscheidendem Einfluss sind. Die Ausstattung ist ein quantifizierbarer Preisfaktor und dennoch subjektiv.

Von großer Bedeutung bei Immobilienfinanzierungen sind die nicht unerheblichen **Nebenkosten**, die teilweise durch die Einhaltung von Formvorschriften bedingt sind, sich teilweise durch die Besonderheiten der Immobilen ergeben. Die Grunderwerbsteuer von 3,5% ist an den Staat bei Kauf zu entrichten. Notarkosten und Gebühren für Grundbucheintragungen entstehen aufgrund der **Formvorschriften**. Üblicherweise wird der Immobilienerwerb durch **Makler** vermittelt, die dafür entsprechend entgolten werden müssen. Darüber hinaus können sich Kosten durch Grundstückserschließung, Architekten und Gutachten ergeben.

Bei der Kreditprüfung in der Baufinanzierung gelten je nach Kreditnehmer zunächst die gleichen Prinzipien wie bei Konsum- bzw. Investitionsdarlehen. Darüber hinaus muss hier aber auch die Immobilie bewertet werden. Wenn der Kapitaldienst mit Erträgen aus der Immobilie zu leisten ist, erreicht die **Immobilienbewertung** eine besondere Bedeutung. Da der Baukredit in der Regel durch ein **Grundpfandrecht** an der zu finanzierenden Immobilie gesichert wird, ist die Objektbeurteilung ebenfalls für die Betrachtung der Sicherheiten wesentlich.

Bei der gewerblichen Baufinanzierung bildet die **Objektbeurteilung** einen **Rating-Baustein**, der gegenüber der sonstigen Investitionsfinanzierung zusätzlich in das Ratingsystem integriert sein muss. Bei privaten Baudarlehen für selbstgenutzte Immobilien muss die Entlastung des Haushalts durch entfallende Mietzinsen berücksichtigt werden. Dagegen werden bei privaten Baukrediten zur Vermietung der finanzierten Immobilie die erwarteten Mieteinnahmen in die Einnahmen-Überschussrechnung einbezogen. Die Immobilien gelten in dem Fall als Kapitalanlage und die Mieteinkünfte müssen vorsichtig kalkuliert sein, so dass der Kapitaldienst für den Baukredit auch in unvermietetem Zustand nicht gefährdet ist.

■ **Kommunalkredit**

Mittel- bis langfristige **Darlehen an die öffentliche Hand** werden als Kommunaldarlehen bezeichnet. Sie dienen oft der Finanzierung von Infrastrukturmaßnahmen (Verkehr, Gesundheitswesen, Kultur, u.a.). Die **hohe Bonität** der Kreditnehmer, die aufgrund der unterstellten Steuerkraft bzw. Wirtschaftskraft der Steuerzahler als gegeben betrachtet wird, ermöglicht die Kreditgewährung ohne Sicherheiten. Die Kreditnehmer sind Gebietskörperschaften, Anstalten des öffentlichen Rechts. Zu den Körperschaften gehören Bund, Länder und Kommunen sowie kommunale Zweckverbände. Anstalten sind z.B. öffentliche Krankenhäuser und Rundfunkanstalten. Als Kommunalkredite können auch mit Bürgschaften oder Garantien der öffentlichen Hand gesicherte Bankdarlehen betrachtet werden. **Kommunaldarlehen** werden häufig in der Sonderform eines Schuldscheindarlehens abgewickelt. Kreditgeber können grundsätzlich alle Kreditinstitute sein, allerdings bedingt der öffentlich-rechtliche Charakter der Kreditnehmer eine Präferenz für öffentlich-rechtlicher Kreditgeber.

Kurzfristige Kredite an Gebietskörperschaften werden als **Kassenkredite** bezeichnet, sind aufgrund von Haushaltsvorschriften nur sehr begrenzt zur Deckung laufender Ausgaben aufnehmbar und gelten nicht als Kommunaldarlehen i.e.S.. Kassenkredite sollen den Körperschaften die rechtzeitige Leistung von Ausgaben ermöglichen und sind durch die Haushaltssatzung nach oben begrenzt.

Bei den Gebietskörperschaften als Kreditnehmer bestimmen sich die Möglichkeiten und Grenzen der Kreditaufnahme aus der **Gemeindeordnung bzw. Kreisordnung**. Darin sind die Vorschriften zur **Haushalts- und Wirtschaftsführung** festgeschrieben. Kredite können danach nur für Investitionen, Investitionsfördermaßnahmen und zur Umschuldung aufgenommen werden und nur unter der Voraussetzung, dass eine andere Finanzierung unmöglich oder unzweckmäßig ist. Im Rahmen der Bonitätsprüfung müssen die Kreditgeber die **Verschuldungsgrenze** der Kommunen beachten.

4.2.3.1.1.3   Sonderformen von Darlehen

Zu bestimmten Zwecken der Finanzierung sind Sonderformen von Darlehen konzipiert, um besonderen Anforderungen bzw. Zielsetzungen gerecht zu werden.

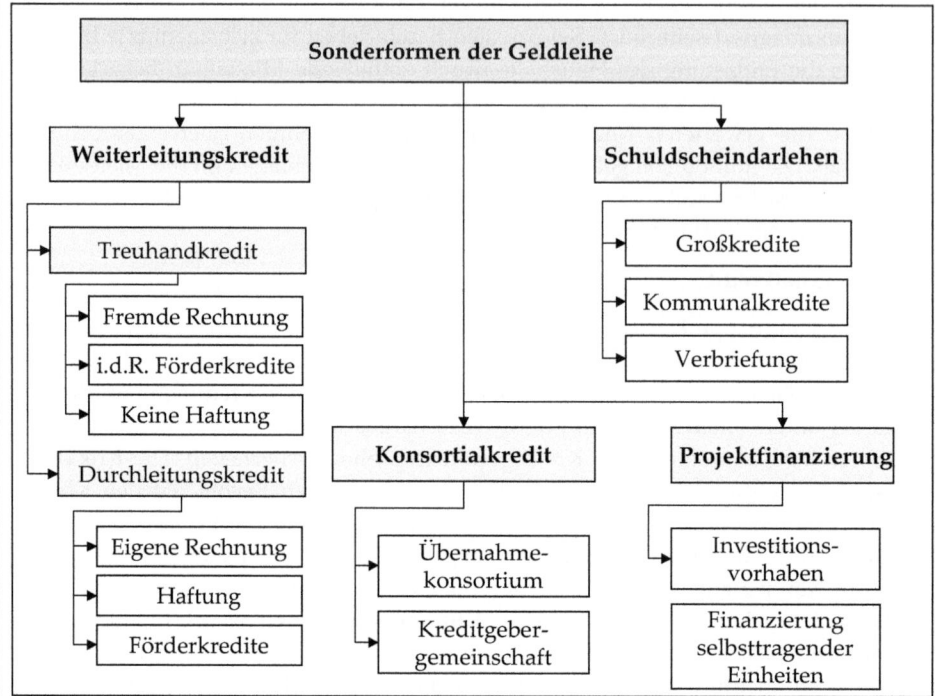

Abbildung 142: Sonderformen von Darlehen

■ **Weiterleitungskredite**

Die Darlehen können in verschiedenen Sonderformen gestaltet sein. In Deutschland existieren eine Vielzahl von **Förderkreditprogrammen**, die durch die öffentlich-rechtlichen Kreditinstitute mit Sonderaufgaben aufgelegt sind. Die Förderdarlehen werden nicht direkt an die Kreditnehmer gewährt, sondern über die Hausbanken der Kreditnehmer. Die **Kreditinstitute** agieren dabei als **Weiterleitungsinstitute**. Die Weiterleitung erfolgt entweder so, dass die Kreditinstitute das Darlehen auf eigene Rechnung vergeben, meistens in Verbindung mit einem Hausbankdarlehen, oder dass sie als Treuhänder agieren.

Bei **Durchleitungskrediten** übernehmen die Banken das Risiko für den gesamten Kredit, der auch banküblich besichert werden muss. Die kreditgebende Bank erhält für die Durchleitung eine Zinsspanne (Marge). Die **Kreditkonditionen** sind für den

Durchleitungskredit durch das **Förderinstitut** definiert. Aus Sicht der Banken sind die Förderkredite, die an bestimmte Förderkriterien geknüpft sind, uninteressant, weil die Konditionen oft nicht marktkonform sind. Mit den Förderkrediten sollen **wirtschafts-politische Ziele**, speziell die Unterstützung des Mittelstandes erreicht werden. Die Marge der Hausbanken ist meistens so gering, dass der Bearbeitungsaufwand und das Risiko nicht abgedeckt werden. Für bonitätsstarke Kreditnehmer ergibt sich daher ein Interesse der Bank, den Kreditbedarf komplett ohne Förderkredite abzudecken. Im Kundeninteresse liegt natürlich die Einbeziehung möglichst aller in Frage kommenden Förderkredite.

Alternativ besteht die Möglichkeit, die **Hausbanken** ganz oder teilweise **von der Haf-tung freizustellen**. Eine Weiterleitung von Krediten, bei der die Risikoübernahme bei dem Förderinstitut verbleibt, wird als **Treuhandkredit** bezeichnet. Er wird grundsätz-lich auf fremde Rechnung gewährt. Wenn die Kreditinstitute die Treuhandkredite im eigenen Namen vergeben, werden sie als Treuhandkredite bilanziert. Das Ausfallrisiko trägt die Förderbank als eigentlicher Kreditgeber. Unter Anreizaspekten ist ein För-derkredit mit Haftungsfreistellung, also ein Treuhandkredit, für die Kreditinstitute interessanter. Bei einer Treuhandkreditvergabe auf fremde Rechnung und fremden Namen handelt es sich aus Sicht der Hausbank um einen Verwaltungskredit, der nicht bilanzwirksam ist.

Generell existieren eine Vielzahl von Förderkreditprogrammen der KfW Bankengrup-pe sowie der Investitionsbanken der Länder. Dieser Förderdschungel erschwert die Transparenz für potentielle Kreditnehmer und schreckt die Kreditinstitute vom För-dergeschäft ab. Zielstellung der Förderprogramme sind vor allem die Sicherung von Arbeitsplätzen, Existenzgründungen, Umweltschutzprojekte sowie die Entwicklung und Anwendung neuer Technologien.

■ **Konsortialkredite**

Kredite mit großen Volumenina werden häufig von mehreren Kreditgebern gleichzei-tig vergeben. Bei dieser Sonderform von Darlehen handelt es sich um Konsortialkredi-te. Verschiedene **Banken** fungieren als eine wirtschaftliche **Zweckgemeinschaft**, um einen speziellen Finanzierungsbedarf zu decken. Zum Finanzierungszweck wird von den Kreditgebern eine Gesellschaft gebildet, die bestimmte Leistungen der Gesell-schafter festschreibt. Das **Konsortium** wird meistens in Form einer BGB-Gesellschaft gebildet, die eine individuelle Ausgestaltung der Vertragsbeziehungen unter den Kon-sorten ermöglicht. Das Konsortium ist regelmäßig mit der Erfüllung des unternehme-rischen Zwecks zu dem es gebildet wurde, beendet.

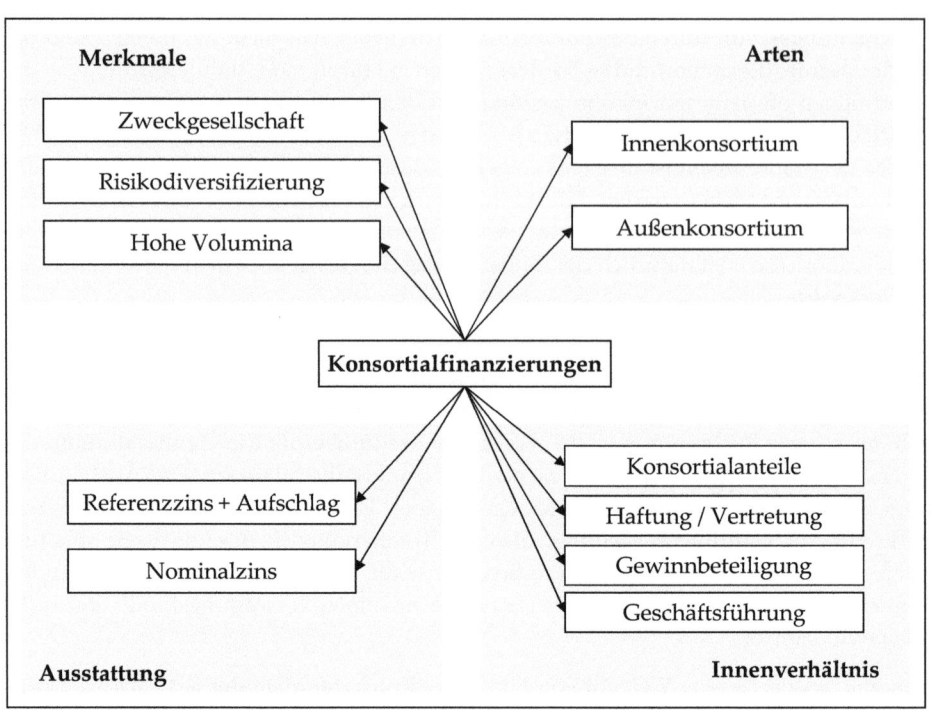

Abbildung 143: Systematik von Konsortialfinanzierungen

Durch diese Konstruktion wird bei großen Finanzierungsbeträgen das **Kreditrisiko** auf verschiedene Kreditgeber **verteilt**. Dies ist aus Bankensicht notwendig, um die Großkreditgrenze einzuhalten und das Kreditportfolio zu diversifizieren. Konsortialkredite werden wie andere Darlehen mit einem Festzins oder variablen Zinssatz ausgestattet. Tendenziell werden bei Konsortialkrediten variable Zinsvereinbarungen getroffen, bei denen ein Referenzzins als Basis und ein bonitätsabhängiger Aufschlag (in Basispunkten) vereinbart wird. Das Instrument der Konsortialfinanzierung besteht nicht nur bei der Darlehensgewährung, sondern ist von großer Relevanz bei Anleihe- oder Aktienemissionen am Kapitalmarkt.

Grundsätzlich lassen sich ein Innenkonsortium und ein Außenkonsortium unterscheiden. Bei einem **Außenkonsortium** (offenes Konsortialverhältnis) steht jeder Konsorte in unmittelbarer Vertragsbeziehung zum Kreditnehmer. Das Kreditkonsortium tritt dem Vertragspartner offen gegenüber. Bei einem **Innenkonsortium** (stilles Konsortialverhältnis) tritt lediglich der geschäftsführende Konsorte in vertragliche Beziehungen mit dem Kreditnehmer und handelt im eigenen Namen auf gemeinschaftliche Rechnung des Konsortiums. Die **Konsortialführung** kann bei einem Innenkonsortium das

Konsortium nach eigener Auswahl zusammenstellen und der Kreditnehmer muss nicht zwingend über die Konsortialkonstruktion informiert sein.

Zwischen den Kreditgebern (Konsorten) wird vertraglich geregelt, in welchem Verhältnis das Konsortium zueinander steht (Innenverhältnis). Dazu gehören die Konsortialquoten, Eigentumsverhältnisse, Geschäftsführung und Vertretung des Konsortiums, Haftung, Gewinnbeteiligung und Beendigung. Die Konsortialführung kann aus einem Konsorten (Lead Manager) oder mehreren Konsorten (Co-Leader) bestehen. Der **Lead Manager** (die federführende Bank) übernimmt die **Geschäftsführung** des Konsortiums. Die Geschäftsführung umfasst neben den Verhandlungen mit dem Kreditnehmer das gesamte **Kreditmanagement** (Kontoführung, Korrespondenz, Zahlungsverkehr) und ggf. die **Sicherheitenverwaltung**. Die Vertretung übernimmt die gesamte Konsortialführung, also einschließlich eventueller Co-Leader. Die Konsortialführung erhält dafür ein **Entgelt**, das in Basispunkten des Kreditbetrages ausgedrückt wird (Provision bzw. erhöhter Zinssatz). Die **Konsortialquote** gibt den einzelnen Anteil der Konsorten am gesamten Kreditbetrag an. Die Konsorten müssen entsprechend ihrem Anteil das Kreditrisiko übernehmen bzw. Liquidität bereitstellen. Jeder Konsorte weist in seiner Bilanz nur seinen Anteil am Kredit aus und erhält von der Konsortialführung die jeweiligen Tilgungs- und Zinszahlungen des Kreditnehmers. Bei quotenmäßiger Risikobeteiligung im Innenverhältnis des Konsortiums haften die Konsorten dem Kreditnehmer bzw. dem Begünstigten gesamtschuldnerisch. Es kann auch sein, dass der Konsortialführer dem Begünstigten gegenüber allein haftet und die Konsorten ihm gegenüber in Höhe ihrer Quote haften (Innenkonsortium).

■ **Projektfinanzierung**

Eine Sonderform der Darlehensfinanzierung stellt die Projektfinanzierung dar, bei der das Darlehen zu einem bestimmten Zweck vergeben wird an eine Gesellschaft, die ebenfalls nur dieser Zweckerfüllung dient. Als Kreditgeber treten in der Regel verschiedene Banken gemeinsam auf, um das Risiko zu verteilen (Kreditkonsortium).

Große Investitionsvorhaben, die sich selbst tragen sollen, werden durch Gesellschaften realisiert und danach betrieben, die zu diesem Zweck gegründet sind. Diese Projektgesellschaften werden zur Finanzierung und Realisierung von Kraftwerken, Satelliten u.a. genutzt. Projektfinanzierungen haben oft **internationalen Charakter**. Die Investitionen in große Projekte erfolgen in der Erwartung, dass die Rückflüsse aus dem Betreiben des Projekts eine entsprechende Rendite erbringen. Die Besonderheit bzw. das wichtigste Element der Projektfinanzierung liegt darin, dass der **Cash Flow des Projekts** den Kapitaldienst tragen muss. Die Finanzierung wird auf die Rentabilität des Projektes abgestellt. Die **Projektgesellschaft** ist bei dieser Konstruktion der Kreditnehmer. Die Bonität der Projektgesellschaft ist nicht entscheidend, aber da die Risiken im Investitionsvorhaben selbst liegen, sind die Erfahrungen der Projektgesellschaft relevant bei der Kreditbeurteilung. Die Finanzierungen werden mit einer

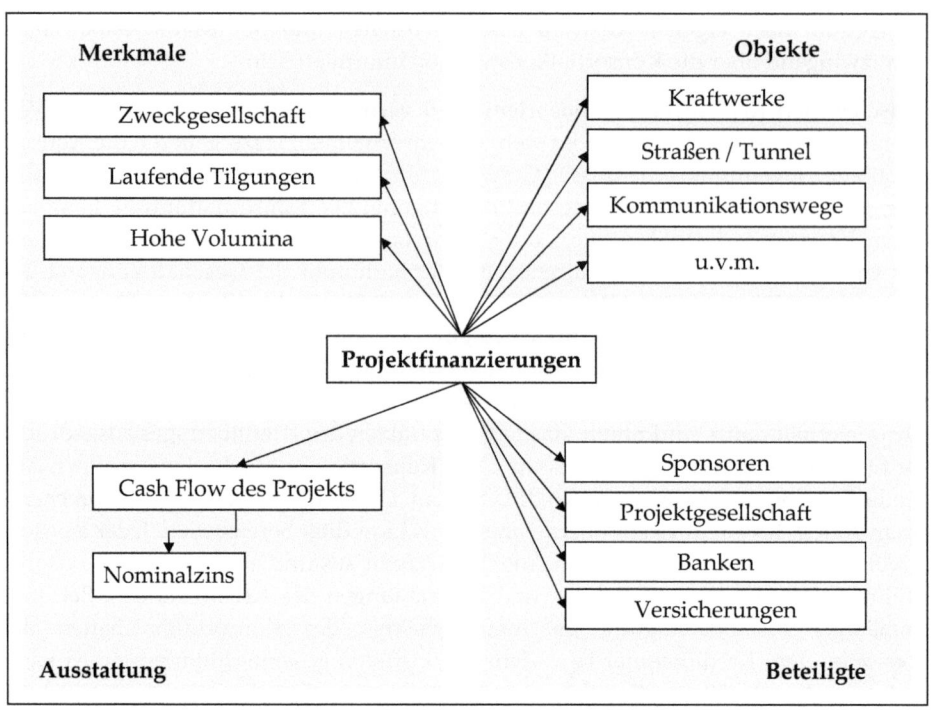

Abbildung 144: Systematik von Projektfinanzierungen

laufenden Tilgung gewährt, so dass der Kredit über die Laufzeit verteilt zurückgezahlt wird. Dabei werden hohe Cash Flows von der Projektgesellschaft zunächst als Sicherheit für mögliche schwächere Ertragsjahre zurückbehalten, um jederzeit kapitaldienstfähig zu sein. Grundsätzlich erwarten aber auch weitere Beteiligte einen Ertrag für sich, der aus den Cash Flows zu leisten ist. Bei den Investitionsvorhaben, die über Projektfinanzierungen umgesetzt werden, handelt es sich immer um große Volumina.

Als **Beteiligte** sind weiterhin **Sponsoren** als Eigenkapitalgeber, Versicherungen, Zulieferer und Abnehmer sowie gegebenenfalls Berater involviert. Der erwartete Cash Flow des Projekts muss nicht nur zur Befriedigung der Fremdkapitalgeber ausreichen, sondern auch den Sponsoren eine entsprechende Rendite ihres Eigenkapitals gewährleisten. Aufgrund der vielfältigen Risiken sind **Versicherungen** wichtige Partner bei Projektfinanzierungen, um bestimmte Risiken auszuschließen bzw. das Projekt bei unerwarteten Ereignissen zu schützen. Darüber hinaus werden Fachleute bzw. **Experten** für die jeweiligen Projekte hinzugezogen, um die Risiken zu reduzieren. Wesentlich sind weiterhin die **Lieferbeziehungen** zur Kostenkalkulation und möglichst verschiedene, langfristige und zuverlässige **Abnehmerverträge**.

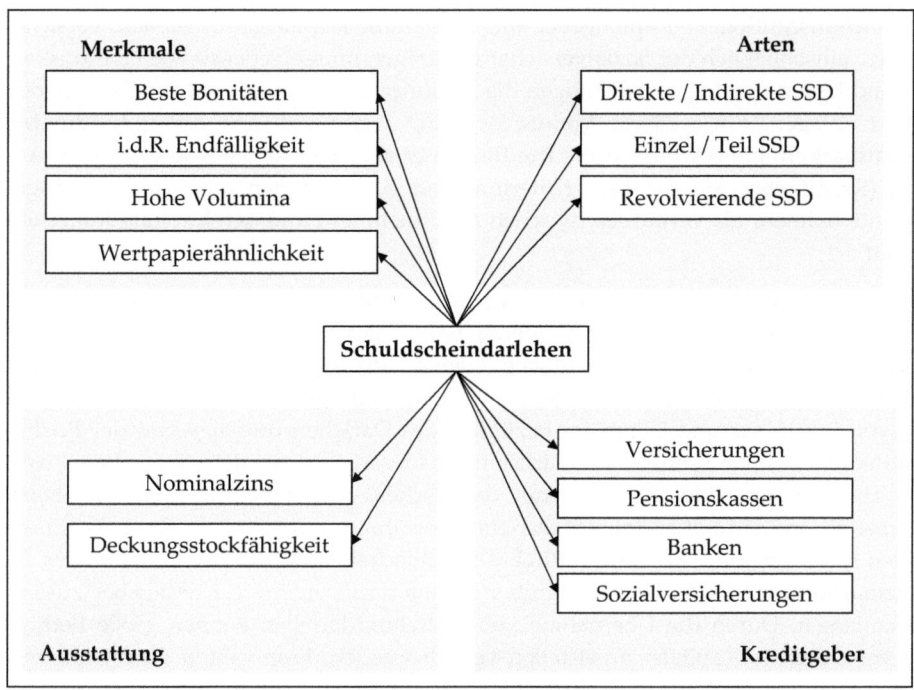

Merkmale

| Beste Bonitäten |
| i.d.R. Endfälligkeit |
| Hohe Volumina |
| Wertpapierähnlichkeit |

Arten

| Direkte / Indirekte SSD |
| Einzel / Teil SSD |
| Revolvierende SSD |

Schuldscheindarlehen

| Nominalzins |
| Deckungsstockfähigkeit |

| Versicherungen |
| Pensionskassen |
| Banken |
| Sozialversicherungen |

Ausstattung

Kreditgeber

Abbildung 145: Systematik von Schuldscheindarlehen

■ **Schuldscheindarlehen**

Schuldscheindarlehen (SSD) haben einen **anleiheähnlichen Charakter**. Gemeinsamkeiten mit Anleihen liegen vor allem darin, dass es sich um große Beträge handelt und dass sie in verbriefter Form bestehen. Der Schuldschein hat aber im Gegensatz zum Wertpapier nur den Charakter einer **Beweisurkunde**. Die Beträge sollten sich im zweistelligen Millionenbereich bewegen und die Laufzeit bis zu 10 Jahren betragen. Da der Nominalzins der Darlehen über der Verzinsung vergleichbarer Anleihen (ca. 0,25-0,5%) liegt, dafür aber die Nebenkosten von SSD bei 1 – 2% des Volumens liegen gegenüber ca. 5% bei Anleihen, wird die Anleihefinanzierung vor allem bei längeren Laufzeiten interessant. Schuldscheindarlehen sind außerdem interessant für Kreditnehmer, die für den Kapitalmarkt nicht groß genug sind. Die Übertragung von Schuldscheinen erfolgt durch Abtretung (Zession), ist gegenüber handelbaren Wertpapieren also eingeschränkt. Die Kreditnehmer sind sowohl Gebietskörperschaften und Anstalten des öffentlichen Rechts als auch Industrie- und Handelsunternehmen bester Bonität. Die **gute Bonität und hohe Sicherheitsausstattung** der Schuldscheindarlehen, die in der Regel durch erstrangige Grundschulden gesichert sind, stellen für die Kreditgeber ein wesentliches Motiv dar. Als Kreditgeber bzw. Anleger treten vornehmlich institutionelle Kapitalgeber auf, sogenannte Kapitalsammelstellen. Versicherungen, einschließlich der Sozialversicherungsträger, müssen ebenso wie Pensionskassen und Unterstützungseinrichtungen die bei ihnen eingelegten Gelder sicherheitsorientiert anlegen. Ein weiterer Vorzug der SSD ergibt sich aus der **individuellen Gestaltbarkeit**, die sowohl für die Kreditnehmer als auch für die institutionellen Anleger (Kreditgeber) ein wichtiges Kriterium sind. Banken treten weniger als Kreditgeber und vielmehr als Vermittler zwischen Kreditnehmern und den Kapitalsammelstellen auf.

Die Schuldscheindarlehen sind mit einem festen, zunehmend auch variablen Nominalzins ausgestattet. Für die besonderen Bedürfnisse der Kreditgeber ist die **Deckungsstockfähigkeit** eine wesentliche Eigenschaft, die wiederum beste Bonitäten und erstrangige grundpfandrechtliche Sicherung bedingt. Wenn sich die Vorstellungen von Schuldner und Gläubiger bezüglich des Darlehensumfangs und der Fristigkeit decken, können Schuldscheindarlehen direkt vergeben werden. In der Regel werden aber Finanzmakler bzw. Banken dazwischen geschaltet, die dem Darlehensnehmer ein individuell gestaltetes Darlehen gewähren und sich über Kapitalsammelstellen refinanzieren. Dies sind indirekte Schuldscheindarlehen. Die Aufgabe des Finanzmaklers (der Bank) besteht darüber hinaus darin, mehrere Kreditgeber zusammenzufassen. Durch die Übernahme von Teilschulddarlehen können große Beträge auf verschiedene Kapitalsammelstellen verteilt werden. Eine weitere Konstruktionsmöglichkeit, bei der Vermittler eine Schlüsselfunktion einnehmen, ist die fortlaufende, kurzfristige Anschlussfinanzierung von SSD. Das Prinzip einer wiederkehrenden Inanspruchnahme von Refinanzierungen für langfristige Schuldscheindarlehen bezeichnet man als revolvierend.

4.2.3.1.1.4   Strukturierte Darlehen

Bei mittel- bis langfristigen Finanzierungen kann der Kredit durch ein **Derivat** ergänzt werden, um damit die Finanzierung flexibler zu gestalten. Durch die Kombination eines klassischen Kredits mit einem Derivat entsteht eine so genannte **strukturierte Finanzierung**. Ein Festzinsdarlehen kann durch ein variabel verzinsliches Darlehen ersetzt werden. Im Fall eines variabel verzinsten Darlehens besteht die Möglichkeit, **Zinsobergrenzen** oder/und **Zinsuntergrenzen** festzulegen. Mit diesen Grenzen wird aus einem Darlehen ein strukturiertes Darlehen, denn eine Zinsobergrenze (Cap) entspricht dem Kauf eines Optionsrechts durch den Kreditnehmer. Alternativ kann eine Zinsuntergrenze (Floor) vereinbart werden, bei der der Kreditnehmer eine Prämie dafür erhält, dass er einen Mindestzins zahlt. Er verkauft damit eine Zinsoption.

Für den **Kreditnehmer** bietet ein **Cap** die Chance, seine variable Finanzierung gegen steigende Zinsen abzusichern. Für den Kreditgeber besteht die Möglichkeit, eine zusätzliche Prämie einzunehmen. Voraussetzung für ein Cap-Darlehen ist, dass die **Zinserwartungen** soweit gegensätzlich sind, dass sich ein Marktpreis für das Derivat einstellt.

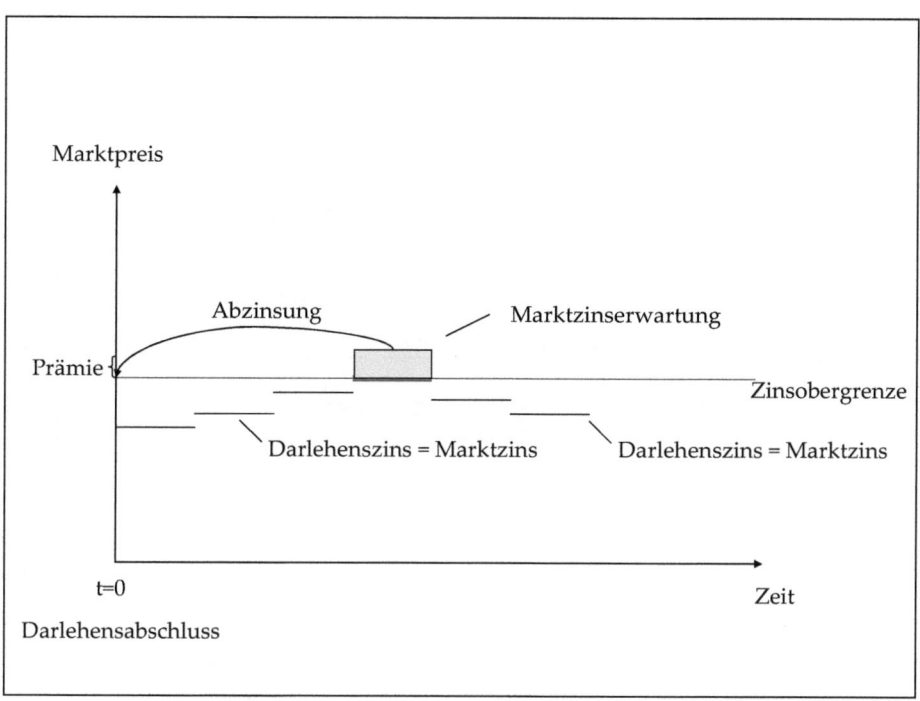

Abbildung 146: Zinserwartungen und Preisbildung eines Cap

Der Kreditnehmer wird maximal bereit sein, die durch die Option **erwartete Einsparung an Zinszahlungen** als **Prämie** zu entrichten. Entweder die Prämie wird einmalig zum Zeitpunkt des Darlehensabschlusses bezahlt oder über die Laufzeit als **Zinsaufschlag**. Die einmalige Prämie darf nicht höher sein als der Barwert der erwarteten Zinseinsparung. Die Cap-Vereinbarung ist aus Sicht des Kreditnehmers interessant, wenn er stärker steigende Zinsen als der Markt erwartet, weil ihm die Prämie dann niedrig erscheint. Demgegenüber erwartet der Kreditgeber stagnierende oder fallende Zinsen und geht maximal von einem späteren **Zinsentgang** in Höhe der aufgezinsten Optionsprämie aus.

Wenn ein Kreditnehmer dagegen leicht steigende oder stagnierende Marktzinsen erwartet, hat er ein Interesse, für die Bereitschaft einen Mindestzins (Floor) zu bezahlen, eine Optionsprämie einzunehmen. Für den Kreditgeber ist eine Floor-Vereinbarung sinnvoll, wenn er eine Zinssenkung unter die Zinsuntergrenze erwartet. Für die Ermittlung der Optionsprämie, die der Kreditgeber als Käufer der Zinsoption zu entrichten hat, gilt wiederum, dass er maximal den Barwert der durch den Floor erwarteten Zinsgewinne bereit ist zu zahlen.

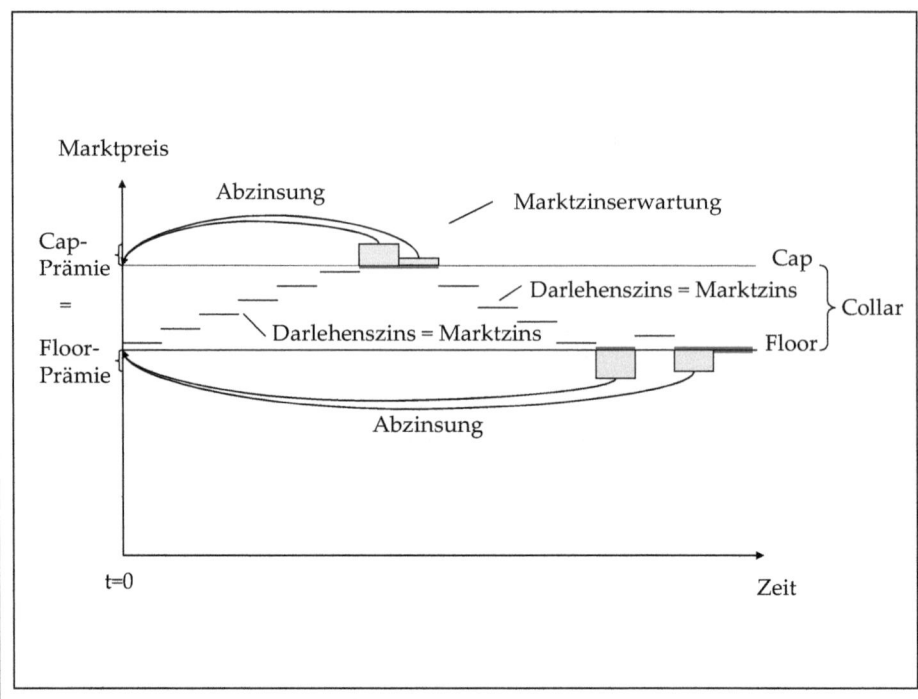

Abbildung 147: Konstruktion eines Zero-Cost Collars

Eine in der Praxis oft gewählte Konstruktion ist die **gleichzeitige Festlegung von Zinsober- und Zinsuntergrenzen**. Diese Vereinbarung wird als **Collar-Darlehen** bezeichnet. Sind die Zinsgrenzen so gewählt, dass sich die Optionsprämien ausgleichen, spricht man vom **Zero-Cost-Collar**.

4.2.3.1.1.5   Diskontkredit

Der Diskont- oder Wechselkredit ist eine **kurzfristige Finanzierung** in Form eines Darlehens. Der Wechsel als Zahlungsmittel unterliegt der sogenannten Wechselstrenge, der Kauf von Wechseln kann als relativ sicher eingestuft werden. Eine Besicherung des Kredites entfällt, da der **Wechsel** selbst **als Sicherheit** dient. Die Bank, also der Kreditgeber hat eine Forderung aus dem Wechsel gegenüber dem Bezogenen des Wechsels bzw. gegebenenfalls gesamtschuldnerisch gegenüber den weiteren Wechselverpflichteten. Weiterhin hat er gegenüber dem Kreditnehmer (Wechseleinreicher) eine Forderung, wenn der Wechsel ausfällt. Grundlage sind für dieses Kreditgeschäft die Vorschriften des Wechselgesetzes sowie die Darlehensvorschriften des BGB.

Der Wechselverkäufer erhält Liquidität gegen den Wechsel. Dies entspricht einer Kreditnahme bis zur Fälligkeit des Wechsels. Der **Wechselkäufer** wird zum **Kreditgeber**.

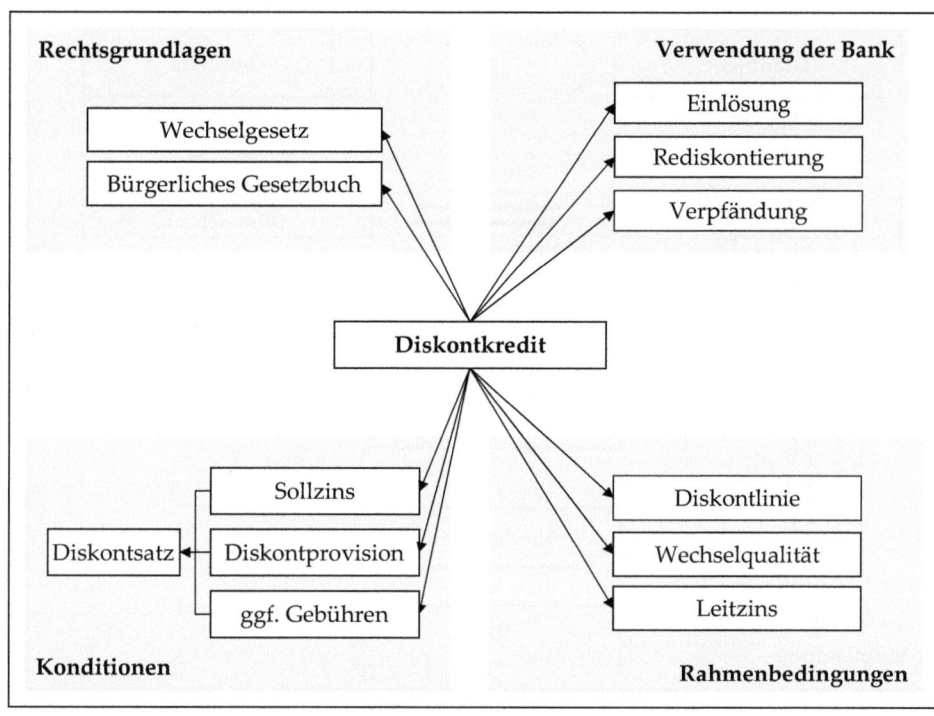

Rechtsgrundlagen

Wechselgesetz

Bürgerliches Gesetzbuch

Verwendung der Bank

Einlösung

Rediskontierung

Verpfändung

Diskontkredit

Sollzins

Diskontsatz ← Diskontprovision

ggf. Gebühren

Diskontlinie

Wechselqualität

Leitzins

Konditionen

Rahmenbedingungen

Abbildung 148: Systematik von Diskontkrediten

Der Diskontkredit wird üblicherweise als eine **Diskontlinie** vereinbart, bis zu deren Höhe Wechsel einer bestimmten Qualität von der Bank angekauft werden. Der Wechselkäufer (Kreditgeber) stellt die Kreditgewährung auf die **Bonität** des/der **Wechselverpflichteten** bzw. sonstige **Qualitätsmerkmale der Wechsel** (kurze Laufzeit von z.B. 90 Tagen; Unterschriften einwandfreier Bonitäten) ab. Dessen ungeachtet wird nur bonitätsmäßig guten Kunden eine Diskontlinie eingeräumt, deren Bonität vor Einräumung der Diskontlinie geprüft wird. Der **Diskontsatz** orientiert sich am Leitzins der EZB, weil Wechsel mit besonders hohen Qualitätsanforderungen im Rahmen der Refinanzierung als Sicherheiten bei der Zentralbank akzeptiert werden. Der Diskontsatz für den Wechselankauf wird also mit einem Bonitätsaufschlag über dem Leitzins der EZB liegen. Der Diskontsatz, den der Kreditnehmer als Preis für den Diskontkredit entrichtet, verkörpert wiederum verschiedene Bestandteile. Der Kreditgeber kalkuliert in diesen Satz die **Sollzinsen** als Preis für die Geldüberlassung sowie anfallende **Bearbeitungsgebühren**. Alle sonstigen mit dem Kredit in Verbindung stehenden Kosten sollen durch die **Diskontprovision** abgegolten sein. Der Kreditgeber kann die angekauften Wechsel schließlich bis zur Fälligkeit im Bestand halten und erhält die Kredit-

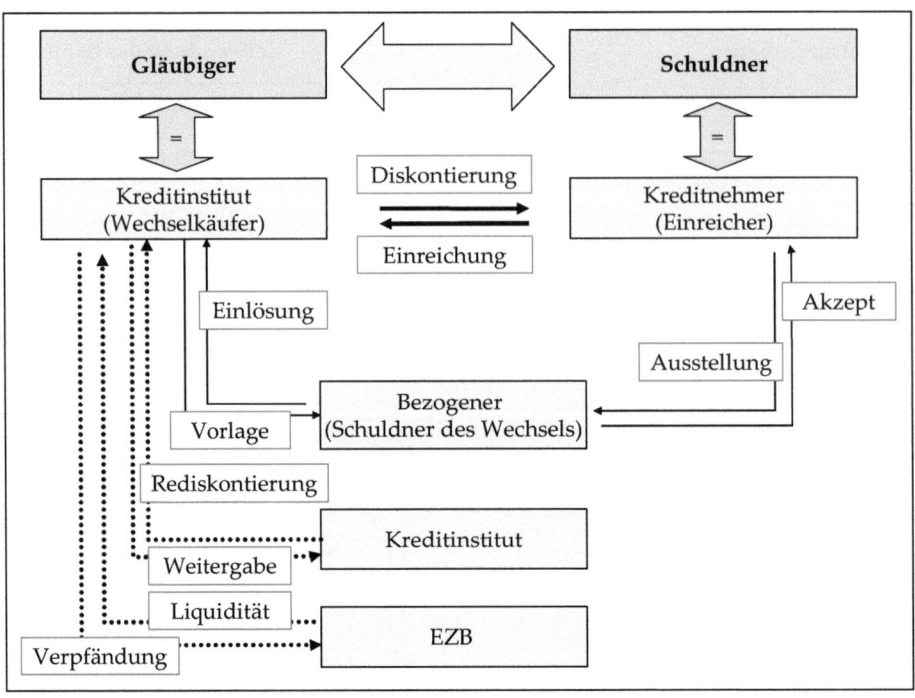

Abbildung 149: Struktur von Diskontkrediten

tilgung vom Wechselverpflichteten durch Einlösung des Wechsels. Alternativ kann die Bank ihrerseits Wechsel an andere Kreditinstitute weiterreichen und wird somit zum Kreditnehmer eines Diskontkredits. Diese Variante nennt sich daher auch **Rediskontierung**. Schließlich können die angekauften Wechsel als Sicherheiten verpfändet werden, vorzugsweise bei der Zentralbank zur **Refinanzierung**.

Ausgangspunkt eines Diskontkredits ist die Entstehung einer **Wechselbeziehung** zwischen dem Wechselbegünstigten und dem Wechselverpflichteten (Bezogener). Der Begünstigte des Wechsels stellt den Wechsel aus, den der Bezogene akzeptiert. Der **Begünstigte** eines Wechsels kann sich durch Einreichung des Wechsels bei der Hausbank sofortige **Liquidität** verschaffen und wird so zum **Kreditnehmer**. Die Bank kauft den Wechsel an und gewährt damit einen Kredit. Es entsteht mit der Einräumung der Kreditlinie ein Gläubiger-Schuldner-Verhältnis. Das Kreditinstitut kauft den Wechsel an und zahlt die Wechselsumme abzüglich des Diskontsatzes an den Einreicher.

Die weitere Verfahrensweise hängt ausschließlich von der kreditgebenden Bank ab. Je nach Vorgehensweise erhält die Bank bei Vorlage zur Fälligkeit die Wechselsumme **eingelöst**, bekommt ihrerseits vorzeitig Liquidität durch **Weitergabe** an eine andere Bank oder durch Verpfändung des Wechsels. Bei Weitergabe an eine andere Geschäfts-

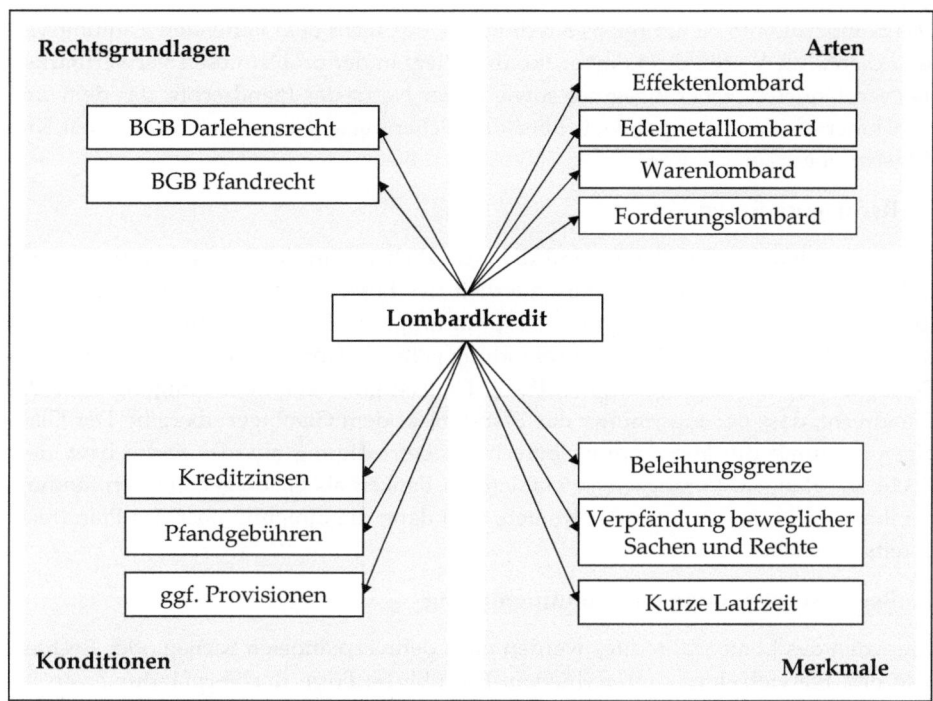

Abbildung 150: Systematik von Lombardkrediten

bank wird der Wechsel ein weiteres Mal diskontiert bzw. rediskontiert. Die weitergebende Bank erhält Liquidität abzüglich eines Diskontsatzes. Die Zentralbank kauft dagegen keine Wechsel an. Ausgewählte Wechsel werden von der Bundesbank als Sicherheiten für den Sicherheitenpool im Rahmen der Refinanzierung akzeptiert. Die Wechsel werden gegen Liquidität an die Zentralbank verpfändet.

4.2.3.1.1.6 Lombardkredit

Der Begriff ist von den lombardischen Geldwechslern abgeleitet, die bereits im Mittelalter (14. Jhd.) Kredite gegen **Faustpfänder** gewährten. Der Lombardkredit ist ein meist **kurzfristiges**, auf einen festen Betrag lautendes **Darlehen**, das durch **Verpfändung** marktgängiger beweglicher Sachen oder Rechte abgesichert ist. Die Rückzahlung des Kredites aus dem Veräußerungserlös des lombardierten Gutes ist die Regel. Als ein sogenannter unechter Lombardkredit ist auch die Erhöhung der Kontokorrentlinie gegen Verpfändung von Wertpapieren oder Waren bekannt. Der echte Lombardkredit dient häufig zur Finanzierung von Wertpapierkäufen, wobei bereits im Bestand befindliche Wertpapiere verpfändet werden.

Das Lombardkonto ist ein reines Kreditkonto, das nicht dem laufenden Zahlungsverkehr dient. Der Vorteil des Lombardkredites liegt in der problemlosen **Verwertbarkeit** des verpfändeten Sicherungsgutes sowie in der Natur des Pfandrechts, das dem Kreditnehmer die Verfügungsgewalt über das Sicherungsgut entzieht und auf den Kreditgeber überträgt.

■ Rechtsgrundlagen

Für den echten Lombardkredit sind die gesetzlichen **Vorschriften des Darlehens** (§§ 488 ff. BGB) anzuwenden. Die Besonderheit des Lombarddarlehens ist die Verknüpfung der Kreditgewährung mit der **Verpfändung** von Effekten, Waren, Edelmetallen und/oder Forderungen. Für die Verpfändung gelten entsprechend die Vorschriften des BGB zur Verpfändung (§§ 1204 ff. BGB). Danach gilt, neben der Einigung über das Pfandrecht, dass der Eigentümer das Pfandobjekt dem Gläubiger übergibt. Der Gläubiger ist durch die Verpfändung berechtigt, Befriedigung aus der Sache bzw. dem Recht zu erlangen. Vorzugsweise wählen die Banken als Gläubiger die Verpfändung bei ihnen geführter Depots oder Konten, weil dann die Einigung über das Pfandrecht bereits ausreicht.

■ Begriffsbestimmung und Konditionierung

Die Arten des Lombardkredites werden nach den verpfändeten Sachen oder Rechten, also den Pfandobjekten, unterschieden. Die übliche Form der Verpfändung von beweglichen Sachen ist die Lombardierung von Effekten, also handelbaren Wertpapieren. Tendenziell gelten Effekten als unproblematisch liquidierbar und werthaltig. Für die verschiedenen Pfandobjekte gelten unterschiedliche Beleihungsgrenzen, die sich nach der Werthaltigkeit und Verwertbarkeit der Pfänder richten.

Der **Effektenlombard** ist die bedeutendste Form der Finanzierung durch Verpfändung. Die leichte Realisierbarkeit, Verwahrung und Abwicklung vereinfachen die Verwendung der Effekten als Pfandobjekte. Für den Kreditnehmer haben die fungiblen Wertpapiere den Vorteil, dass die **Beleihungsquote** relativ attraktiv ist, also der gewährte Kreditbetrag im Verhältnis zum Wert der Pfänder hoch ist. Für mündelsichere verzinsliche Wertpapiere ist die Beleihungsquote mit 80-90% am höchsten. Für Sparbriefe oder Sparschuldverschreibungen kann die Beleihung sogar bis zum Nennwert erfolgen. Aktien werden mit bis zu 60% des Kurswertes beliehen. Aktiendepots mit sogenannten Standardwerten werden höhere Beleihungsquoten erzielen als breiter gestreute Aktienportfolien. Es kann darüber hinaus auch noch der Wechsellombard betrachtet werden, aufgrund seiner höheren Kosten gegenüber dem Diskontkredit und der in Deutschland geringen Bedeutung von Wechseln im Geschäftsverkehr wird darauf nicht weiter eingegangen.

Der **Warenlombard** ist für die Abwicklung von Handelsgeschäften wesentlich. Die Einlagerung von Waren und die Abwicklung der Verpfändung ist gegenüber der Verwahrung von Wertpapieren aufwendiger und kostenintensiver. Börsengehandelte Handelswaren können mit einer Beleihungsquote bis zu zwei Dritteln ihres Wertes finanziert werden. Andere Waren haben eine Beleihungsgrenze von max. 50% ihres Wertes. Häufig werden auf dem Transport befindliche Waren mit Hilfe der Dokumentenübergabe (Ladeschein; Konnossament) verpfändet. Dabei ist die Versicherung der Waren, also der Pfandobjekte von entscheidender Bedeutung. Die Lombardierung von **Edelmetallen** ist aufgrund der besonderen Werthaltigkeit und höheren Verwertbarkeit der Edelmetalle gegenüber anderen Waren herauszuheben. Diese Eigenschaften führen dazu, dass Edelmetalle bis zu 80% des Marktpreises beliehen werden können.

Der **Forderungslombard** ist gegenüber der Abtretung von Forderungen mit dem Nachteil der Offenlegung gegenüber dem Schuldner behaftet, so dass er nur von untergeordneter Praxisrelevanz ist. Von Bedeutung ist die Verpfändung von Sparguthaben und Festgeldern bei der kreditgebenden Bank. In diesem Fall ist die Abtretung der Forderung ausgeschlossen ist, weil eine Bank keine Forderung gegen sich selbst haben kann.

Die **Verzinsung** des Lombarddarlehens ist vergleichsweise hoch, liegt aber unter dem Zins für Kredite in laufender Rechnung. Der Lombardkredit ist damit eine kurzfristige Finanzierungsalternative gegenüber der Kontoüberziehung. Als Kosten sind die durch die **Verwahrung** der Pfandobjekte entstehenden Aufwendungen einzubeziehen. In die Verzinsung müssen die Risiken des Wertverlustes der Pfandobjekte und die Überwachung der Wertentwicklung einkalkuliert sein. Letztere können auch durch eine entsprechende Gebühr entgolten werden. Bei starkem Wertverfall der Pfandgüter kann eine zusätzliche Besicherung vom Kreditgeber verlangt werden, was den Kredit zusätzlich verteuern würde.

4.2.3.1.2 Kreditleihgeschäfte

Im Gegensatz zur Geldleihe wird bei der Kreditleihe nicht Liquidität bereitgestellt, sondern Bonität, also **Kreditwürdigkeit**. Mit der Kreditleihe ist dementsprechend keine unmittelbare Geldleistung verbunden. Der **Kreditgeber verpflichtet sich einem Dritten** gegenüber, unter bestimmten Voraussetzungen für den Kreditnehmer einzustehen. Kommt der Kreditnehmer seinen Verpflichtungen nicht nach, leistet der Kreditgeber in vereinbarter Höhe. Dies erfordert, dass der Kreditgeber eine hohe Bonität genießt. Aufgrund der umfassenden gesetzlichen Rahmenbedingungen und ihrer Geschäftstätigkeit gelten Kreditinstitute als besonders geeignete Kreditgeber. Unter diesem Aspekt wird ein Kunde ein Kreditinstitut oder einen anderen Kreditgeber immer dann beauftragen, für ihn einzutreten, wenn seine eigene Bonität nicht hinreichend bekannt oder anerkannt ist.

Zu den Kreditleihgeschäften zählen **Akzept- und Avalkredit** sowie der Akkreditivkredit, der in diesem Zusammenhang zumindest genannt werden muss. Das Akkreditiv wird allerdings systematisch den Dienstleistungen des Zahlungsverkehrs zugerechnet. Das Kreditrisiko aus den Kreditleihgeschäften ist bei grundsätzlicher

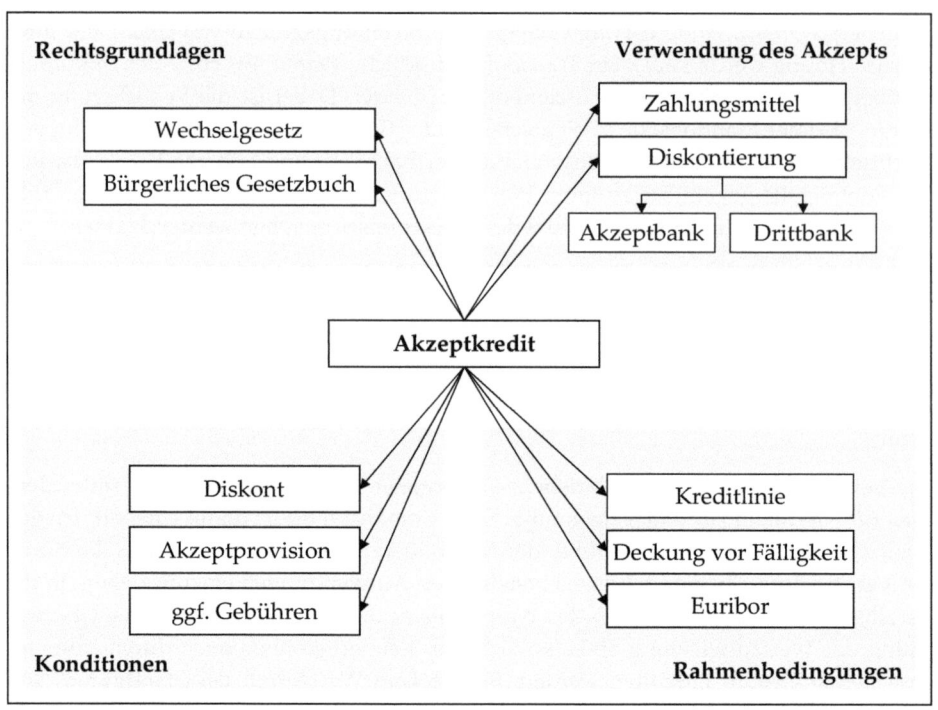

Abbildung 151: Systematik von Akzeptkrediten

Erörterung dem Risiko aus Barkrediten gleichzusetzen. Daraus ergibt sich, dass die Notwendigkeit einer Kreditbesicherung wie bei jedem Kredit zu prüfen ist.

4.2.3.1.2.1 Akzeptkredit

Der Akzeptkredit gehört zu den Kreditleihgeschäften, weil das Kreditinstitut als Kreditgeber zunächst seine **Bonität** in wechselrechtlicher Form zur Verfügung stellt. Der Kreditnehmer ist berechtigt eine Tratte mit dem Kreditinstitut als Bezogenen zu ziehen, die das Kreditinstitut als Kreditgeber akzeptiert. Dies ist rechtlich ein Auftrag zur Geschäftsbesorgung, nämlich zur **Akzeptleistung**. Diskontiert die Bank ihr Akzept jedoch selbst (Regelfall), so haben die Vereinbarungen den Charakter eines Darlehensvertrages. Für den Kreditnehmer ist diese Finanzierung eine preiswerte Alternative zum kostenintensiven Kredit in laufender Rechnung. Für das Kreditinstitut ergibt sich eine Ertragsmöglichkeit ohne Liquidität zur Verfügung stellen zu müssen. Der Akzeptkredit wird nur Kunden mit einwandfreier Bonität eingeräumt, denn für das Kreditinstitut stellt das Akzept eine Eventualverbindlichkeit dar.

▧ Rechtsgrundlagen

Grundsätzlich finden die Bestimmungen des **Wechselgesetzes** auch auf den Akzept-kredit Anwendung. Das bedeutet, dass im Außenverhältnis die Bank eine wechsel-rechtliche Verpflichtung eingegangen und bei Fälligkeit zur Einlösung des Wechsels verpflichtet ist. Sie ist somit wechselrechtlich der Hauptschuldner. Ein wechselrechtli-cher Anspruch gegen den ausstellenden Kreditnehmer besteht nicht. Wirtschaftlich übernimmt die Bank eine Eventualverbindlichkeit, weil sie bei Fälligkeit Liquidität bereitstellen muss, wenn der Kreditnehmer seinen Verpflichtungen nicht nachkommt. Für das Rechtsverhältnis zwischen dem akzeptierenden Kreditinstitut und dem Kre-ditnehmer gelten die Bestimmungen des **BGB** über die **Geschäftsbesorgung** und über das **Darlehen**. Im Innenverhältnis ist der Kunde (Kreditnehmer) Schuldner der Bank (Kreditgeber) aufgrund des Kreditvertrages. Der Kreditnehmer ist verpflichtet, vor Fälligkeit des Wechsels den Gegenwert der Wechselverpflichtung bereitzustellen.

▧ Begriffsbestimmung und Konditionierung

Der Kunde erhält mit dem **Akzept** ein anerkanntes **Zahlungsmittel**. Der Akzeptkredit ist ein kurzfristiger Kredit zur Finanzierung von Warengeschäften. Wenn dem Kredit-nehmer im ursprünglichen Warengeschäft ein **Zahlungsziel** eingeräumt wird, ist der Wechsel eine mögliche Zahlungsform. Bei einem Bankakzept ist der Wechselschuldner ein Kreditinstitut, das im Regelfall über eine höhere Bonität verfügt. Daher ist das **Bankakzept** ein qualitativ besseres Zahlungsmittel als ein eigener Wechsel. Für den Fall, dass der Verkäufer der Ware auf sofortiger Liquidität besteht, kann der Kredit-nehmer das Bankakzept zur **Diskontierung** verwenden. Üblicherweise werden Bank-akzepte bei der verpflichteten (akzeptgebenden) Bank (dem Kreditgeber) diskontiert. Theoretisch kann der Kreditnehmer das Akzept jedoch bei jedem Kreditinstitut zur Diskontierung einreichen. In jedem Fall stellt die Inanspruchnahme des Akzeptkredits eine kostengünstige Finanzierungsalternative zum Kredit in laufender Rechnung dar.

Der Akzeptvertrag sieht eine Ziehung von auf die kreditgebende Bank gezogenen Tratten bis zu einer bestimmten, vereinbarten Höhe (Kreditlinie) vor. Die für den Kre-ditnehmer anfallenden Kosten setzen sich aus **Akzeptprovision** und dem **Diskont** zusammen. Die Höhe der Akzeptprovision ist ebenso wie die Höhe des Diskonts von den Marktgegebenheiten abhängig. Die Akzeptprovision ist das Entgelt dafür, dass der Kreditnehmer durch Verwendung der Reputation bzw. Bonität der Bank kosten-günstig Geschäfte tätigen kann. Eine Akzeptprovision von 1% p.a. ist üblicherweise die Untergrenze. Der Diskont orientiert sich an dem für kurzfristige Interbankenge-schäfte relevanten Zins, dem **Euribor**. Gegebenenfalls werden **Bearbeitungsgebühren**, wenn sie nicht durch die Akzeptprovision abgegolten sind, extra erhoben.

Bei Fälligkeit wird das Kreditinstitut den Wert vom Girokonto des Kunden einlösen. Bei nicht vorhandenem Guthaben auf dem Zahlungsverkehrskonto erfolgt danach

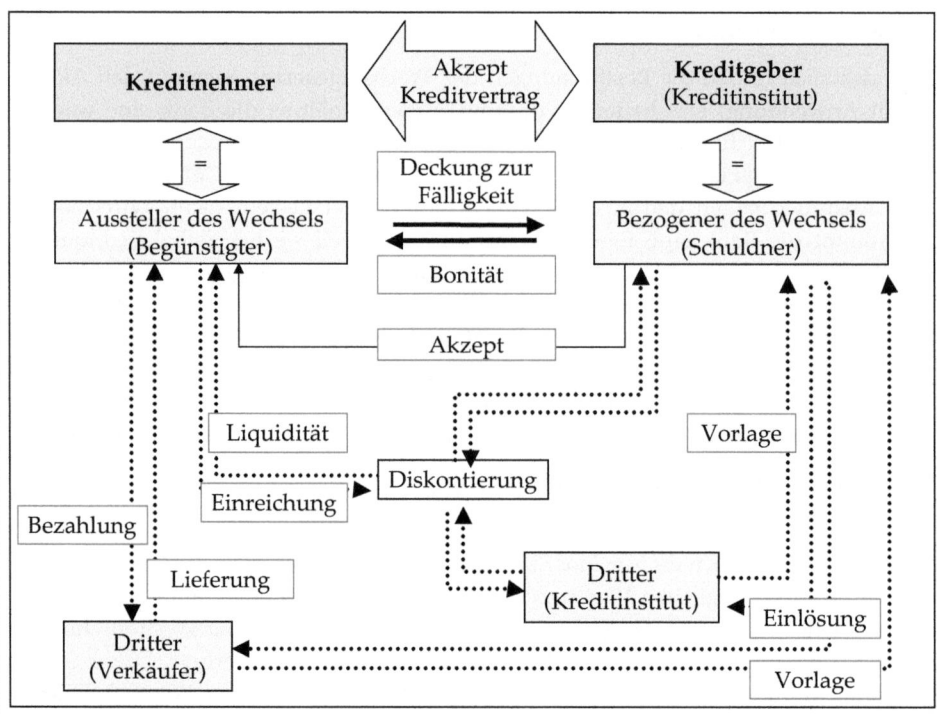

Abbildung 152: Struktur des Akzeptkredits

eine Inanspruchnahme der Kontokorrentlinie, gegebenenfalls auch eine Überziehung des genehmigten Kontokorrentkredits zu Überziehungskonditionen.

Das Kreditinstitut stellt im Rahmen eines Akzeptkreditvertrages **Bonität** zur Verfügung. Dies ist eine **Kreditvergabe** an den Kunden. Der Kunde wird zum Kreditnehmer der Bank durch Ausstellung einer auf das Kreditinstitut gezogenen Tratte. Der Kreditgeber wird durch **Akzept** der Tratte als **Bezogener** der Schuldner aus der Wechselbeziehung, aber Gläubiger des Kreditnehmers aus dem Akzeptvertrag. Für den **Kreditgeber** ist die Kreditvergabe im Normalfall nicht mit Liquiditätsabfluss verbunden, weil der **Kreditnehmer** kurz vor Fälligkeit für **Deckung** seines Kontos in Höhe der Wechselverbindlichkeit zu sorgen hat. Das Kreditinstitut belastet den Kreditnehmer (Wechselbegünstigten), um den Wechsel bei Vorlage einzulösen. Der Wechsel kann der verpflichteten Bank von einem Lieferanten des Kreditnehmers vorgelegt werden, der das Akzept zur Bezahlung seiner Leistung entgegengenommen hat oder der Wechsel kann von einem anderen Kreditinstitut zur Einlösung vorgelegt werden, das den Wechsel diskontiert hat. Die dritte und gleichzeitig übliche Abwicklungsform ist die **Diskontierung** des Wechsels durch die verpflichtete Bank selbst.

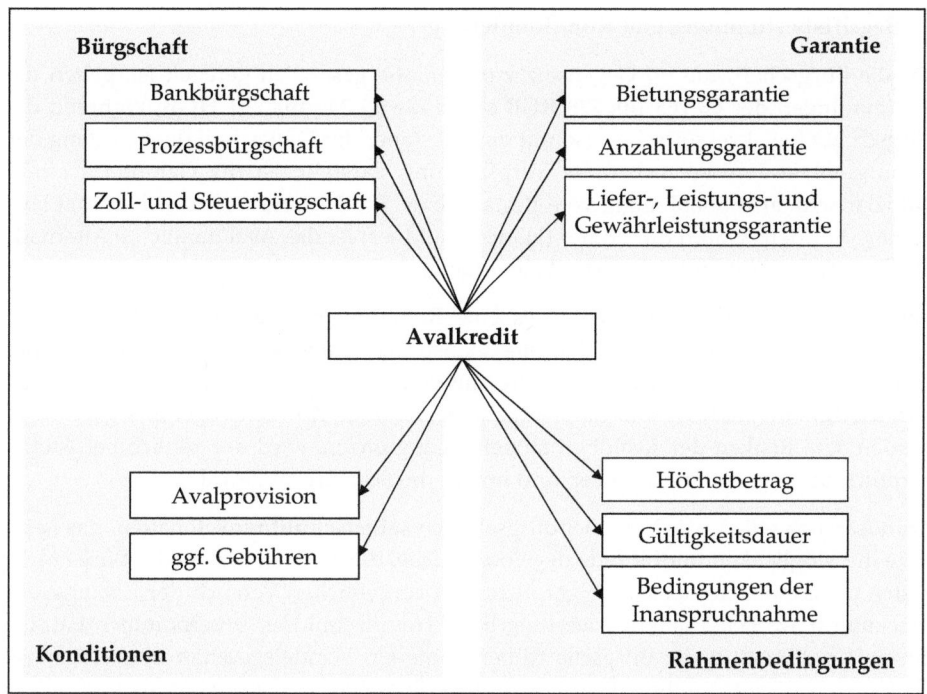

Abbildung 153: Systematik von Avalkrediten

Der Kreditnehmer als Wechselbegünstigter entscheidet über die Verwendung des Bankakzepts. Bei Einsatz des Wechsels als **Zahlungsmittel** begleicht er eine Forderung eines Dritten aus einem Warengeschäft. Er erhält dafür die Warenlieferung. Alternativ kann sich der Kreditnehmer vor Fälligkeit des Bankakzepts liquide Mittel beschaffen, indem er den Wechsel zur **Diskontierung** einreicht. In dem Fall tritt zur Kreditleihe die Geldleihe in Form eines Diskontkredits. Die Diskontierung kann durch ein **drittes Kreditinstitut** erfolgen, das dann seinerseits den angekauften Wechsel zur Fälligkeit der verpflichteten Bank zur Einlösung vorlegt. Der standardisierte Ablauf dieser Konstruktion ist allerdings die **Diskontierung durch die Akzeptbank**.

4.2.3.1.2.2 Avalkredit

Der Avalkredit ist die Übernahme einer **Bürgschaft** oder **Garantie** durch ein Kreditinstitut für die Rechnung eines ihrer Kunden. Beim Avalkredit gibt das Kreditinstitut ein bedingtes **Zahlungsversprechen**, welches als **Eventualverbindlichkeit** auszuweisen ist. Erst wenn der Kreditnehmer seinen Verpflichtungen nicht nachkommt, entsteht für das Kreditinstitut eine echte Verbindlichkeit.

◼ Begriffsbestimmung und Konditionierung

Für die Bürgschaft, die im Gegensatz zur Garantie gesetzlich geregelt ist, gelten die Bestimmungen der §§ 765 bis 778 BGB sowie die §§ 349 bis 351 HGB. Während die Bürgschaft eine akzessorische, also mit dem Bestand, der Dauer und dem Umfang der verbürgten Forderung verknüpfte Verpflichtung darstellt, ist die Garantie abstrakt (fiduziarisch), also unabhängig vom Bestand bzw. Fortbestand der zu sichernden Forderung. Für den Avalkreditnehmer (Hauptschuldner) ist das Aval dann eine Alternative, wenn sein Gläubiger eine Sicherheit verlangt.

Der Avalkredit wird in der Regel als eine **Rahmenvereinbarung** revolvierend geschlossen, so dass für die wiederholte Inanspruchnahme kein neuer Kreditvertrag erforderlich wird. Dies ist insbesondere sinnvoll, weil Avalverpflichtungen meistens **kurzfristig** sind und im Geschäftsverkehr bestimmter Kunden **regelmäßig** benötigt werden. Um Risiken der Avalübernahmen einzugrenzen, wird der zeitlich befristeten Verpflichtung der Vorzug gegeben und immer die Schriftform gewählt.

Grundsätzlich würde die Bank bei Bürgschaften **selbstschuldnerisch** haften, das heißt ohne die Möglichkeit der Einrede der Vorausklage, die beinhaltet, dass der Bürge nicht leisten muss, solange der Gläubiger nicht den vergeblichen Versuch der Zwangsvollstreckung bzw. Sicherheitenverwertung beim Hauptschuldner unternommen hat. Da für ein Kreditinstitut die Bürgschaftsübernahme ein Handelsgeschäft darstellt, muss die Bank als Bürge (Kreditgeber) explizit die selbstschuldnerische Haftung vertraglich ausschließen, um die Einrede der Vorausklage geltend machen zu können. Bankbürgschaften sind regelmäßig standardisierte Verträge, die eine selbstschuldnerische Haftung ausschließen (**Ausfallbürgschaft**). Gleichzeitig sehen die Avalkreditverträge grundsätzlich vor, dass die Bank auf einseitiges Anfordern des Gläubigers zur Zahlung berechtigt ist. Kreditinstitute versuchen, durch solche **Vertragsgestaltungen** die Kosten des Avals zu begrenzen. In der Rechtsprechung genügt bei einer Bankgarantie auf erstes Anfordern die Behauptung des Begünstigten, der Garantiefall sei eingetreten. Dennoch verlangt die Bank in der Regel, dass außer dem Anforderungsschreiben alle für die Inanspruchnahme erforderlichen Unterlagen bis zum in der Urkunde genannten Termin vorliegen. Die Bank verpflichtet sich, den Kunden von der Inanspruchnahme zu unterrichten und zwar bevor eine Auszahlung an den Begünstigten erfolgt. Der Avalauftraggeber kann dann versuchen, die Inanspruchnahme aufzuheben oder aussetzen zu lassen.

Das Entgelt für eine eingeräumte Avallinie wird als sogenannte **Avalprovision** bezeichnet und stellt den Preis für die Bereitstellung der Bonität dar. Sie wird in Prozent des Höchstbetrages berechnet und ist in der Regel bei Einräumung des Avals fällig, bei mittel bis langfristigen Avalen wird sie vierteljährlich oder monatlich berechnet. Der Provisionssatz ist abhängig von der **Bonität** des Kreditnehmers, der **Laufzeit** und den **Bedingungen** der Inanspruchnahme. Der Auftraggeber (Avalkreditnehmer) haftet dem Kreditinstitut für alle Folgen, die sich aus der Avalübernahme ergeben.

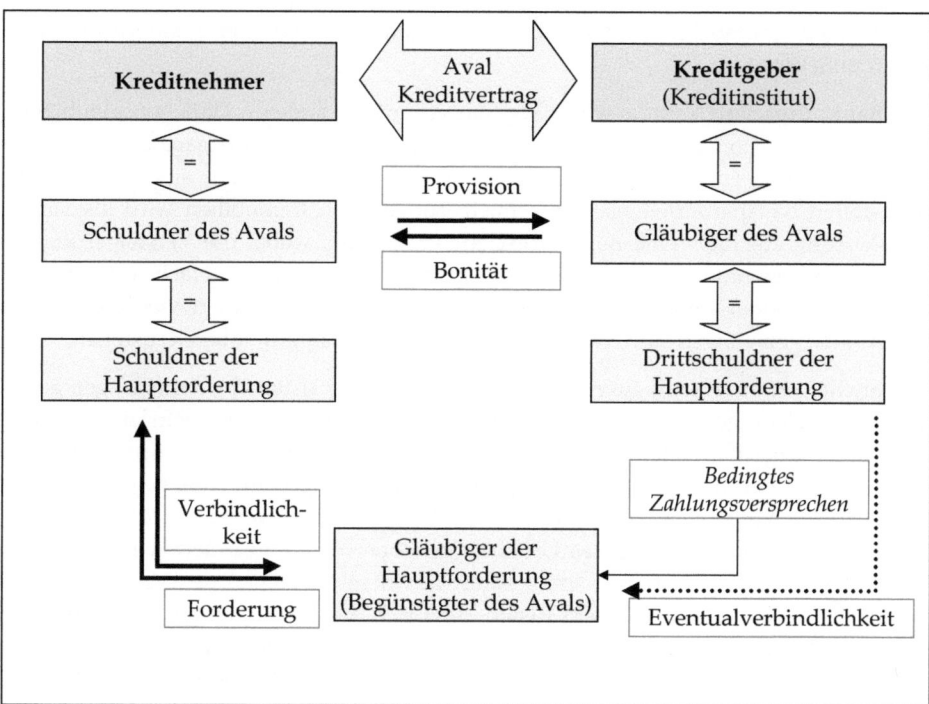

Abbildung 154: Struktur von Avalen

Die Kreditleihe in Form eines Avals bedarf eines entsprechenden Vertrages zwischen dem Kreditinstitut als Kreditgeber und dem Kreditnehmer. Dem Vertrag geht eine Bonitätsprüfung des Kreditgebers wie bei jeder Kreditvergabe voraus. Der **Avalgläubiger** (Kreditgeber) erhält für die Ausleihung seiner Bonität eine Provision. Das Aval gilt gegenüber einem Dritten. Der **avalbegünstigte Dritte** hat eine Forderung gegenüber dem **Avalkreditnehmer**. Diese Forderung wird durch das bedingte Zahlungsversprechen des Kreditinstituts gesichert. Der Avalkreditnehmer ist der Schuldner der **Hauptforderung** gegenüber dem Dritten und der Schuldner des Avals. Wenn der Schuldner die Hauptforderung bedient, erlischt gleichzeitig das Aval. Lediglich für den Fall der Nichtleistung der Hauptschuld wird die Bank als Drittschuldner in Anspruch genommen. Für diese eventuelle Inanspruchnahme entsteht bei dem Kreditinstitut eine Eventualverbindlichkeit gegenüber dem Dritten.

■ **Bürgschaft**

Die Bürgschaft ist im deutschen Recht eindeutig geregelt. Sie ist immer akzessorisch, das heißt vom Bestehen der Hauptschuld abhängig. Gegenüber dem Ausland und wenn kein deutsches Recht vereinbart worden ist, bedienen sich die Kreditinstitute der international gebräuchlichen Garantie, weil in außereuropäischen Ländern die Bürgschaft unbekannt ist.

Die **Bankbürgschaft** kann gewährt werden gegenüber anderen Darlehensgläubigern. Diese Konstruktion ist gebräuchlich zur Besicherung von Vorfinanzierungen oder Zwischenfinanzierungen, z.B. zur Sicherung der Vorfinanzierung eines nicht zuteilungsreifen Bauspardarlehens. Bei Versteigerungen von Immobilien wird als Sicherheitsleistung ebenfalls eine Bankbürgschaft verwendet, wobei die Versteigerungsbedingungen bestimmte Formen der Bürgschaft vorschreiben. Nach erfolgreicher Ersteigerung einer Immobilie kann eine Bankbürgschaft hinterlegt werden, so dass Bieter nicht gezwungen sind, für jedes Gebot sofortige Liquidität bereitzustellen.

In Gerichtsverfahren wird ein noch nicht rechtskräftiges Urteil von Amts wegen gegen Sicherheitsleistungen für vorläufig vollstreckbar erklärt. Die Sicherheitsleistung kann durch die Bürgschaft eines Kreditinstitutes erbracht werden (**Prozessbürgschaft**). Das Kreditinstitut verbürgt sich im Auftrag des Vollstreckungsgläubigers gegenüber dem unterlegenen Vollstreckungsschuldner. Verbürgt wird die eventuelle Rückzahlungsforderung für den Fall, dass das Urteil aufgehoben oder abgeändert wird. Der Vollstreckungsgläubiger kann sich somit sofort aus dem Vermögen des Verurteilten befriedigen und entgeht damit dem Risiko, dass sich das Vermögen des Schuldners im weiteren Prozessverlauf reduziert und die Forderung wertlos wird. Demgegenüber kann auf Antrag der unterlegenen Partei durch das Gericht die Möglichkeit eingeräumt werden, die Zwangsvollstreckung aus einem Urteil gegen Sicherheitsleistung abzuwenden, und zwar unabhängig von einer Sicherheitsleistung des Prozessgegners (Gläubigers).

Zur Vereinfachung der Verwaltung und Eintreibung von Steuern und Abgaben kann die öffentliche Hand auf sofortige Zahlung von Teil- und Bagatellbeträgen verzichten und diese bis zu einem bestimmten Termin auflaufen lassen (Aufschiebung bzw. Stundung). Die Stundung ist jedoch nur zulässig, wenn eine selbstschuldnerische Bürgschaft von Kreditinstituten beigebracht wird (**Zoll- bzw. Steuerbürgschaft**). Im Zollaufschubverfahren verbürgt sich das Kreditinstitut für die fristgerechte Zahlung der fälligen Zollabgaben. Der Importeur kann die eingeführte Ware von der Zollverwaltung in Empfang nehmen.

▪ Garantie

Die Garantie ist ein abstraktes Zahlungsversprechen, das nicht das Bestehen einer Verbindlichkeit voraussetzt. Demzufolge wird eine Garantie verwendet, wenn es gilt, für einen künftigen Erfolg einzustehen oder die Gewähr für einen künftigen, noch nicht entstandenen Schaden zu übernehmen. Da die Garantie nicht gesetzlich geregelt ist, beruht sie ausschließlich auf ihrer textlichen Abfassung.

Die **Bietungsgarantie** (bis 10 % des Angebotswertes als Garantiesumme = Konventionalstrafe) wird bei Ausschreibungen vorwiegend von öffentlichen Auftraggebern und generell von ausländischen Auftraggebern verlangt, um sicherzustellen, dass bei Annahme des Angebots des Bieters auch der Vertragsabschluss folgt. Es wird für die Dauer der Ausschreibung die Annahme des Auftrages zu den Ausschreibungsbedingungen und eventuell die Beibringung vereinbarter Sicherheiten für die Ausführung garantiert.

Die **Leistungs-, und Liefergarantie,** einschließlich der **Gewährleistungsgarantie** (bis 20 % des Auftragswertes) sollen den Auftraggeber (Besteller) gegen Schäden aus einer nicht vertragsgemäßen Lieferung und Leistung des Leistungsschuldners (Auftragnehmer) schützen. Die Garantie für Lieferungen und Leistungen gewährt die Sicherung gegen Mängel, Verzögerungen oder Nichterfüllung des Vertrages durch den Leistungsschuldner. Die Gewährleistungsgarantie sichert den Leistungsgläubiger nach Lieferung bzw. Leistung während der Gewährleistungsfrist gegen Mängel der Leistung. Der Leistungsschuldner kann aufgrund der Garantie den vollen Rechnungsbetrag bei Leistung erhalten, ohne Abzug einer Einbehaltungssumme für eventuelle Gewährleistungsansprüche.

Die **Anzahlungsgarantie** (in Höhe des Anzahlungsbetrages) sichert die Rückerstattung des Anzahlungsbetrages (Vorleistung eines Bestellers) bei nicht erfolgter Lieferung bzw. Leistung des Leistungsschuldners.

4.2.3.1.3   Alternativen der „klassischen" Kreditfinanzierung

Die Fremdfinanzierung durch Bankkredite ist in Deutschland zwar die dominierende Form der Unternehmensfinanzierung, aber in zunehmendem Maße wird auf moderne Finanzierungsinstrumente zurückgegriffen, wie Leasing oder Factoring. Darüber hinaus zählt zu den alternativen Finanzierungsformen die Verbriefung. Gemeinsam ist den verschiedenen innovativen Finanzierungen, dass sie den Bedarf an liquiden Mitteln eines Finanzierungssuchenden ohne die bilanzwirksame Aufnahme von Fremdkapital decken. Für den Bereich der Privatfinanzierungen kommt lediglich das Leasing in Frage, aber auch das Leasing ist im Privatbereich von untergeordneter Bedeutung.

4.2.3.1.3.1   Leasing

Das Leasing ist die befristete **Überlassung von** mobilen oder immobilen **Wirtschaftsgütern** durch Finanzierungsinstitute (Leasing-Gesellschaften) oder durch die Hersteller. Rechtlich ist das Leasing (to lease = vermieten) mit der Vermietung und Verpachtung vergleichbar. Es ersetzt die Notwendigkeit, insbesondere langlebige Wirtschaftsgüter zu kaufen und mit Eigen- oder Fremdkapital zu finanzieren. Teilweise wird das Leasing auch als **Mietkauf** bezeichnet, weil sowohl die gesetzlichen Grundlagen des Kaufs als auch der Vermietung anzuwenden sind. Grundsätzlich sind Leasingverträge individuell zu gestalten, unter Berücksichtigung der Leasingerlasse, die den einzigen gesetzlichen Rahmen liefern.

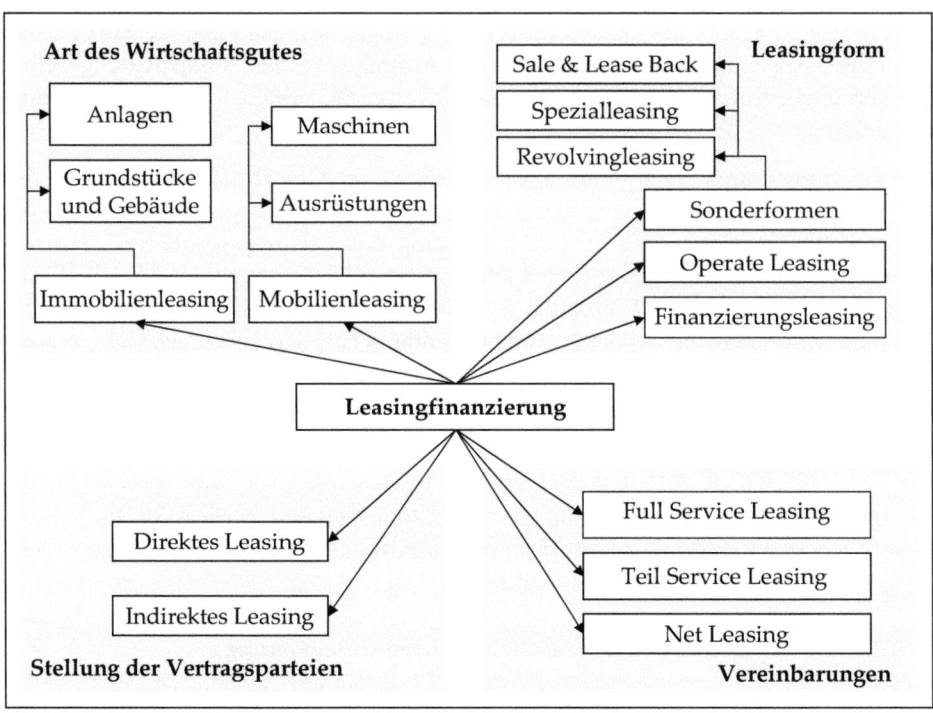

Abbildung 155: Abgrenzung der Leasingfinanzierung

■ **Begriffsbestimmung und Konditionierung**

Leasingfinanzierungen werden vor allem für langlebige Investitionsgüter genutzt. Man kann dabei in das **Immobilienleasing** und das Mobilienleasing unterscheiden. Im Immobilienbereich ist das Geschäfts- und Bürogebäudeleasing weit verbreitet, das insgesamt knapp 10% der Leasingverträge einschließt. Das **Mobilienleasing** ist insgesamt von größerer Bedeutung als das Immobilienleasing. Mehr als die Hälfte aller Leasinggeschäfte beziehen sich auf Straßenfahrzeuge, mehr als 10% auf EDV-Systeme und Büromaschinen. Weiterhin werden in erheblichem Umfang Spezialtechnik, Luft- und Wasserfahrzeuge und Produktionsmaschinen geleast.

Grundsätzlich sind zwei unterschiedliche Leasingformen abzugrenzen. Das **Operate Leasing** ist im Vergleich zur möglichen Nutzungsdauer des Leasingobjektes, durch eine kurze Überlassungsdauer im Leasingvertrag gekennzeichnet und die Nutzung des Wirtschaftsgutes steht im Vordergrund. Beim **Finanzierungsleasing** (Finance Leasing) handelt es sich primär um eine Form, ein langfristig zu nutzendes Wirtschaftsgut zu finanzieren, insofern ist das Finanzierungsleasing die eigentliche Sonderform des Kredits. Die Nutzungsdauer des Wirtschaftsgutes ist zwar länger als die Leasingdauer,

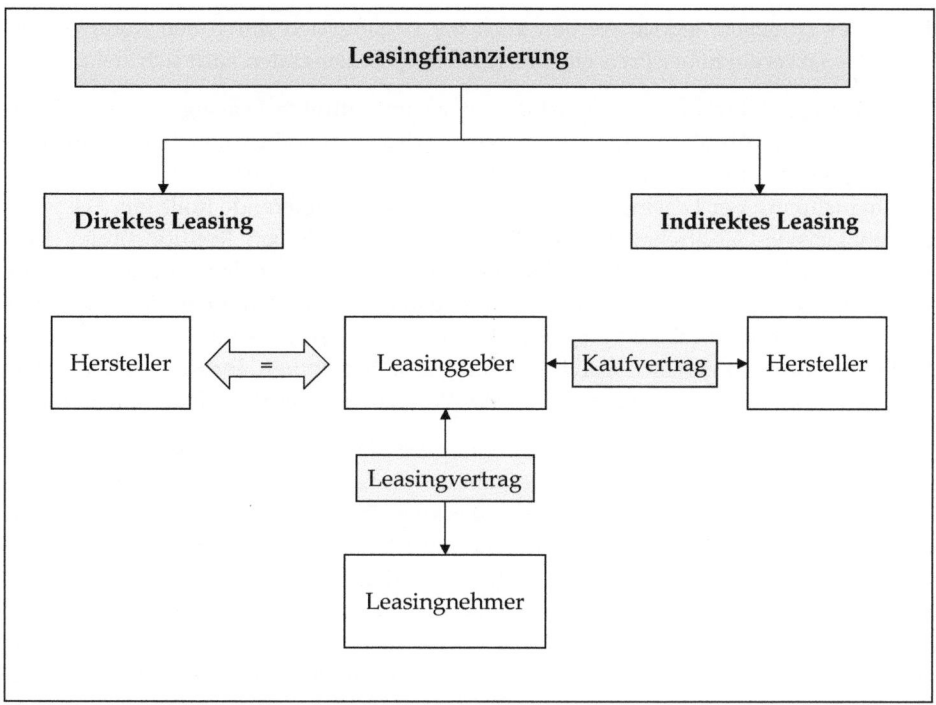

Abbildung 156: Vertragsparteien der Leasingfinanzierung

aber der Leasingvertrag ist langfristig und während der Grundmietzeit unkündbar. Regelmäßig ist der anschließende Kauf des Leasinggegenstandes durch den Leasingnehmer impliziert. Bei den Sonderformen des Leasings sind drei Formen zu unterscheiden. Das **Revolving-Leasing** bedeutet die Auswechslung des Leasinggutes gegen ein anderes Leasinggut nach einer bestimmten Frist. Diese Konstruktion ist vor allem für Wirtschaftsgüter geeignet, die zwar langfristig nutzbar sind, aber schnell technisch veralten, beispielsweise Informationstechnik. Das **Spezialleasing** beinhaltet Leasingverträge, bei denen der Leasinggegenstand auf die speziellen Bedürfnisse des Leasingnehmers zugeschnitten ist. Bei dieser Form wird das Leasinggut betriebswirtschaftlich zwingend dem Leasingnehmer zugeordnet, weil nur er nach Ablauf der Vertragszeit das Gut sinnvoll weiter nutzen kann. Das Prinzip des **Sale and Lease Back** ist eine oft genutzte Form des Spezialleasing, die die Herstellung eines Wirtschaftsgutes, oft einer Immobilie und deren Verkauf zur Grundlage hat. Anschließend least der Hersteller das Objekt vom Käufer, der dann zum Leasinggeber wird, zurück. Auf diese Weise sind die Herstellungskosten durch die Liquiditätszufuhr beim Verkauf gedeckt. Je höher der Kaufpreis des Objekts ist, desto mehr Liquidität wird dem

Hersteller zufließen, jedoch werden auch die Leasingraten durch den Kaufpreis bestimmt, so dass ein hoher Preis entsprechend hohe Leasingraten nach sich zieht.

Ursprüngliche Form des Leasing ist das sogenannte **direkte Leasing** bzw. Herstellerleasing, das als Absatzinstrument eingesetzt wird. Inzwischen nimmt das **indirekte Leasing**, bei dem eine Leasing-Gesellschaft das Wirtschaftsgut kauft und dann den Leasingnehmern per Leasingvertrag überlässt, eine dominierende Rolle ein. Die wichtigsten Leasing-Gesellschaften sind Tochterunternehmen von Kreditinstituten bzw. Kreditinstitutsgruppen. Das Wirtschaftsgut wird den Leasingnehmern gegen die Zahlung einer Leasingrate überlassen. Die Summe der Leasingraten übersteigt die Summe der Kreditraten im direkten Vergleich von kreditfinanziertem Kauf bzw. Leasing eines Gutes. Dennoch zeigen sich durch bestimmte Sonderfaktoren der Konstruktion, dass die Leasingfinanzierung für den Nutzer des Wirtschaftsgutes vorteilhaft sein kann.

Schließlich sind die Servicefunktionen ein wesentliches Gestaltungselement in Leasingverträgen. Die umfassendste Übernahme von Servicefunktionen durch den Leasinggeber erfolgt bei einem **Full-Service-Leasing**. Dabei leistet der Leasinggeber alle anfallenden Wartungen und Reparaturen sowie Versicherungen für das Wirtschaftsgut. Alle Dienstleistungen werden durch die Leasingraten entgolten, so dass der Preis eines Full-Service sich in den Leasingraten niederschlägt. Bei einem Teil-Service-Leasing werden die Serviceleistungen zwischen den Vertragspartnern aufgeteilt. Ein Net-Service-Leasing beinhaltet die Übernahme sämtlicher Servicefunktionen durch den Leasingnehmer.

Die Konditionen eines Leasingvertrages sind wesentlich dominiert durch die getroffenen Vertragsvereinbarungen. Die Vertragsvereinbarungen sind entscheidend davon geprägt, welche Interessen durch Leasinggeber und Leasingnehmer verfolgt werden. Eine wichtige Frage der Gestaltung ist die wirtschaftliche **Zurechnung des Leasinggutes**. Im Regelfall ist es die Absicht der Leasingnehmer, das Wirtschaftsgut nicht bilanzieren zu müssen, das heißt den Leasingvertrag so zu gestalten, dass die Zurechnung des Gutes beim Leasinggeber erfolgt. Für eine solche Konstruktion hat der Gesetzgeber durch sogenannte **Leasingerlasse** einen Rahmen vorgegeben und damit der steuerlichen Attraktivität enge Grenzen gesetzt. Ursprünglich dominierten steuerliche Aspekte bei der Finanzierungsentscheidung zugunsten von Leasing. Um die Zurechnung des Leasinggutes beim Leasinggeber zu erreichen, müssen inzwischen bestimmte Kriterien erfüllt sein. Die **Grundmietzeit** des Leasinggutes muss zwischen 40-90% der Nutzungsdauer betragen. Bei Vereinbarung einer **Kaufoption** für den Leasingnehmer am Ende der Grundmietzeit muss der Kaufpreis über dem Restbuchwert liegen und bei einer möglichen Verlängerungsoption muss die Summe der Anschluss-Leasingraten über dem Werteverzehr im gleichen Zeitraum liegen. Außerdem darf der Leasingvertrag in der Grundmietzeit für den Leasingnehmer nicht kündbar sein.

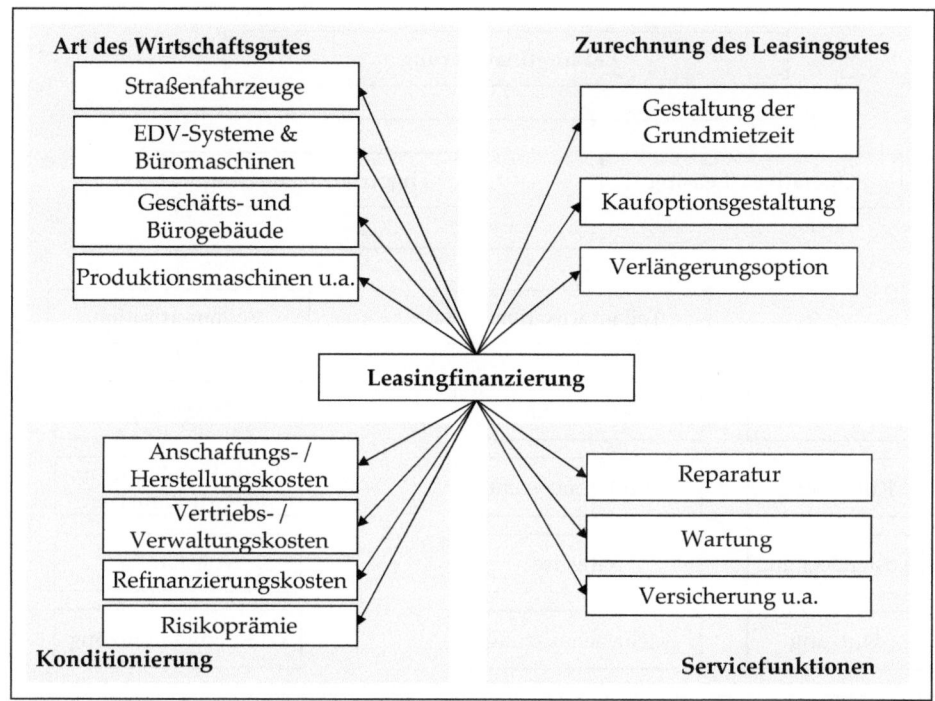

Art des Wirtschaftsgutes
- Straßenfahrzeuge
- EDV-Systeme & Büromaschinen
- Geschäfts- und Bürogebäude
- Produktionsmaschinen u.a.

Zurechnung des Leasinggutes
- Gestaltung der Grundmietzeit
- Kaufoptionsgestaltung
- Verlängerungsoption

Leasingfinanzierung

Konditionierung
- Anschaffungs- / Herstellungskosten
- Vertriebs- / Verwaltungskosten
- Refinanzierungskosten
- Risikoprämie

Servicefunktionen
- Reparatur
- Wartung
- Versicherung u.a.

Abbildung 157: Gestaltung von Leasingfinanzierungen

Leasingverträge können grundsätzlich eine **Teilamortisation** oder eine Vollamortisation der Kosten des Leasinggebers vorsehen. Bei einem operativen Leasing mit der Absicht der **Mehrfachnutzung** und entsprechend kurzen Einzelüberlassungen der Wirtschaftsgüter beinhaltet der Vertrag immer eine Teilamortisation. Der Leasinggeber kann seine Kosten nur durch die mehrmalige Überlassung der Leasinggüter decken. Die **Vollamortisation** ist bei einem Finanzierungsleasing der Regelfall und beinhaltet die vollständige Kostendeckung des Leasinggebers durch die **einmalige Überlassung** des Leasinggutes. Zu den zurechenbaren Kosten, die in die **Leasingraten** einkalkuliert werden, zählen neben den Anschaffungs- bzw. Herstellungskosten die Refinanzierungskosten des Leasinggebers, die Vertriebs- und Verwaltungskosten sowie eine Risikoprämie, die deutlich den Finanzierungscharakter zeigt.

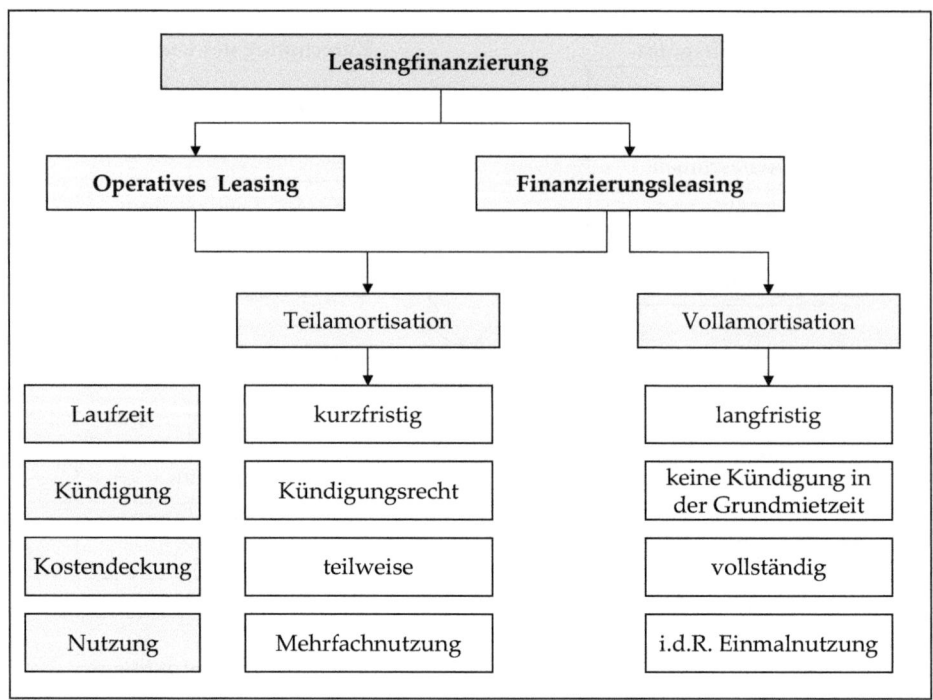

Abbildung 158: Systematik von Leasingfinanzierungen

Formal können bei einem Finanzierungsleasing auch Teilamortisationsverträge abgeschlossen werden. Generell gilt aber, dass, wenn der Finanzierungszweck des Leasings im Mittelpunkt steht, die Merkmale der Vollamortisation vorteilhaft sind. Die steuerliche Attraktivität des Leasings liegt in der Anrechenbarkeit der Leasingraten als Aufwand, die damit gewinnmindernd wirken. Abschließend ist zu sagen, dass die Eignung des Leasings als Finanzierungsform immer einzelfallabhängig ist.

4.2.3.1.3.2   Factoring

Eine weitere Finanzierungsalternative stellt der **Verkauf von Forderungen** dar. Das sogenannte Factoring beinhaltet die Liquiditätsbeschaffung durch den Verkauf von Forderungen aus dem Bestand. Bei den Forderungen muss es sich um **kurzfristige Forderungen** (bis 90 Tage) aus Lieferungen und Leistungen aufgrund von Waren- bzw. Dienstleistungsgeschäften handeln.

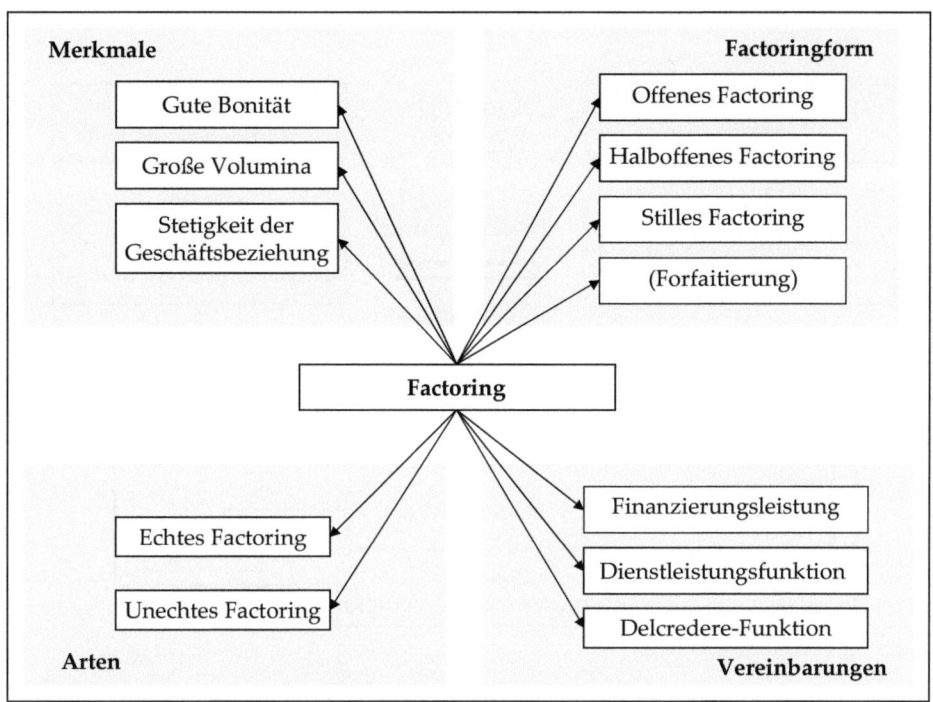

Merkmale		Factoringform

- Gute Bonität
- Große Volumina
- Stetigkeit der Geschäftsbeziehung

- Offenes Factoring
- Halboffenes Factoring
- Stilles Factoring
- (Forfaitierung)

Factoring

- Echtes Factoring
- Unechtes Factoring

- Finanzierungsleistung
- Dienstleistungsfunktion
- Delcredere-Funktion

Arten   **Vereinbarungen**

Abbildung 159: Systematik des Factoring

▪ Begriffsbestimmung und Konditionierung

Die Voraussetzung für den Forderungsverkauf ist ein hinreichend großer Betrag der Forderungen. Dabei werden Forderungen aus einer bestimmten Kundenbeziehung oder mehreren Kundenbeziehungen gebündelt. Als Mindestbetrag gilt ein Umsatzvolumen von 1 Mio. EUR. Zunehmend etablieren sich auch Factoring-Gesellschaften für mittelständische Unternehmen, die für niedrigere Forderungsvolumina das Factoring anbieten. Der Forderungsankauf setzt voraus, dass die Bonität der Forderungen von entsprechender Qualität ist, denn es handelt sich bei Factoring nicht um den Ankauf notleidender Forderungen. Die Abtretung von Forderungen bestimmter Volumina erfordert zudem eine gewisse Stetigkeit der Geschäftsbeziehung, so dass gegenwärtige und künftige Forderungen aus einer Geschäftsbeziehung oder aus mehreren Geschäftsbeziehungen gebündelt werden. Diese Kriterien sind für die Rentabilität des Forderungsankaufs aus Sicht des Factors wesentlich.

Allgemein wird das Factoring in ein sogenanntes echtes und ein unechtes Factoring unterschieden. Beim **echten Factoring** übernimmt der Factor das Ausfallrisiko bzw.

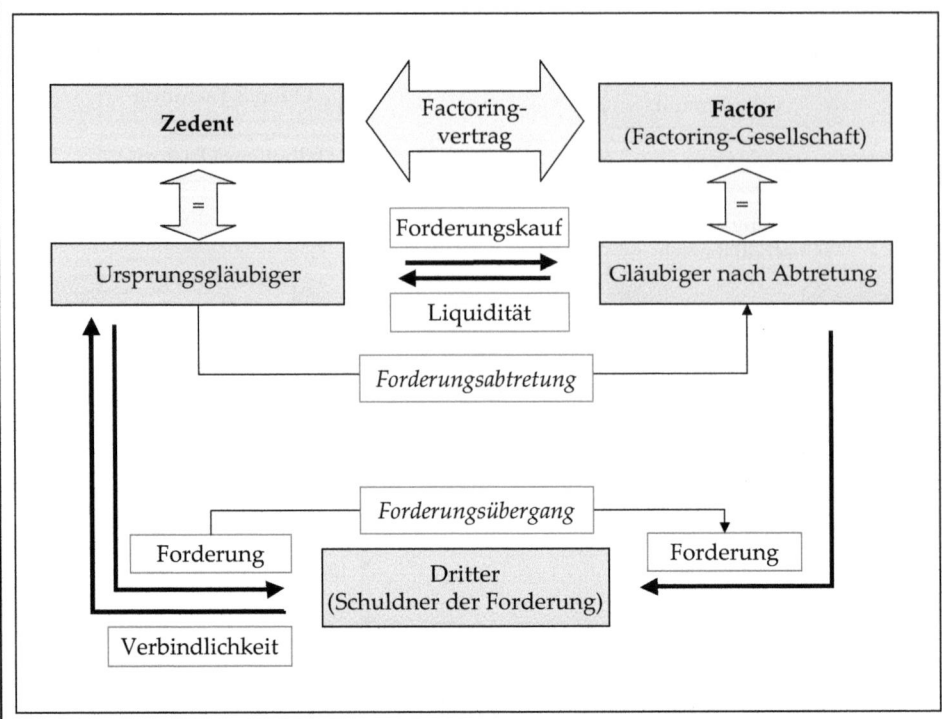

Abbildung 160: Struktur des Factoring

Bonitätsrisiko durch den Forderungsankauf. Von einem **unechten Factoring** wird gesprochen, wenn das Ausfallrisiko beim Forderungsverkäufer verbleibt. Letzteres entspricht lediglich der Bevorschussung einer Forderung. Die Übernahme des Ausfallrisikos wird auch als **Delcrederefunktion** bezeichnet und ist ein wesentliches Konstruktionsmerkmal. Darüber hinaus stellt der Forderungskauf gegen Liquiditätsbereitstellung eine Finanzierungsform dar. Die **Finanzierungsfunktion** ist das zentrale Element des Factoring. Ergänzend ist allerdings auch die **Dienstleistungsfunktion** einzukalkulieren, die die Übernahme des gesamten Debitorenmanagements, z.B. Inkasso und Mahnwesen beinhaltet. Für den Forderungsverkäufer stellt die Auslagerung dieser Leistungen eine erhebliche Kostenersparnis dar.

Bei den Formen des Factoring ist abzugrenzen zwischen dem offenen und stillen Factoring. Das **offene Factoring** wird so bezeichnet, weil die Forderungsabtretung des Gläubigers an den Factor dem Schuldner mitgeteilt wird. Dabei leistet der Schuldner dann auch mit befreiender Wirkung an den Factor. Im Gegensatz dazu erfährt der Schuldner der Forderung bei einem **stillen Factoring** (verdecktes Factoring) nichts von dem Forderungsverkauf und leistet weiterhin an den Ursprungsgläubiger. Bei einem stillen Factoring ist die Dienstleistungsfunktion ausgeschlossen. Bei einem **halb-**

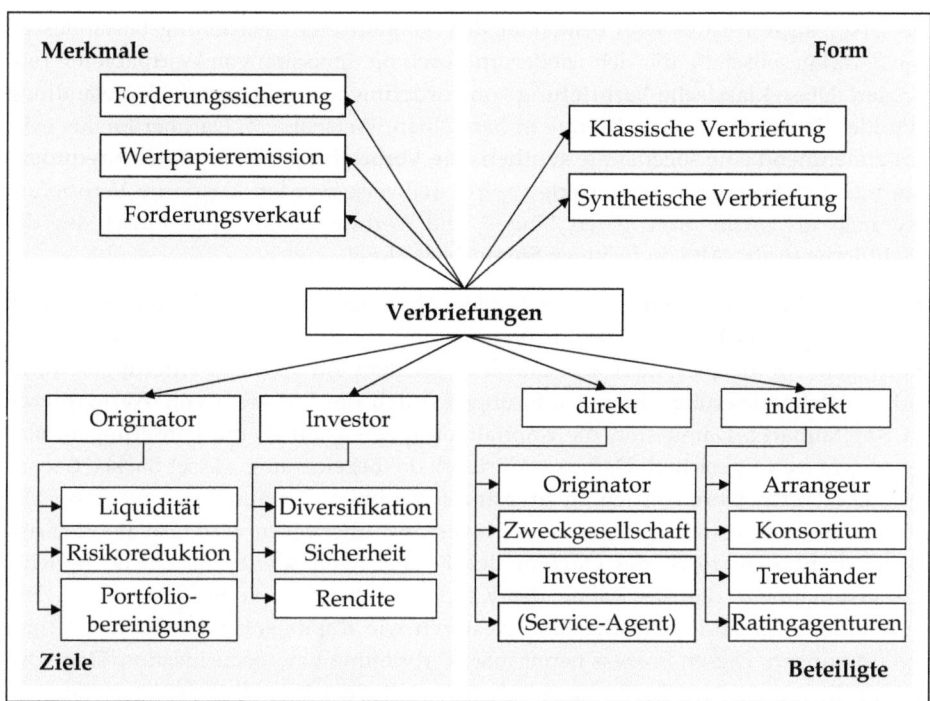

Abbildung 161: Systematik von Verbriefungen

offenen Factoring wird der Schuldner über den Forderungsverkauf informiert, leistet aber weiter an den Ursprungsgläubiger. Der Forderungsverkauf bzw. –ankauf im internationalen Geschäft wird als **Forfaitierung** bezeichnet.

Grundlage ist der Bestand einer Gläubiger-Schuldner-Beziehung. Ein Dritter, der aus dieser Beziehung Schuldner einer Forderung ist, hat eine Verbindlichkeit gegenüber seinem Gläubiger. Die entsprechende Forderung verkauft der Ursprungsgläubiger, um Liquidität zu erhalten. Der Verkäufer der Forderung wird als Zedent bezeichnet. Durch einen Abtretungsvertrag (Factoringvertrag) übernimmt der Factor die Forderung und wird damit zum neuen Gläubiger der Forderung.

4.2.3.1.3.3 Verbriefung

Das Verbriefungsvolumen von Forderungen hat in den neunziger Jahren, insbesondere in den angelsächsischen Ländern, deutlich zugenommen. In Deutschland erreichten diese Emissionen im Jahr 2000 mit ca. 30 Mrd. EUR ihren vorläufigen Höhepunkt. ABS werden sowohl im Zusammenhang mit der **Securitisation** und der Entwicklung neuer Kapitalmarktprodukte als auch aus Bankensicht als Instrument der Risikosteuerung oder als **Kreditersatzgeschäft** gegenwärtig intensiv diskutiert.

Die Ursprungsform der ABS beinhaltet den Verkauf eines Forderungsbestandes an eine Zweckgesellschaft, die sich wiederum durch die Emission von Wertpapieren refinanziert. Diese **klassische Verbriefung** von Forderungen ermöglicht die Umwandlung illiquider Forderungen bzw. Kredite in handelbare Wertpapiere. Darüber hinaus existiert zunehmend eine sogenannte **synthetische Verbriefung**, bei der durch Kreditderivate nur das Ausfallrisiko transferiert wird. Teilweise werden klassische Verbriefungen auch als „ABS im engeren Sinne" und Verbriefungen unter Einschluss der Kreditderivate als „ABS im weiteren Sinne" bezeichnet.

Bei einer **ABS-Transaktion** wird der Forderungsverkäufer als **Originator** bezeichnet. Die **Zweckgesellschaft** (Special Purpose Vehicle = SPV), an die die Forderungen übertragen werden, existiert ausschließlich zu dem Zweck des Forderungserwerbs und der Refinanzierung dieser Forderungen durch die **Emission von Wertpapieren** am Kapitalmarkt. Damit sind die Kapitalmarktpapiere durch die Forderungen, also Vermögenswerte, gesichert. Daraus erklärt sich die Bezeichnung „Asset Backed Securities". Die Wertpapiere werden an **Investoren** veräußert, wodurch das Bonitätsrisiko der Forderungen vom Originator an die Investoren übertragen wird. Das Bonitätsrisiko bestimmt sich durch die Qualität der Forderungen sowie zusätzliche Besicherungsmaßnahmen, die das Rating der Kapitalmarktpapiere verbessern sollen. Zielgruppe der ABS sind institutionelle Investoren wie Kapitalanlagegesellschaften und Versicherungen. Diesen Prozess nennt man Verbriefung bzw. Securitisation. Dem Originator fließt durch den **Forderungsverkauf** unmittelbar Liquidität zu. Darin liegt ein wesentlicher Grund für die Attraktivität der Verbriefung. Der Forderungsverkäufer übernimmt in der Regel auch die Funktion des **Service-Agents**. Als solcher hat er die Aufgabe, die Zahlungsströme zwischen den Forderungsschuldnern (Kreditnehmern) und der Zweckgesellschaft zu koordinieren. Dazu gehören die Kreditüberwachung, das Mahnwesen, die Sicherheitenverwertung und die Durchleitung der Zinsen sowie Tilgungen. Eine wichtige Funktion fällt der Zweckgesellschaft in der Konstruktion zu. Sie ist rechtlich und wirtschaftlich vom Originator zu trennen. Als Eigentümer muss daher eine Gesellschaft (oft Stiftungen) agieren, die nicht zum Konzern des Originators zu rechnen ist. Das Eigenkapital ist üblicherweise auf die Mindestanforderungen begrenzt und zudem ist das SPV von weiteren Aufgaben als dem Forderungsankauf und der Wertpapieremission befreit. Ziel ist es, die Kosten des Geschäftsbetriebes der Zweckgesellschaft möglichst gering zu halten.

Neben dem Originator, der Zweckgesellschaft und den Investoren treten weitere Beteiligte bei einer ABS-Transaktion auf. Dazu gehören insbesondere der Arrangeur, der Treuhänder, das Emissionskonsortium und die Ratingagenturen.

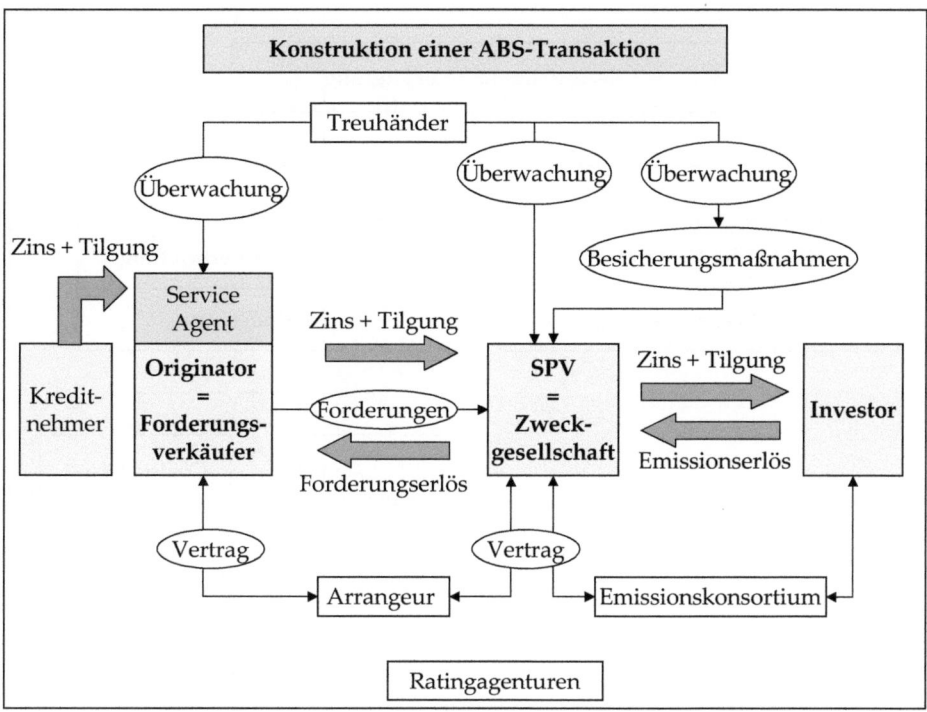

Abbildung 162: Struktur von Asset Backed Securities

Vor dem Forderungsverkauf müssen der Originator und die Forderungen geprüft werden. Da die gesamte Transaktion sehr aufwendig ist, muss sie detailliert geplant und durchgeführt werden. Zudem sind alle Beteiligten in den Prozess zu integrieren. Für diese Funktionen steht ein **Arrangeur** – in der Regel eine Bank – zur Verfügung. Dem **Treuhänder** obliegt es, die Interessen der Investoren zu vertreten. Er fungiert als Kontrollorgan und übernimmt hierbei auch die Verwaltung der bestehenden Sicherheiten. Als Treuhänder tritt häufig eine Wirtschaftsprüfungsgesellschaft auf. Für die Platzierung der Wertpapiere am Kapitalmarkt wird ein **Emissionskonsortium** eingeschaltet. Das Konsortium unterstützt das SPV bei der Emission und findet Investoren. Die **Ratingagenturen** bewerten schließlich die Qualität des ausgelagerten Forderungsbündels. Das Rating für die ABS ist entscheidend für die Risikoprämie, die die Investoren verlangen. Maßgebend ist das Rating der Wertpapiere, nicht der Zweckgesellschaft. Dies richtet sich nach der Sicherheitsausstattung und der Qualität der ursprünglichen Forderungen.

Zur Senkung der Ausfallrisiken für die Investoren und damit zur **Bonitätsverbesserung** der Wertpapiere werden vom Forderungsverkäufer Garantien und Rückkaufszu-

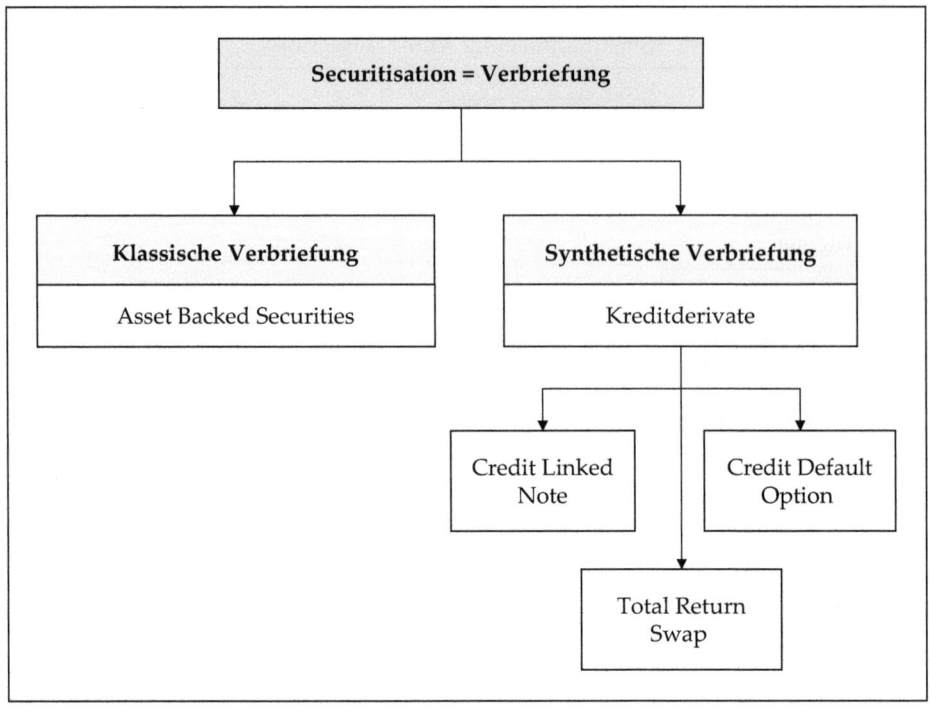

Abbildung 163: Abgrenzung der Verbriefungen

---

sagen übernommen. Ein Teil des Ausfallrisikos verbleibt dadurch beim Originator, wobei sich die Höhe dieser Risikoübernahme nach der erwarteten Ausfallquote der Forderungen richtet. Weitere risikoreduzierende Maßnahmen für die Investoren sind **Sicherheitenverstärkungen.** So wird die Emission bspw. übersichert, das heißt, dass der Forderungsbestand nominal höher ist als die Emissionssumme. Schließlich werden ABS in verschiedene **Tranchen** unterteilt, bei der vorrangige Tranchen eine geringere Risikoprämie nach sich ziehen als nachrangige Tranchen. Die Wertpapiere sind dadurch mit einer sogenannten Subordinationsstruktur ausgestattet.

Durch alle Besicherungsmaßnahmen soll der Finanzbedarf bei Zahlungsausfällen oder –verzögerungen der Forderungen abgedeckt werden. Die zugrunde liegende Forderungsqualität beeinflusst maßgeblich das Ausfallrisiko und damit das Rating der Wertpapiere. Insofern ist es vorteilhaft aber nicht zwingend notwendig, dass die verbrieften Forderungen ausschließlich von guter und sehr guter Bonität sind.

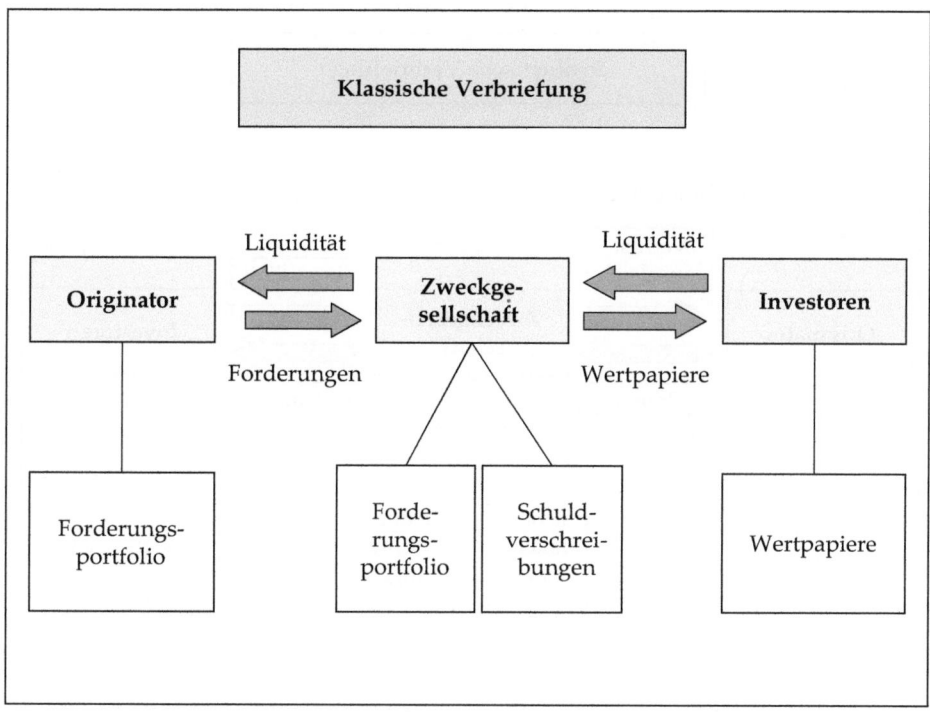

Abbildung 164: Struktur von klassischen Verbriefungen

Die klassische Verbriefung umfasst den tatsächlichen Verkauf der Forderungen (**True Sale**) durch den Originator an eine nur zu diesem Zweck gegründete Gesellschaft. Diese Zweckgesellschaft übernimmt somit (Teile des) Forderungsportfolios des Originators, verbrieft diese und emittiert die Wertpapiere.

Die klassische Verbriefung weist Ähnlichkeiten sowohl zum **Forderungsverkauf** (Factoring) als auch zur Emission von **Pfandbriefen** auf. Der Verkauf von Forderungen und die damit einhergehende Übertragung von Ausfallrisiken (Bonitätsrisiko) sind auch beim echten Factoring anzutreffen. Dort verbleibt das Bonitätsrisiko jedoch bei der Factoringgesellschaft und wird nicht an Investoren weitergegeben. Es existiert auch keine Zweckgesellschaft, die zur Refinanzierung Wertpapiere emittiert, und die

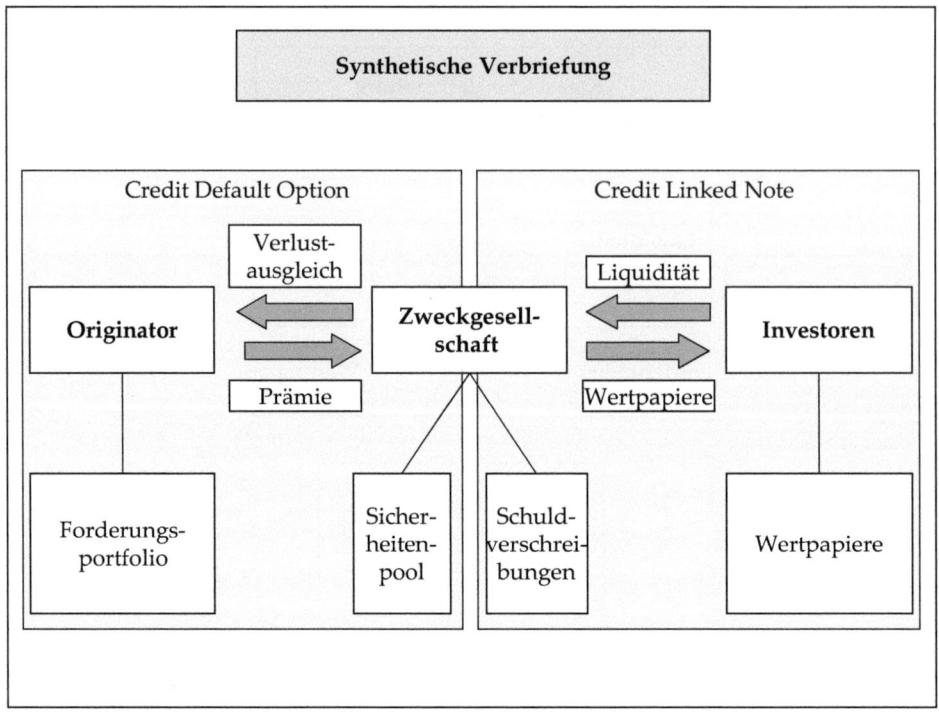

Abbildung 165: Struktur von synthetischen Verbriefungen

angekauften Forderungen sind kurzfristig. Bei einer ABS-Transaktion können hingegen die Forderungen aus dem gesamten Laufzeitspektrum sein. Die Parallelen zu Pfandbriefen liegen dabei in der Emission von Wertpapieren, die durch Vermögenswerte gedeckt sind. Die Pfandbriefe dienen der Refinanzierung von grundpfandrechtlich gesicherten Krediten mit hohen Qualitätsstandards. Grundlegend für Pfandbriefe sind also mittel- bis langfristige Forderungen. Sowohl die Forderungen als auch die Wertpapiere verbleiben in der Bilanz des Kreditgebers, der hier gleichzeitig der Emittent der Wertpapiere ist. Zu den ersten Forderungen, die in den USA als Vermögenswerte für ABS verkauft wurden, gehörten grundpfandrechtlich gesicherte Immobilienfinanzierungen. Sie werden als **Mortgage Backed Securities** bezeichnet und gelten als die Ursprungsform der ABS.

Bei der **synthetischen Verbriefung** wird lediglich das **Bonitätsrisiko** verkauft. Es erfolgt kein tatsächlicher Verkauf bzw. Übergang der Forderungen (kein „True Sale"). Mit Hilfe von **Kreditderivaten** kann der Sicherungsnehmer = Risikoverkäufer das Ausfallrisiko seiner Forderungen an einen Sicherungsgeber = Risikokäufer übertragen. Die Höhe und die Bedingungen der **Ausgleichszahlungen** werden vorher definiert.

Bei den Kreditderivaten werden die Ausfallrisiken von den zugrunde liegenden Forderungen getrennt, um die **Handelbarkeit** dieser **Risiken** herzustellen. Es existieren verschiedene Formen von Kreditderivaten. Eine tatsächliche Verbriefung des Kreditrisikos erfolgt durch die **Kombination** eines klassischen **Kreditderivates** und einer **Anleihe**. Dies geschieht durch die Kopplung einer Credit Default Option und einer Credit Linked Note. Die **Credit Default Option** beinhaltet die Zahlung einer Prämie vom Risikoverkäufer an den Risikokäufer, der wiederum an den Risikoverkäufer einen Verlustausgleich leisten muss. Bei einer **Credit Linked Note** erfolgt die Emission von Wertpapieren durch eine Zweckgesellschaft, die als Risikozwischenhändler fungiert. Die Zweckgesellschaft muss zuvor das Ausfallrisiko von einem Kreditgeber bzw. Forderungsinhaber übernehmen. Letzterer wird wie bei einer ABS-Transaktion als Originator bezeichnet, verkauft aber lediglich das Bonitätsrisiko nicht die Forderungen. Zwischen der Zweckgesellschaft und dem Originator besteht dann eine Credit Default Option.

Die Kreditderivate lassen sich weiter unterscheiden, wobei in der ursprünglichen Form lediglich vorher definierte Zahlungsströme zwischen Risikokäufer und -verkäufer getauscht werden (**Total Return Swap**). Dieses Kreditderivat weist also kaum Parallelen zur ABS auf.

ABS sind insbesondere für Banken geeignete Instrumente, um Forderungen aus dem eigenen Bestand zu veräußern und in Liquidität umzuwandeln. Die **Liquidität** kann im Unternehmen zur Neugestaltung der Struktur der Aktiva verwendet werden. Bei einer Bilanzverkürzung durch Schuldentilgung besteht der positive Effekt der Verbesserung der Kapitalstruktur und der Senkung des Verschuldungsgrades. Darüber hinaus stellt die ABS-Transaktion den Verkauf von Ausfallrisiken dar und ist demzufolge auch eine Maßnahme zur Risikoreduktion.

Dem gegenüber stehen erhebliche **Kosten der Transaktion**, die aufgrund der komplexen Struktur und der Vielzahl von Beteiligten entstehen. Die Kosten der Kapitalmarktfinanzierung sind nur bei hohen Verbriefungsvolumina gerechtfertigt. Für Kreditinstitute steht der Aspekt des Portfolio- und Risikomanagements im Vordergrund. ABS-Transaktionen können Klumpenrisiken senken und Eigenkapitalentlastungen erbringen, wenn sie bestimmte Kriterien erfüllen, die zu einer tatsächlichen Senkung des Ausfallrisikos führen.

4.2.3.1.4 Anleihefinanzierung

Die Ausgabe (Emission) von **Schuldverschreibungen** (Anleihen) über den Kapitalmarkt stellt eine weitere Finanzierungsalternative dar, die allerdings nur für große Kapitalbeträge in Betracht kommt. Die Emission von Anleihen kann durch **Fremdemission** oder **Eigenemission** erfolgen, wobei in der Regel eine Fremdemission durch ein Bankenkonsortium gewählt wird. Bei dieser Konsortialfinanzierung wird dem Emittenten üblicherweise vom **Konsortium** sofort der Emissionsbetrag zur Verfügung gestellt. Der Unterschied zwischen einem **Emissionskonsortium** und einem

Kreditkonsortium besteht darin, dass die Konsorten ihrerseits lediglich als Vermittler und nicht als Kreditgeber fungieren. Die Schuldverschreibungen werden vom Konsortium an die Anleger vermittelt. Der Emittent kann durch Anleihefinanzierung erhebliche finanzielle Mittel aufnehmen, da eine Vielzahl von Kapitalgebern angesprochen wird. Dazu kommt ein nicht zu quantifizierender Reputationsgewinn für Unternehmen, die sich über den Kapitalmarkt finanzieren, durch den höheren Bekanntheitsgrad. Die **Zinsen** für die Anleihen sind wie die Kreditzinsen **bonitätsabhängig**, liegen aber unter den Kreditzinsen. Demgegenüber entstehen dem Emittenten auch deutlich höhere Aufwendungen. Eine Kapitalmarktfinanzierung erfordert die Einhaltung gesetzlicher Parameter und die Publikation von Prospekten. Die Beratungstätigkeit und die Platzierung der Emission durch das Konsortium müssen ebenfalls entsprechend entgolten werden. Mehr als die Hälfte der Anleihefinanzierungen in Deutschland werden von Kreditinstituten emittiert. Die industriellen Emittenten spielen am deutschen Kapitalmarkt eine untergeordnete Rolle.

4.2.3.1.5 Risiken der Fremdmittelfinanzierung

Das Risiko der Bonitätsverschlechterung bzw. des Zahlungsausfalls, das bei der Fremdmittelfinanzierung wesentlich ist, kann durch verschiedene Maßnahmen reduziert werden. **Sicherheiten** und **Vertragsklauseln** in den Finanzierungsverträgen bewirken eine materielle Beteiligung des Schuldners am wirtschaftlichen Misserfolg bzw. erzeugen einen Anreiz, die Gegenleistung vertragsgemäß zu erbringen.

■ **Kreditsicherheiten**

Grundsätzlich wird der Kreditgeber zur Sicherung seiner Forderung vom Kreditnehmer die Stellung von Sicherheiten verlangen. Die Kreditnehmer sind dann Sicherungsgeber. Sicherheiten können auch von Dritten, also nicht dem Kreditnehmer übernommen werden. Die Sicherheit dient dem Gläubiger zum Schutz seiner Forderung.

■ **Grundsätze und Auswahlkriterien der Sicherheiten**

Die Bestellung von Sicherheiten erfordert die Berücksichtigung **rechtlicher Grundsätze**, damit sie wirksam werden. Zwar ist den Kreditinstituten ausdrücklich das Recht der Bestellung von Sicherheiten bei der Kreditvergabe eingeräumt, aber das Ausmaß der Besicherung unterliegt einer Begrenzung. Zum einen muss die Höhe der bestellten Sicherheiten in einem angemessenen Verhältnis zur Forderung stehen, das heißt die Forderung darf nicht übersichert sein. Es ist zwischen einer anfänglichen bzw. ursprünglichen **Übersicherung** und einer nachträglichen Übersicherung zu unterscheiden. Eine nachträgliche Übersicherung entsteht durch Wertzuwachs der Sicherheiten oder z.B. die Zunahme eines gesicherten Warenlagers, wobei eine Übersicherung von bis zu 150% der Forderung anerkannt vereinbart werden kann. Ein größeres Problem existiert bei der Bestimmung einer anfänglichen Übersicherung, da die Bewertung der

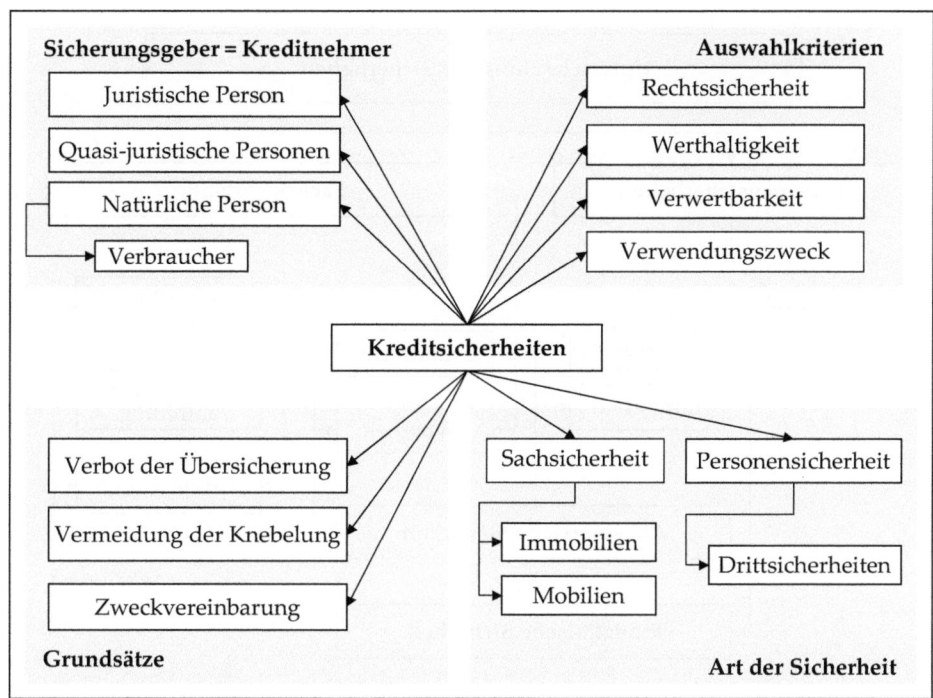

Abbildung 166: Systematik von Sicherheiten

Sicherheiten nur schwer möglich ist und es keine von der Rechtsprechung anerkannte Überdeckungsgrenze gibt.

Gleichfalls ist bei der Besicherung die **Knebelung** des Sicherungsgebers zu verhindern. Diese wäre bei einer durch das Sicherungsgeschäft in sittlich verwerflicher Art und Weise ausgelösten Beraubung seiner wirtschaftlichen Selbständigkeit anzunehmen. Dies ist bspw. bei einer vollständigen Vermögensübertragung gegeben. Weiterhin ist die Verknüpfung der Forderung (des Kreditvertrages) mit der Sicherheit durch eine entsprechende Sicherungsabrede (**Sicherungszweckvereinbarung**) von Bedeutung.

Die Auswahl der Sicherheiten wird allgemein nach bestimmten Kriterien durchgeführt. Voraussetzung für die tatsächliche Durchsetzung der Rechte aus den Sicherheiten ist die **Rechtssicherheit**. Dazu ist die Beachtung der gesetzlichen Vorgaben und der sehr umfassenden Rechtsprechung zu den Kreditsicherheiten erforderlich, um die wirksame Bestellung der Sicherheiten zu erreichen. Ein weiteres wesentliches Kriterium ist die **Werthaltigkeit** der Sicherheiten. Die zur Sicherung herangezogenen

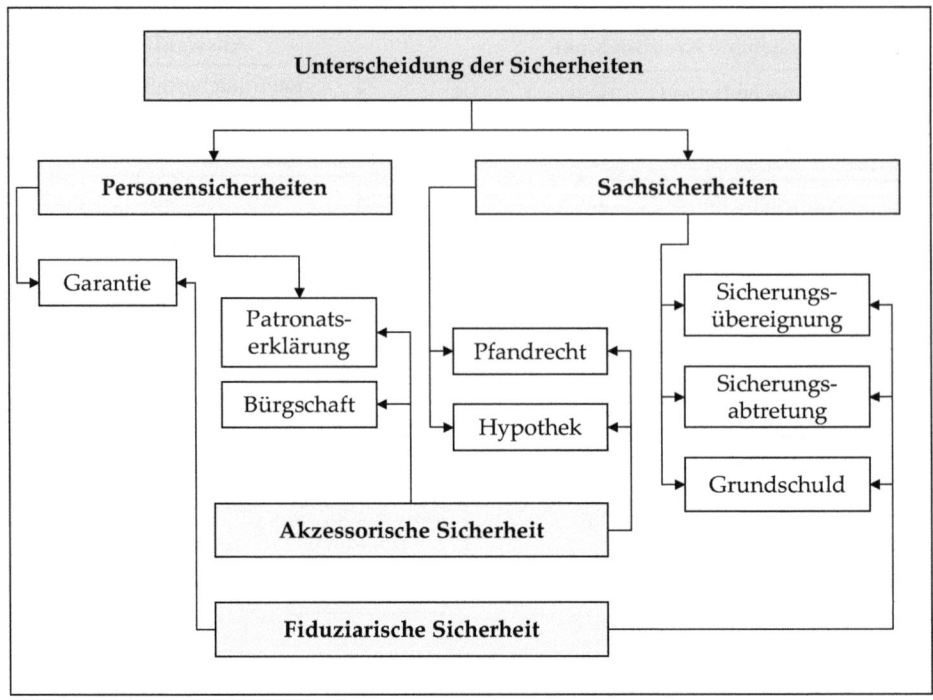

Abbildung 167: Abgrenzung der Sicherheiten

Vermögenswerte sollten eine stabile Wertentwicklung vorweisen. Wertverluste der Sicherheiten führen zu einer Erhöhung des Risikos des Kreditgebers und ggf. zur Notwendigkeit der Nachbesicherung. Die Kontinuität der Sicherheitenwerte ist daher wichtig. Dies gilt ebenfalls für die Bonität von Dritten, die als Sicherheit herangezogen wird, weshalb staatliche Garantien oder Bürgschaften besonders interessante Sicherungsinstrumente sind. Da die Sicherheit im Bedarfsfall zur Befriedigung des Gläubigers herangezogen wird, sollte sie für diesen Fall leicht und schnell durchsetzbar sein. Sicherheiten werden also auch danach ausgewählt, ob sie im **Verwertungsfall** einen zeitnahen Liquiditätszufluss beim Gläubiger gewährleisten und möglichst geringe Wertabschläge bei der Realisierung hervorrufen. Letztlich muss beachtet werden, dass der Aufwand zur Bestellung der Sicherheit und die Art der Sicherheit in einem angemessenen Verhältnis zur Forderung stehen. Die Verwendung einer **Grundschuld** als sehr kostenintensive und aufwendige Sicherheit für eine betragsmäßig niedrige und/oder kurzfristige Forderung erscheint z.B. als nicht zweckmäßig.

■ **Arten der Sicherheiten**

Bei den Arten von Sicherheiten kann in Personen- und Sachsicherheiten abgegrenzt werden. **Personensicherheiten** sind Sicherheiten, bei denen **Dritte** ihre Bonität zur

Verfügung stellen und sich ersatzweise für den Kreditnehmer zur Leistung verpflichten. Die **Sachsicherheiten** sind Vermögensgegenstände, die dem Kreditgeber vertraglich zur Befriedigung zur Verfügung gestellt werden, wenn der Kreditnehmer (Sicherungsgeber) seine Leistungen aus dem Kreditvertrag nicht ordnungsgemäß erfüllen kann. Dabei ist die Bestellung von Immobilien zu Sicherheiten von besonderer Qualität. Sicherheiten an Immobilien werden als Grundpfandrechte bezeichnet.

Das wichtigste Kriterium, nach dem die Sicherheiten abgegrenzt werden, ist das Kriterium der **Akzessorietät** bzw. Nicht-Akzessorietät (**Fiduziarität**). Sicherheiten können mit der zugrunde liegenden Forderung verknüpft sein, dann sind sie akzessorisch, oder sie bestehen unabhängig von der zugrundeliegenden Forderung, dann sind sie fiduziarisch (abstrakt). Die Voraussetzung für die Wirksamkeit einer akzessorischen Sicherheit ist der Bestand der Forderung. Bei Erlöschen der Forderung erlischt ebenfalls die akzessorische Sicherheit, da sie unbedingt und dauerhaft mit der Forderung verbunden ist. Fiduziarische Sicherheiten sind auch ohne Bestand der Forderung wirksam und bestehen nach Erlöschen der Forderung weiter, sie müssen durch die Sicherungsabrede mit der zu sichernden Forderung verknüpft werden. Aus Sicht des Kreditgebers ist eine fiduziarische Sicherheit aufgrund ihrer flexiblen Verwendbarkeit zu bevorzugen, denn bei einer Wiederinanspruchnahme eines Kredits oder einer neuen Kreditvergabe nach Tilgung der ursprünglichen Forderung muss sie nicht neu bestellt werden.

■ **Personensicherheiten**

Die in der Praxis wichtigste Personensicherheit ist die **Bürgschaft**. Gleichzeitig stellt die Bürgschaft ein rechtlich kompliziertes Instrument der Kreditsicherung dar, so dass es eine umfassende Rechtsprechung bzgl. der Anwendung und Ausgestaltung von Bürgschaften gibt. Grundsätzlich ist unter der Bürgschaft ein Rechtsgeschäft zu verstehen, durch das sich ein Bürge verpflichtet, dem Gläubiger für die Verbindlichkeit des Schuldners einzustehen. Soweit der Bürge in Anspruch genommen wird, geht die Forderung des Gläubigers gegen den Hauptschuldner auf ihn über. Im Kreditgeschäft wird üblicherweise eine selbstschuldnerische Bürgschaft als Kreditsicherheit verwendet, bei der ein Bürge auf sein ansonsten bestehendes Recht der Einrede der Vorausklage verzichtet. Das bedeutet, dass der Gläubiger sich bei Nichterfüllung der Forderung sofort an den Bürgen wenden darf, ohne zunächst seinen Anspruch gegenüber dem Hauptschuldner durchzusetzen. Als besondere Arten der Bürgschaft sind die Ausfall-, Mit-, Rück-, Nach- und die Teilbürgschaft zu unterscheiden. Die **Ausfallbürgschaft** stellt die Verpflichtung des Bürgen dar, dem Gläubiger für eine Forderung einzustehen, wenn dieser nachweist, einen Verlust aus der Forderung erlitten zu haben, z.B. nach erfolgloser Zwangsvollstreckung. Die **Mitbürgschaft** liegt bei einer gemeinschaftlichen Verpflichtung mehrerer Personen für dieselbe Verbindlichkeit vor und bewirkt die gesamtschuldnerische Haftung der Bürgen. Die **Teilbürgschaft** ist

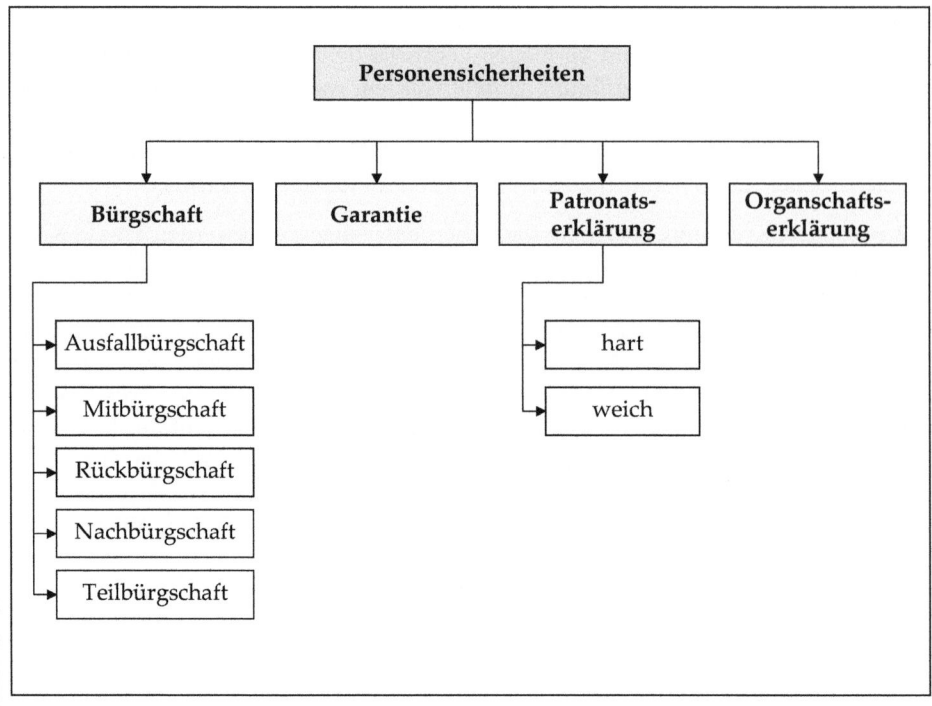

Abbildung 168: Abgrenzung der Personensicherheiten

ebenfalls eine Verpflichtung mehrerer Personen, wobei jeder Bürge nur für den von ihm verbürgten Teilbetrag haftet. Bei einer **Rückbürgschaft** verpflichtet sich ein Bürge gegenüber einem anderen Bürgen und haftet für den Fall der Inanspruchnahme des ersten Bürgen durch den Gläubiger. Ein **Nachbürge** haftet dem Gläubiger dafür, dass ein anderer Bürge seine Verpflichtung erfüllt.

Die **Garantie** ist im Gegensatz zur Bürgschaft abstrakt (fiduziarisch) und beinhaltet die selbständige, von der Forderung unabhängige Verpflichtung des Garanten, für einen bestimmten wirtschaftlichen Erfolg einzustehen. Darüber hinaus besteht das Sicherungsinstrument eines **Schuldbeitritts** (Schuldmitübernahme), bei dem ein Dritter sich vertraglich verpflichtet, einem Gläubiger zusätzlich zum Hauptschuldner für dieselbe Verbindlichkeit zu haften (Gesamtschuldner).

Bei einer **Patronatserklärung** gibt eine Muttergesellschaft für ihre Tochtergesellschaft eine Erklärung ab, die als Sicherheit bei einer Kreditaufnahme gelten soll. Dabei reicht die Bandbreite von Erklärungen ohne jeden Sicherungswert (weiche Patronatserklärung) bis zu einer einklagbaren Verpflichtung zur Schuldübernahme (harte Patronatserklärung). Es existieren eine Vielzahl „weicher" Formulierungen, die keine bindenden rechtlichen Verpflichtungen für den Patron beinhalten. Dadurch, dass die

Patronatserklärung gesetzlich nicht geregelt ist, besteht ein gewisser Spielraum. Bei einer harten Patronatserklärung muss die Muttergesellschaft die zukünftige finanzielle Leistungsfähigkeit der Tochter garantieren (Liquiditätserfüllungsgarantie). Die Patronatserklärung ist auch in anderen Ländern nicht gesetzlich geregelt. Eine legal opinion, z. B. einer ausländischen Bank oder eines Anwalts, die eine Beurteilung der Patronatserklärung abgeben, ist hier unentbehrlich.

Bei einer kreditnehmenden Kapitalgesellschaft (Untergesellschaft genannt), die mit einem anderen Unternehmen (Obergesellschaft oder herrschendes Unternehmen genannt) einen Unternehmensvertrag in Form eines Beherrschungsvertrages (die Leitung der Untergesellschaft obliegt allein der Obergesellschaft) und/oder eines Gewinnabführungsvertrages (Gewinn und Verlust werden vollständig von der Obergesellschaft übernommen) abgeschlossen hat, spielt die **Konzernhaftung** als Ersatzsicherheit eine Rolle. Danach ist die Obergesellschaft unter bestimmten Voraussetzungen gegenüber der Untergesellschaft zur Verlustübernahme verpflichtet und muss deren Jahresfehlbetrag ausgleichen. Diesen Anspruch kann sich die Bank zur Sicherung abtreten lassen. Eine **Organschaftserklärung** ist in diesem Zusammenhang eine von der Obergesellschaft gegenüber der Bank abgegebene Erklärung, mit der die Stellung der Bank in Bezug auf den Unternehmensvertrag verbessert wird.

▪ **Sachsicherheiten**

Sachsicherheiten geben dem Sicherungsnehmer das Recht, sich aus beweglichen Gegenständen oder Grundstücken bzw. aus Verwertungs- oder anderen Rechten Befriedigung zu verschaffen. Die **Verpfändung** einer **beweglichen Sache** oder eines **Rechts** belastet den Vermögensgegenstand in der Weise, dass ein Gläubiger berechtigt ist, aus dem Vermögensgegenstand Befriedigung zu erlangen. Das Pfandrecht ist akzessorisch und die Pfandsache muss übergeben werden oder der Mitbesitz muss eingeräumt werden. Wenn ein Dritter unmittelbarer Besitzer der Pfandsache ist, muss die Verpfändung angezeigt werden. Durch die Akzessorietät und die Übergabe bzw. Anzeige der Verpfändung ist das Pfandrecht als Kreditsicherheit in der Praxis nur begrenzt zweckmäßig. Dennoch spielt die Verpfändung von Bankguthaben und Wertpapieren eine Rolle bei der Kreditsicherung.

Als Kreditsicherheiten können Forderungen des Kreditnehmers an den Kreditgeber abgetreten werden. Die **Sicherungsabtretung** (Zession) hat gegenüber der Verpfändung die Vorteile, dass sie fiduziarisch ist und dem Drittschuldner nicht angezeigt werden muss. Der Gläubiger der abzutretenden Forderung (Zedent) wird zum Sicherungsgeber und der Gläubiger des Kredits wird zum Sicherungsnehmer (Zessionar). Die Abtretung kann still oder offen erfolgen. Bei der offenen Zession wird der Drittschuldner von der Abtretung in Kenntnis gesetzt. Es können einzelne Forderungen (**Einzelabtretung**) oder laufende Forderungen bis zu einer vertraglich definierten Grenze (Rahmenabtretung) übertragen werden. Dabei wird zum einen unterschieden in die **Mantelzession**, bei der bestehende Forderungen gegen verschiedene Dritt-

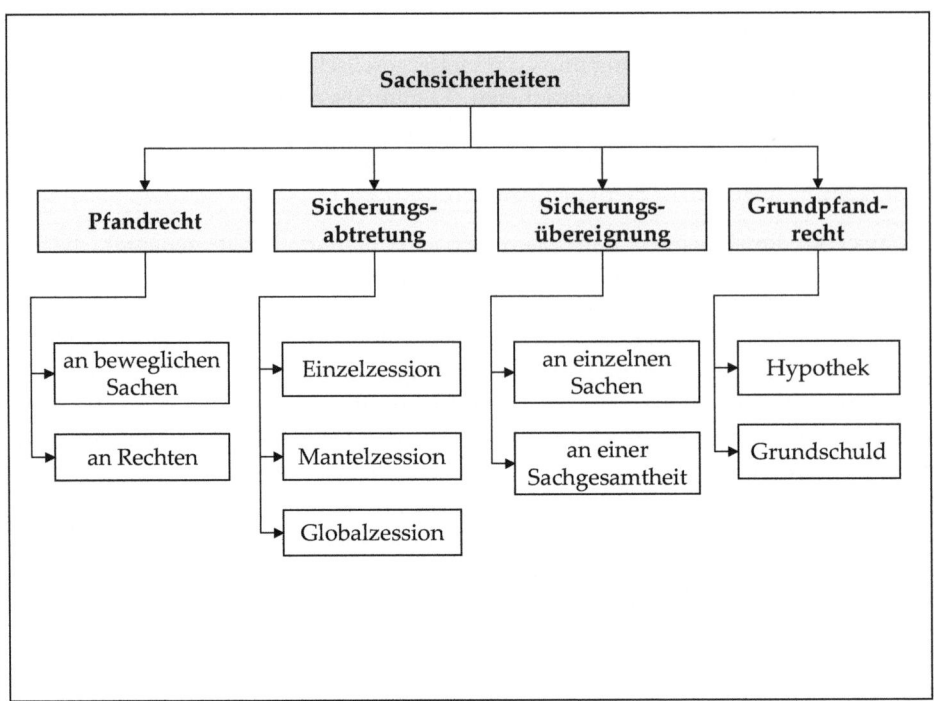

Abbildung 169: Abgrenzung der Sachsicherheiten

schuldner abgetreten werden und sich der Sicherungsgeber verpflichtet, laufend weitere Forderungen abzutreten. Zum anderen gibt es die **Globalzession**, bei der alle gegenwärtigen und künftigen Forderungen gegen bestimmte Drittschuldner abgetreten werden.

Ebenso wie die Sicherungsabtretung hat die **Sicherungsübereignung** in der Praxis eine hohe Bedeutung. Die Sicherungsübereignung wurde aus der Praxis heraus entwickelt und beinhaltet die Übereignung eines beweglichen Vermögensgegenstandes zur Sicherung eines Kredites. Die Besonderheit der Sicherungsübereignung liegt in dem Ersatz der Übergabe des Sicherungsgutes durch die Vereinbarung eines Besitzkonstituts. Der Sicherungsgeber behält dadurch die Verfügungsgewalt über den Sicherungsgegenstand, was bei betriebsnotwendigen Sicherungsgütern für die Erfüllung der Kreditverbindlichkeit wesentlich ist. Die Sicherungsübereignung ist eine abstrakte Sicherheit.

Eine besondere Rolle unter den Kreditsicherheiten nehmen die **Grundpfandrechte** ein, da Grundpfandrechte dingliche Rechte an Grundstücken darstellen und Grundstücke als wertbeständig gelten und Erträge erbringen. Die **Hypothek** wird als Kreditsicherheit weniger genutzt, weil sie akzessorisch ist. Gerade angesichts der hohen Kosten

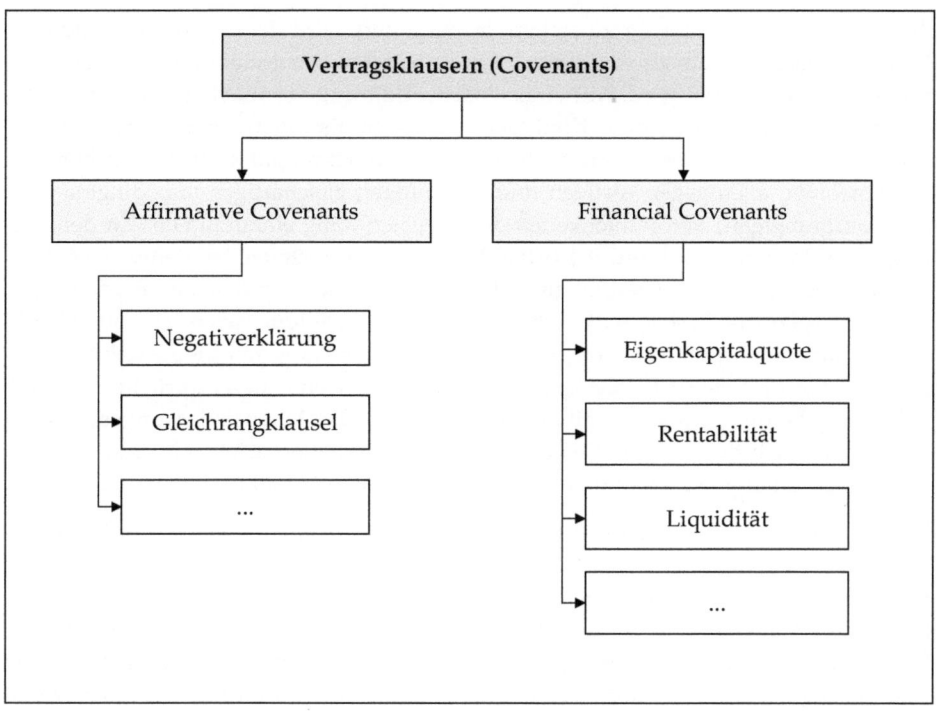

Abbildung 170: Abgrenzung der standardisierten Vertragsklauseln

der Grundpfandrechtsbestellung ist die flexibel einsetzbare, fiduziarische **Grundschuld** als Kreditsicherheit geeigneter. Die Grundschuld wird sowohl zur Sicherung von kurzfristigen Krediten als auch für langfristige Kredite verwendet.

■ **Vertragsklauseln**

Vertragsklauseln sind im weitesten Sinne ebenfalls Sicherheiten zur Reduzierung des Ausfallrisikos für den Gläubiger. Sie setzen Anreize für den Schuldner, sich nicht gläubigerschädigend bzw. statt dessen sich im Gläubigerinteresse zu verhalten. Eine Verletzung der vertraglich vereinbarten Regeln bewirkt üblicherweise eine Sanktionierung des Schuldners. Zu unterscheiden sind sogenannte „**affirmative Covenants**", mit denen der Kreditnehmer erklärt bestimmte Handlungen vorzunehmen bzw. zu unterlassen und „**financial covenants**", die die Einhaltung bestimmter finanzieller Kennzahlen verlangen.

Die wichtigsten Klauseln sind die Negativerklärung und die Gleichrangklausel. Sie finden standardisiert in Anleihebedingungen Anwendung, werden aber auch in Kreditverträge mit aufgenommen. Eine **Negativerklärung** beinhaltet die Verpflichtung des Schuldners, andere (frühere und zukünftige) Gläubiger bezüglich der Besicherung ihrer Forderung nicht besser zu stellen. Insbesondere wird dem Schuldner untersagt, Vermögensgegenstände zu veräußern oder zu belasten, wenn dadurch die Gläubigerposition verschlechtert wird. Mit einer **Positiverklärung** verpflichtet sich der Kreditnehmer oder ein Dritter, dem Kreditgeber unter bestimmten Voraussetzungen eine genau festgelegte Sicherheit zu bestellen. Eine **Gleichrangklausel** verpflichtet den Kreditnehmer, allen gegenwärtigen und zukünftigen gleichartigen unbedingten (und nicht nachrangigen) Verbindlichkeiten den gleichen Rang einzuräumen. Zu den Vertragsklauseln sind auch **Rangrücktrittserklärungen** zu rechnen, bei denen ein Gesellschafter gegenüber dem Kreditinstitut (Kreditgeber) erklärt, mit seinen Forderungen, die ihm gegen die Gesellschaft zustehen (z. B. Rückzahlungsansprüche aus Gesellschafterdarlehen), hinter die Ansprüche des Kreditgebers gegen die Gesellschaft zurückzutreten und sie erst dann geltend zu machen, wenn die Ansprüche der Bank vollständig befriedigt sind. Damit ist regelmäßig eine **Darlehensbelassungserklärung** verbunden, nach der der Gesellschafter seine Gesellschafterdarlehen bis zur vollständigen Rückzahlung der Kredite unverändert in der Gesellschaft belassen muss.

Die Vereinbarung von „**financial covenants**" soll einer Bonitätsverschlechterung vorbeugen bzw. dem Kreditgeber bei einer Bonitätsverschlechterung Handlungsspielräume einräumen. Dabei verpflichtet sich der Schuldner zur Einhaltung ausgewählter Finanzkennzahlen. Die Verfehlung dieser Kennzahlen soll dem Gläubiger ein erhöhtes Risiko signalisieren und führt dann zu einem Kündigungsrecht, einer zusätzlichen Besicherung oder zu veränderten Konditionen der Kreditgewährung. Die Finanzkennzahlen werden so gewählt, dass sie eine veränderte Kapitalstruktur anzeigen, z.B. die Eigenkapitalquote oder die Ertragslage widerspiegeln, z.B. Cash Flow-Vorgaben, definierte Eigenkapitalrenditen und/oder Aussagen zur Liquidität ermöglichen.

▪ Kreditderivate

Ein weiteres Instrument zur Risikoreduktion bzw. Risikodiversifikation von Finanzierungsgeschäften stellen Kreditderivate dar. Teilweise werden die Kreditderivate als synthetische Form der Verbriefung bezeichnet. Grundsätzlich ist ihr Zweck jedoch die **Übertragung von Ausfallrisiken bzw. Marktpreisrisiken**.

Die Vertragsparteien (Kontrahenten) werden auch als Sicherungsnehmer (Risikoverkäufer) und Sicherungsgeber (Risikokäufer) bezeichnet. Das am häufigsten eingesetzte Derivat ist die **Credit Default Option** (CDO). Zur Absicherung gegen ein Adressenausfallrisiko erhält ein Risikoverkäufer gegen Zahlung einer Prämie vom Risikokäufer eine Ausgleichszahlung bei Eintritt eines vorher definierten Ereignisses (Credit Event). Das Credit Event kann genau spezifiziert und nach den Vorstellungen des Sicherungsnehmers gestaltet werden. Nach der Ausgestaltung richtet sich die Höhe der Prämie. Das Kreditereignis bezieht sich dabei auf ein Referenzaktivum, das die Bonität bzw. Bonitätsänderung des zu sichernden Kredites möglichst gut nachbildet. Es kann auch eine Vielzahl von Krediten (unterschiedlicher Schuldner) als Referenzwert herangezogen werden (Basket Default Option).

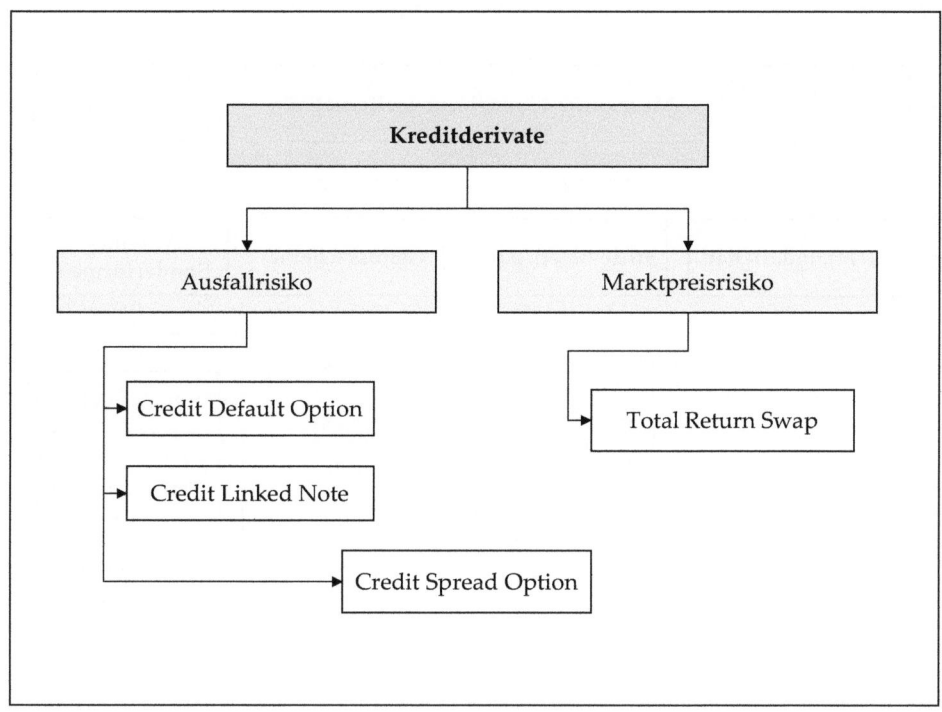

Abbildung 171: Systematik von Kreditderivaten

In Abwandlung kann auch von einem **Credit Default Swap** gesprochen werden, wenn die Prämienzahlung nicht wie bei einer Option einmalig erfolgt, sondern periodische Zahlungen des Sicherungsnehmers beinhaltet. In dem Fall ist zusätzlich die Bonität des Sicherungsnehmers für den Sicherungsgeber relevant.

Von einer **synthetischen Verbriefung** kann gesprochen werden, wenn die Credit Default Option mit einer **Credit Linked Note** (CLN) kombiniert wird. Aus Sicht des Risikoverkäufers stellt dies wiederum eine Absicherung gegen ein Ausfallrisiko dar. Gleichzeitig wird dieses Risiko durch Emission eines Wertpapiers verbrieft und so an die Wertpapierkäufer transferiert. Die Schuldverschreibung (CLN) wird nur zurückgezahlt, wenn ein vorher definiertes Kreditereignis nicht eintritt und ist so an die CDO gekoppelt. Eine Variation erfolgt bei einer **Credit Spread Option**. Hier wird das Risiko der Bonitätsänderung abgesichert, indem der Sicherungsnehmer eine Prämie entrichtet, um sich seine Zinsspanne (Spread in Basispunkten) zu erhalten. Der Spread wird durch die Bonität des Schuldners bestimmt. Bei einer Bonitätsverschlechterung steigt der Spread zwischen einem Referenzaktivum und einer laufzeitkongruenten anderen Anlage, so dass eine Ausgleichszahlung des Sicherungsgebers erfolgt. Durch diese

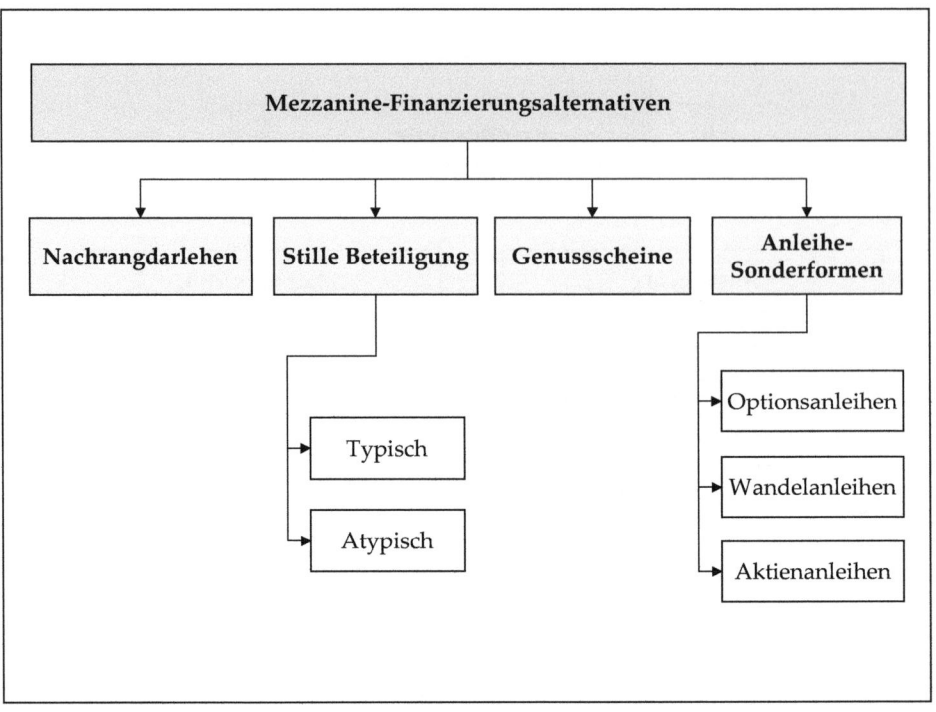

Abbildung 172: Systematik von Mezannine-Finanzierungen

Konstruktion ist der Sicherungsnehmer einerseits gegen die Erhöhung des Ausfallrisikos, andererseits gegen eine Marktpreisänderung abgesichert.

Schließlich kann durch einen **Total Return Swap** das Marktpreisänderungsrisiko abgesichert werden. Hier wird ein risikobehafteter Zahlungsstrom gegen einen sicheren Zahlungsstrom getauscht. Beispielsweise zahlt der Sicherungsnehmer die Erträge aus einem Referenzaktivum einschließlich möglicher Kursgewinne an den Sicherungsgeber und erhält dagegen eine feste oder variable Zinszahlung sowie eventuelle Wertverluste aus dem Referenzaktivum vom Sicherungsgeber.

Für die Kreditinstitute ist nicht nur die Absicherung gegen Risiken bzw. der Risikoverkauf mit Kreditderivaten von Bedeutung, sondern auch die **Übernahme von Risiken**. Zum einen kann durch den Risikokauf eine bessere Diversifikation des Kreditportfolios erreicht werden. Zum anderen ergibt sich ein zusätzliches Geschäftsfeld durch Kreditderivate für Kunden, bei denen die Bank als Sicherungsgeber (Risikokäufer) agiert.

	Nachrang- darlehen	Typische stille Beteiligung	Atypische stille Beteiligung	Genussscheine
Charakter	Gläubiger- stellung	Vertragliche Informations- und Kontrollrechte	Mitunter- nehmerstellung	i.d.R. Gläubiger- stellung
Ertrag	fix	fix + erfolgs- abhängig ggf. Equity-Kicker	fix + erfolgs- abhängig ggf. Equity-Kicker	fix + erfolgs- abhängig ggf. Equity-Kicker
Haftung	nachrangig	nachrangig	bis zur Höhe der Einlage	nachrangig
Wirtschaftliches Eigenkapital	ja	ja	ja	ja
Bilanzielles Eigenkapital	nein	gestaltungs- abhängig	ja	gestaltungs- abhängig

Abbildung 173: Abgrenzung der Mezzanine-Finanzierungen

4.2.3.2   Die Mezzanine-Finanzierung

Unter den Begriff der Mezzanine-Finanzierung fallen Finanzierungsinstrumente, die weder der Fremdfinanzierung noch der Eigenmittelfinanzierung klar zuordenbar sind und auch als sogenannte hybride Finanzierungen bezeichnet werden. Die Bedeutung der Mezzanine-Instrumente wird in den nächsten Jahren zunehmen, denn sie stellen eine Möglichkeit dar, das Haftkapital der Unternehmen zu stärken, ohne den Unternehmer in der Entscheidungsgewalt einzuschränken. Der eigenkapitalähnliche Charakter der Finanzierungsinstrumente führt dazu, dass die sehr niedrigen Eigenkapitalquoten deutscher mittelständischer Unternehmen durch die Nutzung von Nachrangdarlehen, stillen Beteiligungen, Genussscheinen und Wandel-, Aktien- bzw-Optionsanleihen verbessert werden können.

Nachrangdarlehen haben tendenziell Fremdkapitalcharakter, unterscheiden sich aber durch den Rangrücktritt und den Verzicht auf eine Besicherung von den Fremdfinanzierungen. Daher werden sie bei einer Bonitätsbeurteilung dem Eigenkapital zugerechnet. Die Verzinsung der Nachrangdarlehen liegt aufgrund des höheren Risikos gegenüber der Fremdfinanzierung um das 1,5 bis 2-fache höher.

Die **stillen Beteiligungen** lassen sich in die typischen und die atypischen stillen Beteiligungen abgrenzen. Bei der **typischen stillen Beteiligung** erfolgt wie beim Nachrangdarlehen ein Rangrücktritt. Darüber hinaus bestehen aber zusätzliche Eigenkapitalkomponenten in Form einer gewinnabhängigen Vergütung zusätzlich zur gewinnunabhängigen Vergütung sowie bestimmte Informations- und Kontrollrechte. Eine Verlustbeteiligung wird regelmäßig vertraglich ausgeschlossen. Die **atypische stille Beteiligung** unterscheidet sich von der typischen stillen Beteiligung durch die Mitunternehmerstellung, die sich auch in der Haftung bis zur Höhe der Einlage zeigt. Vom Eigenkapital unterscheidet sich diese Finanzierungsform durch die Nichtanwendbarkeit der Gesellschafterrechte. Geschäftsführungs- oder ausgeprägte Kontrollrechte müssen explizit vertraglich vereinbart werden. Außerdem wird auch die atypische stille Beteiligung am Laufzeitende zurückgezahlt. Dabei wird oft ein sogenannter **Equity-Kicker** vereinbart, der eine Kaufoption am Grundkapital der Gesellschaft beinhaltet.

Genussscheine sowie **Wandel- und Optionsanleihen** stehen lediglich Aktiengesellschaften als Finanzierungsform zur Verfügung. Die Konstruktion dieser Instrumente, die zu den Sonderformen von Anleihen zu rechnen sind, ist im Kapitel der Wertpapiergeschäfte erläutert.

4.2.3.3 Die Eigenmittelfinanzierung

Ein wesentliches Problem der Finanzierung ist die oft unzureichende Ausstattung mit **Eigenkapital**. Da die Eigenmittel das Haftungspotential darstellen, ist bei jeder Finanzierung ein Teil der Mittel als Eigenkapital aufzubringen. Speziell bei Unternehmen ist das Eigenkapital zwingend erforderlich und in bestimmtem Umfang gesetzlich vorgeschrieben. Eine vernünftige Eigenmittelausstattung erfordert häufig jedoch weit mehr als das gesetzliche Eigenkapital. Die Eigenmittel stellen nicht nur den Risikopuffer bzw. das Haftpotential eines Unternehmens dar, sondern sind die Basis für die Aufnahme von Fremdmitteln und damit insgesamt die Grundlage für unternehmerisches Wachstum. Im Rahmen der Eigenmittelfinanzierung spielt, rechtsformunabhängig, die **private Beteiligungsfinanzierung** eine wesentliche Rolle, um knappe Eigenmittel aufzubringen. Darüber hinaus können Aktiengesellschaften sich Eigenkapital durch die Emission von Aktien am Kapitalmarkt beschaffen (**Aktienfinanzierung**).

4.2.3.3.1 Private Beteiligungsfinanzierung

Das Grundmerkmal der privaten Beteiligungsfinanzierung (**Private Equity**) ist die Bereitstellung von Eigenkapital durch einen Kapitalgeber. Die Kapitalgeber sind private oder institutionelle Investoren (Kapitalanleger). Die Bezeichnung privates Eigenkapital bezieht sich auf nicht öffentliches, also außerbörsliches Eigenkapital. Im weiteren Sinne gehört zur Beteiligungsfinanzierung auch die Gewährung von eigenkapitalähnlichen Mitteln, wie stille Beteiligungen, Genussrechtskapital und nachrangige Darlehen.

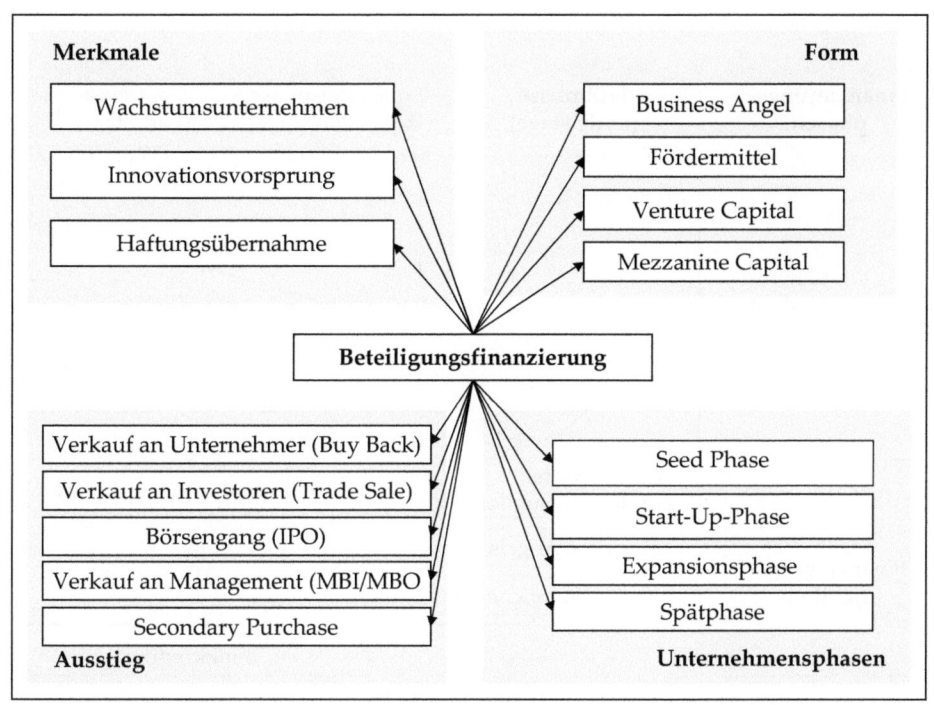

Abbildung 174: Systematik von Beteiligungsfinanzierungen

Eine Beteiligungsfinanzierung ist für den Kapitalgeber mit einem erhöhten Risiko verbunden, deshalb müssen diesem Risiko entsprechende Ertragschancen gegenüberstehen. Aus diesem Grund ist eine Beteiligungsfinanzierung nur für Unternehmen interessant, die diese besonderen Ertragsaussichten bieten. Beteiligungsfinanzierungen sind daher erstens für **stark wachsende Unternehmen** von Bedeutung. Ein schnelles Unternehmenswachstum erfordert einerseits entsprechendes Eigenkapital, verspricht andererseits durch das Wachstum schnell ansteigende Erträge. Zweitens sind Beteiligungsfinanzierungen für **innovative Unternehmen** von Bedeutung, weil die Entwicklung und Etablierung der innovativen Idee am Markt Kapitaleinsatz erfordert, gleichzeitig aber der technische Vorsprung bzw. die Einmaligkeit der Idee nach der Markteinführung eine hohe Gewinnspanne versprechen. Damit sind bei innovativen bzw. dynamisch wachsenden Unternehmen die Voraussetzungen für eine Überrendite auf das eingesetzte Kapital gegeben, die dem Risiko der Fehlinvestition gegenüberstehen. Allgemein beinhaltet die Beteiligungsfinanzierung eine **Haftungsübernahme** und die Miteigentümereigenschaft. Dabei ist es die Absicht der Beteiligungsfinanzierer, das Kapital lediglich befristet zur Verfügung zu stellen. Nach erfolgreicher Unternehmensentwicklung ist der Ausstieg der Beteiligungsfinanzierer vorgesehen. Es handelt sich in der Regel auch um Minderheitsbeteiligungen, die lediglich unterstützenden

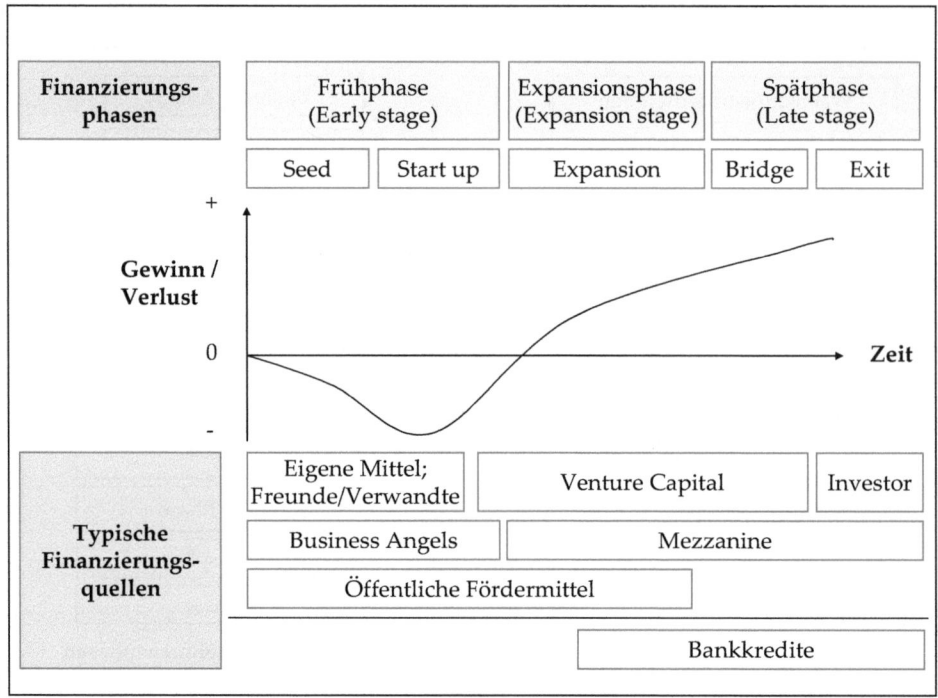

Abbildung 175: Phasen der Beteiligungsfinanzierung

Charakter haben und nur eine begrenzte unternehmerische Mitspracheausübung beabsichtigen.

Beteiligungsfinanzierungen stehen in unterschiedlicher Form zur Verfügung. Die verschiedenen Formen der Beteiligungsfinanzierung sind in den unterschiedlichen Phasen der Unternehmensentwicklung nicht gleichartig geeignet. Zur **Seed-Phase** eines Unternehmens gehört die Entwicklung der Unternehmenskonzeption, des Produktkonzepts und der Marktanalyse. Daran schließt sich die **Start-Up-Phase** an, die die Unternehmensgründung, den Personalaufbau, die Produktentwicklung u.v.m. zum Gegenstand hat. In der Frühphase (Seed- und Start up-Phase) einer Unternehmensfinanzierung sollten die Eigenmittel aus dem Kreis der Unternehmensgründer fließen (Family & Friends). Da üblicherweise die Mittelaufbringung aus diesem Bereich eng begrenzt ist, sind an dieser Stelle öffentliche **Fördermittel** (als Eigenkapital) ein wesentliches, ergänzendes Finanzierungsinstrument. Zur privaten Eigenkapitalfinanzierung können in dieser Phase sogenannte **Business Angels** herangezogen werden. Dies sind fachlich qualifizierte Personen, die dem Unternehmen gleichzeitig unternehmerische Kompetenz und Kapital zufließen lassen. In dieser Frühphase der Unternehmensentwicklung können ebenfalls bereits Risikokapitalgesellschaften als Kapitalgeber eingebunden sein. Die Finanzmittel, die Risikokapitalgesellschaften bereitstellen, werden auch als **Venture Capital** bezeichnet. In der **Expansionsphase** eines Unternehmens soll das Wachstum eines am Markt eingeführten Unternehmens finanziert werden. Zusätzliches Kapital soll dem Unternehmen, das bereits die Gewinnzone erreicht haben sollte, weitere Potentiale erschließen. In dieser Phase ist das sogenannte Venture Capital von herausragender Bedeutung. Das Venture Capital kann entweder direkt durch die Risikokapitalgesellschaften investiert werden oder durch zu diesem Finanzierungszweck aufgelegte Beteiligungsfonds bereitgestellt werden. Im Verlauf der Expansionsphase sollte das Unternehmen auch bonitätsstark genug für die Aufnahme von Fremdmitteln sein. Schließlich ist die **Spätphase** der Unternehmensentwicklung abzugrenzen, in der Überbrückungsfinanzierungen (Bridge-Finance) erforderlich sind und die in den Ausstieg der Beteiligungsfinanzierer mündet. In der Expansions- und Spätphase werden verstärkt Mezzanine-Finanzierungen als Instrument genutzt.

Die Form stiller Beteiligungen und nachrangiger Darlehen sowie bedingt die Schaffung von Genussrechtskapital sind einerseits für innovative Wachstumsunternehmen in einer Phase der Etablierung typisch, andererseits sind diese Instrumente der Beteiligungsfinanzierung für alle Mittelstandsunternehmen wichtige Möglichkeiten, die Eigenmittel zu stärken. Die Funktion dieses Mezzanine-Kapitals ist insbesondere in Phasen niedriger Eigenkapitalquoten und begrenzter Fremdmittel von großer Bedeutung.

Als **Ausstiegsmöglichkeiten** für die Beteiligungsfinanzierung sind diverse Alternativen denkbar, die allerdings in unterschiedlichen konjunkturellen Situationen mehr oder weniger geeignet bzw. realisierbar sind. Als Königsweg des Ausstiegs aus der Beteiligungsfinanzierung gilt der **Börsengang** (Initial Public Offering). Durch Emission von Aktien über die Börse verkauft der bisherige Kapitalgeber seine Anteile und das Unternehmen erschließt sich gleichzeitig neue Finanzierungsmöglichkeiten. Der häufigste Ausstiegskanal für die Beteiligungsfinanzierung ist der **Marktverkauf (Trade Sale)** an Investoren. Die Akquisition des Unternehmens durch ein Großunternehmen oder durch einen Wettbewerber sind das wichtigste Instrument für die Beendigung der Beteiligung. Ein anzustrebendes Ziel des Ausstiegs ist der **Verkauf an den Unternehmensgründer (Buy Back)**, der **Verkauf an ein Management**, das sich in das Unternehmen einkauft (Management Buy In) oder der Verkauf an die bisherige Geschäftsführung, die damit zum Eigentümer wird (Management Buy Out). Eine weitere Ausstiegsalternative stellt der **Weiterverkauf an andere Beteiligungsfinanzierer** dar (**Secondary Purchase**).

Im Zusammenhang mit den Formen der Beteiligungsfinanzierung wird auch von **Private Equity** (im Gegensatz zu „**Public Equity**" = Aktienfinanzierung) gesprochen. Besondere Aufmerksamkeit haben dabei so genannte **Finanzinvestoren** („Heuschrecken") auf sich gezogen, die mit teilweise sehr hoher Fremdfinanzierung die Beteiligungen/Akquisitionen an/von Unternehmen bezahlen.

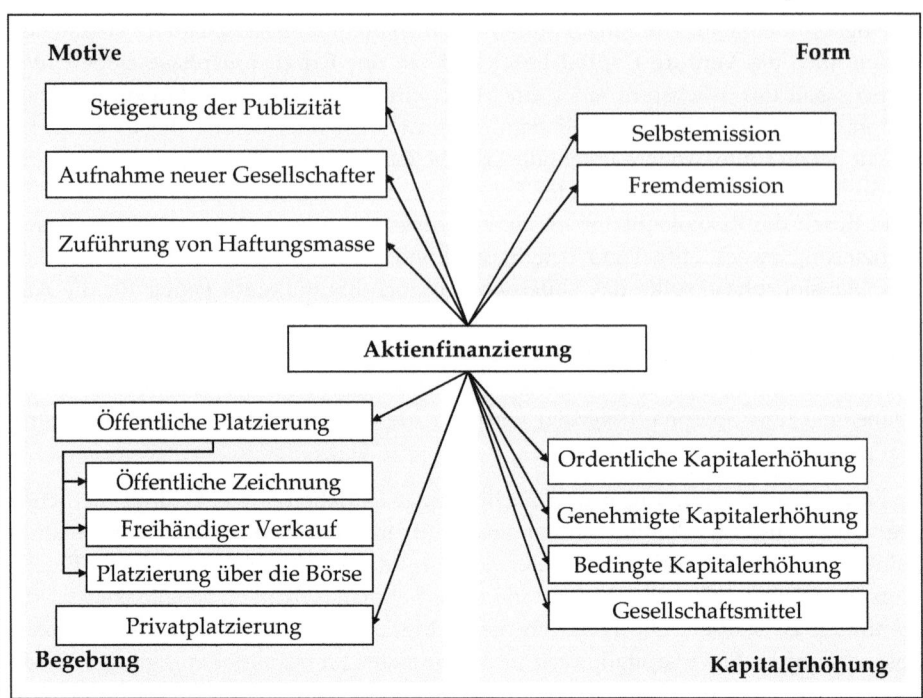

Abbildung 176: Systematik von Aktienfinanzierungen

4.2.3.3.2 Aktienfinanzierung

Die Aktienfinanzierung ist eine Möglichkeit für Aktiengesellschaften bzw. KGaA, sich Eigenkapital über den Kapitalmarkt zu beschaffen. Die Kreditinstitute übernehmen dabei, wie bei der Fremdfinanzierung über den Kapitalmarkt mit Anleihen, eine Vermittlerfunktion bei den **Fremdemissionen**. Da nur Kreditinstitute über das Vertriebsnetz und das Know How verfügen, sind sie die einzigen Unternehmen, die Wertpapiere selbst am Markt platzieren (**Selbstemission**). Alle anderen Emittenten wählen die Fremdemission, bei der ein Konsortium die Platzierung übernimmt. Die Kosten einer Fremdemission sind höher, weil die Vermittlungsfunktion entgolten werden muss.

Die Aktienfinanzierung ist ein sehr kostenintensives Finanzierungsinstrument, bietet aber attraktive Vorteile. Zum einen können große Beträge an Eigenkapital aufgenommen werden, weil eine Vielzahl von Kapitalgebern angesprochen wird. Zum zweiten werden durch Aktienplatzierung **neue Gesellschafter** gewonnen und schließlich erreicht der Emittent die **Steigerung seiner Publizität**, was im allgemeinen Geschäftsleben ein wichtiges Kriterium sein kann. Vor allem aber wird dem Unternehmen **Haf-**

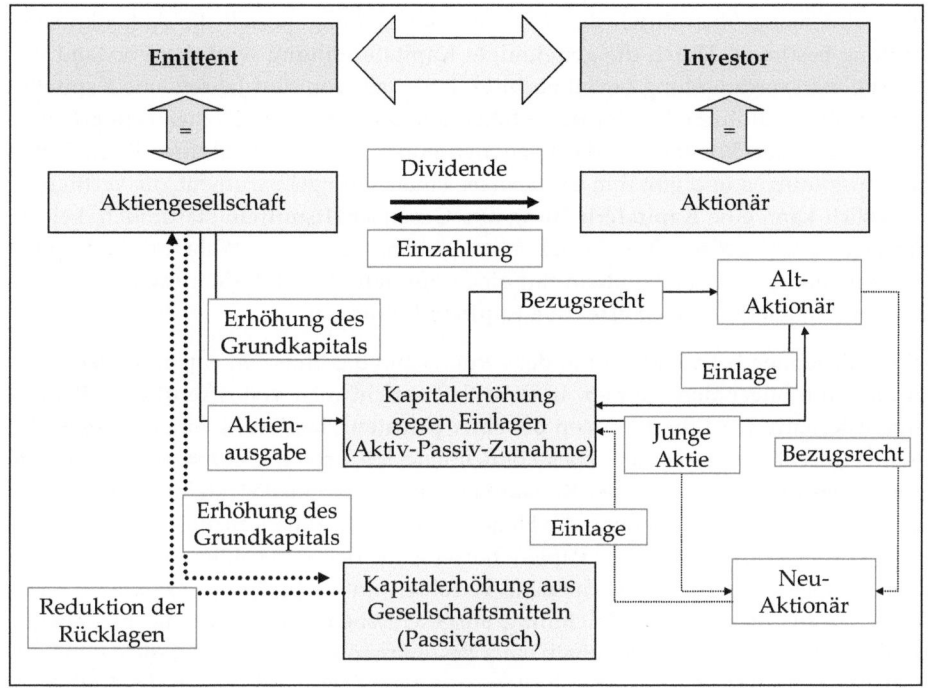

Abbildung 177: Struktur der Aktienfinanzierung

tungskapital zugeführt, das die Basis für weiteres Wachstum liefert und die Grundlage für eine gute Bonität darstellt.

Eine Kapitalerhöhung kann mit unterschiedlichen Methoden erreicht werden. Der Vorteil einer Aktienfinanzierung ist die Möglichkeit flexibler Kapitalbeschaffung. Bei der Gründung einer Aktiengesellschaft müssen die Aktionäre ihre Anteile zunächst übernehmen. Eine Aktienkapitalerhöhung kann üblicherweise als **ordentliche Kapitalerhöhung** stattfinden, bei der die Aktieneinlagen erhöht werden. Bei einer solchen Kapitalerhöhung haben die Altaktionäre ein **Bezugsrecht**, um die Wahrung ihrer Stimmrechtsanteile bzw. ihres Kapitalanteils am gesamten Aktienkapital zu erhalten. Das Bezugsrecht kann selbständig gehandelt werden, wodurch andere Anleger die Möglichkeit erhalten, neue Aktien zu erwerben. Eine zweite Möglichkeit der Kapitalerhöhung, von der zunehmend Gebrauch gemacht wird, ist die **bedingte Kapitalerhöhung**, bei der auf Beschluss der Hauptversammlung Wandel- oder Optionsanleihen emittiert werden, die ein Recht auf Wandel des Anleihekapitals in Aktien bzw. eine Kaufoption auf Aktien beinhalten. Da der Anleger ein Wahlrecht zwischen Rückzahlung und Aktienerwerb besitzt, ist bei der bedingten Kapitalerhöhung die Höhe des zufließenden Aktienkapitals nur begrenzt kalkulierbar. Das Ausmaß der Kapitalerhöhung wird maßgeblich durch die Kapitalmarktsituation, speziell die Aktienkursentwicklung bestimmt. Durch die **genehmigte Kapitalerhöhung** wird der Vorstand von der Aktionärsversammlung bevollmächtigt, innerhalb von fünf Jahren eine Kapitalerhöhung durchzuführen, bei der die Altaktionäre wiederum ein Bezugsrecht erhalten. Dies versetzt den Vorstand in die Lage, den günstigsten Zeitpunkt der Kapitalerhöhung auszunutzen und gibt ihm ein flexibles Finanzierungsinstrument zur Verfügung. Schließlich kann eine **Kapitalerhöhung aus Gesellschaftsmitteln** stattfinden, bei der Rücklagen der Gesellschaft in Grundkapital gewandelt werden. Während die Kapitalerhöhung aus Gesellschaftsmitteln nur eine **nominelle Kapitalerhöhung** ist, sind alle anderen Kapitalerhöhungen **effektive Kapitalerhöhungen**.

Bei der Begebung bzw. Platzierung der Aktien kann die Emission einem breiten Anlegerpublikum angeboten werden. In dem Fall spricht man von **öffentlicher Platzierung**. Alternativ wird die Emission bei einer **privaten Platzierung** einem ausgewählten Investorenkreis angeboten. Dies können einzelne Großinvestoren oder besondere Kunden des Emittenten bzw. der Konsortialbanken sein. Eine Privatplatzierung ist aus Emittentensicht kostengünstiger, die Handelbarkeit der Aktien dürfte erheblich eingeschränkt sein, selbst wenn diese Papiere börsengehandelt sein sollten. Bei einer öffentlichen Platzierung können verschiedene Verfahren unterschieden werden. Eine Emission kann zur **öffentlichen Zeichnung** ausgeschrieben sein, wobei die potentiellen Anleger aufgefordert sind, innerhalb einer bestimmten Zeichnungsfrist die gewünschte Stückzahl an Aktien bzw. einen bestimmten Nennbetrag anzugeben. Im **freihändigen Verkauf** wird eine Emission fortlaufend verkauft, wobei der dabei vorher festgelegte Preis freibleibend ist und der Marktsituation während des Verkaufs der Aktien angepasst wird. Schließlich ist alternativ der **Verkauf über die Börse** möglich, der aber praktisch nur eine geringe Bedeutung hat. Eine erstmalige Platzierung wird als Initial Public Offer (IPO) bezeichnet. Die Preisbildung ist ein wichtiger Aspekt der Aktienemission, weil ein zu hoher Preis die Anleger abschreckt und ein zu niedriger Preis dem Emittenteninteresse entgegen steht. Beim **Festpreisverfahren** wird dabei der Aktienpreis vor Zeichnungsbeginn vom Konsortium in Absprache mit dem Emittenten festgelegt. Beim **Bookbuildingverfahren** werden die Anleger in die Preisfindung einbezogen, indem sie aufgefordert werden, innerhalb einer vorher festgelegten Preisspanne ihre Zeichnungsgebote abzugeben. Schließlich können Aktien im **Auktionsverfahren** begeben werden, bei dem die Wertpapiere versteigert werden. Gebote unter einem Mindestpreis bleiben unberücksichtigt und Angebot und Nachfrage bestimmen den Preis. In Deutschland dominiert in den letzten Jahren das Bookbuildingverfahren. Das Festpreisverfahren wird nur noch selten angewendet und das Auktionsverfahren erfreut sich in ausländischen Märkten, wie z.B. Großbritannien, besonderer Beliebtheit.

Bei der Emission von Aktien sind erhebliche Formalien und aufgrund des aufwendigen Verfahrens auch hohe Kosten zu berücksichtigen. Eine Emission muss zum richtigen Zeitpunkt unter Berücksichtigung der Unternehmens- und der Marktsituation

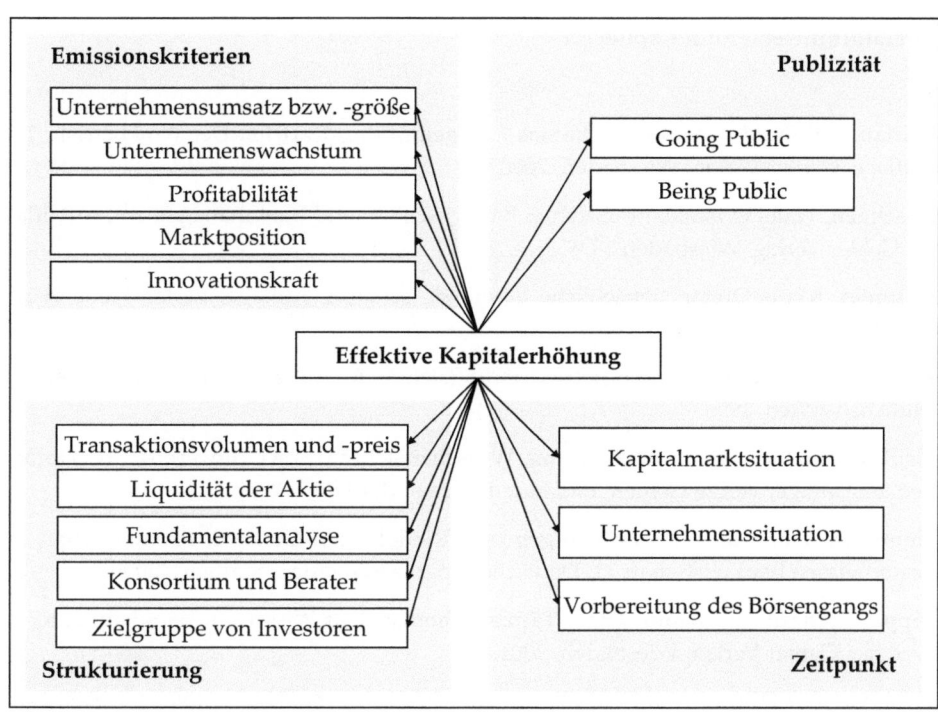

Abbildung 178: Abgrenzung der Aktienfinanzierung

und gut vorbereitet erfolgen. Davon hängen u.a. das Emissionsvolumen und der Emissionspreis ab. Bei Aktienemissionen muss es sich um große Beträge handeln, um die hohen Fixkosten des Verfahrens zu rechtfertigen. Die Verfahrenskosten entstehen zum einen aufgrund der intensiven Vorbereitung, zu der eine fundierte Unternehmensanalyse und –bewertung gehört. Zum anderen sind im Regelfall ein Konsortium sowie Berater zur Platzierung, Risikoübernahme und Hilfestellung bei der Strukturierung notwendig. Schließlich müssen Kapitalgeber (Investoren) gefunden werden, die die Aktien erwerben und damit dem Unternehmen Eigenkapital zur Verfügung stellen. Die Ausprägung der quantitativen (Unternehmensgröße, -umsatz, -wachstum, Profitabilität u.a.) und qualitativen (Innovationskraft, Marktposition, Controlling u.a.) Emissionskriterien (Börsenkriterien) sind für die Investorenfindung und für die Preisfestlegung entscheidend. Daher sind bei der Finanzierung durch eine effektive Kapitalerhöhung beim Börsengang (Going Public) hohe Transparenzanforderungen zu erfüllen. Eine Aktienfinanzierung über die Börse erfordert darüber hinaus vom emittierenden Unternehmen auch nach der Emission eine umfassende Publizität (Being Public), um den Handel der Unternehmensaktien durch hohe Transparenz zu gewährleisten. Die Pflege des Verhältnisses zu den Aktionären und potentiellen Aktionären nennt man Investor Relations.

Literaturhinweise zum Kapitel 4.2

Adrian, Reinhold / Heidorn, Thomas / Hagenmüller, Karl Fr.: Der Bankbetrieb, 15. Auflage, Gabler Verlag, Wiesbaden, 2000.

Büschgen, Hans E: Bankbetriebslehre, Bankgeschäfte und Bankmanagement, 5. Auflage, Gabler Verlag, Wiesbaden 1998.

Däumler, Klaus-Dieter: Betriebliche Finanzwirtschaft 8. Auflage, Verlag Neue Wirtschaftsbriefe, Herne, Berlin, 2002.

Eilenberger, Guido: Bankbetriebswirtschaftslehre, 6. Auflage, Oldenbourg Verlag, München /Wien, 1996.

Grill, Hannelore / Perczynski, Hans: Wirtschaftslehre des Kreditwesens, 36. überarbeitete Auflage, Verlag Gehlen, Bad Homburg vor der Höhe, 2002.

Hennings, Dorothee / Kieroth, Ingeborg / Riedel, Paul-Gerhard: Kreditgeschäft II, Grundwissen Bankwirtschaft 11, Deutscher Sparkassenverlag, Stuttgart, 2000.

Lippe, Gerhard / Esemann, Jörn / Tänzer, Thomas: Das Wissen für Bankkaufleute, 9. Auflage, Gabler Verlag, Wiesbaden, 2001.

Obst, Georg / Hintner, O.: Geld-, Bank-, und Börsenwesen, Hrsg. Kloten / v. Stein, 40. Auflage, Schäffer-Poeschel Verlag, Stuttgart, 2000.

Priewasser, Erich: Bankbetriebslehre, 7. Auflage, München, Wien, 2001.

Riedel, Paul-Gerhard, Schuster, Wolfgang: Kreditgeschäft I, Grundwissen Bankwirtschaft 10, Deutscher Sparkassenverlag, Stuttgart, 2000.

4.3   Anlagebereich

Die Investition ist als Gegenstück zur Finanzierung, also der Geldbeschaffung, die **Anlage** von Geld bzw. **Geldkapital** über den **Finanzmarkt**. Es ist dabei zu unterscheiden zwischen Anlageprodukten, die zur Anlage der Mittel bei den Geschäftsbanken dienen und damit gleichzeitig die **Refinanzierung** der Kreditinstitute darstellen und Anlageprodukten, bei denen Geschäftsbanken lediglich die **Vermittlungsfunktion** zwischen Kapitalanbietern und -nachfragern inne haben. Daneben lassen sich die Anlageformen nach der Stellung des Investors trennen, die jeweils unterschiedliche Rechte und Pflichten begründet.

Die Anlage (Investition) erfolgt grundsätzlich nach den Kriterien Sicherheit, Rendite und Liquidität. Bei einer Höherschätzung des Sicherheitsaspektes sind Bankprodukte, bei denen der Anleger eine Gläubigerstellung einnimmt, geeignet. Gegenüber Anleihen sind die Einlagen und Sondersparformen mit zusätzlichen Sicherheitsmerkmalen ausgestattet. Die Kriterien **Rendite** und Sicherheit stehen in einem Spannungsverhältnis, da eine höhere Rendite nur erzielbar ist, wenn die Bereitschaft zur Übernahme eines höheren Risikos vorhanden ist. Das **Risiko** wird durch einen Renditezuschlag entgolten. Demzufolge ist die zu erwartende Rendite von Anlageformen, bei denen man eine Teilhaberstellung einnimmt, größer, weil das Risiko eines Teilhabers gegenüber dem Risiko des Gläubigers erhöht ist. Die Anlage in Investmentfonds ist eine besondere Konstruktion, die den Anlegern durch Risikostreuung ein verbessertes Risiko-Rendite-Verhältnis ermöglicht. Zudem wird die Auswahl und das Management der Anlagewerte vom Anleger auf das Fondsmanagement delegiert. Derivate ermöglichen schließlich auf der einen Seite die Sicherung von Mindestrenditen oder von bereits erreichten Renditen oder auf der anderen Seite die Spekulation auf hohe Renditen unter Inkaufnahme hoher Risiken.

Unter **Liquiditätsaspekten** müssen die einzelnen Produkte gesondert beurteilt werden. Entscheidend ist dabei nicht die Ursprungslaufzeit, sondern die Verfügbarkeit während der Laufzeit, die sehr unterschiedlich gestaltet sein kann. Tendenziell gelten börsengehandelte Anlageformen als liquide, weil sie jederzeit veräußerbar sind.

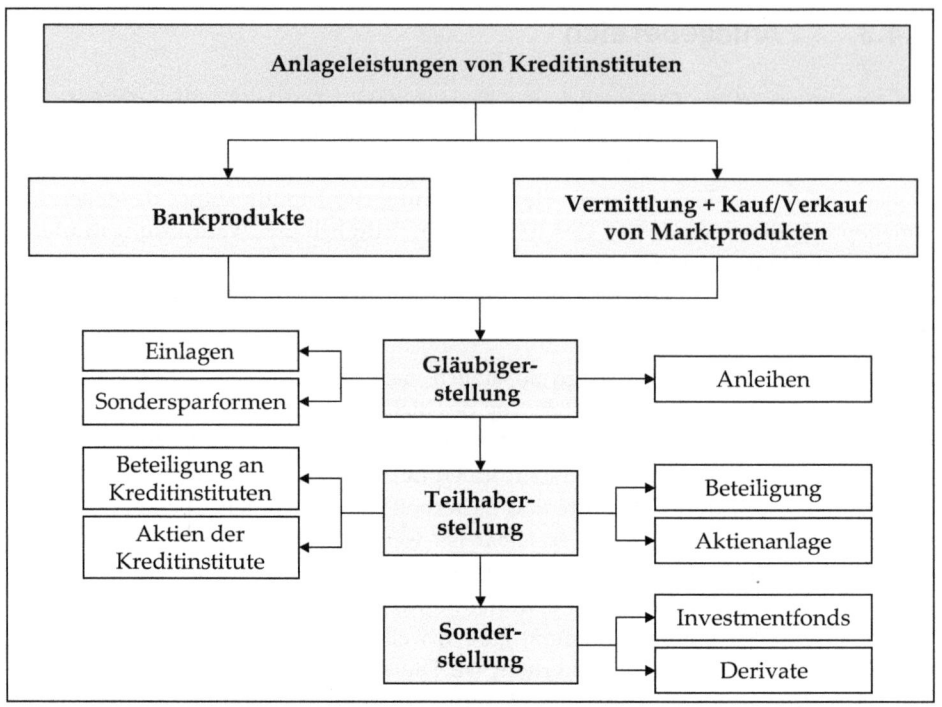

Abbildung 179: Systematik von Anlageleistungen

4.3.1 Theoretische Grundlagen

Grundlage der Betrachtung sind wie bei der Finanzierung die Beziehungen zwischen Kapitalgebern (Investoren) und Kapitalnehmern (Emittenten). Es gelten die gleichen Überlegungen bezüglich der Verteilung der Informationen und der Kosten der Transaktionen.

Die Ungleichverteilung der Informationen, der Betroffenheit und der Handlungsspielräume zu ungunsten des Kapitalgebers sind für die moderne **Kapitalmarkttheorie** noch wichtiger als für die Kredittheorie. Im Wertpapiergeschäft treten viele Kapitalgeber an die Stelle eines Kreditgebers. Im Gegensatz zur Kreditfinanzierung existiert eine **Vielzahl von Gläubigern eines Schuldners**. Die Risiken der Gegenleistung sind verteilt. Die Überwindung der Informationsdefizite und die Setzung von Anreizen für den Agenten muss am Kapitalmarkt standardisiert erfolgen und für alle Kapitalgeber transparent sein. Daraus ergeben sich bezüglich der Risikominimierung gegenüber der Kredittheorie abweichende Überlegungen.

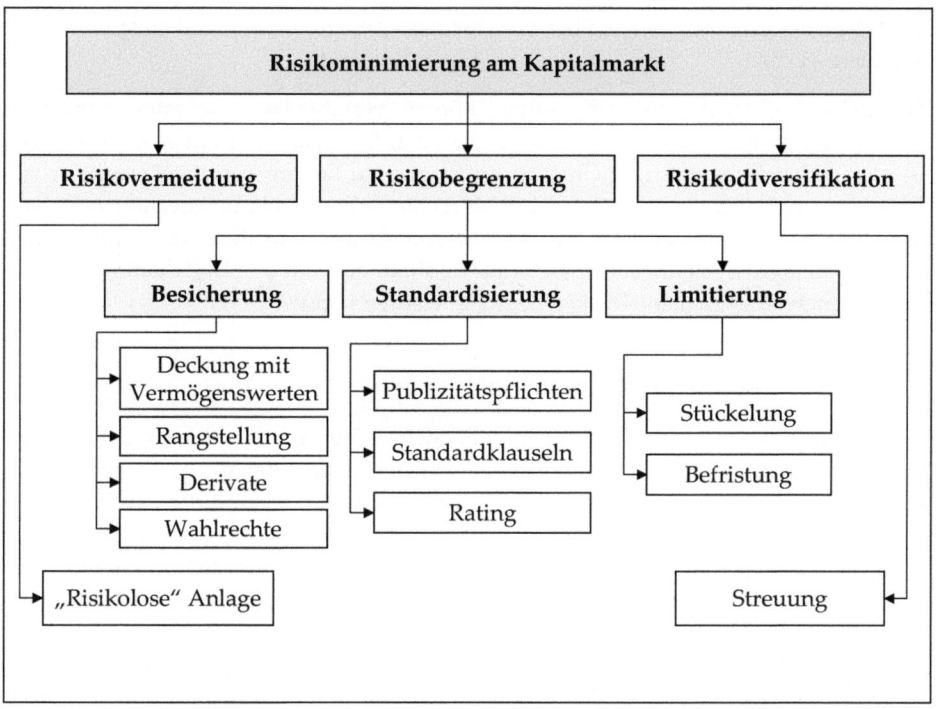

Abbildung 180: Risikominimierung am Kapitalmarkt

Der wesentliche Unterschied bei der **Risikominimierung** liegt in der **Standardisierung**. Der Kapitalnachfrager sucht möglichst viele Investoren (Kapitalgeber), denen er Informationen über das Investment bereitstellen muss. Die Anleger als Agenten des Emittenten (Prinzipals) werden zur Kapitalanlage um so eher bereit sein und der verlangte Risikoaufschlag wird um so geringer sein, je besser sie informiert sind und je geringer aus ihrer Sicht die Risiken der Kapitalanlage sind. Durch die Standardisierung von Informationspflichten und vertraglichen Anreizen für den Agenten wird dieses Ziel erreicht. Die Transparenz wird am Kapitalmarkt zusätzlich durch das Instrument **Rating** erhöht, welches eine standardisierte Bonitätsbeurteilung ist, mit dem Ziel, eine Aussage über die Fähigkeit des Kapitalnehmers zu tätigen, seine finanziellen Verpflichtungen vollständig und fristgerecht erfüllen zu können. Die **Risikovermeidung** ist bei der Kapitalanlage durch eine sogenannte **„risikolose" Anlage** möglich. Die „risikolose" Anlage ist ein theoretisches Konstrukt einer sicheren Rendite. In der Praxis wird oft ein staatliches Wertpapier als diese Anlage verstanden, jedoch erfüllt tatsächlich keine Kapitalanlageform das Kriterium einer risikolosen Anlage. Selbst Bargeld, das ohnehin keine Rendite bringt, unterliegt dem Risiko des Wertverlustes durch Inflation, also Kaufkraftverlust. Dagegen können durch **Diversifikation**, das heißt die Streuung der Anlage über verschiedene Anlageformen, Risiken systematisch reduziert werden.

Zur **Sicherung** der Agenten (Investoren) können verschiedene Maßnahmen ergriffen werden. Zum einen sind Anlageformen denkbar, bei denen der Anleger im Fall der ausbleibenden Gegenleistung ein Rückgriffsrecht auf andere Vermögenswerte erhält. Zum anderen können dem Anleger Wahlrechte (z.B. Kündigungsrechte) oder verschiedene Rangstellungen (Vorrang = geringeres Risiko; Nachrang = erhöhtes Risiko) eingeräumt werden. Schließlich gibt es am Kapitalmarkt mit den Derivaten Instrumente, mit denen eingegangene Risiken begrenzt werden können.

4.3.2   Rechtliche Rahmenbedingungen

Im Mittelpunkt der rechtlichen Regelungen steht wiederum der **Schutz der Kapitalgeber** (Gläubiger; Anteilseigner). Die gesetzlichen Regelungen zur Sicherung der Transparenz und damit zur Stabilisierung des Kapitalmarktes und der Erwartungsbildung am Markt sind im Wertpapierbereich relativ neu. Sowohl das **Wertpapierhandelsgesetz** als auch die **Mindestanforderungen an Handelsgeschäfte** stammen aus den letzten Jahren vor der Jahrtausendwende. Im Zuge des 2. Finanzmarktfördergesetzes wurden 1994 das Wertpapierhandelsgesetz (WpHG) und zur Überwachung der Vorschriften des Gesetzes das Bundesaufsichtsamt für den Wertpapierhandel (BAWe) geschaffen. Die Aufsicht über den Wertpapierhandel ist inzwischen als zweite Säule in das BAFin eingegliedert. Für Kreditinstitute sind im Hinblick auf eine umfassende Kontrolle der Handelsaktivitäten die Mindestanforderungen an das Betreiben von Handelsgeschäften (MaH) von Bedeutung, die in die MaRisk integriert sind. Der Gesetzgeber verlangt von allen Kreditinstituten, die Handelsgeschäfte betreiben, die Beachtung organisatorischer Vorgaben und Richtlinien, um die Risiken der Handelsgeschäfte zu begrenzen und den Gläubigerschutz zu verbessern. Darüber hinaus finden das Börsengesetz und das Depotgesetz Anwendung im Anlagebereich.

4.3.2.1   Vorschriften des Wertpapierhandelsgesetzes

■ **Begriffsbestimmungen**

Wesentliche Grundlage für den Handel mit Wertpapieren sind die §§ 12-37a WpHG. Darin sind grundsätzliche Pflichten und Verbote beim Handel mit Wertpapieren im Sinne des Gesetzes festgehalten. Wertpapiere sind nach der Begriffsbestimmung des Gesetzes alle **handelbaren Wertpapiere**, wobei explizit Anteilsscheine an einem Investmentfonds, herausgegeben von inländischen Kapitalanlagegesellschaften oder ausländischen Investmentgesellschaften, einbezogen sind. Darüber hinaus sind auch Geldmarktinstrumente, wenn es an einem Geldmarkt handelbare Forderungen sind, Finanztermingeschäfte und Derivate in den Anwendungsbereich aufgenommen.

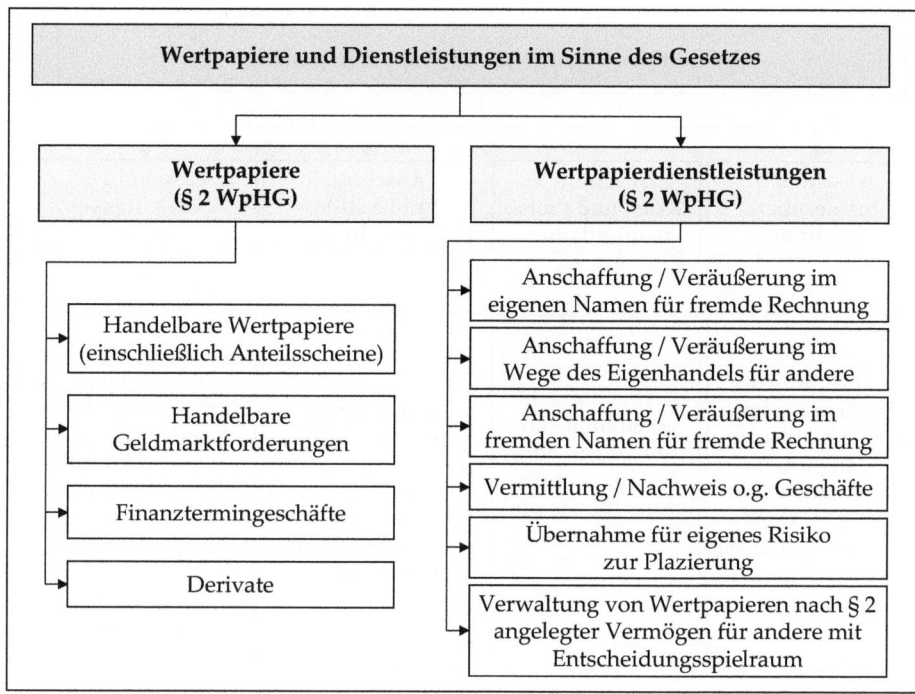

Abbildung 181: Begriffsbestimmungen des WpHG

Im § 2 WpHG sind gleichzeitig alle **Wertpapierdienstleistungen** aufgeführt, bei denen die Bestimmungen des Gesetzes zu beachten sind. Die Begriffsabgrenzung der Dienstleistungen ist sehr weit gefasst, um den Handel im sogenannten „grauen" Kapitalmarkt zu verhindern bzw. zu erschweren und die Rechte der Kapitalanleger zu stärken. Aus theoretischer Sicht tragen die Regelungen zur Beseitigung bzw. Reduzierung von Marktunvollkommenheiten bei, deshalb sollen möglichst alle Handelsgegenstände und Marktteilnehmer erfasst sein.

■ **Regelungen des WpHG**

Die Abschnitte drei bis sechs des WpHG behandeln die Vorschriften zum Schutz der Marktteilnehmer, insbesondere der Investoren am Kapitalmarkt. Eine weitreichende Bedeutung für die Sicherung eines fairen Handels haben die **Insiderregeln**. Gesetzlich geregelt ist außerdem das Verbot, zur **Kursbeeinflussung** unrichtige Informationen zu veröffentlichen. Hier sind ausdrücklich die Informationen einbezogen, die für die Bewertung von Vermögensgegenständen relevant sind und durch Bekanntgabe bzw.

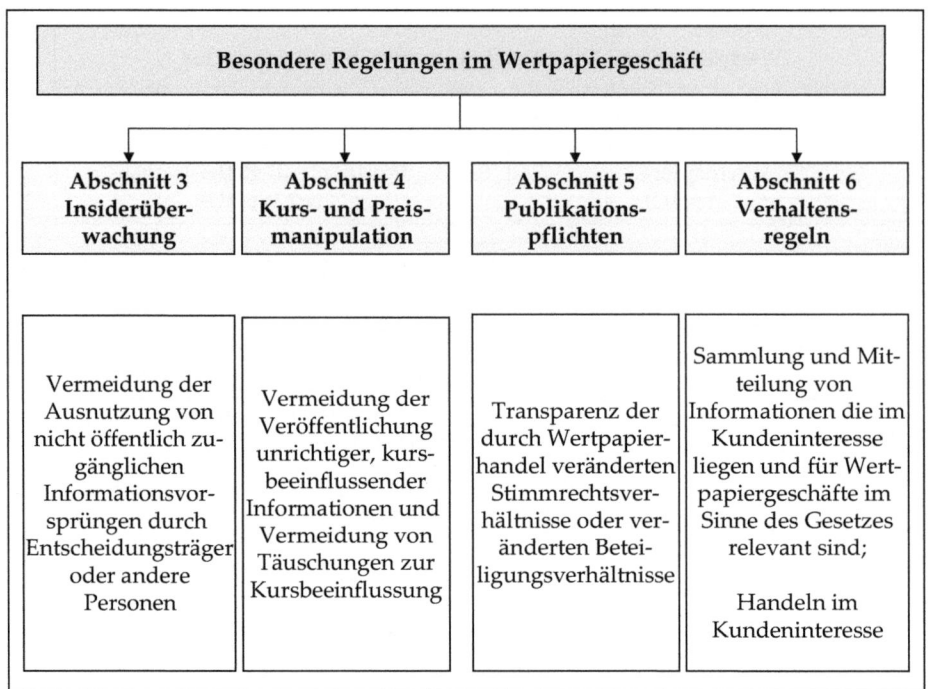

Abbildung 182: Pflichten der Kreditinstitute im Wertpapiergeschäft

Verschweigen geeignet sind, den **Marktpreis** (Börsenkurs) zu beeinflussen. Diese Inhalte der §§ 20a und b WpHG sollten eigentlich Selbstverständlichkeiten darstellen, haben aber durch die teilweise zweifelhaften Bewertungsvorgänge während des Börsenbooms am Ende des Jahrhunderts ihre Rechtfertigung bzw. Notwendigkeit erfahren.

Die **Publizitätspflichten** sind im Gesetz festgehalten, weil die Veränderung der Stimmrechte, respektive der Beteiligungsverhältnisse maßgeblichen Einfluss auf die Bewertung eines Kapitalnehmers und damit auf dessen Marktpreis und Bonität haben bzw. haben können. Die **Verhaltensregeln** schließlich sollen gesetzliche Mindestnormen für die Marktteilnehmer setzen, insbesondere für die Dienstleister am Kapitalmarkt. Die Normierung ist hier geboten, weil die Interessen der Dienstleister im Konflikt zu den Interessen der Kapitalgeber stehen können und damit ohne gesetzliche Regelungen Verhaltensfehlanreize, bedingt durch Unvollkommenheit des Marktes existieren. Das Gesetz sieht für Verstöße gegen alle Regelungen Sanktionen unterschiedlichen Ausmaßes vor.

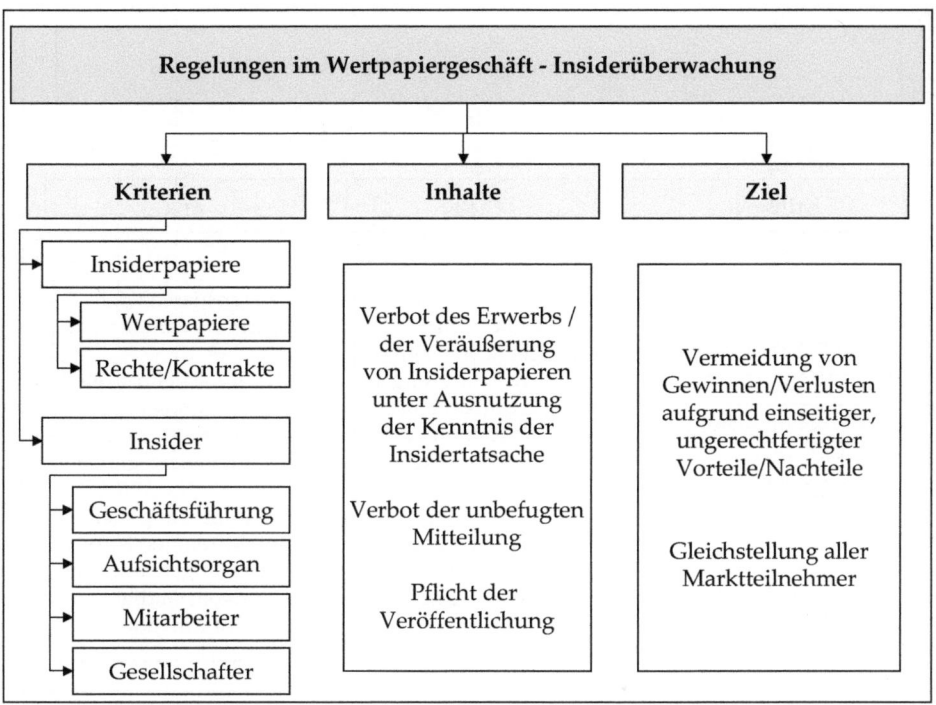

Abbildung 183: Vorschriften zur Insiderüberwachung

▨ Insiderregeln

Die **Insiderregelungen** beziehen sich auf an organisierten Märkten gehandelte Wertpapiere, Rechte an oder aus Wertpapieren und Kontrakte. Es sind dabei alle organisierten Märkte innerhalb der EU einbezogen, in Deutschland betrifft dies alle gesetzlichen Börsensegmente. Als **Insider** sind alle Personen erfasst, die Kenntnis von einer nicht öffentlich bekannten Tatsache erlangen, die bei Veröffentlichung den Marktpreis eines gehandelten Wertpapiers beeinflussen kann. Dies schließt im wesentlichen alle Mitarbeiter eines Emittenten, insbesondere die Mitglieder der Leitungs- und Überwachungsorgane sowie die Eigentümer ein. Ausdrücklich ist von den Insidertatsachen eine Bewertung eines Papiers ausgeschlossen, die ausschließlich auf veröffentlichten Informationen basiert. Grundsätzlich soll durch diese Regelungen eine ungerechtfertigte Bereicherung bzw. Verlustvermeidung verhindert werden.

▨ Publizität

Börsennotierte Gesellschaften stehen im Blickpunkt der Teilnehmer am Kapitalmarkt. Daher sind alle **kursbeeinflussenden Faktoren** für die Gesamtheit der Marktteil-

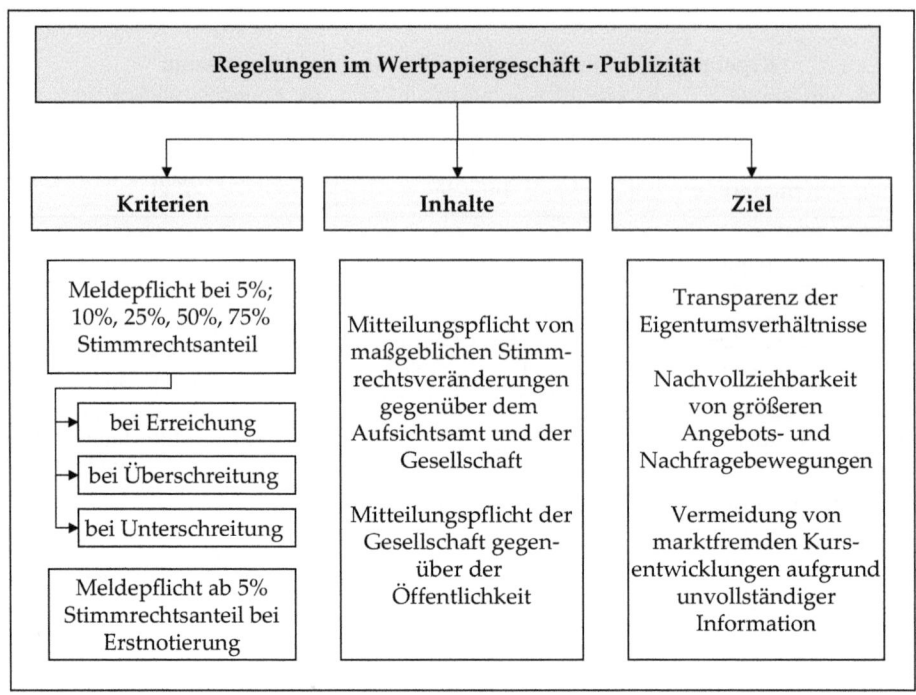

Abbildung 184: Vorschriften zur Publizität

nehmer von erheblichem Interesse. Aufgrund des Einflusses, den Gesellschafter auf die Unternehmen ausüben oder aufgrund der denkbaren Konsequenzen von strategischen Käufen/Verkäufen größerer Aktienpakete sind **Stimmrechtsveränderungen** in dem Zusammenhang von herausragendem Interesse. Dieser Tatsache werden die Regelungen des Abschnittes 5 des WpHG gerecht. Für Unternehmen, die Wertpapierdienstleistungen erbringen und zum Handel an einer Börse zugelassen sind, gelten Ausnahmeregelungen von der Meldepflicht.

■ **Verhaltensregeln**

Besondere Aufmerksamkeit gilt den **Verhaltensvorschriften** für Wertpapierdienstleister. Im Gesetz ist umfassend geregelt, dass die Interessen der Anleger (Kunden) gewahrt bleiben. Der **Schutz der Anleger** ist ein wesentliches Kriterium für die Attraktivität des Finanzplatzes und damit für das Geschäftsvolumen. Allgemeine Verhaltensregeln sind in § 31 WpHG festgehalten und definieren zunächst die Pflicht, entsprechende **Sachkenntnis und Sorgfalt** im Kundeninteresse walten zu lassen, einschließlich der Wahrung des Kundeninteresses bei möglichen Interessenkonflikten.

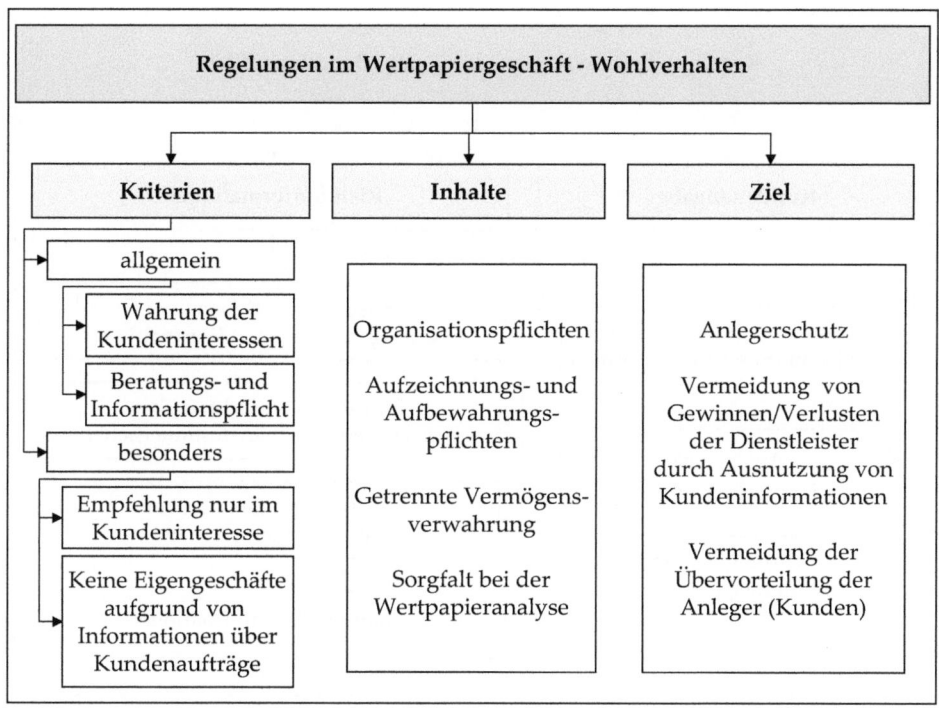

Abbildung 185: Verhaltensvorschriften für Wertpapierdienstleister

Interessenkonflikte können durch Eigengeschäfte der Dienstleister oder durch gesellschaftsrechtliche Verflechtungen bzw. Beteiligungen ausgelöst werden.

Die besonderen Verhaltensregeln legen explizit fest, dass **Anlageempfehlungen** immer im Kundeninteresse stehen müssen. Darüber hinaus dürfen die Dienstleister keine Empfehlungen zu Anlagen geben, um den Kurs für Eigengeschäfte zu beeinflussen. Schließlich dürfen die Eigengeschäfte nicht unter Ausnutzung von Kenntnissen von Kundenaufträgen erfolgen.

Zur Gewährleistung der Erfüllung der Vorschriften legt das Gesetz organisatorische Voraussetzungen für die Geschäftsabwicklung sowie **Aufzeichnungs- und Aufbewahrungsfristen** fest. Aus Anlegerschutzgründen müssen die Gelder aus Wertpapierdienstleistungen getrennt von den sonstigen Kundengeldern bzw. Unternehmensgeldern aufbewahrt werden. Die verbundene **Wertpapieranalyse**, die häufig Grundlage der Produktgestaltung und Empfehlungen ist, muss mit der notwendigen Sorgfalt und ohne Interessenverquickung stattfinden. Die Regelungen sollen insgesamt den Anlegerschutz fördern und einen fairen Börsenhandel sicherstellen.

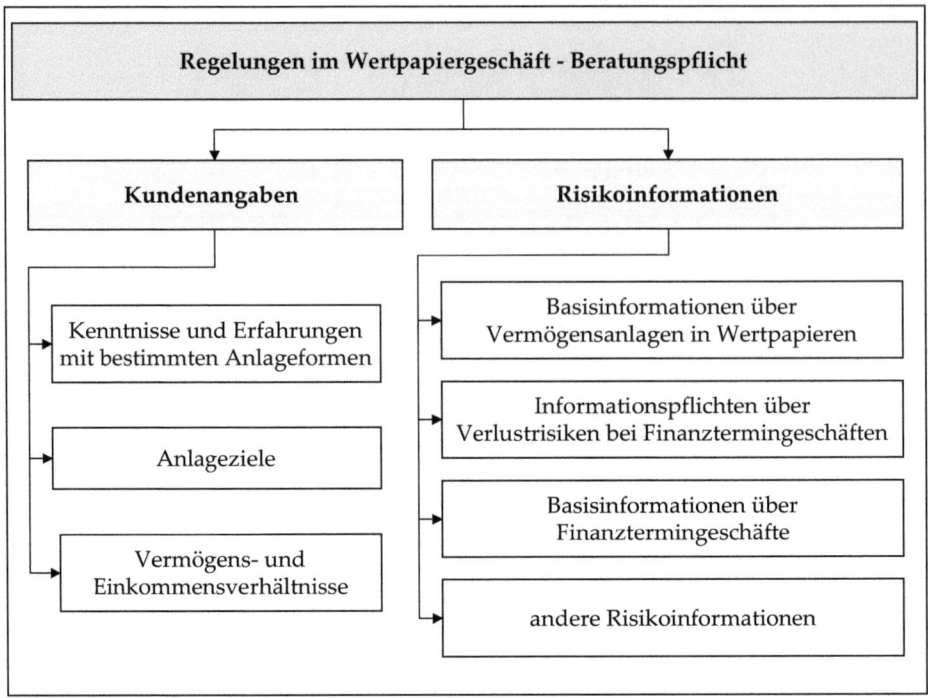

Abbildung 186: Verpflichtungen der Kreditinstitute in der Beratung

▪ Beratungspflichten

Ferner ist aus dem § 31 WpHG die Beratungspflicht der Kreditinstitute (Wertpapier-dienstleister) abgeleitet. Zum einen müssen die für eine **qualifizierte Anlageberatung** notwendigen Kundenangaben erfragt werden und zum anderen besteht die Verpflichtung der Banken (Wertpapierdienstleister), die Kunden über alle mit der Anlage verbundenen **Risiken** zu informieren. Die Vorschriften der allgemeinen Wohlverhaltensregeln werden ergänzt durch die **Informationspflichten** bei Finanztermingeschäften nach § 37d WpHG, nach denen Verbraucher über die besonderen Risiken der Finanztermingeschäfte zu informieren sind.

4.3.2.2   Anforderungen an die Prozesse im Handelsgeschäft

Zur Begrenzung der Risiken aus Handelsgeschäften wurden in den neunziger Jahren die Mindestanforderungen an das Betreiben von Handelsgeschäften eingeführt. Damit sollen **Ausfall- und Marktpreisrisiken** begrenzt werden bzw. deren Steuerung und Überwachung sichergestellt sein. Die gesetzlichen Regelungen sind eine Konsequenz aus den wiederholten, teilweise existenzgefährdenden Verlusten, die Kreditinstitute

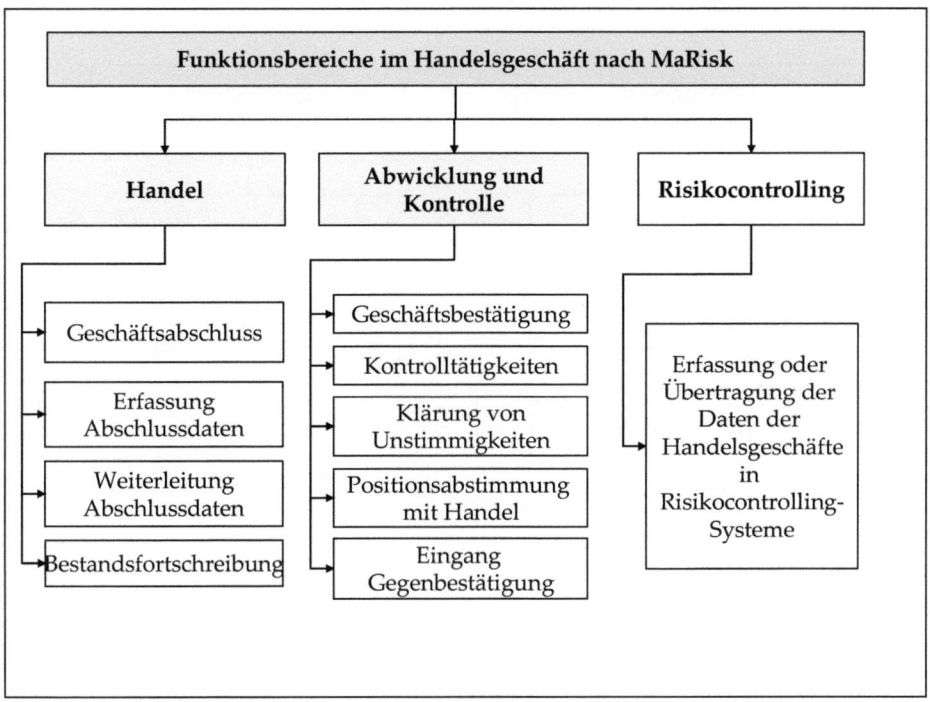

Abbildung 187: Anforderungen an die Prozesse im Handelsgeschäft

aus Handelsgeschäften generiert haben. Insgesamt sind die Vorschriften in drei **Funktionsbereichen** in den MaRisk festgehalten. Die Prozesse im Handelsgeschäft müssen auf den **Handel** sowie die **Abwicklung und Kontrolle** klar verteilt sein. Darüber hinaus müssen alle Daten der Handelsgeschäfte in den **Risikocontrolling-Systemen** der Bank abgebildet sein.

Die organisatorischen Anforderungen und die Risikonormen sind gegenüber den MaH verallgemeinert. Neben der Definition der **(Handels-)Strategien** und **Märkte** müssen Art und Umfang der Geschäfte sowie der **Kontrahentenkreis** ausdrücklich vereinbart sein. Die Risiken müssen durch **Limitsysteme** begrenzt sein und die Einhaltung der Limite muss überwacht werden. Die Rahmenbedingungen für die **Einführung neuer Produkte** und die Geschäftsaufnahme in neuen Märkten müssen ebenfalls festgelegt sein. Diese Regelungen sind aber nicht mehr nur auf Handelsgeschäfte bezogen.

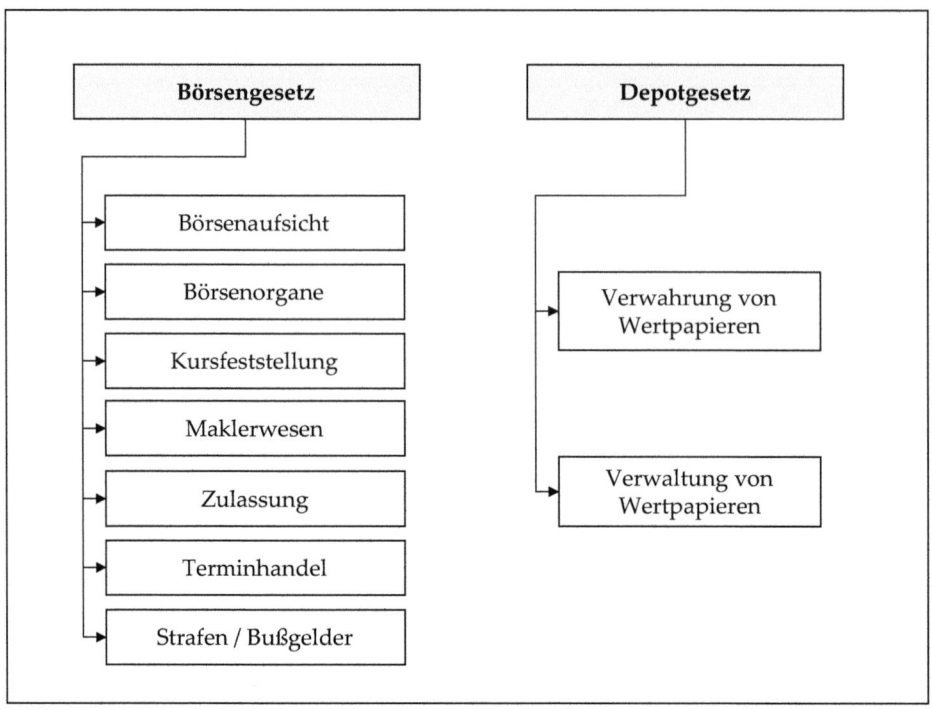

Abbildung 188: Börsengesetz und Depotgesetz

Organisatorisch verlangt der Gesetzgeber eine **funktionale Trennung** der Bereiche Handel, Abwicklung und Kontrolle, Rechnungswesen und Überwachung. Aufbauorganisatorisch ist mindestens eine Trennung des Handels von den anderen Bereichen gefordert. Diese Trennung muss bis zur Ebene der Geschäftsleitung durchgesetzt sein; bei Unverhältnismäßigkeit (kleine Dienstleister) muss die ordnungsgemäße Abwicklung durch die Einschaltung der Geschäftsführung sichergestellt sein. Bezüglich der Ausfallrisiken gibt es Überschneidungen mit den MaK, weil Vermögenswerte aus Handelsgeschäften auch ein Kreditausfallrisiko im Sinne des KWG bzw. der MaK darstellen.

4.3.2.3 Sonstige Vorschriften für Anlagegeschäfte

Unter die sonstigen Vorschriften sind das **Börsengesetz** und das **Depotgesetz** zu subsumieren. Das Börsengesetz ist die Rechtsgrundlage für die deutschen Börsen. Es regelt die Organisation, Abwicklung und Überwachung der Börsengeschäfte. Die einzelnen Börsen wiederum erlassen Börsenordnungen, Gebühren- und Maklerverordnungen.

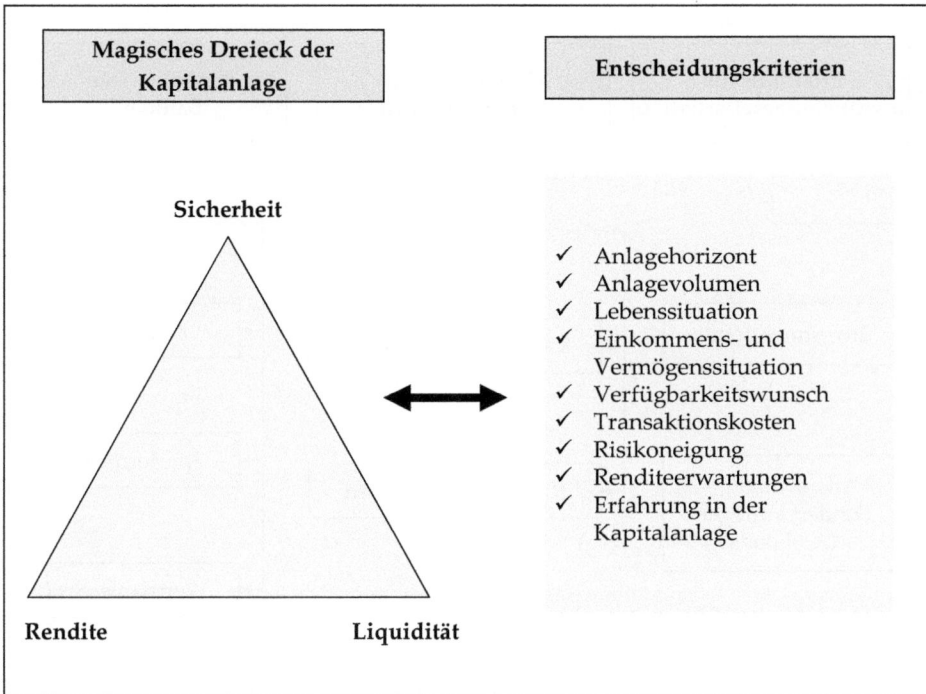

| Magisches Dreieck der Kapitalanlage | Entscheidungskriterien |

Sicherheit

Rendite   Liquidität

✓ Anlagehorizont
✓ Anlagevolumen
✓ Lebenssituation
✓ Einkommens- und Vermögenssituation
✓ Verfügbarkeitswunsch
✓ Transaktionskosten
✓ Risikoneigung
✓ Renditeerwartungen
✓ Erfahrung in der Kapitalanlage

Abbildung 189: Einflussgrößen für die Kapitalanlage

Das Depotgesetz dient primär dem Schutz der Kapitalanleger. Einzelheiten zur **Verwahrung und Verwaltung von Wertpapieren** sind im Abschnitt Depotgeschäft festgehalten. Die Vorschriften zum Geschäft befinden sich im Depotgesetz und sollen vor allem den Anlegern das Eigentum an den erworbenen bzw. gehaltenen Wertpapieren sichern. Das Börsengesetz wird durch die Bestimmungen an den einzelnen **Börsenstandorten** ergänzt und dient vor allem der Sicherstellung des Börsengeschäfts. Die gesetzlichen Regelungen sind als Bestandteil des **Vertrauensschutzes** am jeweiligen Finanzplatz zu betrachten.

4.3.3   Produkte und Leistungen des Anlagebereichs

Die Produkte des Anlagebereichs für die breite Privatkundschaft waren in den vergangenen Jahren großen Veränderungen unterworfen. Der **Sicherheitsaspekt**, der insbesondere bei kleinen Vermögen bzw. Anlagebeträgen im Vordergrund steht, ist gegenüber dem **Renditeaspekt** zurückgetreten. Dies hat zum einen mit dem bereits beschriebenen hohen Vermögensaufbau der Bevölkerung zu tun, aber auch mit den

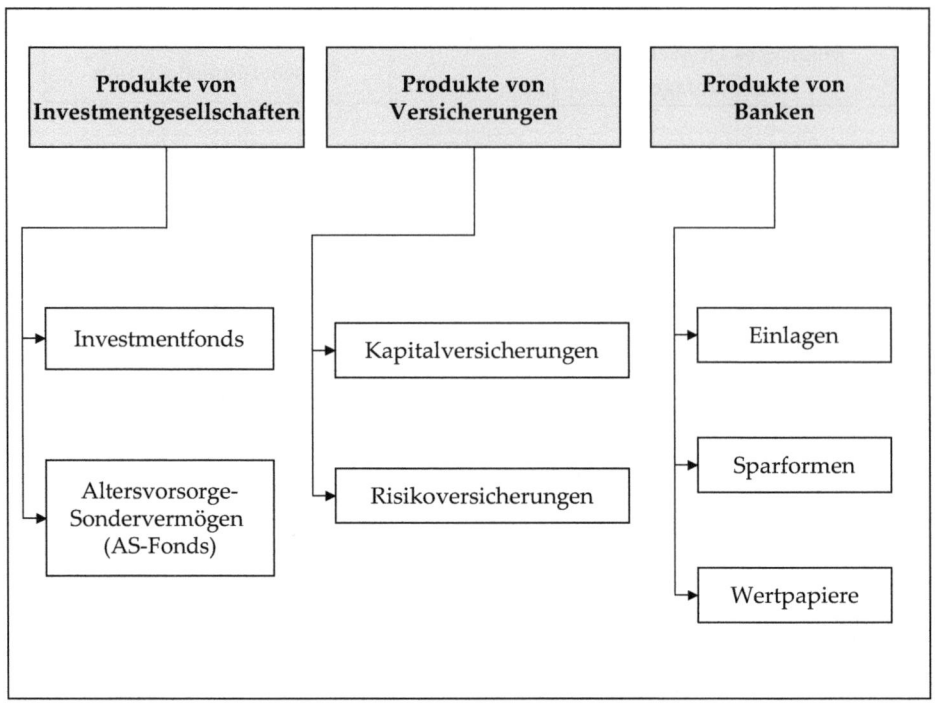

Abbildung 190: Produkte des Anlagegeschäfts

gestiegenen Renditechancen ohne wesentliche Sicherheitsabschläge. Neben der Entscheidung zwischen Rendite und Risiko ist für den Anleger die Möglichkeit über das Geld zu verfügen wesentlich. Das klassische Dreieck der Kapitalanlage ist damit die Wahl zwischen Rendite, Risiko und Liquidität.

Grundsätzlich sollte jede Anlageentscheidung von der **Einkommens- und Lebenssituation**, dem vorhandenen **Vermögen**, der Notwendigkeit über das Kapital verfügen zu können und den individuellen **Risikopräferenzen** abhängig gemacht werden. Der Sicherheitsaspekt muss dabei um so mehr im Mittelpunkt stehen, je weniger Vermögen verfügbar ist und um so mehr das anzulegende Kapital als Liquiditätsreserve benötigt wird. Gleichzeitig sind tendenziell die **Transaktionskosten** relativ größer, je kleiner die Anlagebeträge sind.

4.3.3.1 Die Banksparprodukte

Als Bankspargeschäft soll hier das gesamte **Einlagen- und Anlagengeschäft** verstanden werden, das für die Banken **gleichzeitig Refinanzierungsgeschäft** ist. Neben den Einlagen sind dies die Sondersparformen, Sparbriefe und Sparschuldverschreibungen, die aus Kundensicht Spar- bzw. Anlageprodukte darstellen, aus Bankensicht Bilanzpassiva, also Verbindlichkeiten gegenüber den Kunden. Der Anteil der **Banksparpro-dukte** am gesamten Kapitalvermögen ist in Deutschland seit Anfang der neunziger Jahre rückläufig, weil andere Anlageformen mit höheren Renditechancen in den Mittelpunkt des Kundeninteresses gerückt sind. Das Gesamtvolumen der Sparprodukte der Kreditinstitute ist dennoch angestiegen.

Zu den Banksparformen ist weiterhin das **Bausparen** zu rechnen. Es ist eine zusätzliche Möglichkeit, Vermögen durch Anlage von Geldern bei Kreditinstituten zu bilden. Zu jedem Bausparvertrag gehört zwingend eine Ansparphase, in der Sparguthaben angesammelt werden. Die Sparguthaben sind bei Bausparkassen die unmittelbare Grundlage für die Darlehensvergabe.

4.3.3.1.1 Einlagen

Die Einlagen stellen die wichtigste Refinanzierungsmethode für Geschäftsbanken dar. Aus Sicht der Kunden sind Einlagen Möglichkeiten der Geldanlage. Zu den Einlagen sind Sicht-, Termin- und Spareinlagen zu rechnen.

Aus Sicht der Kreditinstitute sind Einlagen **formal kurzfristige Refinanzierungsmittel**. Daraus ergibt sich zunächst, dass sie der Bank als Liquidität zur Verfügung stehen. Außerdem kann davon ausgegangen werden, dass viele dieser Einlagen der Bank langfristig überlassen werden. Die Kunden halten Einlagen zunächst ebenfalls als **Liquidität(sreserve)**. Durch die Vielzahl der Kunden mit Einlagen ergibt sich ein stabiler **Bestand an Einlagen** bei der Bank, weil der Abzug von Einlagen durch einzelne Kunden durch Aufstocken der Liquiditätsreserve bei anderen Kunden ausgeglichen wird.

Gleichzeitig dienen Einlagen aus Kundensicht auch der Geld- bzw. Kapitalanlage. Einlagen werden verzinst und bieten eine hohe **Sicherheit,** wodurch sich ihre Eignung zur Vermögensbildung bzw. –anlage erklärt. Daraus ergibt sich, dass die Einlagen den Banken über einen mittel- bis langfristigen Zeitraum zur Verfügung stehen. Sie sind damit eine wichtige Quelle der langfristigen Kapitalbeschaffung für die Bank. Zudem wandelt das Kreditinstitut die formal kurzfristige Einlage (Passivgeschäft der Bank) in langfristige Finanzierungen (Aktivgeschäft der Bank). Dieser Vorgang der **Fristen-transformation** ist für die Bank eine Ertragsquelle, weil die Kunden den Vorteil der schnellen Verfügbarkeit (Liquidität) von Einlagen mit einem geringen Zins „bezahlen". Die langfristige Bindung des Kapitals in Finanzierungen wird der Bank in einem entsprechend höheren Zins entgolten. Allerdings sind besondere wirtschaftliche Situationen denkbar, in denen aus der Fristentransformation kein Ertrag zu erwirtschaften ist, weil kurzfristige Zinssätze höher oder gleich den langfristigen Zinssätzen sind (inverse Zinsstruktur). Daher wird das Ausmaß der Fristentransformation gesetzlich begrenzt, um die Sicherheit der Einlagen zu gewährleisten.

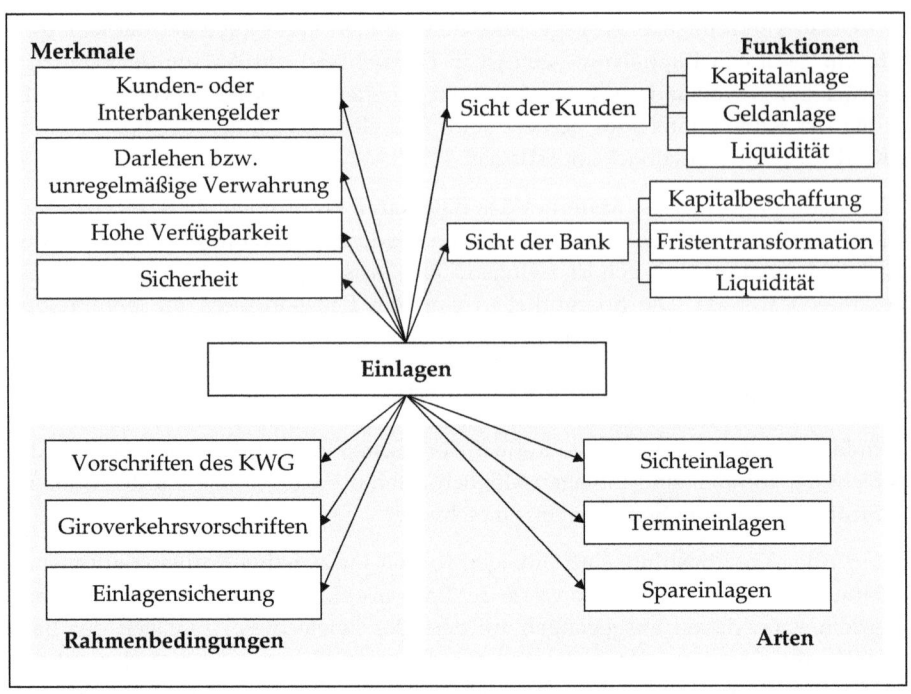

Abbildung 191: Systematik von Einlagen bei Banken

Sicht- und Termingelder können sowohl von Kunden eingelegt werden als auch von anderen Kreditinstituten (Interbankengeld). Sie sind für jedermann mögliche Einlagen, **Spareinlagen** sind auf gesetzlich definierte Personen bzw. Personengruppen beschränkt. Kunden können dabei Privatkunden, Firmenkunden oder Öffentliche Haushalte sein. Spareinlagen können nicht von Kreditinstituten eingelegt werden. Spareinlagen sind lediglich für Privatkunden, bestimmte juristische Personen und Personengemeinschaften eine mögliche Einlagenform. Zu den Kunden, die keine Spareinlagen bilden können, gehören Kapitalgesellschaften, Genossenschaften, Personenhandelsgesellschaften und Wirtschaftsvereine. Rechtlich gesehen gelten Spargelder als Darlehen (§ 488 BGB) und Sichteinlagen als unregelmäßige Verwahrung (§ 700 BGB). Für die unregelmäßige Verwahrung sind im Wesentlichen die Vorschriften des Darlehens anzuwenden. Im KWG sind Einlagen als rückzahlbare Gelder des Publikums definiert, sofern der Rückzahlungsanspruch nicht als Inhaber- oder Orderschuldverschreibung verbrieft ist. Spareinlagen sind darüber hinaus explizit aus Gründen der Rechnungslegung abgegrenzt. Grundlage für die Sichteinlagen und die Abwicklung des Einlagengeschäfts insgesamt sind die gesetzlichen Regelungen zum Giro- bzw. Zahlungsverkehr.

	Sichteinlagen	Kündigungs-geld	Festgeld	Spareinlagen
Verwendung	Zahlungsmittel Liquiditätsreserve	Liquiditätsreserve „Parkgeld"		Vermögensbildung Liquiditätsreserve
Fälligkeit	jederzeit	unbestimmt frühestens nach einem Monat	fest	unbestimmt / Kündigungsfrist
Rückzahlung	jederzeit uneingeschränkt	nach Kündigung	Termin bestimmt	Kündigung / vorzeitig
Urkunde	keine	keine	keine	Sparurkunde
Verzinsung	variabel / keine - niedrig	variabel / betragsabhängig	fest / betragsabhängig	variabel / niedrig
Staatliche Förderung	keine	keine	keine	keine / VL möglich

Abbildung 192: Arten von Einlagen

Einlagen von Kunden bei Kreditinstituten unterliegen in Deutschland einem besonderen **Einlagenschutz**. Banken müssen einer Einlagensicherungseinrichtung angehören, die die Sicherheit der Bankeinlagen gewährleistet. Die Einlagen haben neben der grundsätzlich hohen Sicherheit noch die Eigenschaft einer **hohen Verfügbarkeit**, weil sie jederzeit (Sichteinlagen), nach vereinbarter Kündigungsfrist (Spareinlagen) oder zu einem bestimmten Zeitpunkt (Termingelder) fällig werden. Die Fristen liegen zwischen 1 Monat bzw. 3 Monaten (bei Spareinlagen) und i.d.R. einem Jahr.

Grundsätzlich lassen sich die verschiedenen Einlagen nach bestimmten Kriterien voneinander abgrenzen. Gemeinsamkeiten liegen in der Eignung als **Liquiditätsreserve**. Die **Primärverwendung** liegt allerdings bei **Sichteinlagen** in der Nutzung zur **Bezahlung** von Gütern und Dienstleistungen, bei den **Spareinlagen** in der Verwendung zum **Vermögensaufbau** oder zur Vermögensanlage. Bei **Termingeldern** steht die **Disposition** der Gelder im Vordergrund. Die Spareinlagen unterscheiden sich von allen anderen Einlagen durch die zwingende Ausfertigung einer **Sparurkunde** sowie die Möglichkeit, dieses Produkt zur Anlage vermögenswirksamer Leistungen zu verwenden. Daraus geht ebenfalls der tendenzielle Charakter als Kapitalanlageform hervor.

Die **Verfügbarkeit** (Fälligkeit bzw. Rückzahlung) ist bei Sichteinlagen jederzeit gegeben, was den Liquiditätscharakter begründet. Termingelder haben eine Mindestlaufzeit von einem Monat. Bei Festgeldern wird explizit ein fester Fälligkeitstermin vereinbart, üblicherweise monatlich, 3-monatlich, 6-monatlich oder jährlich. Bei Kündigungsgeldern wird dagegen die **Kündigungsfrist** bestimmt, nach der die Gelder bei erfolgter Kündigung fällig werden. Spareinlagen werden ebenfalls nach vereinbarter, mindestens 3-monatiger Kündigungsfrist fällig. Darüber hinaus kann über Spareinlagen bis zu einer Höhe von 2000,- EUR monatlich verfügt werden. Während eine vorzeitige Rückzahlung der Termingelder unüblich ist, kann über Spareinlagen unter bestimmten Bedingungen über die 2000,- EUR hinaus vorzeitig verfügt werden.

Die Einlagen werden üblicherweise verzinst. Sichteinlagen sind aufgrund ihrer Zahlungsverkehrseigenschaft teilweise auch nicht verzinst. Im Vergleich zu anderen Kapitalanlageformen zeichnen sich die Einlagen durch eine niedrige **Verzinsung** aus. Dies ist bedingt durch das geringe Risiko der Anlageform und die vergleichsweise gute Verfügbarkeit. Termineinlagen werden um so höher verzinst, je größer der Anlagebetrag ist. Die Verzinsung dieses Produktes orientiert sich am kurzfristigen Zins für Interbankengeschäfte. Termingelder weisen den höchsten Zins der Einlagenprodukte auf. Spareinlagen sind niedrig verzinst, liegen in der Verzinsung aber zwischen Sicht- und Termineinlagen. Bis auf die Festzinsvereinbarung über die Laufzeit bei Festgeldern können die Zinsen bei den Einlagen an Marktveränderungen angepasst werden. Sie gelten bis auf weiteres (b.a.w.) und sind so variabel.

■ **Sichteinlagen**

Die Sichteinlagen sind Guthaben auf **Girokonten** und erfüllen daher primär die Aufgabe einer Liquiditätsreserve. Sichteinlagen sind täglich fällige Guthaben, die für den **Zahlungsverkehr** zur Verfügung stehen. Aus Bankensicht sind diese Gelder nicht fest kalkulierbar. Durch das Gesetz der großen Zahl geht die Reduzierung der Sichteinlagen durch Kontoverfügungen bei einem Teil der Bankkunden mit einer Aufstockung der Sichteinlagen durch Gutschriften oder Einzahlungen bei anderen Kunden einher, so dass die Sichteinlagen immer in einer bestimmten Höhe bestehen (**Bodensatz**). Die Sichteinlagen von Kunden gelten somit als **Bringgelder**, weil die Kunden diese disponieren. Als Sichteinlagen gelten aber auch sogenannte Tagesgelder, die eine geldsuchende Bank bei einer geldanbietenden Bank aufnimmt. Diese Gelder werden auch als **Holgelder** bezeichnet, weil die Einlage zur Liquiditätssteuerung des aufnehmenden Kreditinstituts herangezogen wird. Guthaben auf Girokonten sind für Geschäftsbanken damit **Refinanzierungsmittel**, die formal kurzfristig, de facto aber langfristig zur Verfügung stehen. Da die Verzinsung von Sichteinlagen niedrig ist oder gar nicht erfolgt, sind die Zinskosten für Sichteinlagen gering.

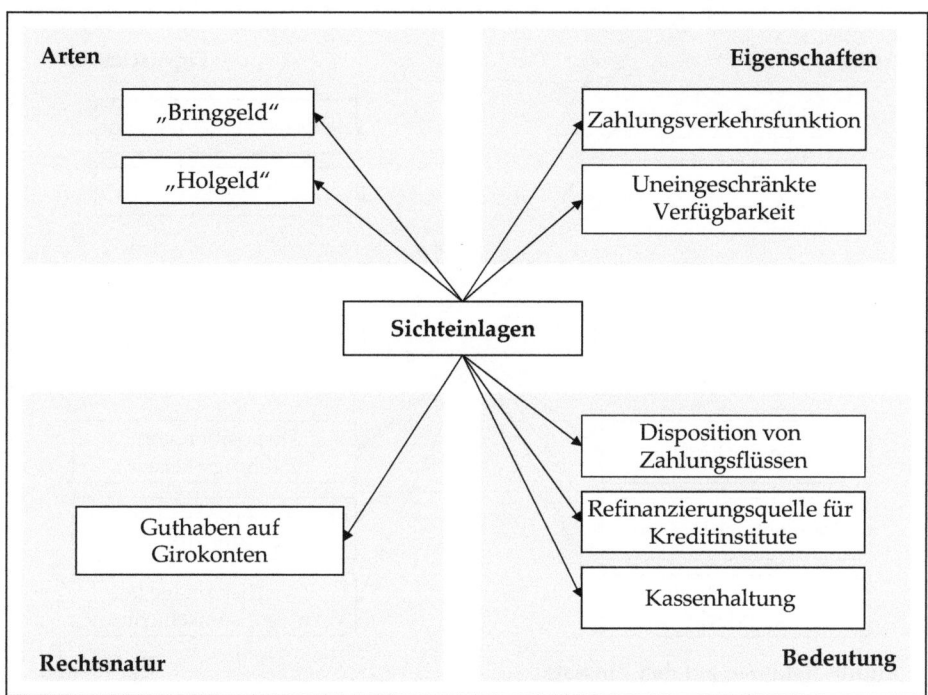

Abbildung 193: Systematik von Sichteinlagen

Aus Kundensicht sind Sichteinlagen kein Produkt der Geldanlage. Die jederzeitige Verfügbarkeit bedingt aber einen **Mindestbestand** zur Abwicklung laufender Zahlungen und ggf. zur Ansammlung von Geld (Kapital), das dann in andere Anlageprodukte umgeschichtet wird.

▨ Termingelder

Termineinlagen dienen als **vorübergehende Form der Geldanlage**, um Liquidität zu sammeln und zu einem festen Verfügungszeitpunkt bzw. kurzfristig diese Liquidität in Geldkapital zu wandeln und ertragreicher bzw. langfristiger anzulegen (Vermögensumschichtung) oder alternativ konsumwirksam auszugeben (Zahlungsfluss). Für die Kreditinstitute ist wiederum der Refinanzierungscharakter entscheidend.

Termingelder existieren als **Kündigungsgelder**, mit einer vereinbarten Kündigungsfrist über einem Monat bzw. als **Festgelder** bei einer definierten Laufzeit von mehr als einem Monat (30 Tagen). Der Regelfall sind die Festgelder, bei denen der Dispositionscharakter besonders deutlich wird. Formal sind die Termingelder befristet, eine Teilnahme am Zahlungsverkehr ist ausgeschlossen. Bei vorzeitigem Verfügungswunsch

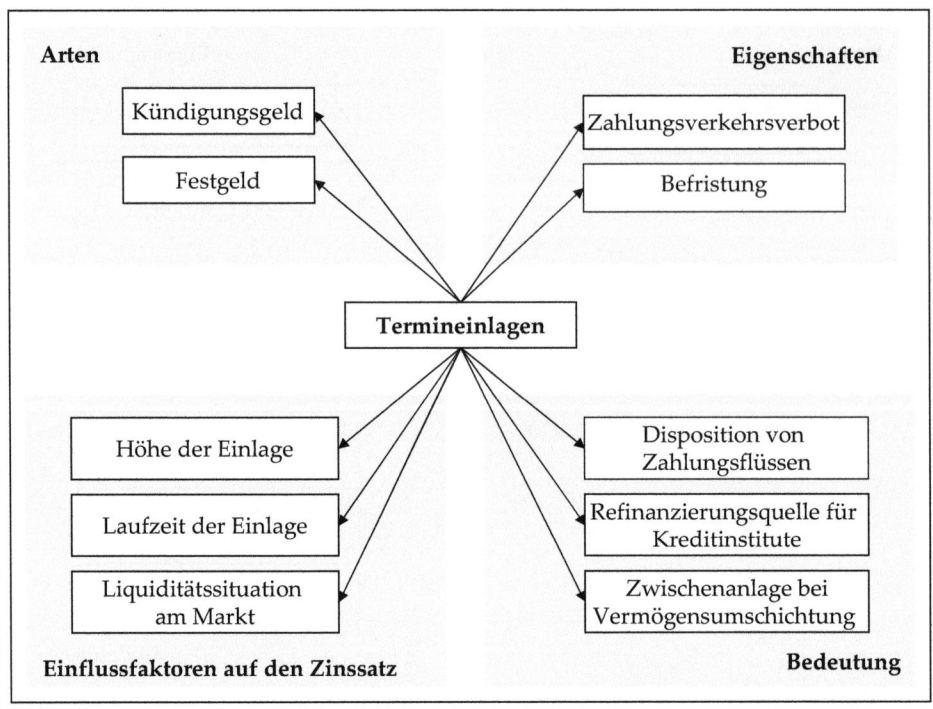

Abbildung 194: Systematik von Termineinlagen

des Kunden sind die Banken nicht verpflichtet, das Geld bereitzustellen, tun dies aber aus Kulanzgründen durchaus. Dabei sind sie berechtigt, ein **Vorfälligkeitsentgelt** zu berechnen oder gegebenenfalls den Zins für die nächst kürzere Laufzeit anzuwenden.

Die **Verzinsung** der Termingelder richtet sich nach dem **Betrag** der Einlage. Firmenkunden mit hohen Einlagen erzielen einen deutlich höheren Zins als Privatkunden mit kleinen Beträgen. Die Zinssätze sind nach dem Betrag und der Laufzeit gestaffelt. Häufig sind **Mindestanlagebeträge** definiert, so z.B. 5.000,- EUR. In der Regel sind die Zinsen höher, je länger der Betrag festgelegt wird, dies hängt aber ebenfalls von der Liquiditätslage am Markt ab. Eine große Nachfrage nach Tagesgeldern bzw. Termingeldern im **Interbankenverkehr** aufgrund von Liquiditätsbedarf führt zu steigenden Zinsen auf Termingelder im Kundenverkehr.

Spareinlagen

Spareinlagen sind Guthaben auf Sparkonten, die in **Urkundenform** ausgewiesen sind. Die typische Form der Sparurkunde ist das „klassische" Sparbuch. Sparbücher und Sparzertifikate sind wertpapierähnliche Urkunden, die bei der ersten Einzahlung einer Spareinlage ausgestellt werden. **Sparzertifikate** bescheinigen eine Einmaleinzahlung

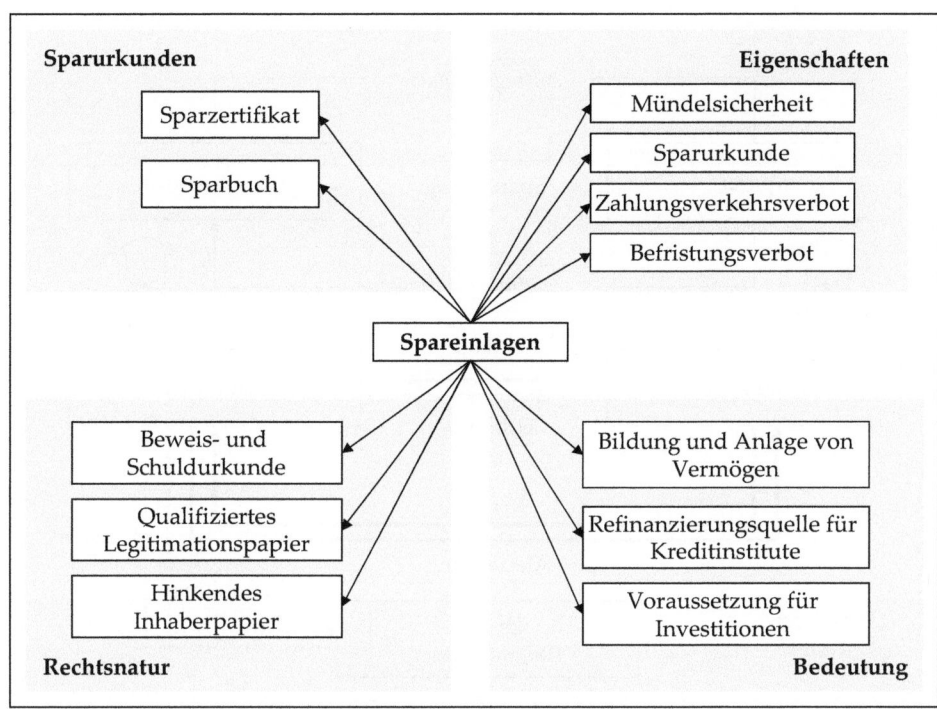

Abbildung 195: Systematik von Spareinlagen

von Spareinlagen. Die Urkunde belegt das Bestehen der Spareinlage und ermöglicht der Bank (Einlagenschuldner) die Auszahlung der Einlage an den Vorleger mit befreiender Wirkung; die Bank kann aber auch die **Legitimation** des Vorlegers verlangen. Damit ist das Sparbuch ein **qualifiziertes Legitimationspapier** und gleichzeitig ein **hinkendes Inhaberpapier**.

Spareinlagen sind nicht für den Zahlungsverkehr bestimmt. Außerdem besteht ein **Befristungsverbot**, so dass die Einlage immer unbefristet erfolgen muss. Die kürzeste zulässige **Kündigungsfrist** für Spareinlagen beträgt drei Monate. Eine Besonderheit der Spareinlagen stellt deren **Mündelsicherheit** dar. Gelder von unter Vormund stehenden Personen, die besonders sicher angelegt werden müssen, können bei inländischen öffentlich-rechtlichen Sparkassen oder Kreditinstituten, die einer entsprechenden Sicherungseinrichtung angehören, als Spareinlagen angelegt werden.

Die Spareinlagen sind zur **Bildung und Anlage von Vermögen** für breite Bevölkerungskreise besonders gut geeignet, weil sie eine Kombination aus großer **Sicherheit**, **sicherem Zinsertrag** und **guter Verfügbarkeit** darstellen. Aus Bankensicht sind sie wie

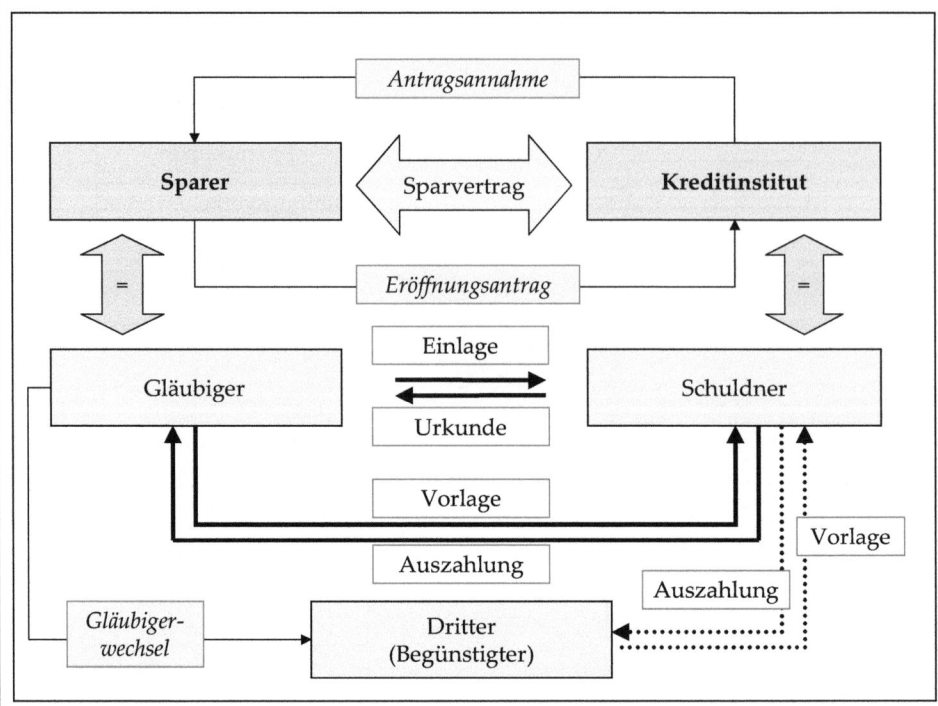

Abbildung 196: Struktur von Sparverträgen

die anderen Einlagen eine wesentliche Refinanzierungsmöglichkeit. Aus volkswirtschaftlicher Sichtweise ist das Sparen, speziell also die Spareinlage der privaten Haushalte, die Grundvoraussetzung für Investitionen (durch Unternehmen in Form von Kreditfinanzierungen).

Die Spareinlage entsteht durch die **Einzahlung** gegen Aushändigung der Sparurkunde. Der Sparantrag und die Annahme des Antrages durch das Kreditinstitut begründen den Sparvertrag. Gläubiger der Spareinlage ist der Einzahlende, selbst dann, wenn er das Konto auf den Namen einer anderen Person (Dritter) eröffnet. Ein **Sparvertrag zugunsten Dritter** kann durch entsprechende Vereinbarung der Rückzahlung der Spareinlage an den Dritten geschlossen werden. Dies ist üblich bei **Mietkautionskonten** oder bei **Vorsorgeabsicht**. Die Drittbegünstigung kann sofort wirksam werden, womit der unmittelbare Gläubigerwechsel verbunden ist. Die Begünstigung, respektive der Gläubigerwechsel kann zu einem späteren Zeitpunkt bei Eintritt eines bestimmten Ereignisses (Hochzeit, Ausbildungsbeginn, Volljährigkeit des Begünstigten oder Ableben des Einzahlenden) erfolgen.

Die Auszahlung der Spareinlage erfolgt gegen Vorlage der Urkunde. Die Rückzahlung setzt die fristgerechte Kündigung voraus, weil Spareinlagen mindestens eine **drei-**

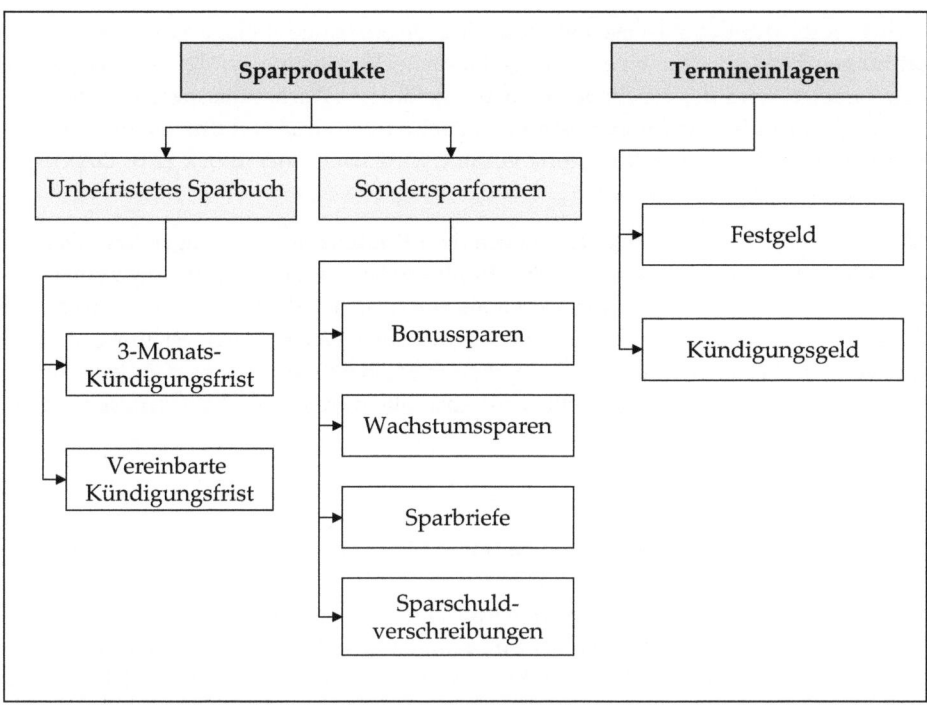

Abbildung 197: Einlagen als Sparprodukte und Sondersparformen

monatige Kündigungsfrist beinhalten. Eine längere Kündigungsfrist muss explizit vertraglich vereinbart sein. Den Kreditinstituten ist gesetzlich die Möglichkeit eingeräumt, bei dreimonatiger Kündigungszeit einen **Kündigungsfreibetrag** von bis zu 2.000 EUR je Kalendermonat zu vereinbaren, wovon in der Praxis überall Gebrauch gemacht wird. Ein Anspruch auf vorzeitige Verfügung über Sparguthaben besteht nicht, jedoch können Rückzahlungen vor Fälligkeit gegen ein entsprechendes Entgelt für die Banken ermöglicht werden. In dem Fall kann das Kreditinstitut Vorschusszinsen oder ein **Vorfälligkeitsentgelt** berechnen. Vorschusszinsen beziehen sich auf den Betrag und den Zeitraum der vorzeitigen Verfügung und sind begrenzt auf die angesammelten Guthabenzinsen. Das Vorfälligkeitsentgelt wird unabhängig vom Zeitraum der vorfristigen Verfügung auf den Verfügungsbetrag oder als Festbetrag berechnet.

Die klassische Spareinlage ist ein Sparprodukt, das in seiner Grundform zwar für die Kapitalanlage geeignet, in seiner Attraktivität aber begrenzt ist. Die Spareinlage bildet für die Bank eine zinsgünstige Grundlage für das (aktive) Finanzierungsgeschäft. Um diese Refinanzierungsmöglichkeit auszuschöpfen und die Kapitalanlage in Bankprodukten zu stärken, wird die Spareinlage in verschiedenen **Variationen** angeboten, die den Charakter einer Kapitalanlage unterstreichen. Zum einen werden Spareinlagen je nach Kreditinstitut so ausgestaltet, dass eine längerfristige Einlage **zusätzliche Zinszahlungen** bewirkt oder eine betragsgebundene Verzinsung erfolgt (**Bonussparen**). Zum anderen wird das regelmäßige Sparen gefördert (**Wachstumssparen**). Eine innovative Sparform ist das **Index-Sparen**, bei dem zu der Grundverzinsung der Spareinlage ein indexabhängiger Bonuszins gezahlt wird, wenn der Index (z.B. DAX) sich entsprechend positiv entwickelt.

Alternativ bieten die Kreditinstitute neben dem **Kontensparen** (Einlagen bzw. Depositen) sogenannte **Sparbriefe** oder **Sparschuldverschreibungen** an, die nicht börsengehandelt sind, aber prinzipiell die Merkmale verzinslicher Wertpapiere vorweisen. Der Übergang von Banksparprodukten zu verzinslichen Wertpapieren ist fließend. Eine längere Kündigungsfrist als die dreimonatige Mindestfrist, die aus Kundensicht ein Verzicht auf Verfügbarkeit darstellt, wird ebenfalls durch einen höheren Zins entgolten.

4.3.3.1.2   Sondersparformen

Durch Variationen des klassischen Sparbuchs, die eine staatliche Förderung, eine attraktivere Zinsgestaltung, eine Zweckbindung, einen Einzahlungsplan oder Zusatzleistungen beinhalten, entstehen Sondersparformen. Aus Sicht der Kreditinstitute ist die **Kategorisierung** der Sparformen als **Spareinlage** gemäß Verordnung über die Rechnungslegung der Kreditinstitute (RechKredV) wichtig, weil damit eine aufsichtsrechtlich vorteilhafte Behandlung der Refinanzierungsmittel verbunden ist. Einlagen müssen danach mindestens eine dreimonatige Kündigungsfrist, eine vertragliche Regelung zum **Freibetrag**, eine Vereinbarung zur Erhebung von Vorschusszinsen aufweisen und die Zinssätze müssen durch Aushang bekannt gegeben sein.

Sparzertifikate und Sparbücher beurkunden das **Sparen in Kontenform**. Sparbriefe und Sparschuldverschreibungen bilden eine Zwischenform zwischen Spareinlagen auf Konten und verzinslichen Wertpapieren. In jedem Fall ist der primäre Zweck der Sondersparformen die **Vermögensbildung**. Die hohe Sicherheit der verschiedenen Sparformen lassen sie besonders geeignet erscheinen, um Vermögen sukzessive aufzubauen bzw. Vorsorgereserven zu bilden oder ein gewisses vorhandenes Vermögen zu festigen. Für Kreditinstitute sind Sparprodukte mit längerer Laufzeit gegenüber den Spareinlagen eine wichtige Ergänzung der Refinanzierungsbasis. Zur Stärkung der Refinanzierung durch Kundengelder wird die Attraktivität der Anlageform gesteigert, um höhere Volumina zu erhalten und eine langfristige Bindung der Kunden mit ihren Einlagen zu erzielen. Als Instrument werden neben der Erhöhung der Verzinsung bei längerer Bindung das stetige Sparen und Mindestvolumina genutzt. Größere Sparsummen verringern den betrieblichen Aufwand der Banken gegenüber den Kleinsparbeträgen. Dieser Vorteil wird in der Zinskondition an den Kunden (teilweise) weitergereicht. Die Vereinbarung von Kündigungssperrfristen stellt wiederum eine Mindestdauer sicher, in der die Bank mit dem Geld arbeiten kann. Als Sonderform

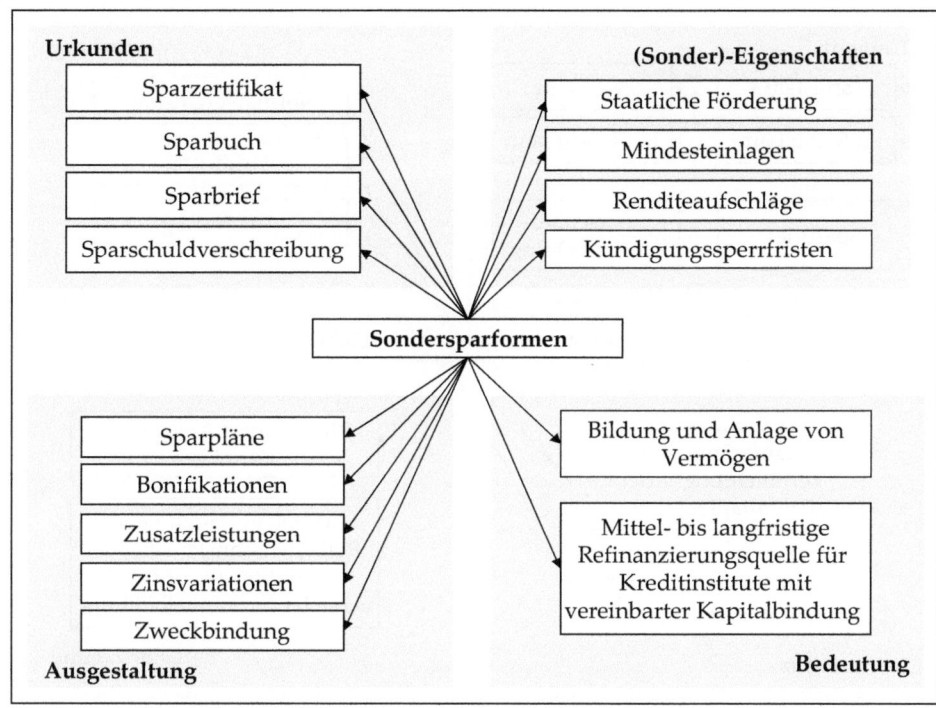

Abbildung 198: Systematik von Sondersparformen

kann auch die **staatliche Förderung** des Sparvertrages betrachtet werden. Das Kontensparen bei Kreditinstituten kann für die Anlage **vermögenswirksamer Leistungen** genutzt werden. Allerdings ist die Attraktivität dahingehend eingeschränkt, dass der Staat diese Anlageform nicht durch zusätzliche Zahlungen (Arbeitnehmersparzulage) fördert.

In der Ausgestaltung sind zunächst verschiedene **Sparpläne** (Ratensparen) denkbar. Sparpläne haben zumeist ein konkretes **Sparziel** zu Grunde liegen, das dann durch individuelle Gestaltung hinsichtlich Betrag, Laufzeit, Rendite und Verfügbarkeit erreicht wird. Sparpläne können auch für Produkte, die nicht Banksparprodukte sind, z.B. Fonds, vereinbart werden. Als **Bonifikation** kann eine zusätzliche Zinszahlung bezeichnet werden, die bei Ablauf einer bestimmten Anlagedauer oder bei Erreichen eines Sparziels fällig wird. Der Bonus (die Prämie) kann jährlich oder einmalig gezahlt werden. Eine vertragliche **Zusatzleistung** kann beispielsweise die Kopplung an eine Lebensversicherung sein, die im Todesfall und/oder Fall der Berufunfähigkeit die zum Sparziel fehlende Sparleistung ausgleicht. Der Sparvertrag kann zusätzlich mit dem Loserwerb verbunden sein, wobei ein Teil des Sparbetrages und die Zinsen durch

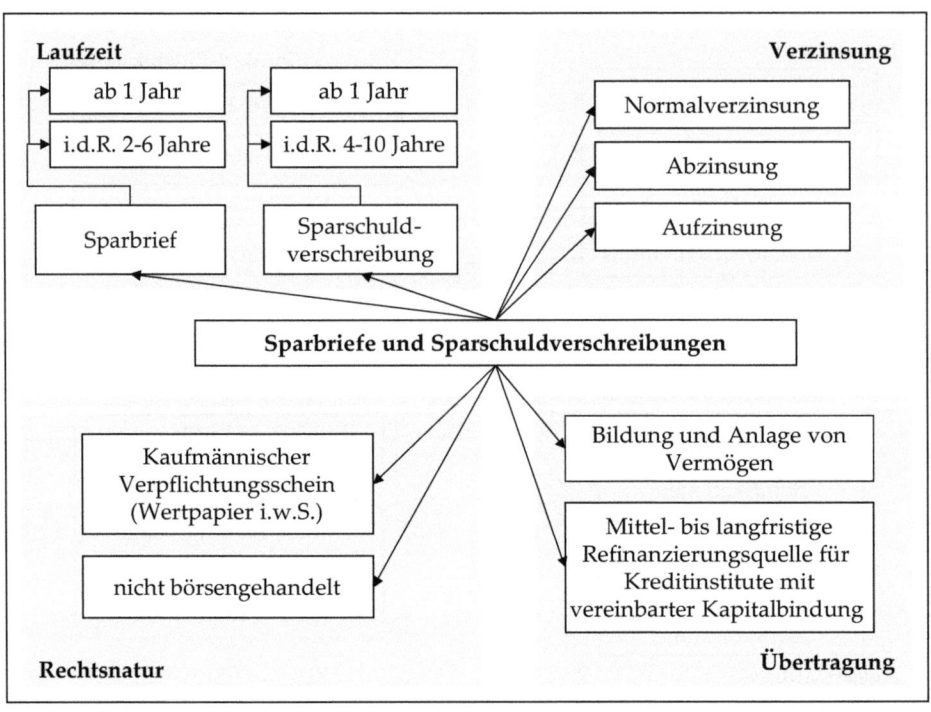

Abbildung 199: Systematik von Sparbriefen und Sparschuldverschreibungen

Lotterie zugelost werden. Beim **Zwecksparen** wird ein konkreter Verwendungszweck (Existenzgründung, Studium) vereinbart, der die Anwartschaft auf ein zinsgünstiges Darlehen impliziert. Die Zinsgestaltung kann fest oder variabel sein und jährlich steigende Zinsen oder Zusatzzinsen bei Eintritt bestimmter Ereignisse beinhalten.

Ein von vielen Kreditinstituten genutztes Instrument der mittel- bis langfristigen Refinanzierung ist die Ausgabe von Sparbriefen oder Sparschuldverschreibungen. Die Produkte weisen eine ähnlich hohe Sicherheit wie Einlagen auf, verpflichten den Anleger aber für einen bestimmten Zeitraum auf das Geld zu verzichten. Die dadurch entstehende sichere Kalkulation der Banken mit dem angelegten Geld führt zu einer wertpapierähnlichen Verzinsung. Diese Sparformen tragen durch diese Eigenschaften zur Vermögensbildung bei.

Sparbriefe decken mit den Laufzeitvorgaben den mittleren Refinanzierungshorizont der Banken bzw. den mittleren Anlagehorizont der Sparer ab, während die **Sparschuldverschreibungen** die langfristige Alternative darstellen. Weder Sparbriefe noch Sparschuldverschreibungen sind börsengehandelt, sie sind auch keine Spareinlagen. Im weitesten Sinne gelten sie als Wertpapiere. Sparbriefe sind rechtlich Rektapapiere, sie werden i.d.R. als Namensschuldverschreibungen ausgegeben. Die Sparschuldver-

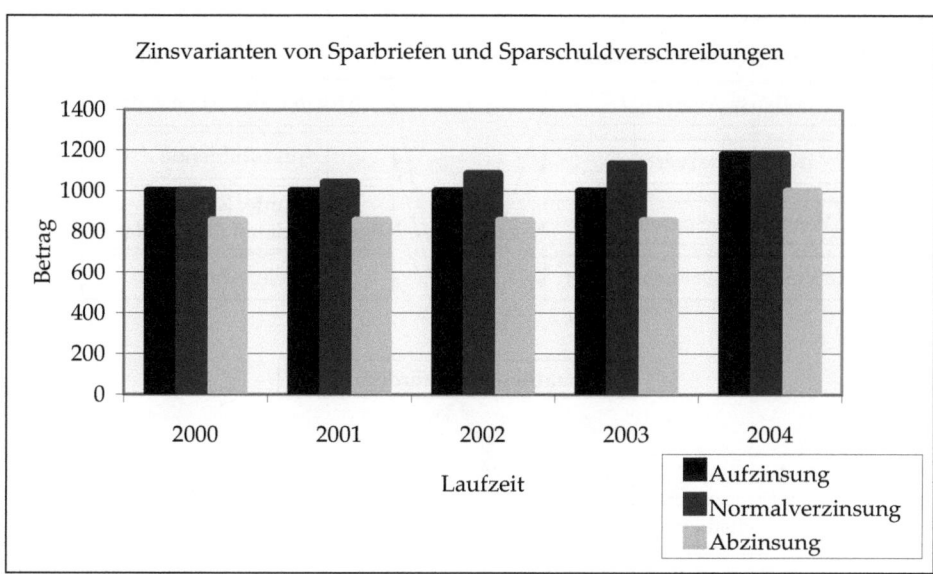

Abbildung 200: Zahlungsfluss bei alternativer Verzinsung

schreibungen sind Order- oder Inhaberschuldverschreibungen. Die Rückgabe vor Fälligkeit ist meistens ausgeschlossen, manchmal werden Sparschuldverschreibungen zu einem festgelegten Rücknahmepreis zurückgenommen. Die Ausgestaltung kann auch eine regelmäßige Tilgung statt der Rückzahlung zum Ende der Laufzeit einschließen.

Sie sind grundsätzlich mit einer **Festzinsvereinbarung** ausgestattet. Die normale Festverzinsung setzt sich aus Ausgabe und Rückzahlung zum Nennwert sowie aus einer jährlichen oder halbjährlichen Zinszahlung zusammen. Dagegen sind bei der **Aufzinsung** keine zwischenzeitlichen Zinszahlungen fällig. Es erfolgt die Ausgabe und Rückzahlung zum Nennwert sowie die Zahlung von Zinsen und Zinseszinsen am Ende der Laufzeit.

Der **Zinseszinseffekt** von Sparbriefen und Sparschuldverschreibungen bei unterstellter Wiederanlage der vereinnahmten Zinsen wird bei der Aufzinsung am Ende der Laufzeit berücksichtigt. Die Aufzinsung beinhaltet die Auszahlung des fest vereinbarten, jährlichen Zinses am Ende der Laufzeit. Auf diese Weise können Zinszahlungen in die Zukunft verlagert werden. Bei der **Abzinsung** erfolgt die Festlegung der Rückzahlung zum Nennwert am Ende der Laufzeit. Von diesem Betrag werden bei Ausgabe Zinsen und Zinseszinsen abgezogen. Daraus ergibt sich ein in der Gegenwart anzulegender Betrag. Man spricht hier vom **Barwert**.

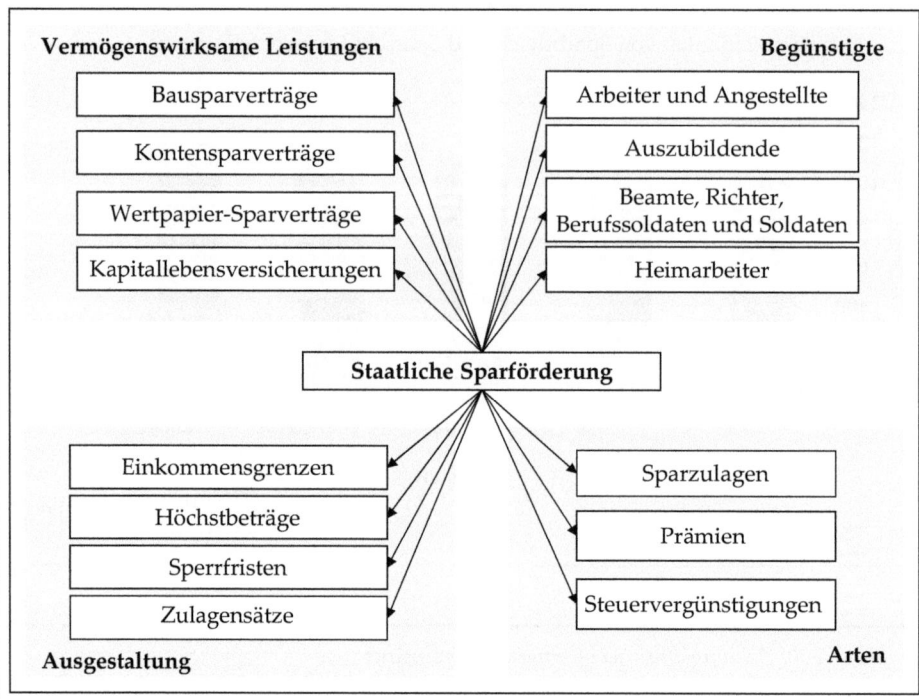

Abbildung 201: Staatliche Sparförderung

4.3.3.1.3 Staatliche Sparförderung

Zur Verbesserung der **Vermögensbildung** der Bevölkerung fördert der Staat das Sparen. Dies kann einerseits durch direkte Zahlungen in Form von **Sparzulagen** oder **Prämien** geschehen, andererseits durch die steuerliche Anerkennung von Vorsorgeaufwendungen oder die steuerliche Freistellung von Anlageformen bzw. deren Erträgen. Begünstigte der **Steuervergünstigungen** müssen aus Gleichbehandlungsgründen alle Sparer sein. Zulagen und Prämien erhalten lediglich bestimmte Bevölkerungsgruppen. Der Staat fördert nach sozialpolitischen Kriterien. Die Sparförderung hat neben der Vermögensbildung den Zweck, sogenannte Altersarmut zu verhindern, die wiederum den Staatshaushalt belasten könnte.

Sozialpolitische Aspekte können dadurch Beachtung finden, dass nur untere Einkommensschichten einen Förderanspruch haben oder dass die Zulagen nach festgelegten Kriterien gestaffelt werden. Zur Begrenzung der Förderung sind **Höchstbeträge**, die gezahlt werden, wichtig. Um sicherzustellen, dass die geförderten Beträge und die Zulagen zur Vermögensbildung verwendet werden, wird die Verfügbarkeit durch **Sperrfristen** eingeschränkt.

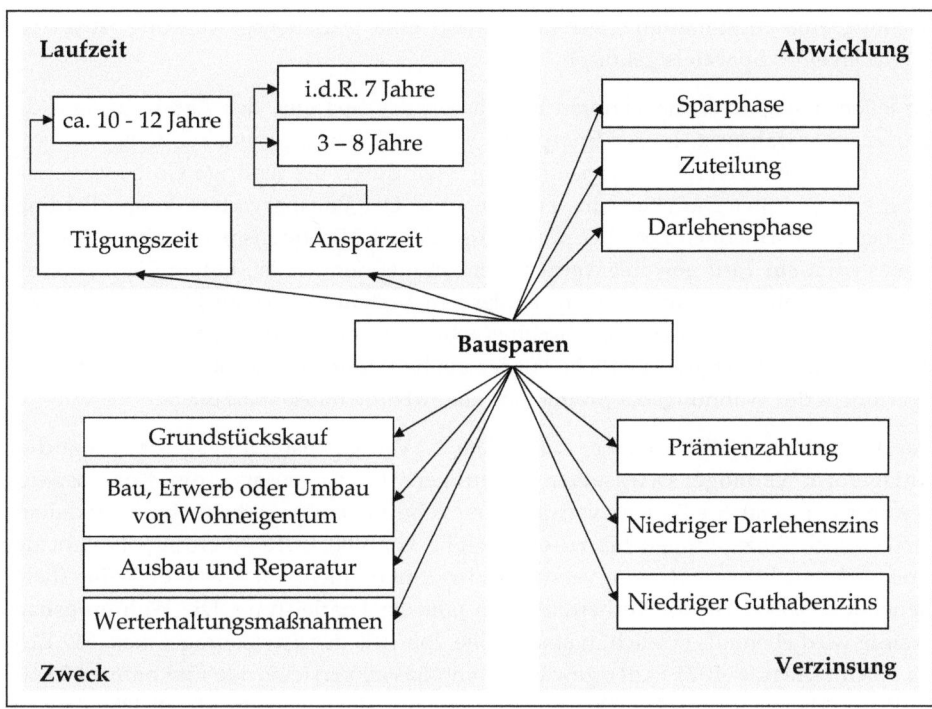

Abbildung 202: Systematik des Bausparens

Die wichtigste Form der staatlichen Sparförderung sind die **vermögenswirksamen Leistungen** (VL). Nach dem 5. Vermögensbildungsgesetz sind Anlagen in Sparverträgen für Wertpapiere oder Vermögensbeteiligungen, Kontensparverträgen, Bausparverträgen, Kapitallebensversicherungen und weiteren Vertragsarten mögliche Anlageformen für diese Leistungen des Arbeitgebers, des Arbeitnehmers oder beider. Die VL werden teilweise durch zusätzliche Zahlungen des Staates (Arbeitnehmersparzulage) gefördert. Von den hier beschriebenen Banksparprodukten wird das Kontensparen im Rahmen der vermögenswirksamen Leistungen berücksichtigt, aber nicht durch Zulagen oder Prämien gefördert.

4.3.3.1.4 Bausparen

Bausparen ist das **kollektive Zwecksparen**, das die Anwartschaft auf ein zinsgünstiges Darlehen für wohnungswirtschaftliche Verwendungen begründet. Die erste Phase des Bausparens ist die eigentliche **Sparphase**, in der Bauspareinlagen angesammelt werden, die bei der Finanzierung des Bauvorhabens bzw. des Eigentumserwerbs das Eigenkapital bilden bzw. verstärken. Das kollektive Sparen drückt aus, dass es sich um einen Sparzwang handelt und um eine Gemeinschaft, die sich gegenseitig bei der Erreichung eines bestimmten Ziels unterstützt. Eine Darlehensgewährung ist an das Erreichen eines **Sparziels** geknüpft.

Zu jedem Bausparvertrag gehören die Phasen des **Sparens**, der **Zuteilung** und der **Darlehensgewährung**. In der **Sparphase** werden die angesammelten Guthaben verzinst. Der Zins ist vergleichsweise niedrig, weil durch die niedrige Guthabenverzinsung ein niedriger Darlehenszins erkauft wird. Der Bausparvertrag kann allerdings tariflich unterschiedlich gestaltet sein. Bei geplanter Nichtinanspruchnahme des Darlehens kann ein Tarif gewählt werden, der renditeorientiert ist, indem die Guthabenzinsen ein höheres Niveau haben. Außerdem besteht die Möglichkeit, Sparern bei Verzicht auf das Darlehen die Abschlussgebühr zu erstatten. Als Sparprodukt wird das Bausparen durch die staatliche Förderung besonders interessant. Dazu gibt es das Instrument der Wohnungsbauprämie und die Arbeitnehmer-Sparzulage.

Das Bausparen gehört zu einer nach dem 5. Vermögensbildungsgesetz möglichen **Anlageform vermögenswirksamer Leistungen**. Im Gegensatz zum Kontensparen gewährt der Staat für Bausparverträge eine zehnprozentige Arbeitnehmersparzulage für jährliche Einzahlungen bis zu einer Höhe von 480 EUR. Allerdings besteht der Anspruch nur bis zu einem zu versteuernden Einkommen von 17.900 EUR für Alleinstehende (35.800 EUR für Verheiratete) im Jahr der Sparleistung. Die **Wohnungsbauprämie** wird ebenfalls jährlich in einer Höhe von 10% der Sparbeiträge, max. 512 EUR für Alleinstehende (1024 EUR), gewährt, wenn das zu versteuernde Einkommen 25.600 EUR für Alleinstehende (51.200 EUR für Verheiratete) nicht übersteigt. Die Zulagen werden zunächst vom Finanzamt nur festgesetzt und nach Ablauf der Sperrfrist von sieben Jahren gutgeschrieben. Eine prämienunschädliche vorzeitige Verwendung ist nur unter bestimmten Umständen möglich. Das eigentliche Ziel des Bausparens sollte nicht das Sparen bzw. die Vermögensbildung, sondern die **Finanzierung von Wohneigentum** bzw. die Verwendung der Sparmittel und des Darlehens für wohnungswirtschaftliche Zwecke sein. Die Gewährung der staatlichen Bausparprämie ist in den ersten sieben Jahren an eine solche Verwendung der Mittel geknüpft. Die Sparphase kann vom Sparer beeinflusst werden, weil er mit der Höhe seiner Sparbeträge die Dauer bis zur Erreichung der vereinbarten Sparsumme bestimmt. Die Sparphase kann verkürzt werden, wenn in kurzer Frist hohe Sparbeiträge entrichtet werden oder einmalige Sparleistungen erbracht werden. Dies ist sinnvoll bei einer beabsichtigten schnellen **Darlehensinanspruchnahme**.

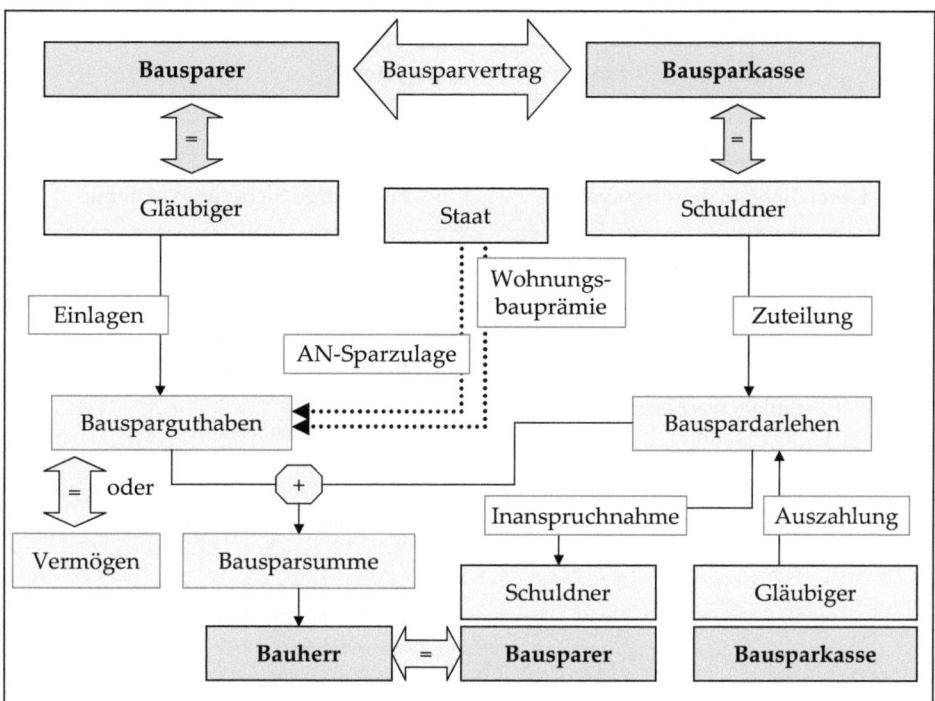

Abbildung 203: Struktur des Bausparens

Wenn dagegen das Sparen im Mittelpunkt steht, werden eher geringe, regelmäßige Sparbeträge festgeschrieben. Bei Anspruch auf staatliche Förderung ist es zweckmäßig, die Höhe der Sparleistung nach dem geförderten Höchstbetrag auszurichten.

4.3.3.1.5 Einlagensicherung

Die Besonderheit von Einlagen bei Kreditinstituten ist die Verpflichtung der Kreditwirtschaft einer **Einlagensicherungseinrichtung** anzugehören. Dadurch sind Bankeinlagen zusätzlich gesichert. Die Einleger werden im Fall der **Zahlungsunfähigkeit** der Bank durch die Sicherungseinrichtung entschädigt.

Zum Schutz der Einleger bzw. Sparer vor Bankinsolvenzen unterliegen die Einlagen in allen modernen Marktwirtschaften weltweit einem besonderen Schutz. Der Schutz kann gesetzlich **verpflichtend** oder **freiwillig** sein. In Deutschland sind sowohl gesetzliche Regelungen als auch freiwillige Sicherungen relevant. Die gesetzliche Sicherung beruht auf dem **Einlagensicherungs- und Anlegerentschädigungsgesetz** (EAG), das im Jahr 1998 in Kraft getreten ist und das wiederum auf EU-Richtlinien zurück-

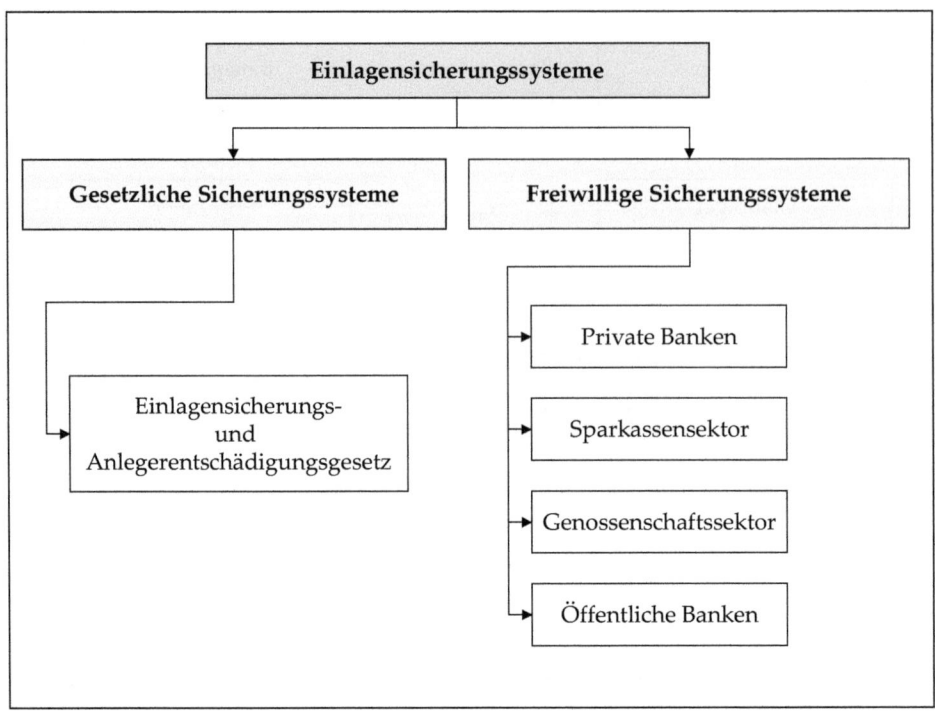

Abbildung 204: Grundprinzip der Einlagensicherung

geht. Dadurch wird den Einlegern und Anlegern in der EU ein gesetzlicher Mindestschutz gewährt. Das Gesetz verpflichtet Kreditinstitute (und Finanzdienstleistungsinstitute), ihre Einlagen und Verbindlichkeiten aus Wertpapiergeschäften durch eine Entschädigungseinrichtung zu sichern. Der **Mindestschutz** garantiert 90% der Einlagen und Verbindlichkeiten aus Wertpapiergeschäften und den Gegenwert von 20.000 EUR. Allerdings ist nicht jeder Gläubiger der Banken anspruchsberechtigt, weil der Schutz der Bedürftigen im Mittelpunkt stehen soll. So sind mittlere und große Kapitalgesellschaften, Kreditinstitute, Versicherungen sowie Bund, Länder und Gemeinden von der Entschädigung ausgeschlossen.

Während die privaten Institute mit der „Entschädigungseinrichtung deutscher Banken GmbH" und die öffentlichen Banken mit der „Entschädigungseinrichtung des Bundesverbandes Öffentlicher Banken (VÖB) Deutschlands GmbH" **gesetzliche Sicherungseinrichtungen** eingerichtet haben, denen sie angehören, sind die Sparkassen- und Genossenschaftsorganisationen davon befreit, weil sie **institutssichernden, freiwilligen Systemen** angeschlossen sind.

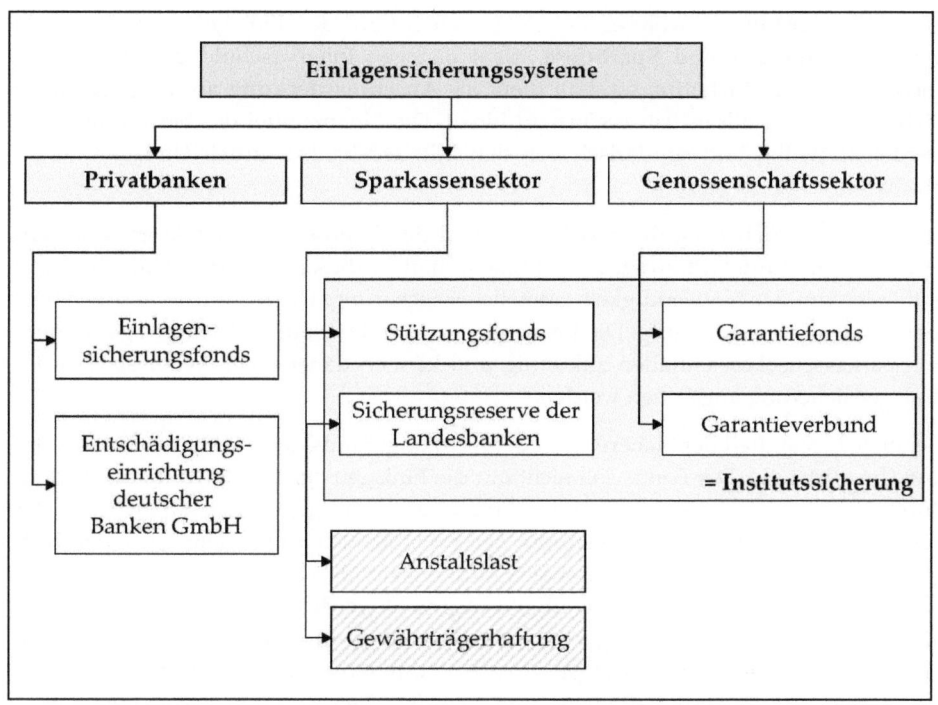

Abbildung 205: Einlagensicherungssysteme der deutschen Kreditwirtschaft

Die Besonderheit der deutschen Kreditwirtschaft bezüglich der Einlagensicherung liegt in freiwilligen Sicherungssystemen, die bereits vor der europäischen Mindestharmonisierung über die Vorschriften der EU-Richtlinien hinausgingen. So sind deutsche Einleger weit **besser gestellt, als es die gesetzliche Mindestsicherung** fordert. In Deutschland hat sich der Gesetzgeber bereits vor Beginn des europäischen Binnenmarktes für eine Einlagensicherung entschieden, nach der die Banken bzw. Bankengruppen zwar einer Sicherungseinrichtung angehören müssen, aber für den Umfang der Sicherung selbst verantwortlich sind. Im Ergebnis sind die deutschen Kreditinstitute in freiwillige Sicherungseinrichtungen eingebunden, deren Leistungsumfang im Entschädigungsfall erheblich ist. So existieren ein Einlagensicherungsfonds der privaten Kreditbanken, ein jeweils mehrstufiges Sicherungssystem der Sparkassenorganisation und des Genossenschaftssektors sowie ein Einlagensicherungsfonds öffentlicher Banken (sofern die Mitglieder des VÖB nicht bereits in die Sicherung des Sparkassensektors integriert sind).

Die deutschen **Privatbanken** haben einen **Einlagensicherungsfonds** eingerichtet, der im Fall der Nichtzahlungsfähigkeit des Kreditinstitutes den Einlegern die Sicherheit ihrer Forderungen bis zu einer Höhe von **30% des haftenden Eigenkapitals** des jeweiligen Kreditinstituts gewährleistet. Unter den Schutz des Einlagensicherungsfonds fallen die **Einlagen und Sparbriefe**, nicht dagegen Inhaberschuldverschreibungen. Dieses freiwillige Sicherungssystem dient als **Anschlussdeckung an die gesetzliche Sicherung**, das heißt es tritt ergänzend hinzu. Die Finanzmittel des Sicherungsfonds werden freiwillig und solidarisch von den Mitgliedsbanken durch Umlagen aufgebracht.

Die freiwillige Sicherung des Sparkassen- und des Genossenschaftssektors ist gleichzeitig eine **Institutssicherung**. Die Mitgliedschaft in diesen Sicherungseinrichtungen entbindet von der Notwendigkeit gesetzlicher Sicherung. Die institutssichernden Systeme sind jeweils mehrstufig. Die Elemente der Anstaltslast und Gewährträgerhaftung im Sparkassensektor entfallen zukünftig und können daher nicht weiter als Teil der Einlagensicherung angesehen werden.

Der erste Bestandteil der Sicherung ist der **Stützungsfonds** der regionalen Sparkassen- und Giroverbände. Der Fonds soll nicht nur die Einlagen der Kunden sichern, sondern durch Gewährung von Zahlungen den Erhalt der jeweiligen Sparkasse bewirken. Der Fonds wird wie der Sicherungsfonds der Privatbanken durch **Umlagen der Mitgliedsbanken** finanziert. Die regionalen Stützungsfonds können überregional ausgeglichen werden, wenn sie regional überbeansprucht werden sollten. Der DSGV unterhält zur Sicherung der Einlagen bei Landesbanken als zweiten Bestandteil eine **Sicherungsreserve**. Die Sicherungsreserve wird durch die Landesbanken / Girozentralen ebenfalls durch **Umlagefinanzierung** gespeist. Zwischen den Bestandteilen existiert ein Haftungsverbund. Das Sicherungssystem unterliegt der Überwachung durch die Bundesanstalt für Finanzdienstleistungen. Für Mitglieder des Verbandes öffentlicher Banken, die nicht in die Institutssicherung integriert sind, existiert für die über die gesetzlichen Anforderungen hinausgehende Einlagensicherung ein Einlagensicherungsfonds, der die gleichen Bankverbindlichkeiten abdeckt wie der Fonds der privaten Banken.

Das Sicherungssystem der Genossenschaftsbanken besteht bereits seit den dreißiger Jahren des 20.Jahrhunderts und besteht aus dem **Garantiefonds** und dem **Garantieverbund**. Die Mittel des Garantiefonds sind Vermögen des BVR und werden durch Umlagen der beteiligten Genossenschaften finanziert. Die Mittel werden teilweise durch die regionalen Prüfungsverbände des Genossenschaftssektors treuhänderisch verwaltet. Durch den Garantiefonds sollen wirtschaftliche Schwierigkeiten der Mitgliedsbanken abgewendet oder beseitigt werden. Der Garantieverbund übernimmt die Funktion, das Eigenkapital der Mitglieder zu schützen und stellt gegebenenfalls Bürgschaften oder Garantien.

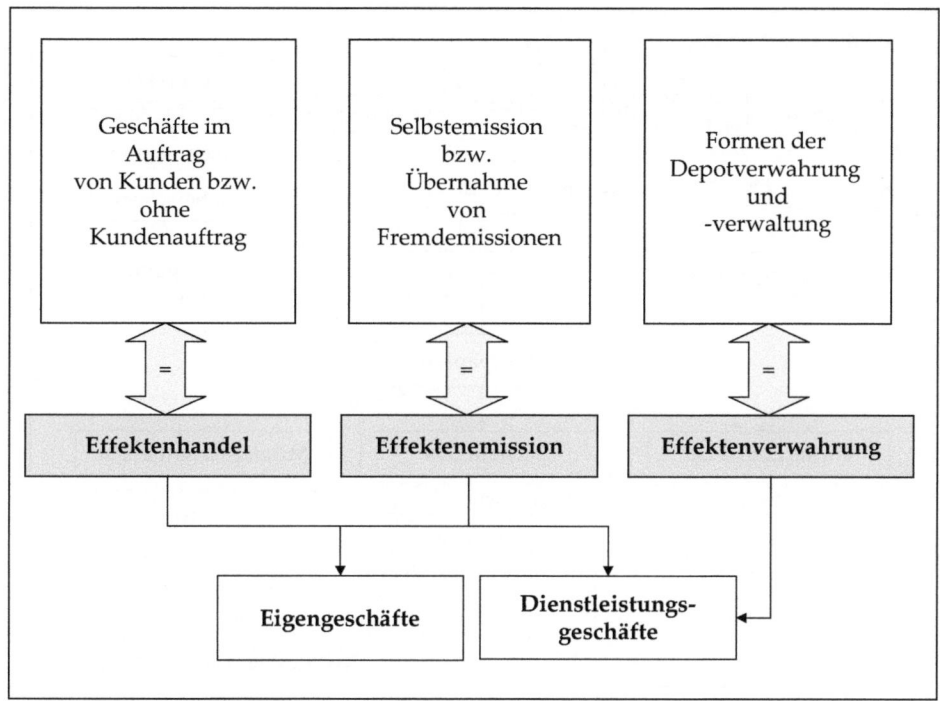

Abbildung 206: Einteilung der Effektengeschäfte

4.3.3.2 Das Wertpapiergeschäft

Die Banken bzw. Finanzdienstleister vermitteln im Wertpapiergeschäft zwischen den Vertragsparteien. Der Emittent wird bei der Platzierung der Wertpapiere am Kapitalmarkt beraten und begleitet, wobei dies die Übernahme eines Teils der Emission einschließen kann. Der Anleger wird bei der Anlage in Wertpapieren und der Auswahl der Wertpapiere beraten. Die **Beratungs-, Verwaltungs- und Verwahrungsleistungen** werden den Kreditinstituten durch Gebühren sowie Provisionen entgolten. Bilanzwirksamkeit erlangt das Wertpapiergeschäft nur dann, wenn ein Kreditinstitut das Wertpapier selbst erwirbt, also als Anleger fungiert. Dann werden entsprechend Zinseinnahmen bzw. Dividendenerträge generiert. In dem Fall handelt die Bank mit den Wertpapieren.

Der Begriff des Wertpapiers ist klar definiert. Ein **Wertpapier** ist ein verbrieftes, privates Vermögensrecht. Im Gegensatz zu öffentlichen Urkunden (Geburtsurkunde; Personalausweis), die von einer Behörde oder Person öffentlichen Glaubens ausgestellt werden, handelt es sich bei den Wertpapieren um eine **private Urkunde**.

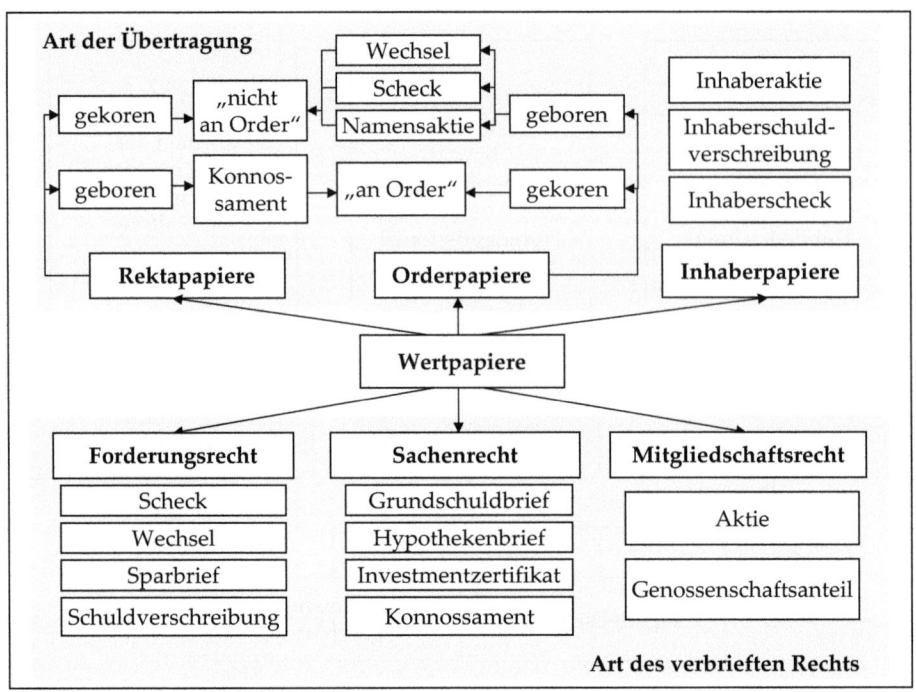

Abbildung 207: Abgrenzung der Wertpapiere

Inhaberpapiere grenzen sich von Order- und Rektapapieren nach der Art der Übertragung ab, weil der jeweilige Besitzer eines solchen Papiers das Recht aus dem Papier geltend machen kann. Es gilt die Vermutung, dass der Besitzer (Inhaber) auch Eigentümer der beweglichen Sache bzw. des Rechts ist. **Orderpapiere** lauten dagegen auf den Namen des Berechtigten. Nur der Berechtigte durch Ausstellung oder Indossament kann das Recht aus dem Papier geltend machen. Dabei sind **geborene Orderpapiere** durch Gesetz (ohne Orderklausel) so definiert, während **gekorene Papiere** durch eine Orderklausel zu Orderpapieren werden. **Rektapapiere** werden im Gegensatz zu den Inhaber- und Orderpapieren nicht durch Übereignung der Urkunde sondern durch **Abtretung** des verbrieften Rechtes übertragen. Das verbriefte Recht kann eine Geldforderung (§ 952 BGB) beinhalten, ein Eigentums-, Pfand- oder Besitzrecht sein oder die Teilhabe begründen. Die verschiedenen Wertpapiere lassen sich entsprechend ihren Eigenschaften zuordnen.

Ein wesentliches Merkmal von Wertpapieren ist die **Fungibilität** (Vertretbarkeit). Wertpapiere sind fungibel, wenn bei gleichem Nennwert bzw. gleicher Stückelung jedes Papier die gleichen Rechte verkörpert. In diesem Fall wird von **Effekten** gesprochen. Des weiteren kann man die Wertpapiere nach den Märkten abgrenzen auf denen

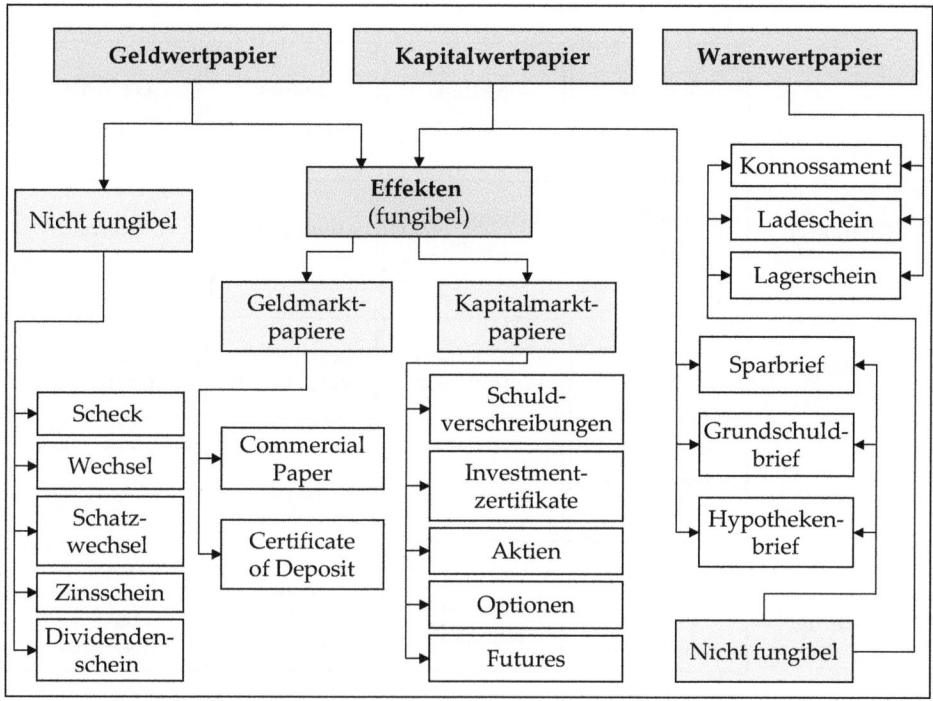

Abbildung 208: Systematik von Wertpapieren

sie gehandelt werden. Hier sind **Geld-, Kapital- und Warenmärkte** von Bedeutung. Die fungiblen **Geldmarktpapiere** gehören zu den Finanzinnovationen und existieren erst seit den achtziger Jahren des zwanzigsten Jahrhunderts, in Deutschland sind sie noch jüngeren Datums.

Das Angebotsspektrum im Effektengeschäft ist sehr vielfältig. Eine einfache Strukturierung der **Kapitalmarktpapiere** ist mit der Unterscheidung in Aktien, Renten (verzinsliche Wertpapiere) und Derivate möglich. Investmentanteile sollen im Rahmen der Fondsgeschäfte gesondert behandelt werden. Obwohl alle Effekten das Kriterium der Fungibilität erfüllen, existieren wesentliche Unterschiede in der Ausgestaltung. Zum einen werden unterschiedliche Rechte begründet, indem man ein Wertrecht erwirbt, **Gläubiger** oder **Teilhaber** wird. Zum anderen lassen sich **Erträge** aus Effekten in verschiedener Form erwirtschaften. Insgesamt bedient der Effektenmarkt alle Laufzeiten. Die in der folgenden Abbildung dargestellten Unterscheidungskriterien sorgen im Ergebnis dafür, dass die Effekten sowohl hinsichtlich der (des) erwarteten Rendite (Ertrages) als auch des zugrundeliegenden Risikos stark variieren.

	Renten	Aktien	Fonds	Derivate
Charakter	Gläubiger-papier	Beteiligungs-papier	Anteilspapier	Recht
Ertrag	Zinsen	Dividende / Wertzuwachs	Ausschüttung / Wertzuwachs	Prämie / Wertzuwachs
Laufzeit	kurz / mittel / lang	unbegrenzt	unbegrenzt	kurz / lang
Haftung	Keine Verlust-teilnahme	Verlust-teilnahme	Keine Verlust-teilnahme	Verlustpotential an Basiswert gekoppelt

Abbildung 209: Arten von Effekten

Als Grundformen von **Effekten** können Rentenpapiere oder Schuldverschreibungen, Aktien, Investmentfonds und Derivate unterschieden werden. Innerhalb dieser Grundformen sind verschiedene Ausgestaltungen der Wertpapiere denkbar. Als Finanzinnovationen lassen sich auch Mischformen aus diesen Wertpapieren konstruieren. Die **fungiblen Geldmarktpapiere**, wie Commercial Paper und Certificate of Deposit, sind Schuldverschreibungen, weil sie als Gläubigerpapiere mit einem Zinskupon ausgestattet sind. Sie haben kurze Laufzeiten von bis zu 2 Jahren. Commercial Paper sind kurzfristige Wertpapiere, die im Rahmen eines langfristig aufgelegten Emissionsprogramms herausgegeben werden. **Renten** können aber auch eine sehr lange Laufzeit von 30 Jahren und mehr aufweisen. **Aktien** haben eine unbegrenzte Laufzeit und werden nur im Liquidationsfall zurückgezahlt. Der Aktionär nimmt als Anteilseigner des Unternehmens am Verlust teil und partizipiert dafür an den Gewinnen des Unternehmens. **Fonds** verbriefen dem Anleger einen Anteil am Vermögen des Investmentfonds. Der Anteilsinhaber erzielt einen Ertrag durch die Wertsteigerung des Fondsvermögens bzw. durch Ausschüttungen des Fonds. Die Laufzeit ist in der Regel unbegrenzt. An einem Verlust der KAG, die den Fonds auflegt, wird der Anleger nicht beteiligt. **Derivate** verbriefen Wertrechte und beziehen sich auf einen Basiswert.

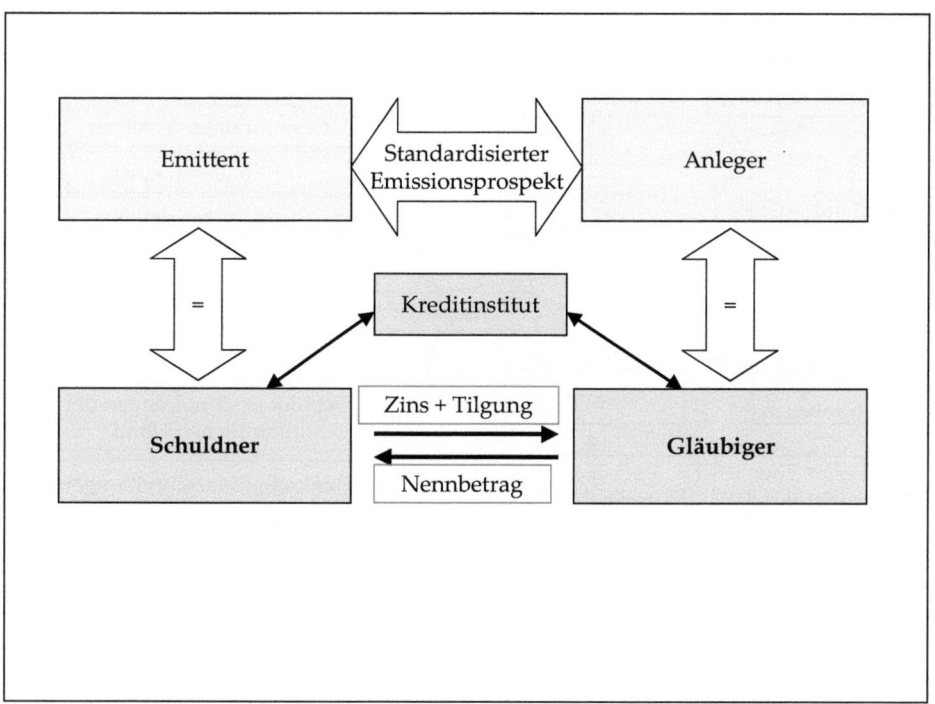

Abbildung 210: Vertragsbeziehung bei verzinslichen Wertpapieren

---

4.3.3.2.1 Anleiheprodukte

Die **Renten bzw. verzinslichen Wertpapiere** kann man nach den Kriterien Verzinsung, Laufzeit, Tilgung, Währung und nach dem Rang im Liquidationsfall (Konkurs) differenzieren. Grundsätzlich ist das typische Merkmal dieser Wertpapiergruppe, dass der Käufer des Papiers (Anleger) als **Gläubiger** einen Anspruch auf **Rückzahlung** des geliehenen Kapitals inklusive eines Entgeltes in Form des Zinses erwirbt. Der Verkäufer (Emittent) als **Schuldner** verspricht die Gegenleistung nach den oben genannten Kriterien. Die Ausgabe der verzinslichen Wertpapiere kann vom Nennbetrag abweichen. Ein Aufschlag (Agio) bzw. Abschlag (Disagio) führt zu einer Zahlung über pari bzw. unter pari (100 % = pari). Bis vor kurzem wurde nur von festverzinslichen Wertpapieren gesprochen, eine variable Verzinsung dieser Wertpapiere ist inzwischen eine gebräuchliche Art der Zinsvereinbarung. Verzinsliche Wertpapiere mit kurzen Laufzeiten werden zu den Geldmarktpapieren gerechnet, während die mittleren und langen Laufzeiten zu den **Kapitalmarktpapieren** (Anleihen) zählen.

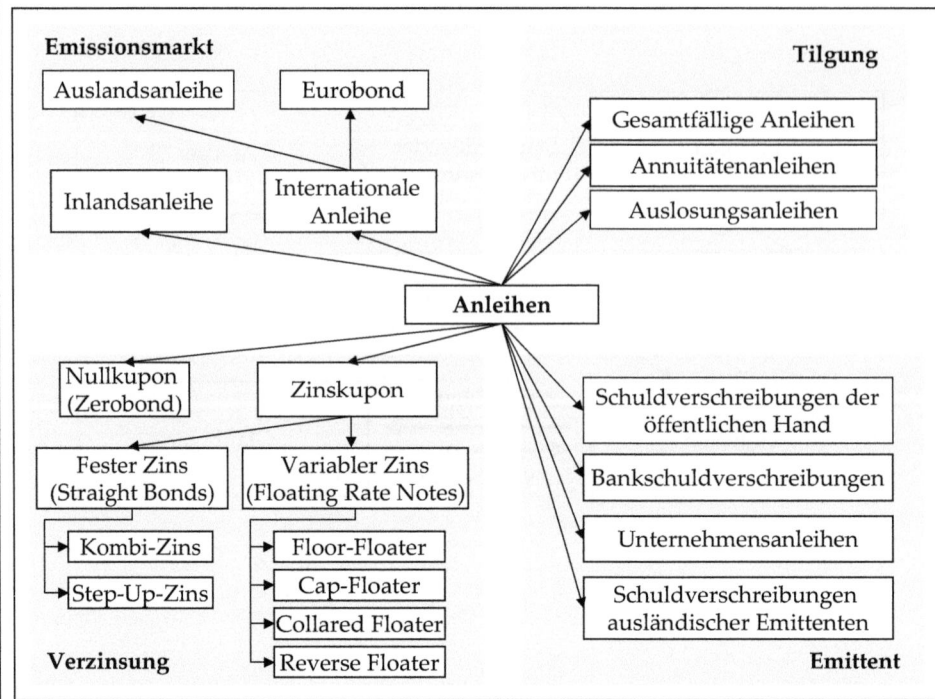

Abbildung 211: Systematik verzinslicher Wertpapiere

■ **Tilgung**

Anleihen sind nach den **Rückzahlungsmodalitäten** zu differenzieren. Gesamtfällige Anleihen werden am Ende der Laufzeit zurückgezahlt, dagegen werden **annuitätische Anleihen** während der Laufzeit in gleichen Teilen getilgt. Bei **Auslosungsanleihen** werden zu bestimmten, vorher definierten Terminen Teile der Anleihe getilgt. Die zum jeweiligen Termin fälligen Wertpapiere werden ausgelost (bspw. nach Serien oder Endziffern).

■ **Emissionsmarkt**

Die Emissionsmärkte lassen sich in **nationale Anleihemärkte**, für die im Inland und in Heimatwährung emittierten Schuldverschreibungen und in **internationale Anleihemärkte** gliedern. **Auslandsanleihen** sind nach der Systematik Schuldverschreibungen, bei denen ein Schuldner einen für ihn ausländischen Markt wählt und in der Währung dieses Marktes emittiert (z.B. Daimler-Chrysler in London in britischen Pfund). Dagegen bezeichnen **Eurobonds** Anleihen, die in einer Weltwährung auf verschiedenen internationalen Finanzplätzen emittiert werden.

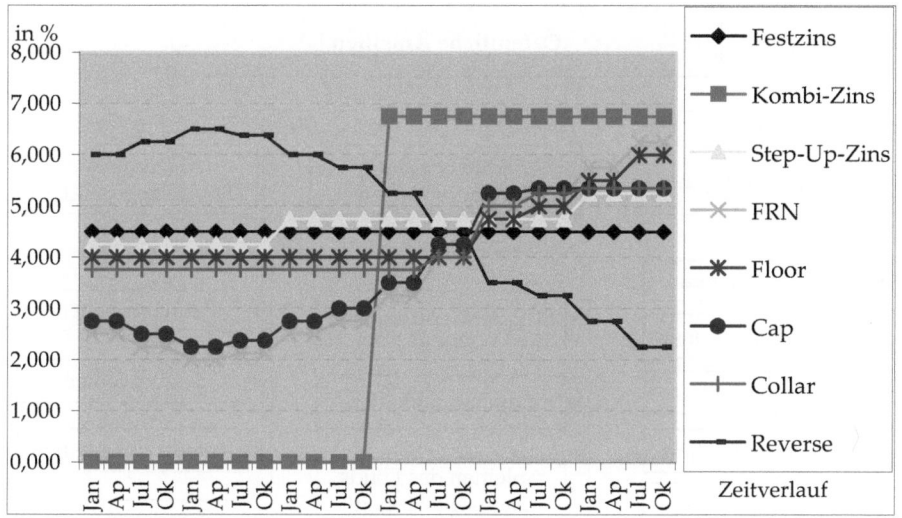

Abbildung 212: Alternativen der Verzinsung

▪ Verzinsung

In der Verzinsung lassen sich viele Varianten abgrenzen. Eine Anleihe ohne eine Zinszahlung nennt man eine **Nullkuponanleihe**, wobei das Entgelt in einem niedrigeren Emissionskurs gegenüber dem Rückzahlungsbetrag (Nennwert) liegt. Die Differenz zwischen Ausgabe- und Rückzahlungskurs wird durch Abzinsung des Nennwertes erzielt. Damit entspricht der Zerobond einer verzinslichen Anleihe. Die wesentlichste Unterscheidung der Anleihen mit **Zinskupon** erfolgt in **festverzinsliche** und **variabel verzinsliche** Schuldverschreibungen. Bei Festzinsanleihen wird ein konstanter Zins über die Laufzeit vereinbart. Die Festzinsvereinbarung kann bei einem Kombi-Zins so variiert werden, dass Jahren ohne Zinszahlungen Jahre mit einem entsprechend höheren Kupon folgen. Bei der **Step-Up-Verzinsung** steigt der fest vereinbarte Zins zu bestimmten Zeitpunkten (bspw. nach 2 und 4 Jahren bei 6 Jahren Laufzeit).

Eine **variable Verzinsung** (FRN) ist in der Regel derart an die Entwicklung eines Referenzzinses (z.B. EURIBOR) geknüpft, dass der Emittent je nach Bonität den **Referenzzins** + X zahlt. Die Anpassung erfolgt dabei zu vorher festgelegten Zeitpunkten (bspw. viertel- oder halbjährlich). Die **Floating Rate Notes** (FRN) können auch in Sonderformen gestaltet sein. Der **Floor-Floater** garantiert einen Mindestzins der variablen Verzinsung. Entsprechend begrenzt der **Cap-Floater** den variablen Zins nach oben und der **Collared-Floater** gewährt eine variable Verzinsung innerhalb einer bestimmten

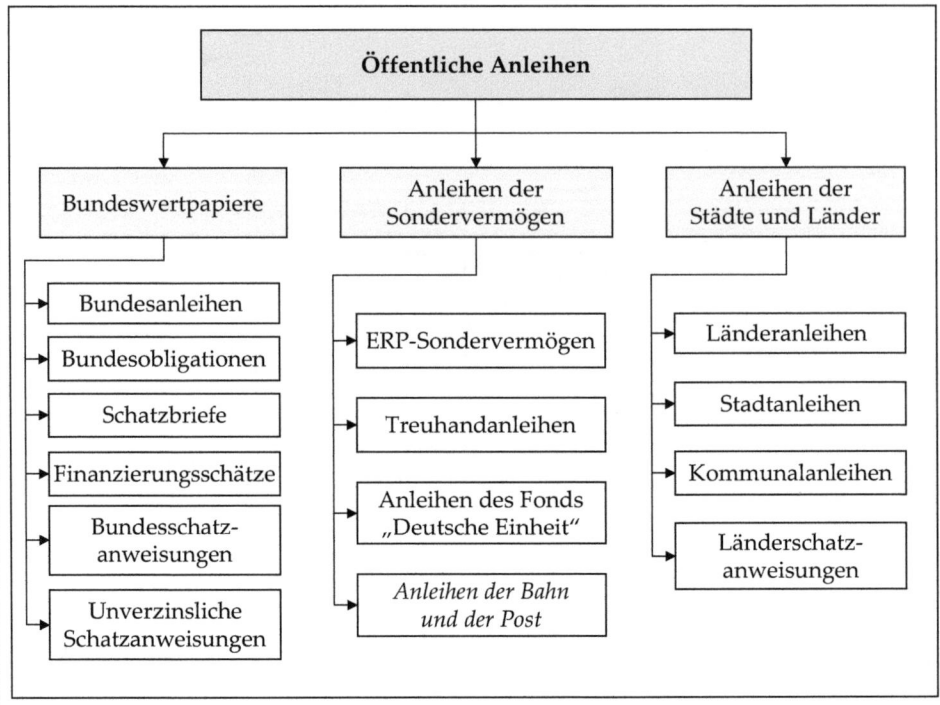

Abbildung 213: Abgrenzung der öffentlichen Anleihe-Emittenten

Bandbreite. Der **Reverse-Floater** garantiert die Differenz zwischen einem vereinbarten Festsatz und einem Referenzzins (z.B. 15% - 3-Monats-EURIBOR). Alle Formen der variablen Verzinsung basieren auf unterschiedlichen Zinserwartungen der Marktteilnehmer bzw. der Absicht über eine stabile Zinskalkulation verfügen zu können.

■ **Emittenten**

Wenn man die verzinslichen Wertpapiere nach den Schuldnern unterscheidet, so ist damit auch eine Bonitätsgruppierung verbunden. **Öffentliche Schuldner** gelten aufgrund der Möglichkeit Steuern zu erheben bzw. ihrer hoheitlichen Gewalt als beste Bonitäten. Die Rückzahlung wird als höchst wahrscheinlich eingestuft. Die Angebotspalette bei Wertpapieren öffentlicher Schuldner ist sehr breit. Die umfassende Finanzierung des Staates über den Anleihemarkt führt dazu, dass Anleger mit verschiedenen Anlagehorizonten und Zinsvorstellungen erreicht werden sollen. Das Volumen der **Staatsschuldverschreibungen** rechtfertigt entsprechend unterschiedliche Emissionen. Als Emittent treten dabei neben dem Bund seine Sondervermögen bzw. die Länder und Kommunen auf.

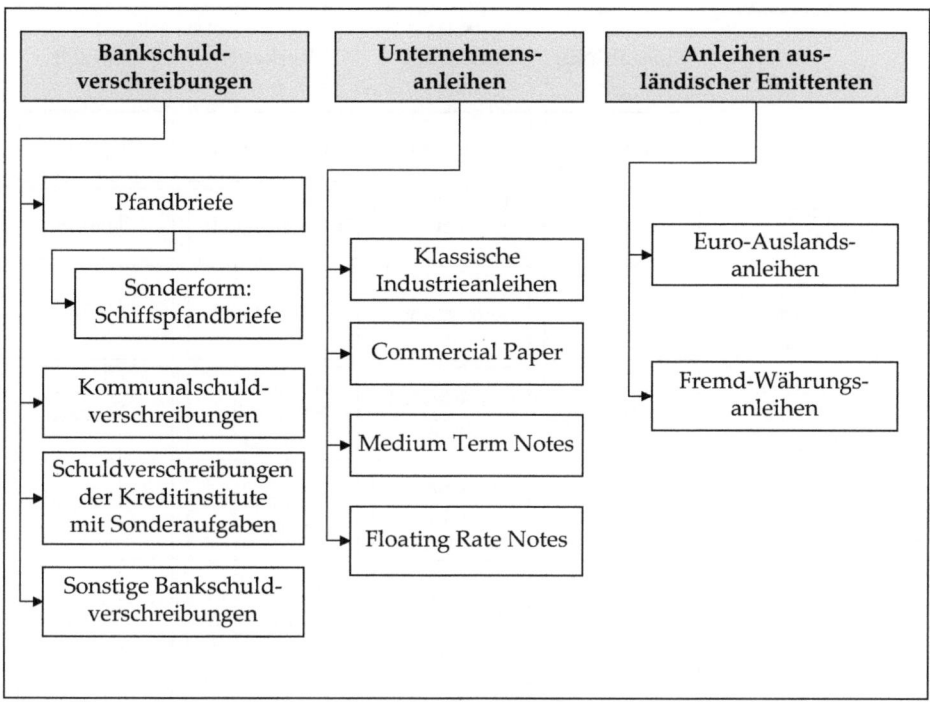

Abbildung 214: Abgrenzung der Anleihe-Emittenten

In der Bonitätsabstufung folgen die Kreditinstitute nach den öffentlichen Emittenten, was aus der strengen Überwachung der Branche folgt, die wiederum ihrer volkswirtschaftlichen Stellung geschuldet ist. **Bankschuldverschreibungen** stellen auch vom Marktvolumen eine wesentliche Größe des Marktes für verzinsliche Wertpapiere dar. Sonstige Bankschuldverschreibungen werden von allen Banken und Sparkassen herausgegeben und weisen keine besonderen Konstruktionsmerkmale auf. Die Schuldverschreibungen der Kreditinstitute mit Sonderaufgaben nehmen lediglich eine Sonderstellung ein, weil die Emittenten eine Sonderstellung im Kreditgewerbe einnehmen. Von herausragender Bedeutung sind für den deutschen Kapitalmarkt die **Pfandbriefe und Kommunalschuldverschreibungen**. Der Begriff Pfandbrief ist geschützt (§ 5a Hypothekenbankgesetz). Die Kommunalschuldverschreibung wird aufgrund ihrer Konstruktion auch als „Öffentlicher Pfandbrief" bezeichnet.

Unternehmensanleihen oder **Industrieobligationen** bilden den Markt verzinslicher Schuldverschreibungen von Industrie- und Dienstleistungsunternehmen, die sich über den Kapitalmarkt finanzieren. Die klassische Industrieanleihe steht dabei für das traditionell festverzinsliche Wertpapier eines Unternehmens. Floating Rate Notes

	Zinszahlung	Erwerber	Verkauf	Laufzeit
Bundes-Anleihen	jährlich	jedermann	börsentäglich	10 Jahre
Bundes-Obligationen	jährlich	jedermann	börsentäglich	5 Jahre
Bundes-Schatzan-weisungen	jährlich	jedermann	börsentäglich	2 Jahre
Unverzinsliche Schatzan-weisungen	Abzinsung	grundsätzlich möglich	Verkauf am Sekundär-markt	6 Monate
Bundes-Finanzierungs-schätze	Abzinsung	jedermann; nicht Kreditinstitute	nicht möglich	1 Jahr und 2 Jahre
Bundes-Schatzbriefe	Typ A: jährlich Typ B: Aufzinsung	Natürliche Personen; Altruistische Einrichtungen	5.000 EUR in 30 Zinstagen nach Ablauf von einem Jahr	Typ A: 6 Jahre Typ B: 7 Jahre

Abbildung 215: Abgrenzung der Bundeswertpapiere

variieren in der Verzinsung gegenüber den klassischen Anleihen. Commercial Papers und Medium Term Notes stellen Sonderformen von Wertpapieren dar, die von Unternehmen genutzt werden können. **Anleihen ausländischer Emittenten** lassen sich in eine der vorgenannten Emittentengruppen einordnen, der Schuldner hat seinen Sitz jedoch nicht im Inland. In Deutschland können solche Anleihen in Euro herausgegeben werden (Auslandsanleihen) oder in Fremdwährung (Eurobond). Bei der Fremdwährung tritt für den deutschen Anleger das Währungsrisiko hinzu. Denkbar ist auch eine Kombination derart, dass die Emission und die Rückzahlung in einer anderen Währung als die Zinszahlung erfolgen (Doppelwährungsanleihe).

■ **Staatsschuldverschreibungen**

Die **Bundeswertpapiere** sollen verschiedenste Anleger bzw. Anlegergruppen erreichen. Die **Daueremissionen** des Bundes, die Finanzierungsschätze sowie die Schatzbriefe können als Standardanlageform gelten und werden im freihändigen Verkauf emittiert. Die anderen Bundeswertpapiere werden im Tenderverfahren emittiert und sind bei Emission auch nur durch Mitglieder der Bietergruppe Bundesemissionen zu erwerben. Während für **Schatzbriefe** ein Emissions- Mindestauftragswert von 50 EUR und für **Finanzierungsschätze** von 500 EUR besteht, muss bei den Emissionen im Tenderverfahren mindestens in Höhe von 1 Mio. EUR geboten werden.

Für die Anleihen, Obligationen, Schatzbriefe und Finanzierungsschätze wird ein **Bundesschuldbuch** bei der Bundesschuldenverwaltung geführt, das als öffentliches Register den Schutz des öffentlichen Glaubens genießt. In der Ausgestaltung kann nach Zinsgestaltung, Erwerberkreis, Verkaufsmöglichkeiten und Laufzeit unterschieden werden. Die Papiere mit einer Laufzeit bis zu zwei Jahren decken den kurzfristigen Laufzeitbereich ab, die **Bundesanleihen** bilden mit 10 Jahren die obere Grenze als Langfristanlage. Ausnahmsweise wurden auch schon Bundesanleihen mit 30 Jahren Laufzeit emittiert. Die Daueremissionen sind nicht an der Börse handelbar, die Schatzbriefe sind jedoch nach einem Jahr vorzeitig zu verkaufen. Die Finanzierungsschätze sind dagegen nicht vorzeitig veräußerbar. Eine Besonderheit der Schatzbriefe besteht in der Eingrenzung des Erwerberkreises auf natürliche Personen sowie gemeinnützige, mildtätige und kirchliche Einrichtungen. Vom Erwerb der Finanzierungsschätze sind die Kreditinstitute ausgeschlossen.

■ **Pfandbriefe**

Pfandbriefe und Kommunalschuldverschreibungen **(Öffentliche Pfandbriefe)** sind Anleihen zur langfristigen Refinanzierung von Grundschuld- bzw. Hypothekarkrediten und Kommunaldarlehen. Die Verknüpfung der Wertpapiere mit den Darlehen ist durch verschiedene Prinzipien sichergestellt und unterliegt strengen gesetzlichen Vorgaben. Daraus resultiert für die Anleger in diesen Anleihen eine gegenüber anderen Anleihen erhöhte Sicherheit. Die Darlehen bzw. Grundpfandrechte, die zur **Deckung** herangezogen werden, müssen klar bestimmt sein und werden in ein Hypothekenregister bei Pfandbriefen und in ein Deckungsregister bei Kommunalschuldverschreibungen eingetragen. Die Summe der umlaufenden Anleihen darf die Summe der grundpfandrechtlich gesicherten Kredite bzw. die Summe der Kommunaldarlehen nicht übersteigen. Der Emittent (Schuldner) der Pfandbriefe und Kommunalschuldverschreibungen haftet dem Gläubiger mit seinem gesamten sonstigen Vermögen, bei öffentlich-rechtlichen Emittenten haften zusätzlich noch die Gewährträger (bis 2005 für Neuemissionen; bis 2015 für alte Emissionen). Im Fall der Insolvenz des Emittenten sind die im **Deckungs- bzw. Hypothekenregister** eingetragenen Werte aus der Insolvenzmasse ausgesondert. Für die privaten Hypothekenbanken ist zusätzlich eine sogenannte Umlaufgrenze zu beachten, die besagt, dass die umlaufenden Pfandbriefe und Kommunalschuldverschreibungen das Sechzigfache des haftenden Eigenkapitals nicht überschreiten dürfen. Diese Vorgabe soll die zusätzliche Unterlegung der Anleihen mit der Haftungsmasse der Emittenten gewährleisten. Bei **(privaten) Pfandbriefen**, die von privaten Hypothekenbanken emittiert werden, schreibt der Gesetzgeber außerdem eine sorgfältige Ermittlung des der Beleihung zugrunde liegenden Grundstückswertes vor und fordert gleichzeitig die Einhaltung einer Beleihungsgrenze, die drei Fünftel des ermittelten Wertes nicht übersteigt.

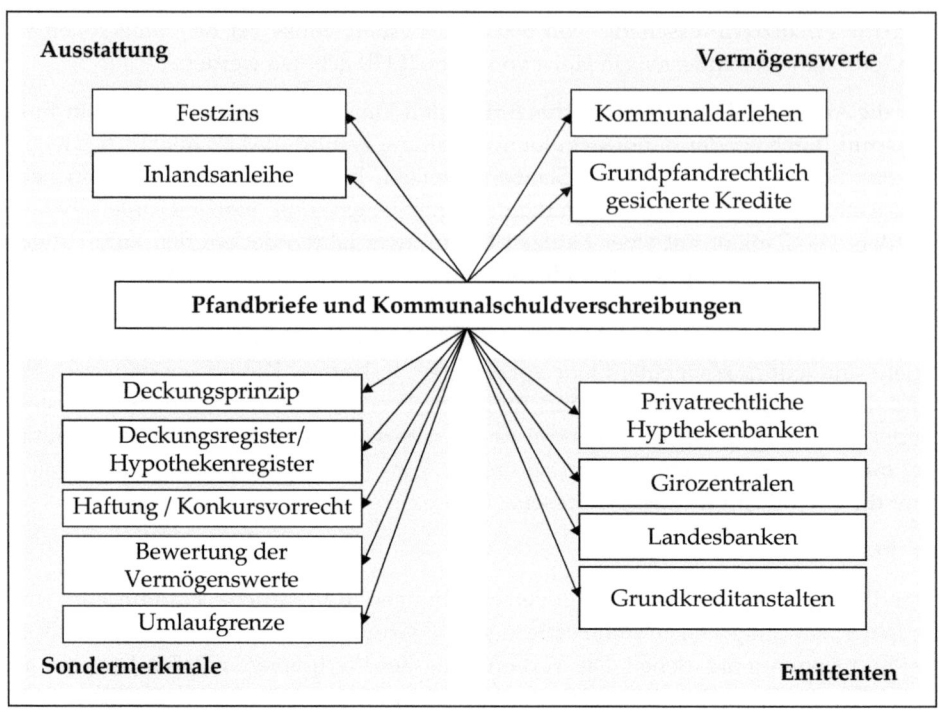

Abbildung 216: Systematik von Pfandbriefen

Das **Emissionsrecht** für diese Wertpapiere haben lediglich privatrechtliche Kreditinstitute, die Hypothekenbanken (Spezialbanken) auf der Grundlage des Hypothekenbankgesetzes sind sowie Grundkreditanstalten, Girozentralen und Landesbanken auf der Grundlage des Gesetzes über Pfandbriefe und verwandte Schuldverschreibungen öffentlich-rechtlicher Kreditanstalten.

Die Besonderheit der Konstruktion ist, dass die Finanzierungsgeschäfte einen direkten Bezug zu den Finanzmitteln haben, die am Kapitalmarkt beschafft werden. Aus Anlegersicht bedeutet das eine Verknüpfung des Wertpapiers Anleihe mit einem Kredit. Die Bonität der Anleihe ist damit nicht nur von der des Emittenten abhängig, sondern bestimmt sich auch durch die zur Deckung herangezogenen Vermögenswerte. Die Begrenzung der Pfandbriefemission auf die bestehenden Darlehensbeträge sichert gleichzeitig eine Parallelität der Schuldendienstverpflichtungen des Kreditnehmers gegenüber dem Kreditgeber einerseits und des Pfandbriefschuldners gegenüber dem Pfandbriefgläubiger andererseits. Das Prinzip gilt ebenso für Kommunaldarlehen und Kommunalschuldverschreibungen, wobei an die Stelle des Hypothekenregisters das Deckungsregister tritt, die grundpfandrechtliche Besicherung entfällt und der Kreditnehmer immer eine inländische Körperschaft oder Anstalt des öffentlichen Rechts ist.

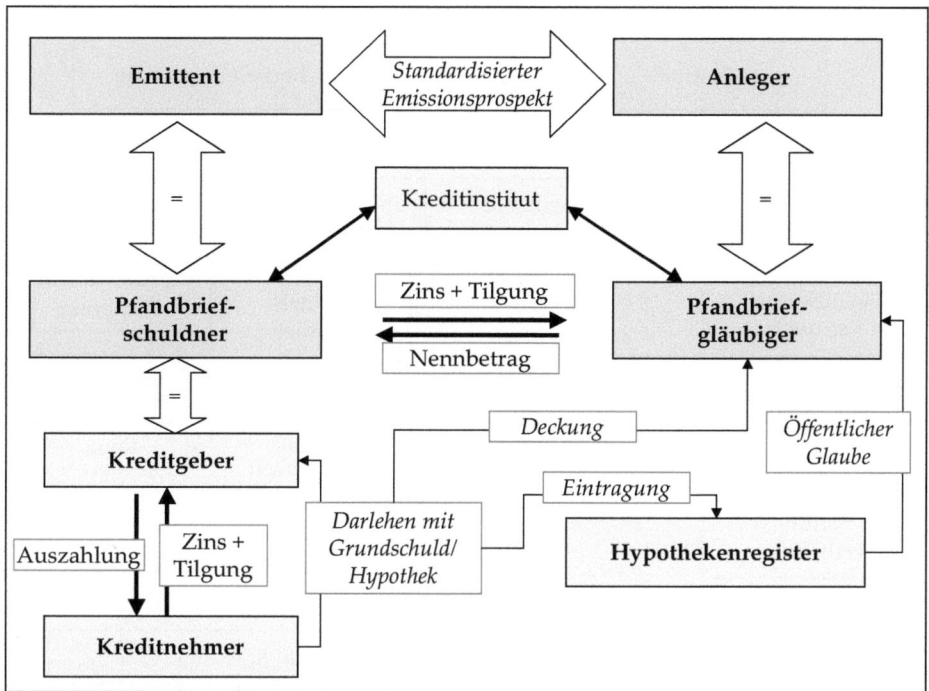

Abbildung 217: Struktur von Pfandbriefen

▨ Sicherheitsmerkmale von Anleihen

Schließlich müssen die Sicherheitsmerkmale von verzinslichen Wertpapieren darge-stellt werden, die einen entscheidenden Einfluss auf die Höhe der Verzinsung haben. Die **Bonität** ist im weiteren Sinne ein Sicherheitsmerkmal. Eine gute Bonität bedeutet ein geringes **Ausfallrisiko** bzw. eine hohe **Rückzahlungswahrscheinlichkeit**, die sich in einem niedrigeren Entgelt (Zins) ausdrückt. Für Deutschland gelten darüber hinaus besondere Sicherheitsmerkmale in Gestalt der **Mündelsicherheit** und **Deckungsstock-fähigkeit**. Mündelsichere Wertpapiere sind in Deutschland öffentliche Anleihen, Pfandbriefe, Kommunalobligationen oder sonstige Schuldverschreibungen (durch Bund, Länder, Kommunen garantiert oder von Kreditinstituten mit entsprechender Sicherungseinrichtung herausgegeben), die aufgrund ihrer Ausgestaltung als beson-ders sichere Anlageformen gelten. Die Festlegung der Mündelsicherheit von Wertpa-pieren trifft die Bundesregierung (mit Zustimmung des Bundesrates) bzw. die zustän-dige Aufsichtsbehörde bei Sparkassen. Die Deckungsstockfähigkeit leitet sich aus dem Versicherungsaufsichtsgesetz (VAG) ab. Danach müssen Versicherungen zur Besiche-rung der Ansprüche der Versicherungsnehmer ein Deckungsstockvermögen bilden,

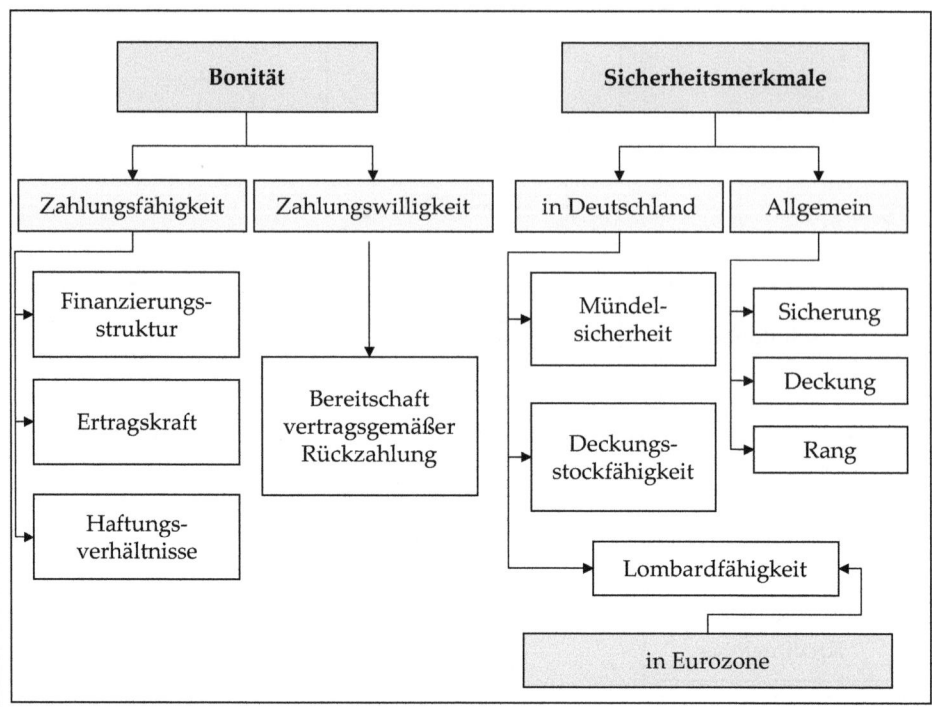

Abbildung 218: Sicherheit verzinslicher Wertpapiere

das hinsichtlich Art, Höhe und Sicherheit der Anlagen speziellen Anforderungen genügt. Die **Lombardfähigkeit**, also die Fähigkeit von den Zentralbanken des ESZB beliehen zu werden, erlangen ebenfalls nur Wertpapiere, die hohe Qualitätsansprüche erfüllen.

Allgemein wird die **Sicherheit** verzinslicher Wertpapiere danach abgestuft, ob und wie sie besichert sind (bspw. durch Garantien Dritter) und an welcher Stelle man im Konkursfall des Emittenten bedient wird (**Rang**). Eine besondere Eigenschaft ist die **Deckung**, die besagt, dass Wertpapiere (in voller Höhe) durch Grundpfandrechte bzw. Kredite an öffentliche Schuldner besichert sein müssen. Die Deckung ergibt sich wiederum daraus, dass der Gläubiger im Konkursfall ein Befriedigungsvorrecht an den Deckungswerten genießt.

Innovative Ausgestaltungen von Anleihen sind **Doppelwährungsanleihen**, bei denen Kapital und Zinsen in unterschiedlichen Währungen denominiert sind sowie Bonds, bei denen der Zinskupon von der Forderung aus der Schuldverschreibung abgetrennt und beide Teile gesondert gehandelt werden (**Stripped Bond**). Grundsätzlich können verzinsliche Wertpapiere börsengehandelt oder nicht börsengehandelt sein.

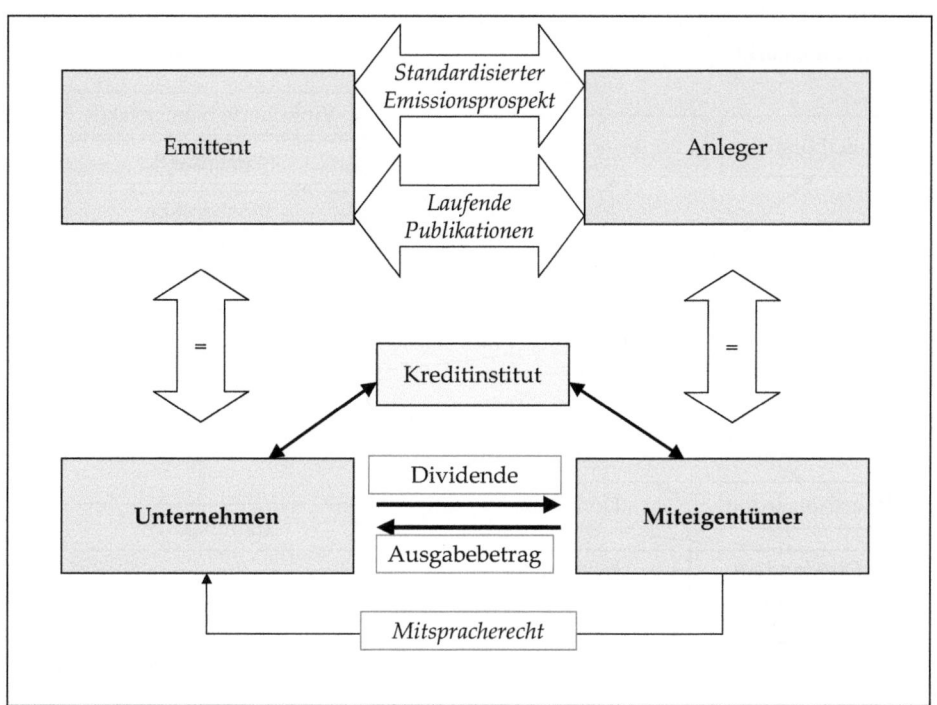

Abbildung 219: Vertragsbeziehungen bei beteiligungsrechtlichen Wertpapieren

4.3.3.2.2   Aktien

Die Aktien kann man nach den Kriterien Ertrag, Mitspracherechte, Streubesitz und Börsenkapitalisierung differenzieren. Grundsätzlich ist das typische Merkmal dieser Wertpapiergruppe, dass der Käufer des Papiers (Anleger) als **Teilhaber** einen Anteil am Unternehmen inklusive eines Anspruchs auf **Beteiligung am Unternehmenserfolg** in Form einer **Dividende** erwirbt. Der Verkäufer (Emittent) räumt als Gegenleistung ein **Mitspracherecht** am Unternehmen ein, das unterschiedlich ausgestaltet sein kann. Der Ausgabepreis der Aktien kann vom Nennbetrag abweichen. In der Regel wird ein Agio (Aufschlag) auf den Nennbetrag erhoben.

Das Unternehmen ist der **Emittent** der Aktien, dazu muss es in der Rechtsform einer **Aktiengesellschaft** (AG) oder einer **Kommanditgesellschaft auf Aktien** (KgaA) geführt werden. Der Kapitalanleger wird durch Erwerb der Aktie Miteigentümer und erhält als Anteilseigner Mitspracherechte. Der **Anteil am Grundkapital** (Miteigentum) wird gegen Zahlung des festgelegten Aktienpreises (Ausgabebetrag) erworben. Ein Rückzahlungsanspruch besteht nicht, aber ein Anspruch auf Dividende, die wiederum

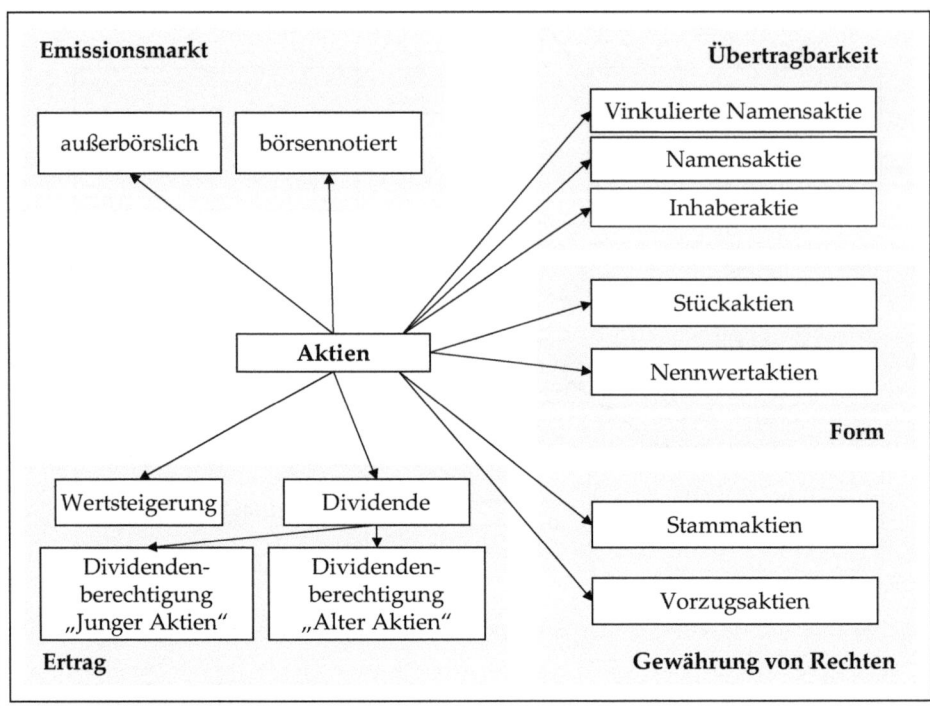

Abbildung 220: Systematik beteiligungsrechtlicher Wertpapiere (Aktien)

vom Unternehmenserfolg abhängt. Das Aktienkapital bildet die **Haftungsmasse** eines Unternehmens. Eigenkapitalgeber (Aktionäre) sind die Anleger der Aktiengesellschaft, die im Misserfolgsfall des Unternehmens nach allen anderen einen Anspruch auf Befriedigung haben. Veränderungen des Unternehmenswertes oder Erwartungen bezüglich der Entwicklung des Unternehmenswertes führen daher zu Schwankungen des Aktienpreises. Aktien können wie Anleihen an der Börse gehandelt werden. Eine **Börsennotierung** erhöht die Fungibilität der Aktien und die Publizität der Unternehmung. Der Erwerb und die Veräußerung von Aktien werden zumeist über Kreditinstitute (bzw. Wertpapierdienstleister) abgewickelt. Wenn die Gesellschaften an einem organisierten Markt (Börse) gehandelt werden, unterliegen sie Publizitätspflichten, sowohl bei der Emission als auch fortlaufend.

■ **Gestaltungsformen**

In der Form können Stückaktien und Nennwertaktien unterschieden werden. **Nennwertaktien** müssen auf mindestens einen Euro bzw. auf ganze Eurobeträge lauten. Der Aktienanteil richtet sich nach dem Anteil des Aktiennennbetrages am Grundkapital. Im Gegensatz dazu lauten **Stückaktien** auf keinen Nennbetrag, sondern auf einen Anteil am Grundkapital. Der Anteil bestimmt sich durch die Zahl der umlaufenden

Aktien und ist für alle Stückaktien einer Gesellschaft gleich. Im Hinblick auf die Übertragbarkeit sind Aktien als Inhaberpapiere oder Namenspapiere ausgestaltbar. **Inhaberaktien** werden durch Einigung und Übergabe übertragen. **Namensaktien** lauten wie alle anderen Namenspapiere auf den Namen des Aktionärs und sind durch Indossament übertragbar. **Vinkulierte Namensaktien** haben die Besonderheit, dass sie nicht ohne Zustimmung des Emittenten veräußerbar sind. Um die Übertragung der Namensaktien zu vereinfachen, sind sie in die **Girosammelverwahrung** einbezogen. Das bedeutet, dass sie mit einem Blankoindossament ausgestattet, buchmäßig übertragen werden können.

Der Ertrag der Aktien ergibt sich aus den **Ausschüttungen**, die als **Dividenden** an die Aktionäre gezahlt werden und der Wertsteigerung der Aktie. **Junge Aktien** sind in dem Jahr, in dem sie in Umlauf gebracht werden, noch nicht voll dividendenberechtigt und werden erst im Folgejahr alten Aktien gleichgestellt. Die **Wertsteigerung** ist allerdings mit hoher Unsicherheit verbunden. Langfristig ist davon auszugehen, dass die Aktien im Wert steigen, weil sich das Unternehmen entsprechend positiv entwickeln sollte. Kurzfristig schwanken die Aktien in ihrer Wertentwicklung. Eine negative Konjunktur-, Branchen- und/oder Unternehmensentwicklung kann zu sinkenden Aktienkursen führen, so dass ein Wertverlust mit dem Aktienbesitz verbunden sein kann. Im Fall der Unternehmensinsolvenz droht der Totalverlust des Aktienkapitals. **Stammaktien** gewähren dem Aktionär alle Rechte, die ihm nach dem Aktiengesetz zustehen. **Vorzugsaktien** sind dagegen mit bestimmten Vorrechten ausgestattet.

■ **Gewährung von Rechten**

Zu den Rechten von **Stammaktien** gehören die Rechte auf **Teilnahme** und **Auskunft** sowie das **Stimmrecht** auf der **Hauptversammlung**. Die Hauptversammlung ist die jährliche Zusammenkunft aller Aktionäre, die in den ersten acht Monaten des Geschäftsjahres stattzufinden hat. Entscheidende Maßnahmen der Gesellschaft, wie z.B. die Bestellung des Aufsichtsrates (Kontrollgremium), Bestellung des Abschlussprüfers und Verwendung des Bilanzgewinns werden auf der Hauptversammlung beschlossen. Der auf eine Aktie entfallende Gewinnanteil wird als Dividende bezeichnet. Der Aktionär hat einen Anspruch auf einen **Anteil am Bilanzgewinn** (Dividendenrecht). Das **Bezugsrecht** beinhaltet den Anspruch, bei Kapitalerhöhungen einen Anteil neuer Aktien zu erhalten, der dem bisherigen Anteil am Grundkapital der Gesellschaft entspricht. Das Recht auf **Anteil am Liquidationserlös** gewährt bei Auflösung der Gesellschaft nach Begleichung aller Verbindlichkeiten einen Anteil am verbleibenden Vermögen.

Die Vorrechte der **Vorzugsaktien** können in dem verbundenen Stimmrecht liegen. Bei Aktien, die vor dem Inkrafttreten des Aktiengesetzes 1937 herausgegeben wurden, bestand die Möglichkeit eines Mehrstimmrechtes. Mit dem Eigentum an einer solchen Vorzugsaktie waren mehr als ein Stimmrecht verbunden (Beispiel: Siemens sechsfach).

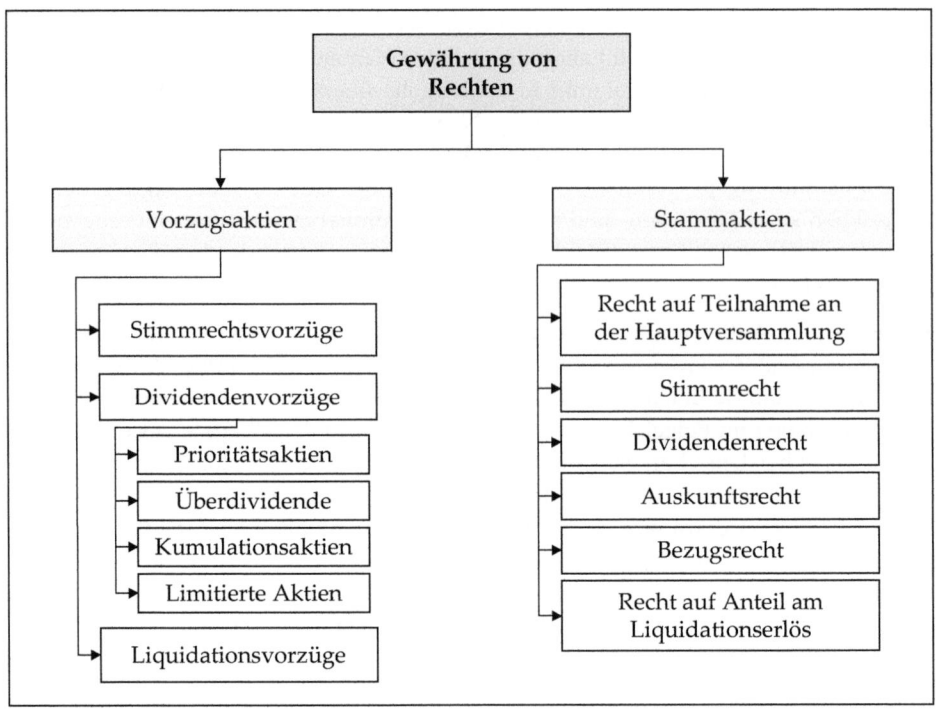

Abbildung 221: Rechte von Aktien

Die noch bestehenden **Mehrstimmrechte** sind zum 01.06.2003 verfallen, wenn die Hauptversammlung (mit 75%) nichts anderes beschlossen hat.

Alternativ ist ein höherer Dividendenanspruch der Vorzugsaktie denkbar. Grundsätzlich sind bei den **Dividendenvorzügen** vier Varianten zu unterscheiden: a) Prioritätsaktien, b) Anspruch auf Zusatzdividende, c) Kumulative Vorzugsaktien und d) Limitierte Vorzugsaktien. Prioritätsaktien verbriefen einen bevorrechtigten Anspruch auf Dividendenzahlung gegenüber anderen Aktionären. Bevor die Ausschüttung an die Stammaktionäre erfolgt, werden die Dividendenvorzüge (in bestimmter Höhe) bedient. Bei einem Anspruch auf Zusatzdividende besteht ein Dividendenvorteil gegenüber Stammaktionären. Bei kumulativen Vorzugsaktien kann das Stimmrecht in der Satzung ausgeschlossen werden. Der Vorteil der Aktienvariante liegt in dem Erwerb eines Dividendenanspruchs auch in Verlustjahren. In den Folgejahren (Gewinnjahren) müssen die ausgefallenen Dividendenzahlungen nachgeholt werden. Das ausgeschlossene Stimmrecht lebt bei Ausfall von Dividendenzahlungen oder offenen

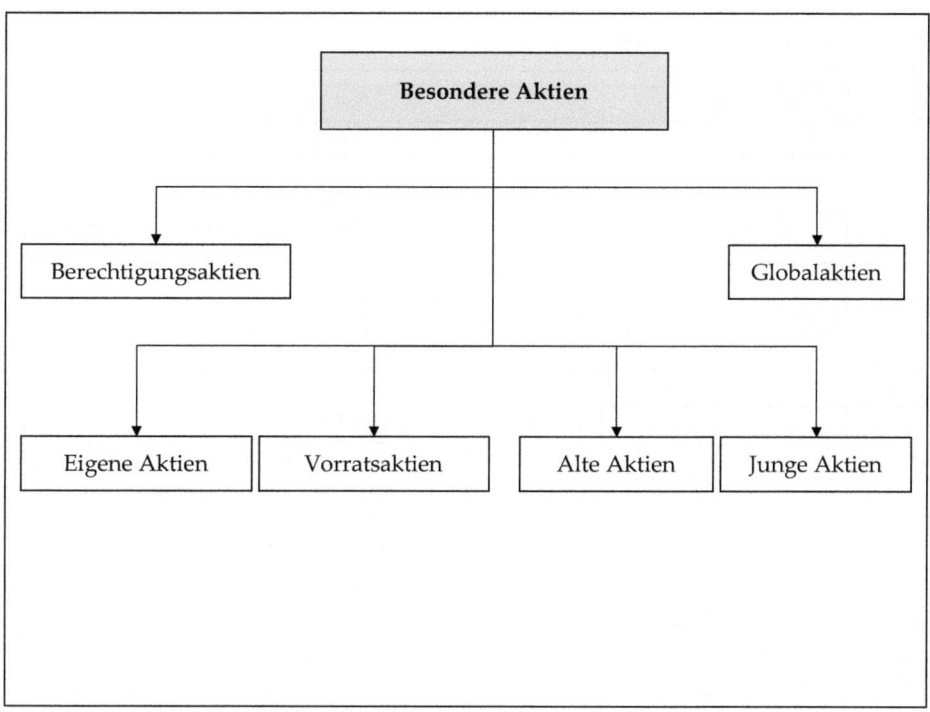

Abbildung 222: Besonderheiten von Aktien

Dividendennachzahlungen auf. Limitierte Dividendenvorzüge begrenzen den Dividendenvorzug auf einen bestimmten Prozentsatz. Bei hohen Gewinnen ist der Dividendenanspruch darauf begrenzt und die Stammaktionäre erhalten den verbleibenden Gewinn. Die verschiedenen Dividendenvorzüge können kombiniert werden. In der Regel handelt es sich um stimmrechtslose Dividendenvorzüge, weil damit neue Eigenmittel in das Unternehmen fließen, ohne dass die Stimmrechte davon berührt werden. Es kann stimmrechtslose (kumulative) Vorzugsaktien mit Prioritätsrecht und Überdividende geben. Schließlich kann die Bevorrechtigung in einer besseren Stellung bei der Verteilung des Liquidationserlöses im Insolvenzfall liegen. **Liquidationsvorzüge** sind nur in der Sanierung von praktischer Bedeutung. wenn ein Teil der Aktionäre zu Zuzahlungen bereit ist, werden für diese Aktionäre die Stammaktien in Liquidationsvorzüge gewandelt.

In bestimmten Fällen sind besondere Aktienarten zu unterscheiden. So kann eine Aktiengesellschaft beschließen, offene Rücklagen in Grundkapital umzuwandeln. Durch diese Berichtigung entstehen keine Wertveränderungen der Beteiligung. Der Kapitalanteil steht dem Aktionär als Rücklage ebenso zu. Weil die so entstehenden **Berichti-**

Tabelle 2: Kurszusätze und Hinweise der Börse

Zusatz	Bezeichnung	Erklärung
G	Geld	Zum Kurs bestand Nachfrage
B	Brief	Zum Kurs bestand Angebot
b	bezahlt	Alle Aufträge sind ausgeführt
-	gestrichen	Kurs nicht feststellbar
T	Taxe	Kurs geschätzt
*	Sternchen	Kleine Beträge nicht gehandelt
ausg	ausgesetzt	Kursnotierung augesetzt, kein Kursausruf
ebG	etwas bezahlt Geld	Zum Kurs limitierte Aufträge (G=Kauf; B=Verkauf) sind
ebB	etwas bezahlt Brief	in geringem Teil ausgeführt
ratG	rationiert Geld	Zum Kurs limitierte Aufträge (G=Kauf; B=Verkauf) und
ratB	rationiert Brief	unlimitierte sind nur beschränkt ausgeführt
ex	ohne	Kurs nach einem bestimmten Ereignis
exD	ohne Dividende	Kurs nach Abschlag der Dividende
exA	ohne Ausschüttung	
exBR	ohne Bezugsrecht	
exBA	ohne Berichtigungsaktien	
exSP	ohne Splitting	
exZS	ohne Zinsen	
exAZ	ohne Ausgleichszahlung	
exBO	ohne Bonusrecht	
ex abc	ohne verschiedene Rechte	

gungsaktien ohne Kapitaleinsatz an die Aktionäre ausgeteilt werden, nennt man diese Aktien auch **Gratisaktien**. **Globalaktien** entstehen durch Sammelurkunden, die einzelne Aktien zur Vereinfachung der Verwahrung und Verwaltung zusammenfassen.

Grundsätzlich ist der **Erwerb eigener Aktien** untersagt, weil durch den Rückkauf eigener Aktien das Haftkapital reduziert wird und damit die Gläubiger geschwächt würden. Dennoch kennt das Aktiengesetz die Möglichkeit, dass der Emittent seine eigenen Aktien zurückkaufen kann. Dies kann u.a. geschehen, um Schaden von der Gesellschaft abzuwenden oder diese Aktien an die Belegschaft auszugeben. Während bei Aktienrückkauf keine neuen Aktien geschaffen werden, entstehen **Vorratsaktien** bei einer Kapitalerhöhung. Vorratsaktien gehen über den aktuellen Kapitalbedarf bei Kapitalerhöhung hinaus und werden bis zur Verwertung treuhänderisch von einem

Konsortium (einer Bank) übernommen. Sie können im Bedarfsfall flexibel als **Beleg-schaftsaktien**, zur Kursintervention oder zum **Aktientausch** bei Beteiligungserwerb verwendet werden. **Junge Aktien** sind ebenfalls Aktien, die aus einer Kapitalerhöhung stammen und noch nicht voll dividendenberechtigt sind. Nach dem nächsten Dividendentermin sind die jungen Aktien den durch die Kapitalerhöhung zu alten Aktien werdenden Aktien gleichgestellt.

Zur Transparenzerhöhung werden börsentäglich **Einheitskurse** ermittelt. Der Einheitskurs muss bestimmte Bedingungen erfüllen. Die Kurszusätze und Hinweise zu den Kursnotierungen geben Informationen über den Handel zu dem angegebenen Kurs und damit über die Marktsituation.

4.3.3.2.3 Investmentfonds

Die gesetzliche Grundlage für Investmentfonds in Deutschland ist das **Investment-modernisierungsgesetz**. Seit dem Januar 2004 wurden das Kapitalanlagegesetz (KAGG) und das Auslandsinvestment-Gesetz durch das Investmentmodernisierungs-gesetz ersetzt. Das Gesetz besteht aus dem **Investmentgesetz** (InvG) und dem **In-vestmentsteuergesetz** sowie Änderungen in anderen Gesetzen. Dort sind zunächst die Begriffe Investmentfonds, Investmentaktiengesellschaft und Kapitalanlagegesellschaft definiert und geschützt. Dies ermöglicht ein einheitliches Verständnis von Investment-fonds in Deutschland. Weitergehend ist darin festgeschrieben, dass bei deutschen **Kapitalanlagegesellschaften** das Vermögen der Investmentfonds getrennt von dem Vermögen der Kapitalanlagegesellschaft zu halten ist. Diese Trennung soll die Trans-parenz für den Anleger erhöhen und gleichzeitig eine Vermischung der Geschäftsent-wicklung von Fonds und fondsauflegender Gesellschaft vermeiden. Ein Konkurs der Kapitalanlagegesellschaft soll keine Wertverluste des Fonds auslösen. Neu zugelassen sind in Deutschland **Investmentaktiengesellschaften**, die als einzigen Geschäftszweck die Anlage und Verwaltung ihrer Mittel in Vermögensgegenständen nach Maßgabe des Investmentgesetzes und nach dem Prinzip der Risikomischung verfolgen. Für den Anleger tritt an die Stelle des Sondervermögens das Gesellschaftsvermögen, an dem er beteiligt ist.

Das deutsche KAGG galt als sehr strenges Investmentgesetz und wurde bereits 1957 verabschiedet, als die Investmentanlage nur eine nachrangige Bedeutung hatte. Zur Konstruktion gehört die **Depotbank**, die eine Treuhänderfunktion für den Anleger übernimmt. Mit dem Investmentgesetz als Kernstück des Investmentmodernisie-rungsgesetzes sind die Aufgaben und Rahmenbedingungen für in- und ausländische Investmentfonds neu geregelt worden. Sowohl die **Geschäftstätigkeit der KAG** als auch der Katalog von Vermögensgegenständen, in denen angelegt werden kann, sind erheblich erweitert worden, um die Wettbewerbsfähigkeit deutscher Fondsgesellschaf-ten zu verbessern. Die hohen Standards des Gläubigerschutzes sind gestärkt.

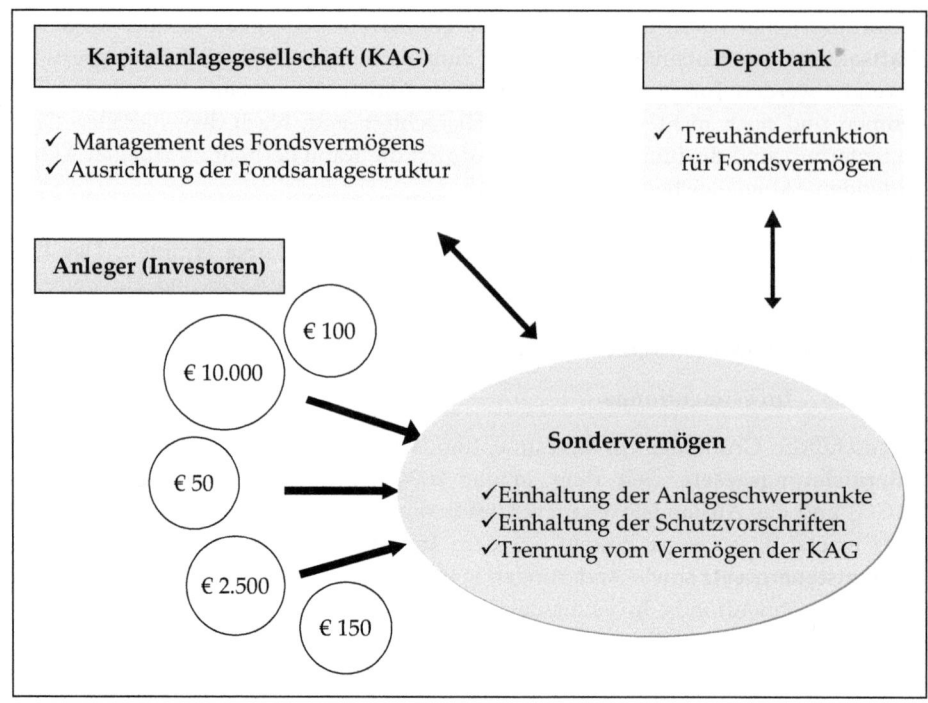

Abbildung 223: Struktur von Investmentfonds

■ Kapitalanlagegesellschaften

Die Kapitalanlagegesellschaften unterstehen der Kontrolle durch die Bundesanstalt für Finanzdienstleistungen und sind Kreditinstitute nach dem KWG. Es existieren mehr als 60 KAG, die in Deutschland zugelassen sind, die insgesamt mehr als 6800 Fonds vertreiben. Der Markt hatte vor allem in den neunziger Jahren hohe Zuwachsraten und verspricht für die Zukunft eine vergleichbare Entwicklung. Die Gesellschaften der deutschen Großbanken (DWS, DIT, ACTIVEST, COMINVEST/ADIG), des Sparkassensektors (DEKA) und der Volks- und Raiffeisenbanken (Union Investment) dominieren bei der Investmentanlage.

■ Investmentaktiengesellschaften

Investmentaktiengesellschaften sind Finanzdienstleistungsinstitute nach dem KWG. Sie sind wie die Investmentfonds der KAG weitgehend an die Vorschriften des InvG gebunden und unterliegen dem AktG soweit das Investmentgesetz nichts anderes bestimmt. Insbesondere gelten auch die Vorschriften zur Einschaltung einer Depotbank und die Definition der zulässigen Vermögenswerte. Das Grundkapital kann fix ausgestattet sein, dann hat der Anleger (Aktionär) kein Recht auf Rücknahme seiner

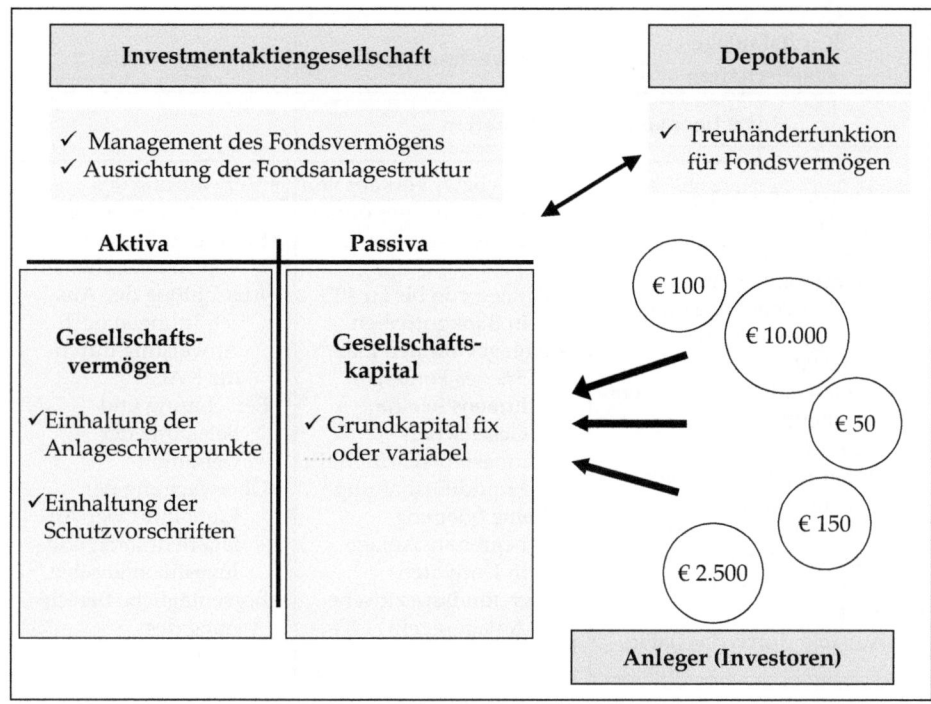

Abbildung 224: Struktur von Investmentaktiengesellschaften

Aktien. Vergleichbar mit offenen Investmentfonds sind Investmentaktiengesellschaften mit variablem Grundkapital, bei denen der Aktionär ein entsprechendes Rücknahmerecht und die Gesellschaft ein Ausgaberecht bis zur Höhe des in der Satzung bestimmten Höchstbetrages (statutarisch genehmigtes Kapital) hat. Die Anleger sind in dieser Konstruktion Aktionäre der Aktiengesellschaft.

■ **Aufgabenverteilung bei Investmentfonds**

Die Aufgabenverteilung zwischen den Beteiligten einer Investmentanlage ist klar geregelt. Kapitalanlagegesellschaften können im Rahmen der gesetzlichen Vorschriften Fonds auflegen und für diese **Sondervermögen** finanzielle Mittel einsammeln. Die Mittel sollen breit gestreut sein, um sogenannte „Millionärsfonds" zu vermeiden. Bei Investmentaktiengesellschaften werden die gesammelten Gelder in das Gesellschaftsvermögen aufgenommen und in Vermögenswerte nach dem InvG investiert. Außerdem gibt es **Publizitätsvorschriften**, die dem Anleger Mindestinformationen über den jeweiligen Fonds liefern sollen und damit eine fundierte Anlageentscheidung ermöglichen. **Anlagegrenzen** sind neben den gesetzlichen Regelungen durch die definierten

Kapitalanlage-gesellschaften	Investmentfonds	Depotbank
Investmentaktiengesellschaften		
▪ Rechtsform der AG oder GmbH ▪ Nennkapital mind. € 730.000; bei Immobilien mind. € 2,5 Mio; bei Investment-aktiengesellschaften € 300.000 ▪ Zwei Geschäftsführer mit entsprechender fachlicher Eignung ▪ Verwaltung des Fondsver-mögens = gewinnbring-ende Anlage des Vermögens ▪ Begrenzte Nebentätigkeiten ▪ Einhaltung der Vorschriften des KWG ▪ Aufsicht durch das BaFin	▪ Kauf- bzw. Verkauf von Papieren eines organi-sierten Marktes ▪ Anlage von bis zu 49% in Bankguthaben ▪ Anlagevolumen max. 5% des Fondsvo-lumens in eine Gesellschaft ▪ Mindestvorschriften für Liquiditätshaltung ▪ Keine oder eng begrenzte Anlage in Derivaten ▪ Ggf. fondsspezifische Anlageregeln	▪ Verwahrung des Fondsvermögens ▪ Kauf- und Verkauf von Anteilsscheinen ▪ Auszahlung der Aus-schüttungen nach Anweisung durch die KAG ▪ Berechnung und Belastung der Gebühren ▪ Überwachung der Einhaltung der An-lagerichtlinien und Investmentgesetze ▪ Börsentägliche Berech-nung des Anteilspreises

Abbildung 225: Aufgabenverteilung bei der Fondsanlage

Schwerpunkte des Fonds gegeben. Wichtige Informationen dazu liefert der Verkaufs-prospekt, der für jeden Investmentfonds zwingend erstellt werden muss.

Unterscheidung der Investmentfonds

Die Investmentfonds werden nach verschiedenen Kriterien differenziert. Zunächst sind die Konstruktionsmerkmale eines Fonds ausschlaggebend. Darunter fallen die Ausgestaltung der **Rückgabe** (bzw. Kapitalbeschaffung), die Kosten, die Ertragsver-wendung und die Zielgruppenausrichtung. Darüber hinaus können die Fonds mit einer Ertrags- oder Wertgarantie ausgestattet sein.

Offene Fonds (Open-End-Fonds) geben permanent neue Anteile aus und verwenden Erträge für den Erwerb neuer Vermögenswerte für das Sondervermögen. Es besteht ein jederzeitiges **Rückgaberecht** für den Anleger. Im Regelfall sind diese Fonds zeitlich unbegrenzt. Bei einer Befristung des Fonds ist eine Rückgabe vor dem Laufzeitende allerdings nicht sinnvoll, weil die Vermögensanlage und damit die Renditeentwick-lung auf die Laufzeit des Fonds ausgerichtet ist. **Geschlossene Fonds** (Closed-End-Fonds) begeben einmalig eine festgelegte Anzahl von Zertifikaten, danach wird der

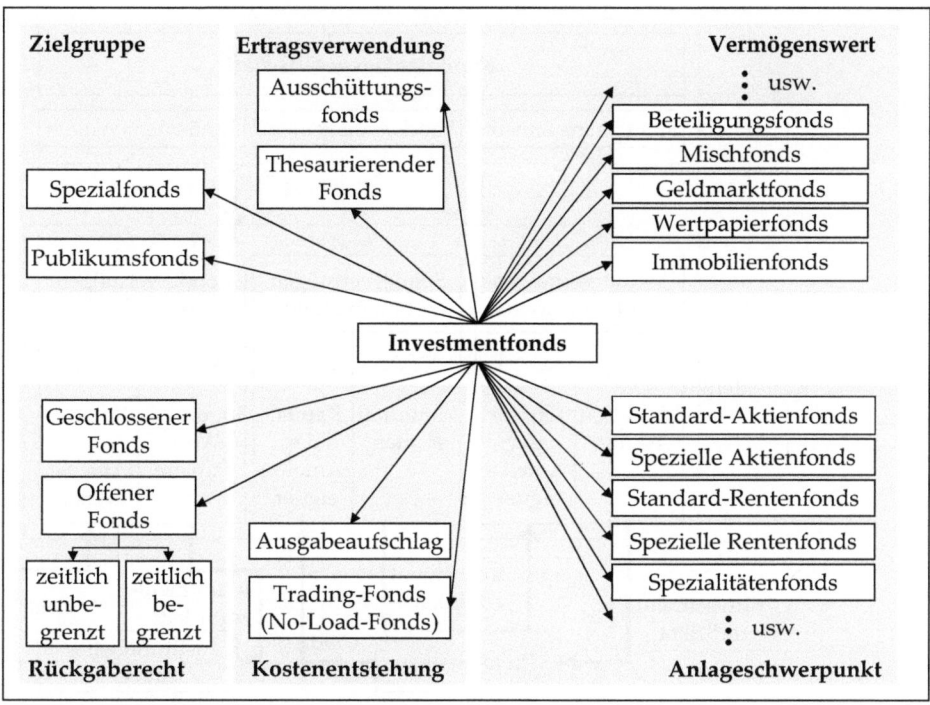

Abbildung 226: Kriterien zur Systematisierung von Investmentfonds

Investmentfonds geschlossen. Eine vorzeitige Rückgabe der Anteile ist nur ausnahmsweise vorgesehen und daran geknüpft, dass ein anderer Investor die Anteile übernimmt. Die geschlossenen Immobilienfonds als bekannteste Form geschlossener Fonds sind dagegen keine Investmentfonds nach dem Investmentgesetz.

Publikumsfonds sind so gestaltet, dass eine Vielzahl von Anlegern kleine Beträge regelmäßig oder einmalig anlegt. Der Anlegerkreis richtet sich nach den Anlageschwerpunkten des Investmentfonds. Publikumsfonds sind vorwiegend für Privatanleger (natürliche Personen) konzipiert. **Spezialfonds** werden hingegen nach den Anlageschwerpunkten der Investoren gestaltet. Sie sind für institutionelle Anleger (max. 30 nicht natürliche Personen) bestimmt, die entsprechend große Beträge anlegen. Der Gesetzgeber schafft für Spezialfonds bestimmte Erleichterungen, weil das Schutzbedürfnis der Investoren als nicht so groß angesehen wird.

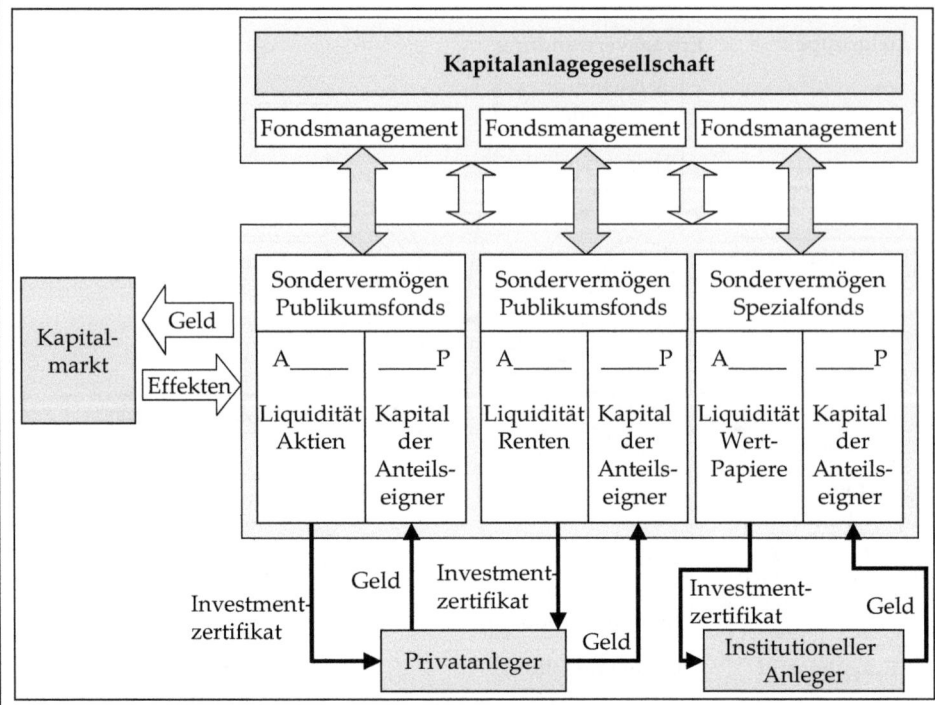

Abbildung 227: Konstruktionen von Investmentfonds

Aus **Kostengesichtspunkten** sind Fonds mit Ausgabeaufschlag bzw. ohne Ausgabe-aufschlag zu unterscheiden. Der **Ausgabeaufschlag** wird auf den jeweiligen Rück-nahmepreis addiert und damit ergibt sich der Ausgabepreis. Zur Verkaufsförderung wird teilweise ein reduzierter Ausgabeaufschlag erhoben oder es wird ganz auf den Aufschlag verzichtet. Im Verkaufsprospekt wird festgeschrieben, bis zu welcher Höhe ein Ausgabeaufschlag erhoben werden kann. Bei Fondskonstruktionen ohne einen solchen Aufschlag fallen andere Kostenkomponenten, wie **Management- und Verwal-tungsgebühr** stärker ins Gewicht. Sogenannte **Tradingfonds** verzichten auf den Aus-gabeaufschlag, weil hier das Handeln mit Fondsanteilen große Relevanz hat, der An-lagehorizont also kürzer ist und ein Ausgabeaufschlag bei kurzer Haltedauer der Anteile einen Renditenachteil bedeutet. Insgesamt müssen bei einem Kostenvergleich zwischen Investmentfonds neben dem Aufschlag alle anderen Kosten (Verwaltungs-und Managementgebühr, Depotkosten) berücksichtigt werden. Das neue Investment-gesetz schreibt die Angabe aller Kosten im Verhältnis zum Inventarwert des Sonder-vermögens vor.

Schließlich ist die **Ertragsverwendung** ein Kriterium der Abgrenzung. Ein **thesaurie-render Fonds** verwendet die Erträge aus den Vermögenswerten zur Wiederanlage

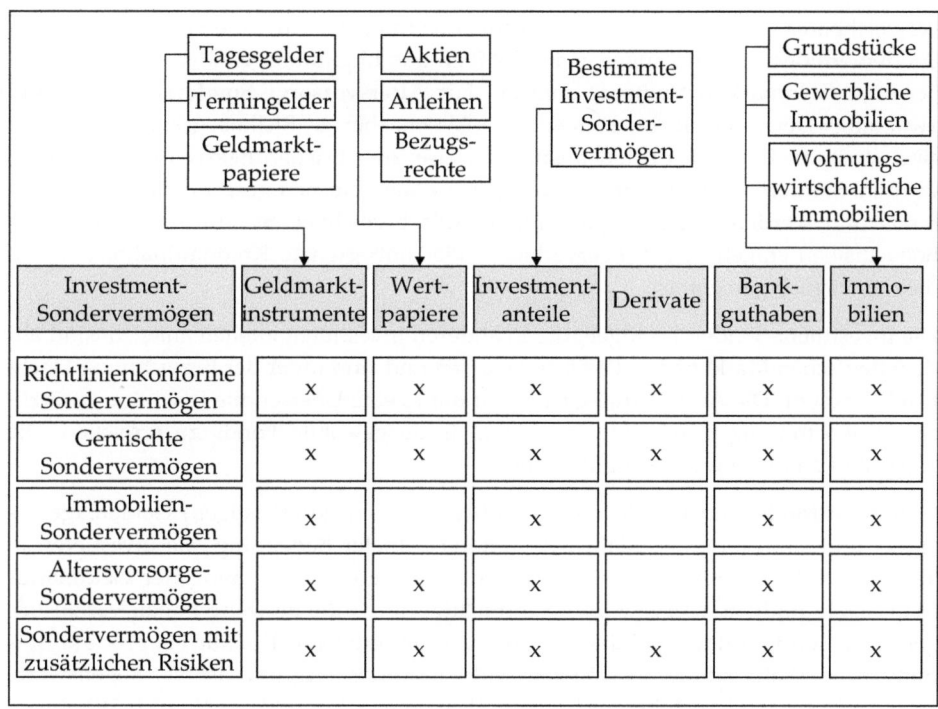

Abbildung 228: Unterscheidung der Investmentfonds nach Vermögenswerten

zugunsten des Fondsvermögens. Ein **ausschüttender Fonds** gibt die Erträge aus den Anlagewerten des Sondervermögens (jährlich) an die Anleger weiter. Erträge entstehen aus ordentlichen Zinsen, Dividenden und ggf. realisierten Kursgewinnen. Der Ausschüttungsumfang hängt von der Anlagepolitik und den Vertragsbedingungen ab. Am Tag der Ausschüttung reduziert sich der Preis eines Anteilsscheins um den Ausschüttungsbetrag. Häufig werden ausgeschüttete Beträge sofort wieder in Fondsanteile umgewandelt oder es wird die **Wiederanlage** angeboten. Dabei kann ein Wiederanlagerabatt gewährt werden.

Die Investmentfonds können weiterhin nach den **Vermögenswerten,** in denen sie anlegen, differenziert werden. Die Investoren wählen den Fonds nach den (gegebenen) **Anlageschwerpunkten.** Dabei können die Anlagen in Geldmarktprodukten, Wertpapieren, Immobilien, Bankguthaben oder in Derivaten bzw. anderen Fonds (§§ 47-52 InvG), nach Vermögenswerten klassifiziert, erfolgen. Der Gesetzgeber definiert **Richtlinienkonforme Sondervermögen** durch Festlegung möglicher Vermögenswerte und Festlegung von Anlagegrenzen bzw. Kriterien zur Risikostreuung. **Gemischte Sondervermögen** dürfen außer in den Vermögenswerten der §§ 47-52 InvG auch in **Immobilien-Sondervermögen** und **Sondervermögen mit zusätzlichen Risiken** sowie vergleichbaren ausländischen Investmentvermögen investieren. Immobilien-Sondervermögen dürfen außer in Immobilien aus Liquiditätsgründen in Bankgutha-ben und Geldmarktinstrumente anlegen. Für **Altersvorsorge-Sondervermögen** sind zwar außer Derivaten alle Instrumente zugelassen, aber die Risikobegrenzungsnormen sind strenger. Derivate dürfen ausnahmsweise zu Absicherungszwecken erworben werden. Sondervermögen mit zusätzlichen Risiken sind neu geschaffene Investment-fonds und werden allgemein als **Hedgefonds** bezeichnet. Sie dürfen ausdrücklich hohe Risiken eingehen, z.B. Leerverkäufe oder unbegrenzte Kreditaufnahme, soweit dies vertraglich geregelt ist.

Die Investment-Sondervermögen, die in anderen Investmentanteilen anlegen, sind auf dem deutschen Markt erst seit 1998 zugelassen und sind unter der Bezeichnung **Dach-fonds** bekannt. Die Anlagestrategie besteht darin, eine Überrendite bzw. eine zusätzli-che Risikostreuung durch eine Investition in ausgewählte Fonds zu erreichen. Die Auswahl von Einzelwerten entfällt dabei.

Geldmarktfonds sind lediglich zur vorübergehenden (kurzfristigen) Geldanlage ge-eignet und sind volumensmäßig von untergeordneter Bedeutung. Sie investieren in Tages- und Termingelder sowie in Geldmarktpapiere. Die Eignung der Geldmarkt-fonds als Liquiditätsreserve wird beeinträchtigt durch die teilweise hohen Verzinsun-gen, insbesondere der Direktbanken, für das unmittelbare Konkurrenzprodukt Ter-mineinlage. Während die Rendite der Geldmarktfonds aufgrund der Vermögenswerte mit primär kurzen Laufzeiten nicht wesentlich vom Geldmarktzins (EURIBOR) abwei-chen kann, sind die Termineinlagen wettbewerbsbedingt teilweise von diesem Zins abgekoppelt. Insbesondere kann ein Ausgabeaufschlag bei Geldmarktfonds sowohl wegen des kurzen Anlagehorizonts der Investoren als auch während der begrenzten Renditechancen praktisch nicht durch „Überrenditen" erwirtschaftet werden.

Der überwiegende Teil des Anlagekapitals fließt in die Sondervermögen mit dem An-lageschwerpunkt Wertpapiere. Das übertragene Kapital kann dabei entsprechend den ausgewiesenen **Anlagekriterien** schwerpunktmäßig in Renten oder Aktien angelegt sein. Das Spektrum bzw. der Anlageschwerpunkt kann gemäß den jeweiligen Ver-tragsbedingungen Aktien und/oder Renten bestimmter Risikogruppen, festgelegter Regionen oder Branchen beinhalten. Grundsätzlich sind die gesetzlichen Bestimmun-gen über eine **Mindeststreuung der Vermögenswerte** zu beachten. Der Anteil von Einzelwerten am Fondsvolumen wird ebenso gesetzlich begrenzt wie der Aktien-/ oder Rentenanteil bei entsprechenden Wertpapierfonds.

■ **Anlageschwerpunkte**

Bei den Anlageschwerpunkten kann die Zielsetzung sein, sich auf einzelne Länder zu konzentrieren oder in weltweit ausgewählte Effekten, also **international** zu investie-ren. Die Auswahl von bestimmten **Regionen** (Europa, Nordamerika, Asien) oder He-misphären (Euroland, EU, NAFTA, OECD-Staaten) kann bei der internationalen

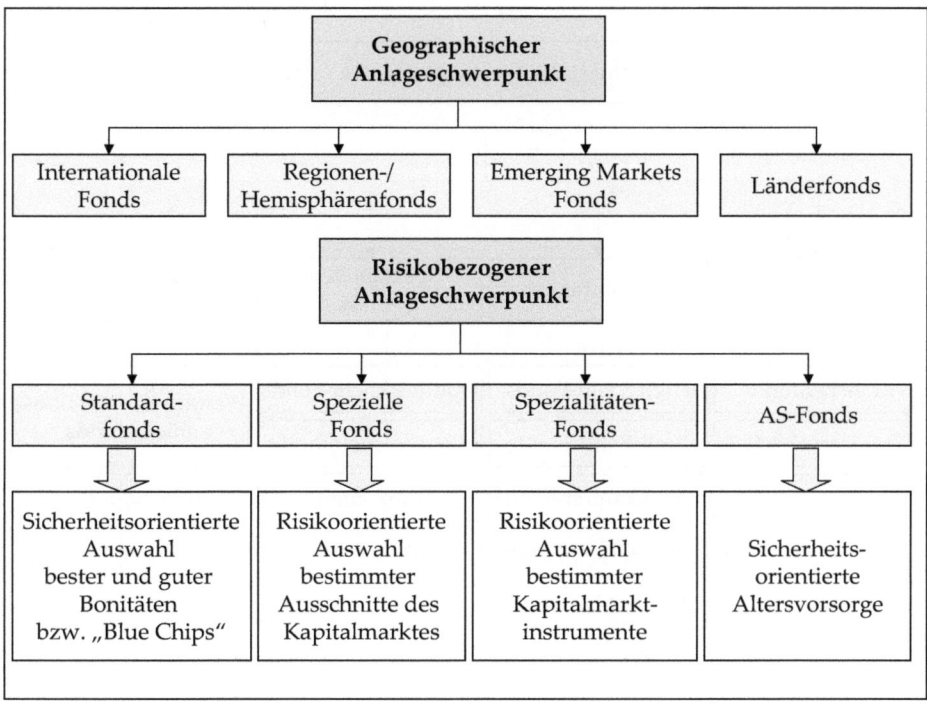

Abbildung 229: Unterscheidung der Investmentfonds nach Anlageschwerpunkten

Diversifikation eine geeignete Variation der Anlageschwerpunkte darstellen. Schließlich kann schwerpunktbezogen in aufstrebende Märkte (Wachstumsmärkte), sogenannte **Emerging Markets**, investiert werden. Die geographische Streuung berücksichtigt unterschiedliche volkswirtschaftliche Entwicklungsphasen, aber auch Unterschiede in der wirtschaftlichen Stabilität. Die **geographische Auswahl** bedingt damit auch gleichzeitig eine risikobezogene Auswahl.

Risikobezogen kann die Investmentanlage konservativ bzw. sicherheitsorientiert ausfallen, indem nur in **Standardwerte** investiert wird. Sehr unterschiedliche Risikoneigungen können durch **spezielle Fonds** abgedeckt werden. Hier werden einzelne Bereiche des Kapitalmarktes, wie z.B. Branchen oder Hochzins-Titel herausgegriffen und die Streuung der Anlagewerte erfolgt innerhalb dieser gewählten Abgrenzung. So können bewußt kalkulierbare Risiken eingegangen werden in Verbindung mit einer entsprechenden Renditeerwartung. **Spezialitätenfonds** bieten die Möglichkeit, einzelne Instrumente des Kapitalmarktes herauszufiltern und darin zu investieren (bspw.

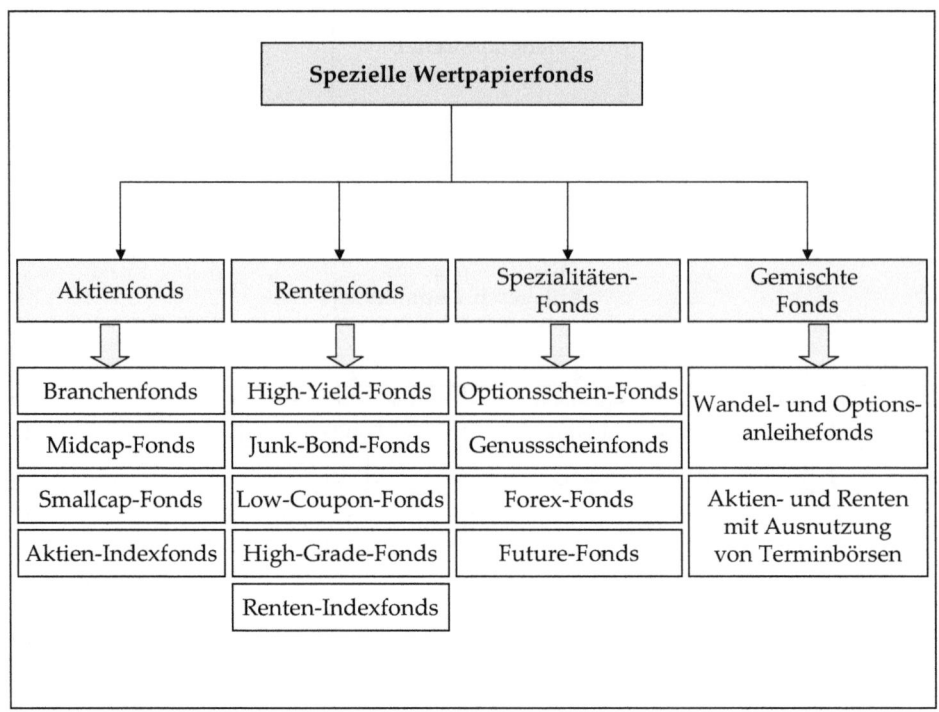

Abbildung 230: Ausrichtung spezieller Wertpapierfonds

Optionsscheine, Futures). Spezialitätenfonds setzen eine gewisse Risikoneigung voraus. Im Gegensatz dazu sollen **AS-Fonds** als speziell deutsche Konstruktion Investmentfonds als eine Vorsorgeform interessant machen, bei der die Renditechance der Investmentanlage mit zusätzlichen Sicherheitskriterien verbunden wird. Allgemein gilt mittel- bis langfristig aber immer, dass Sicherheit gleich Renditeabschlag bedeutet.

Die Anlageschwerpunkte von speziellen Fonds können wiederum systematisiert werden. Der Anleger ist auf diese Weise über die **Grundausrichtung der Fondsanlage** informiert und kann sich innerhalb seines gewünschten Segments einen oder mehrere Anlageschwerpunkte suchen. Damit decken offene Wertpapierfonds die gesamte Palette der Effekten ab. Zu den **Branchenfonds** gehören die bekannten Variationen **Rohstoff**- und **Technologiefonds**. Bei den Rentenfonds kann die Konzentration auf unterschiedliche Bonitäten (High Grade; Junk Bond) und/oder Nominalzinssätze (High Yield; Low Coupon) erfolgen.

In der zweiten Hälfte der neunziger Jahre hat das Volumen der Investmentfonds erheblich zugenommen. Im Anlagebereich zählte die Investmentanlage als die Anlageform mit den stärksten prozentualen Zuwachsraten. International gesehen liegt der

Anteil der Fondsanlage pro Kopf der Bevölkerung in Deutschland allerdings weiter sehr niedrig, obwohl in Deutschland ein hohes pro-Kopf-Geldvermögen zu verzeichnen ist.

4.3.3.2.4 Derivateprodukte

Derivate sind Finanzinstrumente, die von anderen Finanzinstrumenten abgeleitet sind. Es sind selbständig handelbare **Wertrechte mit Bezug zu einem Basisinstrument** (auch Underlying oder Basiswert). Die Wertentwicklung des Derivates steht immer in Zusammenhang mit der Entwicklung des zugrunde liegenden Instrumentes.

■ **Termingeschäfte**

Die Besonderheit der derivativen Geschäfte liegt darin, dass sie auf die Zukunft gerichtet sind. Es handelt sich bei Geschäften mit Derivaten um sogenannte Termingeschäfte, weil die Bezahlung, Lieferung oder Ausgleichsleistung erst in der **Zukunft** erfolgt. Termingeschäfte bergen besondere Risiken, denn der Kapitaleinsatz gegenüber dem Handel mit den Basisinstrumenten ist deutlich niedriger, die Gewinn/Verlust-Möglichkeiten aber deutlich höher. Die ursprüngliche Anwendung von Derivaten bzw. Termingeschäften dient der Absicherung gegen Risiken aufgrund unsicherer zukünftiger Entwicklungen. Gleichzeitig stellt unter Unsicherheit die Spekulation auf bestimmte Marktentwicklungen ein weiteres Handlungsmotiv dar. Voraussetzung für das Entstehen von Derivategeschäften sind unterschiedliche **Markterwartungen**. Die Derivate sind nach verschiedenen Kriterien abzugrenzen.

■ **Begriffsbestimmung**

Termingeschäfte (Derivate) sind zunächst nach der Art der Verpflichtung zu unterscheiden. Ein **unbedingtes Termingeschäft** verpflichtet beide Vertragsparteien zur Erfüllung. Der Charakter eines bedingten Termingeschäftes gestattet dagegen einer Vertragspartei ein Wahlrecht, welches ungenutzt verfallen kann. Die **bedingten Termingeschäfte** sind Optionen, bei denen der Inhaber das Recht zum Kauf oder zum Verkauf eines Basisinstruments besitzt.

Der Ertrag aus Derivaten kann in dem Empfang einer **Prämienzahlung** liegen. Der Verpflichtete aus Optionsgeschäften erhält eine solche Prämie. Der Ertrag kann auch bei Swapgeschäften eine Prämie (Ausgleichszahlung) sein. Das eigentliche Ertragsmotiv besteht aber in der **Wertsteigerung** des Basiswertes. Da der Kapitaleinsatz bei Derivaten sehr gering ist, existiert eine sogenannte **Hebelwirkung** bezüglich der Chancen (Erträge) und Risiken. Der Erwerb eines Basisinstruments zum Marktpreis erfordert einen entsprechenden Kapitaleinsatz in der Höhe. Das Recht oder die Verpflichtung, diesen Basiswert zu einem Zeitpunkt oder in einem Zeitraum in der Zukunft zu kaufen oder verkaufen erfordert nur einen Bruchteil des Marktpreises (des Basiswertes) als Kapitaleinsatz. Ein Wertverlust oder eine Wertsteigerung des Basisinstrumentes bewirkt prozentual einen vielfachen Wertverlust bzw. eine vielfache

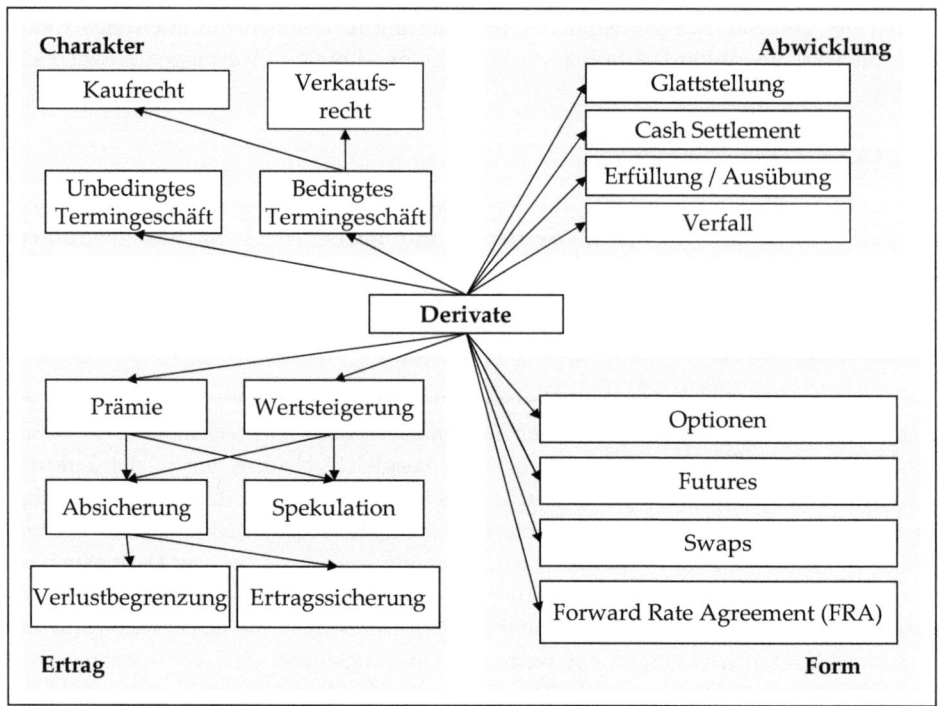

Abbildung 231: Systematisierung der Derivate

Wertsteigerung des Wertrechts (Derivats). Außerdem können Derivate auch gehandelt werden, um aus Preisdifferenzen Erträge zu erwirtschaften. Dieses **Arbitragegeschäft** ist bei allen Kapitalmarktprodukten zu beobachten, aufgrund der komplexen Preisbildung bei Derivaten aber besonders erfolgversprechend.

Die Erfüllung bzw. Lieferung der Basiswerte ist üblicherweise nicht Zweck der Termingeschäfte. In der Regel werden die Verpflichtungen aus Termingeschäften (Derivaten) vor Fälligkeit durch ein **Gegengeschäft** glattgestellt oder die Verpflichtungen werden bei Fälligkeit durch einen **Ausgleich** in bar (Cash Settlement) aufgehoben. Da die Basiswerte oft sogenannte synthetische Produkte wie z.B. Indizes sind, bildet die Ausübung durch **physische Lieferung** die Ausnahme. Dabei wird der Basiswert zu den vereinbarten Konditionen an den Kontraktpartner geliefert.

■ **Swap und Forward Rate Agreement**

Swaps und Forward Rate Agreements (FRA) sind keine börsengehandelten Derivate, sondern **individuelle Vereinbarungen** zwischen Marktteilnehmern. Ein Swap beinhaltet den Austausch von unterschiedlichen Zahlungsströmen, beispielsweise den Tausch einer Festzinszahlung gegen eine variable Zinszahlung unter Vereinbarung von

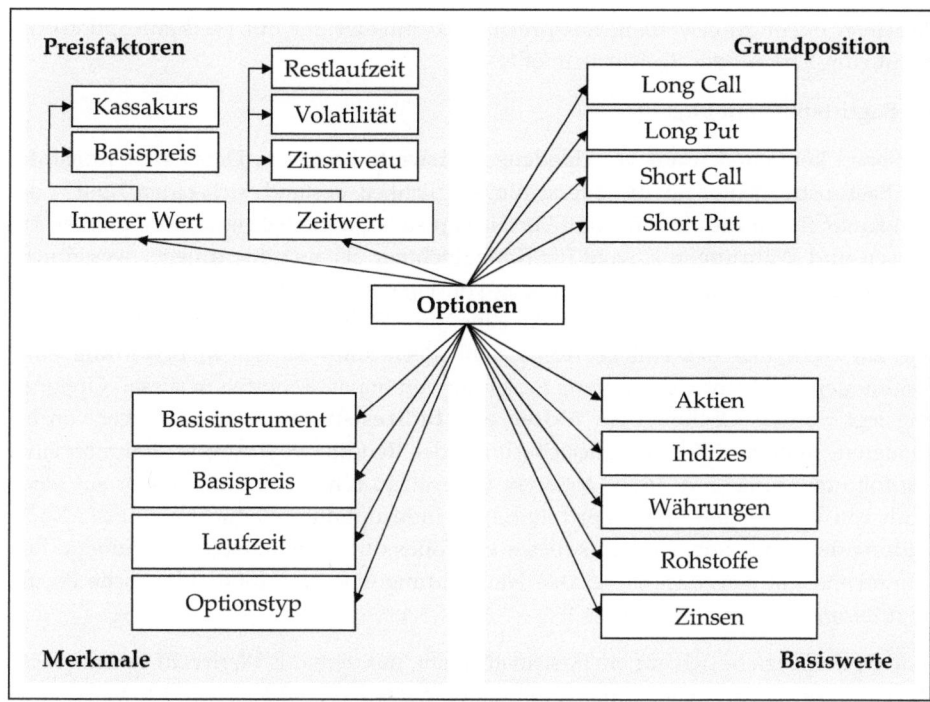

Abbildung 232: Systematik von Optionen

Ausgleichzahlungen bei verschiedenen Marktentwicklungen. Ein FRA ist ein **nicht standardisiertes** (nicht börsengehandeltes) **Termingeschäft**, das deshalb unterschiedlichste Vereinbarungen zwischen Vertragsparteien einschließen kann. Ein FRA beinhaltet die Festlegung eines Zinssatzes zu einem bestimmten Termin in der Zukunft. Sowohl Swaps als auch FRAs sind primär keine Instrumente zur Kapitalanlage, sondern zur Optimierung von Zahlungsströmen und bleiben deshalb hier im weiteren unberücksichtigt.

▪ Optionen

Optionen sind bedingte Termingeschäfte. Optionen sind **standardisierte, börsengehandelte Vereinbarungen**, bei denen der Inhaber das Recht, aber nicht die Verpflichtung erwirbt ein Basisinstrument zu kaufen oder zu verkaufen. Es werden vier **Grundpositionen** von Optionen unterschieden. Der Optionsinhaber, der **Käufer** der Option, geht eine sogenannte **Long-Position** ein, er erwirbt ein Wertrecht. Der **Stillhalter**, der **Verkäufer** der Option, geht eine sogenannte **Short-Position** ein, er verpflichtet sich zur Leistung. Ein Call beinhaltet eine Kaufoption, also das Wertrecht, ein

Basisinstrument zu erwerben. Entsprechend beinhaltet der Put (Verkaufsoption) das Recht zum Verkauf des Basisinstruments.

◼ **Begriffsbestimmung**

Optionen können sich auf verschiedene **Basiswerte** beziehen. Dabei sind **Rohstoffe** die Basisinstrumente, für die zuerst die Möglichkeit bestand, sich einen Kauf- oder Verkaufspreis für die Zukunft (auf Termin) zu sichern. Inzwischen sind Optionen auf **Zinsen und Währungen** sowohl für Kapitalnehmer als auch für Anleger wesentliche Kapitalmarktinstrumente. Zur Sicherung von Finanzierungskonditionen bzw. Importpreisen und Exporterlösen werden die Zins- und Währungsoptionen ebenso genutzt, wie zur Sicherung des Anlageerfolgs. Schließlich kann Kapital in Erwartung einer bestimmten Marktentwicklung zur Erzielung von hohen Renditen in diesen Optionen angelegt werden. Optionen auf **Aktien und Indizes** sind für Kapitalanleger von besonderem Interesse. Zur Renditesicherung oder Renditesteigerung im Rahmen einer Portfoliosteuerung sind diese Optionen wesentlich. Ein Index bezieht sich auf einen Korb von Vermögenswerten (Portfolio). Eine Indexoption ermöglicht somit die Nachbildung des Kaufs oder Verkaufs dieses Portfolios durch ein einziges Instrument. Einschränkend gilt hier, dass die exakte Nachbildung eine dem Index identische Portfoliozusammensetzung erfordert.

Jede Option bezieht sich auf ein Basisinstrument, mit dem das **Wertrecht** verknüpft ist. Weiterhin muss ein Preis definiert sein, zu dem das Basisobjekt gekauft bzw. verkauft werden kann. Für ein Basisinstrument können mehrere Optionen existieren, die jeweils einen anderen **Basispreis** zur Grundlage haben. Des weiteren unterscheiden sich die Optionen in der **Laufzeit** - üblich sind Laufzeiten von 3 und 6 Monaten - und im **Optionstyp**. Eine Option ist vom europäischen Typ, wenn sie während der gesamten Laufzeit ausgeübt werden kann. Eine Option ist vom amerikanischen Typ, wenn sie nur am Fälligkeitstag ausgeübt werden kann. Die genannten Merkmale von Optionen haben entscheidenden Einfluß auf den Optionspreis.

◼ **Preisbildung**

Bei der Preisbildung von Optionen werden zwei Wertbestandteile unterschieden. Zum einen betrachtet man den **inneren Wert** einer Option, zum anderen den Zeitwert. Der innere Wert bestimmt sich durch die Parameter Kassakurs (Marktpreis) und Basispreis. Für eine Kaufoption gilt, dass der innere Wert um so höher ist, je mehr der Kassakurs über dem Basispreis liegt. Das Recht aus der Option steigt also im Wert, wenn das Basisinstrument am Markt nur zu einem höheren Preis zu erwerben ist. Der innere Wert einer Kaufoption ist dagegen null, wenn der Marktpreis unter dem Basispreis liegt oder dem Basispreis entspricht. Von drei Kaufoptionen auf einen Basiswert mit einem Basispreis unter, zum und über dem Marktpreis, besitzt also nur die Option mit dem Basispreis unter dem Marktpreis einen inneren Wert. Der innere Wert einer Verkaufsoption ist um so höher, je weiter der Marktpreis unter dem Basispreis liegt, denn die Option verbrieft das Recht, zum Basispreis zu verkaufen.

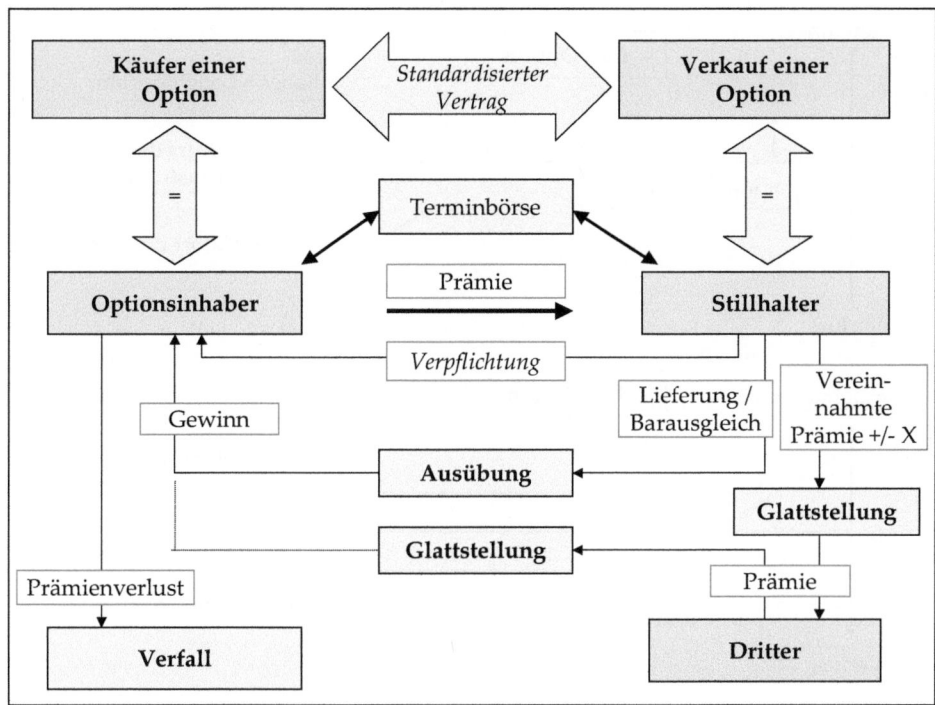

Abbildung 233: Struktur von Optionen

Der **Zeitwert** einer Option bestimmt sich aus den Faktoren Laufzeit bzw. Restlaufzeit, Schwankungsbreite (Volatilität) und **Zinsniveau**. Der Erwerb einer Option erfordert die Zahlung einer Optionsprämie. Das für die Prämie eingesetzte Kapital muss über die Laufzeit verzinst werden. Bei Vernachlässigung anderer Preisfaktoren kann gesagt werden, die Prämie stellt den Barwert des Optionswertes am Ende der Laufzeit dar. Des weiteren ist für den Zeitwert wesentlich, wie wahrscheinlich eine Wertentwicklung während der Laufzeit ist, die eine Ausübung der Option attraktiv werden lässt. Für einen Basiswert, der großen Wertschwankungen, also einer hohen **Volatilität**, unterliegt, wird der Zeitwert unter sonst gleichen Bedingungen größer sein als für einen Basiswert mit geringer Volatilität. Schließlich ist der Zeitwert der Option von der **Restlaufzeit** abhängig und wird zum Fälligkeitstag gegen den inneren Wert konvergieren. Am Fälligkeitstag ist der Zeitwert einer Option gleich null.

■ **Konstruktion**

Der Käufer einer Option (Long Position) ist der **Optionsinhaber**. Bei Kauf eines **Calls** ist er Inhaber eines Kaufrechts, bei Kauf eines **Puts** ist er Inhaber eines Verkaufsrechts.

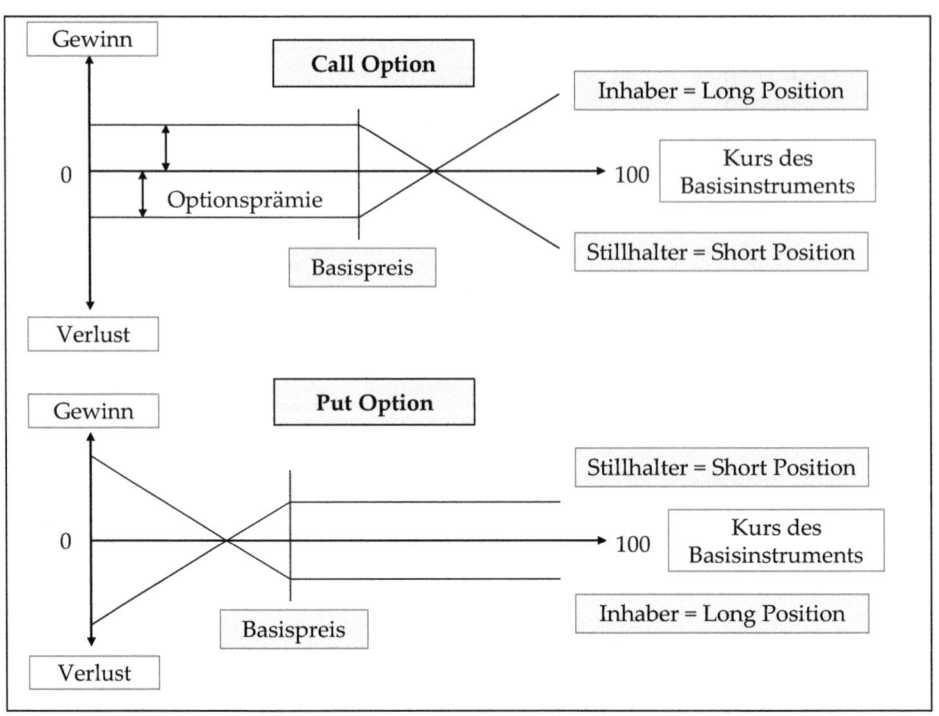

Abbildung 234: Ertrags-Risiko-Profil bei Optionen

Der Inhaber zahlt an den Verkäufer der Option eine Prämie. Die Prämie stellt für den Verkäufer (Stillhalter) das Entgelt für die Verpflichtung dar, den Basiswert zu den Bedingungen der Option abzunehmen (Put) oder zu liefern (Call). Optionen werden an der **Terminbörse** gehandelt, damit unterliegen sie den Standards des Börsenhandels. Von der Wertentwicklung der Option über die Laufzeit ist das Verhalten des Optionsinhabers abhängig. Wenn der Basispreis eines Calls (Puts) am Verfallstag (Ausübungstag) über (unter) dem Marktpreis liegt, ist die Option wertlos und verfällt. Eine Ausübung oder Glattstellung ist wirtschaftlich nicht sinnvoll. Die Option wird als **„out of the money** (aus dem Geld)" bezeichnet. Während der Laufzeit kann bei dieser Konstellation der Verlust der Prämie begrenzt werden, wenn durch Glattstellung oder Ausübung der positive Zeitwert realisiert wird.

Eine Option, deren Basispreis dem Marktpreis entspricht, nennt man „**at the money** (am Geld)". Befindet sich der Basispreis eines Calls (Puts) unter (über) dem Marktpreis spricht man von einer Option „**in the money** (im Geld)". Durch Glattstellung kann der Optionsinhaber sein Recht an einen Dritten veräußern. Allgemein versteht man unter **Glattstellung** den Abschluss eines deckungsgleichen Gegengeschäfts. Alternativ kann die Option durch den Inhaber ausgeübt werden, indem er sich den Basiswert liefern lässt oder eine entsprechende **Ausgleichszahlung** erhält. Sowohl Glatt-stellung als auch Ausübung erfordern, dass die Option im Geld ist. Der Stillhalter kann sich ebenfalls glattstellen, indem er gleichzeitig Inhaber der entsprechenden Option wird. Die Glattstellung ist erfolgsneutral, wenn die gezahlte Prämie für das Gegengeschäft genauso hoch ist wie die vereinnahmte Prämie (X = 0).

Aufgrund der besonderen Chancen und Risiken von Derivaten ist die Darstellung der **Gewinne und Verluste** aus den verschiedenen Optionspositionen von wesentlicher Bedeutung. Für den **Optionsinhaber** ist der Verlust auf die Optionsprämie beschränkt. Bei Verfall der Optionen bedeutet dies allerdings den Totalverlust des (für die Prämie) eingesetzten Kapitals. Der **Totalverlust** tritt bei Optionen bereits ein, wenn sie bei Fälligkeit „out of the money" sind. Dagegen ist der Totalverlust bei der Direktanlage im Basiswert erst zu verzeichnen, wenn das Basisinstrument wertlos ist. Den Risiken stehen beim Optionskäufer theoretisch unbegrenzte Chancen gegenüber. Bei einem Call nimmt der Gewinn des Käufers mit steigendem Kurs des Basiswertes zu. Bei ei-nem Put steigt der Gewinn des Käufers mit sinkendem Kurs des Basiswertes. Die the-oretische Gewinnobergrenze für den Käufer eines Puts ist bei Wertlosigkeit des Basis-instrumentes erreicht. Aus Inhabersicht ist der Verfall der Option irrational, wenn sein Verlust in Höhe der Prämie durch Ausübung oder Glattstellung reduziert werden kann. Dies gilt, wenn Optionen „im Geld" liegen, die Kursdifferenz zwischen Basis-preis und Marktpreis jedoch geringer als die Prämie ist. Die **Gewinnschwelle** der Op-tion ist für den Inhaber erreicht, wenn der Optionswert die gezahlte Prämie übersteigt.

Entgegengesetzt ist für den **Stillhalter** zu argumentieren. Für den Stillhalter der Opti-on ist das Verlustpotential theoretisch unbegrenzt, der Gewinn dagegen auf die ver-einnahmte **Optionsprämie** beschränkt. Solange Optionen „aus dem Geld" sind, ver-dient der Optionsverkäufer die volle Prämie. Wenn der innere Wert einer Option positiv wird, reduziert sich zunächst der Prämiengewinn. Übersteigt die Kursdifferenz zwischen Basispreis und Marktpreis jedoch die Optionsprämie, beginnt die Verlustzo-ne für den Stillhalter. Bei einem Call (Put) ist der Stillhalter verpflichtet, den Basiswert zum Basispreis zu liefern (abzunehmen) und kann ihn dann nur zu einem entspre-chend höheren (niedrigeren) Kurs am Markt kaufen (verkaufen). Wenn der Stillhalter eines Calls bereits den Basiswert gekauft hat, kann die Option zur Sicherung seines gegebenenfalls bereits erzielten Kursgewinns verwendet werden.

■ **Futures**

Futures sind **unbedingte, standardisierte Termingeschäfte**. Beide Vertragsparteien übernehmen eine Verpflichtung und es ergibt sich ein **symmetrisches Ertrags-Risikoprofil**. Es existieren zwei **Grundpositionen**, bei denen der Käufer eines Futures eine Long-Position eingeht, der Verkäufer eine Short-Position übernimmt. Der Käufer des Futures erwartet einen steigenden Basiswert und erhält bei Eintritt seiner Erwar-tung den Basiswert zum vereinbarten Preis am Fälligkeitstermin. Der Verkäufer des Futures verpflichtet sich, den Basiswert zu einem bestimmten Zeitpunkt zu liefern.

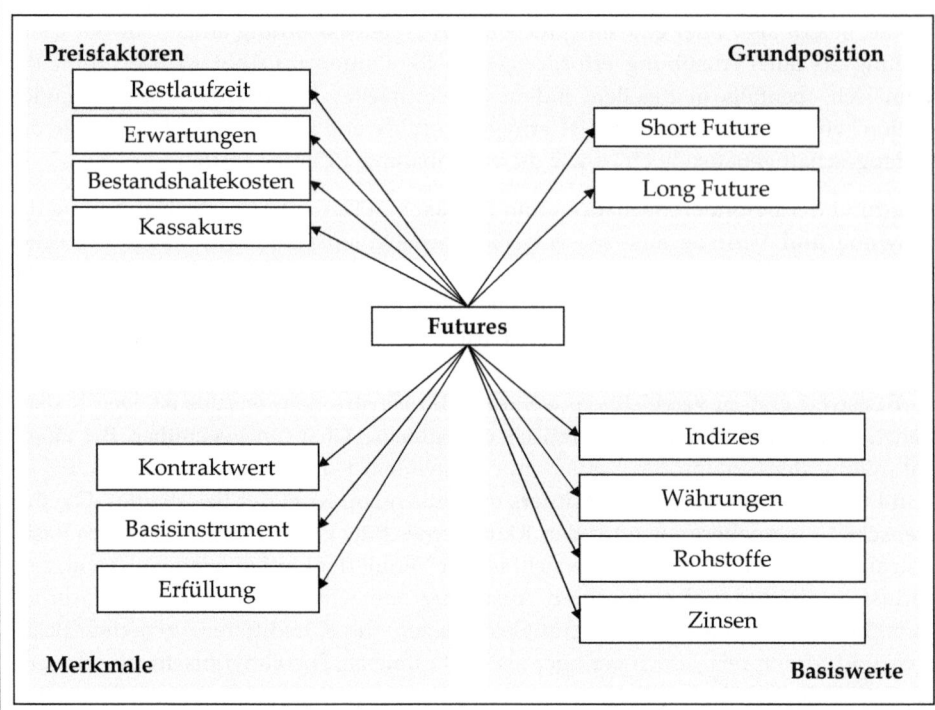

Abbildung 235: Systematik von Futures

■ Begriffsbestimmung

Futurekontrakte sollen die Sicherung von Zukunftspreisen oder Spekulation auf die **Zukunftspreise** bestimmter Finanzinstrumente ermöglichen und erweitern die Möglichkeiten des Managements von Kapitalanlagen. Futures sind für ein breites Spektrum von Finanzprodukten konstruiert. Weit verbreitet sind an allen organisierten Märkten **Zinsfutures** mit einem Zinsinstrument als Basiswert, an der EUREX z.B. Future auf Bundespapiere wie den Bund-Future, BOBL-Future. Die Zinsinstrumente, die dem Zinsfuture zugrunde liegen, können physisch geliefert werden, in der Regel erfolgt aber ein **Barausgleich** statt der Lieferung. Übliche Instrumente für Futures sind weiterhin **Aktienindizes**. Für die wichtigsten Indizes der großen internationalen Börsen werden Aktienindexfutures gehandelt, z.B. der DAX-Future. Der Future gibt damit einen einzigen Preis für einen gewichteten Marktwert verschiedener Aktien an. **Devisenfutures und Rohstofffutures** sind weniger verbreitet, aber werden für die wichtigsten Währungen und Rohstoffe vor allem in den USA gehandelt.

Ein weiteres wesentliches Merkmal ist die Kontraktspezifikation. Bei Index-Futures wird der **Kontraktwert** als ein bestimmter Preis pro Indexpunkt definiert, bei Zinsfutures beschreibt der Kontraktwert einen bestimmten Nominalwert der zugrunde liegenden (fiktiven) Schuldverschreibung. Die Futurepreise werden entsprechend in Prozentpunkten bzw. Indexpunkten des Basisinstruments ermittelt. Die kleinste Preiseinheit sind 0,01 % bzw. 0,01 Punkte.

Die Erfüllung der Lieferverpflichtung aus Short-Positionen wird in der Regel durch einen Barausgleich abgewickelt. Für die Erfüllung sind festgelegte Liefertage vereinbart, ebenso werden die Preise börsentäglich durch einen Abrechnungspreis ermittelt.

■ Preisbildung

Der Futurepreis ist abhängig vom aktuellen **Preis des Basiswertes**, den Bestandshaltekosten, der Restlaufzeit und den Erwartungen der Marktteilnehmer. Ein steigender Marktpreis (Kassakurs) des Basiswertes löst einen steigenden Futurepreis aus, denn die Wertentwicklung des Futures ist unmittelbar mit dem Basiswert verknüpft. Der Käufer des Futures muss für den Kauf keine Finanzmittel aufbringen, daher wird gegenüber dem Erwerb des Basiswertes kein Kapital gebunden. Der Käufer spart damit Finanzierungskosten oder kann Erträge aus einer alternativen Anlage generieren. Diesen Kosten stehen entgangene Erträge aus dem Bestand des Basiswertes gegenüber. Die Differenz aus den Finanzierungskosten (die nicht aufgewendet werden müssen) und den entgangenen Erträgen (durch das Nichthalten des Basisinstruments) nennt man **Bestandshaltekosten** (Cost of carry). Die Veränderung des Zinssatzes für die Finanzierung bewirkt demnach eine Veränderung der cost of carry und damit des Futurepreises.

Neben diesen objektiven Einflussfaktoren auf den Futurepreis bestehen weitere Größen, die sich im Preis niederschlagen. Eine geringe **Marktliquidität** des Futures führt ebenso zu Preisreaktionen wie **Erwartungsveränderungen** der Marktteilnehmer. Die Ermittlung eines fairen Futurepreises ist eine individuelle Entscheidung, da die Marktteilnehmer unterschiedliche Finanzierungskosten und Erwartungen haben. Mit der abnehmenden **Restlaufzeit** nähern sich Kassapreis und Futurepreis einander an. Die Bestandshaltekosten und divergierende Erwartungen verlieren bis zur Fälligkeit ihre preisbeeinflussende Wirkung.

■ Konstruktion

Die Abwicklung eines Futuregeschäfts erfolgt über die Terminbörse. Beide Teilnehmer gehen eine **Verpflichtung zur Leistung** in der Zukunft ein. Der Käufer muss den vereinbarten Preis für das Basisinstrument vor Fälligkeit nicht zahlen, aber bei einer Marktentwicklung, die seinen Erwartungen widerspricht (Kassapreis sinkt), ist er verpflichtet, sogenannte **Sicherheitsleistungen** (Margins) bei der Terminbörse zu hinterlegen. Diese Margins werden von der Terminbörse entsprechend der offenen Risikoposition bestimmt. Die Marginverpflichtung trägt auch der Verkäufer für den Fall, dass sich der Marktpreis des Basiswertes entgegen seinen Erwartungen erhöht. Durch

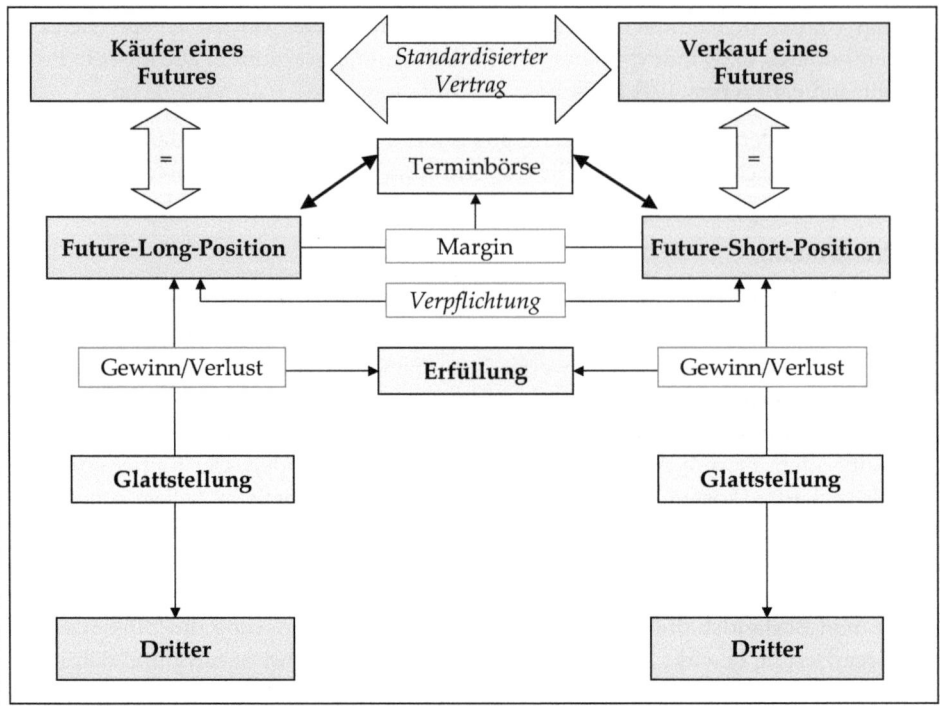

Abbildung 236: Struktur von Futures

die Sicherheitszahlungen wird das **Ausfallrisiko** des Kontraktpartners reduziert. Die Erfüllung wird selten über **physische Lieferung** abgewickelt. Ein **Barausgleich** wird vorgenommen, indem die Differenz zwischen dem letzten Abrechnungspreis und dem Einstandspreis gezahlt wird. Im Regelfall stellt man Future-Positionen vor Fälligkeit glatt. Die Future-Kontrahenten können vor Fristablauf durch ein entsprechendes **Gegengeschäft** ihre Position aufheben. Der Käufer (Verkäufer) eines Futures kann seine Verpflichtung durch den Verkauf (Kauf) eines Futures mit gleichen Kontraktspezifikationen schließen (Glattstellung). Die Veränderung des Futurepreises bis zum Abschluss des umgekehrten Geschäfts stellt den Gewinn bzw. Verlust für den Marktteilnehmer dar.

Bei Futures ist der Gewinn des einen Kontrahenten der Verlust des anderen Marktteilnehmers. Man spricht von **symmetrischen Gewinn-Verlust-Profilen**. Der Käufer (Long-Position) kann unbegrenzt von steigenden Kursen des Basiswerts profitieren. Theoretisch ist der Gewinn unbegrenzt, der Verlust kann bis zum vollen Einstandspreis steigen, wenn das Basisinstrument wertlos wird. Für den Verkäufer des Futures kann der Gewinn bis zum Einstandspreis steigen, wenn der Basiswert zur Fälligkeit

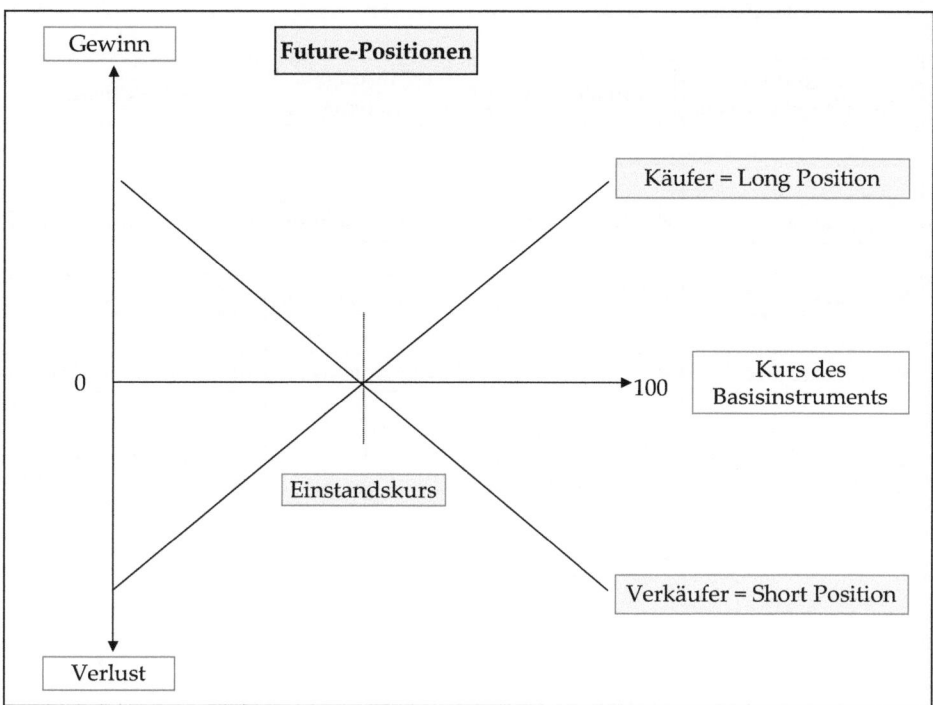

Abbildung 237: Ertrags-Risiko-Profil von Futures

wertlos ist. Entsprechend ist das Verlustpotential bei steigendem Basiswert unbegrenzt.

Derivate mit Finanztiteln als Basiswerten können für Aktien, Aktienindizes, Zinsinstrumente, Währungen und Kredite konstruiert werden. Für die Kapitalanlage sind vor allem die erläuterten, an den Terminbörsen gehandelten Derivate wichtig. Neben den **Optionen** und **Futures** werden vor allem Zins- und Währungszahlungen über **Swaps** getauscht. Das Wertrecht, eine Zinszahlung zu tauschen, nennt man **Swaption**. Swapgeschäfte sind im Interbankengeschäft weit verbreitet und haben ein großes Volumen erreicht. Zur Übertragung des Ausfallrisikos bei Krediten werden Derivate mit Krediten als Basisinstrumenten gehandelt (**Kreditderivate**). Die Kreditgläubiger sichern sich damit gegen den Kreditausfall ab und übertragen das Kreditrisiko an den Kontraktpartner.

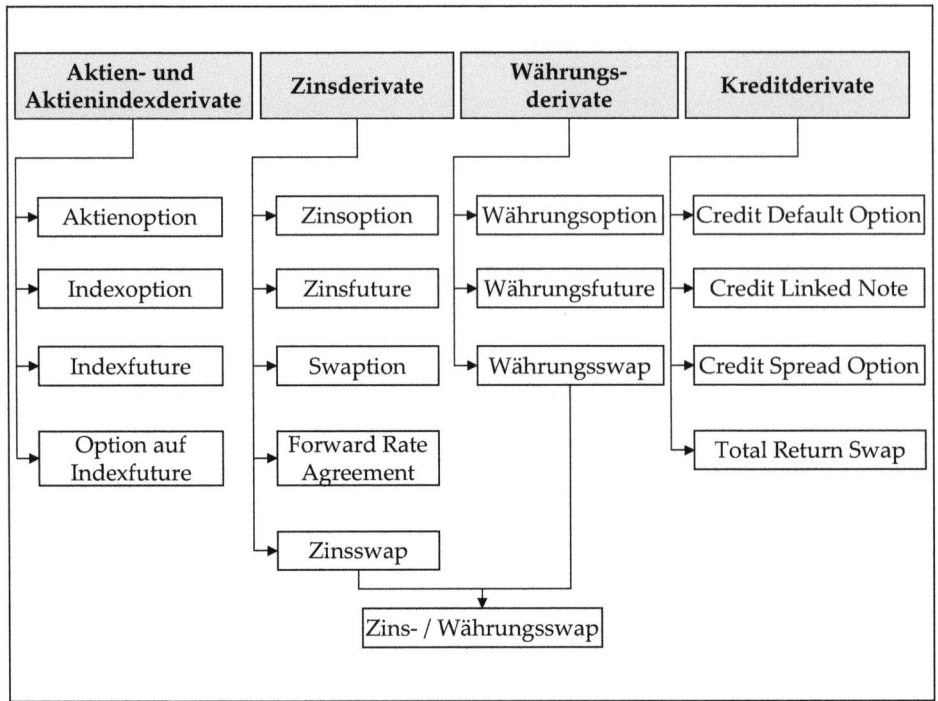

Abbildung 238: Arten von Derivaten

4.3.3.2.5 Sonderformen von Wertpapieren

Mit der Absicht die Eigenschaften der verschiedenen Effekten zu verbinden und so neue Anleger zu erreichen, entstehen sogenannte **Finanzinnovationen**. Derivate werden mitunter auch als Finanzinnovationen oder moderne Finanzinstrumente bezeichnet. Sie lassen sich aber eindeutig von den Sonderformen klassischer Finanzinstrumente abgrenzen, da sie immer in Verbindung mit einem Basisinstrument stehen und von diesem abgeleitet sind. Finanzinnovationen, die hier als **Sonderformen von Wertpapieren** zusammengefasst werden, sind selbständige Finanzinstrumente, die weder den Anleihen noch den Aktien klar zugeordnet werden können. Aufgrund dieser Eigenschaften spricht man auch von **hybriden Wertpapieren**. Darüber hinaus sollen hier auch Fondsanlagen außerhalb des InvG und **Zertifikate** einbezogen werden.

Zu den **klassischen Sonderformen** sind die Wandelanleihen (Convertibles) und Optionsanleihen zu rechnen. Wandelanleihen haben außer den Merkmalen einer Anleihe die Besonderheit, dass der Rückzahlungsanspruch in Aktien des Emittenten umgewandelt werden kann. Bei einer Optionsanleihe ist das abtrennbare Recht zum Erwerb der Aktien mit den sonstigen Merkmalen einer Anleihe gekoppelt.

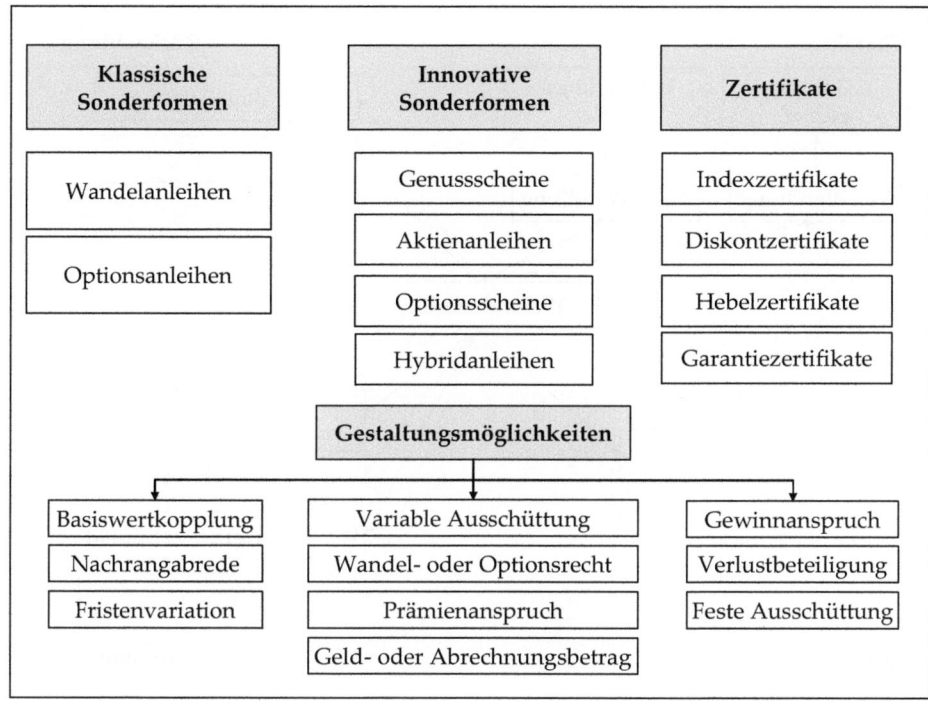

Klassische Sonderformen	Innovative Sonderformen	Zertifikate
Wandelanleihen	Genussscheine	Indexzertifikate
Optionsanleihen	Aktienanleihen	Diskontzertifikate
	Optionsscheine	Hebelzertifikate
	Hybridanleihen	Garantiezertifikate

Gestaltungsmöglichkeiten

Basiswertkopplung	Variable Ausschüttung	Gewinnanspruch
Nachrangabrede	Wandel- oder Optionsrecht	Verlustbeteiligung
Fristenvariation	Prämienanspruch	Feste Ausschüttung
	Geld- oder Abrechnungsbetrag	

Abbildung 239: Systematik der Wertpapier-Sonderformen

Genussscheine sind gesetzlich nicht geregelt und daher weitgehend frei gestaltbar. Sie sind zwar generell Gläubigerpapiere und verbriefen keine Mitspracherechte, haben aber tendenziell durch eine erhöhte Haftung für den Unternehmenserfolg Eigenkapitalcharakter. Sie können ebenfalls ein Optionsrecht oder ein Wandlungsrecht in Aktien einschließen. **Aktienanleihen** (Reverse Convertibles) gewähren im Gegensatz zu Wandelanleihen dem Emittenten das Recht, die Rückzahlung wahlweise in (vorher) definierten Aktien vorzunehmen. **Optionsscheine** (Warrants) sind selbständig handelbare Rechte, die zum Kauf (Call) bzw. Verkauf (Put) eines Basiswertes berechtigen. Basiswerte können außer Aktien auch Anleihen, Währungen und Rohstoffe sein. Der Optionsschein ist in seiner Konstruktion den Derivaten verwandt.

Schließlich sind zu den Finanzinnovationen die **Zertifikate** zu rechnen. Investmentzertifikate verbriefen einen Miteigentumsanteil an einem Sondervermögen nach dem InvG, also an einem Investmentfonds. Indexzertifikate (Participation Unit) sind an die Entwicklung eines Indizes gebunden und verbriefen das Recht auf Zahlung eines Betrages in Abhängigkeit von der Indexentwicklung. Diskontzertifikate sind Wertpapiere, deren Wertentwicklung von einem Referenzgegenstand (Aktie/Index) abhängig ist

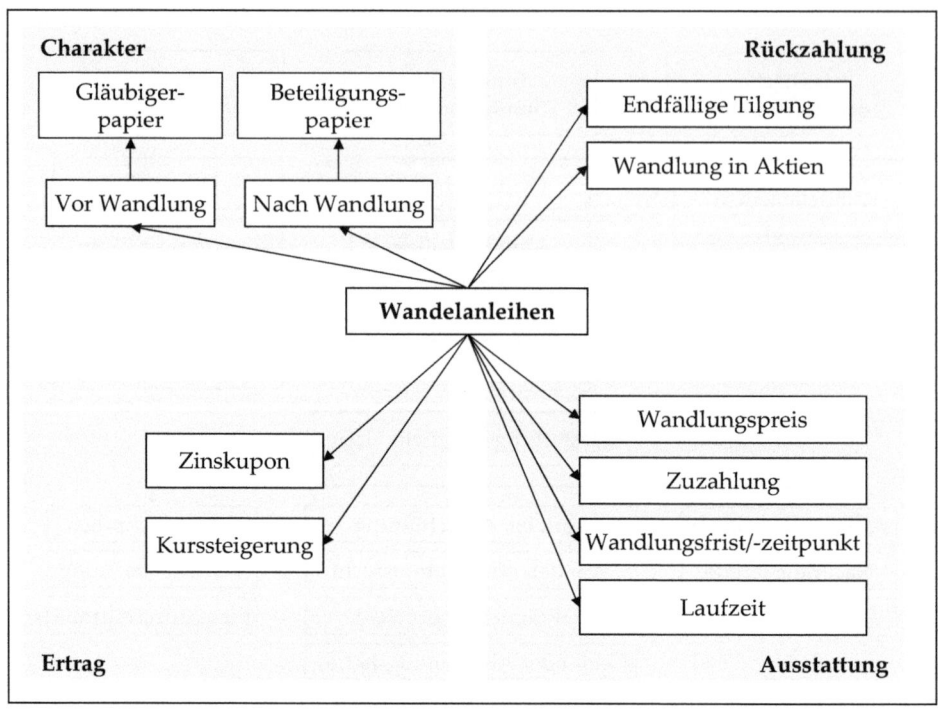

Abbildung 240: Systematik von Wandelanleihen

und die als Geldbetrag oder durch Lieferung des Referenzwertes ausgezahlt werden. Typischerweise notiert der Preis des Zertifikats stets unterhalb des aktuellen Marktpreises des Referenzwertes, so dass man hier von einem Diskont spricht.

Die Sonderformen können in der **Ausgestaltung** stark variieren. Die zahlreichen Möglichkeiten der Ertrags- und Fristen- und Sicherheitsstruktur erlauben eine individuelle Konstruktion, die den jeweiligen Kapitalmarktgegebenheiten, den vorherrschenden Anlegerinteressen und/oder der Interessenlage der Emittenten angepasst wird.

4.3.3.2.5.1 Klassische Sonderformen

Die ursprünglichen Finanzinnovationen sind die heute klassischen Instrumente der Optionsanleihe und der Wandelanleihe. Sie haben gemeinsam, dass sie in der eigentlichen Form dem Anleger den Wechsel von einer Gläubigerposition zu einem Anteilseigner am Ende der Laufzeit der Anleihe bzw. nach einer bestimmten Haltedauer der Anleihe ermöglichen. Diese **Kombination aus Gläubigerpapier und Beteiligungsrecht** erhöht die Chancen dieser Wertpapieranlage und bewahrt die Sicherheit der Anleihe.

■ **Wandelanleihen**

Bei Wandelanleihen ist die Besonderheit, dass der Anleger zunächst Gläubiger des Emittenten wird, indem er eine Anleihe erwirbt. Gleichzeitig beinhaltet die Wandelanleihe ein Recht, das Gläubigerpapier statt der Rückzahlung zum Nominalwert zu bei der Emission festgelegten Bedingungen in Aktien zu wandeln. Bei Wahrnehmung des **Tauschrechts** wird der Gläubiger zum Aktionär und damit zum Teilhaber. Die Wandelanleihe wird wie eine **Schuldverschreibung** verzinst, allerdings liegt der Nominalzins unter dem Marktzins einer Anleihe. Für den Gläubiger besteht die Chance, an einem steigenden Aktienkurs des Emittenten zu partizipieren. Der **Zinsabschlag** repräsentiert die **Prämie** für das **Wandlungsrecht**.

Die Attraktivität der Wandelanleihe wird durch die **Wandlungsbedingungen** bestimmt. In den Anleihebedingungen wird ein festgelegtes Wandlungsverhältnis formuliert, zu dem die Aktien erworben werden können. Das **Wandlungsverhältnis** gibt an, wie viele Aktien für einen bestimmten Nennbetrag der Anleihe getauscht werden können. Zum Wandlungsverhältnis addiert sich eine **Zuzahlung,** die über die Laufzeit ansteigt. Das bedeutet, je früher der Anleger, innerhalb der **Wandlungsfrist**, seine Anleihe in Aktien tauscht, desto niedriger ist der Preis der Aktie. Alternativ kann ein konkreter **Zeitpunkt für die Wandlung** vorgesehen sein, für den dann entsprechend der festgelegte **Wandlungspreis** gilt. Die Zuzahlung soll die erwartete Wertsteigerung der Aktie berücksichtigen und gibt einen Anreiz zur frühen Wandlung. Eine Besonderheit der Wandelanleihe ist das Wandlungsrecht in Aktien eines anderen Emittenten. Alternativ kann der Emittent eine Wandlungspflicht in den Anleihebedingungen vereinbaren, dies erfordert eine entsprechend höhere Verzinsung als Ausgleich.

Für den Emittenten ergibt sich aus dieser Konstruktion die Möglichkeit, zu niedrigen Zinsen Fremdkapital aufzunehmen und bei Wandlung das Kapital nicht zurückzahlen zu müssen. Nachteilig ist dabei die **Unkalkulierbarkeit** des Volumens, das in **Eigenkapital** gewandelt wird. Das Instrument ist für Emittenten interessant, wenn der Eigenkapitalbedarf nicht unmittelbar besteht und/oder die erzielbaren Emissionserlöse aufgrund einer schwierigen Börsensituation unbefriedigend erscheinen. Für den Anleger ist der Kauf einer Wandelanleihe interessant, wenn er steigende Börsenkurse erwartet, aber das Risiko fallender Aktienkurse vermeiden will. Man kann den Kauf der Wandelanleihe vergleichen mit dem Erwerb einer klassischen Anleihe und einer Kaufoption.

■ **Optionsanleihe**

Die Optionsanleihe ist prinzipiell der Wandelanleihe sehr ähnlich. Bestandteil einer Optionsanleihe ist neben der eigentlichen Anleihe das verbriefte Wertrecht auf Aktienerwerb. Der **Optionsschein** wird nach einer bestimmten Laufzeit von der eigentlichen Anleihe getrennt. Die **Anleihe** wird mit Optionsschein und ohne Optionsschein an der Börse notiert. Der Optionsschein wird während der Laufzeit der Option (Optionsfrist)

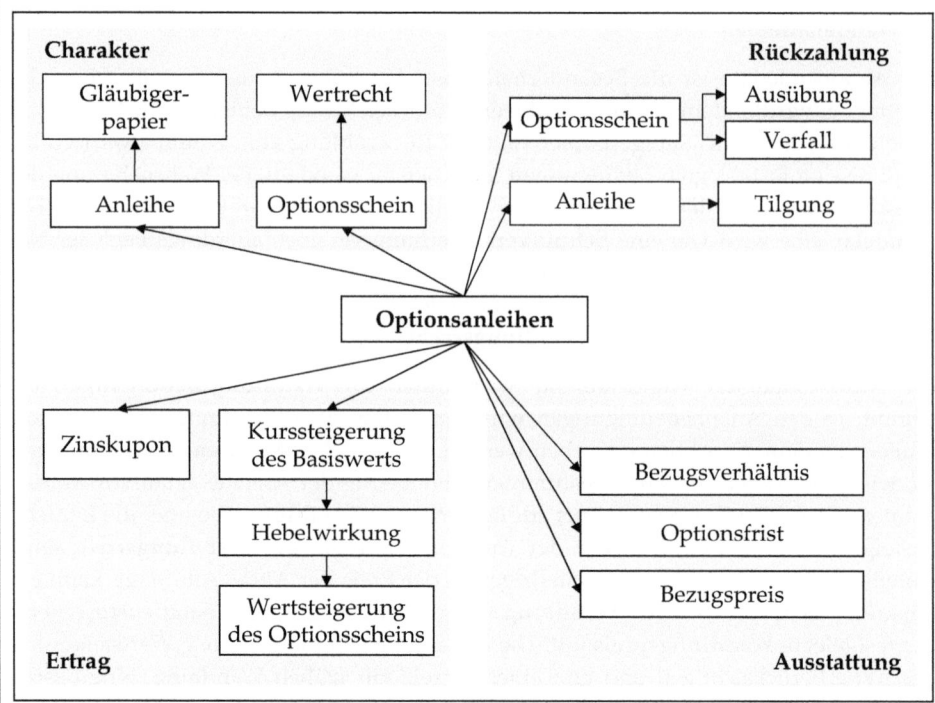

Abbildung 241: Systematik von Optionsanleihen

selbständig gehandelt. Der **Bezugspreis** ist der in den Anleihebedingungen festgelegte Aktienkurs, zu dem die Aktien in der **Optionsfrist** erworben werden können. Die eigentliche Schuldverschreibung bleibt bei der Optionsanleihe bis zur Rückzahlung bestehen. Der Wert des Optionsscheins steigt mit dem Aktienkurs des Basiswertes. Da der Wert des Optionsscheins ein Bruchteil des Aktienwertes ist, steigt der Wert des Optionsscheins im Vergleich zum Aktienkurs überproportional.

Die Motivation der Anleger und Emittenten ist gegenüber der Wandelanleihe unverändert. Für den Emittenten ist auch hier nicht kalkulierbar, ob Eigenkapital durch die Optionsanleihe in das Unternehmen gelangt, denn wenn der Aktienkurs unter dem Bezugspreis notiert, wird der Anleger die Option verfallen lassen. Die Anleihe wird in jedem Fall zurückgezahlt.

4.3.3.2.5.2 Innovative Sonderformen

Zu den Finanzinnovationen sind verschiedene Wertpapiersonderformen zu rechnen, die sowohl Elemente von Beteiligungspapieren als auch von Gläubigerpapieren enthalten. Zur Renditesteigerung werden Risikoelemente beteiligungsrechtlicher Wertpapiere mit den Merkmalen einer Schuldverschreibung kombiniert. Finanzinnovationen

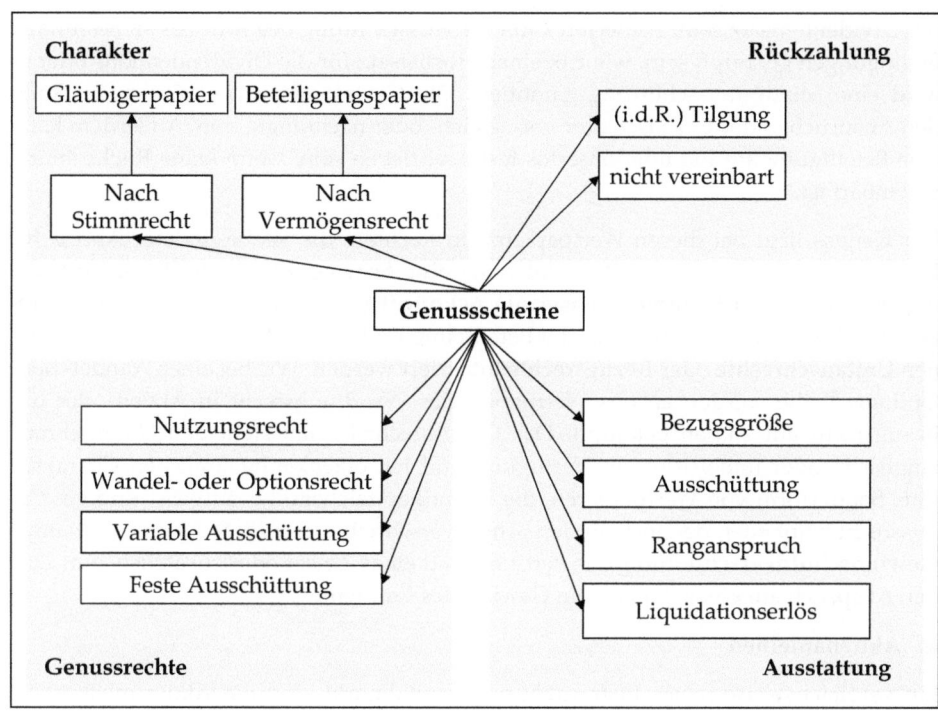

Abbildung 242: Systematik von Genussscheinen

haben in der Regel sowohl eine Renditeerwartung als auch ein Risikoprofil, die zwischen denen von Anleihen und Aktien liegt.

■ **Genussscheine**

Eine sehr variabel auszugestaltende **Produktvariation** sind Genussscheine, die gesetzlich nicht explizit geregelt sind. Genussscheine sind **schuldrechtliche Wertpapiere** mit Beteiligungsrechten. Ein gemeinsames Merkmal aller Genussscheine ist, dass sie keine Mitgliedschaftsrechte verbriefen. Insbesondere beinhalten sie keine Stimmrechte, so dass sie diesbezüglich eher den Charakter von Gläubigerpapieren haben. Im Regelfall haftet das Genussrechtskapital für Verluste und Verbindlichkeiten der Unternehmen. Die Rückzahlung der Genussscheine wird regelmäßig vereinbart, muss aber nicht vorgesehen sein. Bei einer festgelegten Tilgung ist die Laufzeit lang. Die Genussscheine haften **nachrangig** für die Verbindlichkeiten des Emittenten.

Die Ausstattung der Genussscheine kann nach verschiedenen Kriterien beurteilt werden. Zunächst muss eine **Bezugsgröße für den Ertrag** vereinbart sein. Dies können verschiedene Gewinngrößen, wie z.B. der Jahresüberschuss, das Betriebsergebnis oder

der Dividendensatz sein. Weiterhin kann die Ausschüttung des Ertrages an bestimmte Bedingungen geknüpft sein, wie z.B. einen Höchstsatz für die Dividendenhöhe oder es wird eine Mindestausschüttung garantiert. Die Gewinnansprüche können im Rang den Ansprüchen der Gesellschafter vor-, gleich- oder nachrangig sein. Außerdem kann eine Beteiligung am Liquidationserlös festgeschrieben sein, wenn keine Rückzahlung vereinbart ist.

Der Genuss liegt bei diesen Wertpapieren in Rechten, die als besonderer Anreiz für Käufer definiert sind. Dazu gehört entweder **eine feste oder variable Verzinsung**, die regelmäßig an den **Unternehmenserfolg geknüpft** ist. Der Genussschein kann **Nutzungsrechte** begründen, wie z.B. die Beteiligung an Lizenzgebühren. Schließlich können **Umtauschrechte** oder **Bezugsrechte** integriert werden. Wie bei einer Wandel- oder Optionsanleihe werden an das Wertpapier das Wandlungsrecht in Aktien oder das Bezugsrecht auf Aktien geknüpft. Das Genussrechtskapital steht den Unternehmen langfristig oder unbefristet zur Verfügung und hat eigenkapitalähnlichen Charakter. Eine Sonderform von Wertpapieren, die Fremdkapitalcharakter aufweist und ein Genussrecht beinhaltet, dennoch zu den Schuldverschreibungen zählt, ist die sogenannte **Gewinnschuldverschreibung**. Sie verbrieft statt eines Zinses oder zusätzlich zum Zins den Anspruch auf einen Anteil vom Gewinn des Emittenten.

▪ Aktienanleihen

Ein vergleichsweise neues Instrument am Kapitalmarkt sind die Aktienanleihen. Es handelt sich dabei um eine **Schuldverschreibung** mit einer festen Zinsvereinbarung und einem Nominalbetrag. Der Zinssatz liegt über der Verzinsung vergleichbarer normaler Anleihen. Die Besonderheit ist das Recht des Emittenten, die Anleihe zu tilgen oder in Aktien zurückzuzahlen. Da bei der Aktienanleihe der Emittent das Wahlrecht hat, ein **Aktienandienungsrecht**, befindet sich der Anleger in der Gläubigerposition bis zur Aktienandienung. Die Zahl und die Gattung der zu liefernden Aktien (Basiswerte) werden in den Anleihebedingungen definiert. Es ergibt sich damit ein bestimmter **Basispreis für die Aktien**, bei dessen Überschreitung die Tilgung der Anleihe durch Rückzahlung für den Emittenten günstiger ist. Der **Emittent** wird sein **Wahlrecht** ausüben, wenn die Aktien, also die Summe der Kurse der Basiswerte unter dem Nominalwert der Anleihe notieren.

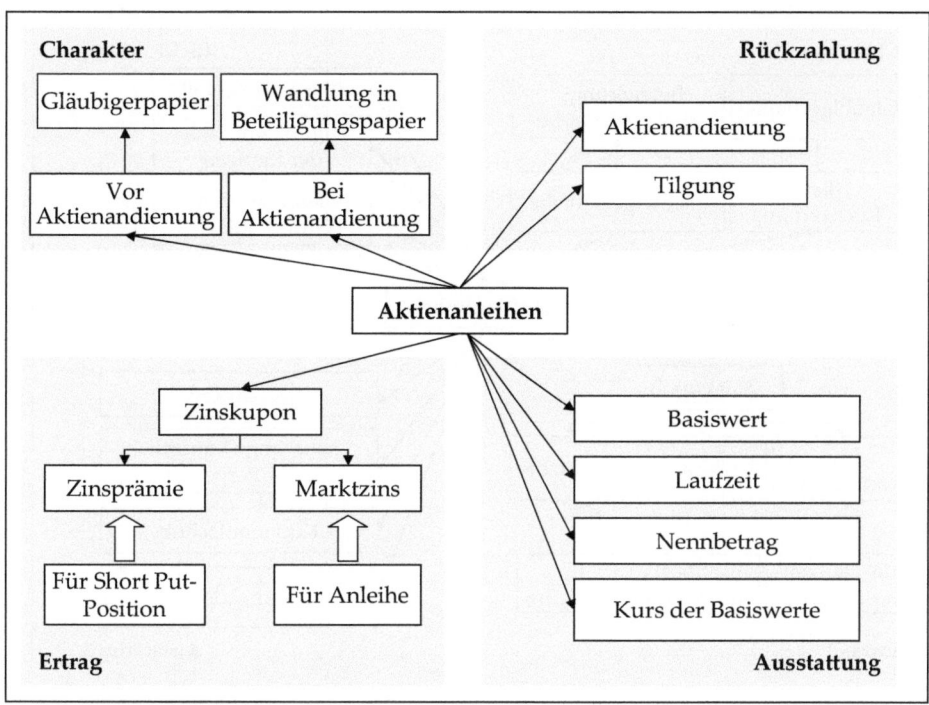

Abbildung 243: Systematik von Aktienanleihen

Die Verzinsung der Aktienanleihe setzt sich aus dem marktüblichen Zins für Anleihen am Kapitalmarkt und einer Zinsprämie zusammen. Der **Zinsaufschlag** entspricht einer **Optionsprämie**. Der Anleger verkauft dem Emittenten bei der Konstruktion der Aktienanleihe eine Verkaufsoption und erhält für diese Short-Put-Position eine Optionsprämie in Form eines zusätzlichen Zinses.

■ **Hybridanleihen**

Eine weitere Produktvariation im Bereich der gemischten Wertpapiere sind die Hybridanleihen (Corporate Hybrid Debt). Deren besonderes Konstruktionsmerkmal ist eine **sehr lange** (100 Jahre und mehr) oder teilweise auch **unendliche Laufzeit** (Perpetuals). Des weiteren sind diese Anleihen **nachrangig** ausgestaltet, das heißt Investoren werden (im Liquidationsfall) nach allen anderen Gläubigern bedient. Beide Merkmale führen dazu, dass eine Anerkennung als Eigenkapital oder eigenkapitalähnlichem Kapital der Regelfall ist. Das anleihetypische Element der Hybridanleihe ist die Verzinsung. Die Anleihe wird üblicherweise mit einem **Festzins** ausgestattet, dessen Zahlung an die **Ertragslage** des Unternehmens gekoppelt sein kann. Wenn dies der Fall ist,

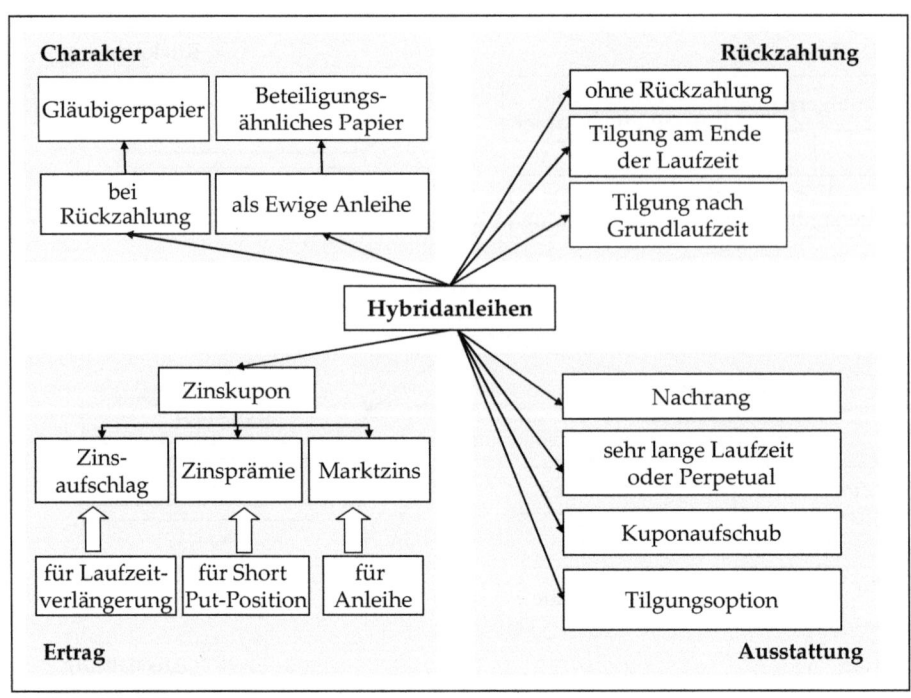

Abbildung 244: Systematik von Hybridanleihen

müssen oder können ausgefallene Zinszahlungen entsprechend aufgeholt werden. Der **Kuponaufschub** kann verpflichtend, nicht verpflichtend kumulativ oder nicht kumulativ sein. Die aufzuholenden Zinszahlungen können bei entsprechender Vereinbarung in Form von Aktien oder bar geleistet werden. Eine weitere Besonderheit ist das Recht des Emittenten, den Anleihebetrag nach einem Teil der Laufzeit (häufig nach 10 Jahren) zurückzuzahlen. Bei Nichtnutzung dieser Option durch den Emittenten ist ab diesem Zeitpunkt eine höhere Zinsvereinbarung impliziert (100 – 200 Basispunkte).

Bei vorzeitiger **Tilgung zum Optionszeitpunkt** muss die Hybridanleihe durch Kapital in mindestens der gleichen Qualität, also Mezzanine-, oder Eigenkapital ersetzt werden. Dies bedeutet, dass sich das Verhältnis von Eigen- zu Fremdkapital nicht verschlechtern darf. Das Finanzierungsinstrument ist für Unternehmen geeignet, die ihre **Kapitalstruktur** verbessern wollen, ohne Eigenkapital zu erhöhen. Die relativen Eigentumsverhältnisse werden nicht verwässert. Das Rating des Unternehmens wird aber durch die Stärkung der Eigenkapitalbasis positiv beeinflusst. Das Instrument ist allerdings vorzugsweise für am Kapitalmarkt etablierte Unternehmen geeignet.

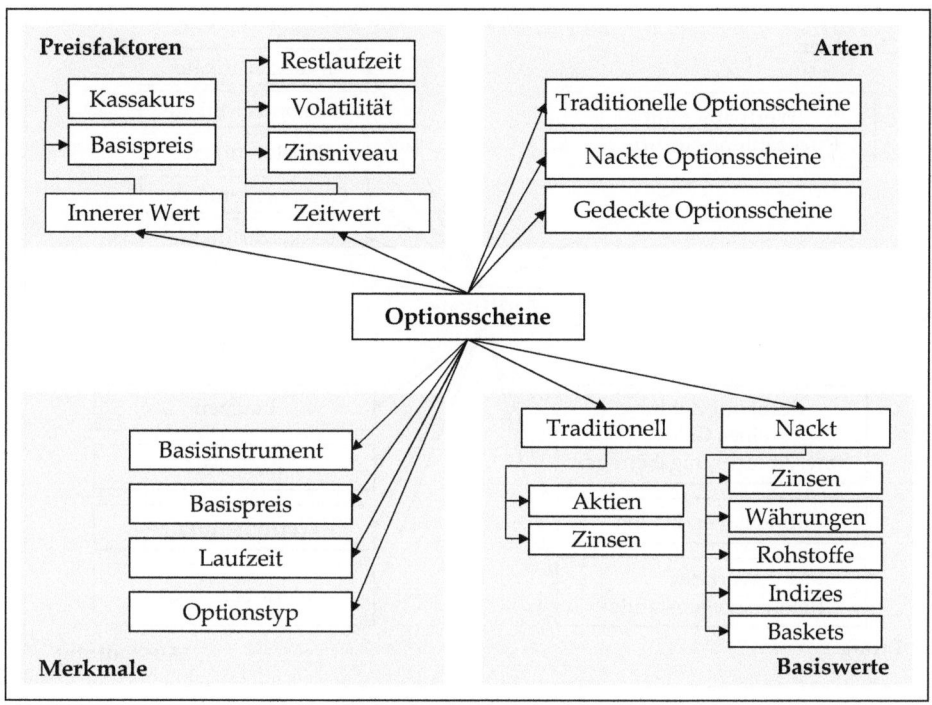

Abbildung 245: Systematik von Optionsscheinen

■ **Optionsscheine**

Im Gegensatz zu den Optionen am Terminmarkt sind Optionsscheine (Warrants) eine Sonderform von Wertpapieren, die am **Kassamarkt** gehandelt werden. Optionsscheine verbriefen das Recht eine bestimmte Menge eines Basiswertes zu kaufen (Call) bzw. zu verkaufen (Put). Unterschieden werden zum Ersten **traditionelle Optionsscheine** (warrants), die im Rahmen von Optionsanleihen emittiert werden. Traditionelle Optionsscheine sind immer Call-Optionen. Zum Zweiten existieren sogenannte **nackte Optionsscheine** (naked warrants), die ohne eine gleichzeitige Anleiheemission begeben werden. Nackte Optionsscheine haben keinen Bezug zu Finanzierungsvorhaben von Unternehmen und werden von Banken bzw. Wertpapierdienstleistern emittiert. Bei nackten Optionsscheinen ist häufig ein Barausgleich statt der Ausübung üblich. Zum Dritten werden als Sonderform der nackten Optionsscheine die **gedeckten Optionsscheine** (covered warrant) gehandelt. Für gedeckte Aktienoptionsscheine hält der Emittent die Basiswerte in seinem Bestand oder sichert die Lieferansprüche der Optionsscheininhaber durch ein entsprechendes Gegengeschäft. Teilweise bezeichnet man auch Optionsscheine mit Barausgleich als gedeckte Optionsscheine.

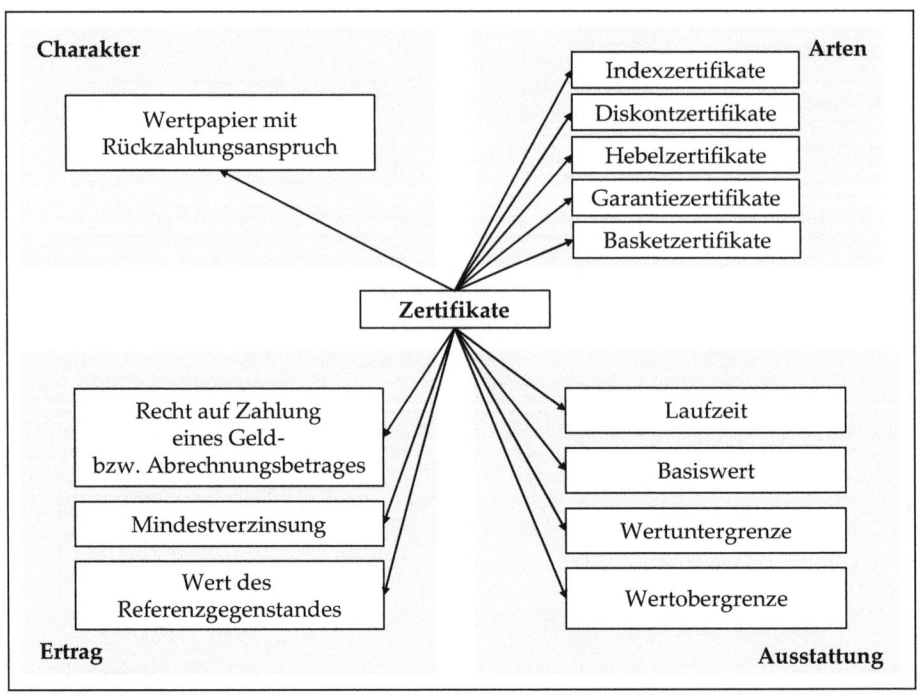

Abbildung 246: Systematik von Zertifikaten

Die **Preisbildung** der Optionsscheine funktioniert wie bei Optionen am Terminmarkt. Die Optionsscheine beziehen sich auf ein bestimmtes Basisinstrument, einen Basispreis, können europäischen oder amerikanischen Typs sein und haben eine Laufzeit von bis zu 2 Jahren als nackte Optionsscheine bzw. bis zu 10 Jahren als traditionelle Optionsscheine. Die traditionellen Optionsscheine existieren für Aktien und Zinsen als Basiswerte. Nackte Optionsscheine werden auch für Aktienkörbe (Baskets), Indizes, Rohstoffe und Währungen emittiert.

4.3.3.2.5.3 Zertifikate

Zertifikate sind Anteilsscheine, die das Recht auf die Zahlung eines Abrechnungsbetrages in Abhängigkeit von der **Wertentwicklung eines Basiswertes** verbriefen. Sie werden daher oft auch strukturierte Anlageprodukte genannt. In den letzten Jahren waren Zertifikate die Anlageprodukte mit dem höchsten Wachstum. Das Zertifikat kann eine **Kapitalgarantie (Totalsicherung),** eine **Teilabsicherung** oder eine **Renditeoptimierung** zum Ziel haben. Daraus wird die hohe Flexibilität der Zertifikate deutlich. Gleichzeitig sind Zertifikate für jede Markterwartung mit Renditechancen verbunden. Die Möglichkeit, in **stagnierenden** oder **fallenden Finanzmärkten** positive

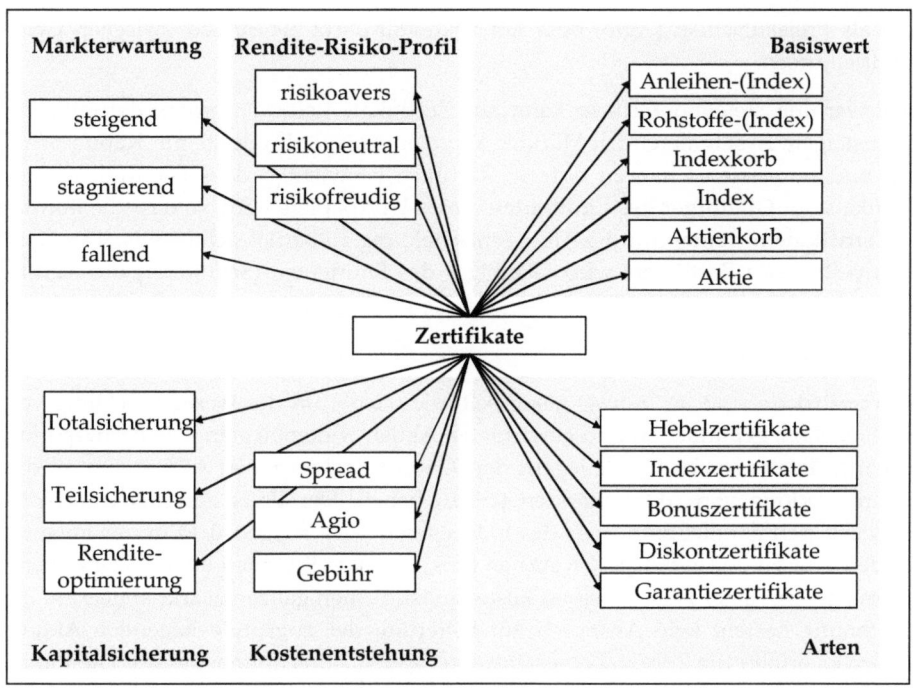

Abbildung 247: Kriterien zur Systematisierung von Zertifikaten

Renditen zu erwirtschaften klassifiziert Zertifikate als **Total Return Produkt**. Zertifikate werden auch als **Partizipationsscheine** bezeichnet, weil der Anleger an der Wertsteigerung eines Basiswertes teilnimmt. **Basiswerte** können einzelne Aktien, ein Korb (**Basket**) aus verschiedenen **Aktien** oder ein **Index** bzw. ein Korb von Indizes auf Aktien, Rohstoffe oder Anleihen sein. Gleichzeitig bieten Zertifikate in unterschiedlichem Umfang Schutz vor Wertverlusten (**Puffer**). Die Reduzierung des Risikos der Zertifikate gegenüber den Basiswerten bewirkt, dass auch die Renditechancen gegenüber der Wertentwicklung der Basiswerte zurückbleiben. Umgekehrt kann durch die Ausnutzung der **Hebelwirkung** der Derivate das Risiko und die Renditechance gegenüber der Anlage in Basiswerten gesteigert werden.

Risikoaverse Anleger können Zertifikate mit vollständiger oder weitgehender Kapitalgarantie wählen. **Risikoneutrale** Anleger haben mit Zertifikaten die Chance, bei einer Risikoabsicherung eine Partizipation an den Chancen des Marktes zu erhalten. **Risikofreudige** Anleger können dagegen durch Nutzung der Hebelwirkung von Derivaten überproportionale Renditen erzielen, wenn sie bereit sind, entsprechend hohe Verlustrisiken einzugehen. Die Laufzeit der Zertifikate ist mehrjährig, das heißt mittel- bis langfristig und kann sogar unbefristet sein. Kosten entstehen dem Käufer bei Er-

werb als Preisaufschlag (Agio) oder am Sekundärmarkt als Spread zwischen Geld-
und Briefkursen.

Bei Erwartung steigender Kurse kann auf Zertifikate gesetzt werden, die mit dem
Markt steigen. In stagnierenden Märkten kann ein Anleger Produkte mit Kapitalsicherung und limitierten Chancen nutzen. Rechtlich ist wichtig, dass der Käufer eines
Zertifikats der **Gläubiger des Emittenten** dieses Wertpapiers wird, so dass die **Bonität**
des **Zertifikatemittenten** für die Anlageentscheidung zu berücksichtigen ist. Der Käufer (Investor) des Zertifikats wird Gläubiger des Emittenten (Schuldner) des Zertifikats.

■ **Indexzertifikate**

Indexzertifikate sind an Indizes gekoppelt, die wiederum die Wertentwicklung von
verschiedenen, gebündelten und gewichteten Aktien widerspiegeln. Die **Partizipation
an** den **Indizes** erspart den Anlegern den Erwerb der einzelnen Aktien, um an der
Wertentwicklung von Aktienmärkten teil zu haben. Der Preis des Indexzertifikats
entwickelt sich parallel zum Preis des Indexes und wird ausgedrückt in den entsprechenden Preisen der verkörperten Aktien bzw. in einem Bruchteil davon. Damit kann
der Anleger mit einer Depotposition kostengünstig einen ganzen Markt abdecken. Bei
Abrechnung besteht kein Anspruch auf Lieferung der zugrunde liegenden Aktien,
sondern es erfolgt die Zahlung eines entsprechenden Abrechnungspreises. Die Indexzertifikate werden von verschiedenen Banken und Finanzdienstleistern emittiert und
sind börsengehandelt, womit das Emittentenrisiko relativ niedrig bleibt. Durch eine
Absicherung bei Kursverlusten und eine Reduktion der Partizipation an Kurssteigerungen kann eine **Kapitalsicherung** erfolgen und das Zertifikat bis zu einem **Garantiezertifikat** umgestaltet werden.

Bei Indexzertifikaten ist zu beachten, dass ein Zertifikat auf einen **Kurs- bzw. Preisindex** die **Dividendenerträge** der zugrunde liegenden Aktien vernachlässigt. Die Wertentwicklung des Indexes ist gegenüber den entsprechenden Einzelinvestments um die
Dividenden reduziert. Bezieht sich das Indexzertifikat auf einen **Performance-Index**,
so sind die Dividendenausschüttungen berücksichtigt. Als Variation zur Partizipation
an fallenden Kursen kann ein **Reverse-Indexzertifikat** emittiert werden, bei dem der
Wert des Zertifikats mit dem Sinken des Indexes steigt.

Eine Sonderform von Zertifikaten, die man zu den Indexzertifikaten subsumieren
kann, sind die so genannten **Basketzertifikate**. Teilweise werden diese Zertifikate
auch als **Strategiezertifikate** bezeichnet. Es werden dabei verschiedene Vermögenswerte nach einer bestimmten **Anlagestrategie** zu einem **Korb** (Basket) zusammenge-
stellt. Die Vermögenswerte können Aktien, Anleihen, Rohstoffe u.a. sein. Bei Aktien
können wiederum einzelne Branchen den Korb füllen oder es wird versucht, einen
bestimmten Index durch Auswahl bestimmter Indexwerte zu schlagen (**Outperfor-
mance**). Die Baskets werden in regelmäßigen Abständen überprüft und gegebenenfalls
umgeschichtet. Die Laufzeit dieser Zertifikate kann befristet oder endlos sein.

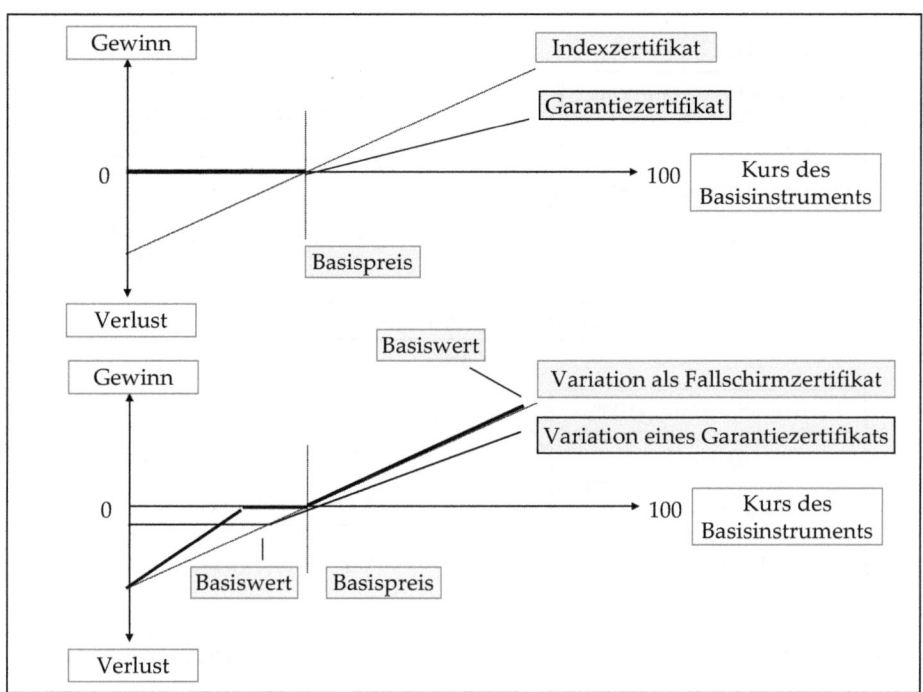

Abbildung 248: Strukturierung von Garantie- und Indexzertifikaten

Garantiezertifikate

Bei **Garantiezertifikaten** gilt grundsätzlich, dass mit dem Produkt die gegenteilige Hebelwirkung eines Derivates erzeugt werden soll. Während Derivate gegenüber den Direktanlagen eine größere Rendite aber auch größere Verluste verkörpern, sind Garantiezertifikate so konstruiert, dass **Wertverluste** um so stärker **gedämpft** werden, je größer sie ausfallen. Gleichzeitig wird aber auch die **Partizipation an Wertsteigerungen** gegenüber der Direktanlage mit zunehmender Rendite gemildert. Als Basiswerte sind in der Regel Aktien, Indizes oder Aktienkörbe definiert, die der Emittent gegebenenfalls nach bestimmten Kriterien zusammenstellt.

Bei einem Garantiezertifikat kann die Kapitalsicherung durch Investition in eine „risikolose" **Nullkuponanleihe** erzielt werden. Der Ertrag der Nullkuponanleihe, die Differenz zwischen dem Barwert und dem Nominalwert (=Zertifikatpreis), wird in eine **Kaufoption** mit dem Basispreis zum Zertifikatpreis investiert. Die **Partizipationsrate** an den Kursgewinnen bestimmt sich nach dem Optionspreisniveau. Je niedriger die Optionsprämie für die Kaufoption, desto höher kann die Partizipationsrate des Zertifikats sein. Die Höhe der Partizipationsrate richtet sich zudem nach dem Niveau der Kapitalsicherung. Eine Erhöhung der Renditechancen kann mit einer Verringerung

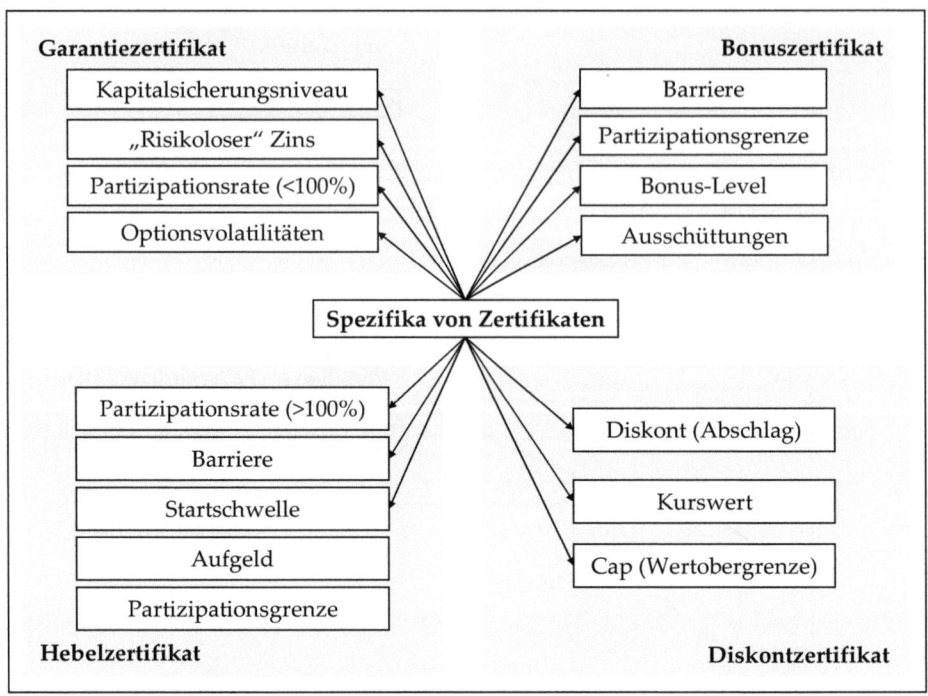

Abbildung 249: Ausstattungsmerkmale von Zertifikaten

der Kapitalgarantie erkauft werden. Eventuelle Erträge wie Dividenden auf Aktien können ebenfalls für zusätzliche Sicherungen verwendet werden. So kann beispielsweise ein zusätzlicher **Risikopuffer** (Fallschirm) eingebaut werden. Bei einem begrenzten Kursverfall des Basiswertes wird der Basiswert zurückgezahlt. Bei einem Basispreis unter eine festgelegte Grenze erfolgt eine Verlustbeteiligung bis hin zum Totalverlust bei einem wertlosen Basiswert. Die Ausgestaltung der Zertifikatsbedingungen kann sehr individuell sein.

■ **Bonuszertifikate**

Mit **Bonuszertifikaten** können Kapitalanleger einen **Risikopuffer** erhalten, ohne bei hohen Kursgewinnen ihre Gewinnpotentiale zu reduzieren. Dies geschieht indem ein **Bonus-Level** oberhalb des Zertifikatpreises gewährleistet wird, wenn der Basiswert eine definierte **Wertuntergrenze** (Barriere) nicht unterschreitet. Dieser Bonus wird solange gezahlt, solange der Basiswert zwischen der **Barriere** und dem Bonus-Level liegt. Der Emittent muss diesen zusätzlichen Risikopuffer finanzieren, was entweder durch den Verzicht auf **Ausschüttungen** auf den Basiswert und/oder durch eine **Partizipationsgrenze** erfolgt. Ein **einmaliges Unterschreiten** der Barriere führt zum Bonus-Verfall. Dann ist die Wertentwicklung des Zertifikats mit dem des Basiswertes iden-

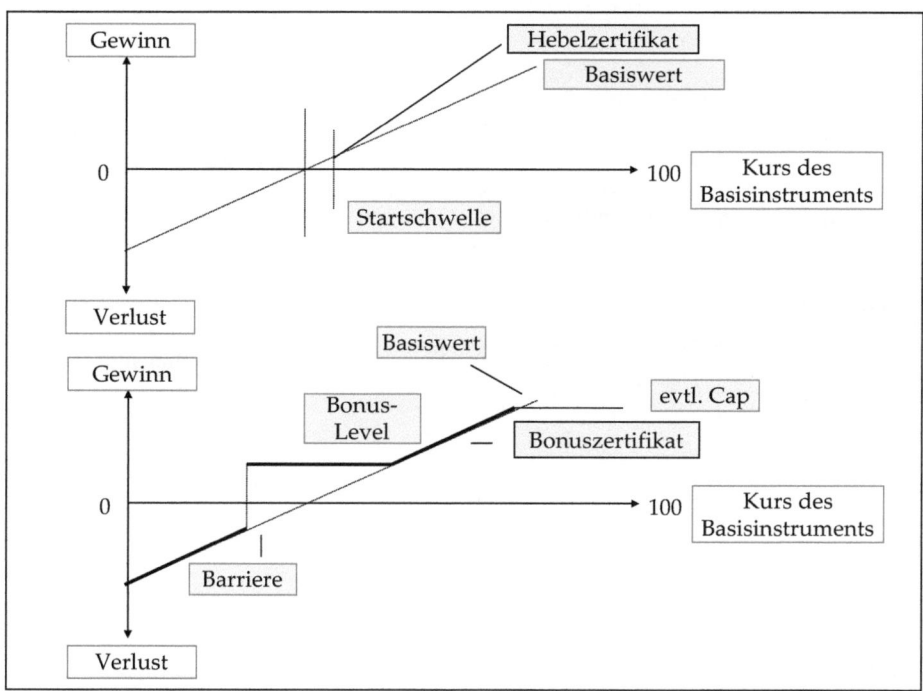

Abbildung 250: Strukturierung von Garantie- und Indexzertifikaten

tisch und es kann auch die Lieferung des Basiswertes erfolgen. Bei Überschreiten des Bonus-Levels erhält der Käufer des Zertifikats ebenfalls den Basiswert bzw. dessen entsprechenden Gegenwert.

■ Hebelzertifikate

Hebelzertifikate, die auch **Turboscheine** genannt werden, ermöglichen gegenüber der Direktanlage in dem Basiswert auf den sie sich beziehen, höhere Gewinnchancen aber auch höhere Verlustpotentiale. Analog zu den Optionsscheinen existieren ein Long-Zertifikat (Bull-Zertifikat), das mit steigenden Kursen des Basiswertes gewinnt und ein Short-Zertifikat (Bear-Zertifikat), das mit sinkenden Kursen des Basiswertes gewinnt. Das Risiko der Hebelzertifikate wird weiter erhöht durch eine vorher definierte Kursmarke (**Knock-Out-Schwelle**), bei deren Erreichen das Zertifikat wertlos verfällt. Dagegen kann ein **Outperformance-Zertifikat**, das lediglich eine überproportionale Partizipation an Kursgewinnen gewährt, aber im Verlustfall den Kursverlauf des Basiswerts nachbildet sogar durch ein so genanntes **Protect-Level** risikoreduziert werden. Eine **Hebelwirkung** kann ebenfalls durch die Definition einer **Bandbreite** in der ein Investor überproportional an Kursgewinnen des Basiswertes profitiert, erzielt werden. Eine solche Bandbreite kann auch als Sprintstrecke bezeichnet werden. Die Zerti-

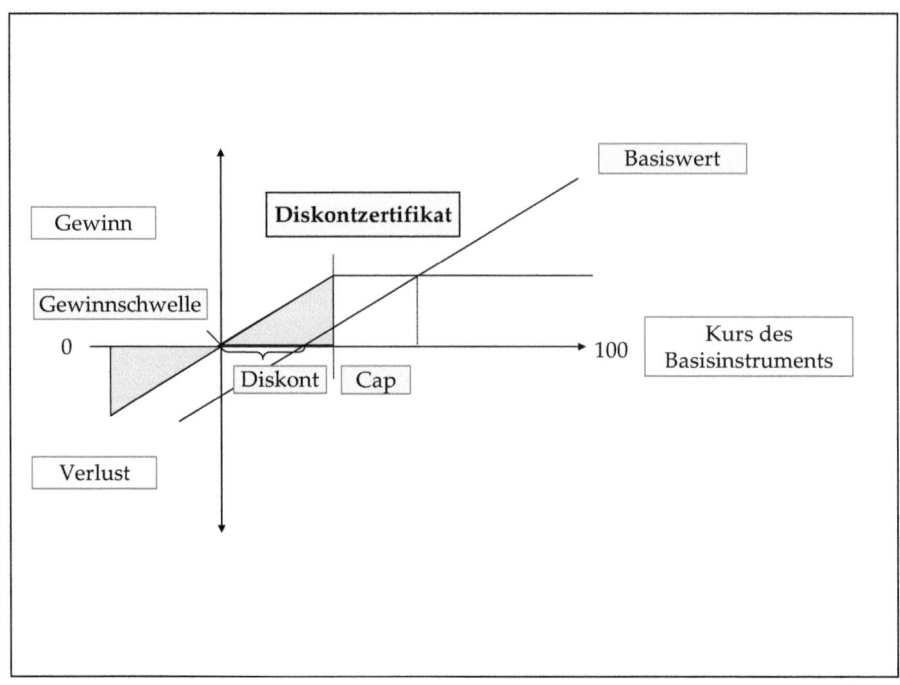

Abbildung 251: Strukturierung von Diskontzertifikaten

fikate werden auch Sprintzertifikate oder Kick-Start-Zertifikate genannt. Es gilt auch für Hebelzertifikate, dass sowohl überproportionale Chancen als auch Risikopuffer durch Derivatestrategien erreicht werden, die mit einer Partizipationsgrenze oder durch den Verzicht auf Ausschüttungen finanziert werden müssen.

■ Diskontzertifikate

Diskontzertifikate sind mit einer festen Laufzeit ausgestattete Wertpapiere, die an einen so genannten Referenzwert gekoppelt sind. Als Referenzwerte werden oft Aktien bzw. Indizes verwendet. Die Zertifikatsbedingungen verbriefen das Recht, den Referenzgegenstand am Ende der Laufzeit zu erwerben oder in Abhängigkeit von dessen Preis am Stichtag eine Geldzahlung zu erhalten. Das Zertifikat wird mit einem **Abschlag** (Diskont) emittiert. Der Wert des Diskontzertifikats steigt mit Kurssteigerungen des Referenzwertes. Die Besonderheit des Diskontzertifikats liegt in der definierten **Obergrenze** für die Rückzahlung (**Cap**). In den Emissionsbedingungen wird ein **maximaler Auszahlungsbetrag** vereinbart. Dieser Preis stellt gleichzeitig die Wertobergrenze für das Zertifikat dar. Der Preis des Zertifikats wird durch diese Konstellation immer unter dem Preis des Referenzwertes liegen. Die Differenz zwischen dem Preis des Diskontzertifikats und dem des Referenzwertes sinkt mit der

342

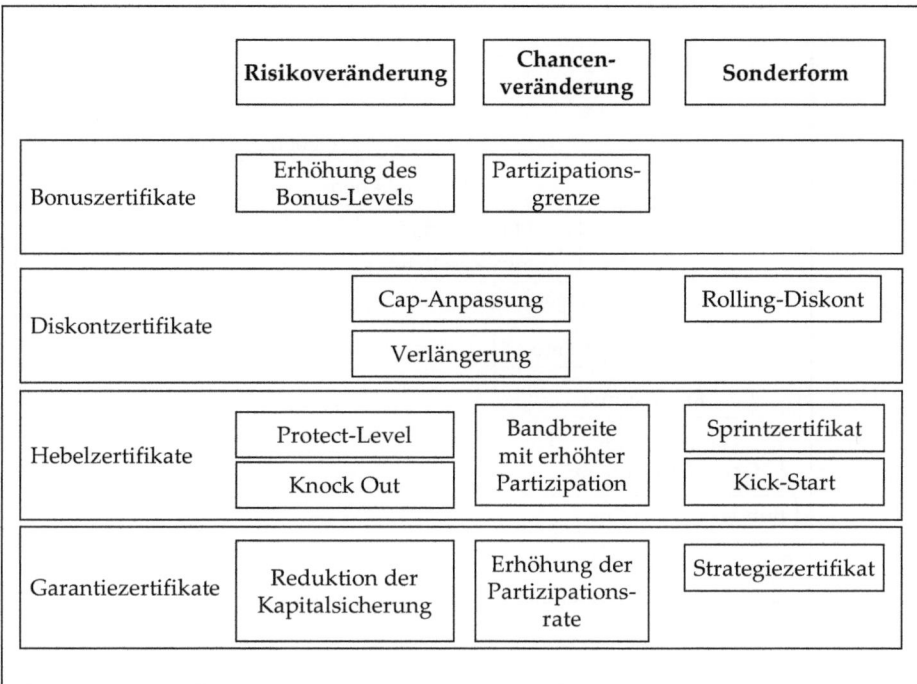

	Risikoveränderung	Chancen-veränderung	Sonderform
Bonuszertifikate	Erhöhung des Bonus-Levels	Partizipations-grenze	
Diskontzertifikate	Cap-Anpassung / Verlängerung		Rolling-Diskont
Hebelzertifikate	Protect-Level / Knock Out	Bandbreite mit erhöhter Partizipation	Sprintzertifikat / Kick-Start
Garantiezertifikate	Reduktion der Kapitalsicherung	Erhöhung der Partizipations-rate	Strategiezertifikat

Abbildung 252: Sonderformen von Zertifikaten

Laufzeit, das heißt, die Differenz konvergiert über die Laufzeit gegen Null. Wenn der Referenzwert zum Stichtag, also zum Laufzeitende, unter der Cap-Grenze notiert, entspricht der Wert des Zertifikats dem Preis des Referenzgegenstandes. Ein Preis des Referenzgegenstandes über dem maximalen Auszahlungsbetrag hat keine Auswirkungen auf den Zertifikatpreis. Ein Sinken des Preises des Referenzgegenstandes gegenüber dem Einstandspreis reduziert den Preis des Diskontzertifikats. Die **Höhe des Caps** hat entscheidenden Einfluss auf die Wahrscheinlichkeit der Realisierung der **Zielrendite**. Bei einem Cap unterhalb (oberhalb) des Basiswertkurses ist die Maximalrendite niedrig (hoch), aber die Wahrscheinlichkeit, dass der Kurs über dem Cap liegt hoch (niedrig).

Ein einzelnes Diskontzertifikat kann durch den fortlaufenden Erwerb von Diskontzertifikaten mit jeweils neu definiertem Cap und neu definiertem Maximalertrag zu einem **Rolling-Diskontzertifikat** umgestaltet werden. Bei entsprechend häufiger Anpassung (monatlich) kann dadurch in unsicheren Marktsituationen der Depotwert stabilisiert, also die Wertschwankung reduziert werden.

Mit Zertifikaten kann durch **Reverse-Produkte** oder entsprechende Derivate eine positive Rendite bei fallenden Kursen realisiert werden. Bei **Erwartung** eines fallenden

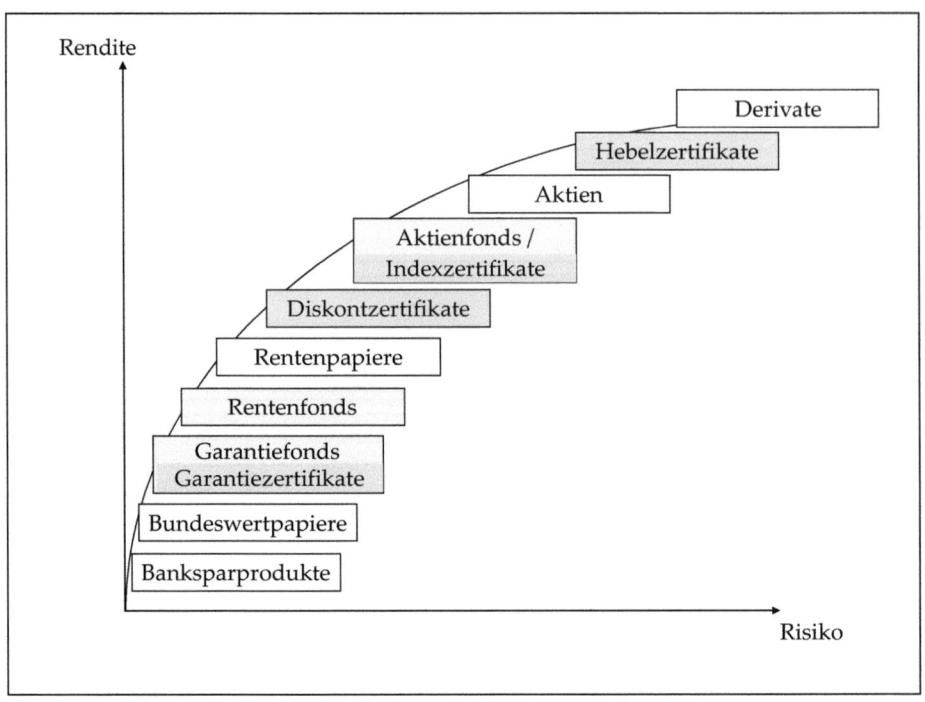

Abbildung 253: Rendite-Risikoprofil von Anlagealternativen

Marktpreisniveaus sind diese Formen von Zertifikaten geeignet. Die Gestaltung und Benennung von Zertifikaten ist aufgrund der Emission immer neuer Variationen noch nicht einheitlich. Eine Systematisierung aller Zertifikate ist daher schwer möglich.

4.3.3.2.6 Renditeprofil der Vermögensanlagen

Die Vielzahl der Kapitalanlageprodukte im Wertpapierbereich ermöglicht inzwischen die Abbildung eines beliebigen Rendite-Risikoprofils. Die ursprünglichen Produkte Anleihe und Aktie, bei denen das Finanzierungsmotiv des Emittenten dem Anlagemotiv des Sparers unmittelbar zum Abschluss (unter Vermittlung eines Finanzdienstleisters) gebracht wurden, tritt bei den flexiblen und vielseitigen Formen von Investmentfonds und Zertifikaten in den Hintergrund. Mit Investmentfonds ist es insbesondere Kleinanlegern möglich geworden, eine Diversifikation des Vermögens und eine Kostenreduktion zu erzielen, die mit Einzelinvestments nicht erreichbar wäre. Zertifikate erweitern das Spektrum der Möglichkeiten noch, weil mit ihnen jede Markterwartung und jedes Risiko-Rendite-Profil nachgebildet werden kann. In der rechtlichen Konstruktion unterschieden sich beide Produktkategorien jedoch fundamental.

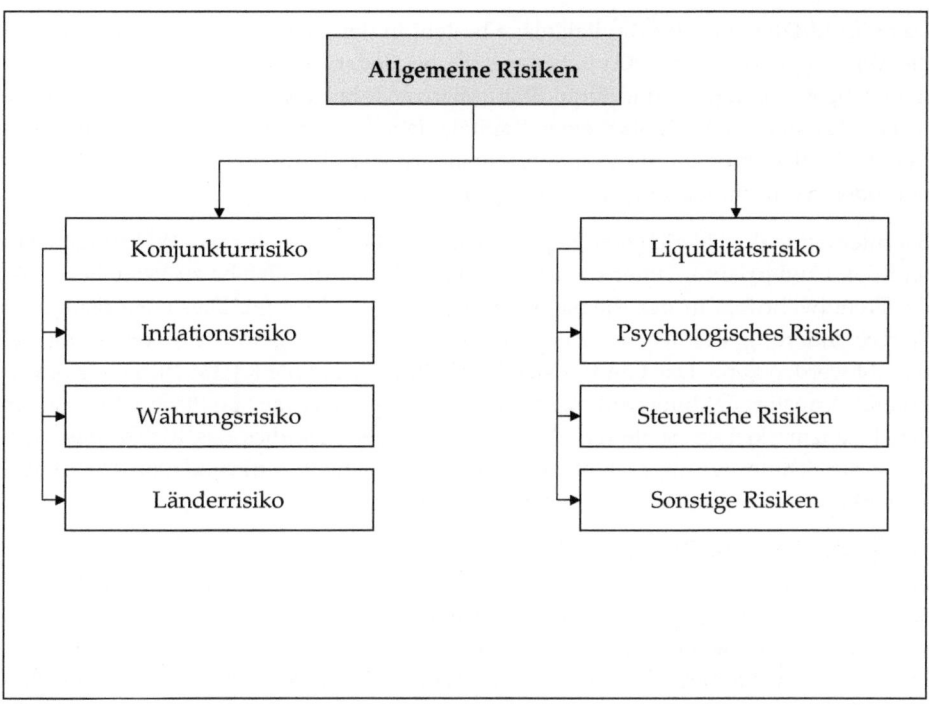

Abbildung 254: Risikokategorien der Vermögensanlagen

4.3.3.2.7 Risiken der Vermögensanlagen

Jede Form der Vermögensanlage birgt Risiken, da es die risikolose Anlage nicht gibt. Grundsätzlich gilt, dass das Risiko einer Kapitalanlage steigt, wenn die erwartete Rendite der Anlage steigt. Zunächst lassen sich allgemeine Risiken definieren, die für alle Kapitalanlagen gelten und spezielle Risiken, die für die jeweilige Anlageform zutreffen.

■ **Allgemeine Risiken**

Alle Vermögensanlagen unterliegen dem **konjunkturellen Risiko**. Dabei haben verschiedene Wertpapiere bzw. Vermögensanlagen in unterschiedlichen Konjunkturphasen Kursverluste zu verzeichnen. Tendenziell besteht ein größeres Verlustrisiko in konjunkturellen Schwächephasen. Bei allen finanzwirtschaftlichen Kapitalanlagen besteht darüber hinaus das **Risiko des Kaufkraftverlustes** durch Geldentwertung. Dies bedeutet, dass Kapitalanlagen einen nominalen Wertzuwachs erzielen, der unterhalb der Inflationsrate liegt, so dass mit dem Kapital nach der Anlage weniger Güter und Leistungen erwerbbar sind als vorher.

Das **Liquiditätsrisiko** der Kapitalanlage besteht in der eingeschränkten Verfügbarkeit der Vermögenswerte. Eine Kapitalanlage, die bei Bedarf nicht jederzeit oder nur unter ungünstigen Bedingungen in Liquidität umzuwandeln ist, unterliegt dem Liquiditätsrisiko. Das **steuerliche Risiko** einer Kapitalanlage beruht auf der Unsicherheit, dass steuerliche Belastungen, insbesondere Veränderungen der Steuergesetzgebung, Wert- und/oder Ertragsminderungen der Anlage hervorrufen.

Bei international ausgerichteter Kapitalanlage ergibt sich weiter das **Währungsrisiko** und das **Länderrisiko**. Unter dem Währungsrisiko ist die Gefahr zu verstehen, dass die Fremdwährung, in der die Kapitalanlage erfolgt, abwertet. Dies entspricht einer Wertveränderung des Kurses zu dem die Fremdwährung in Heimatwährung getauscht werden kann. Das Länderrisiko beinhaltet sogenannte KTZM-Risiken (Konvertibilität; Transfer; Zahlungsverbot, Moratorium), die die Gefahr politischer Eingriffe in den Finanzmarkt repräsentieren. Allgemein formuliert ist dies das Risiko, dass ausländische Schuldner, ungeachtet ihrer Zahlungsfähigkeit, aufgrund von Devisenbeschränkungen den Kapitaldienst nicht erbringen können.

Das **psychologische Risiko** drückt die Möglichkeit von Kursverlusten durch Stimmungen, Meinungen, Gerüchte und Erwartungen aus, ohne dass dafür rationale, wirtschaftliche Ursachen festzustellen sind. Schließlich können unter **sonstigen Risiken** verschiedene Parameter zusammengefasst werden, die die Kapitalanlage beeinflussen. Dazu gehören die Nebenkosten, z.B. Provisionen, Transaktionskosten, die einkalkuliert werden müssen sowie die Wahrnehmung aller Rechte und Pflichten aus den Anlagen, z.B. Bezugsrechte. Zu den sonstigen Risiken zählen das Infomations- und Abwicklungsrisiko. Fehlende, unvollständige oder falsche Informationen können Fehlentscheidungen bezüglich der Kapitalanlage auslösen. Die korrekte Abwicklung der angestrebten Wertanlage ist wesentlich von der Präzision der Auftragserteilung abhängig. Ungenaue Angaben zu Ausführungszeitpunkt oder Limiten können Risiken bergen.

■ **Spezielle Risiken**

Neben den allgemeinen Risiken (Basisrisiken) bei Kapitalanlagen bestehen besondere Risiken, die in der jeweiligen Konstruktion von Wertpapieren und den innewohnenden Rechten und Pflichten begründet sind.

■ **Verzinsliche Wertpapiere**

Schuldverschreibungen haben aufgrund des Gläubiger-Schuldner-Verhältnisses das Risiko des Ausfalls des Schuldners. Dieses Risiko wird als **Bonitätsrisiko** (Ausfallrisiko) bezeichnet und verkörpert die Verschlechterung der Zahlungsfähigkeit bzw. den Eintritt der Zahlungsunfähigkeit. Weiterhin besteht ein **Zinsänderungsrisiko** derart, dass bei steigenden Marktzinsen die Rendite festverzinslicher Wertpapiere sinkt. Zum einen ist der Festzins gegenüber dem gestiegenen Marktzins unattraktiv, zum anderen fällt der Kurs des Wertpapiers, weil ein Käufer nur durch einen gegenüber dem Nominalwert reduzierten Kapitaleinsatz die niedrige Nominalverzinsung akzeptiert. Der

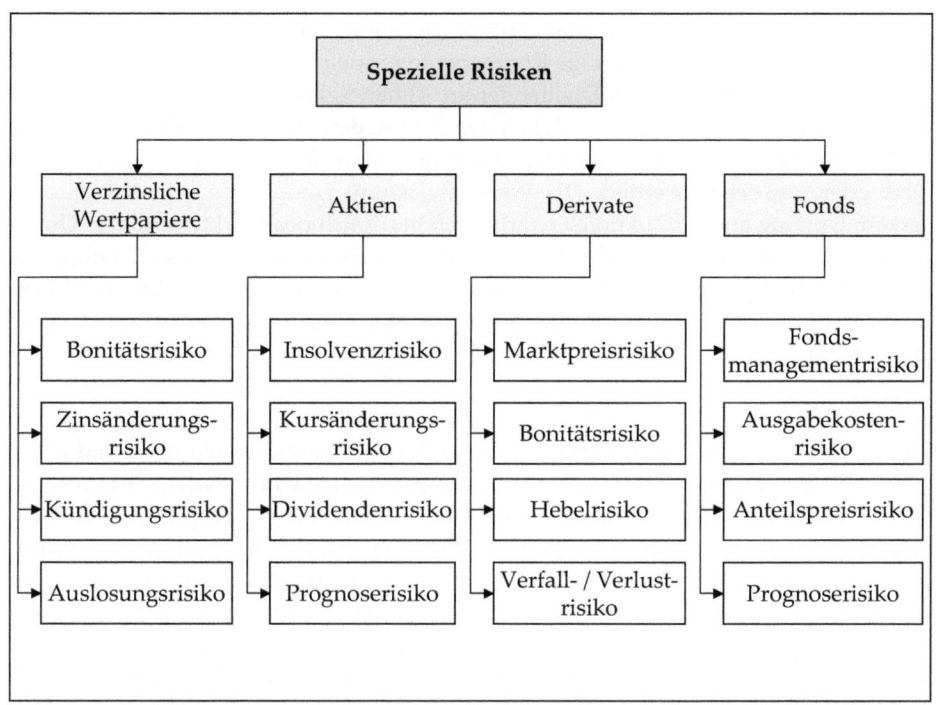

Abbildung 255: Spezielle Risikokategorien der Vermögensanlagen

Kurs des Wertpapiers wird so weit sinken, dass der Käufer die entsprechend gestiegene Marktverzinsung erzielt. Sollte sich der Emittent in den Emissionsbedingungen ein Kündigungsrecht gesichert haben, so besteht bei einem Sinken der Marktzinsen die Gefahr, dass der Emittent (Schuldner) dieses Recht ausschöpft (**Kündigungsrisiko**) und somit die erwartete Rendite nicht erzielt werden kann. Das **Auslosungsrisiko** ist dem Kündigungsrisiko gleichgerichtet, denn auch hier existiert eine rechnerisch unsichere Laufzeit durch die zur vorzeitigen Tilgung ausgelosten Wertpapiere. Insbesondere, wenn die Wertpapiere zu einem Kurs über dem Nominalwert erworben werden, besteht hier ein Wertminderungsrisiko.

■ **Aktien**

Als Aktionär einer Gesellschaft erfolgt die Teinahme am unternehmerischen Erfolg des Unternehmens. Bei Ausbleiben des Unternehmenserfolgs wird das Eigenkapital (Aktienkapital) zur Deckung der Verluste verwendet. Im Extremfall besteht hier das **Insolvenzrisiko**, wenn das Unternehmen nicht mehr in der Lage ist, seinen finanziellen Verpflichtungen nachzukommen. Das **Kursänderungsrisiko** von Aktien beinhaltet die Gefahr unkalkulierbarer Schwankungen des Aktienpreises. Die Aktienkurse schwanken aufgrund allgemeiner Markttendenzen bzw. branchen- oder unternehmensspezifischer Faktoren, ohne dass ein erkennbarer Algorythmus oder rational erfassbare Ursachen feststellbar sind. Eine wichtige Komponente für den Erfolg der Aktienanlage sind die Dividendenzahlungen. Da Dividenden in Abhängigkeit der Erzielung von Überschüssen aus der Unternehmenstätigkeit gezahlt werden, besteht ein **Dividendenrisiko**. Bei niedrigem oder ausbleibendem Unternehmenserfolg kann die Dividende gekürzt oder gestrichen werden. Die Wertentwicklung einer Aktie orientiert sich in starkem Umfang an den Zukunftserwartungen bezüglich des Marktes und des Unternehmens. Gleichzeitig spielt der Zeitpunkt des Aktienkaufs/-verkaufs (Timing) eine wesentliche Rolle. Aus dieser Problematik ergibt sich das **Prognoserisiko** für Aktienpreise, denn sowohl das Timing als auch die Zukunftserwartungen können falsch eingeschätzt weden.

■ Derivate

Bei Derivaten unterliegt der Marktpreis besonders großen Schwankungen und er resultiert aus den Kursentwicklungen der Basiswerte. Das **Marktpreisrisiko** ist das klassische Risiko von Derivaten. Abgeleitete Finanzinstrumente zeigen grundsätzlich die gleichen Marktpreisveränderungen wie die Basisinstrumente, die nicht immer rational erklärbar sind. Darüber hinaus können, insbesondere bei illiquiden Derivaten, die Marktpreise gegenüber den Basiswerten wenig korrelieren oder sogar entgegengesetzt verlaufen. Das **Bonitätsrisiko** bei Derivaten besteht in der Zahlungsfähigkeit des jeweiligen Kontrahenten. Bei börsengehandelten Derivaten ist das Bonitätsrisiko durch die Sicherheitsleistungen eingeschränkt, aber aufgrund der Schwierigkeit, bei Ausfall neue Vertragspartner zu finden, nicht ausgeschlossen. Außerbörslich kann das Bonitätsrisiko auch den Totalausfall einschließen, wenn der Kontrahent seinen Zahlungsverpflichtungen nicht nachkommen kann. Ein besonderes Risiko bei Derivaten stellt das sogenannte **Hebelrisiko** dar. Die Hebelwirkung zeigt sich in der überproportionalen Preisreaktion des Derivates gegenüber der Preisänderung des Basiswertes (Leverage-Effekt). Diese Wirkung beruht auf dem geringen Kapitaleinsatz bei Derivaten.

■ Investmentfonds

Der Anlageerfolg von Investmentfonds ist geknüpft an die Fähigkeiten des Fondsmanagements, denn der Anleger hat nach der Entscheidung für einen bestimmten Fonds keine Einflussmöglichkeiten auf die konkreten Anlageentscheidungen im Rahmen der Anlagegrundsätze des jeweiligen Fonds. Das **Fondsmanagementrisiko** besteht also in der Eignung der handelnden Personen und möglicherweise im Wechsel eines erfolgreichen Fondsmanagements. Die Kosten von Investmentfonds können variieren, weil sowohl die Ausgabeaufschläge als auch die Managementgebühren innerhalb bestimmter Bandbreiten (Festlegung von Höchstgrenzen im Prospekt) schwanken können. Dieses **Kostenrisiko** führt zu einer ungenauen Kalkulierbarkeit der Gesamtkosten der Fondsanlage. Außerdem unterliegt der Investmentfonds dem **Anteilspreisrisiko**, das maßgeblich vom Kursrisiko der enthaltenen Wertpapiere determiniert wird. Ähnlich der Aktienanlage schwanken die Kurse aufgrund der Marktentwicklungen und spezifischer Risiken, die in den Anlagewerten begründet liegen, insbesondere durch spezielle Anlageschwerpunkte, die eine Risikokonzentration erzeugen können. Schließlich besteht auch bei Fonds ein **Prognoserisiko**, insofern als der Anlageerfolg von Investmentfonds durch Performance-Konzepte beurteilt wird. Diese Konzepte bilden den Erfolg des Managements durch die Statistiken ab und liefern Prognosen, die ein entsprechendes Risiko generieren.

4.3.3.3   Sonstige Anlagewerte

Alternative Möglichkeiten zur Vermögensbildung bzw. Kapitalanlage sind Immobilien und Beteiligungen. Darüber hinaus stellen Devisen und Rohstoffe bzw. Edelmetalle Alternativen mit Spekulationscharakter dar.

■ **Immobilien**

Der Immobilienerwerb als Direktanlage erfordert grundsätzlich einen erheblichen Kapitalaufwand. Immobilien, also Grundstücke und Gebäude bieten unabhängig von der Entwicklung an den Finanzmärkten eine Wertanlage, die sich langfristig (mind. 10 Jahre) durch eine stabile Wertentwicklung auszeichnet. Immobilien sind als Sachwerte unabhängig von der Inflation. Der Kauf und Verkauf von Immobilien ist durch umfangreiche Vorschriften sehr aufwendig und nur als Ganzes möglich. Dadurch haben Immobilien einen sehr geringen Liquiditätsgrad. Laufende Erträge sind durch Miet- und Pachteinkünfte erzielbar bzw. liegen bei selbstgenutzten Immobilien in der Ersparnis dieser Aufwendungen.

■ **Beteiligungen**

Die Kapitalanlage in Produktivkapital kann in Form von Unternehmensbeteiligungen erfolgen, wobei die Aktienanlage bzw. Fondsanlage hier ausgeschlossen werden soll. Beteiligungen an Unternehmen verbriefen Miteigentum und unternehmerische Mitsprache. Neben der Unabhängigkeit der Sachwertanlage von der Geldentwertung besteht die Möglichkeit der unternehmerischen Betätigung, die allerdings entsprechende Kenntnisse und finanzielle Erfahrungen voraussetzen sollte. Die Beteiligung birgt immer erhebliche Risiken der Kapitalanlage und der Ertrag wird durch unternehmerischen Erfolg generiert. Das Ausmaß des Risikos ist von der Rechtsform der Unternehmensbeteiligung, z.B. beschränkter Haftung und vom Umfang des unternehmerischen Mitspracherechts, z.B. stille Beteiligung, abhängig.

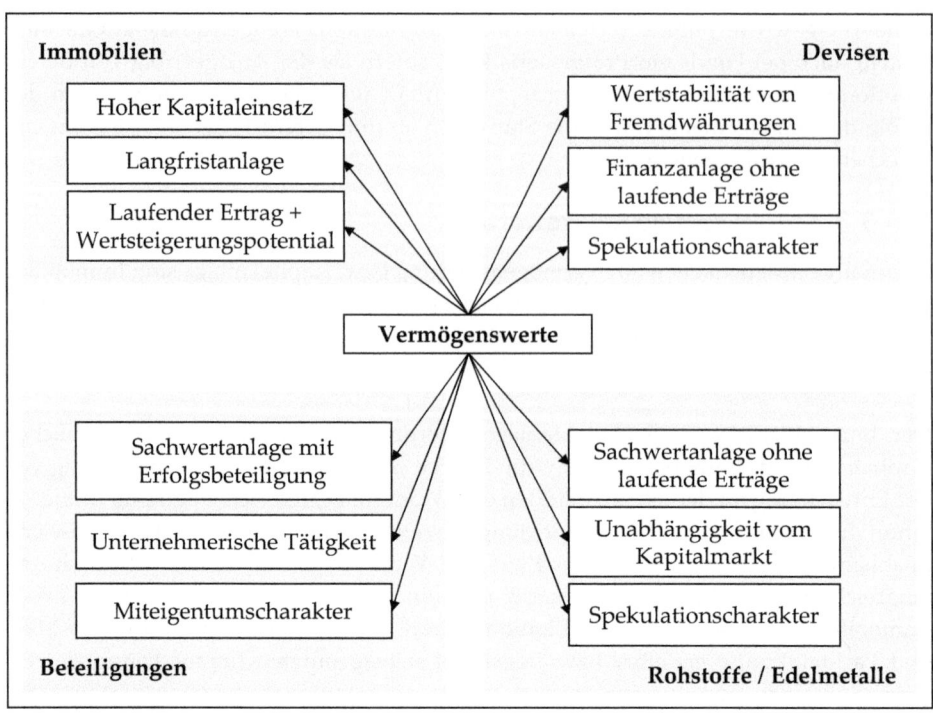

Immobilien

Hoher Kapitaleinsatz

Langfristanlage

Laufender Ertrag +
Wertsteigerungspotential

Devisen

Wertstabilität von
Fremdwährungen

Finanzanlage ohne
laufende Erträge

Spekulationscharakter

Vermögenswerte

Sachwertanlage mit
Erfolgsbeteiligung

Unternehmerische Tätigkeit

Miteigentumscharakter

Beteiligungen

Sachwertanlage ohne
laufende Erträge

Unabhängigkeit vom
Kapitalmarkt

Spekulationscharakter

Rohstoffe / Edelmetalle

Abbildung 256: Systematik sonstiger Anlagewerte

■ **Devisen, Edelmetalle und Rohstoffe**

Gemeinsam ist den Kapitalanlagen in Edelmetallen, Rohstoffen und Devisen der spekulative Charakter, der sich u.a. aus der Tatsache ergibt, dass keine laufenden Erträge mit der Anlage erzielt werden. Das Motiv der Sachwertanlage in Rohstoffen/Edelmetallen ist die unterstellte Wertstabilität knapper Ressourcen. Die Wertentwicklung wird durch ihre natürliche Begrenztheit bestimmt und ist vermeintlich in Zeiten eines Wertverfalls finanzwirtschaftlicher Anlagen besonders hoch. Devisen stellen dagegen eine finanzwirtschaftliche Anlagemöglichkeit dar, wenn eine Währung als besonders wertstabil eingeschätzt wird. Die Vermögensbildung in wertstabilem Geld wird gesucht, um der Inflation und damit der Entwertung von finanzwirtschaftlichen Anlagen zu entgehen, ohne in Sachwerte auszuweichen.

Literaturhinweise zum Kapitel 4.3

Adrian, Reinhold / Heidorn, Thomas / Hagenmüller, Karl Fr.: Der Bankbetrieb, 15. Auflage, Gabler Verlag, Wiesbaden, 2000.

Bankverlag: Basisinformationen über Vermögensanlagen in Wertpapieren, Bankverlag, Köln, 2003.

Becker, Paul, Peppmeier, Arno: Bankbetriebslehre, 6. Auflage, Kiehl Verlag, Ludwigshafen, 2006.

Bergemann, Christine / Kernstein, Rainer / Kiebler, Stefan Kollmer, Cornelia: Geld- und Vermögensanlagen II, 4. Auflage, Grundwissen Bankwirtschaft 9, Deutscher Sparkassenverlag, Stuttgart, 2001.

Büschgen, Hans E: Bankbetriebslehre, Bankgeschäfte und Bankmanagement, 5. Auflage, Gabler Verlag, Wiesbaden 1998.

Eilenberger, Guido: Bankbetriebswirtschaftslehre, 6. Auflage, Oldenbourg Verlag, München /Wien, 1996.

Grill, Hannelore / Perczynski, Hans: Wirtschaftslehre des Kreditwesens, 36. überarbeitete Auflage, Verlag Gehlen, Bad Homburg vor der Höhe, 2002.

Grübel, Bernd / Schubert, Eckehard: Wertpapiergeschäft / Vermögensberatung, Deutscher Sparkassenverlag, Stuttgart, 1999.

Heimann, Alfred / Kiebler, Stefan / Thomas, Wolfgang: Geld- und Vermögensanlagen I, 3. Auflage, Grundwissen Bankwirtschaft 8, Deutscher Sparkassenverlag, Stuttgart, 2000

Lippe, Gerhard / Esemann, Jörn / Tänzer, Thomas: Das Wissen für Bankkaufleute, 9. Auflage, Gabler Verlag, Wiesbaden, 2001.

Obst, Georg / Hintner, O.: Geld-, Bank-, und Börsenwesen, Hrsg. Kloten / v. Stein, 40. Auflage, Schäffer-Poeschel Verlag, Stuttgart, 2000.

Otter, Matthäus Jan den: Investmentfonds, Carl Hanser Verlag, Zürich, München, Wien, 1999.

Priewasser, Erich: Bankbetriebslehre, 7. Auflage, München, Wien, 2001.

Steiner; Manfred / Bruns, Christoph: Wertpapiermanagement, 8. Auflage, Stuttgart, 2002.

Wiedemann, Arnd / Achtert, Peik / Betz, Heino: Emission und Vertrieb strukturierter Finanzprodukte, Sparkassenverlag, Stuttgart, 2006

4.4 Versicherungsbereich

Versicherungsunternehmen haben mit Kreditinstituten die Finanzintermediations-funktion gemeinsam. Daraus ergeben sich sowohl **Wettbewerb** als auch **Arbeitstei-lung** zwischen beiden Unternehmensformen. Seit dem Jahr 2002 sind die Parallelen zwischen den Sektoren auch in einer gemeinsamen staatlichen Aufsichtsinstitution (BAFin) erkennbar. Mit der Fusion der Allianz AG und der Dresdner Bank AG ist auch in Deutschland der international bereits bestehende Trend zu **Allfinanzkonzernen** deutlich geworden.

Die Geschäftsfelder von Banken und Versicherungen ergänzen sich einerseits (**kom-plementäre Leistungen**), andererseits stehen sie im Wettbewerb (**substitutive Leis-tungen**). Im Geschäft mit **Privatkunden** existiert ein intensiver **Wettbewerb** um das Geldvermögen. In den letzten Jahren stieg der Anteil der Ansprüche von Haushalten an Versicherungen aus kapitalbildenden Versicherungen stetig an. Der Anteil der Banksparprodukte am Geldvermögen der Privaten reduzierte sich dagegen überpro-portional. Darüber hinaus stellt auch die Baufinanzierung ein potentielles Geschäfts-feld für Versicherungen dar. Versicherungsunternehmen haben dieses Produkt aller-dings weniger offensiv angeboten, obwohl der Anteil der Baufinanzierungen an den Finanzierungen im Privatkundengeschäft sehr hoch ist. Im langfristigen Firmenge-schäft kann eine Bankbürgschaft oder -garantie eine Alternative zur Versicherung sein.

Im Gegensatz dazu gibt es vielfältige Möglichkeiten der **Kooperation** und **Produkter-gänzung**. Finanzierungen werden oft durch die Versicherung des finanzierten Gegen-standes bzw. die Versicherung des Kreditnehmers abgesichert. Alternativ kann die Finanzierung gegen eine Leistungsstörung durch eine Rückversicherung abgesichert werden. Dabei wird durch weitere Risikonehmer (Rückversicherer) das Ausfallrisiko der Finanzierung verteilt. Eine weitere Verbindung besteht im gleichzeitigen Angebot von Sparprodukten und Risiko-Versicherungen. Das Motiv der Kapitalbildung und das der Kapitalerhaltung können damit gleichzeitig befriedigt werden.

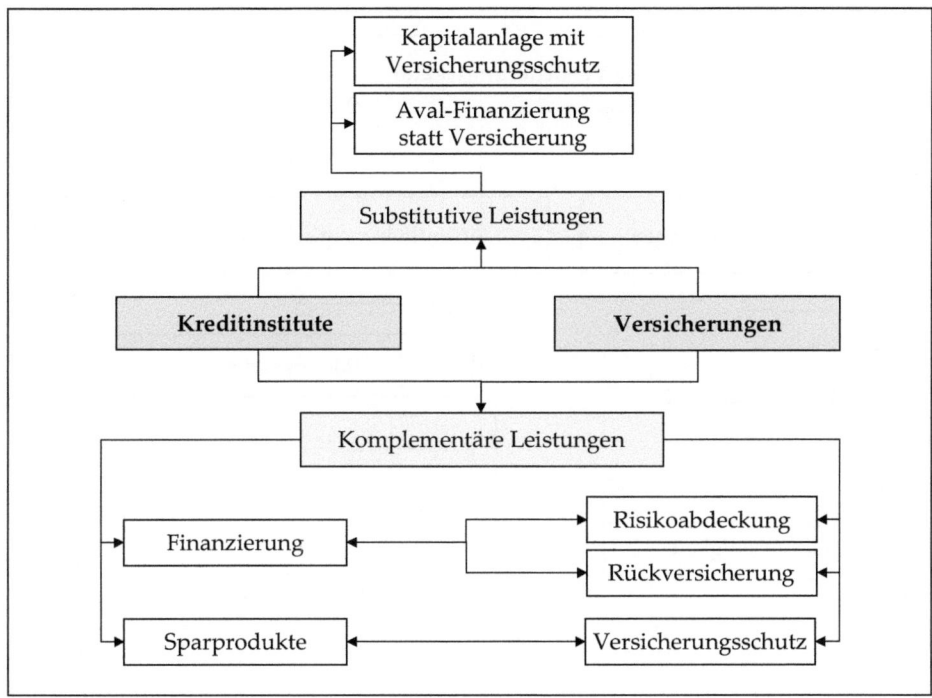

Abbildung 257: Beziehungen zwischen Banken und Versicherungen

Versicherungsgesellschaften lassen sich nach verschiedenen Tätigkeitsbereichen abgrenzen. Darüber hinaus ist das Betreiben von Versicherungsgeschäften an bestimmte **Rechtsformen** geknüpft, die wiederum teilweise von dem Tätigkeitsbereich abhängen. Es besteht der Grundsatz der **Spartentrennung**, wonach Lebensversicherungen und Krankenversicherungen jeweils als selbständige Rechtsformen eingerichtet sein müssen, um die angesammelten Sparbeiträge bzw. die angesammelte Altersrücklage abzusichern. Alle sonstigen Schaden- und Unfallversicherungen werden als sogenannte Kompositversicherungen von Versicherungsunternehmen universal angeboten. Einzelne Versicherungen können aber ebenfalls von Spezialversicherungen vertrieben werden. Die Rückversicherungen sind zumeist große **Aktiengesellschaften**, die ausschließlich das Rückversicherungsgeschäft betreiben. Bei einer **Zwangsanstalt** existiert ein Versicherungszwang, bspw. für ein Gebäude. Bei einer **Monopolanstalt** ist zwar die Versicherung freiwillig, allerdings der Abschluss der Versicherung an eine Versicherungsgesellschaft geknüpft.

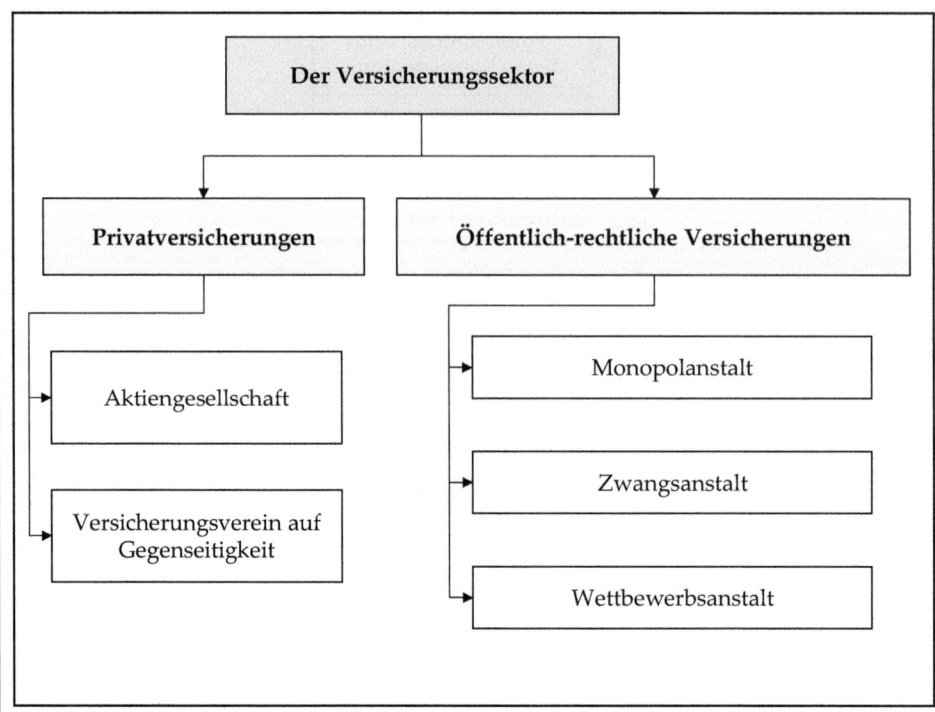

Abbildung 258: Das deutsche Versicherungssystem in der Übersicht

4.4.1   Theoretische Grundlagen

Versicherungen haben die primäre Aufgabe, den Umgang mit **Unsicherheit** und Risiko zu vereinfachen. Das Risiko einzelner Wirtschaftseinheiten wird durch die Zahlung einer **Risikoprämie** zu relativer Sicherheit. Durch eine regelmäßige, planmäßige Zahlung eines Entgeltes wird eine Zahlungsverpflichtung für unplanmäßige, schadensbedingte Zahlungen auf den Versicherer überwälzt. Volkswirtschaftlich stellt dieser Schutz vor unplanbaren Aufwendungen und die daraus folgende Sicherheit einen Wohlfahrtsgewinn dar. Das Versicherungsprinzip stößt an seine Grenzen, wenn die Wirtschaftssubjekte möglichst jedes Risiko ausschließen wollen. Chancen und Risiken gehören zu unternehmerischem Handeln bzw. zur Wirtschaftstätigkeit. Es ist irrational Risiken generell zu vermeiden, weil damit zwangsläufig auch die Wahrnehmung von Chancen ausgeschlossen wird. Die Versicherungen begrenzen die Risikoübernahme ähnlich wie Banken dadurch, dass sie bestimmte Risiken nicht übernehmen und dass sie entsprechend der Höhe des Risikos die Versicherungsprämie bemessen.

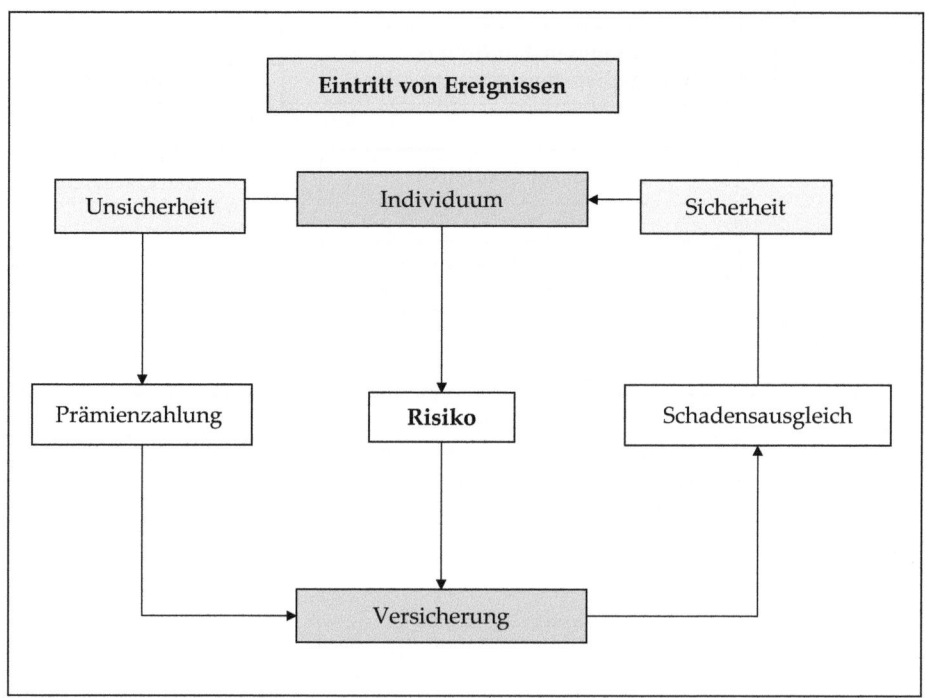

Abbildung 259: Theorie der Versicherung

4.4.2 Rechtliche Rahmenbedingungen

Die Versicherungswirtschaft ist ähnlich wie das Bankwesen umfassenden rechtlichen Regelungen unterworfen. Aufgrund der volkswirtschaftlichen Bedeutung bei der Risikoübernahme, Kapitalsammlung und der Reduzierung schadensbedingter Wohlfahrtsverluste unterliegen Versicherungsunternehmen seit 1901 einer **staatlichen Aufsicht**. Die Rechtsgrundlage für die Versicherungsunternehmen und die Aufsichtsinstanz ist das **Versicherungsaufsichtsgesetz** (VAG). Seit 2002 ist die Versicherungsaufsicht in die **Bundesanstalt für Finanzdienstleistungen** integriert. Wie für Kreditinstitute gilt auch für Versicherungen, dass die Art der Leistung eine **Zulassungskontrolle** und **Geschäftsüberwachung** erfordert, um die Sicherheit des eingesetzten Kapitals und der Gegenleistung für die Versicherungsprämie zu gewährleisten. Die Versicherungsaufsicht agiert wie die Bankenaufsicht mit Verwaltungsakten in Form von Erlassen oder **Rechtsverordnungen**. Sie ist zuständig für die Privatversicherungen und öffentlich-rechtlichen Versicherungsunternehmen. Ergänzt wird die Aufsicht durch die Länderministerien für Finanzen, denen die Aufsicht über kleine,

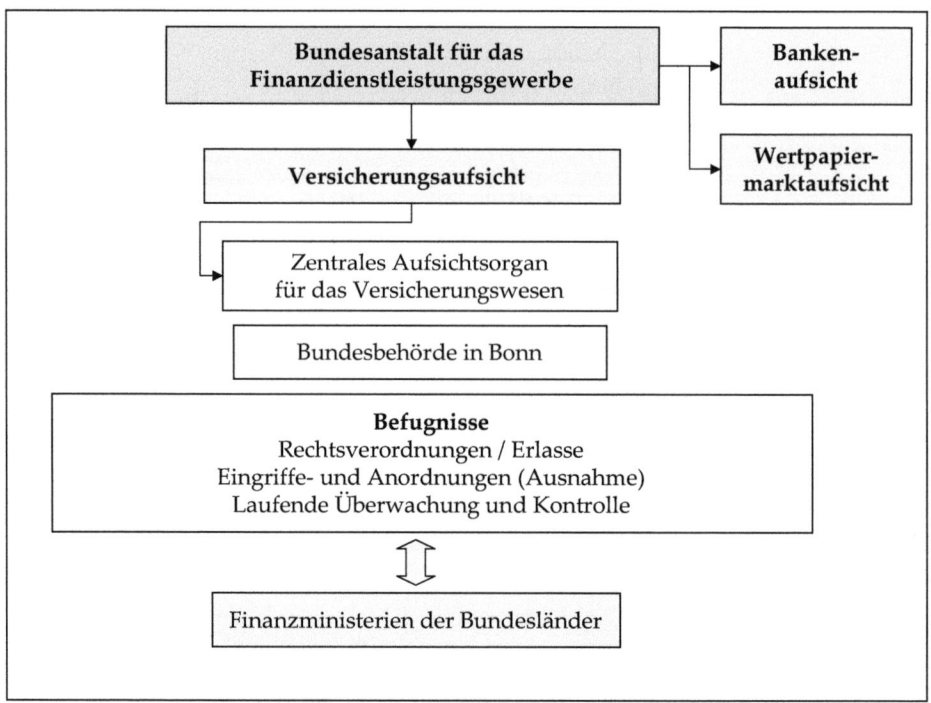

Abbildung 260: Institutionen der Versicherungsaufsicht

regional begrenzt tätige privatwirtschaftliche Versicherungen und Monopol- bzw. Zwangsversicherungen obliegt.

Im VAG sind in § 1 – ähnlich dem KWG – Versicherungsunternehmen definiert. Die gesetzlichen Vorschriften für die **Gründung und den Betrieb einer Versicherung** beziehen sich auf die Vorgabe der Rechtsform, die Überprüfung der fachlichen Eignung sowie die laufende Überwachung der Rechnungslegung und der Einhaltung vorgeschriebener **Mindestnormen** für die Kapitalanlage.

Zur **Erlaubniserteilung** müssen die eingereichten Geschäftspläne der Versicherung genehmigt und die fachlichen sowie persönlichen Voraussetzungen der Unternehmensleiter geprüft werden. Im Rahmen der **laufenden Überwachung** konzentriert sich der Aufsichtsprozess erstens auf die Kontrolle der genehmigten Geschäftspläne, deren Änderungen jeweils ebenfalls genehmigungspflichtig sind. Zweitens wird die Einhaltung der **Rechnungslegungsvorschriften** überprüft, die wie bei Banken spezifische Vorschriften für die Branche beinhalten. Drittens unterliegt die **Kapitalanlage** der Versicherungsunternehmen der Überwachung, denn die Übernahme von Risiken gegen Prämienzahlung kann nur funktionieren, wenn mit den gesammelten Prämien-

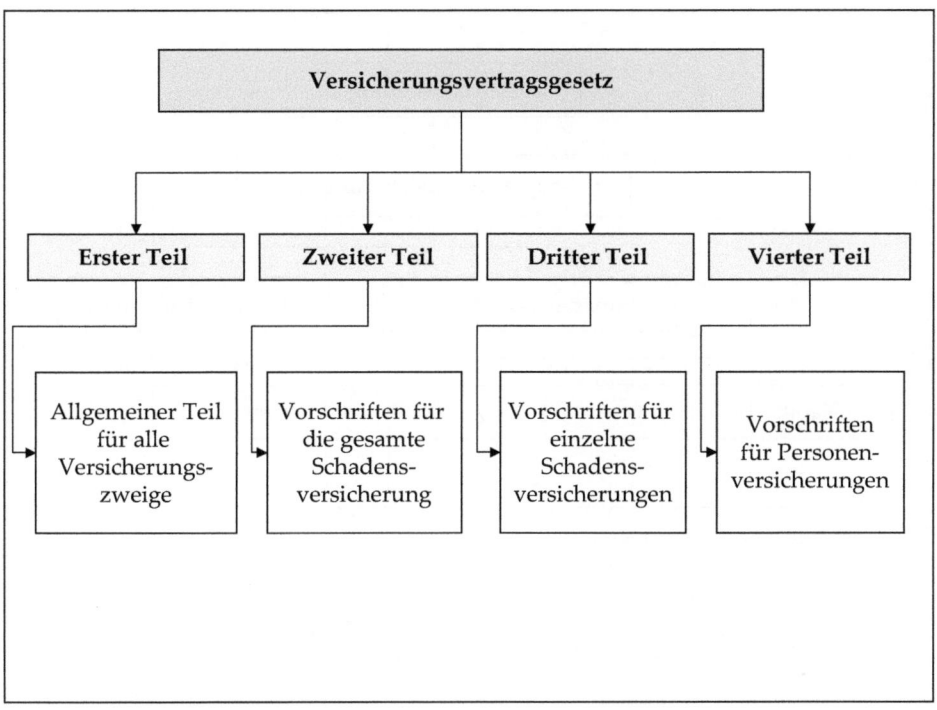

Abbildung 261: Wesentliche Regelungen des Versicherungsvertragsgesetzes

zahlungen nicht weitere Risiken bei der Kapitalanlage eingegangen werden. Die Kapitalanlage muss demzufolge eine hinreichende **Liquidität** für unerwartete Schadensereignisse berücksichtigen und die **Sicherheit des Kapitals** gewährleisten. Die Aufsichtsinstanz ist berechtigt bei Fehlentwicklungen einzugreifen und Sanktionen zu verhängen, die bis zum Widerruf der Geschäftserlaubnis führen können. Einen direkten Vergleich zwischen der Versicherungs- und der Bankenaufsicht liefert Kapitel 3.5.1.

Das **Versicherungsvertragsgesetz** (VVG) bezieht alle Individualversicherungen ein, auch wenn sie nicht explizit im Gesetz geregelt sind. Das VVG schränkt die Vertragsfreiheit von Versicherungsverträgen zum Schutz der Versicherungsnehmer ein. Zwingende Vorschriften sind für alle Versicherungsverträge maßgebend, während halb zwingende Vorschriften nicht zum Nachteil des Versicherungsnehmers geändert werden dürfen. Die verbleibenden Vorschriften des VVG gelten nur dann, wenn nichts Abweichendes vereinbart wird.

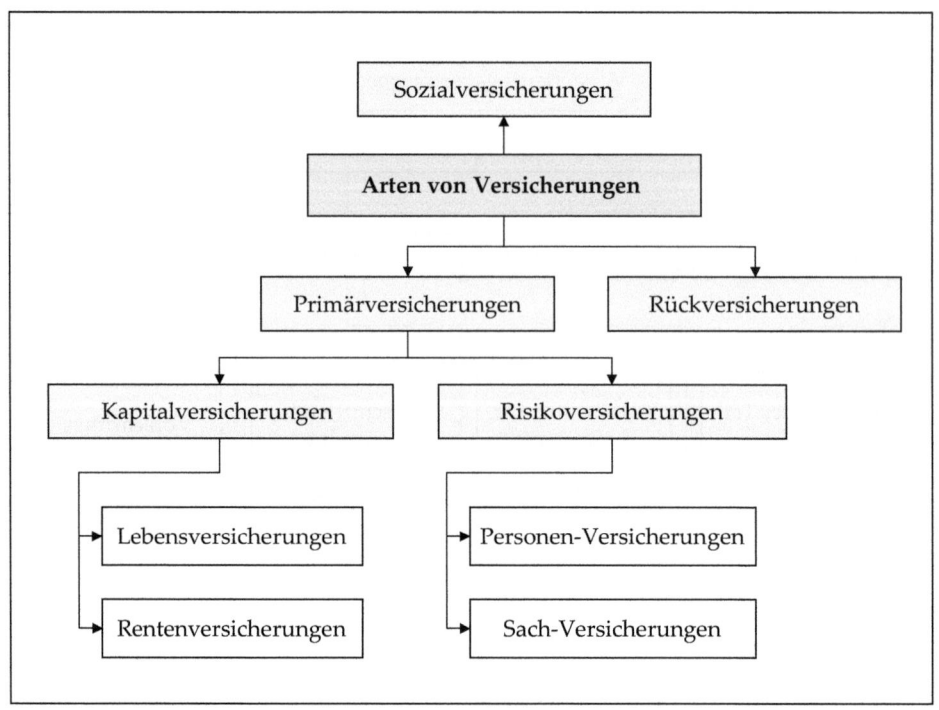

Abbildung 262: Übersicht über die Versicherungsarten

4.4.3   Produkte und Leistungen der Versicherungswirtschaft

Versicherungsgesellschaften übernehmen die Absicherung von genau spezifizierten, vorwiegend individuellen Risiken. Die **Sozialversicherungen** als staatlich institutionalisierte Versicherungen sind von den privaten Versicherungsunternehmen zu unterscheiden, sind systematisch aber Versicherungen. Da die Sozialversicherungen grundsätzlich **Pflichtversicherungen** sind, während bei allen anderen Versicherungen das Individuum über die Risikoabdeckung durch eine Versicherung entscheidet, spricht man bei der Sozialversicherung von einer Solidargemeinschaft bzw. Kollektivversicherung gegenüber den Individualversicherungen. Die Sozialversicherungen sichern zwar ebenfalls Individuen gegen individuelle, existenzbedrohende Risiken ab, allerdings richtet sich die Risikoprämie nicht nach der Höhe des Risikos für den einzelnen Versicherungsnehmer. Die **Individualversicherungen** können differenziert werden nach **Primärversicherungen**, die einem Haushalt oder Unternehmen einen Versicherungsschutz für bestimmte Risiken bieten und nach **Rückversicherungen**, bei denen ein von einer Versicherung übernommenes primäres Versicherungsrisiko auf verschiedene Versicherungen bzw. Rückversicherungsgesellschaften verteilt wird.

8. Jhd.	Gegenseitige Unterstützung von Gilden und Zünften => Krankheits- und Sterbekassen
14. Jhd.	Versicherung auf kaufmännischer Grundlage in Oberitalien
1588	1. Seeversicherungspolice in Hamburg auf kaufmännischer Grundlage
16. Jhd.	Brandgilden => Feuerversicherung
1676	1. Öffentlich-rechtliche Versicherung => Hamburger Feuerkasse
18. Jhd.	Gründungswelle öffentlich-rechtlicher Versicherungsanstalten zur Gebäudeversicherung (1718 Preußen; 1750 Niedersachsen, 1754 Süddeutschland)
Um 1850	Entstehung erster Rückversicherungen nach Großbrand in Hamburg
1881	1. Grundkonzeption zur Sozialversicherung (Bismarck)
19. Jhd.	Gründung erster Lebensversicherungen auf wissenschaftlicher Grundlage (Kalkulationsbasis Sterbetafeln)
19. Jhd.	Gegenseitigkeitsversicherung für Feuer- und Lebensversicherung
19. Jhd.	Entfaltung des modernen Versicherungswesens und entsprechender Versicherungszweige

Abbildung 263: Entwicklung des deutschen Versicherungswesens

Versicherungen im engeren Sinne sind die primären Versicherungen, die entweder ausschließlich individuelle Risiken abdecken oder neben der **Risikoabsicherung** eine **Vermögensbildungsfunktion** beinhalten. Letztere Versicherungen sind kapitalbildende Versicherungen, bei denen der Versicherungsnehmer durch seine Beiträge Forderungen gegenüber der Versicherung aufbaut. Bei Risikoversicherungen hat der Versicherungsnehmer lediglich in einem ganz bestimmten, vorher definierten Schadensfall einen Leistungsanspruch gegenüber der Versicherung. Risikoversicherungen bieten Schutz vor Schadensereignissen, die die individuelle Leistungsfähigkeit übersteigen und die private Existenz bzw. den Fortbestand eines Unternehmens gefährden.

■ Entstehung von Versicherungen

Die **Entstehungsgeschichte** der Versicherungen geht auf drei Wege zurück. Zunächst fungierten **genossenschaftliche Zusammenschlüsse** zur gegenseitigen Absicherung gegen Feuerschäden. Von Versicherungen kann man dabei erst sprechen, wenn ein

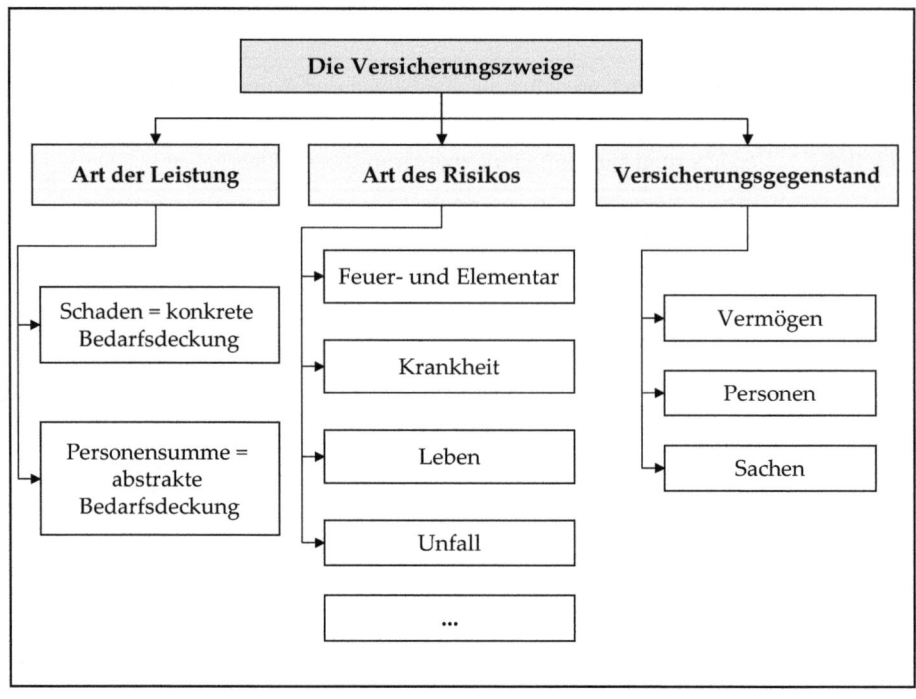

Abbildung 264: Die Abgrenzung der Versicherungszweige

Rechtsanspruch auf Zahlungen im Schadensfall besteht. Eine erste Form solcher Zusammenschlüsse waren bereits die beeideten Erklärungen zur gegenseitigen Unterstützung von Gilden und Zünften unter Karl dem Großen. Aus der Gewährung von Unterstützung im Krankheits- oder Invaliditätsfall wurden im Verlauf sogenannte **Kranken- bzw. Sterbekassen**. Schutz vor Feuer sollten sogenannte Brandgilden bieten, die als Ursprung der Feuerversicherung gelten. Daneben entstanden **staatliche Versicherungen** als öffentlich-rechtliche Anstalten. Diese Versicherungen existierten einerseits als Wettbewerbsunternehmen oder als staatliche Zwangs- bzw. Monopolunternehmen. Als Drittes entwickelten sich **private Versicherungen** auf kaufmännischer Grundlage.

■ **Versicherungszweige**

Versicherungszweige sind historisch entstanden und lassen sich nicht eindeutig abgrenzen. Eine Abgrenzung kann nach der Art der Versicherungsleistung, dem versicherten Gegenstand oder der versicherten Gefahr erfolgen.

Die **Versicherungsleistung** unterscheidet sich dadurch, dass bei konkreten Schadensereignissen ein konkreter Schaden gedeckt wird, während bei Personenversicherungen

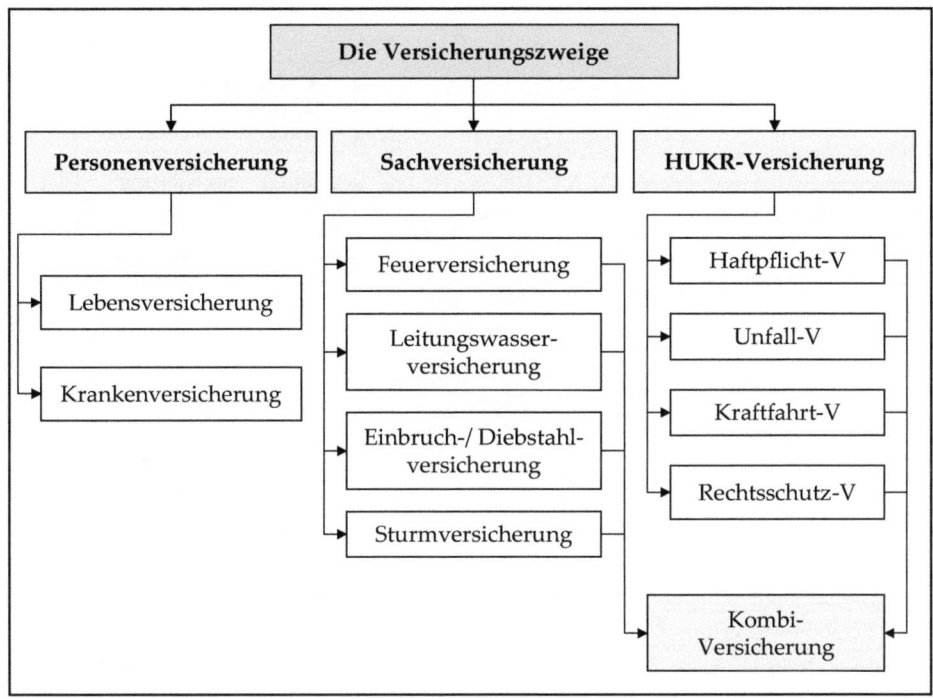

Abbildung 265: Die Systematik der Versicherungszweige

ein nicht quantifizierbares Schadensereignis, also ein abstrakter Schaden gedeckt wird. Bei letzteren wird daher eine vorher individuell vereinbarte oder gesetzlich festgeschriebene Summe gezahlt. Die **Versicherungsgegenstände** lassen sich in Personen, Sachen und Vermögen differenzieren. Die **Art der Risiken**, nach denen Versicherungen abgegrenzt werden, sind in § 1 VAG als Versicherungsgeschäfte aufgezählt.

Die **Grenzen der Versicherungszweige** verwischen häufig und verändern sich auch im Zeitablauf. Üblicherweise werden durch Versicherungsverträge daher auch mehrere Einzelrisiken kombiniert. Außerdem können verschiedene **Schadenskategorien** in einer Versicherung gebündelt werden, so z.B. in der Familienversicherung (Hausrat, Haftpflicht, Unfall). Die Bildung der Versicherungszweige (Sparten) erfolgt nach gleichen Gefahren, die versichert werden bzw. Risiken, die zusammengefasst werden. Die **zusammengefassten Sparten** unterliegen dann einem einheitlichen Regelungswerk bzw. einheitlichen Grundsätzen, die eine wesentliche Voraussetzung für die Ermittlung einer risikogerechten Prämie bilden. Neben den Versicherungszweigen in Abbildung 265 lassen sich **weitere Versicherungszweige** unterscheiden, z.B. Transportversicherungen, Kreditversicherungen.

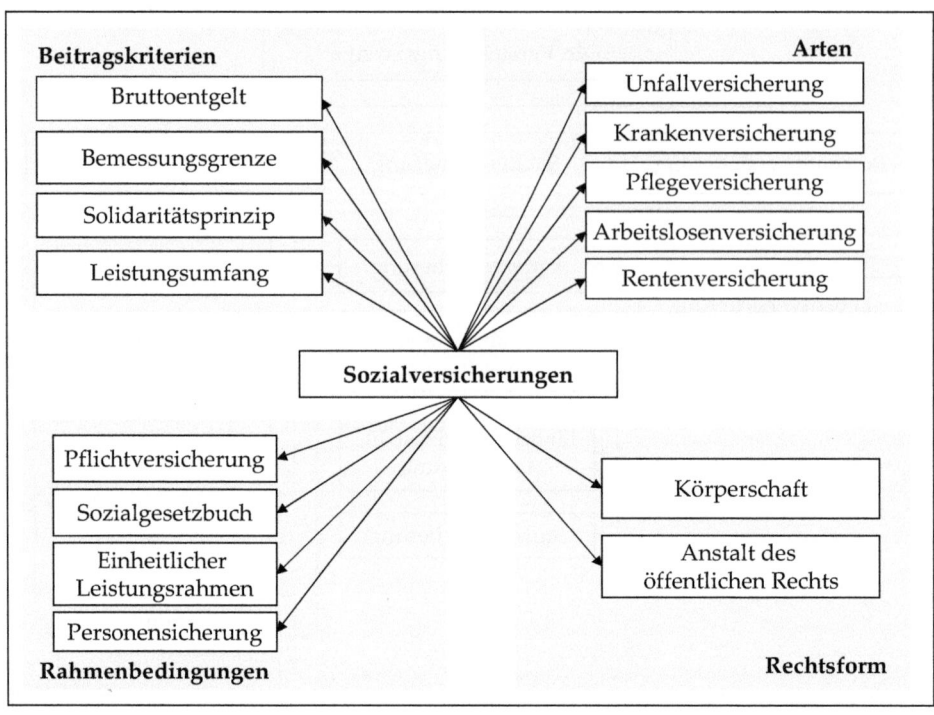

Abbildung 266: Systematik der Sozialversicherungen (Kollektivversicherungen)

4.4.3.1 Die Sozialversicherungen

Die Versicherungsbeiträge für die Sozialversicherungen orientieren sich an der wirtschaftlichen **Leistungsfähigkeit** des Beitragszahlers. Dabei dient das Bruttoentgelt als Indikator für die Leistungsfähigkeit. Die Leistungen und Beiträge bzw. die Art der Beitragsberechnung sind gesetzlich festgeschrieben. Krankenkassen haben bei der Beitragsbemessung gewisse Handlungsspielräume. Die Sozialversicherungen sind **Zwangsversicherungen** und es liegt ihnen das **Solidaritätsprinzip** zugrunde. Zu den Sozialversicherungen zählen in Deutschland die Renten-, Kranken-, Pflege-, Arbeitslosen- und Unfallversicherung. Über Sozialversicherungen werden ausschließlich Personenschäden abgesichert. Der Leistungsrahmen ist einheitlich für alle Versicherten und die gesetzliche Grundlage bietet das **Sozialgesetzbuch**. Die Sozialversicherungen bestehen grundsätzlich in der Trägerschaft von Körperschaften oder Anstalten des öffentlichen Rechts.

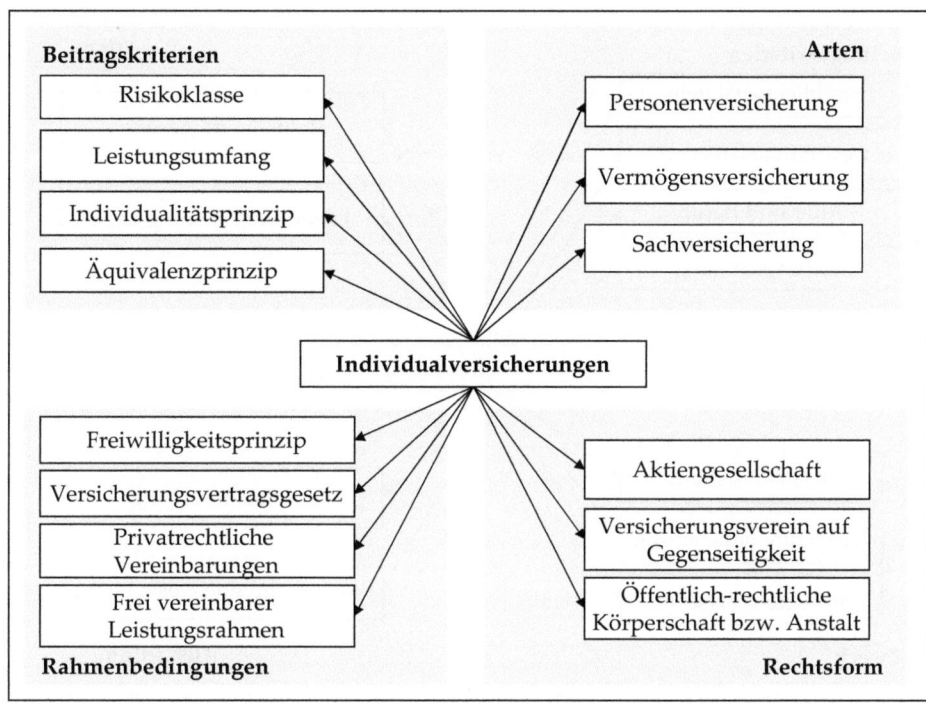

Abbildung 267: Systematik der Individualversicherungen

4.4.3.2   Die Individualversicherungen

Im Gegensatz zu den Kollektivversicherungen basieren die Individualversicherungen auf **Freiwilligkeit**. Die Verträge über die Versicherungsleistungen und die eingeschlossenen Risiken sind individuell gestaltbar. Den Rahmen, den die **privatrechtlichen Vereinbarungen** von Versicherungsverträgen nicht verletzen dürfen, bildet das **Versicherungsvertragsgesetz**. Dabei sind für die Vereinbarung das jeweilige Einzelrisiko sowie die Summe und die Höhe der Schadensereignisse in der jeweiligen Versicherung maßgeblich. Die Prämienzahlungen müssen den Schadenszahlungen äquivalent sein.

Versicherbare Schadensarten sind alle übertragbaren Risiken von natürlichen und juristischen Personen. Dazu zählen Sachschäden bzw. Vermögensschäden, die nicht an Sachen entstehen sowie Personenschäden. Im Markt der Individualversicherungen stehen private Versicherer als Aktiengesellschaften oder Versicherungsvereine auf Gegenseitigkeit im Wettbewerb mit öffentlich-rechtlichen Versicherungen.

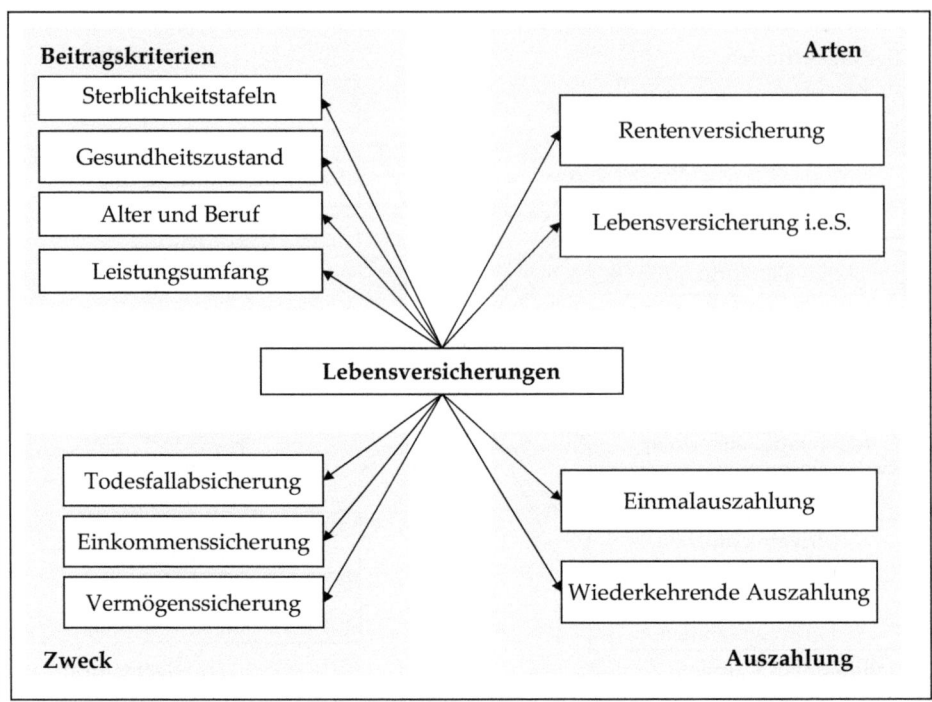

Abbildung 268: Systematik der Lebensversicherungen

4.4.3.2.1 Lebensversicherungen

Eine überragende Rolle im Versicherungsgeschäft nehmen die Lebensversicherungen ein. Forderungen gegenüber Versicherungen aus **kapitalbildenden Versicherungen** haben den größten Anteil am Geldvermögen in Deutschland, das insgesamt ca. 4 Mrd. EUR beträgt. Der dominierende Teil dieser Forderungen begründet sich aus den Lebensversicherungen. Damit ist eindeutig, dass diese Versicherungen nicht nur ein wichtiges Risiko absichern, sondern eine wichtige Form der Kapitalanlage darstellen. Begründet liegt diese Stellung in dem **Vorsorgemotiv**, der **Einkommenssicherung** von Hinterbliebenen, der eigenen Einkommenssicherung bei Erwerbsunfähigkeit oder - beschränkung sowie der Rentensicherung nach dem Erwerbseinkommen. Die Lebensversicherung sichert sogenannte biometrische Risiken – früher Tod oder langes Leben – ab.

Lebensversicherungen haben eine **Einzahlungsphase**, in der die Prämien entrichtet werden und eine **Auszahlungsphase**, in der das angesparte Kapital an den Versicherungsnehmer zurückfließt. Bei den Lebensversicherungen im engeren Sinn erfolgt die

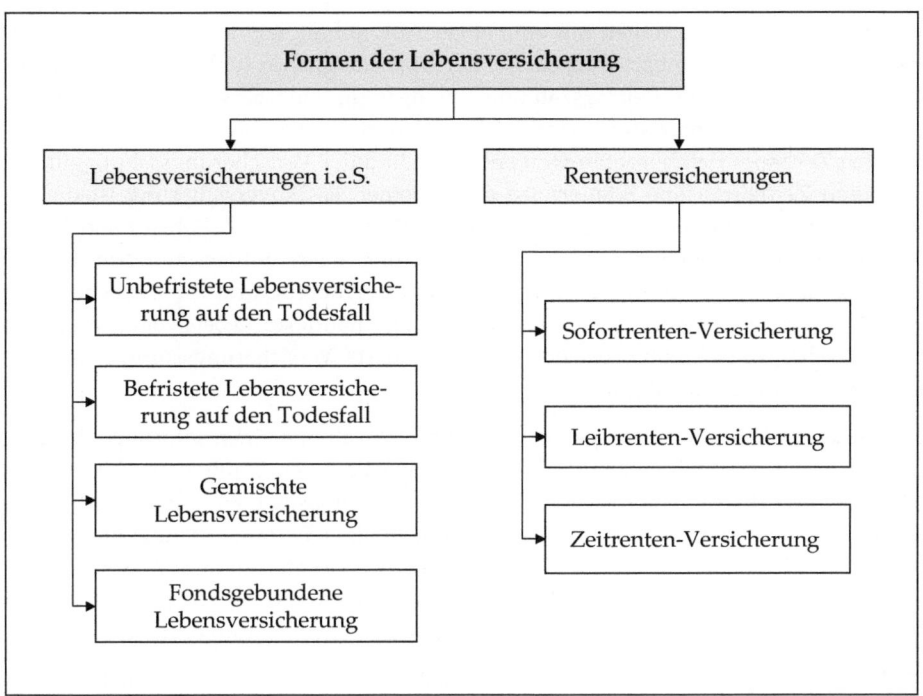

Abbildung 269: Formen der Lebensversicherung

Auszahlung als Einmalzahlung in einer Summe, bei den **Rentenversicherungen** sind die Auszahlungen regelmäßig wiederkehrende Zahlungen.

Aufgrund der großen Bedeutung sowohl für die Vermögensbildung als auch für die Alterssicherung und den Hinterbliebenenschutz müssen an die Kapitalanlagen und die Prämienkalkulation hohe Anforderungen gestellt werden. Die **Prämienkalkulation** orientiert sich an wissenschaftlichen Maßstäben. Statistische Daten zur Risikoklassifizierung bilden die Grundlage der Beitragsermittlung. Als individuelle Kriterien, nach denen die **Risikoeinschätzung** erfolgt, werden der Gesundheitszustand bei Versicherungsabschluss, das Alter und die Tätigkeit herangezogen. Neben dem Todesfallrisiko kann das Invaliditäts- bzw. **Berufsunfähigkeitsrisiko** versichert werden. Je nachdem wie umfangreich die vereinbarten Versicherungsleistungen und die eingeschlossenen Risiken sind, variiert die Versicherungsprämie. Da die Kalkulationen vorsichtig vorgenommen werden müssen und von der **Versicherungsaufsicht** überwacht werden, erzielen die Versicherungen regelmäßig eine höhere Rendite als die gesetzlich zugrunde gelegten 3,5%. Darüber hinaus verläuft die Sterblichkeit aus diesem Grund günstiger als kalkuliert. Die so entstehenden Gewinne müssen an die Versicherten in Form der **Überschussbeteiligung** weitergereicht werden.

Bei den Lebensversicherungen mit einmaliger Auszahlung können ausschließlich **Todesfallzahlungen** vereinbart werden. Bei der lebenslänglichen (unbefristeten) Lebensversicherung erfolgt die Beitragszahlung durchgängig, längstens jedoch bis zum 85. Lebensjahr. Bei der **befristeten Todesfallversicherung** werden nur über einen begrenzten Zeitraum Beitragszahlungen entrichtet und der Versicherungsschutz gilt nur für diesen Zeitraum. Eine Sonderform dieser reinen **Risikoversicherung** ist die Lebensversicherung, bei der Versicherungssumme und Beitrag im Zeitablauf abnehmen. Die **Restschuldversicherung**, die der Absicherung eines aufgenommenen Kredits dient, ist hierbei eine häufige Form. Dabei sinkt der Beitrag und die Versicherungssumme während des Versicherungszeitraums. Die häufigste Lebensversicherung ist die gemischte Versicherung, bei der eine vereinbarte Versicherungssumme im Erlebens- und im Todesfall fällig wird.

Die **Rentenversicherung** kann gegen eine Einmaleinzahlung einen sofortigen Auszahlungsanspruch in regelmäßigen wiederkehrenden Beträgen beinhalten. Die vielfach gewählte Form der Rentenversicherung ist die aufgeschobene Leibrentenversicherung, bei der durch eine Einmalzahlung oder eine regelmäßige Beitragszahlung zu einem in der Zukunft liegenden Zeitpunkt eine lebenslängliche Rentenzahlung gesichert wird. Alternativ kann eine Rentenversicherung so abgeschlossen werden, dass nach einer Beitragszahlung ein Rentenanspruch für einen befristeten Zeitraum besteht.

Die Lebensversicherungen können bestimmte Ausgestaltungen für verschiedene Kundenbedürfnisse beinhalten. Bei **verbundenen Lebensversicherungen** sind zwei Personen versichert und die Versicherungssumme wird bei Tod der ersten versicherten Person fällig. Eine **Dynamisierung** der Versicherung hat die Anpassung der Beiträge im Zeitablauf zum Prinzip. Damit soll ein Inflationsausgleich integriert werden und Berücksichtigung finden, dass die Versicherten in der Regel mit steigendem Lebensalter ein höheres Erwerbseinkommen erzielen. Eine weitere Sonderform stellt eine Lebensversicherung dar, bei der die Auszahlung der Versicherungssumme zu einem bestimmten Zeitpunkt vereinbart ist, die Beitragszahlung aber mit dem Tod des Versorgers endet. Seit 1970 ist die Lebensversicherung bei einer Mindestvertragsdauer von 12 Jahren in den Katalog der Vermögensbildungsprodukte aufgenommen für die **vermögenswirksame Leistungen** in Anspruch genommen werden können.

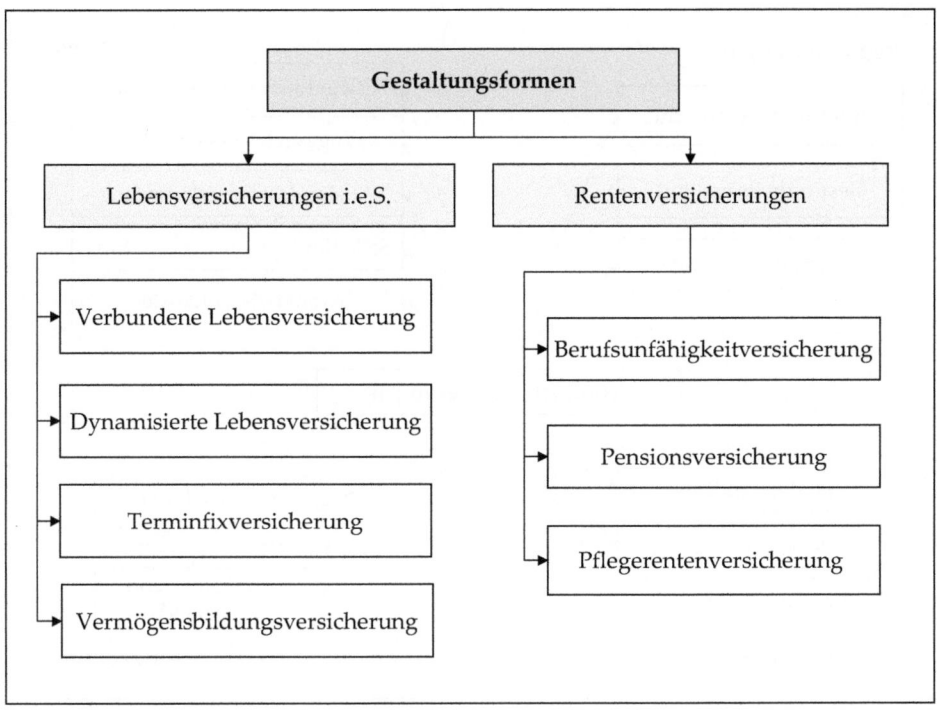

Abbildung 270: Ausgestaltung der Lebensversicherung

Die Rentenversicherung kann so ausgestaltet sein, dass die regelmäßigen Versicherungszahlungen bei veränderten Lebenssituationen, die ein verringertes Einkommen und/oder erhöhte Lebensaufwendungen mit sich bringen, ausgelöst werden. Dies kann der Eintritt der Berufsunfähigkeit oder der Pflegebedürftigkeit sein. Die Verbindung einer Berufsunfähigkeitsversicherung mit einer aufgeschobenen Leibrentenversicherung wäre eine Pensionsversicherung.

4.4.3.2.2 Krankenversicherungen

Die Krankenversicherung als Individualversicherung (private Krankenversicherung) ist aus den genossenschaftlichen Sicherungseinrichtungen entstanden. Durch die gesetzliche **Pflichtkrankenversicherung** stellt die private Krankenversicherung nur eine eingeschränkte Alternative für Selbständige und Besserverdienende dar oder dient als **Zusatzversicherung**. Der Versicherungsschutz bezieht sich auf den Begriff der Krankheit und deren Folgen. Eingeschlossen sind dabei Vorsorguntersuchungen oder z.B. Schwangerschaft und Entbindung.

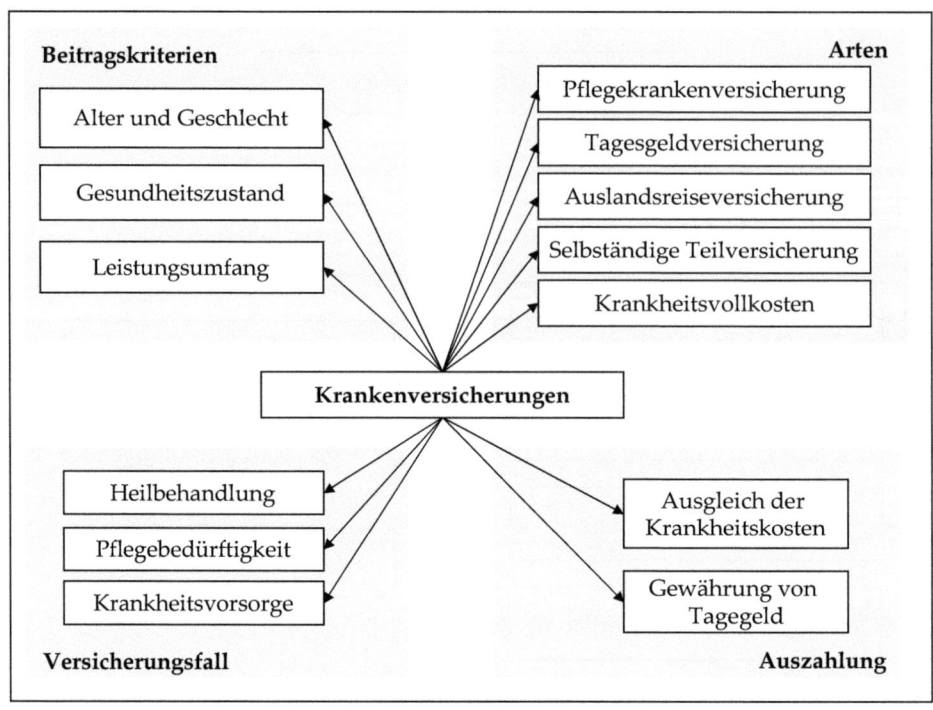

Abbildung 271: Systematik der Krankenversicherung

Bei der Krankenversicherung werden entweder die **Aufwendungen für Krankheiten** ersetzt (Schadensversicherung) oder **Tagesgelder** gezahlt (Summenversicherung). Wie bei der Lebensversicherung sind mathematisch-statistische Analysen zu Krankheiten und Risikogruppen die Basis für die Prämienkalkulation. Der Gesundheitszustand und eventuelle Vorerkrankungen sind für die Einstufung bei der privaten Krankenversicherung ebenfalls von Bedeutung. Auf die **Vollkostenversicherung** entfallen fast zwei Drittel aller Krankenversicherungen. Dabei kann der vereinbarte Leistungsumfang variieren, es sind aber alle Behandlungen grundsätzlich eingeschlossen. Bei der **Teilversicherung** handelt es sich zumeist um eine Zusatzversicherung für gesetzlich Versicherte, um die höheren Kosten bei privatärztlicher Behandlung oder Einzelzimmer im Krankenhaus abzudecken. Die Krankenversicherung im Ausland ist bei Auslandsaufenthalten wesentlich, um eine Erstattung möglicher Behandlungen sicherzustellen. Durch **Tagesgeldversicherungen** werden zusätzliche Aufwendungen durch Krankenhausaufenthalte bzw. Verdienstausfall durch Arbeitsunfähigkeit ersetzt. Pflegegeldversicherungen sollen zusätzlich privat die entstehenden Pflegekosten absichern.

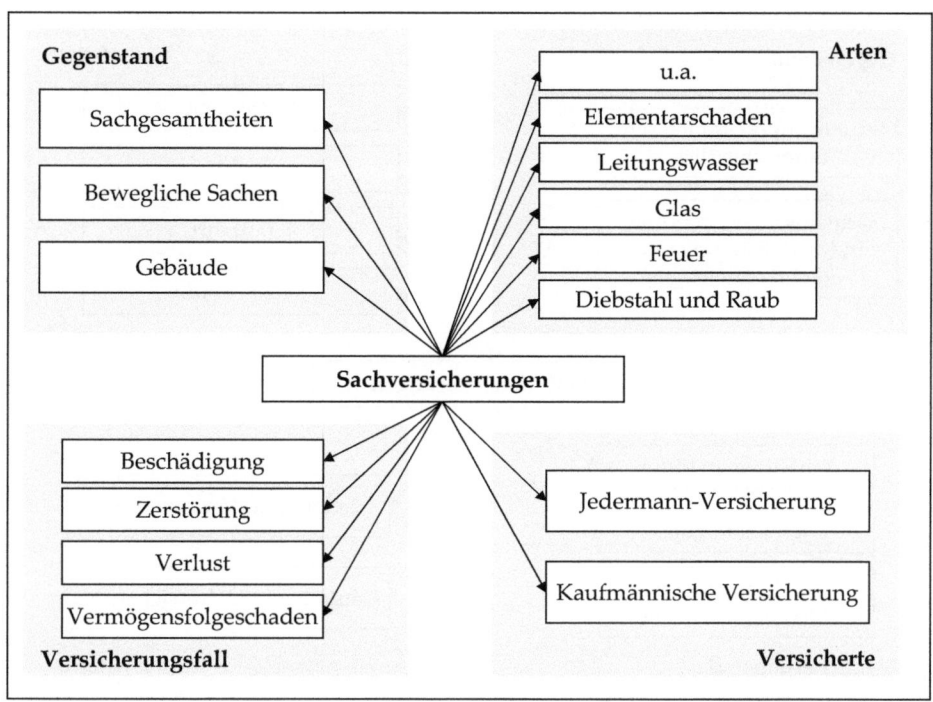

Abbildung 272: Systematik der Sachversicherungen

4.4.3.2.3 Sachversicherungen

Die verschiedenen Sachversicherungszweige sichern Gefahren bei **Gebäuden und bewegliche Sachen**. Die Sachversicherungen sind Schadensversicherungen. Dazu werden häufig verschiedene Sachen zusammengefasst, wie z.B. Hausratversicherung oder Warenlagerversicherung. Die Gefahren für Sachen können vielfältig sein. Von den Naturgefahren sind Feuer-, Wasser- und Elementarschäden (Sturm, Hagel, Hochwasser u.a.) versichert, nicht dagegen lassen sich Kriege, Erdbeben oder innere Unruhen versichern. Neben Einbruchs- und Diebstahlversicherungen sind auch Tierversicherungen und technische Versicherungen zu den Sachversicherungen zu zählen.

Die versicherten Sachen werden gegen **Beschädigung oder Zerstörung** sowie gegen das **Abhandenkommen** geschützt. Zur Sachversicherung gehören auch Aufwendungen, die in der Folge der Beschädigung zur Wiederherstellung des ursprünglichen Zustandes erforderlich sind (Vermögensfolgeschaden). Sachversicherungen sind für

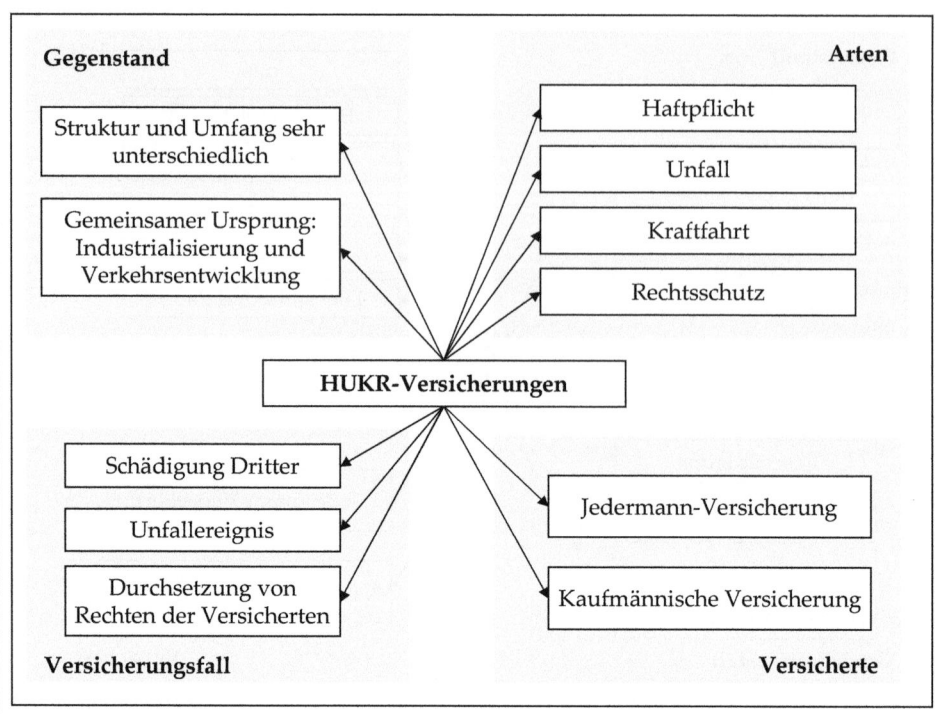

| Gegenstand | Arten |

Struktur und Umfang sehr unterschiedlich

Gemeinsamer Ursprung: Industrialisierung und Verkehrsentwicklung

Haftpflicht

Unfall

Kraftfahrt

Rechtsschutz

HUKR-Versicherungen

Schädigung Dritter

Unfallereignis

Durchsetzung von Rechten der Versicherten

Jedermann-Versicherung

Kaufmännische Versicherung

Versicherungsfall   **Versicherte**

Abbildung 273: Systematik der HUKR-Versicherungen

private Versicherungsnehmer ebenso wichtig wie für betriebliche bzw. gewerbliche Zwecke.

4.4.3.2.4 HUKR-Versicherungen

Die Zusammenfassung der Sparten Haftpflicht, Unfall, Kraftfahrt und Rechtsschutz ist deshalb sinnvoll, weil sie historisch mit der Industrialisierung und der Verkehrsentwicklung extrem an Bedeutung gewonnen haben. Die Versicherungen in dem Bereich haben überproportionalen Zuwachs.

Bei der **Haftpflichtversicherung** sind Unternehmen oder Privatpersonen gegen Schäden versichert, die Dritten durch sie entstehen. Die Privathaftpflicht und die Berufshaftpflichtversicherung für Privatpersonen sind dabei auch kombiniert. Bei der **Unfallversicherung** kann jeder Unfall eingeschlossen sein. Sie soll vor den wirtschaftlichen Folgen eines Unfalls schützen. Die **Kraftfahrtversicherung** ist erst durch den zunehmenden Straßenverkehr zu einem selbständigen Versicherungszweig geworden und weist inzwischen nach der Lebensversicherung das höchste Prämienaufkommen auf. Die **Rechtsschutzversicherung** dient der Abdeckung der Aufwendungen, die mit der Durchsetzung von Rechten verbunden sind. Voraussetzung für den Rechtsschutz ist die Aussicht auf Erfolg bei der Rechtsverfolgung.

4.4.3.2.5 Sonstige Versicherungen

Die Aufzählung der Versicherungszweige ist bisher noch nicht vollständig. Eine klare Abgrenzung ist aufgrund der stetigen Veränderung ohnehin ausgeschlossen. Für Kreditinstitute bzw. für das Finanzdienstleistungsgeschäft sind dabei Kreditversicherungen von besonderer Bedeutung, bei denen das Ausfallrisiko von Forderungen versichert wird. Durch die Weiterleitung von Kreditrisiken wird die Stabilität des Bankensystems erhöht. Außerdem werden Kreditrisiken damit gestreut. Durch Risikostreuung wird eine Reduzierung des Gesamtrisikos erzielt.

Literaturhinweise zum Kapitel 4.3

Förterer, Jürgen: Lebensversicherungen und Vermögensbildung, in: Cramer / Rudolph: Handbuch Anlageberatung und Vermögensbildung, Knapp Verlag, Frankfurt/M., 1995.

Koch, Peter / Weiss, Wieland: Versicherungslexikon; Gabler, Wiesbaden, 1994.

Koch, Peter: Versicherungswirtschaft, Ein einführender Überblick, 5. Auflage, Verlag Versicherungswirtschaft, Karlsruhe, 1998.

Schierenbeck, Henner / Hölscher, Reinhold: 4. Auflage, Bankassurance, Schäffer-Poeschel, Stuttgart, 1998.

5 Geschäftspolitik und Banksteuerung

Die Betrachtung der Produkte und Leistungen von Kreditinstituten bildet die Grundlage für das Verständnis des Finanzdienstleistungsgeschäfts. Die Anwendung der bestehenden Instrumente auf die Bedürfnisse der Kunden ist die eigentliche Tätigkeit von Banken. Die Bankgeschäfte müssen daher nach möglichen Kundengruppen und deren Bedürfnissen ausgerichtet werden. Für die einzelnen **Kundengruppen** lassen sich entsprechende **Geschäftsfelder** etablieren, die insgesamt aus Kundensicht jede Nachfrage nach Bankdienstleistungen abdecken müssen und aus Bankensicht eine sinnvolle Strukturierung der Tätigkeit ermöglichen.

Mit dem operativen Bankgeschäft sollen alle unmittelbar wirksamen Geschäfte und Dienstleistungen erfasst werden. Das **operative Geschäft** beinhaltet die regelmäßig wiederkehrenden Bankleistungen bzw. den allgemeinen Geschäftsbetrieb. Die **strategischen Bankgeschäfte** sind davon abzugrenzen. Alle langfristigen und geplanten Bankleistungen, die auf eine Verbesserung der Wettbewerbsposition der Gesamtbank gerichtet sind oder eine geschäftspolitische Perspektive darstellen, sollen unter das strategische Bankgeschäft fallen. Konkret sind darunter das E-Commerce, das strategische Beteiligungsgeschäft, das Transaction-Banking und das Research zu verstehen. Man kann zu dem strategischen Bereich auch das Bankmanagement hinzuzählen. Das operative Bankgeschäft vereint alle Kerngeschäfte der Bank, die Dienstleistungen im Rahmen des Liquiditätsmanagements, Finanzierungsleistungen und Kapitalanlageleistungen.

5.1 Operative Tätigkeitsbereiche von Kreditinstituten

Bei der Analyse des operativen Bankgeschäfts geht es um die Betrachtung aller verfügbaren Bankleistungen und deren Einordnung am Markt sowie deren Eignung zur Befriedigung von Kundenbedürfnissen. Nach der systematischen Erläuterung der einzelnen Produkte muss daher zwingend die Anwendung der Instrumente auf die potentiellen Kunden (Abnehmer) der Bankdienstleistungen untersucht werden, dies ist aber nicht Gegenstand dieses Buches. Ein Mehrwert wird durch die Finanzdienstleister nur dann erbracht, wenn den Kunden durch die Leistungserbringung ein Nutzen entsteht. Das Entgelt für die Bankleistung muss wiederum so bemessen sein, dass der Dienstleister eine angemessene Rendite auf sein eingesetztes Kapital erzielt.

Die Zweifel an dem durch Kreditinstitute erbrachten Nutzen sind so alt wie das Bankgeschäft selbst. Dies zeigt sich u.a. in dem Jahrhunderte währendem Zinsverbot. Die Erkenntnis, dass dieses Geschäft durch Zinserhebung nicht per Naturgesetz auch ertragreich ist, setzt sich jedoch nur langsam durch. In dem Umfang, wie die Bankgeschäfte an Komplexität zugenommen haben und die Zahl der Anbieter gestiegen ist, ist der erzielbare Überschuss aus dem Bankgeschäft geschrumpft. Darüber hinaus sind einige potentielle Nachfrager von Finanzdienstleistungen inzwischen in der Lage, diese Leistungen selbst zu erbringen und dies kostengünstiger als Banken. Diese Entwicklungen führen zu der Notwendigkeit von gravierenden Veränderungen bei Kreditinstituten. Die Analyse und Bewertung der Anpassungsreaktionen des Bankmanagements sind Gegenstand der Betrachtungen zum strategischen Bankgeschäft.

■ **Kundengruppen und Finanzdienstleistungsgeschäfte**

Eine abstrakte aber sinnvolle Abgrenzung nach **Kundengruppen** ist die Unterscheidung nach **Privatkunden, Firmenkunden, öffentlichen Kunden und institutionellen Kunden**, weil die Art und die Rahmenbedingungen der Bankgeschäfte sich bei den genannten Kundengruppen stark unterscheiden, innerhalb dieser Abgrenzung aber eine gewisse Homogenität besteht. Eine klare Abgrenzung von Privat- und Firmenkunden ist ausgeschlossen, da insbesondere bei Personengesellschaften der Unternehmer gleichzeitig Privat- und Firmenkunde ist mit entsprechend unterschiedlichen Bedürfnissen bei Finanzdienstleistungen. Da Haushalte in einer Volkswirtschaft primär als Sparer bzw. Kapitalgeber fungieren, ist die Inanspruchnahme von Finanzdienstleistungen im Anlagebereich für **Privatkunden** von besonderer Bedeutung. Gleichzeitig sind die Dienstleistungen des Zahlungsverkehrs und der Kontoführung von großer Bedeutung für die Privatkunden. Finanzierungen werden zwar von Privatkunden ebenfalls in Anspruch genommen, spielen aber eine untergeordnete Rolle im Vergleich zu anderen Bankgeschäften und im Verhältnis zur Inanspruchnahme durch andere Kundengruppen. Für **Firmenkunden** sind Finanzierungsleistungen von herausragendem Interesse, denn Unternehmen sind primär Investoren bzw. Kapitalnehmer. Dies gilt in gleicher Weise für **öffentliche Kunden** (Gebietskörperschaften und öffentliche Unternehmen). Das Dienstleistungsgeschäft dürfte von Firmenkunden am stärksten in Anspruch genommen werden, weil die Bedürfnisse nach Liquiditätsmanagement und Beratung besonders ausgeprägt sind. **Institutionelle Kunden** sind Kunden mit einem großen Bedarf an Anlagegeschäften bzw. Vermögensberatung. Dazu zählen Versicherungen bzw. Versicherungsträger, Investmentgesellschaften, Stiftungen und ggf. Vereine. Kreditinstitute betreiben darüber hinaus das Wertpapiergeschäft als Eigengeschäft, das heißt im eigenen Namen und auf eigene Rechnung.

	Dienstleistungs-geschäft	Finanzierungs-geschäft	Anlage-geschäft
Geschäfte mit Privatkunden	XX	X	XXX
Geschäfte mit Firmenkunden	XXX	XXX	X
Geschäfte mit öffentlichen Kunden	X	XXX	X
Geschäfte mit institutionellen Kunden	XX	X	XXX
Eigengeschäfte	-	-	XXX

Abbildung 274: Operative Tätigkeitsbereiche von Kreditinstituten

■ Privatkundengeschäft

Eine grundsätzliche Unterscheidung des Privatkundengeschäfts wird zwischen dem Standard- und dem Individualgeschäft getroffen. Dabei sind zum **Standardgeschäft** alle Produkte und Leistungen zu rechnen, die einer Vielzahl von Kunden in normierter Weise angeboten werden und die sich in Gestaltung und Abwicklung nahezu nicht unterscheiden. Die Standardisierung stellt bei den überwiegend kleinen Beträgen eine Voraussetzung für eine kostengünstige Leistungserstellung dar. Der Übergang zum **Individualgeschäft** ist fließend. Die Inanspruchnahme von Beratung oder bspw. der Erwerb einzelner Wertpapiere findet im Standardgeschäft genauso statt, wie im Individualgeschäft die Inanspruchnahme standardisierter Produkte. Das Individualgeschäft zeichnet sich tendenziell durch einen höheren Beratungsbedarf und einen höheren Umsatz aus, was wiederum zu individuellen Produktlösungen führt.

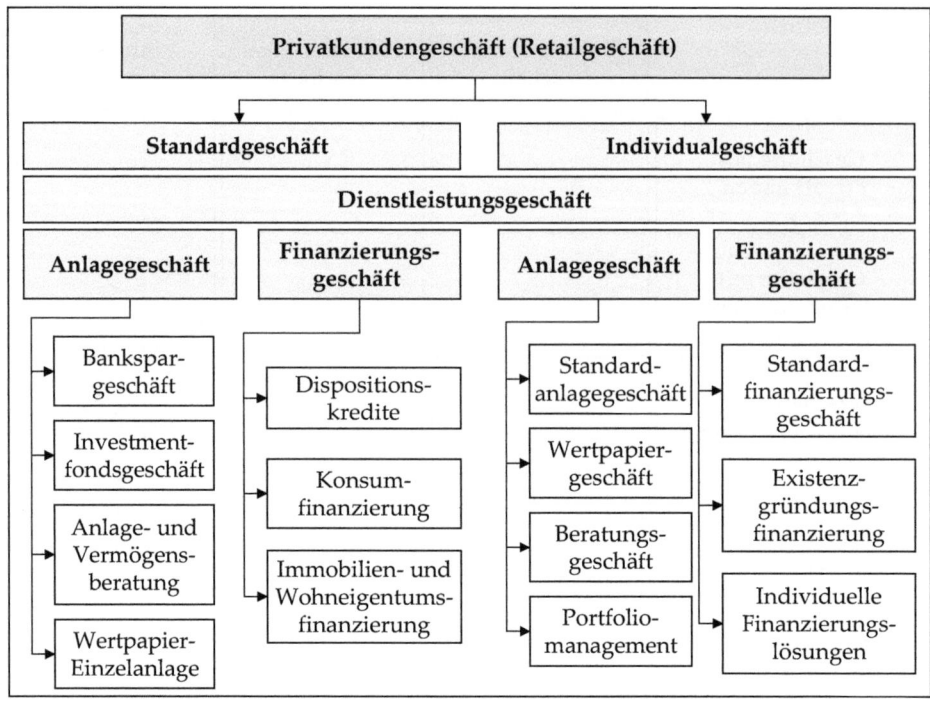

Abbildung 275: Systematik der Geschäftsfelder im Privatkundengeschäft

■ **Firmenkundengeshäft**

Im Firmenkundengeschäft dominiert in Deutschland das **klassische Fremdfinanzierungsgeschäft**. Alternative Finanzierungsformen werden dem sogenannten Investmentbanking zugeordnet (Beteiligungen; Emissionen, Projektfinanzierungen). Im **Investmentbanking** steht aus Bankensicht regelmäßig nicht die Finanzierung im Vordergrund, sondern die Dienstleistung. Für die Vermittlung bzw. Abwicklung der Finanzierung werden die Kreditinstitute eingeschaltet, die Übernahme der Finanzierung ist dabei vor allem im Emissionsgeschäft die Ausnahme. Der Bereich Mergers and Acquisitions, also Übernahme und Fusionen gehört ebenfalls zum Investmentbanking. Hierbei geht es sowohl um die Finanzierung einer Zusammenführung als auch um die Vermittlung einer attraktiven Kapitalanlage (Investition). Das Portfoliomanagement beinhaltet die systematische Steuerung und Verwaltung von Vermögensanlagen. Dieses Geschäftsfeld setzt hinreichend große Vermögen voraus. Schließlich ist das gesamte **Liquiditätsmanagement** zu nennen, das über den Zahlungsverkehr hinaus eine effiziente Steuerung liquider Mittel und die Planung der Finanzen zum Gegenstand hat. Das Liquiditätsmanagement wird teilweise unter dem Begriff Treasury auch zum Investmentbanking gerechnet.

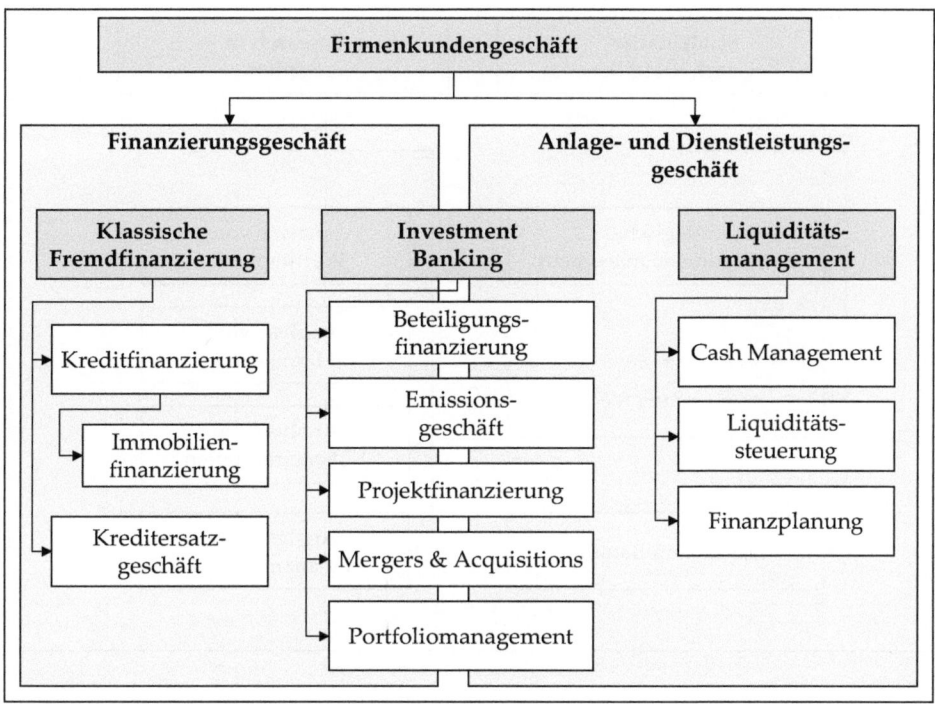

Abbildung 276: Systematik der Geschäftsfelder im Firmenkundengeschäft

5.2 Strategische Tätigkeitsbereiche von Kreditinstituten

Für die Funktionsfähigkeit einer Bank sind weitere Tätigkeitsbereiche erforderlich. Diese Bereiche sollen hier in die strategischen Geschäftsfelder und in das Research unterschieden werden. Als vergleichsweise neue Tätigkeitsfelder sind das E-Commerce, das Transaction-Banking und das Beteiligungsmanagement zu betrachten. Unter **E-Commerce** wird jede Art von geschäftlicher Transaktion auf elektronischem Wege zusammengefasst, ohne dass der Begriff einheitlich definiert ist. Der zunehmend elektronisch basierte, insbesondere internetbasierte Geschäftsverkehr rechtfertigt die Einordnung dieses Bereiches in die strategischen Geschäftsfelder. Das **Transaction**

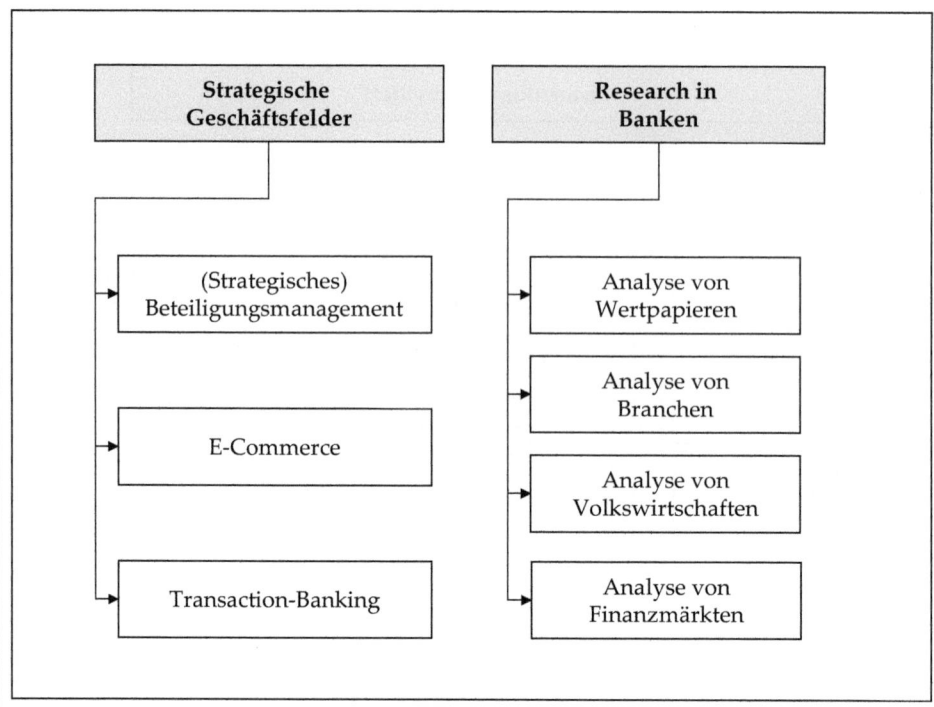

Abbildung 277: Strategische Tätigkeitsbereiche von Kreditinstituten

Banking bezeichnet die Dienstleistungen der Zahlungsverkehrs- und Wertpapierabwicklung. Die hohen Zuwachsraten bei den Transaktionen führten in der jüngsten Zeit zur neuen Einordnung dieser Dienstleistungen als ein potentiell ertragreiches strategisches Geschäftsfeld. Teilweise werden für die aufgeführten strategischen Geschäftsfelder rechtlich selbständige Tochterunternehmen geschaffen, die diese Tätigkeitsbereiche für einen Bankkonzern oder mehrere Kreditinstitute übernehmen. Zunehmend bestehen Kreditinstitute aus verschiedenen Unternehmen, die rechtlich selbständig fungieren. Diese Form der Strukturierung von Unternehmensgruppen wird auch als Holding bezeichnet. Gleichzeitig stellt die langfristige (strategische) Beteiligung an anderen Unternehmen eine wesentliche Säule der Geschäftspolitik bzw. der Unternehmensführung dar. Vor diesem Hintergrund etabliert sich das **strategische Beteiligungsmanagement** als ein wichtiges Geschäftsfeld. Das strategische Beteiligungsmanagement ist vom (operativen) Management der Beteiligungen, die lediglich Finanzierungscharakter und nicht geschäftspolitischen Charakter haben, zu trennen.

Das operative Bankgeschäft ist auf die möglichst genaue Einschätzung der volkswirtschaftlichen Situation, der wirtschaftlichen Situation einzelner Branchen, der Bewertung der Entwicklung an den Finanzmärkten und der Marktsituation einzelner Unternehmen angewiesen. Dieses Geschäftsfeld kann als **Research** bezeichnet werden. Diese Ergebnisse der Marktbeobachtung und Marktanalyse können als Dienstleistung extern bezogen werden oder intern erstellt werden. Der Regelfall ist eine Kombination eines internen Research und des Erwerbs von Marktanalysen. Die Analyseergebnisse des Research können aber auch Ertragsquelle sein, wenn das Research eines Kreditinstituts seine Dienstleistungen am Markt verkauft.

5.3 Banksteuerung und Geschäftspolitik von Kreditinstituten

Die Geschäftspolitik ist die Summe aller Maßnahmen, die der Erreichung aller Unternehmensziele dienen. Die Betriebspolitik hat sich dem unterzuordnen. Es gilt das **Primat der Ertragsorientierung**.

Die Gesamtbanksteuerung ist der Prozess des Managements eines Kreditinstituts als Ganzes. Die Ertragsorientierung als Kernelement der Banksteuerung, die sich in den neunziger Jahren des letzten Jahrhunderts durchgesetzt hat, wird von einer **ertrags- und risikoorientierten Banksteuerung** abgelöst. Die Sichtweise, Ertrag und Risiko als eine Einheit zu betrachten, wird auch durch die neuen aufsichtsrechtlichen Entwicklungen im Zusammenhang mit Basel II deutlich. Die Steuerung der **Liquidität** ist von der Ertrags- und Risikosteuerung nicht zu trennen, daher ergibt sich ein sogenanntes magisches Dreieck der Gesamtbanksteuerung. Dies wird auch darin deutlich, dass die Risiken des Bankgeschäfts grundsätzlich in **Erfolgs- und Liquiditätsrisiken** differenziert werden und das Bankgeschäft prinzipiell die Übernahme von Risiken beinhaltet. Die Steuerung der monetären Ebene, die auch als **liquiditätsmäßig-finanzieller Bereich** (Wertebereich) bezeichnet wird, ist durch dieses magische Dreieck geprägt. Zur Gesamtbanksteuerung gehört aber auch die Disposition der betrieblichen Organisation. Die nicht monetäre Steuerung der Gesamtbank erfolgt im **technisch-organisatorischen Bereich** (Betriebsbereich). Hierzu zählt die Leitung, Planung und strategische Ausrichtung, (z.B. auch das Geschäftsfeldmanagement) ebenso wie die Verteilung der knappen Ressourcen.

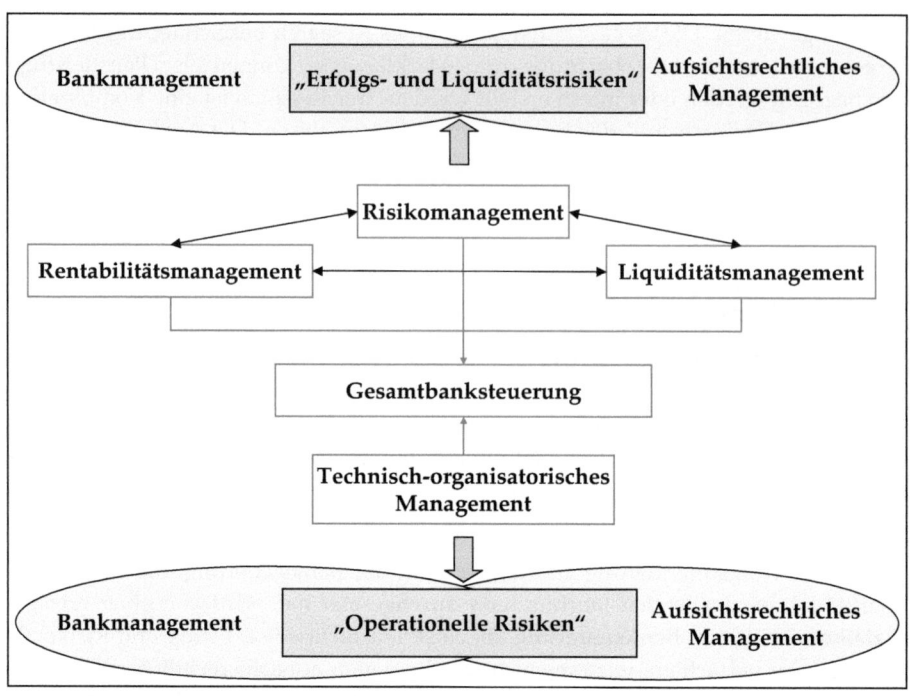

Abbildung 278: Dimensionen der Gesamtbanksteuerung

Im Bankmanagement wird von einem sogenannten **dualen Steuerungsmodell** gesprochen. Die Dualität der Banksteuerung zeigt sich in verschiedener Hinsicht. Zum einen wird bezüglich der Gesamtbanksteuerung von einem liquiditätsmäßig-finanziellen Bereich eines Kreditinstituts und von einem technisch-organisatorischen Bereich gesprochen.

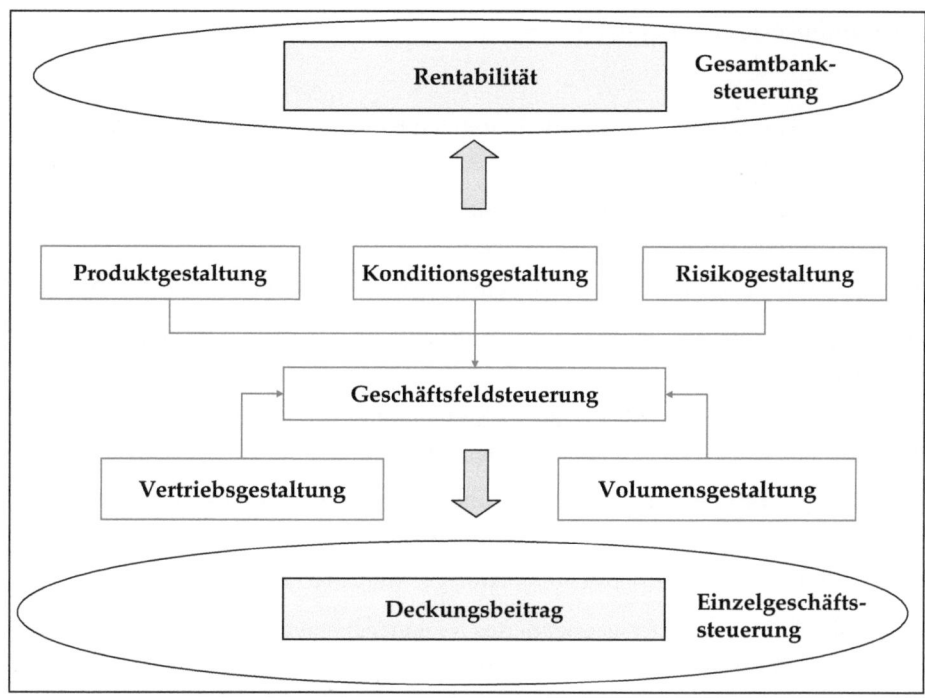

Abbildung 279: Dimensionen des dualen Steuerungsprinzips

Zum anderen ist die Trennung in die **zentrale Struktursteuerung** und die **dezentrale Marktsteuerung** vorzunehmen. Die Aufgabenverteilung nach dem dualen Prinzip sieht vor, dass jeder Steuerungsbereich die Aufgaben zugewiesen bekommt, die in seinem Einfluss- bzw. Verantwortungsbereich liegen. Der dezentralen Marktsteuerung obliegt dementsprechend die **Einzelgeschäftssteuerung**. Dazu gehören alle relevanten Kosten, Erlöse und vor allem **Deckungsbeiträge** der einzelnen Geschäfte. Zum zentralen Strukturmanagement sind alle Entscheidungen zu rechnen, die sich auf die Gesamtbank beziehen und die Geschäftsfeldstruktur bestimmen. Zu den zentralen Größen der **Gesamtbanksteuerung** gehören vor allem Vorgaben bezüglich des Geschäftsvolumens, der Portfoliostruktur, des Risikoprofils und Ertragsvorgaben. Als Integrationsebene zwischen der dezentralen und der zentralen Banksteuerung kann die **Geschäftsfeldsteuerung** betrachtet werden. Ein Konglomerat aus Instrumenten und Maßnahmen, wie z.B. Zielvereinbarungen, Limiten und Anreizsystemen sowie kompensatorischen Eigengeschäften, sorgt für die Koordination der Steuerungsebenen. Das Primat der Ertragsorientierung führt zu der Vereinfachung auf die Größen **Deckungsbeitrag** auf der Einzelgeschäftsebene und **Rentabilität** auf der Gesamtbankebene.

Literaturhinweise zum Kapitel 5

Achleitner, Ann-Kristin: Handbuch Investmentbanking, 2. Auflage, Gabler Verlag, Wiesbaden, 2001.

Büschgen, Hans E: Bankbetriebslehre, Bankgeschäfte und Bankmanagement, 5. Auflage, Gabler Verlag, Wiesbaden 1998.

Büschgen, Hans E: Grundlagen des Bankmanagements, 2. Auflage, Frankfurt/M, 1999.

Eilenberger, Guido: Bankbetriebswirtschaftslehre, 6. Auflage, Oldenbourg Verlag, München /Wien, 1996.

Grill, Hannelore / Perczynski, Hans: Wirtschaftslehre des Kreditwesens, 36. Auflage, Verlag Gehlen, Bad Homburg vor der Höhe, 2002.

Obst, Georg / Hintner, O.: Geld-, Bank-, und Börsenwesen, Hrsg. Kloten / v. Stein, 40. Auflage, Schäffer-Poeschel Verlag, Stuttgart, 2000.

Priewasser, Erich: Bankbetriebslehre, 7. Auflage, München, Wien, 2001.

Schierenbeck, Henner: Ertragsorientiertes Bankmanagement, 8. Auflage, Gabler Verlag, Wiesbaden, 2003.

Süchting, Joachim: Bankmanagement, 5. Auflage, Stuttgart, 1997.

Stichwortverzeichnis

A

Abbuchungsverfahren 108, 122
Absorptionsungleichgewicht 2, 3
Abzinsung 14, 117, 137, 208 ff., 275, 289
Abzinsung, *siehe* Diskontierung
Agio 13
Akkreditiv, *siehe*
    Dokumentenakkreditiv
Aktie   73 ff, 205, 240 ff, 285 f, 297 ff,
    .... 305, 310, 316, 320, 323 ff
    Inhaberaktie 301
    Namensaktie 301
    Namensaktie, vinkulierte 301
    Nennwertaktie 300
    Stammaktie .... 301 ff
    Stückaktie 300
    Vorzugsaktie .... 300 ff
Aktienanleihe, *siehe* **Anleihe**
Aktienbanken .... 14 ff
Aktienfinanzierung .... 246 f
Aktienindex 79, 322
Akzeptkredit .... 208 f
Akzessorietät .... 233 ff
Allfinanzdienstleistung 52
Anlageberatung 51, 258, 364
Anlagegrenze 307, 311
Anleihe .... 172, 196, 229, 290 ff, 326 ff
    Aktienanleihe .... 332 f
    Doppelwährungsanleihe 298
    Floating Rate Note .... 291 ff
    Hybridanleihe .... 333 f
    Nullkuponanleihe 291
    Optionsanleihe .... 326 ff
    variabel verzinsliche 291
    Wandelanleihe .... 326 ff
Annuität .... 10 f, 175, 185
Anstaltslast .... 58 f, 284
Äquivalenzgut 1
Arbitrage 316

Asset Backed Securities .... 223 ff
Aufzinsung 9, 277
Ausfallrisiko, *siehe* Bonitätsrisiko
Ausgabeaufschlag .... 310 ff
Ausgleichszahlung .... 238 f, 315, 321
Auslosungsrisiko 347

B

Bank für Internationalen
    Zahlungsausgleich 27
Bankauskunft 91, 185
Bankenaufsicht ... 27 ff, 48 f, 81 ff, 163 f,
   .... 347 ff
Bankenaufsicht, Baseler Ausschuß für
   .... 27 ff, 48 f, 81 ff, 164 f
Basel II 29, 167, 379
Bankenentwicklung 12
Bankensystem, zweistufiges 18
    Trennbankensystem 19
Bankgeheimnis .... 89 ff
Bankgeschäft, *siehe* auch
    Finanzdienstleistungsgeschäft
Bankkredit 171
Bankleitzahl 127
Banknoten ... 13, 18, 35 ff, 48, 110 ff, 130
Bankschuldverschreibung, *siehe* auch
    Anleihe 293
Banksparprodukt .... 264 f, 275, 352
Barausgleich .... 322 ff, 335
Bargeld .... 37, 47 f, 92, 106 ff, 124 ff, 253
Barwert .... 7 ff, 201, 277, 319
Basispreis .... 316 ff, 330 ff
Basiswert .... 314 ff, 325, 330 ff
Baukredit .... 190 ff
Bausparen .... 67 f, 265, 279 f
    Bauspargesetz 68
    Zuteilung 280
Beratungspflicht 260
Bestandshaltekosten 323
Beteiligung 38, 230 ff, 299 ff, 332 ff, 378

stille...242 f
Beteiligungsfinanzierung............. 242 ff
  private 242
  Private Equity....................... 242, 245
Bezogener.................115 ff, 171, 202, 208
Bezugspreis...330
Bezugsrecht, *siehe* **Aktie**... 247, 301, 332
Bilanzsumme.......................51 ff, 64, 172
Bodensatz.................................... 146, 268
Bonität .17, 67, 119 ff, 178, 185 ff, 203 ff,
  221, 226, 232, 238 f, 256, 291, 296 f
Bonitätsrisiko............. 159 f, 222 ff, 346 f
Börse 13, 25, 30, 70 ff, 245 ff, 295 ff, 322,
  327
  Börsenaufsicht.............................. 77
  Börsenordnung.............................75 f
  Börsensegment
    Freiverkehr............................. 70, 75
    Markt, Amtlicher........................70
    Markt, Geregelter......................70
  Börsenumsatz..................................74
  Terminbörse..................... 70, 320, 323
Börsengesetz.....................77, 254, 262 f
Börsenwesen.... 13, 32, 95, 147, 250, 351
Buchgeld .....20, 47, 106 ff, 119, 171, 179
Bundesanstalt für
  Finanzdienstleistungsaufsicht... 50
  BaFin................................. 50, 84, 162
  BaKred.. 82
  BaWe....................................... 82, 254
Bundesbank, Deutsche... 20, 32 ff, 46 ff,
  78 ff, 95, 107, 113 ff, 127 ff, 205
Bürgschaft........................... 211 ff, 233 f
Business Angel..................................244

C

Call, *siehe* Option
Clearingsystem..................................132
Computerhandel...................................70

D

Darlehen................ 12, 15, 173 ff, 242 ff,
  ....266, 276 ff, 295
Datenfernübertragung 108, 129
Datenträgeraustausch 129

Dauerauftrag............................108, 119
DAX .... 71 ff, 274, 322
Deckungsbeitrag 381
Deckungsstockfähigkeit 200, 297
Deflation..37
Delors-Plan 34
Depositen, *siehe* **Einlagen**
Depositengeschäft.........................12 f, 145
Depot .... 96 ff, 206
Depotbank.................................... 305 f
Depotführung................................ 96 ff
Depotgesetz ....254, 262 f
Depotverwaltung...............................105
Derivate.........23, 86, 251 ff, 287 f, 312 ff
Devisenmarkt 21
Direktbank, *siehe* Spezialbank .68 f, 312
Disagio...................................13, 170, 185
Disintermediation 3
Diskontierung............... 118, 138, 209 ff
Diskontkredit.............................. 202 ff
Diversifikation........... 159, 240, 253, 313
Dividende...................... 285, 299 ff, 348
Dokumentenakkreditiv 131, 139 ff, 207
  revolvierendes .... 131, 139 ff, 207
  übertragbares............. 131, 139 ff, 207
  unwiderrufliches...............................143
Dokumenteninkasso .... 136 ff
  Inkassoauftrag .... 135 ff
  Inkassovereinbarung 122, 137
Dokumentenprüfung................... 140 ff

E

E-Commerce 373, 377
Effekten ....156, 206, 286 ff, 312 ff, 326
Effektivzins, *siehe* Jahreszins
Eigenfinanzierung.............................148
Einlagen... 4 ff, 37 ff, 69, 146, 251, 264 ff
Einlagenfazilität 45
Einlagensicherung.............................267
Einlagensicherungsfonds .... 283 f
Einlöseversprechen...........................14
Einzelgeschäftssteuerung.................381
Einzugsermächtigung............108, 121 f

Emission ... 13, 23 ff, 75 ff, 224 ff, 239 ff, 285, 294, 300, 329

Ersparnis ..... 5 ff, 145, 150, 156, 169, 349

Ertragsorientierung .... 379 ff

Eurobonds.. 290

Euromärkte 26

Europäische Zentralbank, siehe **Zentralbank, Europäische**

F

Factoring .... 51, 148, 172, 215 ff

Fazilität 45

Einlagenfazilität 45

Refinanzierungsfazilität 45

Festgelder.. 269

Fiduziarität 233

Finanzdienstleistungsgeschäft 1 ff, 31 f, 51 ff, 69, 83 ff, 103, 154, 164, 284 f, 306, 338, 355, 373 ff

Finanzdienstleistungspolitik 30

Finanzierung. 1, 13 ff, 17, 96, 131 f, 148 ff, 170 ff, 202 ff, 241 f, 251 f, 279 f, 292, 323, 352, 373 ff

Finanzierungssaldo 5

Finanzierungsüberschuß 2

Finanzinnovation .... 80, 287 f, 326 ff

Finanzintermediation. 2 ff, 21, 170, 200, 230

Finanzmarkt............................. 1 ff, 17 ff, 70, 80, 97, 148 ff, 251, 346

Devisenmarkt 21

Euromärkte 26

Geldmarkt .... 20 ff, 32 ff, 254

Kapitalmarkt .... 20, 51 ff, 78 ff, 185 ff, 225 ff, 242 ff, 285, 293 ff, 332 f

Finanzmarktaufsicht .... 25 ff, 80 ff

Finanzmarktfördergesetz 80

Firmenkunden .... 56, 60, 266 ff, 374

Forfaitierung.............................. 51, 223

Freiverkehr, *siehe* **Börse** 70, 75

Fremdemission 246

Fremdfinanzierung ...... 148, 171 ff , 215, 241, 246

Fristentransformation 4, 146, 265

Fungibilität .... 286 f, 300

Future .... 314, 321 ff

G

Garantie .... 14, 59, 211 ff, 234

Garantiefonds 284

Gegenwartskonsum 5

Geldanlage, *siehe* Liquiditätsmanagement .... 45, 98 ff, 145 f, 265 ff, 312

Gelddisposition .... 96 ff, 111, 180

Geldleihgeschäft 171, 179

Geldmarkt, *siehe* **Finanzmarkt**

Geldmarktpapier. 20, 32, 146, 287 f, 312

Geldmengenaggregat 22, 37, 38

Geldmenge M3 38

Geldmengensteuerung 37, 38

Geldpolitik .... 20, 33 ff

Geldschöpfung 6, 46, 47

Geldwäschegesetz .... 89, ff, 113

Geldwertstabilität 20, 24

Genossenschaftsbanken . 14 f, 51 ff, 284

Genossenschaftssektor .... 60 ff

Genussschein .... 242, 327 ff

Gesamtbanksteuerung .... 379 ff

Geschäftsbank .... 14 ff, 148, 205, 251 ff

Geschäftsfeld .. 66, 97, 185, 240 ff, 376 ff

Geschäftsfeldsteuerung 381

Gewährträgerhaftung 58, 284

Gewinnschuldverschreibung 332

Girokonto .. 98 ff, 110 ff, 124 ff, 182, 209

Gironetz 107, 128

Glattstellung .... 320 ff

Gläubiger ..... 83, 102 ff, 148, 170, 200 ff, 223 ff, 254, 272 ff, 304, 329, 346

Grenzzins, *siehe* Offenmarktgeschäfte

Großkredit 159, 164

Grundpfandrecht .... 191, 233 ff, 295 ff

Grundschuld .... 232 ff, 296

H

Haftsummenzuschlag 60

Haftungskapital 247

Handelsgeldmarkt 42

Handelspapier 134

Hauptversammlung .... 247, 301 f
Haushalte 3, 266, 272, 374
Hebelwirkung 315, 339, 348
HUKR-Versicherung 370
Hypothek 236
Hypothekenbank, *siehe auch*
   Spezialbank ...... 14, 51, 66, 81, 295 f

I

Immobilie....185, 193, 214, 233, 311, 349
Index.................71 ff, 274, 318, 322, 327
Individualgeschäft............................. 375
Individualversicherung 367
Indossament 114, 118, 286, 301
Industrieobligation, *siehe* **Anleihe** .. 293
Inflation......................... 37 ff, 253, 350 f
Information, unvollständige............. 149
Inhaberpapier............................ 114, 271
Innerer Wert ....318 f
Insiderregeln................................ 255 ff
Insolvenzrisiko................................ 347
Institutssicherung 284
Interbankengeldmarkt 42
International Accounting Standards ....
  .... 28, 76
Investitionskredit............................. 187
Investment Banks............................... 30
Investmentaktiengesellschaft ...... 305 ff
Investmentbanking............................ 376
Investmentfonds 51, 74, 86,
251 ff, 275, 284 ff, 305 ff, 327, 337 ff
  Dachfonds............................312
  Fonds, geschlossene....................308
  Fonds, offene 308
  Hedgefonds 312
  Publikumsfonds.......................309
  Spezialfonds 309
  Tradingfonds 310
Investmentgesetz .... 22, 305 ff
Investmentmodernisierungsgesetz 305

J

Jahreszins, effektiver 169

K

Kapitalanlage .... 96, 251 ff, 314, 374
Kapitalanlagegesellschaft......51, 70, 86,
  224, 254, 305 ff
Kapitalerhöhung 78, 247, 304
Kapitalmarkt, *siehe* **Finanzmarkt**
Kartensysteme .... 123 f
  Debit-Karte...............................124
  ec-Karten .... 123 f
  Geldkarte...............................106, 124
  Kreditkarte .... 106, 123 ff
  Kundenkarten........................... 124 f
Kartenzahlung..................................123
Kassamarkt 335
Kommunalkredit...............................193
Kommunalschuldverschreibung.....293
Konsortialkredite .... 195 f
Konsumfinanzierung........................185
Kontoführung ...99 ff, 137, 147, 197, 374
Kontoinhaber .... 99 ff, 182
Kontokorrentkredit...........................111
Kontraktwert 322
Koordinationsmechanismus.............17
Korrespondenzbank 99, 132
Krankenversicherung .... 367 f
Kreditabwicklung 179, 185
Kreditanstalt für Wiederaufbau ....
  ....51, 64 f, 195
Kreditbanken .... 51 ff, 107, 283
Kreditderivat ....224 ff, 238 ff, 325
Kredite, unbefristete 180
Kreditfähigkeit 186
Kreditgeber ....148 ff, 229 ff, 296
Kreditinstitute mit Sonderaufgaben ..
  .... 51, 64 ff, 194 f, 293
  Förderbank....................................64
  Investitionsbank 65
Kreditleihgeschäft...........171, 179, 207 f
Kreditnehmer ....152 ff, 230 ff, 296
Kreditnehmereinheit.................... 165 f
Kreditprüfung .... 178, 185 ff
Kreditsicherheit............................. 230 ff
Kreditverhältnis 170

Kreditvertrag ....177 ff, 212, 233

Kreditwesengesetz 81

Kreditwürdigkeit ...162, 171, 178 ff, 207

Kunden, institutionelle 374

Kunden, öffentliche 374

Kündigungsfrist .... 267 ff

Kündigungsrisiko 347

Kursänderungsrisiko 347

L

Länderrisiko 346

Landesbank ....51 ff, 284, 296

Lastschrift .... 110, 120 ff

Lastschriftabkommen 109, 120

Laufzeit .... 22, 42, 157, 173, 184 f,
.............................199, 287 ff, 312, 318

Leasing ....51, 148, 172, 215 ff

Lebensversicherung .... 275, 364 ff

Legitimation 103, 125, 271

Legitimationspapier 271

Leistungen, vermögenswirksame .. 279, 366

Leitzins, *siehe* Geldpolitik 42, 45

Lenkungsmechanismus 17

Liquiditätshaltung .... 96 ff, 112

Liquiditätsmanagement ......1, 99, 374 ff

Liquiditätsrisiko 346

Lombardgeschäft 12

Lombardkredit .... 173, 205 ff

M

Maastrichter Vertrag 35

Margin 323

Marktkapitalisierung 74

Marktpreisrisiko 348

Marktrating 25

Marktsteuerung 381

Mengentender 43

Merchant Banks 14

Mezzanine-Finanzierung ..... 148, 241 ff

Millionenkredit 159, 164

Mindestanforderungen an ....
.................28, 85 ff, 168 ff, 224, 254 ff

   Handelsgeschäfte ...... 89 f, 167, 254 ff

   Interne Revision ....88 f

Kreditgeschäft ....89 f, 167, 262

Risikomanagement .... 88 f

Mindestharmonisierung 29, 81, 283

Mindestreservepflicht 45

Mündelsicherheit 271, 297

Münzwesen.......................................12

N

Nachrangdarlehen .... 241 f

Negativerklärung 237

Negoziierung .... 143 f

Notenbankmonopol 14

O

Offenmarktgeschäfte 41, 45

   Mengentender 43

   Offenmarktoperation 41

   Zinstender .... 43 f

Option ....315 ff, 335 f

   Call .... 88, 317 ff, 327, 335

   Long-Position................................ 317 ff

   Put ....318 ff, 327, 333 ff

   Short-Position .... 317 ff

Optionsanleihe, *siehe* **Anleihe** ..... 326 ff

Optionsfrist .... 329 f

Optionsinhaber...........................317 ff

Optionsprämie...................... 319 ff, 333

Optionsschein .... 327 ff

Optionstyp 318

Orderpapier 286

Organisationsgrad ....20 ff

Organkredit 159, 163

Organschaftserklärung...................235

P

Partizipationsschein, *siehe* **Zertifikat**

Passivgeschäft..........................96, 265

Patronatserklärung 234

Performance.....................78, 338 f, 349

Personensicherheit....................... 232 ff

Pfandbrief.......................................53

   Pfandbrief, öffentlicher...............293

   Pfandbrief, privater......................66,
.... 191, 228, 293 ff

Planwirtschaft..................................17

Prämienkalkulation 365, 368

Präsenzhandel 70
Preisangabenverordnung 169, 184
Preisindex ....
Preismechanismus 17
Primärinstitut 60, 61
Primärmarkt 75
Prinzip, förderungswirtschaftliches . 61
Privatbanken .... 13 ff, 55 ff, 283 f
Private Equity, siehe
   Beteiligungsfinanzierung..... 242 ff
Privatkunden.......................... 15, 60, 91,
   .... 99, 126, 183, 266 ff, 352, 374
Projektfinanzierung......................... 197
Public Equity, *siehe*
   Aktienfinanzierung..................... 245
Publizitätspflicht...................... 256, 300
Put, *siehe* **Option**

R

Rating .... 189 ff, 224 ff, 253
Refinanzierungsfazilität.................... 45
Refinanzierungsmittel.....15, 265 ff, 274
Regionalbanken..............................55 f
Regionalprinzip .... 59 ff
Regulierungsgeldmarkt 42
Reisescheck......................... 112 f, 130 f
Rektapapiere............................ 276, 286
Rendite...................... 156, 197 f, 251 ff,
   ....287, 312, 339 ff, 365, 373
Rentabilität............. 52, 55, 197, 221, 381
Rentenversicherung.......................366 f
Research .... 373 ff
Restlaufzeit 146, 319, 323
Retailmarkt 22, 24
Richtlinie, Europäische
   Bankrechtskoordinierungs-
     Richtlinie 29
   Eigenmittel-Richtlinie.................... 29
   Einlagensicherungs-Richtlinie....... 29
   Großkredit-Richtlinie 29
   Kapitaladäquanz-Richtlinie.......... 30
   Konsolidierungs-Richtlinie...... 29, 30
   Solvabilitäts-Richtlinie 29

Wertpapierdienstleistungs-
   Richtlinie 30
Risiko ......1, 136 ff, 152 ff, 194 ff, 264 ff,
   320, 325, 329, 341 ff, 364, 379
   psychologisches............................346
Risikomanagement ....88 f, 229
Risikopräferenz 264
Risikoprämie.......154 ff, 219 ff, 354, 358
Risikosteuerung................ 157, 223, 379
Risikotransformation 4
Rückgaberecht 308
Rückversicherung 352

S

Sachsicherheit .... 232 ff
Sachversicherung 369
Sammelverwahrung 104
Scheck ....106 ff, 131 ff
Scheckgesetz 109, 114
Schufa-Auskunft 91, 186
Schuldner ....119 ff, 170 ff, 200 ff, 222 f,
   237 f, 289 ff, 346 f
Schuldscheindarlehen .... 199 f
Schuldverschreibung, *siehe* **Anleihe**.....
   ....66, 229, 288 ff, 332, 346
Sekundärmarkt.............................21, 75
Selbstemission 246
Sicherheitsleistung, *siehe* Margin ...214,
   323, 348
Sicherungsabtretung...................... 235 f
Sicherungsübereignung 236
Sichteinlage......................................110
Solawechsel......................................116
Solidaritätsprinzip 362
Sondersparformen .... 251, 264, 273 ff
Sondervermögen ..... 22, 292, 307 ff, 327
Sortenhandel....................................130
Sozialgesetzbuch 362
Sozialversicherung....................358, 362
Sparbriefe .... 206, 264, 274 ff
Spareinlagen .... 4, 17, 68, 145, 265 ff
Sparkassen ...... 4, 14 ff, 51 ff, 104, 271 ff
Sparkassensektor......... 15, 51 ff, 81, 284
Sparplan 275

Sparschuldverschreibungen 206, 264 ff
Sparzertifikat 270, 274
Sparzulage 278
Sperrfrist 278
Spezialbank..............18, 33, 51, 64 ff, 296
Staatsanleihe.................................... 13
   Bundeswertpapiere.....................294 f
Standardgeschäft 375
Standardwert....................................313
Steuerungsmodell............................380
Stillhalter....................................... 317 ff
Stimmrecht.........................33, 105, 301 f
Streifbandverwahrung 104
Struktursteuerung.............................381
Stützungsfonds 284
Swap......................229, 240 f, 316 f, 325
Swaption 325

T

Teilhaber 287, 299, 329
Tenderverfahren, *siehe*
   Offenmarktgeschäfte ....42 f, 294
Termingeld ....42, 266 ff, 312
Termingeschäft.............................. 315 ff
Terminmarkt....................................335 f
Tilgung.....................53, 100, 170 ff, 198,
    .... 233, 277, 289 f, 331 f, 347
Totalverlust........................ 152, 301, 321
Transaction Banking..........................106
Transaktionskosten...3, 149, ff, 264, 346
Transformationsstaaten 17
Transmissionsmechanismus..............37
Trennbankensystem 19

U

Überschussbeteiligung.....................365
Überweisung ....110, 118 ff, 131 ff
Überweisungsgesetz...............109, 118 f
Überziehungskredit...................... 180 ff
Umlaufrendite.....................................78
Universalbank, *siehe* auch
   Geschäftsbank ....18, 33, 60 ff
US-GAAP..28

V

Venture Capital.................................245

Verbraucherdarlehen................169, 184
Verbraucherschutz................24, 88, 169
Verbriefung.......... 172, 215, 223 ff, 238 f
Verbundeinrichtung .... 59, 63 f
Verhaltensregeln .... 87, 256 ff
Vermögen .... 15, 214, 263 ff,
   ....284 ff, 295, 301 ff, 361, 376
Vermögensbildung 17, 145,
   .... 265, 274 ff, 349 f, 365, 372
Verpfändung................. 103, 204 ff, 235
Versicherungsaufsicht, *siehe* BaFin 87 f,
   355 f, 365
Versicherungsaufsichtsgesetz 52, 87,
   297, 355
Versicherungszweig ....360 f, 371
Verteilungsordnung 17
Vertragsklauseln 158, 169, 179,
   ....230, 237 f
Verwaltungsgebühr.......................310
Verzinsung............... 42 ff, 78, 124, 185,
   .... 199, 207, 241, 268 ff, 289 ff, 329 ff
Volatilität...319
vollkommener Markt...........................5
Vorfälligkeitsentgelt 270, 273

W

Wachstumssparen............................274
Währungsinstitut, Europäisches.......35
Währungsrisiko.........................294, 346
Währungsunion .... 33 ff, 49
Wandelanleihe, *siehe* **Anleihe**...... 328 ff
Wandlungsrecht............................. 327 ff
Wechsel ..12 f, 106 ff, 134 ff, 171, 202 ff,
   328, 348
Wechselgesetz......................... 109, 116
Weiterleitungskredit..........................194
Werner-Plan......................................34
Wertpapier.................13, 17, 22 ff, 77 ff,
   ......96 ff, 146, 172, 205 f, 224 ff,
   246 f, 254 ff, 274 ff, 285 ff, 312,
   327 ff, 342 ff, 375
Wertpapierabwicklung 55, 106, 378
Wertpapieranalyse...........................259
Wertpapieraufsicht, *siehe* BaFin..... 80 ff

Wertpapierbörse, *siehe* **Börse**....... 70, 75

Wertpapierdienstleistungen......... 255 ff

Wertpapierhandelsgesetz...... 30, 254 ff

Wertpapiersammelbank................. 104

Wertrecht............... 287, 317 f, 325, 329

Wholesalemarkt........................... 21, 24

Widerruf........................... 121, 144, 357

Wirtschaftsakteur... 1 ff, 18, 24 ff, 51 ff,
71 ff, 148 f, 162 ff, 170 ff, 221,
229 ff, 241 ff, 258, 266, 272,
294 ff, 328 ff, 362 ff

Wohnungsbauprämie...................... 280

Z

Zahlungsmittel..... 13, 105 ff, 130, 202 ff

Zahlungspapier............................... 134

Zahlungssystem
mit Zahlungsgarantie.................. 125
ohne Zahlungsgarantie............... 125

Zahlungsvekehr...14, 48 f, 96 ff, 123 ff,
147, 182, 197, 206, 266 ff, 376

barer.............................109 f, 130

Kassengeschäft............................. 112

nicht dokumentärer...................... 131

Zeitwert.. 318 ff

Zeitwert des Geldes............................5

Barwert...................7 ff, 201, 277, 319

Gegenwartskonsum.......................... 5

Zukunftskonsum ....5 f

Zukunftswert................................. 7 ff

Zentralbank.......13 ff, 32 ff, 60, 95, 132,
166, 203 ff, 298

Notenbank................................13 f, 18

Zentralbank, Europäische....20 ff, 33 ff
132, 203

EZB-Direktorium .... 33 ff, 49

EZB-Rat .... 33 ff

EZB-Verfassung...............................20

Zentralbankautonomie......................19

Zentralbankreform..............................49

Zentralbanksystem, Europäisches
ESZB................................33, 298

Zentralinstitut...............................57, 60

Zertifikat.............................326 ff, 336 ff

Basketzertifikat...........................338

Diskontzertifikat 327, 342

Garantiezertifikat 339

Hebelzertifikat.............................341

Indexzertifikat 327, 338

Partizipationsschein.....................337

Strategiezertifikat.........................338

Zinsänderungsrisiko........................346

Zinseszinseffekt........................ 7 f, 277

Zinskupon .... 288 ff, 298

Zinstender .... 43 f

Zukunftskonsum.............................. 5 f

Zwangsversicherung 356, 362

Zwecksparen, *siehe* auch Bausparen
....276, 279

zweistufiges Bankensystem...............18

Bank und Börse einfach erklärt

Die wichtigsten Grundbegriffe für den Erfolg im Beruf und Studium

Finanzgeschäfte begleiten uns alle täglich, angefangen beim einfachen Bezahlen mit einer Bank- bzw. Sparkassenkarte bis hin zur Geldanlage in Aktien und Fonds. Doch wie behält man angesichts des rasanten Innovationstempos in der Finanzwelt noch den Überblick?

Das Gabler Kompakt-Lexikon Bank und Börse hilft Ihnen bei der Orientierung in allen Geldangelegenheiten. In mehr als 2.000 Stichwörtern erfahren Sie alles über Kontoführung, Kredite, Geldanlagen und Wertpapiergeschäfte. Auch die Auswirkungen neuer gesetzlicher Regelungen finden Sie einfach und verständlich erklärt.

Damit ist das Lexikon für Bankkaufleute, für Auszubildende im Finanzdienstleistungssektor und für alle, die sich mit Bankgeschäften auseinander setzen, ein perfektes Nachschlagewerk im Finanzalltag.

Dr. **Günter Wierichs** und **Stefan Smets** sind Lehrer im Bankbereich einer Berufsschule. Dr. Günter Wierichs ist darüber hinaus Herausgeber der Fachzeitschrift Bankfachklasse und Autor erfolgreicher Lehrbücher für Berufsschulen.

„Klein, aber kompakt! Zwar wird eine Vielzahl von Begriffen der Finanzbranche [...]
beschrieben, aber dennoch so hinreichend, dass der Leser sich gut informiert fühlen kann."
Geld & Brief, 05/2005

Günter Wierichs | Stefan Smets
Gabler Kompakt-Lexikon
Bank und Börse
2.000 Begriffe nachschlagen, verstehen, anwenden
3. Aufl. 2005. VI, 247 S.
Br. EUR 22,90
ISBN 978-3-409-31738-2

Änderungen vorbehalten. Stand: Januar 2007.
Erhältlich im Buchhandel oder beim Verlag

Gabler Verlag · Abraham-Lincoln-Str. 46 · 65189 Wiesbaden · www.gabler.de

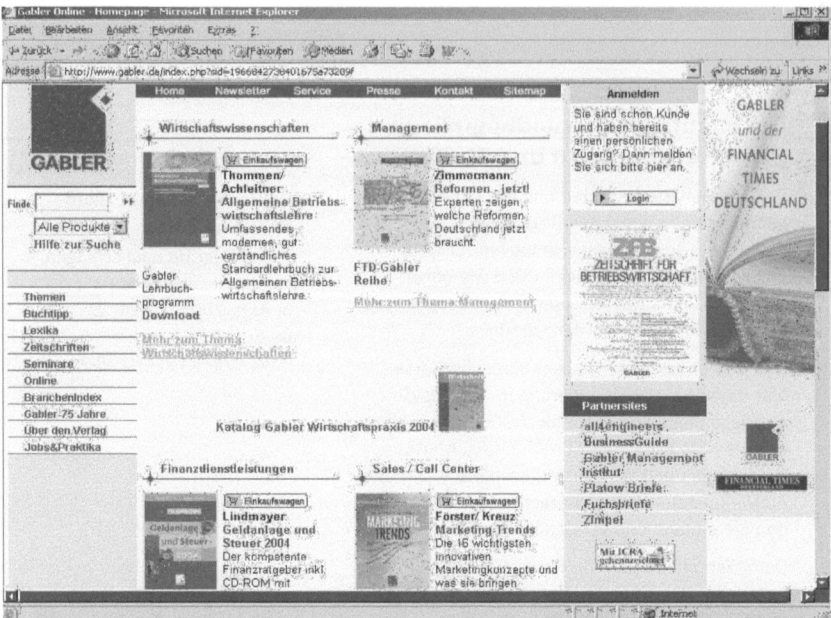

If you have any queries or need help with this book,
you can contact us on
Produktsicherheit@springernature.com

In case Publisher is established outside the EU,
the EU authorized representative:
Springer Nature Customer Service Center GmbH
Europaplatz 2, 69115 Heidelberg, Germany
Printed by CPI Neooks GmbH
in Leipzig, Germany

MIX
Papier aus verantwortungsvollen Quellen
Paper from responsible sources
FSC® C105338

If you have any concerns about our products,
you can contact us on
ProductSafety@springernature.com

In case Publisher is established outside the EU,
the EU authorized representative is:
Springer Nature Customer Service Center GmbH
Europaplatz 3, 69115 Heidelberg, Germany

Printed by Libri Plureos GmbH
in Hamburg, Germany